Entscheidungen

des

Reichsgerichts.

Herausgegeben

von

den Mitgliedern des Gerichtshofes
und der Reichsanwaltschaft.

Entscheidungen in Zivilsachen.

116. Band.

Berlin und Leipzig 1927

Walter de Gruyter & Co.

vormals G. J. Göschen'sche Verlagshandlung - J. Guttentag, Verlagsbuchhandlung - Georg Reimer - Karl J. Trübner - Veit & Comp.

Entscheidungen

des

Reichsgerichts

in

Zivilsachen.

---

116. Band.

Mit Anhang: Entscheidungen des Staatsgerichtshofs.

Berlin und Leipzig 1927

Walter de Gruyter & Co.

vormals G. J. Göschen'sche Verlagshandlung - J. Guttentag, Verlagsbuchhandlung - Georg Reimer - Karl J. Trübner - Veit & Comp.

Manuldruck von F. Ullmann G. m. b. H., Zwickau Sa.

Inhalt.

I. Bürgerliches Recht.

a. Reichsrecht.

III. Gerichtliches Verfahren.

Anhang: Entscheidungen des Staatsgerichtshofs.

1. Ist der Rechtsweg zulässig für den auf Grund des Wettbewerbsgesetzes gegen einen Landkreis gerichteten Anspruch auf Unterlassung der entgeltlichen Ausführung von Vermessungsarbeiten für Privatpersonen durch einen Kreisbeamten?

GVG. § 13, UnlWG. §§ 1, 13.

II. Zivilsenat. Urt. v. 14. Januar 1927 i. S. Verband selbständiger vereidigter Landmesser (Kl.) w. Landkreis D. (Bekl.). II 234/26.

Landgericht Düsseldorf.

Die vorstehende Frage ist auf die unmittelbar gegen das landgerichtliche Urteil eingelegte Revision bejaht worden aus folgenden

Gründen:

Da sich die Sachbefugnis des unstreitig den Schutz der Berufsinteressen selbständiger vereidigter Landmesser verfolgenden klagenden Verbands nur auf § 13 UnlWG. stützen kann, so kommt allein ein Unterlassungsanspruch aus § 1 UnlWG. in Frage.

Die Klagebehauptung geht dahin, daß der beklagte Landkreis zu Zwecken des Wettbewerbs widerrechtlich in den Gewerbebetrieb der selbständigen vereidigten Landmesser eingreife, indem er durch den Leiter seines Vermessungsamts, einen als Beamter angestellten Landmesser, gegen Vergütung Vermessungsarbeiten für Private ausführen lasse, die nach § 36 Abs. 2 GewO. nur durch einen selbständigen Landmesser vorgenommen werden dürften, und zwar auch dann, wenn — wie hier — der beamtete Landmesser alle wissenschaftlichen Voraussetzungen des Landmesserberufs durch Ablegung der vorgeschriebenen Prüfungen erfüllt habe.

Der beklagte Landkreis bestreitet die Richtigkeit der von den Klägern vertretenen Gesetzesauslegung und nimmt das Recht zu dem beanstandeten Gewerbebetrieb für sich in Anspruch. Er stützt sich also nicht auf ein Hoheitsrecht, sondern macht nur geltend, daß er durch Ausübung der beanstandeten Tätigkeit am privatwirtschaftlichen Verkehr teilnehmen dürfe.

Es handelt sich somit, entgegen der Ansicht des Landgerichts, nicht um einen Streit darüber, ob der beklagte Landkreis vermöge des ihm als öffentlichrechtlichem Verband durch öffentlichrechtliche Gesetze und Verordnungen bestimmten Aufgabenkreises berechtigt ist, eine privatwirtschaftliche Tätigkeit auszuüben. Diese Frage könnte selbstverständlich nicht im Rechtsweg, sondern nur durch die dem Landkreis übergeordneten Aufsichtsinstanzen auf Beschwerde entschieden werden. Ebensowenig handelt es sich um einen Streit der Parteien darüber, ob die Ausübung der Landmessertätigkeit zu den Aufgaben des Landkreises innerhalb des ihm übertragenen Hoheitsrechts gehört. Der Klaganspruch betrifft vielmehr allein die Frage, ob der Landkreis in dem von ihm unterhaltenen rein privatwirtschaftlichen Gewerbebetrieb unlauteren Wettbewerb begeht. Daß ein solcher Anspruch privatrechtlicher Natur ist, steht außer Zweifel. Denn wenn ein Verband des öffentlichen Rechts bei Ausübung eines Gewerbetriebs unlauteren Wettbewerb begehen sollte, so kann er hierfür in gleicher Weise verantwortlich gemacht werden wie jeder andere Gewerbetreibende.

Danach kann keine Rede davon sein, daß hier, wie das Landgericht meint, ein öffentlichrechtlicher Tatbestand in ein privatrechtliches Gewand gekleidet werde. Der Rechtsweg war vielmehr für zulässig zu erklären.

---

2. Voraussetzungen für die Zurücknahme eines Patents.

PatG. § 11 Abs. 2. Revidierte Pariser Verbands-Übereinkunft zum Schutze des gewerblichen Eigentums vom 2. Juni 1911 (RGBl. 1913 S. 209).[1])

---

[1]) Die Haager Fassung vom 6. November 1925 ist noch nicht in Kraft. D. E.

I. Zivilsenat. Urt. v. 15. Januar 1927 i. S. L. (Kl.) w. F. Erben (Bekl.). I 350/25.

I. Reichspatentamt.

Das Patent 185839 bezieht sich auf eine Vorrichtung zum Ausheben von Glastafeln aus der Schmelze mittels mehrerer übereinander liegender Rollenpaare und zum Fertigkühlen in ununterbrochenem Arbeitsgang, kurz auf einen Rollenaufzug und einen Kühlschacht. Die Vorrichtung findet Verwendung bei dem nach seinem Erfinder, einem Ausländer, dem Erblasser der Beklagten, genannten F.'schen Verfahren, das selbst schon zur Zeit der Klagerhebung nicht mehr Patentschutz genoß. Nach diesem Verfahren arbeiten, vom Kläger abgesehen, in Deutschland zur Zeit nur die drei Nebenintervenienten, die auch die patentierte Vorrichtung auf Grund eines Lizenzvertrags benutzen. Der Kläger verlangt Zurücknahme des Patents und macht geltend, daß die Erfindung nach Patent 185839 ausschließlich außerhalb des Deutschen Reichs ausgeführt werde; denn es komme nicht auf die Benutzung, sondern auf die Herstellung der geschützten Vorrichtung an. Das alleinige Recht zur Herstellung und zur Lieferung nach Deutschland habe aber die Maschinenfabrik J. H. in Belgien erworben. Wolle man indessen auf die Benutzung der Vorrichtung entscheidendes Gewicht legen, so sei die Benutzung durch die drei Lizenznehmer allein, denen noch dazu nur beschränkte Rechte zuständen, unzulänglich. Die Beklagten und die Nebenintervenienten entgegneten, es komme nicht so sehr auf die Herstellung für doch immer nur wenige Fabriken als vielmehr auf die Benutzung innerhalb der deutschen Glasfabrikation an; und bei dem Umfang der Betriebe der Nebenintervenienten sei den Belangen der inländischen Industrie genügend Rechnung getragen.

Das Reichspatentamt hat die Klage abgewiesen und die Kosten des Verfahrens dem Kläger auferlegt. Nach Einlegung der Berufung ist das Patent durch Zeitablauf erloschen. Hinsichtlich der Kosten, über die nur noch gestritten wurde, blieb die Berufung des Klägers ohne Erfolg.

Gründe:

Nach § 11 Abs. 2 PatG. kann ein Patent zurückgenommen werden, wenn die Erfindung ausschließlich oder hauptsächlich außerhalb des Deutschen Reichs ausgeführt wird. Diese Voraussetzung war an und für sich für die Vorrichtung — Rollenaufzug und Kühlschacht — nach Patent 185839 gegeben. Denn die Vorrichtung ist ausschließlich im Ausland ausgeführt worden und die Lizenznehmer haben sie sich durch Einfuhr verschaffen müssen, um dann allerdings im Inlande damit zu arbeiten.

Das Reichspatentamt hat aber die Zweckbestimmung des § 11 Abs. 2 PatG., der inländischen Wirtschaft als Kampfmittel gegenüber einer schädlichen ausländischen Einfuhr zu dienen, richtig erkannt und zutreffend angenommen, daß nach der Absicht des Gesetzes von der Befugnis („kann") der Patentzurücknahme nur Gebrauch gemacht werden solle — dann allerdings auch müsse —, wenn die Verhinderung der ausschließlichen Einfuhr aus dem Ausland im öffentlichen Interesse liege, wenn sie zum Schutze der deutschen Industrie erforderlich erscheine. Nun weist die angefochtene Entscheidung mit Recht darauf hin, daß die patentierte Vorrichtung in vollem Umfang in Deutschland benutzt worden ist dadurch, daß die Nebenintervenienten mit ihr in ausgedehntem Maße nach dem F.'schen Verfahren arbeiten. Ein Bedürfnis dafür, daß auch ihre Herstellung im Inland erfolge, hat allein der Kläger für sich in Anspruch genommen. Daß irgend ein anderer industrieller Betrieb, etwa auch eine Maschinenfabrik, sich für die Herstellung des Rollenaufzugs nebst Kühlschacht in Deutschland eingesetzt hätte, hat der Kläger nicht darzulegen vermocht. Kein anderer als der Kläger hat also offenbar ein unmittelbares Interesse an der Herstellung der patentierten Vorrichtung geltend zu machen gehabt. Hiernach hat das Reichspatentamt das Vorliegen eines öffentlichen Interesses mit Recht verneint.

Es kommt hinzu, daß nach dem — hier gleichfalls anzuwendenden — Art. 5 Abs. 2 der revidierten Pariser Verbands-Übereinkunft zum Schutze des gewerblichen Eigentums vom 2. Juni 1911 der Verfall eines Patents wegen Nichtausübung in einem Verbandsland nur dann ausgesprochen werden kann, wenn der Patentinhaber keine Gründe für seine Untätigkeit dartut. Hieraus folgt, daß dem Patentinhaber ein Verschulden bei der ausschließlichen Herstellung einer patentierten Vorrichtung im Auslande zur Last fallen muß, wenn die Zurücknahme des Patents ausgesprochen werden soll. Ein solches Verschulden ist aber noch nicht darin zu erblicken, daß die Beklagten den allein vom Kläger erhobenen Anspruch, ihm die Herstellung der patentierten Vorrichtung zu übertragen, nicht befriedigt haben. Auch hier wieder ist entscheidend, daß anderwärts im Deutschen Reich ein Herstellungsbedürfnis überhaupt nicht hervorgetreten ist. Nur wenn der Kläger sich für ein solches noch auf andere Hersteller von Maschinen als sich selbst berufen könnte, wären die Beklagten gehalten, Gründe für ihre „Untätigkeit", für ihre Zurückhaltung der deutschen Wirtschaft gegenüber darzutun. Die Sachlage erfordert dies aber um so weniger, als zwar die Rollenaufzüge und Kühlschächte aus dem Ausland hereinkommen, dagegen alle anderen weit zahlreicheren Teile der dem F.'schen Verfahren dienenden Maschinen in Deutschland selbst hergestellt werden.

Das Reichspatentamt hat hiernach mit Recht die Anwendung des § 11 Abs. 2 PatG. abgelehnt und die Klage abgewiesen. Seine Entscheidung war daher, nachdem die Hauptsache durch Erlöschen des Patents ihre Erledigung gefunden hatte, hinsichtlich der Kosten zu bestätigen.

---

3. In welcher Weise ist bei Pflichtteilsansprüchen der Geldentwertung Rechnung zu tragen?

BGB. §§ 2303, 2311, 2317, 242.

IV. Zivilsenat. Urt. v. 17. Januar 1927 i. S. Dr. H. (Bekl.) w. H. (Kl.). IV 332/26.

I. Landgericht Torgau.
II. Oberlandesgericht Naumburg.

Der am 22. November 1917 verstorbene Kaufmann August H. aus W., der Vater der Parteien, hat in seinem Testament vom 20. Juli 1917 seine beiden Söhne, A. H. und den Beklagten, zu Erben eingesetzt mit der Maßgabe, daß im Falle des Todes des einen das gesamte Vermögen dem anderen zufallen solle. A. H. ist 1919 gestorben und damit der Beklagte Alleinerbe geworden. Die Klägerin ist mit einer Schwester und noch anderen Personen als

Nacherbin eingesetzt; sie hat die Nacherbschaft ausgeschlagen und fordert vom Beklagten ihren Pflichtteil. Zunächst hat sie, unter mehrfacher Abänderung Papiermarkbeträge, schließlich den Betrag von 29645,60 RM als Pflichtteil verlangt. Das Landgericht verurteilte den Beklagten unter Beschränkung der Haftung auf den Nachlaß, der Klägerin 25000 RM zu zahlen; das Oberlandesgericht wies die Berufung des Beklagten zurück. Seine Revision, mit der er beantragte, das Berufungsurteil insoweit aufzuheben, als er zur Zahlung von mehr als 5000 RM verurteilt worden ist, hatte keinen Erfolg.

Aus den Gründen:

Da der gesetzliche Erbteil der Klägerin unstreitig $^3/_{20}$ des Nachlasses betragen würde, beläuft sich ihr Pflichtteil auf $^3/_{40}$ des vom Berufungsgericht für den Zeitpunkt des Erbfalls auf 1048744 PM ermittelten Gesamtwerts des Nachlasses. Das Berufungsgericht führt aus, der Grundgedanke des Pflichtteilsrechts sei der, daß gewisse Angehörige des Erblassers einen Anteil am Nachlaß erhalten sollten, auch wenn sie nicht als Erben eingesetzt seien. Um ein billiges Ergebnis zu erzielen, müsse man den auf eine Papiermarksumme gerichteten Pflichtteilsanspruch aufwerten (§ 242 BGB.). Für das Maß der Aufwertung sei es von wesentlicher Bedeutung, in welchem Umfang der Nachlaß seinen Wert behalten habe. Den Wert der noch in der Hand des Beklagten befindlichen Nachlaßgrundstücke zur Zeit der Urteilsfällung ermittelt das Berufungsgericht auf 399562 RM, den noch vorhandenen Wert der Nachlaßhypotheken auf 1000 RM, sodaß sich ein Gesamtwert des Nachlasses von 400562 RM ergebe (auf Berücksichtigung sonstiger Nachlaßbestände hat die Klägerin verzichtet). Auf die hiernach der Klägerin zukommenden $^3/_{40}$ = 30042 RM seien anzurechnen die der Klägerin in den Jahren 1919 und 1920 unstreitig geleisteten Zahlungen von insgesamt 30000 PM und zwar nach ihrem inneren Werte, den das Landgericht mit 3000 RM nicht zu niedrig angenommen habe, sodaß die Klägerin noch 27042 RM fordern könne. Bei Berücksichtigung gewisser Gegenansprüche des Beklagten sei der Klägerin mit einem Betrag von 25000 RM jedenfalls nicht zuviel zugesprochen.

Demgegenüber betont die Revision, daß der Pflichtteil nicht einen Bruchteil des Nachlasses darstelle, wie das Berufungsgericht annehme, sondern einen Bruchteil des Wertes, den der Nachlaß zur Zeit des Erbfalls gehabt habe. Es sei daher rechtsirrig, wenn das Berufungsgericht den Pflichtteil einfach nach dem Werte berechne, den die Nachlaßgrundstücke und -Hypotheken im Jahre 1924 in Goldmark gehabt haben sollen. Vielmehr wäre folgende Berechnung aufzustellen gewesen:

3/40 des Papiermarkwerts des Nachlasses (s. oben) =	78654,—
Davon ab die bis Ende Februar 1922 an die Klägerin gezahlten Papiermarkbeträge	30000,—
sodaß ein Betrag von	48654,—

Papiermark aufzuwerten gewesen sei. Als Aufwertungsbetrag sei die der Klägerin zugesprochene Summe viel zu hoch.

Der Revision ist zuzugeben, daß der Pflichtteilsanspruch kein Recht auf einen Anteil am Nachlaß gewährt. Nach § 2303 Abs. 1 S. 2 BGB. besteht der Pflichtteil in der Hälfte des **Wertes** des gesetzlichen Erbteils. Man hat aus dieser Vorschrift ableiten wollen, daß der Pflichtteilsanspruch ein sog. Wertanspruch sei. Der Senat trägt Bedenken, sich dieser insbesondere von **Mügel**, Aufwertungsrecht I. Teil § 39, vertretenen Ansicht anzuschließen. Die Vorschrift bringt zunächst negativ zum Ausdruck, daß der Pflichtteil nicht in der Hälfte des gesetzlichen Erbteils selbst besteht, daß er nicht selbst Erbteil ist; positiv besagt sie nicht mehr, als daß er sich der Höhe nach, also ziffermäßig, nach dem Wert des gesetzlichen Erbteils richtet. Dem entspricht die Vorschrift des § 2311, wonach der Berechnung des Pflichtteils der Bestand und der Wert des Nachlasses zur Zeit des Erbfalls zugrunde zu legen sind. Über die rechtliche Natur dieses nach § 2317 alsbald mit dem Erbfall entstehenden, vererblichen und übertragbaren Anspruchs als einer gewöhnlichen Geldforderung kann hiernach kein Zweifel bestehen. Die Denkschrift zum Entwurf eines Bürgerlichen Gesetzbuchs (S. 442) spricht geradezu von einer Geldabfindung des Pflichtteilsberechtigten. In Übereinstimmung damit hat der Senat in ständiger Rechtsprechung die Ansicht vertreten, daß der Pflichtteilsanspruch ein bloßer Geldsummenanspruch ist (vgl. z. B. LZ. 1915 Sp. 223 Nr. 4; RGZ. Bd. 104 S. 196). Als solcher kann er hinsichtlich der Folgen der Geldentwertung den Ansprüchen auf Ersatz des Wertes eines Gegenstands in Geld (bei Enteignung u. a.) oder gar dem Anspruch auf Herausgabe einer ungerechtfertigten Bereicherung nicht gleichgestellt werden (RGZ. Bd. 114 S. 342). Vielmehr unterliegt er der freien Aufwertung nach § 242 BGB.

Das alles hat das Berufungsgericht keineswegs verkannt. Es bezeichnet den Pflichtteilsanspruch der Klägerin, weil er im Jahre 1917 entstanden, also ein Papiermarkanspruch sei, ausdrücklich als aufwertbar nach § 242 BGB. Da hinsichtlich des Maßes der Aufwertung die beiderseitigen Belange der Parteien abzuwägen und alle Umstände des Falles zu berücksichtigen waren, erscheint es gerechtfertigt, daß der Berufungsrichter der Frage, inwieweit sich der Beklagte den Wert des Nachlasses erhalten habe, eine erhebliche, ja maßgebende Bedeutung beigemessen hat. Er konnte also in Betracht ziehen, daß die in der Hand des Beklagten gebliebenen Nachlaßgrundstücke trotz des allgemeinen Sinkens der Grundstückspreise immerhin noch den ermittelten Wert von 399562 RM haben, und daß aus den Nachlaßhypotheken 1000 RM verblieben sind, und er war rechtlich nicht gehindert, den oben berechneten Papiermarkbetrag auf $^3/_{40}$ dieses Goldmarkwerts des noch vorhandenen Nachlasses aufzuwerten. Auf diese Weise hat der Berufungsrichter, wenn man seine Ausführungen richtig versteht, die Papiermarkforderung der Klägerin von 78654 M aus dem Jahre 1917 auf 30042 RM aufgewertet. Die Beträge, welche die Klägerin bereits erhalten hat, waren entsprechend ihrem jeweiligen Goldmarkwert anzurechnen (RGZ. Bd. 108 S. 340). Durch ihre Bewertung auf 3000 RM ist der Beklagte nicht benachteiligt, da dieser Betrag denjenigen übersteigt, der sich aus der Goldmarkumrechnungstabelle des Aufwertungsgesetzes ergibt. Die Ansicht der Revision, das Berufungsgericht habe nur den Dollarwert dieser Zahlungen angesetzt, trifft nicht zu und würde selbst dann nicht zutreffen, wenn nur die Goldmarkwerte dieser Tabelle angesetzt wären, da die Tabelle nicht dem Dollarkurs folgt, sondern auch der höheren inneren Kaufkraft der Mark Rechnung trägt. Hiernach bleibt der der Klägerin vom Landgericht zugesprochene Betrag von 25000 RM noch unter dem vom Berufungsgericht ermittelten Aufwertungsbetrag.

Die Urteilsbegründung läßt auch nicht erkennen, daß das Berufungsgericht die Vorschrift des § 242 BGB. durch Nichtbeachtung sonstiger erheblicher Umstände verletzt hätte. (Wird ausgeführt.)

4. Haben in Kündigungsstreitigkeiten die ordentlichen Gerichte nachzuprüfen, ob eine Betriebsvertretung bei der Beschlußfassung über die Zulässigkeit der Entlassung eines ihrer Mitglieder die Verfahrensvorschriften des Betriebsrätegesetzes beobachtet hat?

Betriebsrätegesetz §§ 29flg., 96.

III. Zivilsenat. Urt. v. 18. Januar 1927 i. S. der Gewerkschaft K. A. (Bekl.) w. K. (Kl.). III 37/26.

I. Landgericht Aachen.
II. Oberlandesgericht Köln.

Der Kläger, der bei der Beklagten als Steiger in Diensten stand, war Mitglied des Angestellten- und des Betriebsrats. Die Beklagte kündigte ihm am 10. August 1921 zum 1. Oktober und ersuchte am 17. August den Betriebsrat um seine Zustimmung. Der Vorsitzende beraumte auf den folgenden Tag eine Betriebsratssitzung an, zu der auch der Kläger geladen wurde. Er erschien auch, wurde zu Punkt 2 der Tagesordnung „Stellungnahme zu der Entlassung des Steigers K." gehört und entfernte sich vor der Abstimmung. Über ihr Ergebnis enthält das Protokoll den Vermerk: „Durch das Resultat der Abstimmung wurde die Entlassung bejaht." Daraufhin wiederholte die Beklagte vorsorglich mittels Schreibens vom 18. August die Kündigung.

Der Kläger bestritt, daß ein ordnungsmäßig zustande gekommener Zustimmungsbeschluß des Angestellten- und des Betriebsrats vorliege, und erhob am 22. November 1922 Klage auf Feststellung der Unwirksamkeit der Kündigung, auf Wiedereinstellung und Fortzahlung des Gehalts. Das Landgericht wies die Klage ab, das Oberlandesgericht erklärte den Zahlungsanspruch dem Grunde nach für berechtigt. Die Revision der Beklagten führte zur Aufhebung des Berufungsurteils und zur Zurückverweisung der Sache an das Berufungsgericht.

Gründe:

Die Feststellung des Berufungsrichters, daß der Angestelltenrat vor der Beschlußfassung den Kläger nicht gehört habe und daß die Einladungen zu der entscheidenden Betriebsratssitzung nicht rechtzeitig und ohne Bekanntgabe der Tagesordnung ergangen seien (vgl. § 32 BRG.), vermag die aus diesen Verfahrensmängeln gezogene Folgerung, die Kündigung sei unwirksam, nicht zu rechtfertigen. Zwar schreiben die §§ 29 bis 33, § 40 und andere Bestimmungen des Betriebsrätegesetzes vor, in welcher Weise die Beschlüsse einer Betriebsvertretung vorzubereiten und herbeizuführen sind. Daß für die Entscheidungen eines Betriebs- oder Gruppenrats über die Genehmigung der Kündigung eines ihrer Mitglieder in dieser Beziehung nichts Abweichendes gilt, hat der Senat bereits im Urteil vom 23. Oktober 1925 (RGZ. Bd. 111 S. 412) ausgesprochen. Daraus folgt aber nicht die Befugnis der ordentlichen Gerichte, die ihnen als rechtserhebliche Grundlage eines Anspruchs oder Einwands unterbreiteten Beschlüsse einer Betriebsvertretung daraufhin zu prüfen, ob sie unter Beachtung der Verfahrensvorschriften des Betriebsrätegesetzes zustande gekommen seien.

Die Stellung des Richters den Beschlüssen einer Betriebsvertretung gegenüber ist keine andere als gegenüber den Beschlüssen der Mieteinigungsämter, bei denen der Senat in ständiger Rechtsprechung die Nachprüfung der Ordnungsmäßigkeit ihrer Besetzung und des von ihnen beobachteten Verfahrens abgelehnt und nur die Nachprüfung der Grenzen ihrer sachlichen Zuständigkeit für zulässig und geboten erklärt hat (RGZ. Bd. 101 S. 53 und S. 115; Bd. 103 S. 315; Bd. 105 S. 59). Dem Richter gegenüber den Beschlüssen einer Betriebsvertretung ein weitergehendes Prüfungsrecht einzuräumen, liegt kein Anlaß vor; dies würde mit der Stellung der Betriebsvertretungen als öffentlichrechtlicher Selbstverwaltungsorgane und mit der öffentlichrechtlichen Eigenschaft der für ihren inneren Geschäftsbetrieb bestimmten Verfahrensvorschriften in Widerspruch stehen. Die Beachtung der letzteren ist Pflicht des Vorsitzenden der Betriebsvertretung, und Sache ihrer Mitglieder ist es, erkennbare und erkannte Verfahrensverstöße zu rügen und auf ihre Abstellung zu bringen, nötigenfalls durch Verweigerung der Abstimmung, durch das Verlangen auf Anberaumung einer neuen Sitzung oder durch Anrufung des Bezirkswirtschaftsrats oder seiner Ersatzstelle (§ 93 Nr. 3 a. a. O.). Setzen sie sich pflichtwidrig über wesentliche Verfahrensvorschriften hinweg, so können sie ihres Amtes enthoben (§ 39 a. a. O.) und je nach Lage des Falles auch schadensersatzpflichtig gemacht werden.

In einem bürgerlichrechtlichen Kündigungsstreit ist aber der Arbeitnehmer, wenn wirklich der Zustimmungsbeschluß einer Betriebsvertretung vorliegt, mit der Behauptung nicht zu hören, daß der Beschluß infolge von Verfahrensmängeln nach § 32 BRG., also nach öffentlichem Rechte, ungültig sei (vgl. Flatow, Betriebsrätegesetz 10. Aufl. Anm. 3 vor § 15, aber auch Anm. 4 Abs. 2 zu § 96). Das vom Berufungsrichter angezogene Urteil des VII. Zivilsenats vom 7. März 1922 (RGZ. Bd. 104 S. 182) steht dieser Auffassung nicht entgegen. Ob der dort geäußerten Ansicht beizupflichten ist, daß der Richter bei Schiedssprüchen eines Schlichtungsausschusses die Beobachtung „zwingender Verfahrensvorschriften" nachzuprüfen habe, bedarf im vorliegenden Falle keiner Entscheidung (RGZ. Bd. 104 S. 418). Freilich darf der Arbeitgeber auf Grund bloß formloser Vorbesprechungen und unverbindlicher, wenn auch ihm günstiger Meinungsäußerungen der Mitglieder einer Betriebsvertretung, wobei diesen das Bewußtsein und der Wille fehlen, in ihrer amtlichen Eigenschaft abzustimmen und zu beschließen, die beabsichtigte Kündigung nicht vornehmen (RGZ. Bd. 111 S. 412). Denn in einem solchen Falle ist ein Zustimmungsbeschluß im Sinne des § 96 BRG. ebensowenig vorhanden wie etwa dann, wenn Personen, die der Betriebsvertretung nicht angehören, unbefugterweise als solche zusammentreten und die Genehmigung zur Kündigung aussprechen. Läßt aber die gesetzliche Betriebsvertretung ihren Zustimmungsbeschluß und, wie im vorliegenden Falle, zugleich eine Abschrift des einschlägigen Sitzungsprotokolls (§ 33 Abs. 2 BRG.) durch den Vorsitzenden (§ 28 a. a. O.) dem Arbeitgeber übermitteln, so hat dieser keinen Anlaß, der Frage nachzugehen, ob der Betriebsrat auch die Verfahrensvorschriften des Betriebsrätegesetzes befolgt habe oder nicht. Eine solche Prüfung ist ihm um so weniger zuzumuten, als ihm zu ihrer einwandfreien Durchführung nicht einmal die erforderlichen Machtmittel zur Verfügung stehen. Unter den geschilderten Umständen formale Mängel des öffentlichrechtlichen Betriebsratsverfahrens, auf dessen Gang der Arbeitgeber keinen oder doch keinen wesentlichen Einfluß auszuüben vermag, zivilrechtlich zu seinen Lasten gehen zu lassen, wäre eine Unbilligkeit, die sich auch unter Berücksichtigung der berechtigten schutzbedürftigen Arbeitnehmerinteressen weder aus dem Wortlaut noch aus dem Geist und Zweck des Betriebsrätegesetzes rechtfertigen läßt.

Im vorliegenden Falle, in welchem der am 30. September 1921 entlassene Kläger im November 1922, also zu einer Zeit, zu der die Beklagte die Kündigungsangelegenheit längst für erledigt hielt und für erledigt halten durfte, Klage auf Feststellung der Unwirksamkeit seiner Entlassung und der Fortdauer des Dienstverhältnisses erhoben hat, würde es eine wirtschaftlich kaum erträgliche Härte für die Beklagte bedeuten, wenn sie nach so langer Frist wegen eines vom Betriebsrat verschuldeten, ihr vor dem Prozeß vielleicht gar nicht bekannt gewordenen Verfahrensverstoßes zur Nachzahlung ein- oder mehrjähriger Gehaltsrückstände gezwungen werden könnte.

Die Entscheidung der Streitfrage, ob der Betriebs- und der Angestelltenrat sich bei der Beschlußfassung über die Zulässigkeit der Kündigung an die Verfahrensvorschriften des Betriebsrätegesetzes gehalten haben, war dem Berufungsrichter daher entzogen. Anders verhält es sich aber mit der von ihm nicht entschiedenen Frage, ob, wie der Kläger vorträgt, Angestellte, die nicht Mitglieder des Angestelltenrats waren, sich die Stellung eines solchen angemaßt und, ohne dazu berufen zu sein, den Beschluß über die Zustimmung zur Kündigung gefaßt haben. Träfe das zu, so läge allerdings nicht etwa nur ein mit Verfahrensmängeln behafteter, sondern, wie schon betont, überhaupt kein den Anforderungen des § 96 a. a. O. entsprechender Zustimmungsbeschluß des zuständigen Angestelltenrats vor. Daß die Beklagte dem Beschluß trotzdem vertraute und seine Bedeutungslosigkeit nicht durchschaute, war dann ihre Schuld. Die Mitglieder des Angestelltenrats mußte sie kennen, und wenn das nicht der Fall war, mußte sie sich unter allen Umständen, bevor sie kündigte, darüber vergewissern, ob der ihr mitgeteilte Zustimmungsbeschluß von ihnen herrührte und ob das ihr überreichte Sitzungsprotokoll ihre Namen trug. Hat sie das nicht getan, so kann sie sich über die Folgen ihrer Sorglosigkeit nicht beschweren. Der Berufungsrichter durfte also eine Feststellung über den Ursprung und die Urheber des Angestelltenratsbeschlusses nicht ablehnen. Zu ihrer Nachholung war unter Aufhebung des angefochtenen Urteils die Sache an das Berufungsgericht zurückzuverweisen.

5. Zum Begriff des unabwendbaren Zufalls im Sinne von § 233 ZPO.

ZPO. §§ 233, 319, 321, 517.

I. Zivilsenat. Urt. v. 19. Januar 1927 i. S. Sch. & G. A.-G. (Bekl.) w. Rh. V. G. m. b. H. (Kl.). I 341/26.

I. Landgericht Bonn, Kammer für Handelssachen.
II. Oberlandesgericht Köln.

Die Klägerin hat auf Zahlung von 21535 RM nebst Zinsen Klage erhoben und diesen Betrag später um gezahlte 1039,08 RM ermäßigt. Die Beklagte hat widerklagend Zahlung von 1165,06 RM gefordert. Das Landgericht verurteilte die Beklagte zur Zahlung von 12059 RM nebst Zinsen abzüglich der gezahlten 1039,08 RM und wies die Klägerin mit der Mehrforderung sowie die Beklagte mit der Widerklage ab. Dagegen legte die Beklagte Berufung ein mit dem Antrag auf Abweisung der Klage und Verurteilung der Klägerin zur Zahlung von 2141,63 RM nebst Zinsen. Die Klägerin schloß sich der Berufung an und beantragte Verurteilung der Beklagten zur Zahlung auch der restlichen Klagforderung. Das Oberlandesgericht wies durch Urteil vom 8. Oktober 1926 die Berufung der Beklagten zurück, änderte dagegen auf die Anschlußberufung der Klägerin das landgerichtliche Urteil dahin ab, daß die Beklagte zur Zahlung weiterer 6919 RM nebst Zinsen verurteilt wurde. Dieses Urteil ist am 20. Oktober 1926 zugestellt worden. Demnächst hat das Oberlandesgericht auf Antrag der Beklagten durch Beschluß vom 25. November 1926 das Urteil vom 8. Oktober 1926 berichtigt und das landgerichtliche Urteil nunmehr dahin abgeändert, daß die Beklagte nur zur Zahlung von 1768,96 RM nebst Zinsen verurteilt, im übrigen die Berufung der Beklagten und die Anschlußberufung der Klägerin zurückgewiesen wurden. Der Beschluß ist damit begründet worden, daß ein offenbarer Rechenfehler vorliege, indem versehentlich unterlassen worden sei, einen bereits bezahlten Betrag von der Schlußrechnung abzuziehen. Der Berichtigungsbeschluß ist am 4. Dezember 1926 zugestellt worden. Die Klägerin hat darauf am 18. Dezember 1926 gegen das berichtigte Urteil vom 8. Oktober 1926 Revision eingelegt mit dem Antrag, ihr gegen die Versäumung der Revisionsfrist die Wiedereinsetzung in den vorigen Stand zu erteilen. Diesem Antrag ist stattgegeben worden.

Gründe:

Nach feststehender Rechtsprechung des Reichsgerichts wird durch die Zustellung eines gemäß § 319 ZPO. erlassenen Berichtigungsbeschlusses keine neue Frist zur Einlegung der Berufung oder der Revision gegen das berichtigte Urteil eröffnet. Gegen das berichtigte Urteil findet vielmehr nur das gegen das ursprüngliche Urteil zulässige Rechtsmittel statt, und die Frist zur Einlegung des Rechtsmittels läuft von der vor der Berichtigung erfolgten Zustellung des Urteils ab (RGZ. Bd. 29 S. 403, Bd. 65 S. 302, Bd. 90 S. 231, Bd. 110 S. 429). Das beruht auf der gesetzlichen Regelung, welche die Anfechtung eines nach § 319 ZPO. erlassenen Berichtigungsbeschlusses und einer gemäß § 321 daselbst ergangenen ergänzenden Entscheidung gefunden hat. Während nämlich nach § 517 ZPO., wenn ein Urteil innerhalb der Berufungsfrist gemäß § 321 durch eine nachträgliche Entscheidung ergänzt wird, mit der Zustellung der nachträglichen Entscheidung der Lauf der Berufungsfrist auch für die Berufung gegen das zuerst ergangene Urteil von neuem beginnt — die entsprechende Anwendung dieser Vorschrift für das Revisionsverfahren ist allerdings nicht vorgesehen —, fehlt eine solche Bestimmung für den Fall der Urteilsberichtigung. Nach § 319 Abs. 3 ZPO. findet vielmehr gegen den Beschluß, durch den der Antrag auf Berichtigung zurückgewiesen wird, kein Rechtsmittel, und gegen den Beschluß, der eine Berichtigung ausspricht, sofortige Beschwerde statt. Daher war, als die Klägerin Revision einlegte, die Frist zur Einlegung der Revision bereits abgelaufen.

Die Voraussetzungen für die Wiedereinsetzung in den vorigen Stand gegen die Versäumung der Revisionsfrist sind gegeben. Die Klägerin ist, wie der Senat in Übereinstimmung mit Stein-Jonas ZPO. § 319 Bem. III annimmt, durch einen unabwendbaren Zufall im Sinne des § 233 ZPO. an der Einhaltung der Notfrist verhindert worden. Man kann nicht verlangen, daß sie eine größere Aufmerksamkeit anwenden mußte als das erkennende Gericht, und ihr nicht zumuten, innerhalb der Revisionsfrist die Berichtigung des Urteils zu ihren Ungunsten zu beantragen und dann gegen das berichtigte Urteil Revision einzulegen. Sie konnte sich vielmehr darauf verlassen, daß kein Rechenfehler unterlaufen war. Als der

Berichtigungsbeschluß erging, war die Revisionsfrist bereits abgelaufen. Es bestand für sie vor der Berichtigung, weil die erforderliche Revisionssumme fehlte, auch gar nicht die rechtliche Möglichkeit zur Einlegung der Revision. Sie würde daher völlig rechtlos gestellt, wenn man ihr die Wiedereinsetzung in den vorigen Stand versagen wollte. Auf einen abweichenden Standpunkt hat sich allerdings der VII. Zivilsenat des Reichsgerichts in einem Urteil vom 25. Juni 1909, WarnRspr. 1909 Nr. 522 (auch Gruch. Bd. 53 S. 1102), gestellt. Allein es kann auf sich beruhen, ob seinen Ausführungen für den damaligen Fall beizutreten wäre. Der Sachverhalt ist hier insofern ein anderer, als die Klägerin nicht in der Lage war, rechtzeitig Revision einzulegen. Deshalb bedarf es keiner Entscheidung der Vereinigten Zivilsenate. Übrigens kann seit dem Gesetz betreffend die Zuständigkeit des Reichsgerichts vom 22. Mai 1910 (RGBl. S. 767) ein von einem Oberlandesgericht erlassener Berichtigungsbeschluß nach § 567 Abs. 3 ZPO. nicht mehr mit der sofortigen Beschwerde angefochten werden.

---

6. 1. Wann kann der Ankauf von Wertpapieren wegen Irrtums über ihren Kurs angefochten werden?

2. Zur Schadensersatzpflicht wegen Verschuldens beim Vertragsschlusse (culpa in contrahendo) und bei Anfechtung wegen Irrtums.

BGB. §§ 119, 122, 276.

I. Zivilsenat. Urt. v. 22. Januar 1927 i. S. Sch. (Bekl.) w. Deutsche Bank (Kl.). I 35/26.

I. Landgericht I Berlin.
II. Kammergericht daselbst.

Der Beklagte unterhielt bei einer Depositenkasse der Klägerin in Berlin ein laufendes Konto, auf dem er ein Guthaben von 796,06 G*M* stehen hatte. Am 7. Januar 1924 beauftragte er die Klägerin, für ihn „bestens" 300000 *M* Neue Berliner Pfandbriefe und 100000 *M* Pommersche Pfandbriefe anzukaufen. Der Auftrag wurde von dem Depositenkassenvorsteher W. angenommen und zur

Ausführung weitergegeben. Sowohl der Beklagte als auch W. befanden sich dabei auf Grund eines Druckfehlers im amtlichen Kurszettel in dem Irrtum, der Kurs betrage einige Tausend Millionen Prozent, also einige Milliarden, während er in Wahrheit einige Tausend Milliarden, also einige Billionen betrug. Die Klägerin übersandte dem Beklagten zunächst am 7. und 8. Januar 1924 fünf Ausführungsanzeigen, nach deren Inhalt sie ihm den bis dahin angeschafften Teil der Papiere „überließ"; der darin berechnete Kurs war ebenfalls nur der tausendste Teil des wirklichen Kurses. Alsbald nach Aufdeckung des Irrtums übersandte sie ihm fünf berichtigende Ausführungsanzeigen, in denen sie bat, von den zuerst übersandten keine Vormerkung zu nehmen, da sie einen Rechenfehler enthielten, und sie gelegentlich zurückzugeben. Über den Rest der in Auftrag gegebenen Papiere übersandte die Klägerin dem Beklagten Ausführungsanzeigen mit richtiger Kursangabe. Sowohl die berichtigenden als auch die letzten, von vornherein richtigen Ausführungsanzeigen erreichten den Beklagten nach seiner Rückkehr von einer Reise am 11. Januar 1924. Noch am selben Tage gab er gegenüber W. durch Fernsprecher eine Erklärung ab, deren Wortlaut er vorher schriftlich niedergelegt hatte. Sie lautete: „Ich erkenne die zweiten Schlußnoten nicht an. Falls nicht überhaupt ein unwirksames Geschäft vorliegt, muß in der Übersendung jener zweiten Schlußnoten eine Anfechtung des ersten Geschäfts Ihrerseits wegen Irrtums gesehen werden, die ich gelten lasse, andernfalls muß ich auf Erfüllung der ersten Schlußnoten bestehen .... Schon zwecks Vermeidung derartiger Weiterungen stelle ich Stornierung des Geschäfts anheim." Die Klägerin belastete den Beklagten jedoch mit den vollen Preisen der Wertpapiere nebst Spesen und klagt im vorliegenden Rechtsstreit den sich daraus ergebenden Saldo von 14244,24 RM nebst Verzugszinsen ein.

Die Vorinstanzen haben der Klage stattgegeben. Die Revision des Beklagten führte zur Aufhebung und Zurückverweisung aus folgenden

Gründen:

... Dem Berufungsgericht ist zwar darin beizutreten, daß die Klägerin die Annahme des Auftrags nicht angefochten hat. In der Berichtigung ihrer dem Beklagten übersandten Rechnungen lag keine solche Anfechtung. Anderseits hat das Berufungsgericht, abweichend vom Landgericht, angenommen, daß der Beklagte die

Erteilung des Auftrags unverzüglich nach Erkennung des Irrtums angefochten habe. Auch das ist nicht zu beanstanden, denn die Erklärung des Beklagten vom 11. Januar 1924, daß er die nachträglich übersandten Ausführungsanzeigen nicht anerkenne und das Geschäft in erster Reihe als unwirksam behandelt wissen wolle, läßt sich als Anfechtung auslegen, wenn auch der Beklagte dabei ersichtlich von der unrichtigen Rechtsauffassung ausging, daß die Klägerin selbst die Anfechtung erklärt habe. Das Berufungsgericht nimmt aber beiderseitigen unbeachtlichen Irrtum im Beweggrund an und lehnt die Anfechtungsmöglichkeit ab. Hierin kann ihm nicht gefolgt werden.

Das Reichsgericht hat in einer Reihe von Fällen angenommen, daß der Beweggrund zum Bestandteil einer Willenserklärung werden kann, wenn er nämlich in der Erklärung selbst oder bei den entscheidenden Verhandlungen erkennbar hervortritt (Bd. 94 S. 65, Bd. 97 S. 138, Bd. 105 S. 407). In solchen Fällen kann bei irrigem Beweggrund zugleich ein Irrtum über den Inhalt der Erklärung vorliegen und damit die Möglichkeit der Anfechtung wegen Irrtums auf Grund des § 119 BGB. gegeben sein. Nun kann zwar im allgemeinen keine Rede davon sein, daß ein Auftrag zum An- oder Verkauf von Wertpapieren schon darum vom Auftraggeber angefochten werden könne, weil er sich infolge eines Druckfehlers oder aus anderen Gründen über den Kurs geirrt habe. Das ist in der Regel nur ein unbeachtlicher Irrtum im Beweggrund. Aber der vorliegende Fall weist doch Besonderheiten auf, die eine andere Beurteilung rechtfertigen. Der Kurs war in Wirklichkeit tausendmal so hoch, als beide Teile, der Beklagte und W. als Vertreter der Klägerin, auf Grund eines Druckfehlers im amtlichen Kurszettel annahmen. Hätte der Beklagte den richtigen Kurs gekannt, so hätte er den Auftrag nicht erteilt; hätte W. ihn gekannt, so hätte er den Auftrag nicht angenommen. Denn der Beklagte wollte sein Guthaben bei der Klägerin nicht überziehen, sondern sich mit seinem Auftrag innerhalb der Grenzen seines Guthabens halten; er konnte auch gar nicht annehmen, daß die Klägerin einen Auftrag ausführen werde, der sein Guthaben um fast das Zwanzigfache überstieg, ohne daß er ihr Deckung gab. Und W. war durch Dienstanweisung gebunden, Aufträge abzulehnen, für deren Ausführung keine genügende Deckung vorhanden war. Wenn das Berufungsgericht nun meint, der „Irrtum" des Beklagten sei dem W. nicht erkennbar gewesen, so trifft das nicht das Wesentliche. Bei dem festgestellten Sachverhalt war für W. die Grundlage des Auftrags sehr wohl erkennbar, nur den Irrtum als solchen erkannte er nicht, aber darauf kommt es für die Anwendbarkeit des § 119 BGB. auch nicht an. Die Grundlage, von der beide Teile ausgingen, jeder dem andern erkennbar, war ein Tagespreis der Wertpapiere, der sich ungefähr in der Nähe der unrichtigen Notiz hielt, sodaß er die Anschaffung mittels des Guthabens des Beklagten ermöglichte, nicht aber ein Tagespreis, der die Notiz um das Tausendfache überstieg, sodaß eine Anschaffung mittels des Guthabens des Beklagten völlig ausgeschlossen war. Diese Grundlage ist, wenn auch nicht ausdrücklich, so doch stillschweigend und beiden Teilen erkennbar, zum Bestandteil des Auftrags geworden; so war er gemeint und so ist er verstanden worden. Der ersten Revisionsrüge ist daher im Ergebnis beizustimmen, wenn sie annimmt, daß die Anfechtung des Beklagten begründet war. Abzulehnen ist aber die Meinung der Revision, daß die Art der Kursnotierung eine Eigenschaft des Wertpapiers sei. Die Kursnotierung ist nichts weiter als eine historische Mitteilung über den Preis, den ein Wertpapier durch Angebot und Nachfrage in einem der Vergangenheit angehörenden Zeitpunkt erzielt hat. Die Anfechtung wird im vorliegenden Falle durch § 119 Abs. 1 BGB., nicht Abs. 2 gerechtfertigt.

Das Berufungsgericht wird bei der erneuten Erörterung des Rechtsstreits aber auch zu prüfen haben, ob es einer Anfechtung überhaupt bedurfte. In dieser Hinsicht wird die Frage von Erheblichkeit sein, ob der Irrtum bei W., einem Bankbeamten, entschuldbar war. Eine etwaige Fahrlässigkeit des W. würde die Klägerin, die sich seiner zum Abschluß des Vertrags bedient hat, unter dem Gesichtspunkt eines Verschuldens beim Vertragsschluß (culpa in contrahendo, vgl. RGZ. Bd. 114 S. 155, auch Bd. 78 S. 240, Bd. 97 S. 339, Bd. 107 S. 362) zu vertreten haben, und es wäre weiter zu untersuchen, ob die vorbehaltlose Annahme des Auftrags sie gegenüber dem Beklagten in einem Maße schadensersatzpflichtig macht, daß sie Ansprüche auf Grund des Auftrags überhaupt nicht erheben kann.

In einem wie im anderen Falle — Anfechtung des Beklagten oder Verschulden der Klägerin — kann die weitere Einwendung der Klägerin, daß der Beklagte das Geschäft durch Aufträge zum Verkauf eines Teils der Wertpapiere „bestätigt" habe, nicht als schlüssig anerkannt werden.... (Wird ausgeführt.)

Für den Fall, daß das Berufungsgericht die Klage nicht schon wegen Verschuldens der Klägerin beim Vertragsschluß abweisen sollte, wird weiter zu prüfen sein, ob die dann durchgreifende Anfechtung wegen Irrtums einen Schadensersatzanspruch der Klägerin gemäß § 122 BGB. rechtfertigt. Die Klägerin hat ihre Klage hilfsweise hierauf gestützt, und das Berufungsgericht hat ihr, obwohl es die Anfechtbarkeit verneint hat, hilfsweise Schadensersatz in Höhe des von ihr verauslagten Kaufpreises zugesprochen. Damit würde die Klageforderung, die außer Auslagen auch Gewinn umfaßt, nicht gedeckt sein, aber auch in dieser Begrenzung wäre die Forderung noch nicht gerechtfertigt. Denn da die Einkaufskommission infolge der Anfechtung nichtig war, so entfiel für die Klägerin die Pflicht, dem Beklagten das Eigentum an den Papieren zu verschaffen; soweit etwa zur Zeit der Anfechtung schon ein Eigentumsübergang auf den Beklagten stattgefunden haben sollte, hatte sie einen Bereicherungsanspruch auf Rückübertragung des Eigentums, den sie sofort verwirklichen konnte, da der Beklagte die Papiere gar nicht haben wollte. Sie konnte also über die Papiere für eigene Rechnung verfügen und mußte sich, wie die Revision mit Recht geltend macht, bei der Berechnung ihres Schadens den Wert der Papiere gutbringen. Ob dann noch ein Schaden im Sinne des § 122 BGB. übrig blieb, ob nicht ihr „negatives Vertragsinteresse" vollständig gedeckt war, bedarf noch der Prüfung. Weiter wird aber zu prüfen sein, ob eine Schadensersatzpflicht des Beklagten überhaupt bestand. Auch unter diesem Gesichtspunkt würde die Frage erheblich werden, ob W. den Irrtum des Beklagten bei gehöriger Aufmerksamkeit erkennen mußte; denn wenn das der Fall war, trat nach § 122 Abs. 2 in Verbindung mit § 166 BGB. die Schadensersatzpflicht des Beklagten nicht ein. Sollte aber auch ein Schaden entstanden und die Ausnahme des § 122 Abs. 2 BGB. aus tatsächlichen Gründen nicht gegeben sein, so würde endlich noch geprüft werden müssen, ob die Klägerin es nicht schuldhaft unterlassen hat, den Schaden abzuwenden oder zu mindern, und ob sie daher nicht gemäß § 254 BGB. ihren Ersatzanspruch ganz oder zum Teil verloren hat. Sie hat dem Beklagten entgegengehalten, daß die Kurse gestiegen seien und daß er die Papiere mit Vorteil habe verkaufen können. Sie wird demnach aufklären müssen, warum sie nicht selbst auf diese Weise den Schaden von sich abgewendet hat. . . .

---

7. Hat die unter der Herrschaft der 3. Steuernotverordnung vom Eigentümer ausgesprochene Kündigung einer Hypothek ihre Wirksamkeit nach dem Inkrafttreten des Aufwertungsgesetzes behalten?

3. Steuernotverordnung § 5 Abs. 1. Aufwertungsgesetz § 25 Abs. 1.

V. Zivilsenat. Urt. v. 22. Januar 1927 i. S. L. (Bekl.) w. R. (Kl.). V 329/26.

I. Landgericht Insterburg.
II. Oberlandesgericht Königsberg.

Für die Klägerin stehen auf Grundbesitz des Beklagten seit den Jahren 1912 und 1913 zwei Restkaufgeldhypotheken eingetragen. Nach dem Inkrafttreten der 3. Steuernotverordnung kündigte der Beklagte am 30. März 1924 die Hypotheken zur Rückzahlung; die vertraglich vorgesehene Kündigungsfrist betrug 6 Monate. Im Mai 1925 erhob die Klägerin die vorliegende Klage auf Zahlung des den Vorschriften der 3. Steuernotverordnung entsprechenden Aufwertungsbetrags von 7785 RM nebst 24% Zinsen seit dem 1. Oktober 1924. Der Beklagte verweigerte die Zahlung; da die Klägerin nach der Kündigung erklärt habe, sie werde das Geld zwar annehmen, die löschungsfähige Quittung aber nicht vor ihrer Vollbefriedigung erteilen, sei es ihm unmöglich gemacht worden, ein ihm in Aussicht gestelltes Hypothekendarlehen aufzunehmen. Nach dem Inkrafttreten des Aufwertungsgesetzes beantragte er mit Rücksicht auf dessen § 25, den Rechtsstreit gemäß § 82 das. für erledigt zu erklären.

Das Landgericht wies die Klage ab. Das Oberlandesgericht verurteilte durch Teilurteil den Beklagten zur Zahlung des Kapitals. Die Revision des Beklagten hatte keinen Erfolg.

Gründe:

Das Berufungsgericht geht zutreffend davon aus, daß das Kündigungsrecht des Eigentümers und Schuldners durch die ein

Moratorium verordnenden Vorschriften in § 5 Abs. 1 der 3. StNVo. und in § 25 Abs. 1 AufwG. nicht berührt werde (soweit nicht Abs. 2 des § 25 eine gesetzliche Mindestkündigungsfrist einführt). Schon nach der 3. Steuernotverordnung habe, so wird weiter unter Berufung auf die herrschende Meinung erwogen, das Moratorium nur eine zugunsten des Eigentümers und Schuldners bestehende verzichtbare Schutzvorschrift dargestellt. Dieses Schutzes habe sich der Beklagte begeben, ohne daß die Erklärung der Klägerin, sie würde die löschungsfähige Quittung nicht erteilen, dabei von Bedeutung sein könnte, da der Beklagte damals in der Lage gewesen wäre, ihre Erteilung zu erzwingen. Das Moratorium des Aufwertungsgesetzes ändere nichts an der bereits eingetretenen Fälligkeit der nach Inkrafttreten der 3. Steuernotverordnung gekündigten Hypotheken. Stelle sich die vom Beklagten zu leistende Zahlung nunmehr nach den Vorschriften des Aufwertungsgesetzes auch als eine bloße Teilzahlung dar, so sei doch die Klägerin zu ihrer Annahme bereit.

Die Revision ist der Meinung, daß das Inkrafttreten des Aufwertungsgesetzes eine erneute Stundung schon fällig gewordener Hypotheken herbeigeführt habe. Die Vorschrift in § 25 Abs. 2 AufwG. ergebe nichts dafür, daß der Gläubiger nach einer Kündigung des Schuldners auch Zahlung beanspruchen dürfe; er komme nur in Annahmeverzug, wenn er nach Ablauf der Kündigungsfrist eine ihm angebotene Zahlung ablehne, was auch für die unter der Herrschaft der 3. Steuernotverordnung erklärten Kündigungen gelten müsse. Schließlich habe das Aufwertungsgesetz dem Beklagten die Verwirklichung seines erkennbaren Willens, die ganze Hypothek zu beseitigen, unmöglich gemacht; schon deshalb habe die Kündigung ihre Wirksamkeit verloren.

Die Angriffe der Revision sind nicht begründet. In vorderster Reihe der geäußerten Bedenken steht die Meinung der Revision, daß schon unter der Herrschaft der 3. Steuernotverordnung der Eigentümer (und der Schuldner) im Falle einer Kündigung von seiner Seite zur Zahlung nach Ablauf der Kündigungsfrist zwar berechtigt, aber nicht verpflichtet gewesen sei. Diese Auffassung ist nicht richtig. Wenn, wie das Berufungsgericht zutreffend annimmt, das Moratorium der 3. Steuernotverordnung einen verzichtbaren Schutz gewährte, dann begab sich der selbst kündigende Schuldner oder Eigentümer freiwillig dieses Schutzes, und es besteht kein Grund zu der Annahme, daß ihm das Gesetz die wiederholte Berufung auf die Schutzvorschrift nach seinem Belieben hätte zugestehen wollen. Denn mag die Kündigung zunächst auch nur einen einseitigen Willensakt darstellen, durch welchen das den Beteiligten durch Gesetz oder Vertrag gewährte Recht verwirklicht werden soll, ein bestehendes Rechtsverhältnis zu beendigen, so schafft sie doch zugleich die Voraussetzungen für Fälligkeit und Klagbarkeit des Anspruchs und führt aus diesem Grunde eine für beide Parteien gemeinsame Wirkung herbei (Immerwahr, Die Kündigung, S. 92; Staudinger Anm. I 3c$^{\beta}$ zu § 1141 BGB.; RGUrt. vom 29. Oktober 1910 bei Gruch. Bd. 55 S. 673), die sie grundsätzlich für die weitere Gestaltung des Rechtsverhältnisses beibehält. Dafür, daß die 3. Steuernotverordnung diese grundsätzliche Wirkung in Fällen, in denen die Kündigung nach ihrem Inkrafttreten erfolgte, in irgendeiner Beziehung hätte einschränken wollen, ergibt ihr Wortlaut nichts. Ebensowenig ist übrigens aus der Ausdrucksweise des Aufwertungsgesetzes („der Eigentümer und der Schuldner sind berechtigt ... zu zahlen") etwas in der angedeuteten Richtung zu folgern. Eine dem entgegenstehende Auffassung würde die Bedeutung der Kündigung verkennen und allzusehr am Wortlaut haften.

Es besteht daher kein Bedenken, anzunehmen, daß die am 30. März 1924 gekündigte Hypothekenschuld 6 Monate nach ihrer Kündigung fällig geworden und daß der unter Verzicht auf das damals bestehende Moratorium kündigende Beklagte zur Zahlung verpflichtet war. Hiernach kann sich nur fragen, ob die Vorschrift in § 25 AufwG. den Zahlungsanspruch der Klägerin wiederum beseitigt hat, wenn er beim Inkrafttreten des Aufwertungsgesetzes noch nicht erfüllt war. Daß eine bis dahin gegen den Beklagten ergangene rechtskräftige gerichtliche Entscheidung zugunsten der Klägerin, vorbehaltlich des aus § 78 S. 2 AufwG. sich ergebenden Mehranspruchs, Recht geschaffen hätte, ist nicht zu bezweifeln. Aber auch ohne den besonderen, aus der Rechtskraft sich ergebenden Schutz ist der Anspruch der Klägerin auf Zahlung erhalten geblieben. Nichts spricht dafür, daß das Aufwertungsgesetz, wenn es sich zu dem schon durch die 3. Steuernotverordnung geschaffenen Moratorium erneut bekannte, damit die Wirkung der durch die Kündigung des Eigentümers oder Schuldners herbeigeführten Fälligkeit einer Schuld hätte beeinträchtigen wollen. Nicht verfangen kann der

Hinweis darauf, daß ein Eigentümer oder Schuldner, der nach dem Inkrafttreten der 3. Steuernotverordnung gekündigt hatte, etwa in Schwierigkeiten geraten könnte, wenn die Wirkung jener Kündigung aufrechterhalten bliebe (weil nämlich bald nach jenem Zeitpunkt die bekannten auf Erhöhung des Aufwertungssatzes gerichteten Bestrebungen einsetzten, die zu einer Verzögerung bereits eingeleiteter Lastenregulierungen zu führen geeignet waren). In gleichem Maße konnte durch die Nichtleistung einer rechtmäßig angekündigten Zahlung der andere Teil betroffen werden, wenn er sich auf die erwartete Leistung bereits eingerichtet hatte. Quassowski (4. Aufl. S. 294) nimmt bei Besprechung der vorliegenden Entscheidung des Berufungsgerichts an, daß trotz der durch die eigene Kündigung herbeigeführten Fälligkeit der Schuldner oder Eigentümer sich auf das Moratorium des Aufwertungsgesetzes berufen könne, das nunmehr für den ganzen Aufwertungsbetrag gelte; aber dieser Auffassung kann nicht beigepflichtet werden. Das gleiche gilt von der bei Mügel (Nachtrag zu § 25 AufwG. im Komm. zur Durchführungsverordnung S. 299) geäußerten Meinung, daß frühere, dem Aufwertungsgesetz vorangehende Kündigungen nicht in Betracht kämen, weil sie sich nur auf den Aufwertungsbetrag von 15% bezogen hätten und den Willen des Schuldners, 25% vorzeitig zu zahlen, nicht ergäben (falls Mügel damit überhaupt auch der früheren Kündigung jede Wirkung abzusprechen geneigt ist). Die weitere Literatur zum Aufwertungsgesetz und die Rechtsprechung hat, soweit zu übersehen, zu der erörterten Frage nicht Stellung genommen.

Schließlich kann auch der Hinweis der Revision darauf keine Bedeutung beanspruchen, daß der Schuldner erkennbar keine Teilkündigung gewollt habe und das Aufwertungsgesetz ihm die Verwirklichung seines Willens, die Hypothek gänzlich zu beseitigen, unmöglich gemacht habe. Denn der gleiche Erfolg wäre infolge der Rückwirkungsvorschriften (§ 78 AufwG.) auch dann eingetreten, wenn der Beklagte nach dem Ablauf der Kündigungsfrist gezahlt hätte, und dies selbst dann, wenn es auf Grund eines Urteils geschehen wäre. Es ist daher kein Grund ersichtlich, weshalb die unter der Herrschaft der 3. Steuernotverordnung ausgesprochene und auch wirksam gewordene Kündigung nach Inkrafttreten des Aufwertungsgesetzes nicht wenigstens in Höhe von 15% wirksam bleiben sollte. Ob sie auch in Höhe der weiteren 10% Wirkung äußert, ist hier ebensowenig zu entscheiden wie die Frage, wie es sich verhielte, wenn eine vor dem Inkrafttreten des Aufwertungsgesetzes ausgesprochene Kündigung die Fälligkeit erst nach dem Inkrafttreten dieses Gesetzes hätte eintreten lassen . . .

---

8. Sind Elektrizitätswerke zu den in § 3 Nr. 2 des Telegraphengesetzes vom 6. April 1892/7. März 1908 erwähnten Transportanstalten zu rechnen?

IV. Zivilsenat. Urt. v. 24. Januar 1927 i. S. Paderb. Elektrizitätswerk- und Straßenbahn-A.-G. (Bekl.) w. die Deutsche Reichspost (Kl.). IV 742/26.

I. Landgericht Paderborn.
II. Oberlandesgericht Hamm.

Die Beklagte besitzt in Paderborn ein Elektrizitätswerk und verwendet die darin erzeugte Elektrizität in zweierlei Art: einmal gibt sie solche Elektrizität in einer Anzahl von Ortschaften in der Umgebung von Paderborn als Strom für Licht oder Kraft ab; weiter betreibt sie damit verschiedene Straßenbahnlinien in dortiger Gegend. Soweit Straßenbahnen betrieben werden, dienen die bestehenden Starkstromleitungen beiden genannten Zwecken; auf der Strecke Paderborn-Altenbeken besteht keine Straßenbahnlinie, sondern nur eine Starkstromleitung. Für alle in Betracht kommenden Strecken unterhält und benutzt die Beklagte eine eigene Fernsprechanlage, für welche sie die Genehmigung des Reichs nicht nachgesucht oder erhalten hat. Eine Aufforderung der Postbehörde, die Genehmigung nachzusuchen oder den Betrieb einzustellen, hat sie abgelehnt, weil sie nach § 3 Nr. 2 und 3 des Gesetzes über das Telegraphenwesen vom 6. April 1892/7. März 1908 berechtigt sei, solche Fernsprechanlagen ohne Genehmigung zu errichten und zu betreiben; denn Nr. 2 des genannten Gesetzes gebe allen Transportanstalten — und als eine solche müsse die Beklagte anerkannt werden — die uneingeschränkte Befugnis, auf ihren Linien zu Zwecken ihres Betriebs Fernsprechanlagen zu halten; außerdem liege aber auch für ihre verschiedenen Geschäftsstellen die in § 3 Nr. 3b des Gesetzes vorgesehene, die Genehmigungspflicht ausschließende Voraussetzung vor, daß die Grundstücke nicht über 25 Kilometer voneinander entfernt seien.

Die Reichspost hat Klage auf Feststellung erhoben, daß die von der Beklagten angelegte Privatfernsprechanlage neben ihren Bahn- und zugleich Stromzuleitungslinien, sowie die an der bloßen Kraftstromzuleitung nach Altenbeken angelegte, der Genehmigung des Reichs bedürften. Die Beklagte hat Abweisung der Klage beantragt und Widerklage erhoben mit dem Antrag, festzustellen, daß die Beklagte als Elektrizitätswerk eine Transportanstalt im Sinne des Telegraphengesetzes sei und daher für die von ihr zu Betriebszwecken errichteten oder noch zu errichtenden Fernsprechanlagen der Genehmigung des Reichs nicht bedürfe.

Das Landgericht hat den auf § 3 Nr. 3b gestützten Einwand der Beklagten — Nichtüberschreitung der 25 Kilometer-Grenze — vorerst dahingestellt gelassen und nur über den Widerklagantrag eine Entscheidung durch Teilurteil gefällt und zwar dahin, daß die Widerklage abgewiesen werde. Die von der Beklagten eingelegte Berufung wurde zurückgewiesen. Auch ihre Revision hatte keinen Erfolg.

Aus den Gründen:

Nicht bestritten ist das Recht der Beklagten, für den Betrieb ihrer Straßenbahnlinien eine eigene Fernsprechanlage zu haben; der Streit dreht sich nur darum, ob sie auch für den übrigen Teil ihres Betriebs, die Abgabe von elektrischem Strom an andere Verbraucher, solche Anlagen ohne Genehmigung des Reichs unterhalten und benutzen darf. Da schon das Landgericht nur über die Widerklage entschieden hat, ist nur dieser Teil des Streitstoffs in die Revisionsinstanz gelangt.

(Zunächst wird die Zulässigkeit der Feststellungswiderklage bejaht.)

Die Klägerin bestreitet, wie früher, so auch in dieser Instanz, daß die sogenannte Zuleitung von elektrischem Strom überhaupt als Transport bezeichnet werden könne; sie sagt, das Wesen der Elektrizität sei noch zu wenig erforscht, es stehe nicht fest, ob überhaupt eine Weiterleitung erfolge oder ob nur der an einem Ort hervorgerufene Zustand an einem anderen Ort seine Wirkung übe.

Der Senat hat nach der Prozeßlage keinen Anlaß, zu dieser Frage, die mehr dem Gebiete der Naturwissenschaft als dem des Rechts angehört, Stellung zu nehmen, und läßt deshalb, wie auch das Berufungsgericht getan hat, die Frage offen. Denn auch dann, wenn man in dem, was man gemeinhin als Stromzuleitung bezeichnet, einen Transport sehen will, ist doch dem Berufungsgericht beizustimmen, das es ablehnt, daraus ohne weiteres zu folgern, daß die Beklagte eine Transportanstalt sei. Es sagt hierüber: Der Begriff der Transportanstalt habe so, wie er im Jahre 1892 — bei Erlassung des Telegraphengesetzes — verstanden worden sei, auch jetzt noch Geltung. Es gehe nicht an, den Begriff der Transportanstalt, wie die Beklagte wolle, von der Auffassung loszulösen, die der Sprachgebrauch mit diesem Wort verbinde. Transportanstalt habe früher bedeutet und bedeute jetzt ein auf kaufmännischer Grundlage betriebenes Goßrunternehmen, das aus der Beförderung von Personen oder Gütern ein Gewerbe mache, also das Transportgewerbe betreibe. Darin liege, daß es sich bei der Beförderung von Gütern um fremde Güter, nicht um eigene Güter des Transportunternehmers hadenln müsse. Dieses Merkmal fehle bei einem Elektrizitätswerk, welches, wie das der Beklagten, den im eigenen Betrieb erzeugten Strom mittels eigener Leitungsdrähte dem Verbraucher zuführe. Das gelte auch dann, wenn die Beklagte bei der Berechnung des von den Abnehmern zu zahlenden Strompreises ein gewisses Entgelt für die Zuleitung des Stromes bis zur Abnahmestelle ejnrechne.

Was die Revision gegen diese Auffassung des Berufungsgerichts vorbringt, ist nicht geeignet, einen rechtlichen Verstoß darzutun.

Nicht allzuviel Bedeutung ist allerdings dem von der Klägerin herangezogenen, vom Berufungsgericht mitverwerteten Umstand beizulegen, daß bei der Novelle zum Telegraphengesetz vom 7. März 1908 eine Begünstigung der Elektrizitätswerke in der hier in Rede stehenden Richtung trotz ihrer seit 1892 weit vorgeschrittenen Entwicklung nicht in das Gesetz eingefügt worden ist. Denn das Gesetz von 1908 hat sich darauf beschränkt, besondere Anordnungen über die inzwischen in Anwendung gekommene drahtlose Telegraphie zu treffen; im übrigen hat es nichts am bestehenden Recht geändert. Aber auch wenn man diese Erwägung beiseite läßt, wird dadurch der Bestand des Berufungsurteils nicht gefährdet.

Den Hauptgrund dafür, daß ein Werk der hier fraglichen Art unter die im Telegraphengesetz begünstigten Transportanlagen zu rechnen sei, will die Beklagte daraus herleiten, daß der Besitz einer eigenen Fernsprechanlage für solche Werke ebenso wichtig und geradezu unentbehrlich sei wie für alle Transportanstalten, namentlich die bei der Beratung des Gesetzes in erster Reihe in Betracht gezogenen Eisenbahnen. Es wird richtig sein, daß ein Anschluß an die staatliche Fernsprechanlage der Beklagten den Besitz einer eigenen Anlage nicht ersetzen könnte, da bei Benutzung der staatlichen Anlage, namentlich soweit auswärtige Sprechstellen mit beschränkter Dienstzeit und zeitraubendem Warten auf einen verlangten Anschluß in Betracht kommen, die für einen Betrieb der erwähnten Art unentbehrliche Raschheit der Nachrichtenübermittlung nicht gewährleistet wäre. Aber die Schlußfolgerung, es müsse wegen der Gleichheit des Bedürfnisses das Gesetz, das bei seiner den Transportanstalten gewährten Vergünstigung Betriebe deiser Art zunächst nicht im Auge hatte, ergänzend dahin ausgelegt werden, daß auch diese Betriebe Transportanstalten seien, ist keineswegs zwingend. Sie würde vielleicht noch einige Berechtigung dann haben, wenn es sich darum handelte, daß ohne solche Auslegung den fraglichen Werken die Errichtung der ihnen unentbehrlichen Anlage versagt wäre. Aber so liegt die Sache nicht. Die Klägerin hat erklärt, daß sie nicht daran denke, der Beklagten die im Gesetz vorgesehene Genehmigung zum Betrieb einer eigenen Fernsprechanlage zu verweigern, und die Beklagte hat auch gar keine ernstlichen Befürchtungen nach dieser Richtung geltend gemacht. Wenn also die Beklagte — wie es anscheinend andere Werke gleicher Art tun — die Genehmigung für ihre Fernsprechanlage nachsucht und die entsprechenden Gebühren bezahlt, wird sie die ihr unentbehrliche Anlage zur Verfügung haben. Bezeichnend ist nach dieser Richtung, daß in einem ähnlichen Streit mit der Reichspost, der in dem Urteil RGZ. Bd. 89 S. 409 behandelt ist, die damals klagenden Berliner Elektrizitätswerke die Behauptung, daß sie durch § 3 Nr. 2 des Telegraphengesetzes von der Genehmigungspflicht befreit seien, soweit erkennbar, gar nicht aufgestellt haben.

Das daß Gesetz nicht jedem, bei dem ein Bedürfnis nach einer jederzeit benutzbaren eigenen Anlage vorliegt, die Befreiung von der Genehmigungspflicht gewähren wollte, ergibt sich aus seiner

Entstehungsgeschichte (Drucks. des Reichstags 1890/92 Nr. 460 S. 2704), wonach die in Nr. 1 des § 3 begünstigten Deichkorporationen, Siel- und Entwässerungsverbände zunächst nicht in den Gesetzentwurf aufgenommen waren und ihre nachträgliche Einfügung in das Gesetz nicht ohne Widerspruch erfolgte. Es geht deshalb nicht an, im Wege der Gesetzesauslegung anderen als den im Gesetz Genannten die — hauptsächlich in vermögensrechtlicher Hinsicht wirkende — Vergünstigung zu bewilligen.

Als berechtigt muß auch der Einwand der Klägerin anerkannt werden, daß ebensogut wie Elektrizitätswerke auch Gas- und Wasserwerke die Eigenschaft als Transportanstalten für sich in Anspruch nehmen könnten, und daß durch die Errichtung von eigenen Fernsprechanlagen bei allen solchen Werken das der Post im Telegraphengesetz vorbehaltene Monopol nicht nur in vermögensrechtlicher Hinsicht, sondern auch insoweit erheblich beeinträchtigt würde, als es darauf abzielt, der Postbehörde die Befugnis zur einheitlichen Ordnung des Telegraphenwesens in einer dem öffentlichen Interesse dienlichen Weise zu verschaffen. Dies würde auch schon dann gelten, wenn die Beklagte nicht, wie die Klägerin befürchtet, das Recht in Anspruch nimmt, auch bei ihren Kleinabnehmern Fernsprechstellen zu errichten.

Nach alledem kann der von der Beklagten erhobene Anspruch auf die im § 3 Nr. 2 des Telegraphengesetzes vorgesehene Vergünstigung nicht als begründet angesehen werden, soweit er sich auf etwas anderes als auf den Betrieb ihrer Straßenbahnlinien bezieht.

---

9. 1. Ist der Rechtsweg zulässig für eine Klage, mit der gegenüber einer öffentlichrechtlichen Feuerversicherungsanstalt auf Grund des Wettbewerbsgesetzes Unterlassung einer Handlung gefordert wird?

2. Bedeutung der Vorschrift des § 13 Abs. 3 UnlWG.

GVG. § 13. Preuß. Ges. betr. die öffentl. Feuerversicherungsanstalten v. 25. Juli 1910. UnlWG. § 13 Abs. 3.

II. Zivilsenat. Urt. v. 25. Januar 1927 i. S. Schles. Feuersozietät (Bekl.) w. Schles. Assekuranzverein e. V. (Kl.). II 210/26.

I. Landgericht Breslau.
II. Oberlandesgericht daselbst.

Der Kläger ist ein Verband, dessen satzungsmäßiger Zweck in der Förderung der Interessen der schlesischen Versicherungsgesellschaften und der in Schlesien ansässigen Generalvertreter anderer Versicherungsgesellschaften besteht. Die Beklagte ist eine öffentliche Feuerversicherungsanstalt, die dem preußischen Gesetz betreffend die öffentlichen Feuerversicherungsanstalten vom 25. Juli 1910 (GS. S. 241) untersteht. Nach ihrer Satzung gewährt sie außer der Gebäudeversicherung auf besonderen Antrag Versicherung gegen Brand-, Blitz- und Explosionsschäden an beweglichen Sachen, gegen Einbruchsdiebstahl und gegen Mietverlust infolge von Brand, Blitzschlag und Explosion, sowie Mit- und Rückversicherung bei anderen Anstalten, endlich Viehversicherung. Sie ist nach § 32 des genannten Gesetzes unter gewissen Bedingungen befugt, noch andere Zweige der Schadensversicherung zu betreiben und hat demgemäß seit 1. Januar 1925 die Versicherung der Ernte gegen Hagelschlag neu aufgenommen. Ihre örtlichen Geschäfte besorgen besondere Kreis- oder Stadtversicherungs-Kommissare, zu denen meist Kommunalbeamte bestellt werden.

Einer dieser Kreisversicherungs-Kommissare, der zugleich Leiter des Kreiswohlfahrtsamts in Lüben in Schlesien ist, hat im Jahre 1924 aus eigenem Antrieb eine große Menge Fragebogen, die er selbst hatte drucken lassen, an Guts- und Gemeindevorsteher seines Kreises mit der Bitte übersandt, sie an die für Versicherungen in Betracht kommenden Mitglieder ihres Bezirks weiterzugeben und ihm nach Ausfüllung zurückzusenden. Dementsprechend ließen die Vorsteher diese Fragebogen durch Amtsboten oder Landjäger verteilen. Jeder Fragebogen enthielt für neun Versicherungsgebiete (Gebäude- und Mobiliar-Brandversicherung, Einbruchs-, Haftpflicht-, Hagel-, Vieh-, Lebens-, Sterbe- und Krankenversicherung) die vier Fragen: bei welcher Versicherung der Empfänger des Fragebogens versichert sei, seit wann und mit welcher Versicherungssumme, und wann der Vertrag ablaufe.

Der Kläger ist der Ansicht, daß die Fragen gestellt seien, um in die Verhältnisse der Privatversicherungsgesellschaften einzudringen, und daß daher die Inanspruchnahme der Unterstützung der Behörden zur Verteilung der Fragebogen gegen § 3 Abs. 2 Nr. 3 letzter Satz des Gesetzes vom 25. Juli 1910 verstoße, soweit es sich um das Gebiet der Gebäude-Feuerversicherung handle, das einzige, auf dem der Beklagten eine Inanspruchnahme behördlicher Stellen — aber mit jener Einschränkung im Interesse der Privatversicherungsgesellschaften — nach § 3 Abs. 2 Nr. 3 a. a. O. überhaupt zustehe. Nach Meinung des Klägers verstößt eine derartige Inanspruchnahme von Behörden bei sämtlichen Versicherungszweigen gegen die guten Sitten im Wettbewerb, da die Zusendung der Fragebogen durch Gemeindebehörden bei den Empfängern den Eindruck erwecke, als sei ihnen von der Behörde die Pflicht zur Beantwortung der Fragen auferlegt. Demgemäß beantragte der Kläger auf Grund der §§ 1, 13 Abs. 3 UnlWG. in Verbindung mit § 1004 BGB. die Verurteilung der Beklagten dahin: sie habe dafür Sorge zu tragen, daß Fragebogen der erwähnten Art nicht mehr durch ihre Kreisversicherungs-Kommissare oder sonstige Angestellte oder Beauftragte unter Zuhilfenahme behördlicher Personen verschickt würden.

Das Landgericht wies die Klage wegen Fehlens der Wiederholungsgefahr ab. Das Oberlandesgericht dagegen entsprach der Klage. Die Revision der Beklagten war erfolglos.

Aus den Gründen:

Unbegründet ist zunächst die Beanstandung der Zulässigkeit des Rechtswegs. Allerdings ist die Beklagte als öffentliche Feuerversicherungsanstalt nach § 3 Abs. 1 des preußischen Gesetzes betreffend die öffentlichen Feuerversicherungsanstalten vom 25. Juli 1910 eine Körperschaft des öffentlichen Rechts, deren Errichtung nach § 1 Abs. 2 das. „nur im Interesse des gemeinen Nutzens und nicht zu Erwerbszwecken" erfolgen darf. Demgegenüber kann, wie der Revision zuzugeben ist, der Ansicht des Berufungsgerichts nicht beigetreten werden, daß die Beklagte auf Gewinn ausgehe. Die Ansammlung eines Vermögens aus nicht verwendeten Beiträgen der Versicherungsnehmer und aus Einnahmen aus dem Vermögen selbst geschieht nicht zur Erzielung von Gewinn, sondern der Satzung entsprechend nur zur Deckung der Verwaltungskosten und zur Erfüllung der gesetzlichen Versicherungspflichten der Beklagten aus Gebäudebrandschaden ihrer Versicherungsnehmer und, mittelbar in deren Interesse, durch Aufwendungen zur Erhöhung der Feuersicherheit. Aber der öffentliche Charakter der Beklagten, die Gemeinnützigkeit ihres Betriebs und dessen Durchführung ohne Erwerbszweck machen das zwischen ihr und den Versicherungsnehmern bestehende Verhältnis nicht zu einem öffentlichrechtlichen. Die Ansprüche aus diesem Verhältnis gehören vielmehr, wie das Reichsgericht in ständiger Rechtsprechung angenommen hat, dem Privatrecht an. Für ihre Geltendmachung ist daher der Rechtsweg zulässig (RGUrt. vom 15. Januar 1902 bei Gruch. Bd. 46 S. 917; RGZ. Bd. 8 S. 347 und 397, Bd. 10 S. 367, Bd. 16 S. 335 und 370). Das ist auch der Standpunkt des Gesetzes vom 25. Juli 1910, dessen § 23 von der Möglichkeit der Ausschließung des Rechtswegs durch Anrufung eines Schiedsgerichts handelt, diese Ausschließung aber nur zuläßt für Streitfälle, die nicht den Grund des Anspruchs aus dem Versicherungsverhältnis betreffen. Das Verhältnis zwischen der Versicherungsanstalt und dem Versicherungsnehmer ist sonach privatrechtlicher Natur, da beide Teile, abgesehen von gewissen, dem öffentlichrechtlichen Wesen der Versicherungsanstalten entsprechenden gesetzlichen Vorschriften über die Beitreibung rückständiger Beiträge, sich als gleichberechtigte Einzelpersonen gegenüberstehen und daher die Ausübung eines staatlichen Hoheitsrechts bei der Beklagten nicht in Frage kommt. Die Folge ist, daß auch für den hier geltend gemachten Unterlassungsanspruch der Rechtsweg gegeben sein muß. Denn der Anspruch stützt sich auf Handlungen eines Angestellten, die zur Vorbereitung der Gewinnung neuer Versicherungsnehmer, also zur Erweiterung des „Kundenkreises" der Anstalt im Wettbewerb mit anderen Versicherungsbetrieben vorgenommen worden sein sollen. Der Klaganspruch hat die Unterlassung solcher Handlungen zum Gegenstand, soweit dabei amtliche Personen in Anspruch genommen wurden. Er stützt sich auf die Annahme, daß diese zu Wettbewerbszwecken erfolgte Inanspruchnahme nach § 3 Abs. 2 Nr. 3 des Gesetzes vom 25. Juli 1910 unzulässig sei, weil sie gegen die guten Sitten verstoße...

Da die Inanspruchnahme von Behörden nach § 3 Abs. 2 Nr. 3 a. a. O. nur für den Geschäftsbetrieb der Beklagten auf dem Gebiet der Gebäude-Feuerversicherung zulässig ist, so durfte sie auf allen übrigen Versicherungsgebieten überhaupt nicht geschehen. Sie war aber auch auf dem Gebiete der Versicherung gegen Gebäudebrandschaden unzulässig für solche Anfragen, die ein Eindringen in die Verhältnisse von Privatversicherungsgesellschaften bezweckten.

Daß dies bei den hier in Rede stehenden Fragen der Fall war, soweit die Gefragten nicht bei der Beklagten, sondern bei anderen Versicherungsbetrieben versichert waren, ergibt sich, wie das Berufungsgericht ohne rechtlichen Verstoß annimmt, ohne weiteres aus dem Inhalt der Fragen. Diese konnten nur den Zweck verfolgen, der Feuersozietät das erforderliche Material zu verschaffen, um die Versicherten, soweit sie anderweit versichert sein sollten, zur Nichterneuerung ihrer Verträge und zum Abschluß mit der Beklagten zu veranlassen. Eine derartige Ermittlung der Versicherungsverhältnisse der Eingesessenen der Gemeinde- und Gutsbezirke stellt ohne Frage ein Eindringen in die Verhältnisse von Privatversicherungsgesellschaften dar. Davon, daß ein solches Eindringen, wie die Revision meint, die Erforschung der geschäftlichen Lage, also der Vermögensverhältnisse der Gesellschaften zum Gegenstand haben müsse, kann nach dem Zweck jener Vorschrift keine Rede sein. Derartige Anfragen zu Wettbewerbszwecken zu stellen ist der Beklagten in ihrer Eigenschaft als Gewerbetreibende ebensowenig verwehrt wie irgendeiner Privatversicherungsgesellschaft, nur darf sie hierfür nicht die Unterstützung von Behörden in Anspruch nehmen. . . .

Die Unterlassung des ungesetzlichen Verhaltens der beklagten Feuersozietät kann aber nach den hier maßgebenden Vorschriften der §§ 13 und 1 UnlWG. nur dann gefordert werden, wenn das Verhalten gleichzeitig einen Verstoß gegen die guten Sitten darstellt. Das Berufungsgericht hält dieses Erfordernis für gegeben, weil die Beschränkung des § 3 Abs. 2 Nr. 3 des Gesetzes vom 25. Juli 1910 im Interesse der im Wettbewerb stehenden Privatversicherungsgesellschaften und zwar deshalb angeordnet sei, um sie vor dem Wettbewerb der öffentlichen Versicherungsanstalten zu schützen, die ohne jene Beschränkung einen ihnen nicht zukommenden Vorsprung im Geschäftsverkehr hätten. In subjektiver Beziehung nimmt das Berufungsgericht an, der Angestellte der Beklagten sei sich in seiner Eigenschaft als Kreisbeamter in gehobener Stellung bewußt gewesen, daß eine Übertretung der den öffentlichen Versicherungsanstalten zum Schutze des privaten Wettbewerbs gezogenen gesetzlichen Schranken nicht nur unerlaubt sei, sondern auch einen Mißbrauch der behördlichen Autorität zum Nachteil der privaten Versicherungsunternehmungen darstelle.

Auch das Vorliegen der Wiederholungsgefahr ist vom Berufungsgericht ohne Rechtsirrtum festgestellt. Auszugehen ist hierbei davon, daß die Unterlassungsklage aus § 13 Abs. 3 UnlWG. gegen den Betriebsinhaber gegeben ist, wenn von einem seiner Angestellten oder Beauftragten Verstöße gegen die dort angeführten Vorschriften begangen sind, die den Unterlassungsanspruch gegen ihn selbst begründen würden, wenn er sie begangen hätte. Die Bedeutung des § 13 Abs. 3 liegt darin, daß sich der Betriebsinhaber seine Verurteilung zur Unterlassung der durch seinen Angestellten oder Beauftragten vorgenommenen konkreten Handlung gefallen lassen muß, auch wenn er den Angestellten oder Beauftragten sorgfältig ausgewählt und seiner etwaigen sonstigen Sorgfaltspflicht in vollem Maße genügt hat. Das Handeln des Angestellten wird dem Betriebsinhaber somit als eigenes Handeln angerechnet, ein Entlastungsbeweis aus § 831 BGB. wird nicht zugelassen. Gegenstand des Klaganspruchs aus § 13 Abs. 3 UnlWG. ist daher nicht das beschränkte Recht auf Verurteilung des Betriebsinhabers, dafür Sorge zu tragen, daß der Angestellte oder Beauftragte die von ihm vorgenommene Handlung unterlasse, sondern das Recht, vom Betriebsinhaber selbst die Unterlassung der Handlung zu fordern. Da sich der klagende Verband im vorliegenden Falle mit der Geltendmachung des Anspruchs in jener Beschränkung begnügt und das Berufungsgericht auch nur diesem Antrag entsprechend erkennen konnte und erkannt hat, so hat es hier bei der Beschränkung sein Bewenden.

Der dargelegte, an sich weitergehende Inhalt des Anspruchs ist aber für die Prüfung der Frage der Wiederholungsgefahr ohne Rücksicht auf die Beschränkung des Klagantrags und der Verurteilung der Beklagten von Bedeutung. Denn wenn der Betriebsinhaber nach § 13 Abs. 3 UnlWG. schlechthin auf Unterlassung haftet, so darf bei Prüfung der Frage der Wiederholungsgefahr nicht darauf abgestellt werden, ob die Besorgnis vorliegt, daß irgendein Angestellter des betreffenden Betriebs in Zukunft eine Handlung der beanstandeten Art begehen könnte. Maßgebend ist vielmehr auch die Besorgnis, die sich aus dem eigenen Verhalten des Betriebsinhabers oder seines verfassungsmäßigen Vertreters ergibt. Daß aber das Verhalten des verfassungsmäßigen Vertreters der Beklagten die Fortdauer der Wiederholungsgefahr rechtfertigt, hat das Berufungsgericht hinreichend festgestellt. Zur Ergänzung seiner Ausführungen mag noch auf das Verhalten der Beklagten im Rechtsstreit hingewiesen werden.... (Wird im einzelnen dargelegt.)

Der von Rosenthal in UnlWG., 5. und 6. Aufl., in Anm. 27, 28 zu § 13 vertretene Standpunkt, daß die Möglichkeit eines Zuwiderhandelns des Betriebsinhabers nur eine neue Klage rechtfertige, deren Antrag sich von dem nach § 13 Abs. 3 UnlWG. zu stellenden unterscheide, ist danach nicht haltbar. Es wäre, wie das Oberlandesgericht Dresden in JW. 1918 S. 378 Nr. 2 mit Recht ausführt, ein unerträglicher Formalismus, wenn nach Durchführung eines wegen einer Handlung des Angestellten oder Beauftragten gegen den Betriebsinhaber angestrengten Rechtsstreits im Falle der Vornahme der Handlung durch den Betriebsinhaber selbst oder einen anderen Angestellten eine neue Klage erhoben werden müßte und nicht sofort die Zwangsvollstreckung vorgenommen werden könnte. Das Gesetz verlangt diesen Umweg nicht; es gibt den Unterlassungsanspruch unmittelbar gegen den Betriebsinhaber. Dieser Auffassung war übrigens Rosenthal in seiner Anmerkung zu dem erwähnten Urteil des Oberlandesgerichts Dresden uneingeschränkt beigetreten.

---

10. 1. Haben die (im Jahre 1837 und später) mit den früheren Reichsunmittelbaren über ihre Privatbergregale abgeschlossenen „Regulative" Vertrags- oder Gesetzescharakter?

2. Hat schon vor dem preußischen Gesetz zur Überführung der standesherrlichen Bergregale an den Staat vom 19. Oktober 1920 (GS. S. 441) die preußische oder die Reichsgesetzgebung in den rechtlichen Bestand der den früheren Reichsunmittelbaren zustehenden Bergregalberechtigungen eingegriffen?

3. Verstößt das genannte Gesetz vom 19. Oktober 1920, soweit es das ehemals Arenberg'sche Privatbergregal betrifft, gegen die Reichsverfassung oder gegen die Vorschriften der Reichssteuergesetzgebung?

V. Zivilsenat. Urt. v. 26. Januar 1927 i. S. H. Bergbau-Aktiengesellschaft (Kl.) w. Preußischen Staat (Bekl.). V 56/26.

I. Landgericht Bochum.
II. Oberlandesgericht Hamm.

Die Klägerin betreibt im Bezirk des ehemaligen Vestes Recklinghausen Kohlenbergbau auf Grund einer Verleihung durch den Herzog von Arenberg, an den sie zuletzt eine Bergwerksabgabe von 1% des Wertes der von ihr geförderten Kohlen zahlte. Durch Vertrag vom 12. März/2. April 1920 (Gesetz vom 19. Oktober 1920, GS. S. 441) hat der Herzog sein Recht zur Erhebung von Bergwerksabgaben an den Preußischen Staat abgetreten, welcher der Meinung ist, sie im Wege des Verwaltungszwangsverfahrens von der Klägerin beitreiben zu dürfen. Die Klägerin vertritt die Auffassung, daß ein Recht des Preußischen Staates zur Erhebung dieser Abgabe niemals entstanden, jedenfalls aber später fortgefallen sei. Zunächst habe schon dem Herzog ein Regalrecht auf Grund irgendwelcher älterer Rechtstitel nicht zugestanden, zum mindesten nicht ein solches, das zur Steinkohlenförderung berechtigt habe. Wenn der König von Preußen es ihm in Ausführung der Wiener Bundesakte eingeräumt habe, so sei das in der irrigen Annahme seines Bestehens von alters her geschehen. Die Bestätigung des im Jahre 1837 abgeschlossenen Regulativs durch den König habe dem Herzog jedoch die Erlaubnis versagt, jemals Abgaben zu erheben, die den Betrag der allgemein für Preußen gesetzlich bestimmten landesherrlichen Abgabe überstiegen. Somit sei das Recht spätestens in dem Zeitpunkt hinfällig geworden, als die preußische Verordnung vom 23. November 1923 (GS. S. 519) die erstmalig durch das Gesetz vom 12. Mai 1851 (GS. S. 261) auf 5%, dann durch Gesetz vom 20. Oktober 1862 (GS. S. 351) allmählich bis auf 1% ermäßigte und durch das Gesetz wegen Aufhebung direkter Staatssteuern vom 14. Juli 1893 (GS. S. 119) schließlich außer Hebung gesetzte Bergwerksabgabe vom 1. Januar 1924 ab aufgehoben habe. (Daß die Berechtigung zur Abgabenerhebung nicht schon infolge des Gesetzes vom 14. Juli 1893 aufgehört hat, ist in dem Urteil des Reichsgerichts vom 31. Mai 1899 — RGZ. Bd. 44 S. 224 — anerkannt worden). Wenn die preußische Verordnung vom 16. Februar 1924 (GS. S. 109) die im § 2 des Gesetzes vom 14. Juli 1893 genannten Gesetze über die Erhebung einer Bergwerksabgabe mit Wirkung vom 1. Januar 1924 wieder in Kraft setze, so verstoße diese landesgesetzliche Regelung, da das Reich durch das Kohlensteuergesetz die Besteuerung der Kohle in Anspruch genommen habe, gegen die Vorschriften der Reichsgesetzgebung, die im Landessteuergesetz vom 30. März 1920 (RGBl. S. 402) angeordnet habe, daß die Inanspruchnahme von Steuern durch das Reich die Erhebung gleichartiger Steuern durch die Länder ausschließe, und überdies schon vorher in § 44 des Reichsgesetzes über die Umsatzsteuer (RGBl. 1919 S. 2157) den Ländern verboten habe, Steuern vom Warenumsatz zu erheben. Sie belaste auch, entgegen den Vorschriften in Art. 109 und 134 RVerf., die Bergbautreibenden im Vest Recklinghausen allein gegenüber anderen Bergbautreibenden in Preußen und verstoße endlich, weil zu Unrecht auf Grund des Art. 55 der preußischen Verfassung erlassen, gegen die Art. 29 und 61 dieser Verfassung.

Die Klägerin hat daher gegen den preußischen Staat Klage erhoben mit dem Antrag, festzustellen, daß er seit dem 1. Januar 1924 nicht mehr berechtigt sei, die bezeichnete Abgabe zu erheben und beitreiben zu lassen.

Die Vorinstanzen haben die Klage abgewiesen. In der Revisionsinstanz machte der Beklagte die Einrede der Unzulässigkeit des Rechtswegs geltend. Die Revision hatte keinen Erfolg.

Gründe:

Die erst im letzten Rechtszug erhobene Einrede der Unzulässigkeit des Rechtswegs ist unbegründet. Sie kann einmal nicht darauf gestützt werden, daß ein Nutzungsrecht öffentlichrechtlichen Ursprungs im Streit stehe. Denn sofern sich ein solches Recht, das wie andere „niedere Regalien" auch von Privatpersonen ersessen und sonstwie erworben werden konnte (§§ 22, 24, 26 ALR. II 14, § 106 ALR. II 16), im Besitz einer Privatperson befand, konnte es als zu ihrem Privatvermögen gehörend nur als ein Privatrecht im ordentlichen Rechtsweg geltend gemacht werden (RGZ. Bd. 80 S. 19; RGU. V 289/92 bei Gruch. Bd. 37 S. 1063). Ebensowenig läßt sich die Einrede darauf gründen, daß das Recht nach seinem Übergang auf den preußischen Staat sich als eine Steuer darstelle: der Rechtsübergang hat tatsächlich, wie hier unter Verweisung auf die späteren Ausführungen dieses Urteils vorweggenommen werden darf, den Charakter des abgetretenen Rechts nicht geändert. Sie kann schließlich auch nicht gegenüber dem Anspruch der Klägerin erhoben werden, mit dem diese die Feststellung der Nichtberechtigung zur Beitreibung der Abgaben im Wege des Verwaltungszwangsverfahrens begehrt. Denn das Recht der Beitreibung in den Formen des Verwaltungszwangsverfahrens beruhte auf § 35 der Instruktion (wegen Ausführung des Edikts vom 21. Juni 1815) vom 30. Mai 1820 (GS. S. 81) und stand schon dem Abtretenden zu; es änderte danach seinen Charakter und seine Form mit der Abtretung nicht notwendig, auch wenn das preußische Gesetz vom 19. Oktober 1920 (GS. S. 441) diese Form der Beitreibung nochmals ausdrücklich für zulässig erklärte.

Das Berufungsgericht erachtet sich der Notwendigkeit einer Prüfung der geschichtlichen Vorgänge aus der Zeit vor der Schaffung des Regulativs von 1837 enthoben. Es geht davon aus, daß der König von Preußen durch die Bestätigung des zunächst nur eine private Abmachung darstellenden Regulativs das Regalrecht des Herzogs von Arenberg als bestehend anerkannt habe, und nimmt weiter an, daß er dem Regulativ durch die Publikation mit dem Ziele, der Abmachung für alle Beteiligten, namentlich auch für die Bergbautreibenden im Bezirk des Vestes Recklinghausen, bindende Kraft zu verleihen, den Charakter eines Gesetzes gegeben habe. Schließlich vertritt der Berufungsrichter bei der Auslegung der Bestätigungsklausel:

> „Das vorstehende Regulativ wird auf Allerhöchsten Befehl und im Namen Seiner Majestät des Königs hierdurch mit der Maßgabe bestätigt, daß die von den Bergbautreibenden dem standesherrlichen Besitzer der Grafschaft Recklinghausen als Inhaber des Bergregals zu entrichtenden Abgaben niemals den Betrag der allgemein gesetzlich bestimmten landesherrlichen Abgaben übersteigen dürfen" —

den Standpunkt, die hier interessierenden Bestimmungen des Regulativs und die Bestätigungsklausel seien nur für den Fall erlassen worden, daß staatliche Bergwerksabgaben überhaupt noch erhoben würden, die Bestätigung habe aber nicht etwa die Absicht des Königs zum Ausdruck bringen wollen, das Abgabenrecht des Herzogs eines Tags völlig zu beseitigen. Auf dieser Grundlage gelangt das Berufungsgericht zu dem Ergebnis, daß es bei dem Anerkenntnis des Rechts des Herzogs, eine Abgabe überhaupt erheben zu dürfen, sein Bewenden haben müsse und daß der Herzog berechtigt geblieben sei, von dem Augenblick an, da der Staat die staatliche Abgabe aufhob, die ihm gebührende Abgabe in demselben Umfang weiter zu erheben, in dem der Staat die staatliche Abgabe zuletzt erhoben hatte. Auch wenn man die Abgabe an den Herzog als Steuer auffassen wolle, sei deshalb die Gesetzgebung, auf welche die Klägerin sich berufe, dennoch nicht in der Lage gewesen, dieses Recht des Herzogs aufzuheben, weil bei einer Änderung der Art der Besteuerung eine Aufhebung der Bergwerksabgabe nicht erfolgt sei, wenn die staatliche Abgabe nur in anderer, sozusagen verfeinerter Form erhoben werde.

Die Revision stellt in Abrede, daß sich der Gesetzescharakter des Regulativs aus der bloßen Publikation notwendig ergebe, sie betont seinen Vertragscharakter und erachtet als allein möglich eine Auslegung dieses Vertrags dahin, daß auch eine gänzliche Freistellung der Bergbautreibenden durch den Inhalt der Bestätigungsklausel in Erwägung gezogen worden sei, die sich nunmehr aus der Gestaltung der Gesetzgebung zwangsläufig ergebe. Der Beklagte wiederum ist der Meinung, daß die Vertragsform des Regulativs der Annahme seines Gesetzescharakters nicht im Wege stehe: es handle sich eben um ein „Gesetz in Vertragsform". Mit Rücksicht auf seinen beschränkten Geltungsbereich sei die Frage, ob es unrichtig ausgelegt oder falsch angewandt sei, der Nachprüfung in der Revisionsinstanz entzogen, was allein schon die Zurückweisung der Revision rechtfertige.

Der erkennende Senat ist der Meinung, daß ihm die Prüfung der Frage, ob das Berufungsgericht mit Recht das Bestehen eines Gesetzes angenommen habe, aus dem Grunde zusteht, weil die Klägerin die Ansicht vertritt, das Berufungsgericht habe revisible Normen, nämlich die in mehreren Verordnungen enthaltenen Bestimmungen des preußischen Staatsrechts über die Publikation von Gesetzen und überhaupt die Grundsätze des preußischen Rechts über die Entstehung objektiver Rechtsnormen nicht richtig angewandt. Wäre letzteres richtig, dann würde die Anwendung und Auslegung des nicht revisiblen Rechts, dessen Geltungsbereich sich nicht über den Bezirk des Berufungsgerichts hinaus erstreckt, mittelbar eine Verletzung revisiblen Rechts darstellen. Das Berufungsgericht hat jedoch in dem Regulativ und der Bestätigungsklausel mit Recht ein Gesetz erkannt.

Das Regulativ ist in der Art zur öffentlichen Kenntnis gebracht worden, daß das Königliche Oberbergamt für die westfälischen Provinzen am 11. Oktober 1837 eine im Amtsblatt der Kgl. Regierung in Münster vom 25. November 1837 (S. 351) erschienene Veröffentlichung der Verhandlung, die am 28. April 1837 zwischen den Vertretern des Oberbergamts und des Herzogs von Arenberg stattgefunden hatte, und des Inhalts der oben bezeichneten Bestätigung („Konfirmation") veranlaßte. Diese Veröffentlichung hätte nach den in den Königlichen Verordnungen vom 27. Oktober 1810 (GS. S. 1) und vom 28. März 1811 (GS. S. 165) erwähnten Publikationsgrundsätzen nicht in der Gesetzessammlung zu geschehen brauchen. Bei dem örtlich beschränkten Geltungsbereich des Regulativs hätte vielmehr eine Bekanntmachung im Amtsblatt des Regierungsdepartements genügt. Diese hätte aber für sich allein den Gesetzescharakter des so Bekanntgegebenen nicht herstellen können, wenn der publizierte Akt nicht auch seinem Inhalt nach ein Gesetz darstellte. Das preußische Staatsrecht der damaligen Zeit gestattete dem König, die Rechte der ehemaligen Reichsunmittelbaren durch Gesetz zu regeln, ohne ihn in der Regelung dieser Rechte im Wege des Vertrags zu beschränken. In dieser Beziehung darf vorausgeschickt werden, daß Art. 14 der deutschen Bundesakte vom 9. Juni 1815, auf dem die Ordnung der Rechte der früheren Reichsunmittelbaren beruhte, eine weitere Ausführung in Art. 67 des „zweiten Hauptgrundvertrags des teutschen Bundes", der Wiener Schlußakte vom 15. Mai 1820 gefunden hat (vgl. Klüber, Quellensammlung zu dem öffentlichen Rechte des Teutschen Bundes 3. Aufl. 1830 S. 180, bes. S. 218). In jenem Art. 67 ist den Souveränen die Beobachtung der „genauen und vollständigen Erfüllung" der in Art. 14 der Bundesakte getroffenen Bestimmungen zur Pflicht gemacht und in der Bundesversammlung eine Rekursinstanz für die Streitigkeiten geschaffen worden, die über die Anwendung der „in Gemäßheit des 14. Artikels der Bundesakte erlassenen Verordnungen oder abgeschlossenen Verträge" etwa entständen. Die völkerrechtliche Normierung hatte also bereits im Auge, daß die Souveräne mit den ehemals Reichsunmittelbaren entweder Verträge abschlössen oder ihre Rechte im Verordnungsweg abgrenzten. In den nachfolgenden Jahren sind Regelungen verschiedener Art, teils durch Vertrag, teils durch Gesetz, in den deutschen Ländern zum Abschluß gelangt, oft nicht ohne Widerspruch der Standesherren; die, wenn sie ihren Standpunkt bei einer Regelung im Verordnungswege nicht genügend gewahrt erachteten, nicht selten eine Neufestsetzung der Bestimmungen im Verhandlungsweg erzielten. Auch in Preußen gab die Regelung durch die Verordnung vom 21. Juni 1815 (GS. S. 105) und die zu ihrer Ausführung ergangene Instruktion vom 30. Mai 1820 (GS. S. 81) nur Rahmengesetze und ließ für jegliche Verhandlung, insbesondere über den Umfang der standesherrlichen Rechte, den Weg offen. Soweit die Rechte des Herzogs von Arenberg in Betracht kommen, regelte bereits eine gütliche Übereinkunft vom 29. November 1824 (vgl. v. Rönne-Zorn, Preußisches Staatsrecht 5. Aufl. Bd. 2 S. 34) den Rechtszustand dahin, daß der Herzog gegen eine Rente auf sämtliche Regierungsrechte ausschließlich des Patronats und des Bergregals und auf die Befreiung von Personal- und Grundsteuern verzichtete und in die Aufhebung aller übrigen aus der deutschen Bundesakte und den erwähnten preußischen Gesetzen sich ergebenden persönlichen Rechte und Vorzüge willigte. Dieser vertraglichen Festsetzung sind weitere Verhandlungen über den Umfang des Bergregals gefolgt, und der Abschluß der das Regulativ betreffenden Verhandlungen bedeutete wiederum eine vertragliche Festsetzung. Das Regulativ grenzte den Inhalt des Privatbergregals gegenüber den dem Staate vorbehaltenen Rechten öffentlicher Natur ab: dem Herzog sprach es das Recht zur Förderung von Mineralien, zur Bewilligung von Schürfscheinen und zur Annahme von Mutungen sowie zur Erteilung von Verleihungen zu (§ 2), dem Staat hingegen behielt es das Recht der Oberaufsicht (§§ 3, 4), die Gesetzgebungsgewalt, die Jurisdiktion, die Führung der Bergbücher, die Bergpolizei, die Genehmigung der Betriebspläne (§ 6) vor. Seine Festsetzungen waren daher für die Bergbautreibenden selbst, nicht bloß für den Herzog von Interesse und von Verbindlichkeit, und sein vertraglich festgelegter Inhalt konnte schon aus diesem Grunde recht wohl zum Gesetz erhoben werden. Wenn nunmehr die Königliche Bestätigung eingeholt und die Publikation im Amtsblatt veranlaßt wurde, dann rechtfertigt das den Schluß, daß der König, nach dem damaligen öffentlichen Rechte Preußens absoluter Herrscher, eine bindende Rechtsregel mit dem Ziele der Herstellung einer objektiven Rechtsnorm nicht nur gegenüber dem Herzog, sondern auch gegenüber den Bergbautreibenden in der Grafschaft Recklinghausen verordnen wollte und durch die Publikation das Regulativ selbst in seinem ganzen Inhalt samt der Bestätigung zum Gesetz erhob. Das muß um so mehr gelten, als in der erwähnten Bestätigung die Vereinbarung in § 7 des Regulativs, die den Grundsatz der Gleichheit aller preußischen Bergbautreibenden mit Bezug auf die bergbaulichen Abgaben zuungunsten der vom Herzog von Arenberg beliehenen Zechen durchbrochen hatte, zugunsten dieser Zechen wiederum einer maßgeblichen Änderung unterworfen worden ist. Es wurde nämlich bestimmt, daß die dem Standesherrn von den Bergbautreibenden zu entrichtenden Abgaben niemals den Betrag der allgemein gesetzlich bestimmten landesherrlichen Abgaben übersteigen dürften. Diese Änderung erfolgte gerade auf Grund einer Kabinettsorder (vom 24. Juli 1837, vgl. Zeitschrift für Bergwesen Bd. 19 S. 146), welche die Einschränkung der Bestätigung verfügte. Wenn in den folgenden Jahren bei den Abschlüssen mit anderen Standesherren — Berleburg, Wittgenstein, Hohenlimburg und Dülmen — die bezeichnete Einschränkung (offenbar im Verhandlungsweg) in dieses Regulativ selbst hineingearbeitet und nunmehr die Allerhöchste Bestätigung schlechthin erteilt wurde, so kann dies angesichts des Umstands, daß insoweit zweifellos nicht der Weg der Verhandlung gewählt wurde, außer Betracht bleiben. Ebensowenig ist es von irgendwelcher Erheblichkeit, daß der Herzog sich dieser einschränkenden Regelung fügte und keinen Einspruch erhob. Diese Unterlassung stellt weder den ursprünglichen Vertragscharakter des später durch Publikation zum Gesetz gewordenen Regulativs wieder her, noch ändert sie den Gesetzescharakter der angeordneten Einschränkung des Regulativs.

Mit Rücksicht auf den beschränkten Geltungsbereich des Gesetzes („innerhalb der Grenzen der Grafschaft Recklinghausen") ist die Entscheidung des Berufungsgerichts über seinen Inhalt für die Revisionsinstanz bindend (§ 562 ZPO.). Diese Bindung erstreckt sich nicht nur auf den Wortlaut des Gesetzes, sondern auch auf seine Auslegung. Die Zulässigkeit der Nachprüfung durch den Revisionsrichter würde sich auch nicht daraus ergeben, daß das Berufungsgericht bei der Auslegung jener Rechtsnorm Auslegungsregeln aus einem an sich revisiblen Rechte entnommen hat, selbst dann nicht, wenn (wie vorliegendenfalls der § 9 des Regulativs) das nicht revisible Recht auf sie verwies; die Auslegung bleibt vielmehr schlechthin bindend. Nach Ansicht der Klägerin soll die Auslegung des Berufungsgerichts eine Lücke aufweisen. Der Vorderrichter habe, so meint die Klägerin, nirgends zu erkennen gegeben, daß er eine Erstreckung des Regals auf das Recht zum Steinkohlenabbau annehme, und er habe damit in Verkennung des Regalbegriffs des deutschen Rechts die Bemänglung übergangen, wonach sich das herzogliche Recht nur auf die Gewinnung von Metallen und Salzen beziehe. Dieses Vorbringen stellt jedoch eine im vorliegenden Falle angesichts des § 562 ZPO. nicht zulässige Rüge aus § 551 Nr. 7 daselbst dar (JW. 1900 S. 736 Nr. 3; RGU. VII 607/05 bei Gruch. Bd. 52 S. 144). Übrigens wird hierbei übersehen, daß schon nach dem Tatbestand des angefochtenen Urteils nur von dem Kohlenbergbau der Klägerin die Rede ist, daß die Einwirkung der Kohlensteuergesetzgebung erörtert wird und daß im Schriftwechsel zwischen dem Herzog und dem Oberbergamt, auf den das Berufungsgericht bei seiner Auslegung gerade verweist, der Herzog ausdrücklich das Regal auch für Steinkohlen beansprucht und das Oberbergamt ihm die Unterzeichnung des Regulativs mit der Bemerkung empfiehlt, es hätten ihm „sämtliche in Anspruch genommenen Befugnisse zugestanden". Irgendein Zweifel nach der Richtung, ob das Berufungsgericht bei seiner Auslegung die Abgabe vom Kohlenbergbau berücksichtigt, kann also nicht wohl bestehen. Es bleibt übrig, daß die Revision in zulässiger Weise eine Verletzung revisiblen Rechts insoweit rügt, als sie der Meinung ist, die Annahme des Berufungsgerichts, wonach die irrevisible Norm durch Reichs- oder revisibles Landesrecht aufgehoben sein soll, sei rechtsirrtümlich. In dieser Hinsicht kann das Revisionsgericht die Prüfung der Vorentscheidung nicht ablehnen.

Die Auslegung, die das Berufungsgericht dem Regulativ in dem hier interessierenden Punkte gibt, geht dahin: An einen Zustand, in dem staatliche Bergwerksabgaben nicht mehr erhoben würden und die herzoglichen Abgaben deshalb nicht mehr erhoben werden könnten, weil für sie kein Maßstab mehr in den staatlichen Abgaben gegeben sei, habe man beim Erlaß des Regulativs und der Bestätigung nicht gedacht. Für diesen Fall habe die Anordnung des Königs keine besondere Bestimmung treffen wollen; es könne daher nur bei dem Anerkenntnis des Rechts zur Erhebung der Abgabe in dem Umfang verbleiben, wie sie vom Staate zuletzt erhoben wurde. Es liege keinesfalls im Sinne der Bestimmung, beim Wegfall der Möglichkeit, die früheren Bergwerkssteuern mit der heutigen Besteuerung zu vergleichen, auch die zu vergleichende Privatabgabe wegfallen zu lassen, sondern es werde, bis eine andere gesetzliche Regelung eintrete, bei der Erhebung der herzoglichen Regalabgabe in der zuletzt erhobenen Höhe bleiben müssen. Der festgestellte Inhalt des Regulativs und der Bestätigung läßt somit die Regalabgabe des Herzogs seit der letzten Herabsetzung der staatlichen Abgabe durch Gesetz vom 20. Oktober 1862 (GS. S. 351) bis auf 1% der Förderung unabhängig von der Staatsabgabe in diesem Maße bestehen (weil seit jenem Zeitpunkt keine weitere Herabsetzung, sondern nur noch die „Außerhebungsetzung" und später die gänzliche Aufhebung der staatlichen Abgabe erfolgte). Dann kann aber dem Berufungsgericht nicht der Vorwurf gemacht werden, daß es sich der Prüfung der Frage zu Unrecht entzogen habe, ob die staatliche Bergwerksabgabe in folgeder durch Gesetze oder durch Verordnungen mit Gesetzeskraft veränderten Rechtslage gefallen sei. Denn wenn nach jener Auslegung die Regalabgabe des Herzogs zu dem erwähnten Teil unabhängig von einer staatlichen Abgabe war, dann konnten die Gesetze vom 14. Juli 1893, 24. Dezember 1919 und 30. März 1920, die nur Steuern der Länder und Gemeinden außer Hebung setzen oder als für die Zukunft nicht mehr zulässig erklären, das Recht des Herzogs aus dem Grunde der behaupteten Abhängigkeit nicht berühren. Von Einfluß auf das Recht, auf Grund des Regals Abgaben zu erheben, konnte von diesem Gesichtspunkt aus auch nicht die preußische Verordnung vom 23. November 1923 über die vorläufige Regelung der Gewerbesteuer (GS. S. 519) sein, wenn sie in Art. II Nr. 5 die in § 2 des Gesetzes vom 14. Juli 1893 genannten Gesetze betreffend Erhebung einer Bergwerksabgabe mit Wirkung vom 1. Januar 1924 ab förmlich aufhob und damit auch die zuletzt auf 1% bemessene und durch das Gesetz vom 14. Juli 1893 nur außer Hebung gesetzte Bergwerksabgabe gänzlich beseitigte. Die Revision führt jedoch weiter aus: Das Recht des Herzogs habe zufolge der Vorschriften des Umsatzsteuergesetzes vom 24. Dezember 1919 und des Landessteuergesetzes vom 30. März 1920 nicht mehr mit der Wirkung auf den preußischen Staat übertragen werden können, daß dieser in die Lage kommen durfte, als Rechtsnachfolger des Herzogs in der Form der Erhebung von Regalabgaben eine nicht mehr erhebungsfähige staatliche Abgabe zu neuem Leben zu erwecken. Hilfsweise sei durch die Überführung auf den preußischen Staat auch die abgetretene Regalabgabe in den Kreis der in der Verordnung vom 23. November 1923 genannten Bergwerksabgaben getreten, was zu dem Ergebnis führe, daß die Regalabgabe spätestens mit jener Verordnung endgültig gefallen sei. Die Revision erachtet auch nach allgemeinen Rechtsregeln das Regalrecht zufolge der Überführung an den Staat als von selbst erloschen. Dies ergibt die Notwendigkeit, den Abtretungsvorgang selbst, sein Zustandekommen und seine Rechtswirkungen zu prüfen. Dabei wird in der Darstellung die Form der historischen Betrachtung bis zur Überführung gewählt, weil die Klägerin, obschon sie selbst ihre Rechte vom Herzog von Arenberg ableitet und obwohl die preußische und die Reichsgesetzgebung bis zum Überführungsakt in einer Reihe von Gesetzen teils ausdrücklich, teils mittelbar die Rechtsbeständigkeit dieses Privatbergregalrechts anerkannten, gerade seine Aufhebung durch die Gesetzgebung behauptet hat.

Die Staatsumwälzung vom November 1918 fand das Privatregal als noch bestehend vor. Der Art. 4 der preußischen Verfassungsurkunde vom 31. Januar 1850 („Alle Preußen sind vor dem Gesetze gleich. Standesvorrechte finden nicht statt") schränkte nach der richtigen, im Vorprozeß auch vom Oberlandesgericht vertretenen Ansicht lediglich die staatsrechtliche Stellung der ehemals Reichsunmittelbaren ein, betraf aber ihre privatrechtlichen Verhältnisse nicht. Freilich bezieht sich jenes oberlandesgerichtliche Urteil zu Unrecht auf v. Rönne, dessen gerade in diesem Punkt abweichende Ansicht noch in den Beratungen der Landesversammlung zum Gesetz vom 19. Oktober 1920 vom Abgeordneten Gothein als irrtümlich gekennzeichnet wurde. Von den neueren Schriftstellern über Bergrecht bekennen sich zu dieser Meinung Arndt (Zeitschr. für Bergrecht Bd. 60 S. 233) und Voelkel (im „Glückauf" 1917 S. 360). Sie findet sich ferner in der Begründung des Entwurfs des Gesetzes vom 19. Oktober 1920 (abgedruckt in der Zeitschrift für Bergrecht Bd. 62 S. 33flg.) und wurde auch bei den Beratungen dieses Gesetzentwurfs im Handels- und Gewerbeausschuß der verfassunggebenden preußischen Landesversammlung vom Minister für

Handel und Gewerbe selbst und von einem Regierungsvertreter verfochten. Sie stützt sich mit Recht darauf, daß nach der Ansicht jener Zeit das Privatbergregal zu den privatrechtlichen Verhältnissen gehörte, wie dies nicht nur das Reichsgericht in den eingangs erwähnten Entscheidungen, sondern auch der Gerichtshof zur Entscheidung der Kompetenzkonflikte am 13. Februar 1864 (Zeitschrift für Bergrecht Bd. 5 S. 253) angenommen hat. Hätte zur Zeit der Verkündung der preußischen Verfassungsurkunde die gegenteilige Meinung obgewaltet, so wäre es unverständlich, wie die den Entwurf des Bergwerksteuergesetzes vom 12. Mai 1851 beratende Kommission des preußischen Abgeordnetenhauses in ihrem Bericht (Drucksachen Nr. 246 S. 11) ohne Widerspruch von irgendwelcher Seite hätte ausführen können, daß das Bergregal nicht nur dem Staat, sondern auch den Besitzern der vormals reichsunmittelbaren Gebiete zustehe und daß eine Veränderung des vorhandenen Rechtszustands nur durch ein allgemeines Berggesetz herbeigeführt werden könne. Von Interesse sind ferner die Verhandlungen des Abgeordnetenhauses über das preußische Gesetz vom 10. Juni 1854 (GS. S. 363), das die Verfassung dahin „deklariert", daß ihre Vorschriften einer Wiederherstellung der durch die Gesetzgebung seit dem 1. Januar 1848 verletzten Rechte der Reichsunmittelbaren nicht entgegenständen. Bei den Meinungsverschiedenheiten, die in späteren Jahren zwischen der Krone und dem Abgeordnetenhause über die Art der Ausführung dieses Gesetzes entstanden, ist zum mindestens an einer Stelle (Anl. zu den Verhandlungen des Abgeordnetenhauses 1856 S. 585 Akt. St. Nr. 94) von den Regierungsvertretern mit Billigung der Kommissionsmehrheit deutlich auf den Unterschied zwischen dem privatrechtlichen und dem öffentlichrechtlichen Inhalt des Bergregals hingewiesen worden. Die Kommissionsmehrheit hatte sich lediglich dagegen gewandt, daß den Mediatisierten ohne Mitwirkung des Landtags über die Bestimmung der Wiener Bundesakte hinaus Rechte eingeräumt („wiederhergestellt") würden, die „zu der Staatsgewalt und den höheren Regierungsrechten gehören", und sie hatte ferner, soweit von einem Bergregal die Rede war, nur gegen die „neue vertragsmäßige" Bestätigung dieses Regals, des Fürst Wied'schen, etwas zu erinnern gefunden, eines Rechts, das (Beschluß der Kommission A II S. 590) nach ihrer Meinung „durch die Verfassung oder die Gesetzgebung seit 1848 nicht betroffen" worden war.

Im Entwurf des Allgemeinen Berggesetzes vom Jahre 1865 (abgedruckt in der Zeitschrift für Bergrecht Bd. 6 S. 230) wurde zu § 249 (jetzt 250) erklärt, daß die auf dem Privatregal beruhenden Rechte einzelner Personen durch das Berggesetz nicht beseitigt werden könnten (wie es der vorher erwähnte Kommissionsbericht annahm), da es sich hierbei um „wohlerworbene, auf anerkannten Rechtstiteln beruhende Privilegien handle, die nur nach den für die letzteren allgemein maßgebenden Grundsätzen aufgehoben werden könnten." In den Verhandlungen des Abgeordnetenhauses wurde ausdrücklich darauf hingewiesen, daß die Bergbautreibenden außerordentlich zu klagen hätten über die Erhebung des Zehnten, die es ihnen schwer mache, im Verkauf ihrer Produkte mit den gleichartigen Bergwerken zu konkurrieren, die nach dem Gesetz vom 20. Oktober 1862 (GS. S. 351) seit Anfang 1864 nur noch 2% der Bergwerksteuer an den Staat zu zahlen hätten (diese Klage bezog sich nur auf diejenigen Regalherren, die nicht, wie der Herzog von Arenberg, mit der Ermäßigung der staatlichen Abgabe gleichen Schritt hielten, da sie dazu nicht verpflichtet waren). Die Regierungskommissare erkannten die bestehenden Unzuträglichkeiten an und erklärten, daß eine Verhandlung mit den Bergwerksbesitzern der einzige Weg sei, auf dem die gerügten Übelstände beseitigt werden könnten. Hierauf gelangte § 250 des Allgemeinen Berggesetzes in seiner heutigen Fassung zur Annahme. Die bestehenden Unstimmigkeiten kamen noch schärfer zum Ausdruck, als der Landtag den Entwurf des Gesetzes vom 14. Juli 1893 (GS. S. 119), der die völlige Aufhebung der staatlichen Bergwerksabgabe vorsah, zufolge Eingreifens gerade des Herzogs von Arenberg bezüglich der Wahrung der Rechte der Privatregalbesitzer dahin änderte, daß die staatlichen Bergwerksabgaben nicht aufgehoben, sondern nur „außer Hebung gesetzt" wurden. Dies geschah in bewußter Übereinstimmung der gesetzgebenden Faktoren, nachdem der Herzog von Arenberg dargelegt hatte, § 2 des Entwurfs „müßte oder könnte", wenn die Entwurfsfassung Gesetz würde, dahin ausgelegt werden, daß künftig im ganzen Staatsgebiet, auch in der Grafschaft Recklinghausen, die Bergwerksabgaben als aufgehoben anzusehen seien.

Auch zufolge irgendeines Reichsgesetzes ist in der Gesetzgebung bis zur Staatsumwälzung von 1918 keine Änderung des bestehenden Rechtszustands eingetreten. Die Meinung der Revision, durch § 7 Nr. 6 der Reichsgewerbeordnung seien die Privatbergregale aufgehoben, ist verfehlt. Nach § 6 daselbst beziehen sich die Vorschriften der Gewerbeordnung auf das Bergwesen nur insoweit, als sie ausdrückliche Bestimmungen darüber enthält. An solchen fehlt es jedoch. Auch die Berggesetznovelle vom 18. Juni 1907 (GS. S. 119) schützte bei Einführung des Staatsvorbehalts für Steinkohlen und Salze in Art. VIII Abs. 3 die privaten Regalrechte wiederum ausdrücklich.

Die Reichsverfassung vom 11. August 1919 verordnet in Art. 155 Abs. 4 Satz 2: „Private Regale sind im Wege der Gesetzgebung auf den Staat zu überführen". Der erste Verfassungsentwurf enthielt diesen Satz noch nicht. Zunächst verlangte in der ersten Ausschußberatung ein Antrag Dr. Quarck-Sinzheimer (Drucksachen Nr. 98) die Beseitigung der Privatregale. Der Antrag wurde in einem Unterausschuß, sodann im Ausschuß selbst (32. Sitzung vom 28. Mai 1919) abgelehnt, nachdem der Abgeordnete Sinzheimer sich sehr entschieden gegen die Aufrechterhaltung dieser „veralteten" Einrichtung ausgesprochen hatte. Der Entwurf der Reichsverfassung, wie er aus dem Verfassungsausschuß in die Vollversammlung der verfassunggebenden deutschen Nationalversammlung gelangte, enthielt mithin keine Bestimmung über die privaten Regale. Zur Verhandlung in der Vollversammlung stellten die Abgeordneten Auer und Gen. den Antrag, den letzten Absatz des Art. 155 so zu fassen:

„Alle Bodenschätze und Naturkräfte sind in Gemeineigentum zu überführen. Private Regale und Mutungsrechte sind aufgehoben."

Dieser Antrag, gegen den sich die Abgeordneten Philipp, Becker und Raschig (vgl. Verhandlungsbericht S. 1764 und 1765) mit dem Hinweis darauf wandten, daß der vorher schon angenommene, das Eigentum gewährleistende Verfassungsartikel seiner Annahme entgegenstehe, wurde in zweiter Lesung angenommen. Für die dritte Lesung lagen folgende Anträge vor:

Spahn (Nr. 680 Ziff. 10): den letzten Satz zu fassen:

„Private Regale sind im Wege der Gesetzgebung auf den Staat zu überführen",

Arnstadt und Gen. (Nr. 688 Ziff. 11):

„den Satz ganz zu streichen",

Auer und Gen. (Nr. 690 Ziff. 11), ihn so zu fassen:

„Private Regale und Mutungen sind auf den Staat zu übertragen. Das Nähere bestimmt die Gesetzgebung".

In einer Verhandlung, worin der Abgeordnete Gothein insbesondere darauf hinwies, daß durch die entschädigungslose Aufhebung der Regale, z. B. in Schlesien, der reichsten Bergwerksgesellschaft Georg von Giesches Erben, ein Millionengeschenk gemacht würde, ist der Antrag Auer u. Gen. abgelehnt und, nach Ablehnung auch des Antrags Arnstadt und Gen., der Antrag Spahn angenommen worden. Die verfassunggebende deutsche Nationalversammlung hat damit gegen eine entschädigungslose Enteignung der Privatregalbesitzer Stellung genommen und nur die „Überführung" der Regale an den Staat vorgeschrieben.

Damit wurde diese Frage der Gesetzgebung der Länder unterworfen, die sie regeln konnten, solange und soweit nicht das Reich von seiner eigenen Gesetzgebungsbefugnis (Art. 12 RVerf.) Gebrauch machte. In Preußen forderte bereits ein Beschluß der verfassunggebenden Landesversammlung vom 14. November 1919 die Überführung der Bergregale an den Staat gegen ein angemessenes Entgelt.

In dem Vertrag, den der Herzog von Arenberg am 12. März/2. April 1920 mit dem preußischen Staat schloß, tritt der Herzog unter Verzicht auf seine Bergregalrechte, mit Ausnahme des Abgabenrechts, dieses letztere mit Wirkung vom 1. Januar 1920 an den preußischen Staat ab, der dafür einen Teil der bis 1934 zu erhebenden Regalabgaben an ihn abzuführen verspricht: in den Jahren 1920 bis 1924 je die Hälfte, jedoch nicht mehr als jährlich $1^1/_2$ Millionen Mark, in den Jahren 1925 bis 1929 je ein Drittel, jedoch nicht mehr als jährlich 1 Million Mark, in den Jahren 1930 bis 1934 je ein Viertel, jedoch nicht mehr als jährlich $^3/_4$ Millionen Mark.

In der Begründung des preußischen Gesetzes zur Überführung der standesherrlichen Bergregale an den Staat vom 19. Oktober 1920 (GS. S. 441) wird ausgeführt: Als Rechtsform der Überführung der Bergregale scheine im allgemeinen ihre Aufhebung oder der Verzicht des Regalherrn am meisten geeignet. „Die Regalrechte als solche ihrem ganzen Inhalt nach auf den Staat übergehen und sie mit diesem Wechsel in der Person des Berechtigten weiter bestehen zu lassen, verbietet sich deshalb, weil die Regale in die neue Zeit nicht passen und ihr Fortbestehen die Einheitlichkeit des Bergrechtszustands stören würde." Die Begründung hält die Nichtaufhebung des Abgabenrechts deshalb für geboten, weil sich aus der Aufhebung ein unbegründeter Vorteil für die Bergwerke ergäbe, deren Finanzwirtschaft auf die Zahlung der Abgabe eingestellt sei und denen gegenüber sie wie ein unverdientes Geschenk wirken würde; auch wären die noch abgabepflichtigen Bergwerke im Verhältnis zu denen ohne Grund begünstigt, welche die Regalabgabe den Regalherren gegenüber abgelöst hätten. Im Bericht des Handels- und Gewerbeausschusses (Drucksache Nr. 2951) weist der Berichterstatter gegenüber dem Wunsch einer großen Partei nach Aufhebung der Regale darauf hin, daß schon bei den Verhandlungen in Weimar betont worden sei, wie unsinnig es wäre, die Regale aufzuheben, da dies nur eine Bevorzugung der abgabepflichtigen Bergwerke bedeuten würde. Diese Ausführung wurde von einem anderen Ausschußmitglied stark unterstrichen: die Staatskasse könne dringend die Regalabgabe brauchen. In der Vollversammlung vom 19. Oktober 1920 (Verhandlungsbericht S. 12944) betonte der Minister für Handel und Gewerbe, daß der Reichswirtschaftsminister das Land Preußen selbst auf den Weg des Regalerwerbs gewiesen habe; es bestehe die Gefahr, daß, wenn Preußen die Überführung nicht regle, sondern das Reich zur Einbringung eines Gesetzentwurfs veranlasse, durch den Preußen die Ermächtigung erhalte, die Privatbergregale ohne Entschädigung auf den Staat zu überführen, das Reich dem Lande Preußen von den Einkünften nichts abgeben werde. Der Berichterstatter wies darauf hin, daß es nur möglich sei, die Regale allmählich abzubauen und die Besitzer zu entschädigen. Der Abgeordnete Frentzel bemerkte, daß die Regelung im Entwurf ein „sehr nüchternes, einfaches und klares Finanz- und Rechtsgeschäft" darstelle: das preußische Volk zahle den Tribut der Überführung nicht (wie der Sprecher der Sozialdemokratie meine), sondern es nehme den Tribut, den zum größten Teile sehr große und mächtige Bergwerksgesellschaften entrichteten. Der Abgeordnete Weißermel schloß sich dieser Darlegung an: der Betrag, um den die Entschädigung der Regalbesitzer geringer wäre, wachse dem preußischen Fiskus, also der Gesamtheit der Staatsbürger zu; die Einnahmen würden somit nach und nach auf die Staatskasse übergehen und die Gesamtheit der Steuerzahler dadurch allmählich erleichtern.

Diese übereinstimmenden Ausführungen der Regierungsvertreter und der Abgeordneten der Mehrheit, die das Gesetz annahm, rechtfertigen mithin die — dem Gesetzeswortlaut nicht entgegenstehende — Annahme, der Staat habe die ihm durch das Reich anheimgegebene Überführung der Regale in der Art ausgeführt, daß er sich das Recht auf die Abgaben gegen das Zugeständnis einer für eine gewisse Zeit noch aufrechterhaltenen Mitbeteiligung der Regalherren abtreten ließ, um in einen zeitlich unbeschränkten Genuß dieses Rechts zu treten. Daß er dazu ohne Verstoß gegen Reichsgesetze, insbesondere gegen die Verfassung, selbst in der Lage gewesen sei, stellt die Klägerin in Abrede, sie bringt aber auch in anderer Hinsicht noch Bedenken gegen die Rechtsgültigkeit des Überführungsaktes vor.

Zunächst führt sie aus, das Land habe nach der Reichsverfassung das Regal nur als ganzes überführen können; eine Teilabtretung des Abgabenrechts bei Aufhebung des Regalrechts selbst sei also wirkungslos, „falle ins Leere". Der Einwand will darlegen, daß aus einem aufgehobenen Recht eine Einzelbefugnis nicht mehr erwachsen könne. Die Regelung des Gesetzes ist indes klar und widerspruchslos. Aus dem Regalrecht ergeben sich Einzelrechte: auf eigene Ausbeutung, auf Verleihung des Bergwerkseigentums an Dritte, auf Abgabenerhebung. Der dem Gesetzesinhalt entsprechende Wille der Vertragsteile ging ersichtlich dahin, die beiden ersteren, deren Weiterbestehen in der Hand des Staates die Einheitlichkeit der Bergwerksgesetzgebung in Preußen nur gestört hätte, zum Erlöschen zu bringen, das dritte Recht aber, gegen dessen Abtretbarkeit Bedenken nicht hätten erhoben werden können (§ 62 der Instruktion vom 30. Mai 1820, GS. S. 81; RGUrt. vom 24. Januar 1919 VII 243/18 in der Zeitschrift für Bergrecht Bd. 60 S. 400, und Voelkel im „Glückauf" 1917 S. 338), zu übertragen. Mit dieser Maßgabe konnten Teilaufhebung und Teilabtretung nebeneinander bestehen, vertraglich vereinbart und gesetzlich verordnet werden. Es ist auch nicht anzuerkennen, daß Art. 155 RVerf. einer Überführung in dieser Form entgegengestanden hätte. Mit dem Ausdruck „Überführung" wird kein Rechtsbegriff neu eingeführt, sondern nur der wirtschaftliche Vorgang der Vermögensverschiebung im Gegensatz zur Aufhebung gekennzeichnet, die keinen neuen Inhaber des Rechts an Stelle des bisher Berechtigten gesetzt hätte (vgl. Wolff in der

Festgabe für Kahl 1923 IV S. 26). Die Abtretung des Regalrechts im ganzen, die an sich unbedenklich hätte vorgenommen werden können, ist eben nur aus dem Grunde unterblieben, um nicht den Eindruck zu verwischen, daß der Staat von nun an Bergpolizei und Verleihungsbefugnis nicht aus abgetretenem Rechte des Herzogs von Arenberg, sondern aus eigenem Recht ausübe.

Die weitere Ausführung der Klägerin, der „Rückfall" der Abgabe an den Staat führe ganz von selbst ihren Untergang herbei, beruht auf der in ihren Darlegungen wiederholt auftretenden Verkennung des Umstands, daß das Abgabenrecht, wie das Berufungsgericht ohne Rechtsirrtum feststellt, dem Herzog vom Staat nicht neu verliehen, sondern als ein ihm gehöriges anerkannt wurde. Wollte man übrigens die grundsätzliche Möglichkeit einer Vereinigung durch Rückfall anerkennen, dann hätte gerade die Vorschrift in Art. 155 RVerf., welche die „Überführung" vorschreibt, sein zwangsläufiges Erlöschen gehindert. Der auch dem preußischen Gesetz innewohnende Wille, das Abgabenrecht nicht zu beseitigen, würde der Annahme eines derartigen Erlöschens entgegenstehen.

Die Meinung der Klägerin, das preußische Gesetz vom 23. Juni 1920 (GS. S. 367) habe das Privatregalrecht der ehemaligen Reichsunmittelbaren bereits beseitigt, ist gleichfalls rechtsirrig. In § 1 dieses Gesetzes werden nur die auf dem öffentlichen Recht Preußens beruhenden Vorrechte des bisherigen Adelsstands aufgehoben. Zu ihnen gehört, wie schon betont, die auf dem Bergregal beruhende privatrechtliche Befugnis der Regalabgabenerhebung nicht. Soweit in § 41 unter den „diesem Gesetz entgegenstehenden Bestimmungen", die es aufhebt, der § 250 des Allgemeinen Berggesetzes erwähnt wird, bezieht sich diese Vorschrift nur auf diejenigen im § 250 des Allgemeinen Berggesetzes noch begründeten Befugnisse, die dem öffentlichen Recht angehören. Überdies ist die Regelung der Regalrechte ebenso wie diejenige anderer „vermögenswerter Gerechtsame" in § 21 des Gesetzes ausdrücklich einem besonderen Gesetz vorbehalten worden; dadurch ist der Gegensatz dieser Rechte zu den auf dem öffentlichen Recht beruhenden Vorrechten hinlänglich betont.

Als Hauptbedenken gegen die Wirksamkeit des Abtretungsaktes macht die Klägerin geltend, daß der preußische Staat zufolge der

Überführung Rechte erworben zu haben glaube, die er auf Grund der zur Zeit der Überführung geltenden Gesetzgebung nicht mehr habe erwerben können, ohne gegen das ausschließliche Besteuerungsrecht des Reiches zu verstoßen. In dieser Beziehung beruft sie sich auf § 44 des Umsatzsteuergesetzes vom 24. Dezember 1919 (RGBl. S. 2157): „Länder und Gemeinden (Gemeindeverbände) dürfen vom Inkrafttreten dieses Gesetzes an Steuern vom Warenumsatz nicht mehr erheben", und auf § 2 des Landessteuergesetzes vom 30. März 1920 (RGBl. S. 402): „Die Inanspruchnahme von Steuern für das Reich schließt die Erhebung gleichartiger Steuern durch die Länder und Gemeinden (Gemeindeverbände) aus, wenn nicht reichsrechtlich ein anderes vorgeschrieben ist."

Beide Reichsgesetze können der Erhebung der Regalabgabe naturgemäß nur dann entgegenstehen, wenn es sich bei der Regalabgabe um eine Steuer handelt. Daß sie in der Hand des Herzogs von Arenberg eine solche nicht gewesen ist, kann nach der vom höchsten Gerichtshof stets vertretenen Auffassung der Privatregalrechte nicht in Abrede gestellt werden. Selbst die staatliche Regalabgabe, die durch die Gesetze von 1851 und 1862 ermäßigt und schließlich außer Hebung gesetzt wurde, stellte mindestens bis zum Inkrafttreten des Allgemeinen Berggesetzes keine Steuer dar, sondern nur eine Gegenleistung für die Verleihung des Bergwerksrechts (Oberverwaltungsgericht vom 18. Januar 1887, Entscheidungen Bd. 14 S. 43flg.). Die Klägerin ist nun der Meinung, die privatrechtliche Abgabe habe bei ihrem Übergang aus der Hand einer Privatperson in die des Staates den Privatrechtscharakter völlig eingebüßt und die öffentlichrechtliche Natur einer Steuer angenommen. Indes ist nicht zu erkennen, warum der Wechsel des Berechtigten und des Verwendungszwecks für sich allein eine im übrigen dem Rechtsgrund und der Erhebungsform nach gleichbleibende Abgabe in ihrer Rechtsnatur maßgebend ändern sollte. Der Annahme, daß das Umsatzsteuergesetz und ebenso das Landessteuergesetz die Weitererhebung der in die Hand des Staates gelangten Regalabgabe seit diesem rechtlichen Übergang verbiete, würde also schon der Mangel des Steuercharakters entgegenstehen. Es kann daher dahingestellt bleiben, ob bei der Beweisführung der Klägerin das Merkmal des „Umsatzes" (für die Anwendung des Umsatzsteuergesetzes) und dasjenige der „Gleichartigkeit" (für die Anwendung des Landessteuergesetzes und der Kohlensteuergesetzgebung) vorliegen würden, ungeachtet des Umstands, daß § 37a des Gesetzes über die Änderung des Kohlensteuergesetzes vom 8. April 1922 (RGBl. I S. 378) und § 25 Abs. 2 des Kohlensteuergesetzes vom 20. März 1923 (RGBl. I S. 193) gerade die Abgaben, die auf Grund der nach Art. 155 RVerf. auf den Staat zu überführenden Privatregale zu entrichten sind, vom Verbot der Besteuerung von Erzeugnissen des Kohlenbaues durch die Länder ausdrücklich ausnehmen.

Neben den nach Meinung der Klägerin aus dem Reichs- und Landessteuerrecht sich ergebenden Bedenken trägt die Revision weiter vor, daß die bezeichnete Überführung nicht nur dem Sinn des Art. 155, sondern auch anderen Vorschriften der Reichsverfassung widerstreite. In erster Reihe wird dargelegt, die Entschädigung der Regalherren sei Sache des Landes, müsse also aus Steuern gedeckt werden, die alle Bürger träfen, und könne nicht Abgaben entnommen werden, die der Staat als Rechtsnachfolger des Herzogs von Arenberg von der Klägerin beanspruche. Damit verletze der preußische Staat die Grundsätze in Art. 109 und 134 RVerf.

Zuzugeben ist der Klägerin, daß die Reichsverfassung in Art. 155 keineswegs anordnet, es seien an den Regalberechtigten bei der Überführung Entschädigungssummen gerade aus Abgabemitteln zu entrichten. Aber anderseits verbietet sie dies auch nicht. Für die Auffassung der Klägerin, die Kosten der Überführung müßten aus Staatsmitteln gedeckt werden, ist eine irgendwie zu rechtfertigende Begründung nicht zu finden. Der Vergleich mit der Behandlung, welche die Frage des Weiterbestehens der Belastung mit staatlichen Abgaben im preußischen Abgeordnetenhause seinerzeit gefunden hat, liegt nahe. Sowohl im Jahre 1861, als die Regierung mit dem Entwurf des Gesetzes vom 20. Oktober 1862 an einen weiteren Abbau der damals noch 5% betragenden staatlichen Abgabe ging, wie auch im Jahre 1893, als sie mit dem Entwurf des Gesetzes vom 14. Juli 1893 die Aufhebung der Abgabe im ganzen ins Auge faßte, machte sich bei einigen Abgeordneten Widerspruch bemerkbar gegen die Absicht, die Abgaben entschädigungslos aufzuheben. Im ersteren Falle war es der Abgeordnete Reichensperger, der in der Verhandlung des Abgeordnetenhauses vom 18. März 1861

(Bd. 1 S. 515) bei der Debatte über die Rechtsnatur des Bergzehnten — ob Steuer, ob Reallast — betonte, „es würde dem Rechtsprinzip viel mehr entsprechen, daß eine Ablösung für diese Bergwerksabgaben und Zehnten ebenso wie für den gewöhnlichen Zehnten statuiert werden müßte.“ Anderseits vertrat in der Verhandlung vom 13. April 1893 (Bd. 3 S. 1571) der Abgeordnete Schmidt (Warburg) die Meinung, es sei doch vielleicht angezeigt, die staatlichen Abgaben, welche die Bergwerke zu leisten hätten, nicht unentgeltlich aufzuheben, sondern durch die Bergwerksbesitzer der Staatskasse einen Ersatz leisten zu lassen; sei doch die Bergwerkssteuer recht eigentlich das Entgelt, das der Staat für die Überlassung des ihm regelmäßig zustehenden Okkupationsrechts gefordert habe — ein Standpunkt, der nach der zutreffenden Meinung eines Regierungsvertreters für die Zeit nach dem Inkrafttreten des Allgemeinen Berggesetzes freilich nicht mehr eingenommen werden konnte, für das Arenberg'sche Regal aber auch darüber hinaus unbedenklich richtig war, weil § 250 ABG. die Bergregalrechte der Reichsunmittelbaren aufrecht erhielt. Den Anregungen der Abgeordneten wurde nicht stattgegeben. Aber anderseits hat sich weder die Staatsregierung noch der Landtag jemals dazu bekannt, daß irgendeine Rechtspflicht zur Verminderung der Abgaben bestehe. Lediglich wirtschafts- und steuerpolitische Erwägungen waren bereits seit dem Jahre 1851, als die erste Ermäßigung der staatlichen Zehntenabgabe geplant wurde, dafür maßgebend. Als im Jahre 1851 die Staatsregierung dem Landtag den Entwurf des späteren Gesetzes vom 12. Mai 1851 (GS. S. 261) hatte zugehen lassen, der die erste Herabsetzung von 10% auf 5% vorschlug, um den Bergbau konkurrenzfähiger zu machen, stimmte der Kommissionsbericht (Drucks. der 2. Kammer aus der 2. Session der 2. Legislaturperiode Nr. 246) der Ermäßigung mit der „auf allgemeine Erfahrungen und Kombinationen“ gestützten Annahme zu, es sei mit Sicherheit zu erhoffen, daß bei der Verminderung der „Zehntenquotisation“ um die Hälfte der Gesamtertrag am Zehnten ebenfalls anwachsen werde. Ausdrücklich hebt der Bericht hervor, der Staat erwarte keine dauernde Minderung seiner Einnahmen, sondern wolle eine vorübergehende Herabsetzung in Kauf nehmen, weil er glaube, daß ihm der gleiche Betrag aus direkten Steuern der Bergbautreibenden wieder zukommen und daß erkennbar eine Verbilligung der Kohle zugunsten der Allgemeinheit und insbesondere der Industrie erzielt werde; er bringe also nur scheinbar und vorübergehend im wohlverstandenen Interesse ein sich später reichlich bezahlt machendes Opfer. Erkannte also der Staat niemals eine Rechtspflicht zur Herabsetzung der staatlichen Abgabe an, so ist nicht ersichtlich, woraus sich eine solche für den Restteil der ehemals Arenberg'schen Privatregalabgabe nach der Überführung auf den Staat ergeben sollte. Ganz abgesehen davon, daß irgendwelche Grundsätze des bürgerlichen oder öffentlichen Rechts, die sie vorschreiben würden, nicht bestehen, wurde schon im älteren Schrifttum über den allgemeinen Zehnten, zu einer Zeit, als in den Kreisen der Zehntpflichtigen auf Grund der Entwicklung in Frankreich auch in den angrenzenden Landesteilen Deutschlands die Abschaffung der Zehntpflicht durch Staatsakt erhofft wurde, die Ablösung des Zehnten, soweit er als privatrechtliche Last gelten konnte, als die „einzige gerechte Art der Abschaffung" bezeichnet. Wiederholt wurde darauf hingewiesen, daß der Zehntpflichtige, der als Käufer eines Grundstücks die Zehntbelastung bei Bemessung des Kaufentgelts eingerechnet habe, einen unverdienten Wertzuwachs erhielte, wenn die Belastung entschädigungslos aufgehoben würde. Die Lage der Klägerin ist keine andere, da sie bei Verleihung des Bergwerkseigentums mit der Abgabe gerechnet hat und sich nach der unangreifbaren Auslegung des Regulativs und der Bestätigung auf die Nichtgleichstellung mit anderen Bergbautreibenden nicht berufen kann. Geht man hiervon aus, dann ist die Meinung der Klägerin, daß das Regal nur auf Kosten aller Staatsbürger übergeführt werden dürfe, schon aus diesem Grunde nicht stichhaltig. Die Überführung, so wie sie verabredet und verordnet ist, belastet die Klägerin überdies nicht mit Mehrabgaben und es werden ihr auch im Verhältnis zu anderen Bürgern des Staates aus diesem Grunde nicht etwa Mehrsteuern zugemutet. Hätte der Herzog sein Recht an einen anderen abgetreten, so wäre die Klägerin von der Abgabe ebensowenig frei geworden. Die Überführung bringt nicht einem Teil der Staatsbürger Sondervorteile, sondern allen einen gleichmäßigen Vorteil. Die Bestimmung in Art. 155 Abs. 4 S. 2 RVerf. kann unmöglich dazu nötigen, einen Abgabepflichtigen von privatrechtlichen Lasten, deren Ablösung im Vertragsweg ihm freistand, unter Belastung nichtabgabepflichtiger Staatsbürger zu befreien. Es kann unter diesen Umständen dahingestellt bleiben, ob nicht bei dem Vorteil, den die Abgabepflichtigen bei solcher Regelung gewonnen hätten, diejenigen Bergbautreibenden, die bereits in einem früheren Zeitpunkt die Abgabe vertragsmäßig abgelöst hatten, unverdient in ihren Interessen gekränkt worden wären.

Die Klägerin ist ferner der Meinung, die weitere Abgabenerhebung durch den Staat verstoße zum mindesten insoweit gegen die Reichsverfassung, als sie über die Zwecke der Überführung hinaus dem Staat die Abgaben noch sichern wolle für eine Zeit, in welcher der Herzog längst abgefunden sein werde, sie also „verewige". Der hieraus gezogene Schluß, der Staat entziehe sich damit der Pflicht der Gleichstellung der Bergbautreibenden der Grafschaft Recklinghausen mit denen im übrigen Staatsgebiet, einer Pflicht, die in der Bestätigungsklausel zum Regulativ verbrieft sei, steht und fällt wiederum mit der Auslegung der Klausel durch das Berufungsgericht. Wenn man die Begründungen der Entwürfe der preußischen Gesetze vom 12. Mai 1851 und vom 20. Oktober 1862 und des Entwurfs des Berggesetzes von 1865 mit denjenigen des Entwurfs des Gesetzes vom 19. Oktober 1920 vergleicht und die entsprechenden Kommissionsberichte (Drucksache Nr. 246 von 1851 und Drucksache Nr. 85 von 1861) und die in den Vollversammlungen geäußerten Mehrheitsmeinungen gegeneinanderhält, ergibt sich freilich unleugbar das eine: diejenige Auffassung, welche in den Jahren 1851 und 1862 die Ermäßigung der staatlichen Abgabe für nützlich hielt (ohne freilich einen Rechtsanspruch darauf anzuerkennen), und im Jahre 1865 die aus dem Weiterbestehen des Privatregals sich ergebenden Unstimmigkeiten anerkannte, tritt nunmehr, nach der Staatsumwälzung, sichtbar zurück. Dort trat noch unverkennbar das Bestreben in den Vordergrund, den Bergbau durch Herabsetzung der Abgaben konkurrenzfähiger zu machen, und dabei wurde selbst die Gefahr in Kauf genommen, daß die ihm erlassenen Steuern entgegen aller Voraussicht nicht aus erhöhter Förderung und vergrößertem Einkommen gedeckt würden; dort suchte man auch nach einem Weg, um die Schwierigkeiten zu überwinden, die sich ergeben könnten, wenn einzelne Privatregalbesitzer sich nicht zu einer Verminderung ihrer die staatlichen Abgaben noch übersteigenden Regalabgabe entschlössen. Hier dagegen herrscht die Meinung vor, daß man im neuen Staatswesen die für die Zukunft unermeßlich hohen Regalabgaben nicht mehr in der Hand einzelner Privatpersonen lassen dürfe, daß man sie vielmehr in den Zeiten der Not des Staates der Gesamtheit der Staatsbürger nutzbar machen und dem Staate zuführen müsse, um die Steuerlast des einzelnen zu verringern. Die im Hensel'schen Gutachten als angebliche Meinung der Weimarer Nationalversammlung stark in den Vordergrund gerückte Auffassung, die Regale müßten „vor der Gemeinwirtschaft verschwinden", wurde jedoch dort nur von den Vertretern der mit ihrem Antrag auf Aufhebung der Regale nicht durchgedrungenen Minderheit betont. Auch da, wo die Reichsverfassung (im Art. 156) die „Überführung" wirtschaftlicher Betriebe in Gemeineigentum vorsieht, hat sie die Nutzbarmachung dieser Betriebe für die Allgemeinheit im Auge. Nichts spricht dafür, daß die Mehrheit der Nationalversammlung je an eine Stillegung der aus dem Regalrecht sich ergebenden nutzbaren Einzelrechte gedacht hat. Es ist aber auch — entgegen der Hensel'schen Annahme — aus der Fassung des § 37a des nach Verkündung der Verfassung in Kraft getretenen Reichsgesetzes über die Änderung des Kohlensteuergesetzes vom 8. April 1922 (RGBl. I S. 378) keineswegs der Schluß zu ziehen, daß diese Vorschrift nur dann einen vernünftigen Sinn gebe, wenn man unterstelle, daß die Reichsgesetzgebung die Maßnahmen der Länder bei der Überführung nur nicht habe durchkreuzen wollen. Hensel beruft sich auf den Wortlaut einer Äußerung des Berichterstatters Löffler bei der 2. Beratung des Entwurfs im Reichstag (194. Sitzung vom 23. März 1922 S. 6507, besonders 6509 A):

„.... Der Ausschuß hat beschlossen, daß es den Ländern und Gemeindeverbänden verwehrt sein soll, Steuern auf Erzeugnisse des Kohlenbergbaus ... zu erheben.

Hier war es natürlich erforderlich, weitere Bestimmungen zu treffen mit Rücksicht auf das Erheben von Regalabgaben. Auf Grund des Art. 155 Abs. 4 S. 2 RVerf. ist das Reich verpflichtet, alle Privatregale in seinen Besitz zu bringen. Es hat die Regalinhaber abfinden müssen. Wenn die Bestimmung, wie sie im ersten Satz des § 37a vorgesehen ist, ohne Einschränkung angenommen wäre, hätten die Staaten keine Möglichkeit gehabt, diese Regalabgaben einzunehmen. ..."

Der Gutachter knüpft daran die Erwägung, diese Ausführungen stellten klar, daß den Ländern die Befugnis zur Weitererhebung der Privatregale nur um deswillen zugesprochen werde, weil sie ja auch von der

Entschädigungspflicht betroffen würden; man dürfe sonach in dieser Bestimmung wiederum den Grundgedanken ausgesprochen sehen, daß die Weitererhebung der Abgabe in der Hand des Staates nur insoweit zulässig sein solle, als die nötigen Beträge zum Ausgleich der Entschädigungspflicht gebraucht würden. Diese Annahme hat jedoch keine zureichende Unterlage. In der verfassunggebenden preußischen Landesversammlung waren die Regierungsvertreter und die Mehrheit des Hauses sicherlich anderer Auffassung, und in den Verhandlungen der Weimarer Nationalversammlung hat von den Abgeordneten der Mehrheit niemand eine abweichende Meinung geäußert. Wenn der Berichterstatter also betont, daß ohne den § 37a Abs. 2 die Staaten keine Möglichkeit gehabt hätten, die Regalabgaben einzunehmen, so beweist das nichts weiter, als daß man mit der Möglichkeit gerechnet hat, diese für den preußischen Staat so wertvolle Abgabe könnte nach ihrem Übergang in die Hand des Staates etwa als Steuer aufgefaßt werden. (Der zu den Prozeßakten eingereichte Bescheid des Reichsfinanzministeriums vom 24. Oktober 1921 läßt diese Frage dahingestellt, er geht aber, was zu beachten ist, dem Gesetz vom 8. April 1922 zeitlich voran; der in ihm berührte Zweifel kann nun nicht mehr erhoben werden, seitdem die Gesetzgebung die Frage ausdrücklich geregelt hat.) Die weitere Annahme des Gutachters, die Wahl des Ausdrucks „zu überführen sind" deute ebenfalls darauf hin, daß die Ausnahme des Abs. 2 nicht diejenigen Privatregalabgaben betreffe, die bereits (endgültig) auf den Staat überführt seien, ist als eine allzusehr am Wortlaut haftende Auslegung verfehlt.

Daß die gekennzeichnete Auffassung der Mehrheit einer Volksvertretung eine gerechte und würdige Auffassung der Aufgaben des Staates vermissen lasse, kann nicht zugegeben werden. Es trifft nicht zu, daß der Staat mit einer solchen, hier übrigens nur gerade in Zeiten der Not geübten Praxis (die im Einzelfalle dazu führt, volkswirtschaftlich wertvolle Rücksichten in den Hintergrund treten zu lassen) irgendeiner Bestimmung der Reichsverfassung zuwiderhandle. So wenig es in früheren Jahren Pflicht des Staates gewesen wäre, die infolge privatrechtlicher Sonderbelastung noch den vollen Zehnten an ihren Regalherrn zahlenden Bergbautreibenden zu entlasten, besteht heute eine Pflicht des Staates, auf

Weitererhebung einer rechtmäßig erworbenen Regalabgabe, deren Ablösung von den Pflichtigen selbst bis dahin nicht vorgenommen worden war, zuungunsten der Gesamtheit der Staatsbürger zu verzichten und dadurch den Abgabepflichtigen einen unverdienten geldlichen Vorteil zuzuführen. Inwieweit in früheren Jahren betonte volkswirtschaftliche und steuerpolitische Rücksichten eine andere Betrachtung vom Standpunkt reiner Zweckmäßigkeitserwägungen rechtfertigen könnten, ist hier nicht zu untersuchen.

Hiernach sind auf Grund der geltenden Reichs- und Landesgesetzgebung gegen die Rechtsgültigkeit des Erwerbsakts keine Bedenken zu erheben.

Daß, wenn die herzogliche Abgabe bis zu einem gewissen Grade unabhängig von der staatlichen war, auch die nach dem Erwerbsakt in Kraft getretene preußische Verordnung vom 23. November 1923 über die vorläufige Regelung der Gewerbesteuer (GS. S. 519) die Berechtigung zur Erhebung der abgetretenen Regalabgabe nicht beseitigen konnte, ist schon oben ausgeführt worden. Ebensowenig ist, wenn das Abgabenrecht durch die Überführung seines Charakters nicht entkleidet wurde, die Darlegung beachtlich, daß die Regalabgabe durch die Überführung in den Kreis der in jener Verordnung bezeichneten Abgaben getreten sei. Daher interessiert in diesem Zusammenhang weder die genannte Verordnung selbst noch die zu ihrer Ergänzung ergangene vom 16. Februar 1924 (GS. S. 109). Es ist unschwer zu erkennen, daß der mit ihr gemachte Versuch, ein Versehen, das sich bei der vorläufigen Regelung eingeschlichen hatte, zu berichtigen, in der Befürchtung seinen Grund hatte, es bestehe die Möglichkeit, daß ein Gericht einmal annehmen könnte, das herzogliche Abgabenrecht sei auch zu seinem letzten Zehntel abhängig von der staatlichen Bergwerksabgabe und die Verordnung vom 23. November 1923 mache mithin auch die Erhebung des letzten übergeführten Zehntels in der Hand des Staates unmöglich. Mit der Möglichkeit einer solchen Auffassung mußte allerdings bei der Verkündung der Verordnung vom 23. November 1923 aus zwei Gründen gerechnet werden. Einmal konnte nach dem Inhalt des oberlandesgerichtlichen Urteils vom 2. November 1898 der Satz der reichsgerichtlichen Entscheidung vom 31. Mai 1899, daß für das Abgabenrecht des Herzogs „die Höhe der gesetzlich bestimmten, nicht der tatsächlich erhobenen landesherrlichen Abgabe maßgebend sein solle", vielleicht so verstanden werden, daß das Reichsgericht — obwohl es dies nicht aussprach — annehme, eine gänzliche Aufhebung der staatlichen Abgabe würde notwendig auch das Erlöschen des herzoglichen Abgabenrechts zur Folge haben. Anderseits hat es den Anschein, als ob auch der Verfasser des Gesetzentwurfs vom 19. Oktober 1920 diesen Standpunkt teilte, wenn die Begründung für die staatlichen Abgaben ausdrücklich ausführt: „sie sind demgemäß" — d. h. als nur außer Hebung gesetzt — „trotzdem sie bis auf weiteres nicht erhoben werden, als gesetzlich fortbestehend anzusehen und dienen weiter als Norm für die Abgabenerhebung der Privatregalherren" (vgl. auch Hog-Arens, die preußische Gewerbesteuer 1926 S. 169). Mit Rücksicht auf die einwandfreie Auslegung, die das Berufungsgericht im vorliegenden Rechtsstreit dem Regulativ und der Bestätigungsklausel gegeben hat, erweist sich das erwähnte Bedenken der preußischen Staatsregierung als unbegründet.

---

11. Zur Aufwertung von Schuldverschreibungen, die eine Gemeinde ausgestellt hat, um damit den Kaufpreis für Grundstücke zu berichtigen.

Gesetz über die Ablösung öffentlicher Anleihen vom 16. Juli 1925 §§ 30, 40; Aufwertungsgesetz §§ 62, 63 Abs. 1 und 3; ZPO. § 304.

V. Zivilsenat. Urt. v. 26. Januar 1927 i. S. Stadt Rostock (Bekl.) w. B. (Kl.). V 267/26.

I. Landgericht Rostock.
II. Oberlandesgericht daselbst.

Die Beklagte kaufte durch zwei Verträge vom 14. Juli 1914 von dem inzwischen verstorbenen Kaufmann B. in Rostock zwei Grundstücke für 57000 *M* und für 80000 *M*. Diese Kaufpreise sollten vertragsmäßig dadurch berichtigt werden, daß dem Verkäufer vierprozentige Schuldverschreibungen der Beklagten ausgeliefert würden, die für ihn selbst bis zum 1. Januar 1925 unkündbar sein sollten. Dementsprechend händigte die Beklagte dem Verkäufer vom 12. Oktober 1914 datierte Schuldverschreibungen aus, deren jede auf einen Betrag von 5000 ℳ lautete. Die Schuldverschreibungen hatten folgenden Wortlaut:

„Wir Bürgermeister und Rat, auch Bürgervertreter der Stadt Rostock anerkennen hierdurch, daß die Stadt Rostock dem Kaufmann Ernst B. in Rostock aus dem stadtseitigen Ankauf (folgt die Bezeichnung der Grundstücke) die Summe von 5000 ℳ gegen 4 vom Hundert jährliche, vom 1. April 1915 ab laufende, in halbjährlichen Raten am 2. Januar und 1. Juli jeden Jahres nachträglich zahlbare Zinsen schuldig geworden ist. Beiden Teilen steht eine in den landesüblichen Zahlungsterminen auf den folgenden 2. Januar oder 1. Juli jeden Jahres auszuübende halbjährige Kündigung zu, seitens des Gläubigers darf dieses Kapital aber frühestens im Antonitermin 1925 zum Johannistermin 1925 gekündigt werden. Wir versprechen dem vorgenannten Gläubiger rechtzeitige Berichtigung der Zinsen und die Auszahlung der Kapitalsumme zur Zeit der Fälligkeit auf hiesiger Stadtkasse." (Folgen die Unterschriften.)

Von diesen Schuldverschreibungen ist nach dem Tode des Kaufmanns B. ein Teil an die Klägerin als Miterbin gelangt und zwar 49000 ℳ von den 57000 ℳ und 20000 ℳ von den 80000 ℳ.

Die Klägerin begehrt für den Betrag von 13800 ℳ, den fünften Teil ihrer Forderungen, die Feststellung, daß dieser Teil auf $^2/_3$ des Nennbetrags, d. h. auf 9200 RℳM aufzuwerten und nebst Zinsen seit dem 1. Januar 1925 an sie auszuzahlen sei.

Das Landgericht hat den Klaganspruch dem Grunde nach für gerechtfertigt erklärt. Das Berufungsgericht hat die Berufung der Beklagten zurückgewiesen.

Die Revision der Beklagten blieb erfolglos.

Gründe:

1. Die Revision rügt in erster Linie Verletzung des § 304 ZPO. Sie meint: Es handle sich um eine Feststellungsklage, da die fraglichen Beträge unstreitig erst nach Erlaß des Urteils des Berufungsgerichts fällig würden. Ein Urteilsausspruch dahin, daß der Klaganspruch dem Grunde nach für gerechtfertigt erklärt werde, sei hiernach nicht zulässig.

Der Angriff ist nicht begründet. Auch bei Feststellungsklagen findet nach der ständigen Rechtsprechung des Reichsgerichts § 304 ZPO. Anwendung, sofern sie eine nach Grund und Betrag streitige

Verpflichtung zum Gegenstand haben. Vorausgesetzt ist dabei, daß ein Betrag geltend gemacht ist und zwar in dem Sinne, daß die Klage zu einem Ausspruch auch über die Höhe des Anspruchs führen soll (RGZ. Bd. 93 S. 154 und die dort angeführten Entscheidungen). Diese Voraussetzungen sind hier gegeben; denn es ist nicht nur das rechtliche Wesen des aufzuwertenden Anspruchs, sondern auch die Höhe des von der Klägerin auf 9200 RM bezifferten Aufwertungsbetrags im Streit. Die Feststellung, daß der Aufwertungsbetrag sich auf 9200 RM belaufe, wird aber von der Klägerin ausdrücklich begehrt.

2. Das Berufungsgericht billigt die Auffassung der Klägerin, wonach die Aufwertung auf Grund der §§ 62, 63 Abs. 3 AufwG. unbeschränkt zu erfolgen habe, da ein Anspruch aus einem gegenseitigen Vertrag vorliege. Es lehnt die Meinung der Beklagten ab, daß es sich um eine Markanleihe im Sinne des Gesetzes über die Ablösung öffentlicher Anleihen vom 16. Juli 1925 oder um eine Vermögensanlage nach § 63 Abs. 1 AufwG. handle und daß deshalb nur eine beschränkte Aufwertung in Frage komme.

Hierzu führt das Berufungsgericht aus: Aus den Kaufverträgen mit der Beklagten seien dem Erblasser der Klägerin Forderungen auf Kaufpreiszahlungen, also Ansprüche aus gegenseitigen Verträgen erwachsen. Dadurch, daß ihm Schuldverschreibungen der erwähnten Art in Höhe des gesamten Kaufpreises ausgeliefert worden seien, ändere sich die Rechtslage nicht. Die Urkunden stellten ihrem klaren Wortlaut nach Schuldscheine über geschuldetes Kaufgeld dar. Sie hielten also den Charakter der Forderungen als solcher aus Kauf aufrecht. Daß in den Schuldscheinen eine Stundung auf lange Dauer vorgesehen sei, ändere hieran nichts. Weitere Besonderheiten fänden sich in den Schuldscheinen nicht. Daß nicht über die ganze Kaufgeldforderung aus jedem der beiden Verträge eine Schuldurkunde ausgestellt und daß es nicht bei den schon in den Verträgen selbst liegenden Beurkundungen der Schuld belassen, sondern eine ganze Reihe von Schuldscheinen über Teilbeträge ausgestellt worden sei, um dem Gläubiger die Verwertung seiner Forderung zu erleichtern, vermöge an dem rechtlichen Wesen der Forderungen gleichfalls nichts zu ändern. Auch nach der Auslieferung der Schuldscheine seien Ansprüche aus Kaufvertrag für den Gläubiger gegeben. Daß man später irgendwelche Änderungen an den Rechtsbeziehungen der Beteiligten vorgenommen habe, sei nicht behauptet worden. Die Ansprüche der Klägerin seien also auch jetzt noch solche aus einem gegenseitigen Vertrag. Die Einwendungen der Beklagten gegen diese ihr ungünstige Auffassung seien vom Landgericht mit im wesentlichen zutreffender Begründung zurückgewiesen worden. Das Landgericht hatte erwogen: Es möge für die Anwendbarkeit der §§ 30, 40 AnlAblGes. gleichgültig sein, ob Inhaber- oder Namensobligationen, allgemein ausgeschriebene, einem größeren Personenkreis zugänglich gemachte Anleihen oder Verpflichtungen aus Rechtsgeschäften mit einzelnen Personen in Frage kämen und ob die Schuldverpflichtungen in den in Abs. 3 des § 30 aufgeführten Formen begründet oder ob andere Schulden in so geartete Verbindlichkeiten umgewandelt worden seien. Jedenfalls müsse es sich eben um Anleihen handeln, auf welche das ganze Gesetz sich ausschließlich beziehe. Solche Anleihen, Darlehen, worüber Schuldscheine ausgestellt seien, lägen aber hier nicht vor. Das ergebe mit Sicherheit der unzweideutige Wortlaut der ausgestellten Obligationen. Wenn die Beklagte darin anerkenne, daß sie dem Kaufmann B. aus dem stadtseitig erfolgten Ankauf der Grundstücke bestimmte Summen gegen eine näher bezeichnete Verzinsung schuldig geworden sei und die rechtzeitige Auszahlung von Kapital und Zinsen verspreche, so handle es sich nicht um eine Anleiheschuld. Es könne daher dahingestellt bleiben, ob der Wille der Parteien bei Abschluß der Kaufverträge dahin gegangen sei, den Kaufpreis durch Hingabe von Obligationen der sonst üblichen und in anderen Fällen auch bei Grundstückserwerbungen der Beklagten verwendeten Form (des Bekenntnisses, daß der Gläubiger ihr gewisse Beträge „bar ausgeliehen" habe) zu entrichten, und ob dabei beabsichtigt gewesen sei, die Kaufpreisforderung nach Art der römischrechtlichen Novation in eine Darlehensforderung umzuwandeln. Aus dem Wortlaut der Obligationen folge zweifelsfrei, daß eine solche Absicht jedenfalls nicht zur Ausführung gekommen sei. Die §§ 30, 40 AnlAblGes. seien daher nicht anwendbar.

In der Berufungsinstanz hat die Beklagte noch geltend gemacht, daß nach dem Wortlaut der Verträge der Kaufpreis durch Hingabe der in Aussicht genommenen Stadtkassenobligationen habe berichtigt, d. h. getilgt werden sollen. Die Obligationen hätten an die Stelle der Kaufpreisforderung treten sollen und die Vertragsansprüche des Verkäufers hätten sich auf die Lieferung dieser Schuldverschreibungen beschränkt; mit deren Lieferungen seien seine Ansprüche aus den Kaufverträgen insoweit restlos getilgt worden, und ein Zurückgreifen auf die Verträge und auf nicht mehr bestehende Kaufgeldforderungen sei ausgeschlossen. Die Klägerin könne nur Ansprüche aus den Obligationen als solchen herleiten, und auf diese Rechte müßten die Vorschriften des Anleiheablösungsgesetzes Anwendung finden. Die Obligationen stellten Markanleihen dar, deren Begriff im weitesten Sinne zu fassen sei.

Eine solche Umwandlung der ursprünglichen Kaufpreisschuld in eine Darlehnsschuld erkennt jedoch der Berufungsrichter nicht an. Er führt aus: Dagegen spreche der klare Wortlaut der Schuldverschreibungen. Es sei für die vorliegende Frage nicht ohne Belang, ob in der Obligation der Schuldgrund als Anleihe oder als Kaufschuld bezeichnet werde. Für die Beklagte habe es vielleicht nahe gelegen, den Kaufpreis durch Schuldverschreibungen aus Anleihe zu begleichen. Um so mehr müsse es aber von Bedeutung bleiben, daß man hier eine andere Form der Schuldverschreibung gewählt und eigene Formulare gedruckt habe, in denen als Schuldgrund nicht Darlehen, sondern Kauf angegeben sei. Vermutlich sei das geschehen, weil auch die Beklagte es als in ihrem eigenen Interesse liegend angesehen haben möge, wegen etwaiger späterer Ansprüche ihrerseits den rechtlichen Zusammenhang ihrer Schuld mit dem Kaufvertrag aufrecht zu erhalten. Der in den Verträgen gebrauchte Ausdruck „Berichtigung des Kaufpreises" spreche nicht gegen diese Auffassung; im übrigen könne ja auch die spätere Regelung abweichend von der ursprünglichen Absicht erfolgt sein. Jedenfalls schließe die Form, die den Schuldverschreibungen gegeben worden sei, es aus, sie als Markanleihe im Sinne der § 40 Abs. 3, § 30 Abs. 3 AnlAblGes. aufzufassen. Der Umstand, daß die hier in Rede stehenden Schuldverschreibungen wegen der Sicherheit, welche die Beklagte als Käuferin geboten habe, im Verkehr ebenso wie ihre Schuldverschreibungen aus Anleihe gewissermaßen als bares Geld gewertet worden seien, könne nicht zu einer gleichen rechtlichen Beurteilung führen. Die Schuldverschreibungen aus dem Ankauf der Grundstücke möchten wirtschaftlich etwa das gleiche sein wie Anleiheschuldverschreibungen, rechtlich seien sie es nicht und könnten deshalb auch nicht nach den Grundsätzen des Anleiheablösungsgesetzes beurteilt werden. Ein Umtausch der Schuldverschreibungen in Ablösungsanleihe komme also nicht in Frage.

Demgegenüber bringt die Revision vor: Nach den Kaufverträgen hätten die Schuldverschreibungen zur „Berichtigung des Kaufpreises" gegeben werden sollen. Das Berufungsgericht unterstelle ferner, daß die hier fraglichen Schuldverschreibungen im Verkehr in gleicher Weise wie solche aus Anleihe gewissermaßen als bares Geld gewertet würden, daß sie wirtschaftlich das gleiche seien wie Anleiheschuldverschreibungen. Bei solcher Sachlage sei nicht einzusehen, warum § 30 Abs. 3 AnlAblGes. nicht Anwendung finden sollte. Diese Vorschrift sei sehr weit gefaßt, sie spreche schlechthin von Schuldverpflichtungen aus Schuldverschreibungen. Der Titel des zweiten Teils spreche von Markanleihen. Die nähere Bestimmung des Begriffs „Markanleihe" ergebe sich doch nur aus § 30 Abs. 3. Dort würden neben den Darlehen, über welche Schuldscheine ausgestellt seien, ganz allgemein auch Schuldverschreibungen aufgeführt. Unter einer Schuldverschreibung könne man aber auch solche Schuldscheine der Gemeinden verstehen, die nicht unmittelbar aus Darlehen entstanden seien. Der Begriff Schuldverschreibung bedeute doch schließlich nichts anderes, als daß die Gemeinde erkläre, einen bestimmten Betrag schuldig zu sein, d. h. es werde ein Anspruch auf eine Geldleistung verbrieft. Die Annahme, die hier vorliegenden Schuldverschreibungen seien nichts weiter als die ursprüngliche Kaufpreisschuld, lasse sich nicht in Einklang bringen mit der Unterstellung, daß sie gewissermaßen als bares Geld gewertet worden seien. Letzteres besage, daß die Rechte aus der Schuldverschreibung unabhängig vom unterliegenden Kausalgeschäft geltend gemacht werden könnten, daß sie also gegenüber dem Kaufvertrag selbständige, die Beklagte verpflichtende Bedeutung hätten. Der Verkäufer habe die ihm zur Berichtigung des Kaufpreises gegebenen Schuldverschreibungen geltend machen können; es sei ihm also in ihnen ein selbständiger Vermögenswert gegeben worden. Die fraglichen Schuldverschreibungen seien wirtschaftlich dasselbe wie Anleiheschuldverschreibungen.

Dieser Angriff geht fehl; den Ausführungen des Berufungsgerichts und den von ihm gebilligten Darlegungen des Landgerichts ist überall beizutreten.

Nach § 40 Abs. 3 in Verbindung mit § 30 Abs. 3 AnlAblGes. ist der Begriff der Markanleihen der Gemeinden der gleiche wie der der Markanleihen der Länder. Danach sind Anleihen der Gemeinden die Schuldverpflichtungen aus Schuldverschreibungen, Buchschulden und verzinslichen Schatzanweisungen sowie aus Darlehen, über welche Schuldscheine ausgestellt sind. Um Buchschulden und verzinsliche Schatzanweisungen handelt es sich hier nicht; auch eine Schuldverpflichtung aus einem Darlehen, über das ein Schuldschein ausgestellt ist, liegt nicht vor. Denn die Schuldverpflichtung der Beklagten hat nicht in einem Darlehen, sondern in dem mit dem Kaufmann B. abgeschlossenen Kaufvertrag ihre rechtliche Grundlage. Ob dann, wenn die Ausstellung des Schuldscheins novierenden Charakter hat, wenn also eine Umwandlung der Kaufgeldschuld in eine Darlehensschuld stattfand, diese Schuld als eine Schuldverpflichtung aus Darlehen im Sinne des § 30 Abs. 3 a. a. O. anzusehen ist (vgl. Bericht des Ausschusses, abgedruckt bei Neufeld Ablösungsgesetz S. 268; Wunderlich in der DJZ. 1926 Sp. 18/19 Nr. 12), bedarf hier keiner Prüfung. Denn nach den vom Berufungsgericht gebilligten, für das Revisionsgericht bindenden Feststellungen des Landgerichts ist eine solche Absicht der Vertragschließenden nicht zur Ausführung gelangt; nach ihrem Willen ist vielmehr, wie das Berufungsgericht weiter annimmt, der Charakter der Forderung als einer Kaufgeldforderung aufrechterhalten worden. Wenn das Berufungsgericht für diese Annahme insbesondere auch den Wortlaut der Urkunde heranzieht und ferner ausführt, daß weder die Stundung noch die Ausgabe einer ganzen Reihe von Urkunden den rechtlichen Charakter zu ändern vermocht habe, so kann darin ein Rechtsirrtum nicht erblickt werden.

Auch als Schuldverschreibungen im Sinne des § 30 Abs. 3 AnlAblGes. sind die von der Beklagten ausgestellten Urkunden nicht anzusehen. Denn auch insoweit muß es sich um eine Anleihe, also um ein der Gemeinde gewährtes Darlehen handeln (Mügel, Aufwertungsrecht Bd. 1 S. 76). Daraus, daß in jener Vorschrift die Schuldverpflichtungen aus Darlehen, über welche Schuldscheine ausgestellt sind, als Anleihen besonders hervorgehoben werden, läßt sich nicht folgern, daß unter den Begriff der Schuldverpflichtung aus einer Schuldverschreibung auch Schuldverschreibungen einer Gemeinde aus Rechtsgeschäften fallen sollen, die nicht Darlehen, sondern z. B. Kaufverträge sind. Denn diese Bestimmung ist nur deshalb in das Gesetz aufgenommen worden, um die nach der 3. Steuernotverordnung noch streitige Frage, ob Darlehen gegen Schuldschein als Anleihen anzusehen seien, im Interesse der wirtschaftlich schwachen kleinen Gemeinden im bejahenden Sinne zu entscheiden (Neufeld AnlAblGes. Anm. 5 zu § 30). Ob im einzelnen Fall eine novationsmäßige Umwandlung der Kaufgeldschuld in eine Schuldverpflichtung aus einer Schuldverschreibung im Sinne des § 30 Abs. 3 geeignet wäre, eine Anleihe im Sinne dieser Vorschrift zu begründen, bedarf auch hier keiner Prüfung, da eine novierende Absicht der Vertragschließenden vom Berufungsgericht — für das Revisionsgericht bindend — verneint worden ist. Der Umstand, daß nach Ansicht des Berufungsgerichts die Schuldverschreibungen aus dem Ankauf der Grundstücke wirtschaftlich „etwa das gleiche sein mochten" wie Anleiheschuldverschreibungen, vermag an der rechtlichen Natur des Anspruchs der Klägerin nichts zu ändern. Inwiefern sich die Annahme, die hier vorliegenden Schuldverschreibungen seien nichts weiter als die ursprüngliche Kaufpreisschuld, nicht soll in Einklang bringen lassen mit der Unterstellung, daß die Schuldverschreibungen gewissermaßen als bares Geld gewertet worden seien, ist nicht erfindlich. Auch im übrigen lassen die Ausführungen des angefochtenen Urteils und die dort gebilligten Darlegungen des Landgerichts keinen Rechtsirrtum erkennen. Danach ist die Ansicht nicht zu beanstanden, daß hier keine Markanleihe im Sinne des § 40 Abs. 3 und des § 30 Abs. 3 AnlAblGes., sondern nur ein Anspruch aus gegenseitigem Vertrag vorliege.

3. Das Berufungsgericht führt weiter aus: Unzutreffend sei auch der Einwand der Beklagten, es handle sich um eine Vermögensanlage, und die Aufwertung dürfe daher nach § 63 Abs. 1 AufwG. 25 v. H. des Goldmarkbetrags nicht übersteigen. Bei einem Kaufgeldanspruch ergebe sich eine Beschränkung der Aufwertung auch nicht daraus, daß im allgemeinen infolge langfristiger Stundung eine Vermögensanlage angenommen werden könne. Nach § 63 Abs. 3 AufwG. gälten Ansprüche aus gegenseitigen Verträgen nicht als Vermögensanlage; die Schuldverschreibungen wiesen aber ausdrücklich auf den Ankauf der Grundstücke als Schuldgrund hin. Die Beschränkung der Aufwertung auf 25 v. H. falle bei solchen Ansprüchen fort, auch wenn sie wirtschaftlich unter den Begriff der

Vermögensanlage fallen sollten. Danach unterliege der hier geltend gemachte Kaufgeldanspruch keiner Aufwertungsbeschränkung.

Die Revision hält demgegenüber eine Vermögensanlage im Sinne des § 63 AufwG. für gegeben. Wenn die Schuldverschreibungen — so führt sie aus — wirtschaftlich das gleiche seien wie Anleiheschuldverschreibungen, so sei nicht anzunehmen, daß die Schuldverschreibungen nichts weiteres sein sollten als die Bestätigung der Beklagten, den Kaufpreis schuldig zu sein. Für den Verkäufer sei die Schuldverschreibung wertvoller als die Kaufpreisforderung. Er könne auf Grund der Schuldverschreibung die Zinsen und die Kapitalsumme bei Fälligkeit ohne weitere Förmlichkeiten auf der Stadtkasse einkassieren. Die Klägerin habe ihren Anspruch auch damit begründet, daß sie Eigentümerin eines Teils der Schuldverschreibungen geworden sei. Deren Annahme bedeute daher, daß der Verkäufer den Kaufpreis in Wertpapieren angelegt habe; denn die Schuldverschreibungen hätten ja, wie das Berufungsgericht unterstelle, den Wert von Wertpapieren gehabt. Hätte die Beklagte Anleiheschuldverschreibungen in Zahlung gegeben, so läge sicherlich eine Vermögensanlage vor. Nicht anders aber könne es sein, wenn sie andere Schuldverschreibungen in Zahlung gegeben habe, die ebenso wie Anleiheschuldverschreibungen als bares Geld gewertet würden.

Diese Auffassung scheitert ohne weiteres an der rechtsirrtumsfreien Annahme des Berufungsgerichts, daß es sich hier um einen Anspruch aus Kaufvertrag (gegenseitigem Vertrag) handle, und an der Vorschrift des § 63 Abs. 3 AufwG., wonach Ansprüche aus gegenseitigen Verträgen nicht als Vermögensanlagen im Sinne des Abs. 1 daselbst gelten. Ob sie im wirtschaftlichen Sinne Vermögensanlagen sind, ist rechtlich ohne Belang (RGZ. Bd. 113 S. 205; RGU. vom 10. Februar 1926 V 217/25). Daß eine Stundung, ebenso wie eine von Anbeginn vereinbarte Hinausschiebung der Kaufpreiszahlung, die Kaufgeldforderung ihres Charakters als einer Forderung aus gegenseitigem Vertrag (§ 63 Abs. 3 AufwG.) nicht zu entkleiden vermag, hat der erkennende Senat in ständiger Rechtsprechung angenommen (Urteile vom 30. Januar 1926 V 404/25; vom 10. Februar 1926 V 217/25; vom 8. Mai 1926 V 345/25).

12. 1. Unterliegt der schuldrechtliche, auf die Begründung einer Kohlenabbaugerechtigkeit gerichtete Vertrag der Grunderwerbssteuer?

2. Wann erlangt ein Kohlenabbaurecht in den preußischen, vormals sächsischen Landesteilen, in denen das Kurfürstlich sächsische Mandat vom 19. August 1743 galt, die Natur einer selbständigen, den unbeweglichen Sachen gleichgeachteten Gerechtigkeit?

Preuß. Stempelsteuergeſ. v. 16. März 1924 Tarifſt. 32.

VI. Zivilsenat. Urt. v. 28. Januar 1927 i. S. Bergbaugeſ. m. b. H. (Kl.) w. Preuß. Staat (Bekl.). VI 241/26.

I. Landgericht I Berlin.
II. Kammergericht daselbst.

Die Klägerin nahm am 31. März 1924 in notarieller Verhandlung die Angebote des Landwirts St. in B. und des Restgutsbesitzers Gr. in Sch. vom 12. März und 5. September 1923 zum Kauf des Kohlenabbaurechts an bestimmten ihnen gehörigen Grundstücken an. Zu den beiden Urkunden wurde der Urkundenstempel von 3 GM gelöst. Das Finanzamt verlangte aber auf Grund der Tarifstelle 32c des preußischen Stempelsteuergesetzes vom 16. März 1924 (GS. S. 139) die Versteuerung der beiden Verträge mit dem $^2/_3$prozentigen Landesstempel. Der Stempelbetrag von zusammen 328 GM wurde von der Klägerin unter Vorbehalt gezahlt und wird mit der jetzigen Klage zurückverlangt. Das Landgericht entsprach dem Klagantrag, das Kammergericht dagegen wies die Klage ab. Die Revision der Klägerin blieb erfolglos.

Gründe:

Die Revision rügt unrichtige Anwendung der Tarifstelle 32c des Stempelsteuergesetzes in der Fassung vom 16. März 1924.

Die Tarifstelle lautet:

„Kauf- und Tauschverträge und andere lästige Veräußerungsgeschäfte enthaltende Verträge, insoweit nicht besondere Tarifstellen zur Anwendung kommen oder die Rechtsvorgänge nach dem Grunderwerbssteuergesetz oder dem Kapitalverkehrssteuergesetz einer Reichssteuer unterliegen oder von ihr befreit sind, wenn sie betreffen:

a) (fällt aus)
b) außerhalb des Landes gelegene unbewegliche Sachen und ebendaselbst befindliche bewegliche Sachen, insoweit sie Zubehör der ersteren sind und mit diesen zusammen veräußert werden, Steuersatz 3 ℳ,
c) andere Gegenstände aller Art, Steuersatz $^{2}/_{3}$ v. H."

Die frühere Tarifposition 32a, die dahin lautete:

„im Inlande gelegene unbewegliche Sachen oder ihnen gleichgeachtete Rechte"

ist durch das Reichs-Grunderwerbssteuergesetz und Art. 2 des preußischen Gesetzes zur Änderung des Stempelsteuergesetzes usw. vom 25. Juli 1923 (GS. S. 341) in Fortfall gekommen. Zur Zeit der Beurkundung der fraglichen Verträge unterlagen daher Veräußerungsgeschäfte, die im Inland gelegene unbewegliche Sachen oder ihnen gleichgeachtete Rechte betrafen, in Preußen nicht mehr der Versteuerung.

Unstreitig besteht für die beiden Verträge keine Steuerpflicht aus dem Grunderwerbs- und dem Kapitalverkehrssteuergesetz. Die Reichssteuerpflicht aus dem Grunderwerbssteuergesetz würde aber bestehen, wenn die veräußerten Kohlenabbaurechte zur Zeit der Veräußerung den unbeweglichen Sachen gleichgeachtete Rechte gewesen wären (§ 2 GrEStG. vom 12. September 1919, RGBl. S. 1617). Unter der gleichen Voraussetzung wären sie auch unter die frühere Tarifstelle 32a PrStStG. gefallen.

Nun hat zwar der erkennende, vormals als der VII. bezeichnete Senat in den Entscheidungen vom 16. Mai 1905 (RGZ. Bd. 61 S. 1) und vom 7. November 1913 (RGZ. Bd. 84 S. 13) ausgesprochen, daß auch schon der schuldrechtliche, auf die Begründung eines Erbbaurechts oder eines Kohlenabbaurechts nach sächsischem Landesbergrecht abzielende Vertrag unter Position a der Tarifstelle 32 Preuß. StStG. vom 31. Juli 1895 und unter die gleichartige Tarifstelle 11a des damaligen Reichsstempelgesetzes falle. Dieser Rechtsstandpunkt, der darauf gegründet war, daß wirtschaftlich zwischen der Übertragung eines bereits bestehenden und der obligatorischen Begründung eines einer unbeweglichen Sache gleichgeachteten Rechts kein Unterschied zu machen sei, kann nicht aufrechterhalten werden. Der Senat schließt sich vielmehr dem in der Entscheidung des Reichsfinanzhofs Bd. 11 S. 137 vertretenen Standpunkt an, daß es für die Erhebung der Grunderwerbssteuer lediglich darauf ankommt, ob das veräußerte Recht schon bei der Veräußerung im Rechtssinne ein einer unbeweglichen Sache gleichgeachtetes Recht war. Es kann deshalb, wenn die hier veräußerten Kohlenabbaurechte keine Immobiliareigenschaft hatten, die Erwägung des Berufungsgerichts, gegen die sich die Revision in erster Linie wendet, außer Betracht bleiben, ob ein Recht, das früher unter Tarifstelle 32a gefallen wäre, jetzt nicht doch unter 32c fallen könne. Die hier fraglichen Kohlenabbaurechte waren nämlich zur Zeit ihrer Veräußerung keine den unbeweglichen Sachen gleichgeachteten Rechte. Die Grundstücke, auf denen diese Rechte bestellt worden sind, liegen in den Landesteilen, für welche das Kurfürstlich sächsische Mandat vom 19. August 1743 galt. In diesen Landesteilen unterliegen nach dem preußischen Gesetze vom 22. Februar 1869 (GS. S. 401) die Stein- und die Braunkohle lediglich dem Verfügungsrecht des Grundeigentümers (§ 1). Nach § 2 das. in der Fassung des Art. 38 PrAG. z. BGB. kann das Recht zum Stein- und Braunkohlenbergbau vom Eigentum am Grundstück abgetrennt und als selbständige Gerechtigkeit für den Grundeigentümer oder für einen Dritten bestellt werden. Zur Bestellung einer selbständigen Gerechtigkeit ist nach § 3 des Art. 38 a. a. O. die Eintragung im Grundbuch erforderlich (vgl. auch RFH. Bd. 11 S. 137). Zur Zeit der hier in Frage stehenden Veräußerung war aber unstreitig noch keine selbständige Kohlenabbaugerechtigkeit begründet worden. Die veräußerten Kohlenabbaurechte standen daher unbeweglichen Sachen nicht gleich, würden also auch, wenn die Tarifstelle 32a noch bestände, nicht unter diese, sondern unter Tarifstelle 32c fallen. Der Stempel aus der letzteren Tarifstelle ist also mit Recht erhoben worden.

---

13. Welche Wirkung hat die Fortsetzung eines auf die Dauer berechneten Rechtsverhältnisses durch die später eingetragene Aktiengesellschaft für die Haftung dessen, der vor der Eintragung im Namen der Gesellschaft den zur Begründung jenes Rechtsverhältnisses erforderlichen Vertrag abgeschlossen hat?

HGB. § 200.

II. Zivilsenat. Urt. v. 28. Januar 1927 i. S. Bank für Landesproduktenhandel A.-G. (Kl.) w. Kl. (Bekl.). II 362/26.

I. Landgericht III Berlin, Kammer für Handelssachen.
II. Kammergericht daselbst.

Am 11. Januar 1924 wurde die „Anconie"-Anglo-Continental-Import- und Export-Aktiengesellschaft mit dem Sitz in Berlin in das Handelsregister eingetragen. Der Beklagte und der Kaufmann S. G. bildeten ihren ersten Vorstand. Beide gehörten auch zu den Gründern der Gesellschaft, ebenso der Kaufmann Gr. Im Namen der Gesellschaft haben die beiden Vorstandsmitglieder mit der Klägerin bereits im November 1923 ein Kreditabkommen und im Zusammenhang damit einen Scheckvertrag geschlossen. Am 17. Dezember 1923 übernahmen S. G. und Gr. der Klägerin gegenüber im eigenen Namen Bürgschaft bis zum Betrage von 10000 G.ℳ zur Sicherung aller ihrer Forderungen aus der bankmäßigen Geschäftsverbindung mit der Aktiengesellschaft.

In Erfüllung des Scheck-Kreditabkommens hat die Klägerin seit Anfang Dezember 1923, also schon vor Eintragung der Aktiengesellschaft, 35 Schecks über einen Gesamtbetrag von 23228,50 G.ℳ eingelöst, die der Beklagte und S. G. in der Weise auf die Klägerin gezogen hatten, daß sie der Firma der Aktiengesellschaft ihre Namen beifügten. Auf Grund des § 200 HGB. verlangt die Klägerin vom Beklagten Ersatz dieses Betrags nebst Zinsen seit den Ausstellungstagen. Das Landgericht hat die Klage abgewiesen. Die Berufung der Klägerin blieb erfolglos, ebenso ihre Revision.

Gründe:

Nach der Annahme des Berufungsgerichts ist die Aktiengesellschaft „Anconie"-Anglo-Continental-Import- und Export-A.-G. schon im September 1923 gegründet worden. Deshalb waren, wenn im November 1923 der Beklagte zusammen mit dem zweiten Vorstandsmitglied S. G. für die Gesellschaft ein Kreditabkommen mit der Klägerin abschloß und bis zur Eintragung in das Handelsregister den Kredit durch Schecks in Anspruch nahm, die Voraussetzungen für die persönliche Haftung des Beklagten nach § 200 Abs. 1 Satz 2 HGB. an sich gegeben. Zutreffend führt das angefochtene Urteil weiter aus, daß § 200 HGB. kein zwingendes

Recht enthalte, die Haftung des im Namen der Aktiengesellschaft Handelnden vielmehr von Anfang an durch Vereinbarung der Beteiligten ausgeschlossen und auch nachträglich wieder beseitigt oder beschränkt werden könne (sei es durch Erlaßvertrag im Sinne von § 397 BGB. oder durch Schuldübernahme zwischen dem Gläubiger und der Aktiengesellschaft gemäß §§ 414flg. daselbst), daß aber der persönlich Handelnde nicht ohne weiteres schon dann von seiner Haftung frei werde, wenn die Aktiengesellschaft nach ihrer Eintragung den Vertrag genehmige (RGZ. Bd. 72 S. 401; RG. bei Gruch. Bd. 46 S. 848). Das Kammergericht unterstellt sodann, ohne bestimmte Feststellungen zu treffen, die Behauptung des Beklagten, daß zwischen der Klägerin und der Aktiengesellschaft ein Kontokorrentverhältnis bestanden habe, lehnt aber eine Einwirkung dieses Umstands auf die Haftung des Beklagten ab. Denn dieser sei an dem Kontokorrentverhältnis nicht beteiligt, hafte vielmehr nur als Dritter für Forderungen, die im Kontokorrentverkehr zwischen der Klägerin und der Aktiengesellschaft in die laufende Rechnung aufgenommen worden seien.

Trotzdem verneint das Berufungsgericht die Haftung des Beklagten aus § 200 HGB., und zwar deshalb, weil die Parteien seine Haftung durch Vertrag ausgeschlossen hätten. Eine ausdrückliche Vereinbarung hierüber wird allerdings nicht festgestellt, wohl aber nimmt der Berufungsrichter die Beseitigung der Haftung als stillschweigend vereinbart an. Diese stillschweigende Vereinbarung wird darin erblickt, daß die Klägerin, nachdem der Beklagte und S. G. den Kredit der Klägerin namens der künftigen Aktiengesellschaft schon zum Teil in Anspruch genommen hatten, in der irrigen Meinung über das Nichtbestehen einer persönlichen Haftung der Vorstandsmitglieder eine solche Haftung des S. G. durch die Bürgschaftsvereinbarung vom 17. Dezember 1923 erst habe begründen wollen, dabei aber den Beklagten mit einer Bürgschaft verschont und so zum Ausdruck gebracht habe, seinc persönliche Haftung solle ausgeschlossen sein.

Die Revision wendet sich nur gegen die letztere Annahme des Berufungsgerichts. Sie weist darauf hin, daß hier von einem stillschweigenden Vertrag über den Ausschluß der Haftung des Beklagten keine Rede sein könne, weil die Vertragschließenden, insbesondere die Klägerin, über die gesetzliche Haftung der Vorstandsmitglieder aus § 200 HGB. nicht unterrichtet gewesen seien und deshalb nicht angenommen werden könne, daß sie auf diese ihnen unbekannten Rechte verzichten wollten; außerdem fehle die zur Annahme eines Erlaßvertrags erforderliche Zustimmung des Beklagten. Es kann dahingestellt bleiben, ob die Auffassung des Oberlandesgerichts, daß zwischen den Vertragschließenden bei der Bürgschaftsübernahme ein stillschweigender Erlaßvertrag zugunsten des Beklagten zustande gekommen sei, in den Feststellungen eine genügende Grundlage findet. Ein solcher Vertrag hätte übrigens auch ohne Zustimmung des Beklagten seine Wirkung äußern können. Jedenfalls erweist sich die angefochtene Entscheidung aus einem anderen Grunde als zutreffend.

Nach der mit der Rechtsprechung des Reichsgerichts in Einklang stehenden Meinung des Oberlandesgerichts wird der vor der Eintragung der Aktiengesellschaft für sie Handelnde nicht ohne weiteres schon dann von der Haftung aus § 200 HGB. frei, wenn die Aktiengesellschaft nach ihrer Eintragung das Rechtsgeschäft genehmigt. Diese Genehmigung hat vielmehr im allgemeinen nur die Wirkung, daß die Aktiengesellschaft auf Grund der Schuldübernahme neben dem persönlich Handelnden als Gesamtschuldnerin haftet. Jedoch wird dem erkennbaren Willen der Beteiligten, auch wenn ausdrückliche Parteierklärungen hierüber nicht vorliegen, vielfach eine andere Regelung entsprechen, nämlich dahin, daß die Haftung des für die noch nicht eingetragene Aktiengesellschaft Handelnden mit der Übernahme des Vertrags durch die eingetragene Gesellschaft aufhören soll. So entspricht es bei Anstellung von Personal für den Betrieb der einzutragenden Gesellschaft allein dem Zwecke des Vertrags, wenn mit der Übernahme der angestellten Personen in den Geschäftsbetrieb der eingetragenen Gesellschaft nur noch die letztere haftet und mit dem Eintritt der Aktiengesellschaft in die Verträge die Haftung des persönlich Handelnden ihr Ende findet. Die gleiche Erwägung wird auch bei anderen Dauerverträgen Platz greifen. Bei solchen Verträgen kommt nach der Verkehrsauffassung und dem mutmaßlichen Willen der Beteiligten die Haftung aus § 200 HGB. in Wegfall, sobald die eingetragene Gesellschaft den Vertrag genehmigt und in das rechtliche Dauerverhältnis eintritt.

So liegt aber die Sache auch hier. Die beiden Vorstandsmitglieder der Aktiengesellschaft schlossen mit der Klägerin einen auf längere Dauer berechneten Krediteröffnungsvertrag ab. Über den Kredit sollte allmählich durch Ziehung von Schecks auf die Klägerin verfügt werden. Ein derartiger Geschäftsverkehr zwischen einem kaufmännischen Unternehmen und einer Bank vollzieht sich auch ohne besondere Vereinbarung regelmäßig in den Formen des Kontokorrents. Das wird hier durch den vorgelegten Buchauszug bestätigt, so daß von der Annahme eines Kontokorrentverhältnisses zwischen der Klägerin und der Aktiengesellschaft auszugehen ist. Bei einem derartigen Rechtsverhältnis entspricht es zweifellos dem nach der Verkehrsauffassung zu unterstellenden Willen der Parteien, daß die Haftung der für die zukünftige Gesellschaft handelnden Vorstandsmitglieder aufhören soll, wenn die Gesellschaft nach ihrer Eintragung das für ihre Zwecke eingegangene Kontokorrentverhältnis mit Zustimmung der Bank fortsetzt. Der ganze Kontokorrentverkehr muß von Anfang an, auch soweit er sich vor Eintragung der Gesellschaft abgespielt hat, als ein einheitlicher angesehen werden. Es würde auch zu großen praktischen Schwierigkeiten führen, wenn im Falle der Fortsetzung eines einheitlichen Kontokorrentverhältnisses die einzelnen Posten der Kontokorrentrechnung nach § 356 HGB. eine verschiedene rechtliche Beurteilung erführen. Hier hat die Klägerin nach der Feststellung des angefochtenen Urteils alsbald nach Abschluß des Kredit- und Scheckabkommens in ihren Büchern ein Konto für die Aktiengesellschaft eingerichtet und dieses Konto nach der Eintragung der Aktiengesellschaft weitergeführt, so daß die Gesellschaft auch mit den Leistungen belastet wurde, die schon vor der Eintragung durch die Klägerin bewirkt waren. Diese hat also gar nicht daran gedacht, eine verschiedene Behandlung für die vor und nach der Eintragung im Kontokorrentverkehr gemachten Leistungen eintreten zu lassen. Daß die Aktiengesellschaft die vor der Eintragung für ihre Zwecke erfolgten Leistungen nachträglich genehmigt hat, nimmt das Berufungsgericht ohne Rechtsirrtum an.

Die besondere Haftung der Vorstandsmitglieder aus § 200 HGB. ist also mit dem Eintritt der Aktiengesellschaft in den vor ihrer Eintragung begonnenen Kontokorrentverkehr weggefallen.

14. Kommt es für die Klage auf Erfüllung eines ausländischen Schiedsspruchs ausschließlich darauf an, ob nach dem betreffenden ausländischen Recht ein wirksamer Schiedsspruch vorliegt?

ZPO. § 328.

VI. Zivilsenat. Urt. v. 28. Januar 1927 i. S. M. G. Société anonyme (Kl.) w. S. u. Sohn G. m. b. H. (Bekl.). VI 468/26.

I. Landgericht München I.
II. Oberlandesgericht daselbst.

Die Rechtsvorgängerin der Klägerin, ebenso wie diese eine belgische Firma, verkaufte durch Vertrag vom 30. Oktober 1920 der Beklagten ungefähr 50 Tonnen Reis. Alle Streitigkeiten aus diesem Vertrag, ausgenommen die, welche die Vertragsmäßigkeit der gelieferten Ware betrafen, sollten durch ein in Antwerpen gebildetes Schiedsgericht entschieden werden. Dieses sollte aus zwei Schiedsrichtern bestehen, von denen einer durch die Verkäuferin, der andere durch die Käuferin zu ernennen war; im Falle ihrer Nichtübereinstimmung sollte ein von ihnen zu wählender Obmann den Ausschlag geben.

Die Beklagte hat die angelieferte Ware weder abgenommen noch bezahlt, so daß sich die Verkäuferin zu deren öffentlicher Versteigerung gezwungen sah. Im Anschluß daran erhob sie Schadensersatzansprüche gegen die Beklagte und rief zur Entscheidung hierüber das in den Vertragsbedingungen vorgesehene Schiedsgericht an, für das jede Partei einen Schiedsrichter bestimmte. Die Schiedsrichter hielten vor Beginn ihrer Tätigkeit noch die Unterzeichnung eines ‚Compromis' durch die Streitteile für erforderlich. Da die Beklagte die Unterzeichnung verweigerte, wurde sie auf Antrag der Verkäuferin durch Versäumnisurteil des Tribunal de Commerce in Antwerpen vom 17. Juli 1922 verurteilt, den ‚Compromis' binnen 48 Stunden von der Urteilszustellung an zu unterzeichnen, widrigenfalls das Urteil an dessen Stelle treten würde. Die Beklagte unterzeichnete auch jetzt nicht, so daß die Schiedsrichter auf Grund des Urteils in Tätigkeit traten. Da sie sich nicht einigen konnten, wählten sie einen Obmann, der am 23. November 1922 seinen Spruch dahin abgab, daß die Beklagte der Verkäuferin

Schadensersatz in Höhe von 38431,24 belgischen Franken nebst Zinsen zu leisten und auch die Kosten des schiedsgerichtlichen Verfahrens zu tragen habe.

Auf Grund einer Abtretung dieses Anspruchs erhob die Klägerin gegen die Beklagte Klage auf Zahlung der ihrer Rechtsvorgängerin im Schiedsspruch zugesprochenen Beträge. Das Landgericht sprach die Klage zu, das Berufungsgericht wies sie ab. Die Revision der Klägerin führte zur Aufhebung und Zurückverweisung.

Gründe:

Die Klägerin hat nicht, wie die Revision ursprünglich annahm, Klage auf Vollstreckung des Schiedsspruchs erhoben, die zur Zeit der Klagerhebung allerdings noch zulässig war, sondern sie hat Erfüllung des Schiedsspruchs verlangt. Ein solches Begehren, das eine der actio judicati entsprechende Klage auf die nach dem Schiedsspruch geschuldete Leistung ist, ist an sich statthaft (RGZ. Bd. 30 S. 369; JW. 1901 S. 424 Nr. 6; WarnRspr. 1912 Nr. 139 und 1915 Nr. 68).

Rechtsirrig aber ist es, wenn das Berufungsgericht diese Erfüllungsklage deshalb abweist, weil dem Urteil des Handelsgerichts in Antwerpen vom 17. Juli 1922, das den ‚Compromis' ersetzte, nach § 328 der deutschen Zivilprozeßordnung die Anerkennung zu versagen sei. Denn einmal ist es schon bedenklich, diese Gesetzesvorschrift überhaupt auf ausländische Urteile anzuwenden, die vorbereitend nur ausländische Verfahrensfragen betreffen. Dann aber kommt es für die Klage auf Erfüllung eines ausländischen Schiedsspruchs auch nur darauf an, ob nach ausländischem Recht ein wirksamer Schiedsspruch vorliegt und ob, soweit dies von der Zulässigkeit des Schiedsverfahrens abhängt, das Verfahren nach ausländischem Recht zulässig und wirksam war. Deshalb ist lediglich nach diesem Recht zu beurteilen, ob das Antwerpener Urteil eine ordnungsmäßige Grundlage des Schiedsverfahrens und damit auch des Schiedsspruchs gewesen ist, ohne daß geprüft zu werden braucht, ob dem Urteil nach deutschem Recht die Anerkennung zu gewähren oder zu versagen wäre. Auch nebenher kommt letztere Frage nicht in Betracht. Denn wenn nur zu entscheiden ist, ob nach dem maßgebenden ausländischen Recht ein wirksames Schiedsverfahren und ein wirksamer Schiedsspruch vorliegt, spielt es keine Rolle, wie sich das deutsche Recht zur Anerkennung der Grundlagen dieses

Schiedsverfahrens und Schiedsspruchs stellt. Das Gegenteil wäre mit den Grundsätzen des internationalen Privatrechts nicht vereinbar, weil die Wirksamkeit eines ausländischen Schiedsspruchs als ausländischer Rechtstitel nicht davon abhängig sein kann, ob die Voraussetzungen der deutschen Zivilprozeßordnung für seine Anerkennung vorhanden sind (ROHG. Bd. 10 S. 397, Bd. 17 S. 427; RGZ. Bd. 30 S. 368; JW. 1901 S. 424; Protokoll vom 24. September 1923 im RGBl. 1925 II S. 47).

---

15. 1. Zur Auslegung von § 2 des preußischen Stempelsteuergesetzes vom 27. Oktober 1924.

2. Betrifft der Vertrag, durch den der ausländische Inhaber eines deutschen Patentes einem Inländer die ausschließliche Lizenz überläßt, im Sinne des § 2 StStG. einen Gegenstand, der sich im Inland befindet?

3. Ist der Lizenzvertrag Pacht- oder Gesellschaftsvertrag, wenn die Lizenzgebühr in einem prozentualen Anteil an den Einkünften aus der Patentausbeutung besteht?

4. Zur Anwendung des § 3 Abs. 2 StStG.

VI. Zivilsenat. Urt. v. 4. Februar 1927 i. S. U.-F. Aktiengesellschaft (Kl.) w. Preuß. Staat (Bekl.). VI 236/26.

I. Landgericht I Berlin.
II. Kammergericht daselbst.

Zwischen der T.-E.-Aktiengesellschaft in Zürich und der in Berlin ansässigen Klägerin wurde ein am 30. Januar 1925 in Zürich beurkundeter Vertrag vereinbart, wonach sich die T.-E.-Aktiengesellschaft verpflichtete, der Klägerin die ausschließliche Lizenz für Deutschland an ihren deutschen Schutzrechten für den „sprechenden Bildfilm" zu überlassen. Die Klägerin verpflichtete sich dagegen, an die T.-E.-Aktiengesellschaft 10 v. H. der Bruttoleistungen der eigenen und fremden Lichtspieltheater oder anderer Schaustellen, die der Klägerin aus Anlaß der Vorführung der sprechenden Bildfilme zufließen würden, zu bezahlen (Nr. 8 des Vertrags). Für den Fall, daß an Lizenzgebühren nach Nr. 8 bestimmte jährliche sog. Minimale nicht erreicht würden, war in Nr. 9 vorgeschrieben, daß die Klägerin innerhalb 21 Tagen nach dem 31. Dezember jedes Jahres das Fehlende nachzahlen und sich dadurch die ausschießliche Lizenz für das begonnene Lizenzjahr sichern könne. Versäumte sie diese Möglichkeit, so sollte ihr nur noch eine einfache Lizenz zustehen. Der Vertrag wurde zunächst auf 15 Jahre geschlossen.

Das Finanzamt Börse in Berlin erhob für die Vertragsurkunde nach Tarifstelle 10 IIc des preuß. Stempelsteuergesetzes in der Fassung der Bekanntmachung vom 27. Oktober 1924 (GS. S. 627) eine Stempelsteuer von $^3/_{10}$ v. H. von den für 15 Jahre zu zahlenden, auf 5850000 RM berechneten Minimallizenzgebühren im Betrage von 17550 RM und ordnete gemäß § 8 des Gesetzes wegen des die jährliche Minimale übersteigenden Lizenzgebührenbetrags Überwachung an. Die Klägerin klagte auf Feststellung, daß diese Stempelforderung nicht berechtigt sei. Das Landgericht entsprach ihrem Antrag, das Kammergericht wies dagegen die Klage ab. Die Revision der Klägerin wurde zurückgewiesen.

Gründe:

Die Revision macht zunächst geltend, die Urkunde sei der Stempelsteuergesetzgebung Preußens überhaupt entzogen, weil sie die Übertragung eines Rechts enthalte, das einer Züricher Aktiengesellschaft zustehe. Sie beruft sich hierfür auf § 2 StStG., wo es heißt:

„Der Stempelsteuer unterliegen auch die von Inländern oder von Ausländern im Ausland errichteten Urkunden über Geschäfte, welche im Inlande befindliche Gegenstände betreffen oder welche im Inlande zu erfüllen sind.

Inland im Sinne dieses Gesetzes und des Tarifs ist der Geltungsbereich dieses Gesetzes."

Geltungsbereich ist der Staat Preußen mit Ausnahme der Hohenzollernschen Lande und der Insel Helgoland (§ 34 Abs. 3).

Die Urkunde ist allerdings im Ausland errichtet, denn sie ist durch die Unterzeichnung seitens der T.-E.-Aktiengesellschaft in Zürich zur Vollendung gekommen. Nach § 2 Abs. 1 StStG. kommt es nicht, wie die Revisionsbeantwortung meint, darauf an, wo der Vertrag abgeschlossen wurde, sondern darauf, wo die über den Vertrag errichtete Urkunde zur Vollendung gelangt ist; denn die Errichtung der Urkunde ist der nach preußischem Stempelsteuerrecht der Versteuerung unterliegende Vorgang (RGZ. Bd. 90 S. 163). Es fragt sich deshalb, ob die von einem Inländer und einem Ausländer im Ausland errichtete Urkunde vom 30. Januar 1925 ein Geschäft zum Inhalt hat, dessen Gegenstand sich im Inland befindet, oder ob das Geschäft im Inland zu erfüllen ist. Schon die erste der beiden Voraussetzungen, von denen die Anwendbarkeit des preußischen Stempelsteuergesetzes abhängt, ist hier gegeben, sodaß es eines Eingehens darauf nicht mehr bedarf, ob auch die andere Voraussetzung vorliegt.

Die Vorschrift des jetzigen § 2 StStG. findet sich bereits im § 12 des preußischen Stempelgesetzes vom 7. März 1822. Im Urteil vom 21. Februar 1884 (RGZ. Bd. 11 S. 255) hat das Reichsgericht zu diesem § 12 Stellung genommen und ihn dahin ausgelegt, daß einmal der Gegenstand, worunter nicht das beurkundete Rechtsgeschäft, sondern der Gegenstand zu verstehen ist, auf den sich das Rechtsgeschäft bezieht, im Inland ein räumliches Dasein haben und daß ferner der Gegenstand sich schon zur Zeit der Urkundenerrichtung im Inland befunden haben muß.

In ersterer Hinsicht ist die Ansicht abzulehnen, daß unter „Gegenstand" im Sinne des § 2 nur ein „körperlicher Gegenstand", eine Sache im Sinne des § 90 BGB. zu verstehen sei, weil nur ein solcher Gegenstand ein räumliches Dasein habe (vgl. Hummel-Specht Komm. z. PrStStG. vom 31. Juli 1895 Anm. 4 zum gleichlautenden § 2). Diese aus der erwähnten Reichsgerichtsentscheidung hergeleitete Auslegung des § 2 ist zu eng, auch durch jene Entscheidung nicht gerechtfertigt. Dort handelte es sich um Schuldverschreibungen, deren Gegenstand Geldsummen waren. Das Reichsgericht führt aus, daß der Gegenstand des Geschäfts nur „generisch" bezeichnet sei; solle ein Gegenstand sich im Inland befinden, so müsse er dort auch ein räumliches Dasein haben und dieses erfordere seine Individualisierung, d. h. der Gegenstand müsse eine spezielle Sache sein. Die generische Bezeichnung einer Sache, die sowohl im Ausland als im Inland vorhanden ist, wie die Bezeichnung gewisser Geldbeträge, gebe ihr kein örtliches oder räumliches Dasein. Aus diesen Ausführungen ist keineswegs zu entnehmen, daß das Reichsgericht den Begriff „Gegenstand" im Sinne des § 2 a. a. O. auf körperliche Gegenstände hätte beschränken wollen. Damals waren nur körperliche Gegenstände (Geld) in Frage, und es bestand kein Anlaß zur Stellungnahme dazu, was unter „Gegenstand" zu verstehen sei. Außerdem kam im damaligen Falle Preußisches Landrecht in Betracht und dieses rechnete auch unkörperliche Gegenstände (Rechte) unter die „Sachen im weiteren Sinne" (PrALR. I 2 §§ 1, 2, 7). Das Wesentliche der Entscheidung lag in der Klarstellung, daß der Gegenstand individuell bestimmt sein müsse, um von seinem „Befinden im Inlande" sprechen zu können. Wenn unter „Gegenstand" im Sinne des § 2 nur körperliche Gegenstände (Sachen) verstanden werden sollten, so hätte der Gesetzgeber allen Anlaß gehabt, in den nach Einführung des Bürgerlichen Gesetzbuchs (das unter dem Oberbegriff „Gegenstände" die körperlichen und die unkörperlichen Gegenstände zusammenfaßt) erlassenen Stempelsteuergesetzen im § 2 a. a. O. den Ausdruck „Gegenstand" durch „Sache" zu ersetzen. Daß dies nicht geschehen ist, macht es zur Gewißheit, daß unter „Gegenstand" sowohl körperliche Gegenstände (Sachen) als auch unkörperliche Gegenstände (Rechte aller Art) begriffen sein sollen. Außerdem kann man auch bei den Gegenständen letzterer Art von einem örtlichen und räumlichen Dasein im Inland sprechen, wenn sie sich dort als Vermögen des Berechtigten befinden.

Der Gegenstand des am 30. Januar 1925 beurkundeten Rechtsgeschäfts befand sich aber auch bereits bei Errichtung der Urkunde im Inland. Den Gegenstand bildete das ausschließliche gewerbsmäßige Benutzungsrecht an den deutschen Patenten und Gebrauchsmustern der T.-E.-Aktiengesellschaft. Dieses Recht wurde, wenn auch zeitlich und dem Umfang nach begrenzt (RGZ. Bd. 83 S. 94), der Klägerin als ausschließliche Lizenz gegen Zahlung einer bestimmten Lizenzgebühr vertraglich überlassen. Nun befindet sich aber das einem Ausländer zustehende deutsche Patent- und Gebrauchsmusterrecht und damit auch das ausschließliche Recht der Benutzung der geschützten Erfindung in Deutschland, also auch in Preußen. Mag dieser Satz auch nicht allgemein im Gesetze ausgesprochen sein, so ist doch seine Allgemeingültigkeit aus einer Reihe gesetzlicher Einzelvorschriften herzuleiten. So bestimmt z. B. § 2369 BGB. für den Fall des Nichtvorhandenseins eines zur Erteilung des Erbscheins zuständigen deutschen Nachlaßgerichts, daß für die in Deutschland befindlichen Gegenstände ein Erbschein verlangt werden kann; und in Abs. 2 das. heißt es: ein Gegenstand, für den von einer deutschen Behörde ein zur Eintragung des Berechtigten bestimmtes Buch oder Register (z. B. die Patent- und Gebrauchsmusterrolle) geführt werde, gelte als im Inland befindlich. Die Vorschrift des § 2369 Abs. 2 BGB. findet Anwendung in Nachlaßsachen, wenn der Erblasser ein Ausländer ist und zur Zeit des Erbfalls im Inland weder Wohnsitz noch Aufenthalt hatte (§ 73 Abs. 3 FrGG.); ferner wenn ein Verschollener, der bei Beginn der Verschollenheit einem fremden Staat angehörte, für tot erklärt werden soll, wegen der Zuständigkeit deutscher Gerichte für die Todeserklärung mit Wirkung für das im Inland befindliche Vermögen (Art. 9 EG. z. BGB.; vgl. auch für das internationale Privatrecht Art. 28 EG. z. BGB.). Nach § 12 PatG., § 13 GMG. gilt im Sinne des § 23 ZPO. für Ansprüche auf Rechte aus einem Patent oder Gebrauchsmuster der Ort, wo der in Deutschland zu bestellende Vertreter seinen Wohnsitz hat, und beim Fehlen eines solchen der Sitz des Patentamts als der Ort, wo sich der Vermögensgegenstand, d. h. das Patent oder Gebrauchsmuster befindet.

Da sich somit der Gegenstand des beurkundeten Vertrags, das ausschließliche gewerbsmäßige Benutzungsrecht an den deutschen Patenten und Gebrauchsmustern, im Inland befindet und auch schon zur Zeit der Urkundenerrichtung in der Hand der T.-E.-Aktiengesellschaft im Inland befand, so ist der Revisionsangriff unbegründet, daß die Urkunde der Besteuerung in Preußen entzogen sei.

Es bleibt daher nur noch zu prüfen, ob die Stempelsteuer aus Tarifstelle 10 IIc in dem festgesetzten Betrage zu Recht erhoben worden ist. Auch das ist zu bejahen.

Die Revision hat zunächst den schon in den Vorinstanzen erhobenen Einwand wiederholt, daß kein Pachtvertrag, sondern ein Gesellschaftsvertrag vorliege. Mit Recht hat aber das Berufungsgericht dies abgelehnt. Eine entgeltliche Lizenzgewährung ist grundsätzlich Rechtspacht (RGZ. Bd. 115 S. 20). Zwar kann die Ausnutzung eines Patents auch gesellschaftlich geregelt werden. Aber darin allein, daß die Lizenzgebühr in einem prozentualen Anteil an den Einkünften aus der Patentausbeutung bestehen soll, liegt noch nicht die Vereinbarung eines Gesellschaftsverhältnisses. Der Pachtzins kann recht wohl in einem Bruchteil der Früchte bestehen. Durch eine solche Bestimmung verliert der Vertrag noch nicht die Natur des Pachtvertrags, mag dadurch auch ein partiarischer Gesichtspunkt in die Pacht hineingetragen sein. Andere Bestimmungen aber, die geeignet wären, ihm die Natur eines Gesellschaftsvertrags zu verleihen, enthält der Vertrag nicht. Die Tarifstelle 10 IIc ist daher mit Recht der Verstempelung der Urkunde zugrunde gelegt worden.

Was die Berechnung des Stempels angeht, so hält die Revision sie deshalb für unberechtigt, weil $^3/_{10}$ v. H. von den zusammengerechneten sog. Minimalen der Nr. 9 des Vertrags erhoben worden sind. Das Berufungsgericht leitet die Berechtigung zu dieser Stempelfestsetzung aus § 6 Abs. 2 StStG. her, indem es ein Wahlrecht der Klägerin annimmt. Es kann dahingestellt bleiben, ob diese Vorschrift hier anwendbar ist, denn jedenfalls ist der erhobene Stempel nach § 3 Abs. 2 StStG. gerechtfertigt, wonach für die Stempelpflichtigkeit einer Urkunde die Hinzufügung von Bedingungen ohne Bedeutung ist. Es hing nach dem beurkundeten Vertrag vom freien Belieben der Klägerin ab, ob sie den an den Minimalen fehlenden Betrag zu den 10 v. H. der Bruttoeinnahmen aus eigenen Mitteln hinzufügen wollte oder nicht. Ihre zukünftige Willensentschließung war daher das ungewisse Ereignis, die Bedingung, von der die Verpflichtung der T.-E.-Aktiengesellschaft abhing, der Klägerin die ausschließliche Lizenz weiter zu gewähren. Verträge, bei denen die Verpflichtung des einen Teils von einer künftigen Willensentschließung des andern Teils abhängig ist, sind rechtsgültig. Die Stempelbehörde durfte also den Vertrag wie einen unbedingten behandeln, d. h. so, als ob die T.-E.-Aktiengesellschaft unbedingt zur Weitergewährung der Lizenz gegen mindestens die Minimalen verpflichtet wäre. Daß die Klägerin zur Bezahlung der Minimale nicht vertraglich verpflichtet ist, bleibt dabei außer Betracht. Die Richtigkeit der Berechnung des Stempelbetrags ergibt sich dann aus Tarifstelle 10 II Abs. 2 StStG.

---

16. Welche Bedeutung hat es, wenn der Vorsitzende der Generalversammlung einer Genossenschaft als Ergebnis der Abstimmung die Ablehnung eines in Wirklichkeit mit der erforderlichen Mehrheit angenommenen Antrags verkündet und die Generalversammlung sich einhellig seiner Auffassung anschließt?

GenG. §§ 16, 51.

II. Zivilsenat. Urt. v. 4. Februar 1927 i. S. Dr. H. als Konkursverwalter der Edeka-Großhandel e. G. m. b. H. (Bekl.) w. Fr. u. Gen. (Kl.). II 318/26.

I. Landgericht Düsseldorf.
II. Oberlandesgericht daselbst.

Die Kläger sind Genossen der am 16. August 1924 in Konkurs geratenen „Edeka-Großhandel e. G. m. b. H." in W.; Konkursverwalter ist der Beklagte. Die Geschäftsanteile und die Haftsumme waren ursprünglich auf je 1000 ℳ festgesetzt, sind aber in der Zeit der Geldentwertung wiederholt „erhöht" worden, schließlich je auf 200000 ℳ. Über die Erhöhung der Geschäftsanteile und der Haftsumme bestimmt die Satzung, daß hierzu die Anwesenheit und Zustimmung von mindestens drei Vierteilen der Genossen erforderlich sei, daß aber, wenn die Genossen nicht in der vorgeschriebenen Zahl erschienen seien, eine zweite Versammlung mit einer Frist von mindestens einer Woche anberaumt werde, in der die Dreiviertelmehrheit der anwesenden Genossen endgültig entscheide. Die Hälfte des Geschäftsanteils war binnen acht Tagen nach Benachrichtigung von der Aufnahme, der Rest nach Maßgabe der Beschlüsse der Generalversammlung einzuzahlen. Nachdem sich in einer Generalversammlung vom 10. März 1924 für die „Erhöhung der Geschäftsanteile und Haftsummen" nicht die erforderliche Dreiviertelmehrheit ergeben hatte und eine spätere, mit demselben Beratungsgegenstand einberufene Generalversammlung beschlußunfähig gewesen war, fand am 31. März 1924 eine weitere Generalversammlung statt, zu der (gleichzeitig mit der Ladung zur vorigen) unter dem Hinweis eingeladen worden war, daß sie nach Vorschrift der Satzung ohne Rücksicht auf die Zahl der erschienenen Genossen beschlußfähig sei. Auf der Tagesordnung stand wiederum der Antrag auf „Erhöhung der Geschäftsanteile und der Haftsummen". Unbestrittenermaßen wurden dann 56 Stimmen für und 36 Stimmen gegen diesen Antrag abgegeben bei einer Stimmenthaltung; eine Dreiviertelmehrheit war demnach nicht vorhanden. Unterm 9. April 1924 beantragte der Vorstand der Genossenschaft unter Beziehung auf die II. Durchführungsverordnung zur Goldbilanzverordnung und unter Vorlage eines Protokollauszugs über die Generalversammlung vom 31. März 1924, der anschließend an die Mitteilung der Tagesordnung dahin lautete:

„Über einen Antrag, den Geschäftsanteil mit 300 GM und die Haftsumme mit 1500 GM festzusetzen, wird abgestimmt; Versammlung beschließt mit 56 Stimmen für und 36 Stimmen gegen obigen Antrag, eine Stimmenthaltung"

die Eintragung dieses Beschlusses in das Genossenschaftsregister. Der Registerrichter veranlaßte sodann am 3. Mai 1924 die Eintragung: „Der Geschäftsanteil ist auf 300 GM und die Haftsumme für jeden Anteil auf 1500 GM erhöht worden."

Die Kläger und andere Genossen beantragten nunmehr beim Registergericht die Löschung des Eintrags, weil ein Erhöhungsbeschluß mangels der nach Gesetz und Satzung erforderlichen Mehrheit nicht zustande gekommen sei und der Vorsitzende der Versammlung als Abstimmungsergebnis die Ablehnung der beantragten Erhöhung bekanntgegeben, auch auf eine Anfrage aus der Versammlung erklärt habe, die Umstellung könne erst später erfolgen; hiernach könne der Beschluß auch nicht als Umstellungsbeschluß aufrechterhalten werden. Der Registerrichter lehnte diesen Antrag ab; die Beschwerde hiergegen wurde vom Landgericht als unzulässig verworfen, die weitere Beschwerde vom Kammergericht als unbegründet zurückgewiesen. Das Kammergericht erwägt: Eine Löschung des Beschlusses im Genossenschaftsregister käme nach § 147 Abs. 3 FGG. nur in Frage, wenn sein Inhalt gegen zwingende gesetzliche Vorschriften verstieße und seine Beseitigung im öffentlichen Interesse geboten wäre. Zwingende Rechtssätze seien aber nicht verletzt; der Beschluß könne als Umstellungsbeschluß im Sinne von § 47 der II. DurchfVO. z. GoldbilanzVO. gelten, für dessen Fassung einfache Mehrheit genüge. Demgemäß hält der Beklagte die Kläger und die übrigen Genossen zur Einzahlung der Geschäftsanteile von je 300 GM und zur Leistung der Haftsumme von je 1500 GM für verpflichtet, zumal da gegen den Generalversammlungsbeschluß vom 31. März 1924 keine Anfechtungsklage erhoben worden sei. Die Kläger, die nach wie vor die Rechtsverbindlichkeit des Beschlusses bestreiten, sind deshalb mit dem Antrag klagbar geworden: festzustellen, daß sie nicht verpflichtet seien, an den Beklagten einen Geschäftsanteil mit 300 GM und eine Haftsumme mit 1500 GM zu zahlen.

Das Landgericht wies die Klage ab, das Oberlandesgericht dagegen erkannte nach dem Klagantrag. Die Revision des Beklagten hatte keinen Erfolg.

Gründe:

Das Landgericht hat die Klage abgewiesen, weil der Generalversammlungsbeschluß, auf den der Beklagte seine Ansprüche stützt, auch als Erhöhungsbeschluß trotz Fehlens der nach §§ 16, 132 GenG. und § 32 der Satzung erforderlichen Dreiviertelmehrheit nicht nichtig gewesen sei; er hätte vielmehr nach § 51 GenG. im Wege der Klage angefochten werden müssen und sei, da dies nicht geschehen, rechtsgültig geworden. Das Berufungsgericht hat dagegen der Klage stattgegeben. Es stellt zunächst in tatsächlicher Hinsicht fest, daß der Vorsitzende der Generalversammlung als Abstimmungsergebnis die Ablehnung des Erhöhungsantrags bekanntgegeben habe, daß hiergegen aus der Mitte der Versammlung kein Widerspruch erhoben worden, die Versammlung vielmehr dem Vorschlag beigetreten sei, von einer Beratung der weiteren Gegenstände der Tagesordnung abzusehen und die Frage der Umstellung einer späteren Beschlußfassung vorzubehalten. Rechtlich folgert das Berufungsgericht hieraus, daß bei dieser Sachlage weder ein Erhöhungs- noch ein Umstellungsbeschluß zustande gekommen sei, sodaß es bei der Ablehnung des Antrags sein Bewenden haben müsse.

Die Revision rügt Verletzung materiellen Rechts, insbesondere der §§ 51, 16, 7 GenG. und der § 47 Abs. 1 und 2, § 48 der II. DurchfVO. z. GoldbilVO. vom 28. März 1924 sowie der §§ 133, 140 BGB. Sie macht geltend: Der mit einfacher Mehrheit gefaßte Beschluß entspreche inhaltlich und sachlich allen Erfordernissen eines Umstellungsbeschlusses; zu einem solchen sei aber nur einfache Stimmenmehrheit nötig. Da die II. Durchführungsverordnung zur Goldbilanzverordnung mit dem Tag der Verkündung auch im besetzten Gebiet in Kraft getreten sei, liege ein rechtsgültiger Beschluß und zwar ein rechtsgültiger Umstellungsbeschluß vor. Ausschlaggebend sei lediglich die objektive Sachlage; rechtlich belanglos sei, daß der Verhandlungsleiter irrtümlicherweise als Abstimmungsergebnis die Ablehnung des Antrags statt seiner Annahme bekanntgegeben habe. Das gleiche müsse für die Stellungnahme der Generalversammlung zu dieser Kundmachung und in der Umstellungsfrage selbst gelten.

Diesen Ausführungen kann nicht gefolgt werden. Auszugehen ist bei der rechtlichen Beurteilung von den für die Revisionsinstanz bindenden, übrigens auch nicht angefochtenen tatsächlichen Feststellungen des Berufungsrichters. Hiernach hat der satzungsgemäß berufene Versammlungsvorsitzende der Generalversammlung eröffnet, daß der zur Beschlußfassung stehende Antrag nach dem Stimmenverhältnis abgelehnt sei. Widerspruch hiergegen hat sich nicht erhoben, die Versammlung hat sich vielmehr den auf dieses Ergebnis abgestellten weiteren Vorschlägen ihres Vorsitzenden angeschlossen. Es kann nun zugunsten des Beklagten unterstellt werden, daß der Antrag in Wirklichkeit angenommen wurde und an sich ein rechtsgültiger Umstellungsbeschluß vorlag. Damit erhebt sich aber die Frage, welche Bedeutung der Kundmachung des Vorsitzenden und der Stellungnahme der Generalversammlung hierzu beizumessen ist. Entgegen der Ansicht der Revision sind diese Umstände rechtserheblich. Nach der ständigen Rechtsprechung des Reichsgerichts, von der abzugehen kein Anlaß besteht, erlangt ein tatsächlich ungültiger (weil z. B. nicht mit der erforderlichen Mehrheit gefaßter) Beschluß Rechtswirksamkeit, wenn er vom Versammlungsvorsitzenden als gültiger Beschluß verkündet und nicht rechtzeitig gemäß § 51 GenG. oder § 271 HGB. angefochten worden ist (RGZ. Bd. 60 S. 409, Bd. 72 S. 236, Bd. 106 S. 403). Die Genossenschaft oder die Gesellschaft soll davor geschützt sein, daß unter Umständen noch nach Jahr und Tag die Rechtsgültigkeit von Beschlüssen in Zweifel gezogen werden kann, die inzwischen für die Gestaltung der Verhältnisse von grundlegender Bedeutung waren. Ganz entsprechend wäre aber die Sachlage, wenn hinterher mit Erfolg geltend gemacht werden könnte, daß Anträge, die nach allseitiger Auffassung der Beteiligten als abgelehnt gelten, in Wahrheit angenommen worden seien. Die Wirkung auf die Verhältnisse der Genossenschaft und der Gesellschaft wäre beide Male im Ergebnis dieselbe. Hierzu kommen die Vorschriften des § 51 GenG. über die Anfechtung von Generalversammlungsbeschlüssen wegen Gesetzes- und Satzungsverletzungen. Die hiernach statthafte Anfechtungsklage ist zeitlich befristet; sie muß binnen Monatsfrist erhoben werden, ihre Zulässigkeit ist ferner, von gewissen Ausnahmen abgesehen, daran geknüpft, daß der Anfechtungskläger in der Generalversammlung gegen den Beschluß Widerspruch zu Protokoll erhoben hat. Zu einem solchen Widerspruch fehlt es aber an jeder Veranlassung, wenn Verhandlungsleiter und Generalversammlung einhellig auf dem Standpunkt stehen, daß der zur Abstimmung gestellte Antrag nicht angenommen, sondern abgelehnt sei. Ein Widerspruch wäre dann völlig zwecklos. Das gleiche müßte für eine Anfechtungsklage gelten, die nach dem Klagvortrag selbst sich gegen einen gar nicht gefaßten Beschluß richten würde und damit von vornherein der Abweisung verfallen wäre.

Diese Erwägungen rechtfertigen den Schluß, daß, wenn zwischen dem Vorsitzenden und der Generalversammlung über die Ablehnung eines Antrags Einigkeit herrscht, das so verkündete und nicht das in Wirklichkeit vorliegende Abstimmungsergebnis allein und ausschließlich maßgebend ist. Dafür sprechen auch rechtspolizeiliche Erwägungen

---

17. Kann im schiedsrichterlichen Verfahren der Beklagte, der die Unzuständigkeit des Schiedsgerichts schriftlich geltend gemacht, danach aber im ersten Termin vorbehaltlos zur Hauptsache verhandelt hat, noch im zweiten Termin die Unzuständigkeitseinrede wirksam erheben?

ZPO. § 1041 Abs. 1 Nr. 1, §§ 1025, 274, 504.

VI. Zivilsenat. Urt. v. 4. Februar 1927 i. S. Firma H. K. (Kl.) w. Firma L. B. (Bekl.). VI 417/26.

I. Landgericht Köln.
II. Oberlandesgericht daselbst.

Die Firma J. J. B. in Rh. hatte beim Schiedsgericht der Produkten- und Warenbörse zu Köln gegen die jetzige Klägerin einen Schiedsspruch auf Herausgabe von zwei Lagerscheinen über je 100 Sack Weizen erwirkt; die Berufung der damaligen Beklagten ist vom Oberschiedsgericht derselben Börse zurückgewiesen worden. Nachdem sodann die Firma J. J. B. alle ihre Ansprüche gegen die jetzige Klägerin, insbesondere die aus dem Schiedsspruch, an die jetzige Beklagte abgetreten hatte, klagte diese im Dezember 1924 bei dem gleichen Schiedsgericht gegen die jetzige Klägerin auf Schadensersatz in Höhe von 7000 RM, weil diese die Lagerscheine veräußert habe und nicht mehr herausgeben könne. Jene Klage wurde vom Schiedsgericht für einen Teilbetrag, vom Oberschiedsgericht aber in voller Höhe zugesprochen.

Die Klägerin erhob nunmehr beim Landgericht Klage auf Aufhebung dieses Schiedsspruchs, indem sie vornehmlich geltend machte, das schiedsgerichtliche Verfahren sei unzulässig gewesen, weil sie die Zuständigkeit des Schiedsgerichts weder vereinbart noch anerkannt habe. Das Landgericht gab der Klage statt; das Oberlandesgericht wies sie ab. Die Revision der Klägerin blieb erfolglos.

Gründe:

Das Berufungsgericht hält den Aufhebungsgrund der Unzulässigkeit des zweiten schiedsgerichtlichen Verfahrens deshalb nicht für zutreffend, weil der Vertreter der Klägerin im ersten schiedsgerichtlichen Verfahren einen auch das zweite Verfahren umfassenden Schiedsvertrag „mindestens stillschweigend abgeschlossen" und weil ihr Vertreter im ersten Termin des zweiten Schiedsverfahrens sich auf dieses vorbehaltlos eingelassen habe. Die hiergegen gerichteten Revisionsangriffe schlagen jedenfalls insoweit nicht durch, als sie sich auf die Würdigung des Verhaltens der Klägerin und ihres Vertreters im zweiten schiedsgerichtlichen Verfahren beziehen. Das Berufungsgericht sieht die vorbehaltlose Einlassung der Klägerin in diesem Verfahren und den Abschluß eines darauf bezüglichen Schiedsvertrags darin, daß die Klägerin, nachdem sie in einem Schriftsatz ihrer Anwälte auf die Unzuständigkeit des Schiedsgerichts hingewiesen und ihr Nichterscheinen angekündigt hatte, sich dennoch vor dem Schiedsgericht vertreten ließ, daß ihr Vertreter im ersten Termin, ohne die Unzuständigkeit geltend zu machen, zur Hauptsache verhandelte und daß erst im zweiten Termin ein anderer Vertreter diese Einrede für sie erhob. Die Revision meint zu Unrecht, daß das Berufungsgericht bei diesen Erwägungen die schriftliche Erhebung der Unzuständigkeitseinrede nicht genügend berücksichtige und den für das ordentliche Gerichtsverfahren geltenden Grundsatz, wonach prozeßhindernde Einreden zu Beginn der Verhandlung vorzubringen sind, mit Unrecht auf das schiedsgerichtliche Verfahren ausdehne. Das Berufungsgericht verkennt nicht, daß dieser in den §§ 274, 504 ZPO. aufgestellte Satz für das Schiedsgerichtsverfahren nicht Platz greift und daß in diesem neben dem mündlichen Vorbringen der Parteien auch der Inhalt ihrer Schriftsätze zu beachten ist. Es sieht aber in dem gesamten Verhalten der Klägerin, namentlich in ihrem Erscheinen vor dem Schiedsgericht trotz ihrer früheren Weigerung, und in ihrer auf sachliche Ausführungen beschränkten Einlassung im ersten Termin einen „Verzicht auf die Unzuständigkeitseinrede und die Kundgebung des Einverständnisses mit der Entscheidung des Streitfalls durch das Schiedsgericht", aus der sich, in Verbindung mit der Anrufung des Schiedsgerichts durch die Beklagte, der Abschluß eines Schiedsvertrags ergeben habe. Diese Erwägungen halten sich im Rahmen der Feststellung und Auslegung rechtsgeschäftlicher Erklärungen der Parteien über den Abschluß eines bürgerlichrechtlichen Vertrags und sind daher, da eine Verletzung von Auslegungsgrundsätzen nicht zutage tritt, der Nachprüfung in der Revisionsinstanz entzogen. Da die Zulässigkeit des zweiten schiedsgerichtlichen Verfahrens durch sie einwandfrei begründet wird, ist die Revision zurückzuweisen, ohne daß es einer Prüfung der Ausführungen des Berufungsgerichts über die Tragweite des im ersten schiedsgerichtlichen Verfahren geschlossenen Schiedsvertrags und des hiergegen gerichteten Revisionsangriffs bedarf.

---

18. Welche Bedeutung hat das Wort „Urteil" in § 839 Abs. 2 Satz 1 BGB.?

III. Zivilsenat. Urt. v. 8. Februar 1927 i. S. M. (Kl.) w. Preuß. Staat (Bekl.). III 113/26.

I. Landgericht I Berlin.
II. Kammergericht daselbst.

Der Kläger verlangt Schadensersatz mit dem Vorbringen: Die Richter des Landgerichts II Berlin, Zivilkammer, die bei einem gegen ihn ergangenen Beschluß — in einer Mietsache — mitwirkten, hätten durch ungenügende Prüfung des Sachverhalts ihre Amtspflicht ihm gegenüber fahrlässig verletzt. Für diesen Schaden hafte der preußische Staat, da er, Kläger, nicht auf andere Weise Ersatz zu erlangen vermöge. Beide Vorderrichter wiesen die Klage ab. Die Revision des Klägers führte zur Aufhebung und Zurückverweisung.

Aus den Gründen:

... Es ist rechtsirrig, wenn das Kammergericht annimmt, daß den Richtern, gegen die sich der vom Kläger erhobene Vorwurf der Amtspflichtverletzung richtet, die Sondervorschrift des § 839

Abs. 2 Satz 1 BGB. zustatten komme und daß hieran die Klage scheitern müsse. Bei jeder Rechtsfindung mag es allerdings geboten sein, die damit befaßten Beamten vor einer zu starken Verantwortlichkeit und der daraus entspringenden Befangenheit des Urteils zu bewahren. Auch besteht das Bedürfnis, daß nach einem rechtskräftigen Spruch eine hieran beteiligte Partei dessen Inhalt durch eine Schadensersatzklage gegen den Richter nicht in weiterem Maße zum Gegenstand eines neuen Rechtsstreits machen darf, als es durch die Wiederaufnahme des durch den Spruch abgeschlossenen Verfahrens nach § 580 Nr. 5 ZPO. und §§ 361, 362 Nr. 3 StPO. zulässig ist. Diese Erwägungen sind es denn auch gewesen, die zur Einfügung der bezeichneten Sonderbestimmung in den § 839 BGB. Veranlassung gegeben haben (Motive Bd. 2 S. 824, Denkschrift S. 106, Ausführungen des Staatssekretärs Nieberding bei der 2. Beratung im Plenum des Reichstags, sten. Bericht S. 2858). Dem Berufungsrichter ist zuzugeben, daß diese Gründe die Ausdehnung der Sondervorschrift auf alle Amtspflichtverletzungen nahe legen, deren sich ein Beamter bei der Entscheidung in einer Rechtssache schuldig macht. Zu diesen Entscheidungen sind ohne Zweifel auch die Beschlüsse zu zählen, welche das Landgericht auf die Rechtsbeschwerde einer Partei gegen die Beschlüsse eines Mieteinigungsamts in einer Wohnungsmangelangelegenheit erläßt, in der es sich um die Inanspruchnahme von Räumen durch die Gemeindebehörde zur Unterbringung wohnungsuchender Personen handelt (§§ 41, 37 Abs. 1 MSchG.). Allein die Entstehungsgeschichte und der Ausnahmecharakter des § 839 Abs. 2 nötigen dazu, dessen Anwendungsbereich streng auf die durch den Wortlaut der Vorschrift gezogenen Grenzen zu beschränken. Die Fassung ist mit vollem Bedacht und gerade zu dem Zwecke gewählt worden, um die Vergünstigung soweit als möglich einzuengen. In der dem § 839 Abs. 2 entsprechenden Bestimmung des § 823 Abs. 2 der Reichstagsvorlage war der Tatbestand, an den die Sondervorschrift anknüpft, dahin gefaßt: „Verletzt ein Beamter bei der Leitung oder Entscheidung einer Rechtssache seine Amtspflicht..." Bei der zweiten Beratung im Reichstag wurde beschlossen, die Worte „der Leitung oder" zu streichen. Schon damals gab der Abgeordnete Gröber dem Bedenken Ausdruck, ob die mit der Streichung verfolgte Absicht erreicht werde, weil unter einer „Entscheidung" im weiteren Sinne des Wortes nach dem Sprachgebrauch der Prozeßordnungen alle Verfügungen der Behörden und Beamten begriffen seien, die der Rechtskraft fähig seien, also regelmäßig mit einem Rechtsmittel angegriffen werden könnten; auch die Anordnung, eine Person in Haft zu nehmen, sei demnach als eine Entscheidung anzusehen (sten. Bericht S. 2867). Bei der dritten Beratung kam derselbe Abgeordnete auf dieses Bedenken zurück, indem er beantragte, die Worte „bei der Entscheidung einer Rechtssache" durch die Worte „bei dem Urteil in einer Rechtssache" zu ersetzen. Zur Begründung führte er aus: Es werde im allgemeinen Rechtsbewußtsein des Volkes begrüßt werden, wenn die Sonderstellung des Richters, das Privilegium für Pflichtverletzungen im Amte, auf ein möglichst enges Maß und auf das unerläßlich Notwendige eingeschränkt werde. Das werde durch den gestellten Antrag erreicht. Unter Urteilen seien Entscheidungen gemeint, durch welche das Prozeßrechtsverhältnis für die Instanz beendet werde, also bei Strafsachen die Endurteile, bei Zivilsachen auch noch die Zwischen- und die Teilurteile. Andere Verfügungen, insbesondere Haftbefehle, Verfügungen über Beschlagnahmen, würden bei der Annahme des Antrags aus der Sonderbestimmung herausfallen. Der Regierungskommissar trat dem mit dem Hinweis entgegen, daß die für die Sondervorschrift maßgebenden Gründe auch auf solche Entscheidungen zuträfen, die nicht in der Form eines Urteils ergingen, namentlich auf die der sofortigen Beschwerde unterliegenden Entscheidungen. Der Antrag, einem Urteil andere Entscheidungen nicht gleichzustellen, sei um so bedenklicher, als die Frage, ob eine Entscheidung in der Form eines Urteils oder eines Beschlusses ergehe, in der Zivilprozeßordnung lediglich nach Zweckmäßigkeitsgründen, bald so, bald so beantwortet sei und als dieser rein formale Gesichtspunkt unmöglich ausschlaggebend sein könne für die Entscheidung der materiell so wichtigen Frage, ob der Richter nach Abs. 1 oder Abs. 2 des § 823 (der Reichstagsvorlage) verantwortlich sein solle. Der Abgeordnete Stadthagen befürwortete hierauf den Antrag Gröber und betonte dabei, in der Vorlage werde ein Ausnahmerecht verlangt für den entscheidenden Richter, also nicht nur für den Richter, der ein Urteil fälle. Der Antrag Gröber wurde sodann angenommen (sten. Bericht S. 3067flg.). Die Abänderung ist vom Bundesrat angenommen worden und in das Gesetz übergegangen. Nach diesen Verhandlungen unterliegt es keinem Zweifel, daß die beschränkte

Verantwortlichkeit aus § 839 Abs. 2 nur bei den Amtspflichtverletzungen Platz greifen sollte, deren sich ein Beamter bei denjenigen Sachentscheidungen — im Gegensatz zu prozeßleitenden Entscheidungen — schuldig machen würde, die in der äußeren Form eines Urteils ergehen. Der Begriff des Urteils ist demnach in rein prozeßtechnischem Sinne zu verstehen und kann nicht auf Entscheidungen erstreckt werden, die bei folgerichtiger Durchführung des Rechtskraftgedankens unter ihn zu bringen wären. Mit Rücksicht auf die Entstehungsgeschichte der Sonderbestimmung hat der erkennende Senat auch bereits ausgesprochen, daß der Ausdruck „Urteil" in der Vorschrift im Sinne der Bezeichnungsweise der Straf- und der Zivilprozeßordnung gebraucht ist und daß deshalb Haftbefehle nicht darunterfallen (RGZ. Bd. 62 S. 367 und Bd. 89 S. 13). Auf dieser Auffassung beruht auch das Urteil des Senats RGZ. Bd. 90 S. 228, worin der § 839 Abs. 2 auf einen richterlichen Verstoß gegen die Amtspflichten bei einem Berichtigungsbeschluß im Sinne von § 319 ZPO. nur deshalb für anwendbar erachtet wurde, weil die Berichtigung eine Amtstätigkeit bei einem Urteil darstellt. Die für die Ersatzpflicht des Beklagten maßgebende Haftung der richterlichen Beamten, denen der Kläger mangelhafte Erfüllung ihrer Amtspflichten bei einem Beschluß vorwirft, beurteilt sich daher nach der Regelvorschrift in § 839 Abs. 1 ...

---

19. Muß der Eigentümer eines Miethauses die Errichtung einer Dach-Hochantenne durch einen Mieter dulden?

BGB. § 535.

III. Zivilsenat. Urt. v. 8. Februar 1927 i. S. R. (Bekl.) w. G. (Kl.). III 263/26.

I. Landgericht Hamburg.
II. Oberlandesgericht daselbst.

In einem Hause des Beklagten hat neben einer größeren Anzahl von Mietern auch der Kläger eine Wohnung mietweise inne. Er will auf dem Dach des Hauses eine Hochantenne anbringen und klagt, da der Beklagte dies nicht gestattet, auf Duldung der Anbringung. Das Landgericht hat die Klage abgewiesen, das Oberlandesgericht dagegen hat ihr stattgegeben. Auf die Revision des

Beklagten hat das Reichsgericht das Berufungsurteil aufgehoben aus folgenden

Gründen:

Vorauszuschicken ist, daß es sich im vorliegenden Falle nicht um die Zulassung zum Rundfunk überhaupt, etwa durch eine Zimmerantenne, sondern um die Errichtung einer Hochantenne auf dem Dach eines von einer größeren Anzahl von Mietern bewohnten Miethauses handelt, durch die der Kläger in die Lage versetzt sein möchte, auch auswärtige Sender zu hören und einwandfreie Ergebnisse mit dem Lautsprecher zu erzielen.

Von vornherein muß es abgelehnt werden, den Rundfunk, wenigstens zurzeit, mit dem Fernsprecher auf eine Stufe zu stellen und aus der jetzt allgemein anerkannten Pflicht des Vermieters, die Anlage des Fernsprechers zu dulden, einen Rückschluß auf den Rundfunk zu ziehen. Auch wenn man die Bedeutung des letzteren voll anerkennt, besteht zwischen beiden Einrichtungen ein Unterschied, der eine Gleichstellung ausschließt. Der Fernsprecher ist zu einem wirtschaftlichen Hilfsmittel geworden, das für Handel und Verkehr schlechthin unentbehrlich ist, ohne den diese in ihrer heutigen Entwicklung und Form nicht mehr bestehen könnten. Auch soweit er privaten Verhältnissen dient, ist er in der Hauptsache ein Verkehrsmittel von überwiegend wirtschaftlicher Bedeutung, der dem Inhaber Mitteilungen nach allen Richtungen hin ermöglicht und so Zeit und Geld erspart, die er sonst für die Abfassung schriftlicher Nachrichten oder die Zurücklegung von Wegen aufwenden müßte. Anders beim Rundfunk. Ein Verkehrsmittel im eigentlichen Sinne ist er nicht. Der Hörer kann nur das aufnehmen, was ihm von der Sendestelle geboten wird. Ein Selbstbestimmungsrecht, eine Auswahl steht ihm nur innerhalb des von der Sendestelle bestimmten Rahmens zu. Außerdem dient er heute noch in der Hauptsache der Unterhaltung, der Annehmlichkeit, und dieser sein wesentlicher Charakter als Unterhaltungsmittel wird auch durch die Einschiebung wirtschaftlicher Nachrichten nicht geändert. Jedenfalls reicht seine praktische Bedeutung zurzeit an die des Fernsprechers nicht heran.

Das Berufungsgericht hat den Beklagten verurteilt zu dulden, daß der Kläger auf dem Dach des fraglichen Hauses eine Hochantenne anbringt. Es führt hierzu aus: Der Bedeutung des Rundfunks gegenüber könne man sich nicht auf den Standpunkt stellen, dem

Mieter ständen andere als die im Mietvertrag verbrieften Rechte nicht zu. Wenn sich auch eine Verkehrssitte, die das Landgericht verneine, noch nicht gebildet haben möge, so sei die Frage nach Treu und Glauben unter Abwägung der beiderseitigen Interessen zu entscheiden. Blitzgefahr und Beschädigungen des Daches habe der Beklagte nicht ausdrücklich geltend gemacht. Er führe nur an, der Kläger habe lediglich ein Stockwerk gemietet, nicht aber die Mitbenutzung des Daches, und wenn er dem Kläger die Errichtung erlaube, müsse er auch den andern Mietern dasselbe Zugeständnis machen. Der erste Punkt, sagt das Berufungsurteil, komme für die Interessenabwägung überhaupt nicht in Frage. Es könnten auch nicht alle Mieter Dachantennen anbringen, weil diese sich gegenseitig behindern und notwendige Arbeiten auf dem Dache unmöglich machen würden. Hier wünsche aber nur einer von den Mietern die Anlage. Die Erlaubnis hierzu begründe für die andern Mieter nicht ohne weiteres das gleiche Recht, und wenn bereits eine oder mehrere Antennen auf dem Dache errichtet seien, stehe nichts entgegen, daß der Beklagte weitere Ansprüche ablehne. Der Kläger wolle auswärtige Sender hören und mit dem Lautsprecher einwandfreie Ergebnisse erzielen. Dazu sei die Hochantenne nötig. Hierin liege aber auch ein berechtigtes Interesse des Klägers begründet, dem keine beachtlichen Interessen des Beklagten entgegenständen. Beschränkungen nach einzelnen Richtungen — die in den Gründen des Urteils angeführt sind — müsse sich der Kläger allerdings gefallen lassen.

Dem kann das Revisionsgericht nicht beitreten.

Eine ausdrückliche oder stillschweigende Regelung der Frage, ob der Kläger einen Anspruch auf Errichtung einer Dachantenne hat, ist unter den Parteien nicht erfolgt. Daß eine Verkehrssitte besteht, kann das Berufungsgericht nicht feststellen. Unter diesen Umständen ist zu prüfen, ob der Vertragszweck unter Berücksichtigung von Treu und Glauben dem Kläger einen solchen Anspruch gibt. Die Verschiedenartigkeit des Vertragszwecks wird in den einzelnen Fällen eine verschiedene Beurteilung erfordern, sodaß die Frage nicht allgemein, sondern immer nur von Fall zu Fall entschieden werden kann. Insoweit stimmt also das Revisionsgericht mit dem Berufungsgericht dahin überein, daß die Entscheidung unter Abwägung der beiderseitigen Interessen nach Treu und Glauben zu treffen ist.

Das Berufungsgericht hat aber den Begriff von Treu und

Glauben verkannt, sofern es die Blitzgefahr und die Dachbeschädigung, auf die sich der Beklagte nicht ausdrücklich berief, ausgeschaltet hat. Es geht nicht an, daß der Richter, der nach Treu und Glauben abwägt, nur einen Ausschnitt aus den Interessen beider Parteien herausgreift, wenn noch andere ihm bekannt sind und offen vor ihm liegen, auch wenn die Parteien sich nicht darauf berufen. Soll unter Anwendung des Satzes von Treu und Glauben ein objektives Bild gefunden werden, so sind sämtliche Interessen, sämtliche Umstände des Falles zu berücksichtigen, soweit sie dem Richter zugänglich sind. Damit verträgt sich eine Ausschaltung einzelner Tatumstände nicht. Hiergegen hat das Berufungsgericht verstoßen, indem es die Dachbeschädigung und die Blitzgefahr außer acht gelassen hat. Mag auch unter den Sachverständigen das Bestehen der letzteren streitig sein, jedenfalls läßt sich bei dem Widerstreit der Meinungen nicht sagen, daß sie nicht bestehe.

Kann schon aus diesem Gesichtspunkt dem angefochtenen Urteil nicht zugestimmt werden, so gilt dies insbesondere auch von seiner Interessenabwägung selbst. Es berücksichtigt vor allem nicht genügend, daß beim Kläger nach seinen eigenen Erklärungen nur ein Annehmlichkeitsinteresse vorliegt, dem das Recht des Eigentümers gegenübersteht, mit seiner Sache nach Belieben zu verfahren und andere, denen ein Recht nicht zusteht, von jeder Einwirkung auszuschließen (§ 903 BGB.). Es ist demnach nicht zu billigen, wenn der Berufungsrichter den Einwand des Beklagten, er habe nur die Wohnung, nicht das Dach vermietet, damit abtut, daß er für die Interessenabwägung nicht in Frage komme. Und wenn er weiter meint, die Rücksicht auf die übrigen Mieter des Hauses gebe dem Beklagten kein Recht, dem Kläger die Erlaubnis zu versagen, weil er nach Anbringung einer oder mehrerer Hochantennen berechtigt sei, weitere Anlagen zu verweigern, so kann auch dem nicht zugestimmt werden. Das Berufungsgericht stellt selbst fest, daß nicht beliebig viele Antennen auf dem Dach angebracht werden können. Stehen nun den übrigen Mietern gleich alte oder ältere Rechte auf die Anbringung einer Antenne zu und ist die Benutzung einer Hochantenne für mehrere Mieter technisch nicht ohne weiteres möglich, so würde die Zulassung des Klägers einen Ausschluß anderer Mieter von ihrem Rechte bedeuten. Dem Kläger würde damit eine Vorzugsstellung eingeräumt, auf die er an sich kein Recht hat. Der

Beklagte aber könnte dies vielleicht seinen übrigen Mietern gegenüber nicht vertreten, mit denen auszukommen er auch ein Interesse hat. Hier hat das Berufungsgericht die Stellung des Beklagten als des Vermieters nicht ausreichend gewürdigt.

Es ist weiter zu berücksichtigen, daß eine Hochantenne geeignet ist, auf dem Dach eines Hauses vorzunehmende Ausbesserungsarbeiten und namentlich auch Schornsteinfegerarbeiten zu hindern, daß sie auch unter Umständen das Aussehen und den Anblick des Hauses ungünstig beeinflussen und sein Bild unvorteilhaft gestalten kann. Das Berufungsgericht erkennt dies auch an, zieht es aber für die Interessenabwägung nicht in Betracht. Lediglich insofern will es diesen Umstand berücksichtigt wissen, als es daraus eine Pflicht des Klägers ableitet, dem Beklagten den Plan der Anlage vorzulegen und ihm bei der Verhandlung mit der Baupolizeibehörde Gelegenheit zu geben, seine Bedenken geltend zu machen. Damit wird das Berufungsgericht Treu und Glauben nicht gerecht. Es hätte prüfen müssen, ob diese Umstände, wenn sie sich in erheblichem Maße geltend machten, einen Anspruch des Klägers nicht überhaupt ausschlossen.

Vollständig übersehen ist aber eines. Der Vermieter muß seinen Mietern den vertragsmäßigen Gebrauch der ihnen vermieteten Räume gewährleisten und für alle Schäden einstehen, die ihnen aus der Nichtbeachtung dieser Pflicht entstehen. Im Interesse der Verkehrssicherheit hat er auch dafür Sorge zu tragen, daß ein Dritter, der mit ihm nicht in einem Vertragsverhältnis steht, durch den baulichen Zustand seines Hauses nicht in Gefahr gerät oder gar verletzt wird. Wie oben bereits dargelegt, kann es nicht als ausgeschlossen erachtet werden, daß die Blitzgefahr durch Anbringung einer Hochantenne erhöht wird, insbesondere dann nicht, wenn die Antenne nicht ordnungsmäßig angelegt ist undnicht ständig unter sachverständiger Aufsicht steht. Daß Beschädigungen am Dach durch sie herbeigeführt werden können, liegt auf der Hand. Im Falle der Anlage einer Dachantenne ist also der Vermieter in erster Linie verpflichtet, ihren und des Daches ordnungsmäßigen Zustand fortgesetzt nachzuprüfen, wenn er sich nicht Schadensersatzansprüchen seiner übrigen Mieter oder Dritter aussetzen will. Nun kann er wohl mit dem Mieter ein Abkommen treffen, wodurch dieser jene Überwachung und den Ersatz der Schäden übernimmt. Dieses Abkommen würde aber seine Wirkungen nur zwischen ihm und dem Mieter äußern, die Haftung des Vermieters Dritten gegenüber würde dadurch nicht berührt. Selbst wenn also der Mieter wirklich in der Lage wäre, den Ersatz der Schäden zu leisten, so wäre der Vermieter immer noch der Gefahr ausgesetzt, daß Klagen auf Schadensersatz aus dem Mietvertrag oder aus unerlaubter Handlung gegen ihn erhoben würden und er sich dagegen verteidigen müßte. Ob dies einem Vermieter lediglich auf Grund eines Annehmlichkeitsinteresses des Mieters zuzumuten ist, hat das Berufungsgericht überhaupt nicht geprüft.

Hiernach war das Berufungsurteil aufzuheben und die Sache an das Berufungsgericht zurückzuverweisen. Sollte der Berufungsrichter wiederum dazu kommen, der Klage zu entsprechen, so wäre folgendes zu beachten. Der entscheidende Teil des Urteils spricht dem Kläger das Recht zur Anbringung einer Hochantenne ohne nähere Bestimmung zu. In den Gründen zieht das Urteil diesem Recht gewisse Schranken, zunächst soweit der Gesamteindruck des Hauses verunstaltet, dann aber auch, soweit ein einwandfreies Arbeiten auf dem Dache verhindert würde. Das Recht soll auch nicht als ein unentziehbares für die ganze Dauer des Mietvertrags gelten. Eine Entfernung der Antenne, die zeitweise durch Arbeiten am Dache notwendig werden könnte, soll auf Kosten des Klägers geschehen; sie soll auch vollständig entfernt werden, wenn die Fortschritte der Technik sie entbehrlich machen. Und endlich soll der Kläger, soweit es möglich ist, andern Mietern des Hauses ihre Benutzung gestatten. Gegen diese Beschränkungen mag an sich nichts einzuwenden sein. Waren sie aber berechtigt, so mußten sie auch in dem für die Zwangsvollstreckung allein maßgebenden entscheidenden Teil des Urteils aufgeführt werden.

---

20. 1. Wird bei Wiedereinsetzung gegen Versäumung der Frist zum Nachweis der Zahlung der Prozeßgebühr die Nachholung des versäumten Zahlungsnachweises durch das Gesuch um Bewilligung des Armenrechts ersetzt, wenn der Rechtsmittelkläger wegen Armut zur Zahlung der von ihm erforderten Prozeßgebühr nicht imstande ist?

2. Hat die verspätete Zustellung der die Fristverlängerung für den Nachweis der Zahlung der Prozeßgebühr ablehnenden Ver-

fügung auch dann als unabwendbarer Zufall für die Versäumung der Frist zu gelten, wenn das Gesuch um Verlängerung zwar noch innerhalb der Frist gestellt worden ist, aber bei früherer Stellung der Fristablauf hätte vermieden werden können?

ZPO. §§ 233, 236, 519 Abs. 6, § 519b.

VI. Zivilsenat. Beschl. v. 8. Februar 1927 i. S. E. (Bekl.) w. E. (Kl.). VI B 5/27.

I. Landgericht Köln.
II. Oberlandesgericht daselbst.

Der Sachverhalt ergibt sich aus den nachstehenden

Gründen:

Dem Beschwerdeführer, der als Beklagter Berufung eingelegt hatte, war vom Vorsitzenden des Berufungsgerichts am 2. Dezember 1926 eine Frist zum Nachweis der Einzahlung der Prozeßgebühr bis zum 2. Januar 1927 gestellt worden. Am 31. Dezember 1926 beantragte sein Prozeßbevollmächtigter, die Frist bis zum 2. Februar 1927 zu verlängern, da der Beklagte den verhältnismäßig hohen Betrag der Prozeßgebühr nicht rechtzeitig aufbringen könne. Der Vorsitzende lehnte diesen Antrag am 31. Dezember 1926 ab. Diese Verfügung wurde dem Prozeßbevollmächtigten des Beklagten erst am 5. Januar 1927 zugestellt; der Vermerk „sofort", der handschriftlich auf der Urschrift stand, ist durchstrichen. Mit einem am 10. Januar 1927 beim Berufungsgericht eingegangenen Schriftsatz hat darauf der Prozeßbevollmächtigte des Beklagten um Wiedereinsetzung in den vorigen Stand gegen die Versäumung der Frist und zugleich um Bewilligung des Armenrechts nachgesucht, weil der Beklagte außerstande sei, die Prozeßgebühr zu zahlen. Das Armenrechtsgesuch hat er am 25. Januar 1927 wiederholt. Durch Beschluß vom 10. Januar 1927 hat das Berufungsgericht die Berufung wegen nicht rechtzeitiger Erbringung des Nachweises der Zahlung der Prozeßgebühr unter Zurückweisung des Wiedereinsetzungsantrags und unter gleichzeitiger Ablehnung des Armenrechtsgesuchs als unzulässig verworfen. Hiergegen hat der Beklagte sofortige Beschwerde eingelegt mit dem Antrag, den Beschluß, soweit er die Berufung verwirft, aufzuheben und dem Wiedereinsetzungsgesuch stattzugeben. Zur Begründung hat er ausgeführt, daß ihm die Verfügung vom 31. Dezember 1926 noch vor Fristablauf hätte zugestellt werden können, aber auch müssen, da vom Präsidenten des Oberlandesgerichts der Anwaltschaft allgemein mitgeteilt worden sei, daß die formalen Vorschriften des § 519 ZPO. von den Senatsvorsitzenden wohlwollend gehandhabt werden würden, und sein Prozeßbevollmächtigter deshalb mit der Ablehnung des Verlängerungsantrags nicht habe zu rechnen brauchen.

Die Beschwerde mußte Erfolg haben, da dem Beklagten die Wiedereinsetzung zu Unrecht versagt worden ist.

Das Wiedereinsetzungsgesuch war in formaler Beziehung nicht zu beanstanden. Allerdings mußte der Antrag die Nachholung der versäumten Prozeßhandlung oder, wenn diese bereits nachgeholt war, die Bezugnahme hierauf enthalten (§ 236 Abs. 2 ZPO.), was streng genommen nur als erfüllt gelten konnte, wenn der Beklagte in seinem Gesuch die nachträgliche Zahlung der Prozeßgebühr nachgewiesen hätte. Aber wenn er wegen seiner Armut zu dieser Zahlung nicht imstande war, so wurde der Nachweis der Zahlung für das Wiedereinsetzungsverfahren durch die mit dem Antrag verbundene Nachsuchung des Armenrechts ersetzt. Denn würde man dies nicht annehmen, so wäre der Beklagte rechtlos gewesen, da es ihm nicht möglich war, die Wiedereinsetzung zu beantragen, wenn er die Mittel zur Zahlung der Prozeßgebühr nicht hatte und daher auch den Nachweis der nachträglichen Zahlung nicht führen konnte.

In der Sache ist dem Beschwerdeführer zuzugeben, daß er durch einen unabwendbaren Zufall verhindert worden ist, die Frist zu wahren. Da der 2. Januar 1927 ein Sonntag war, lief die Frist für den Nachweis der Zahlung der Prozeßgebühr am 3. Januar ab. Die den Fristverlängerungsantrag ablehnende Verfügung vom 31. Dezember 1926 hätte deshalb dem Beklagten früher als am 5. Januar zugestellt werden müssen. Sie hätte auch früher zugestellt werden können. Denn da es sich um eine Zustellung am Sitze des Prozeßgerichts handelte, war es möglich, sie noch am 31. Dezember 1926, jedenfalls aber vor Fristablauf (3. Januar 1927) zu bewirken. Daß die Sache eilig war, durfte dem Gericht nicht entgehen, ist ihm anscheinend auch nicht entgangen, da die Erledigung der Verfügung durch die Überschrift „sofort" als dringlich bezeichnet war und die Wegstreichung dieses Vermerks, wenn sie nicht unbefugt geschah, als sorglos bezeichnet werden müßte. Wäre die Verfügung dem Prozeßbevollmächtigten des Beklagten schon am 3. Januar zugestellt worden, so hätte er durch Stellung eines Armenrechtsgesuchs, wie es am 10. Januar tatsächlich eingereicht wurde, den Ablauf der Frist hemmen und damit zunächst verhindern können (§ 519 Abs. 6 ZPO.). Die Möglichkeit hierzu wurde ihm durch die säumige Zustellung genommen, auf deren rechtzeitige Ausführung er keinen Einfluß hatte und die deshalb ein unabwendbarer Zufall für ihn war. Ein Verschulden des Prozeßbevollmächtigten an der Versäumung der Frist lag nicht vor. Es kann ihm nicht als vertretbares Versehen angerechnet werden, wenn er sich nicht selbst nach dem Ausfall der Entscheidung über seinen Fristverlängerungsantrag bei Gericht erkundigt hat. Da feststeht, daß den beim Oberlandesgericht zugelassenen Anwälten von den Vorsitzenden der Senate ausdrücklich eine wohlwollende Behandlung ihrer Fristverlängerungsanträge im Bereich des § 519 ZPO. in Aussicht gestellt worden ist, so konnte der Prozeßbevollmächtigte glauben, seinem Antrag auf Fristverlängerung sei stattgegeben, als er bis zum 3. Januar 1927 noch nicht im Besitz der Entscheidung war. Mit einer Säumnis des Gerichts brauchte er nicht zu rechnen, zumal da er sich sagen konnte, das Gericht werde die Dringlichkeit der Sache erkannt haben. Richtig mag sein, daß er die Fristverlängerung früher hätte beantragen können. Aber da der Antrag noch innerhalb des Laufs der Frist gestellt war und die Entscheidung bei sorgfältiger Behandlung durch das Gericht auch noch vor Fristablauf dem Beklagten hätte zugestellt werden können, so war die späte Antragstellung nicht ursächlich für die Versäumung der Frist und darf dem Beklagten, besonders wenn er bis zuletzt an die Möglichkeit der Beschaffung des Geldes zur Bezahlung der Prozeßgebühr glaubte, auch nicht derart zur Last gerechnet werden, daß das Vorliegen eines unabwendbaren Zufalls zu verneinen wäre.

Demnach war dem Beschwerdeführer die Wiedereinsetzung zu gewähren....

21. Zum Begriff des „öffentlichen Glaubens des Grundbuchs“ im Sinne von § 20 des Aufwertungsgesetzes.

V. Zivilsenat. Urt. v. 9. Februar 1927 i. S. B. u. Gen. (Kl.) w. T. (Bekl.). V 173/26.

I. Landgericht Oels.
II. Oberlandesgericht Breslau.

Der Kupferschmiedemeister H. in B. war Eigentümer eines im Grundbuch von B. eingetragenen Grundstücks. Auf diesem Grundstück war in Abteilung III seit dem 19. Mai 1914 für den Erblasser der Kläger E. B. eine Hypothek von 18000 ℳ eingetragen. H. verkaufte das Grundstück durch notariellen Kaufvertrag vom 28. November 1922 an die Beklagte und verpflichtete sich, diese Hypothek nebst anderen (im Gesamtbetrag von 37000 ℳ) bis zur Auflassung löschen zu lassen. H. hat die Hypothek von 18000 ℳ am 2. Januar 1923 in Papiermark an die Kläger zurückgezahlt. Diese haben entweder am 20. März oder schon im Februar 1923 löschungsfähige Quittung erteilt und den Hypothekenbrief zurückgegeben. Der Antrag auf Eintragung der Beklagten als Eigentümerin ist am 27. März 1923 gestellt, die Hypothek am 9. April 1923 gelöscht worden. Am letzteren Tag wurde die Beklagte als Eigentümerin im Grundbuch eingetragen.

Die Kläger verlangten im ersten Rechtszug Verurteilung der Beklagten zur Bewilligung der Wiedereintragung der Hypothek in Höhe des Aufwertungsbetrags von 25 v. H. des Goldmarkbetrags. Das Landgericht erkannte nach diesem Antrag. In der Berufungsinstanz baten die Kläger hilfsweise um Feststellung, daß eine Rückwirkung stattfinde. Das Berufungsgericht wies die Klage ab. Die Revision der Kläger wurde zurückgewiesen aus folgenden

Gründen:

Das Berufungsgericht hat den Hauptanspruch mit der Begründung abgewiesen, daß der Wiedereintragung das in § 16 AufwG. geregelte Verfahren vor der Aufwertungsstelle vorauszugehen habe, das noch nicht erledigt sei. Hierauf allein läßt sich jedoch die Abweisung des Hauptanspruchs nicht gründen.

Denn der bloße Umstand, daß jenes Verfahren noch nicht erledigt ist, kann nicht zur endgültigen Abweisung führen, wie sie das Berufungsgericht ausgesprochen hat. Vielmehr muß in solchen Fällen die Erledigung durch die Aufwertungsstelle abgewartet und das Verfahren gegebenenfalls gemäß § 148 ZPO. von Amts wegen oder, bei Streit über die Höhe der Aufwertung, nach § 77 AufwG. auf Antrag ausgesetzt werden. Der Verstoß ist jedoch hier nicht schädlich, weil das Berufungsgericht mit Recht der Ansicht ist, daß im vorliegenden Fall eine Aufwertung der Hypothek kraft Rückwirkung und eine Wiedereintragung mit Rücksicht auf die Vorschriften über den öffentlichen Glauben des Grundbuchs nach § 20 AufwG. nicht in Frage komme. Dieser Rechtsgrund, mit dem das Berufungsgericht den Hilfsantrag auf Feststellung des Nichtstattfindens einer Rückwirkung ablehnt, deckt auch die endgültige Abweisung des Hauptanspruchs.

Das Berufungsgericht führt weiter aus: Der Hilfsantrag auf Feststellung, daß eine Rückwirkung stattfinde, sei deshalb unbegründet, weil der Aufwertung der Hypothek kraft Rückwirkung die Vorschriften über den öffentlichen Glauben des Grundbuchs entgegenständen. Nach § 20 Abs. 2 AufwG. seien die Vorschriften über den öffentlichen Glauben des Grundbuchs auch dann anzuwenden, wenn in dem in § 892 Abs 2 BGB. bestimmten Zeitpunkt eine Löschungsbewilligung oder löschungsfähige Quittung bereits erteilt sei oder gleichzeitig erteilt werde. Diese Voraussetzung sei hier gegeben. Der Antrag auf Eintragung der Beklagten als Eigentümerin des Grundstücks sei am 27. März 1923 gestellt, die löschungsfähige Quittung hätten die Kläger bereits im Februar 1923 erteilt. Die auf Grund dieser Quittung erfolgte Löschung der Hypothek gelte daher zugunsten der Beklagten als richtig, es sei denn, sie habe gewußt, daß durch die Löschung das Grundbuch unrichtig würde. Dieses Wissen sei nicht zu folgern aus der Kenntnis der Ehefrau, daß ihr Rechtsvorgänger H. an die Kläger nur den Nennbetrag der Hypothek in Papiermark gezahlt hatte. Daß eine auf Grund einer Zahlung des Nennbetrags erteilte löschungsfähige Quittung keine geeignete Grundlage für die Löschung der Hypothek darstelle, habe sich erst viel später als Rechtsansicht durchgesetzt. Im Frühjahr 1923 habe man jedenfalls eine löschungsfähige Quittung für eine geeignete Löschungsgrundlage gehalten, durch die das Grundbuch nicht unrichtig werde, und man könne, wie das Reichsgericht im Beschluß vom 13. März 1925 (RGZ. Bd. 110 S. 87) ausgeführt habe, wegen dieser Ansicht niemand einen Vorwurf machen. Der Rechtsirrtum, in dem sich die Beklagte über die Bedeutung der löschungsfähigen Quittung befunden habe, schließe ihren guten Glauben über die Richtigkeit des Grundbuchs nicht aus. Denn zum Ausschluß des guten Glaubens sei das Bewußtsein des Erwerbers erforderlich, daß durch die Löschung der Hypothek auf Grund einer nach Zahlung des Kapitals in Papiermark erteilten löschungsfähigen Quittung das Grundbuch unrichtig werde. Erforderlich sei die Kenntnis von der Unrichtigkeit des Grundbuchs hinsichtlich der gelöschten Hypothek; die Kenntnis von Tatsachen, welche die Unrichtigkeit bewirkten, genüge nicht. Danach finde eine Aufwertung der Hypothek nicht statt.

Zu Unrecht erhebt die Revision diesen Ausführungen gegenüber die Rüge einer Verletzung des materiellen Rechts, insbesondere der §§ 242, 892 BGB. und der §§ 16, 20 AufwG.

Unstreitig hat der frühere Grundstückseigentümer H. am 2. Januar 1923 das Hypothekenkapital in Papiermark an die Kläger gezahlt. Es würde daher an sich eine Aufwertung der Hypothek kraft Rückwirkung nach § 16 AufwG. einzutreten haben. Ist aber, wie hier, die Hypothek im Grundbuch schon gelöscht worden, so findet ihre Wiedereintragung und damit auch eine Aufwertung kraft Rückwirkung dann nicht statt, wenn die Vorschriften über den öffentlichen Glauben des Grundbuchs entgegenstehen. Diese sind nach § 20 Abs. 2 AufwG. entsprechend anzuwenden, wenn in dem in § 892 Abs. 2 BGB. bestimmten Zeitpunkt eine dem § 29 GBO. entsprechende Löschungsbewilligung oder eine löschungsfähige Quittung bereits erteilt war. Letzteres war hier der Fall; denn unstreitig hatte die Beklagte den Antrag auf Eintragung als Eigentümerin am 27. März 1923 gestellt. Zu dieser Zeit war aber die Quittung schon erteilt, mag man nach der widerspruchsvollen Feststellung im Tatbestand und in den Entscheidungsgründen des Berufungsurteils den Tag der Erteilung auf den 20. März 1923 annehmen oder ihn in den Monat Februar 1923 legen. Nach der für das Revisionsgericht bindenden Feststellung des Berufungsgerichts hat die Beklagte zwar gewußt, daß ihr Rechtsvorgänger H. an die Kläger nur den Nennbetrag der Hypothek in Papiermark gezahlt hatte, sie hat sich jedoch, als sie den Antrag auf ihre Eintragung als Eigentümerin stellte, in einem Rechtsirrtum über die Bedeutung der löschungsfähigen Quittung befunden. Dieser Rechtsirrtum ging, wie die weiteren Feststellungen des Berufungsgerichts ergeben, dahin, daß sie die erteilte Quittung, obwohl diese nur über den Nennbetrag lautete, doch für eine zur Löschung der Hypothek geeignete und das Grundbuch nicht unrichtig machende Unterlage hielt.

Es fragt sich, ob bei dieser Sachlage ein die Wiedereintragung und die Aufwertung der Hypothek kraft Rückwirkung ausschließender guter Glaube der Beklagten im Sinne des § 20 Abs. 1 und 2 AufwG. angenommen werden kann. Dabei muß die Frage, ob der gute Glaube vorhanden war, nach den zur Zeit der Stellung des Antrags auf Eigentumseintragung bestehenden, nicht nach den erst später entstandenen und der Beklagten damals naturgemäß nicht bekannten Rechtsanschauungen entschieden werden.

Die vor dem Inkrafttreten der 3. Steuernotverordnung erfolgte Zahlung des Hypothekenkapitals von 18000 Papiermark, die nach der Tabelle zum Aufwertungsgesetz damals einen Goldmarkwert von 8,89 G*M* hatte, stellte nur eine geringfügige Teilzahlung auf die Forderung der Kläger dar. Ob, wie das Berufungsgericht annimmt, durch die Löschung der Hypothek, die auf Grund der über den Papiermarkbetrag lautenden löschungsfähigen Quittung erfolgte, das Grundbuch tatsächlich unrichtig geworden ist, bedarf keiner Prüfung. Unterstellt man dies zunächst, so wäre nach der Ansicht von Mügel, DurchfVo. Anm. 4 zu § 20 und Komm. zum AufwG. Anm. 4 und 5 zu § 20, die Beklagte schon dann nicht in gutem Glauben gewesen, wenn sie wußte, daß die am 2. Januar 1923 an die Kläger gezahlten 18000 *M* nur den Papiermarkbetrag darstellten, daß dieser Betrag eine unzureichende Zahlung war und daß daher die auf Grund der erteilten Quittung demnächst vorzunehmende Löschung auf Grund einer ungenügenden Zahlung erfolgen werde. Diese Ansicht Mügels wird jedoch — soweit ersichtlich fast allgemein — von Schrifttum und Rechtsprechung bekämpft (vgl. Schlegelberger-Harmening AufwG., 4. Aufl., Anm. 1 Abs. 2 zu § 20; Quassowski AufwG., 4. Aufl., Anm. II A 2 zu § 20 und das bei beiden angeführte Schrifttum; Schweitzer im „Grundeigentum" 1926 S. 1146; Rive ebenda S. 1241; Beschlüsse des Kammergerichts vom 6. November 1924 in JurRdsch. 1925 Nr. 144, vom 26. November 1925 bei Ring Rspr. in Aufwertungssachen 1926 S. 53, vom 11. März 1926 ebendas. S. 278, vom 19. Juni 1926 ebendas. S. 509; Oberlandesgericht Stuttgart vom 2. Oktober 1926 ebendas. S. 687; Bayerisches Oberstes Landesgericht vom 11. Dezember 1925 ebendas. S. 98). Die Ansicht Mügels ist auch abzulehnen. Weder der Wortlaut noch die Entstehungsgeschichte der §§ 20, 21 AufwG. bietet einen Anhalt dafür, daß das Aufwertungsgesetz den Rechtsbegriff des guten Glaubens in einem anderen, engeren Sinne aufgefaßt wissen will, als er allgemein durch die Vorschriften des Bürgerlichen Gesetzbuchs aufgestellt worden ist. Eine solche Absicht des Gesetzgebers hätte im Aufwertungsgesetz zum Ausdruck gebracht werden müssen. Da dies nicht der Fall ist, in Abs. 2 des § 20 AufwG. vielmehr ein der Vorschrift des § 892 BGB. gegenüber sogar noch erweiterter Schutz des Erwerbers gewährt ist, muß angenommen werden, daß das Gesetz mit den „Vorschriften über den öffentlichen Glauben des Grundbuchs" nichts anderes gemeint hat als das Bürgerliche Gesetzbuch, wenn es in § 892 den guten Glauben des Erwerbers eines Rechts an einem Grundstück oder eines Rechts an einem solchen Recht (abgesehen von der hier nicht in Frage stehenden Eintragung eines Widerspruchs) verneint, sofern dem Erwerber die Unrichtigkeit des Grundbuchs bekannt ist. Allerdings kann unter Umständen auch schon die Kenntnis von Tatsachen, welche die Unrichtigkeit des Grundbuchs begründen, sich als eine Kenntnis von der Unrichtigkeit des Grundbuchs selbst darstellen, nämlich dann, wenn solche Tatsachen in Frage stehen, die ohne weiteres die Unrichtigkeit des Grundbuchs ergeben. Eine abweichende Beurteilung muß aber dann Platz greifen, wenn es sich um unklare Rechtsfolgen handelt, die aus den bekannten Tatsachen nicht ohne weiteres mit Sicherheit zu erkennen sind, und wenn sich der Erwerber in einem Rechtsirrtum befand, wenn er also trotz Kenntnis der die Unrichtigkeit ergebenden Tatsachen infolge Rechtsirrtums das Grundbuch bezüglich des in Rede stehenden Rechts nicht für unrichtig gehalten hat (RGR. Komm. Anm. 10 zu § 892 und die dort angeführten Entscheidungen des Reichsgerichts). Ob in besonderen Fällen, insbesondere dann, wenn sich jemand geflissentlich der Kenntnis des Sachverhalts entzieht, der gute Glaube zu verneinen ist, bedarf keiner Erörterung, da ein solcher Fall nach den Feststellungen des Berufungsgerichts hier nicht gegeben ist. Demnach kommt es, da das Hypothekenkapital vor dem Inkrafttreten der 3. Steuernotverordnung zurückgezahlt worden ist, entscheidend darauf an, ob die Beklagte, als sie den Antrag auf ihre Eintragung als Eigentümerin des Grundstücks stellte, nicht nur erkannt hat, daß die Papiermarkzahlung eine unzureichende Zahlung war, sondern auch, daß die hierüber ausgestellte löschungsfähige Quittung keine ausreichende Unterlage für die Löschung bot und daß daher die Hypothek auch im Falle der Löschung in Höhe des ungetilgten Aufwertungsbetrags fortbestehen und das Grundbuch insoweit troß der Löschung der Hypothek unrichtig werde. Diese Kenntnis hat jedoch das Berufungsgericht verneint; der von ihm weiter festgestellte Rechtsirrtum der beklagten Ehefrau über die Bedeutung der löschungsfähigen Quittung schloß aber nach dem Ausgeführten ihren guten Glauben nicht aus.

Hiernach ist bei Annahme der Unrichtigkeit des Grundbuchs darin kein Rechtsirrtum zu erblicken, daß das Berufungsgericht den guten Glauben der beklagten Ehefrau bejaht und damit die Zulässigkeit der Wiedereintragung der Hypothek und deren Aufwertung kraft Rückwirkung verneint hat. Nichts anderes kann aber dann gelten, wenn man unterstellt, daß durch Löschung der Hypothek keine Unrichtigkeit des Grundbuchs eingetreten ist. Denn wenn das Gesetz diejenigen schützt, die im Vertrauen auf die Richtigkeit des Grundbuchs troß seiner Unrichtigkeit Rechte erwerben, so muß dieser Schutz erst recht denen zugute kommen, die bei einer mit dem Grundbuchinhalt im Einklang stehenden materiellen Rechtslage Rechte erwerben (Quassowski, AufwG. 4. Aufl. S. 244).

---

22. Erstreckt sich die Genehmigungspflicht nach § 1 des preuß. Gesetzes über den Verkehr mit Grundstücken vom 10. Februar 1923 auch auf Verträge, welche die Bindung an ein Verkaufsangebot zum Gegenstand haben?

V. Zivilsenat. Urt. v. 9. Februar 1927 i. S. Ga. (Kl.) w. Gö. (Bekl.). V 222/26.

I. Landgericht II Berlin.
II. Kammergericht daselbst.

In einem notariellen Vertrage vom 29. April 1924 bot die Klägerin der Beklagten Hausgrundstücke in B. zum Kauf an. Der Kaufpreis von 90000 GM sollte spätestens am 1. April 1925 bar gezahlt, darauf aber bei Annahme des Angebots der Betrag von 20000 GM angerechnet werden, der von der Beklagten als Entgelt für die langfristige Bindung schon früher, bis zum 7. Mai 1924, zu zahlen war. Die Klägerin ist im gegenwärtigen Urkundenprozeß mit ihrem Antrag auf Verurteilung der Beklagten zur Zahlung von 20000 RM in allen Instanzen unterlegen.

Aus den Gründen:

Dem die Zahlung der 20000 RM betreffenden Teil der Parteivereinbarungen vom 29. April 1924 kommt nach der insoweit einhelligen Ansicht der Untergerichte die Rechtsnatur eines gegenseitigen Vertrags zu, bei dem die Gegenleistung der Klägerin für die alsbaldige Hingabe jener Summe darin bestand, daß sie nicht allein bis zum 1. April 1925 an ihr Angebot gebunden blieb, sondern solange auch verpflichtet war, über ihre Grundstücke nicht anderweitig zu verfügen.

Die Nachprüfung der Entscheidungsgründe des Berufungsgerichts und der Revisionsrügen erübrigt sich, weil ein Gesichtspunkt, der nach dem Tatbestand des angefochtenen Urteils von den Parteien in der mündlichen Verhandlung erörtert worden ist, selbständig die angefochtene Entscheidung rechtfertigt. Die Beklagte hat nämlich geltend gemacht, der Vertrag bedürfe, wenn aus ihm Erfüllung solle verlangt werden können, der Genehmigung des Bezirksamts, die auch für sogenannte bindende Grundstücksangebote erforderlich sei; die Gegnerin hätte den zur Klagbegründung gehörenden Nachweis der Genehmigung urkundlich führen müssen. Die Klägerin hat eine derartige Genehmigung für entbehrlich erklärt.

Der Rechtsstandpunkt der Beklagten ist der richtige. Vorausgeschickt muß werden, daß es sich bei dem notariellen Vertrag vom

29. April 1924 nicht etwa, wie die Revisionsbegründung meint, um zwei selbständige und voneinander unabhängige Rechtsgeschäfte handelt, nämlich einerseits um ein Grundstücksangebot der Klägerin an die Beklagte mit Bindung bis 1. April 1925 und anderseits um einen Vertrag, wonach die Beklagte der Klägerin als Entgelt für deren Bindung 20000 G.ℳ bis zum 7. Mai 1924 zu zahlen hatte. Vielmehr ergibt schon die das Bindungsentgelt festsetzende Vertragsklausel, wonach bei Annahme des Angebots die Zahlung der 20000 G.ℳ auf den Kaufpreis angerechnet werden sollte, den rechtlichen Zusammenhang und die Einheitlichkeit der beiden Teile des Vertrags (RGZ. Bd. 62 S. 414, Bd. 114 S. 234). Aber auch die Genehmigungspflicht für den Vertrag ist zu bejahen; denn er fällt nach der letzterwähnten Entscheidung in den zeitlichen Geltungsbereich des preuß. Gesetzes über den Verkehr mit Grundstücken vom 10. Februar 1923. Dieses Gesetz bestimmt im § 1 Abs. 1 Satz 1 u. a., daß alle Rechtsgeschäfte, welche die Veräußerung eines Grundstücks zum Gegenstand haben, zu ihrer Rechtswirksamkeit der Genehmigung bedürfen. Es schränkt zwar die in der Bundesratsverordnung über den Verkehr mit landwirtschaftlichen Grundstücken vom 15. März 1918 angeordnete Genehmigungspflicht insofern ein, als es nicht, wie diese, auch Miete oder Pacht zu den aus dem Eigentum entspringenden Verfügungsrechten zählt. Dagegen erweitert das Gesetz seinen Wirkungsbereich hinsichtlich der Verfügungsarten gegenüber der Bundesratsverordnung. Diese spricht nur von Auflassung und Vereinbarungen, welche die Verpflichtung zur Übereignung eines Grundstücks zum Gegenstand haben; das bezeichnete Gesetz dagegen macht, um die in seinem § 4 angedeuteten Ziele zu erreichen, alle Rechtsgeschäfte genehmigungspflichtig, deren Gegenstand die Veräußerung eines Grundstücks bildet. Gegenüber einer derart weiten, aber bei den gegebenen Umgehungsmöglichkeiten verständlichen Fassung der Gesetzesworte muß jedenfalls bei Angebotsverträgen wie dem hier vorliegenden der Versuch vergeblich bleiben, die Notwendigkeit der behördlichen Genehmigung mit der Begründung zu verneinen, daß das Rechtsgeschäft erst im Entstehen begriffen sei und für die Entschließung der Behörde deshalb keinen geeigneten Gegenstand bilde, weil seine endgültige Gestalt und seine Bedingungen noch nicht festgestellt seien, die nach §§ 4 und 6 die Entscheidung

der Behörde maßgebend beeinflußten. So Hagelberg-Friedländer, GrundstVerkG. § 1 Anm. 2; a. M. Bergbohm-Wagemann, GrundstVerkG. Anm. I zu § 1; Wolffsohn, GrundstVerkG. § 1 II 1; vgl. auch wegen der behördlichen Maßnahmen gegen Umgehungsversuche: Krause, Die preuß. Siedlungsgesetze, 2. Aufl. S. 293 Anm. 3, sowie Preuß. JMBl. 1925 S. 151 Nr. 126. Für die gegenwärtige Entscheidung kann dahinstehen, ob lediglich einseitige Bindungen, z. B. Vertragsanträge im Sinne der §§ 145flg. BGB., der Genehmigungspflicht unterliegen. Wenn, wie hier, der Verkäufer dem Kauflustigen den Abschluß eines Kaufvertrags mit näher festgelegten Bedingungen zu notariellem Protokoll anbietet und sich unter Beitritt des andern Vertragsteils für eine bestimmte Zeit gegen Entgelt an das Angebot gebunden erklärt, kann nicht geleugnet werden, daß die Parteiverhandlungen bis zur Entstehung eines Rechtsgeschäfts gediehen sind, das die Veräußerung eines Grundstücks zum Gegenstand hat. Dann ist aber die Genehmigungspflicht und mit ihr die Rechtsfolge eingetreten, die der erkennende Senat in ständiger Rechtsprechung, zuletzt noch in RGZ. Bd. 115 S. 35, an den Mangel behördlicher Genehmigung geknüpft hat. Die endgültige Bindung der Parteien und die Wirksamkeit des Rechtsgeschäfts ist hinausgeschoben bis zur Entschließung der Behörde darüber, ob sie die Vereinbarungen gutheißen will oder nicht. Bis dahin ist das Rechtsgeschäft als ungültig zu behandeln, gleichviel ob es im übrigen als gültig zu betrachten wäre. Daran ändert auch der Umstand nichts, daß sich die Beklagte in einem Zeitpunkt zur Zahlung verpflichtet hat, wo mit der Genehmigung des Vertrags noch gar nicht gerechnet werden konnte (RGU. vom 14. April 1926 V 255/25).

Zur Zeit jedenfalls kann mithin die Klägerin, da sie die behördliche Genehmigung des Vertrags nicht nur nicht urkundlich belegt, sondern auch ihr Fehlen zugegeben hat, die Zahlung der 20000 RM nicht fordern. Denn die Vereinbarung ist noch nicht wirksam, mit der die Verpflichtung der Beklagten begründet werden sollte. ...

23. Gehört die preußische Hauszinssteuer zu den öffentlichen Lasten des Grundstücks im Sinne von § 10 Abs. 1 Nr. 3 des Zwangsversteigerungsgesetzes?

Preuß. AusfG. zum ZwVG. Art. 1 Abs. 1 Nr. 2; Preuß. Steuernotverordnung vom 1. April 1924 (GS. S. 191); Preuß. Gesetze zur Änderung der Preuß. Steuernotverordnung vom 27. März 1926 (GS. S. 127) und vom 2. Juli 1926 (GS. S. 187); Preuß. Hauszinssteuerverordnung vom 2. Juli 1926 (GS. S. 213) § 8.

V. Zivilsenat. Urt. v. 9. Februar 1927 i. S. Industrie- u. Privatbank A.-G. (Kl.) w. Stadt Berlin (Bekl.). V 394/26.

Landgericht I Berlin.

Das Reichsgericht hat auf die unmittelbar gegen das landgerichtliche Urteil eingelegte Revision obige Frage in Übereinstimmung mit dem ersten Richter bejaht aus folgenden

Gründen:

Zutreffend führt das Landgericht aus, daß sich der Begriff der „öffentlichen Lasten des Grundstücks" im Sinne des § 10 Abs. 1 Nr. 3 ZwVG. nach Landesrecht bestimme und daß für das preußische Recht die hier in Betracht kommende Vorschrift sich im Art. 1 Abs. 1 Nr. 2 des Ausführungsgesetzes zum ZwVG. finde, wo als öffentliche Lasten eines Grundstücks bezeichnet sind: „die auf einem nicht privatrechtlichem Titel beruhenden Abgaben und Leistungen, die auf dem Grundstück nach Gesetz oder Verfassung haften (gemeine Lasten)". Daß es sich bei der preußischen Hauszinssteuer um eine auf nicht privatrechtlichem Titel beruhende, durch Gesetz bestimmte Abgabe handelt, bezweifelt auch die Klägerin nicht. Sie leugnet aber, daß die Steuer eine auf dem Grundstück haftende Last im Sinne des Gesetzes sei, jedoch zu Unrecht.

Die Preußische Hauszinssteuergesetzgebung beruht auf der 3. Steuernotverordnung des Reichs vom 14. Februar 1924, die in den §§ 26flg. unter Art. III B 1 den Geldentwertungsausgleich zugunsten der Länder (und nach näherer Bestimmung des Landesrechts zugunsten der Gemeinden) bei bebauten Grundstücken regelte. Die Hauszinssteuer ist danach eingeführt zum Ausgleich der Entlastung, die der bebaute Grundbesitz durch die Entwertung der ihn belastenden Geldschulden erfahren hatte. Sie will den Grundstückseigentümern einen Teil desjenigen Ertrags ihrer Grundstücke, der ihnen infolge der Geldentwertung, ohne Aufwendung wirtschaftlicher Werte ihrerseits, zufließen würde, zugunsten der öffentlichen Hand nehmen und trifft daher den Ertrag des Grundstücks als eine Grundsteuer, die auf den Entlastungsgewinn gelegt ist (vgl. Surén und v. Heusinger, die Hauszinssteuer in Preußen, in Stilkes Rechtsbibl. Nr. 31, 2./3. Aufl. 1926, Einl. S. 15flg.). Sie ist dagegen keine Mietzinssteuer, die nach dem Wohnungsaufwand des Mieters bemessen würde. Die Beziehungen, in die sie zur gesetzlichen Miete gesetzt ist, ergeben sich vielmehr als Folge der noch bestehenden Wohnungszwangswirtschaft, die den Eigentümer in der freien Nutzung seines Grundeigentums beschränkt. Der Mieter zahlt die Miete als Entgelt für die Wohnung; er wird von der Frage, ob überhaupt und in welcher Höhe eine Steuer vom Grundeigentümer erhoben wird, grundsätzlich nicht berührt. Dem steht nicht entgegen, daß die Hauszinssteuer-Gesetzgebung Erleichterungen der Steuer vorsieht, die aus den persönlichen Verhältnissen der Mieter hergeleitet werden. Denn diese Erleichterungen sollen unbillige Härten mildern oder beseitigen, die sich für den Grundeigentümer daraus ergeben, daß für ihn infolge der Wohnungszwangswirtschaft oder der allgemeinen wirtschaftlichen Notlage die Einziehung der Miete schwierig oder unmöglich ist.

Daß die Hauszinssteuer eine auf dem Grundstück haftende Last ist, ergibt aber auch die Fassung der gesetzlichen Bestimmungen, obschon darin weder die Ausdrucksweise des preußischen Ausführungsgesetzes zum Zwangsversteigerungsgesetz gebraucht, noch die Steuer sonst ausdrücklich als eine dingliche, das Grundstück unmittelbar ergreifende bezeichnet ist. Es ist jedoch mit dem Landgericht nur als ein anderer Ausdruck derselben Sache anzusehen, wenn sowohl die 3. Steuernotverordnung des Reichs wie die preußische Steuernotverordnung vom 1. April 1924 und ihre Abänderungen die Steuer als „von dem bebauten Grundbesitz" oder „von den bebauten Grundstücken" erhoben bezeichnen. Es wird damit nicht nur gesagt, daß durch das bebaute Grundstück als den Steuergegenstand die Person des Steuerschuldners bestimmt wird, sondern auch, daß für die Steuer das Grundstück als solches in Anspruch genommen werden kann, daß sie „auf dem Grundstücke haftet". Im Einklang damit steht es, daß (nach der im hier maßgebenden Zeitpunkt, am 3. Mai 1926, geltenden Fassung der Bestimmungen, die sie zuletzt durch das Gesetz zur Änderung der Preußischen Steuernotverordnung vom 27. März 1926, in Kraft seit 1. April 1926, erhalten hatten) als „von der Steuer befreit" gewisse Arten von Grundstücken aufgeführt, die Beträge der Steuer als von der Höhe der sonstigen Belastung der Grundstücke beeinflußt und zahlreiche Vorschriften des Gesetzes über die Erhebung einer vorläufigen Steuer vom Grundvermögen für sinngemäß anwendbar erklärt werden, die Steuer auch in einem Vielfachen der Grundvermögenssteuer erhoben wird. Demgemäß gehen auch Surén und v. Heusinger a. a. O. in ihren Erläuterungen zu § 8 (der Neufassung als „Hauszinssteuerverordnung" vom 2. Juli 1926) von der dinglichen Haftung des Grundstücks für die Steuer aus. Auch für den hier in Betracht kommenden Zeitpunkt muß dies als die Auffassung des Gesetzgebers angesehen werden, wie noch besonders klargestellt wird dadurch, daß in der späteren Abänderung der Hauszinssteuer-Bestimmungen durch das Gesetz zur Änderung der Preußischen Steuernotverordnung vom 2. Juli 1926 die Haftung des Grundstücks für den Fall der Zwangsversteigerung oder Zwangsverwaltung ausdrücklich auf die zur Zeit der Anordnung laufenden und die in den letzten 6 Monaten vorher fällig gewordenen Steuerbeträge beschränkt worden ist. In dieser Fassung wäre die Bestimmung nicht getroffen worden, wenn eine (dingliche) Haftung des Grundstücks vorher überhaupt nicht bestanden hätte. Damit ist zugleich dem Bedenken Rechnung getragen, das die Klägerin gegen die Auffassung der Hauszinssteuer als einer öffentlichen Last des Grundstücks aus der von der Anwendbarkeit des § 10 Abs. 1 Nr. 3 ZwVG. zu besorgenden Beeinträchtigung des Realkredits hergeleitet hat.

---

24. Ist für den eisenbahnrechtlichen Kostbarkeitsbegriff auch auf die Anschauung des Handelsverkehrs und auf die allgemeine Lebensanschauung Rücksicht zu nehmen?

HGB. § 462, Eisenbahn-Verkehrsordnung (EVerkO.) § 54.

I. Zivilsenat. Urt. v. 9. Februar 1927 i. S. A. & Co. (Kl.) w. Deutsche Reichsbahn-Gesellschaft (Bekl.). I 332/26.

I. Landgericht Leipzig, Kammer für Handelssachen.
II. Oberlandesgericht Dresden.

Am 12. und 30. Oktober, 17., 20. und 25. November 1924 sind in Leipzig von verschiedenen Absendern 5 Pakete mit Pelzwaren und Fellen als Expreßgut aufgegeben worden. In allen diesen 5 Fällen sind die Pakete nicht an den Bestimmungsorten eingetroffen; ebenso waren die Begleitpapiere verschwunden. Die Bahn lehnte es ab, Schadensersatz zu leisten, weil es sich um Kostbarkeiten gehandelt habe und die Sendungen nicht vorschriftsmäßig aufgeliefert worden seien. Die Pakete hatten einen Kilowert von 168, 104, 122, 154 und 79 Reichsmark. Die Absender haben ihre Ersatzansprüche an die Klägerin abgetreten. Diese verlangt nunmehr Ersatz des Wertes der 5 Sendungen. Sie stützte die Klage auch darauf, daß Bahnbeamte die 5 Pakete gestohlen hätten. Die Beklagte wiederholte ihren früheren Ablehnungsgrund und bestritt die Beteiligung von Bahnangestellten.

Das Landgericht erklärte den Anspruch dem Grunde nach für gerechtfertigt. Das Oberlandesgericht wies die Klage ab. Auf die Revision der Klägerin stellte das Revisionsgericht die landgerichtliche Entscheidung wieder her.

Gründe:

Das Berufungsgericht erachtet den Kostbarkeitseinwand für durchgreifend. Es hat ausgeführt: Der Klägerin könne zwar zugegeben werden, daß im Rauchwarenhandel und im freien Verkehr mit dem Kostbarkeitsbegriff die Vorstellung gewisser besonders wertvoller Gegenstände verbunden ist und Rauchwaren, wie sie nach ihrer Darstellung in den fünf Frachtstücken enthalten waren, zur maßgebenden Zeit der Versendungen nicht als Kostbarkeiten in diesem Sinne angesehen wurden. Maßgebend sei aber der Kostbarkeitsbegriff des Eisenbahnverkehrsrechts. Eine Kostbarkeit in diesem Sinne sei vorhanden, wenn das Gut nach Gewicht und Umfang im Vergleich zu sonstigen Gütern besonders wertvoll sei. Hiernach müßten alle 5 Pakete als Kostbarkeiten angesehen werden.

Denn sie hätten nur mäßigen Umfang gehabt und ihre Kilowerte überstiegen die anderer Güter von ähnlichem Umfang und Gewicht beträchtlich. Allerdings führe die Ausführungsbestimmung IV zu § 56 EVerkO. einige Pelzsorten als hochwertig an und die vorliegend abhanden gekommenen gehörten dazu nicht. Aber daraus folge nach der Rechtsprechung des Reichsgerichts nicht, daß für Felle dem Kostbarkeitsgriff engere Grenzen gezogen seien. Unstreitig hätten die Auflieferer die Ausführungsbestimmung 4 zu § 40 EVerkO. über Aufgabe von Kostbarkeiten als Expreßgut nicht beachtet. Daher sei ein Anspruch der Klägerin auf Grund der Frachtverträge nach § 96 EVerkO. ausgeschlossen. Das Oberlandesgericht erörtert dann weiter, ob der Klage auf außervertraglicher Grundlage oder aus sonstigen Gründen stattzugeben sei, und verneint auch dies.

Die Revision hebt in erster Linie hervor, daß es sich um minderwertige Felle gehandelt habe, die nach der allgemeinen Auffassung des Verkehrs niemals als Kostbarkeiten behandelt werden könnten. Dieser Gesichtspunkt verdient in der Tat Beachtung. Allerdings muß grundsätzlich daran festgehalten werden, daß der Kostbarkeitsbegriff im Eisenbahnfrachtrecht sich in erster Reihe nach dem bekannten relativen Maßstab bestimmt, dem Verhältnis zum Wert anderer Güter von gleichem Umfang und Gewicht: hatte das Gut hiernach einen verhältnismäßig ungewöhnlich hohen Wert, dann war es eine Kostbarkeit. Allein es geht nicht an, bei der Frage, ob ein ungewöhnlich hoher Wert vorliegt, die Anschauung des Handels und Verkehrs und überhaupt die allgemeine Lebensanschauung gänzlich außer Betracht zu lassen. Es bestünde sonst die Gefahr, daß sich ein eisenbahnrechtlicher Kostbarkeitsbegriff herausbildete, der nicht nur völlig lebensfremd wäre, sondern sich auch nicht mehr mit dem Schutzbedürfnis der Eisenbahn gegen übermäßige Ersatzforderungen rechtfertigen ließe. In den Zeiten der Geldentwertung war es gerechtfertigt, die Kostbarkeitsgrenze weit zu ziehen; damals war es auch kaum möglich, den Güterwert in anderer Weise als nach dem erwähnten Vergleichsmaßstab zu bestimmen. Nach Festigung der Währung haben sich aber auch die allgemeinen Wertbegriffe wieder einigermaßen gefestigt. Handelt es sich also darum, ob ein Gut nach Umfang und Gewicht im Vergleich zu anderen Gütern besonders wertvoll ist, so wird stets mitzuprüfen sein, ob man das Gut auch nach der allgemeinen Lebensanschauung noch als Kostbarkeit bezeichnen kann. Ist dies nicht der Fall, dann bedarf es besonders sorgfältiger Prüfung, ob das an Hand des ersten Vergleichsmaßstabs gefundene Ergebnis wirklich zutrifft. Denn auch dieser Vergleichsmaßstab selbst beruht ja im Grunde auf einer Schätzung, die sich nicht mit dem Zollstab ausmessen läßt. Bereits in einem früheren Urteil hat der erkennende Senat auf den hier erörterten Gesichtspunkt hingewiesen (Urteil vom 17. April 1926 I 114/25).

Der im vorliegenden Fall vom Tatrichter festgestellte Sachverhalt gibt dem Revisionsgericht die Möglichkeit, in der Sache selbst zu entscheiden. Es ist festgestellt worden, daß es sich um keine hochwertigen Felle handelte. Die Sendungen enthielten der Hauptsache nach zugerichtete Kanin- und Maulwurfsfelle sowie Fohlenfelle. In einer Sendung befanden sich 10 amerikanische Opossumfelle, das Stück zu 4 Dollar, und 20 ebensolche, das Stück zu 1,50 Dollar. Hochwertige Felle waren es keinesfalls. Dann aber kann man auch nicht sagen, daß diese Felle, verglichen mit anderen Gütern von gleichem Umfang und Gewicht, im Verhältnis zur Größe und Schwere der Pakete einen ungewöhnlich hohen Wert gehabt hätten.

Vermag somit der Kostbarkeitseinwand der Beklagten nicht durchzugreifen, so ist schon hiernach die Revision der Klägerin begründet, ohne daß es einer Erörterung der sonstigen Klaggründe bedarf.

---

25. Zur Frage der gesetzlichen Vertretung der offenen Handelsgesellschaft in Liquidation in einem Rechtsstreit, den einer der nur in Gemeinschaft vertretungsberechtigten Gesellschafter-Liquidatoren gegen die Liquidationsgesellschaft führt.

HGB. §§ 146, 150.

II. Zivilsenat. Urt. v. 11. Februar 1927 i. S. Firma F. Z., off. Handelsgesellschaft i. L. (Bekl.) w. W. Z. (Kl.). II 129/26.

I. Landgericht Ellwangen.
II. Oberlandesgericht Stuttgart.

Der Kläger und sein Bruder Otto Z. waren die einzigen Gesellschafter der im Handelsregister eingetragenen verklagten offenen Handelsgesellschaft. Jeder von ihnen hatte Alleinvertretungsmacht. Mit der Klage verlangt der Kläger Ersatz gewisser Aufwendungen, die er im Gesellschaftsinteresse gemacht haben will. Während des Verfahrens erster Instanz, das im April 1925 begann, ist die offene Handelsgesellschaft aufgelöst und im Handelsregister gelöscht worden mit dem Vermerk, daß eine Liquidation nicht stattfinde. Letzteres ist jedoch nach der übereinstimmenden Darstellung beider Parteien unrichtig. Es wurde vielmehr eine Liquidation eingeleitet, die noch im Gang ist. Liquidatoren sind die beiden Gesellschafter mit Gesamtvertretungsmacht. Das Landgericht hat die Entscheidung von einem Eid des Gesellschafters Otto Z. als Vertreters der Beklagten über seine Zustimmung zum Erwerb gewisser Grundstücke abhängig gemacht. Das Oberlandesgericht dagegen hat auf die Berufung des Klägers diesen zum richterlichen Eid über den gleichen Gegenstand zugelassen. Die Revision der Beklagten hatte keinen Erfolg.

Aus den Gründen:

Die Revision stellt zunächst die prozessuale Zulässigkeit der Klage zur Nachprüfung. Das Berufungsgericht hat sie bejaht. Dem ist im Ergebnis beizutreten. Der Kläger verfolgt mit der Klage einen Anspruch auf Ersatz von Aufwendungen im Sinne von § 110 HGB. Der Anspruch richtet sich gegen die Gesellschaft, die als Abwicklungsgesellschaft noch fortbesteht, und kann gegen sie auch unbedenklich gerichtlich geltend gemacht werden. Durch die während des landgerichtlichen Verfahrens erfolgte Auflösung der verklagten Gesellschaft und den Eintritt der Liquidation ist zwar, beim Fehlen einer anderweitigen Bestimmung des Gesellschaftsvertrags oder einer abweichenden späteren Vereinbarung der Gesellschafter, die bisherige Einzelvertretungsmacht der Gesellschafter gemäß §§ 146, 150 HGB. erloschen und kraft Gesetzes durch Gesamtvertretungsmacht der Gesellschafter-Liquidatoren ersetzt worden. Richtig ist weiter, daß der Kläger die Beklagte im Prozeß nicht vertreten oder mitvertreten kann (RGZ. Bd. 47 S. 16). Auch muß zugegeben werden, daß bei Verhinderung eines der Gesamtvertreter der oder die anderen Gesamtvertreter nicht ohne weiteres Alleinvertretungsmacht haben (RGZ. Bd. 103 S. 417). Im vorliegenden Fall ist indessen die Alleinvertretungsmacht des Mitgesellschafters und Mitliquidators Otto Z. für die Vertretung der Beklagten im schwebenden Rechtsstreit trotzdem zu bejahen.

Ohne Zweifel konnten die Gesellschafter auch nach Eintritt der Liquidation durch Beschluß oder Vereinbarung wieder die Alleinvertretung an Stelle der kraft Gesetzes eingetretenen Gesamtvertretung setzen. Daraus würde sich von selbst die Alleinvertretungsmacht des Otto Z. auch für den anhängigen Prozeß ergeben. Mit Wirkung im Innenverhältnis konnte die Gesamtvertretungsmacht auch auf ein einzelnes Geschäft, gerade z. B. den Rechtsstreit, beschränkt werden. Darüber hinaus bestand und besteht aber für die gesamtvertretungsberechtigten Gesellschafter oder Liquidatoren die Möglichkeit, nach § 125 Abs. 2 S. 2, § 150 Abs. 2 S. 1 HGB. einzelne von ihnen zur Vornahme bestimmter Rechtsgeschäfte oder bestimmter Arten von Rechtsgeschäften zu ermächtigen. Zu solcher Ermächtigung genügt eine formlose, an den zu Ermächtigenden zu richtende Zustimmungserklärung (RGZ. Bd. 81 S. 325, Bd. 101 S. 342, JW. 1927 S. 167 Nr. 1). Hier hat der Kläger im Schriftsatz vom 8. Dezember 1925, lange nach Auflösung der Gesellschaft, den Mitgesellschafter und Mitliquidator Otto Z. als den Vertreter der Beklagten bezeichnet und überdies unzweideutig zum Ausdruck gebracht, daß letzterer für den Rechtsstreit Alleinvertreter der Beklagten sein solle. In dieser mit an den zu Ermächtigenden selbst gerichteten, ihm offensichtlich auch zugegangenen Erklärung kann unbedenklich die Zustimmung des Klägers zur Berechtigung des Otto Z. gefunden werden, die Beklagte im Rechtsstreit allein zu vertreten. Es ist kein Grund ersichtlich, weshalb bei einer aus nur zwei gesamtvertretungsberechtigten Gesellschaftern bestehenden Liquidationsgesellschaft der Zustimmung des an der Mitvertretung im einzelnen Fall verhinderten Gesellschafters zur alleinigen Wahrnehmung der Gesellschaftsinteressen durch den anderen Gesellschafter die rechtliche Anerkennung versagt werden sollte. Weder öffentliche Interessen noch Rechte Dritter oder solche der Beteiligten selbst sprechen dagegen. Diese Auffassung entspricht auch einem praktischen Bedürfnis. Die Anwendung des § 57 ZPO. ist an besondere Voraussetzungen geknüpft, namentlich an die, daß mit einem Aufschub Gefahr verbunden ist. Daran wird es aber regelmäßig fehlen. Die Vorschrift des § 29 BGB. ist zwar auf die juristischen Personen des Handelsrechts (Aktiengesellschaften, Kommanditgesellschaften auf Aktien, Gesellschaften mit beschränkter Haftung) auszudehnen; die Möglichkeit ihrer entsprechenden Anwendung auf die offene Handelsgesellschaft ist mindestens zweifelhaft. Der Weg über § 146 Abs. 2, § 147 HGB. endlich ist mit besonderen Weiterungen verknüpft und im Erfolg keineswegs sicher. Hiernach ist der Einwand der mangelnden Vertretung der Beklagten nicht begründet....

---

26. 1 Gelten die Vorschriften des § 271 HGB. samt der im Absatz 3 Satz 2 angeordneten Beschränkung auch für die Goldmark-Eröffnungsbilanz?

2. Sind stille Reserven in der Goldmark-Eröffnungsbilanz zulässig, unter welchen Voraussetzungen und in welchem Umfange?

HGB. §§ 40, 261, 271. Goldbilanz-Vo. §§ 3, 4, 12. 2. DurchfVo. zur GoldbilanzVo. § 12.

II. Zivilsenat. Urt. v. 11. Februar 1927 i. S. C. & Kl., Aktiengesellschaft (Bekl.) w. W. & Gen. (Kl.). II 94/26.

I. Landgericht Düsseldorf, Kammer für Handelssachen.
II. Oberlandesgericht daselbst.

Am 17. Dezember 1924 fand eine Generalversammlung der beklagten Aktiengesellschaft statt, auf deren Tagesordnung u. a. folgende Punkte standen:

2. Feststellung der Bilanz und der Gewinn- und Verlustrechnung für 1923/24;
3. Entlastung des Vorstands und des Aufsichtsrats;
5. Vorlegung und Genehmigung der Goldmark-Eröffnungsbilanz auf 1. Juli 1924 sowie Erstattung des Prüfungsberichts des Aufsichtsrats und des Vorstands;
6. Beschlußfassung über die Umstellung des Grundkapitals auf 3000000 GM und zwar, wie durch den Umstellungs-

bericht erläutert, unter Einziehung von 5000 Stück Vorratsaktien und Bildung einer offenen Reserve von 300 000 GM sowie Abstempelung der Papiermarkaktie von 1000 M auf 200 GM, entsprechende Änderung des § 5 Abs. 1 der Satzung und Ermächtigung des Vorstands und des Aufsichtsrats zu den erforderlichen Durchführungsmaßnahmen.

In der Goldmark-Eröffnungsbilanz waren auf der Aktivseite die Konten „Kessel und Rohrleitungen", „Gleisanlagen", „Mobilien", „Geräte", „Ersatzstücke", „Wertpapiere" mit nur je 1 GM bewertet. Von diesen 1 GM-Konten standen in der Papiermark-Abschlußbilanz auf 30. Juni 1924 das Konto „Wertpapiere" mit 3 295 063,50 PM, die übrigen mit je 1 PM zu Buch. Die Generalversammlung vom 17. Dezember 1924 nahm die Anträge der Verwaltung zu den Punkten 2, 3, 5 und 6 an gegen die Stimmen der Kläger, die Widerspruch zu Protokoll erklärten. In der Folge fochten die Kläger die Beschlüsse zu 2, 3, 5 und 6 der Tagesordnung (mit Ausnahme des Beschlusses über die Einziehung von 5000 Vorratsaktien) an und beantragten, sie für ungültig zu erklären. Sie machten u. a. geltend, in der Bilanz seien mehrere Aktivposten willkürlich unterbewertet, so namentlich die genannten 6 Konten mit je 1 GM, die in Wirklichkeit ganz erhebliche Werte enthielten. Auch die Konten „Gebäude und Wohnhäuser" und „Walzenstraßen und Maschinen" seien viel zu niedrig bewertet. Bei richtiger Bewertung hätten die Aktien auf 300 GM statt auf 200 GM umgewertet werden können. Unzulässig sei endlich die Einstellung der offenen Reserve von 300 000 GM.

Das Landgericht wies die Klage ab. Das Oberlandesgericht gab der gegen die Beschlüsse zu 5 und 6 gerichteten Anfechtungsklage statt und wies im übrigen die Berufung der Kläger zurück. Die Revision der Beklagten führte zur Aufhebung des Berufungsurteils und zur Zurückverweisung.

Gründe:

In die Revisionsinstanz erwachsen ist die Anfechtungsklage nur insoweit, als sie sich auf die Beschlüsse über die Genehmigung der Goldmark-Eröffnungsbilanz und die vorgeschlagene Umstellung bezieht (mit Ausnahme jedoch des Beschlusses über die Einziehung von 5000 Vorratsaktien). Das Berufungsgericht hat unter Zurückweisung der sonst geltend gemachten Anfechtungsgründe der Anfechtungsklage um deswillen stattgegeben, weil es darin, daß die Konten „Kessel und Rohrleitungen", „Gleisanlagen", „Mobilien", „Geräte", „Ersatzstücke", „Wertpapiere" mit je nur 1 G.M in die Eröffnungsbilanz eingesetzt wurden, eine willkürliche Unterbewertung und eine unzulässige Bildung stiller Reserven findet. In Wahrheit, so wird ausgeführt, hätten diese Posten, wie die Beklagte auch nicht ernstlich bestreite, einen weit höheren Wert; wenn inzwischen infolge der allgemeinen wirtschaftlichen Notlage und der dadurch herbeigeführten Stillegung der Werke der Beklagten ein ganz erheblicher Wertrückgang eingetreten sein möge, so könne dem keine Bedeutung beigemessen werden. Denn maßgebend sei der Wert am Bilanzstichtag. Bei der Bewertung mit 1 G.M handle es sich nicht mehr um eine Schätzung, sondern um eine völlig willkürliche bilanzmäßige Annahme. Eine derartige Maßnahme, die zu einer starken Herabsetzung des Grundkapitals und demnach zu einer Schädigung der Aktionäre führe, sei unzulässig. Unerheblich sei, daß diese stillen Reserven aus früheren Bilanzen und damit aus den Reingewinnen vergangener Jahre stammten. Die Einsetzung von Konten zu 1 G.M in die Goldmark-Eröffnungsbilanz verstoße auf alle Fälle gegen § 40 HGB.

Gegen diese Ausführungen richtet die Revision eine Reihe von Angriffen.

Sie bestreitet nicht, daß die auf die Bildung stiller Reserven gestützte Anfechtung auch ohne die besonderen Voraussetzungen der Sittenwidrigkeit an sich zulässig sei. Dies ist auch für die Goldmark-Eröffnungsbilanz unbedenklich zu bejahen (vgl. § 12 der 2. DurchfVo. zur GBVo. in der Fassung des Art. I Nr. 2 der 5. DurchfVo.) Die Kläger verfügen über mehr als ein Zwanzigstel des Grundkapitals; der Vorschrift des § 271 Abs. 3 Satz 2 HGB., die auch hier gilt (§ 12 der 2. DurchfVo. in der Fassung des Art. I Nr. 2 der 5. DurchfVO. zur GBVo.), ist daher genügt. Das Anfechtungsrecht des Einzelaktionärs wegen der Bildung stiller Reserven ist auch nicht davon abhängig, daß aus dem erwähnten Grunde zu einer Zusammenlegung der Aktien, also nicht bloß zu einer Herabsetzung des Nennwerts geschritten werden mußte (§ 12 a. a. O. und Quassowski-Susat a. a. O. S. 65).

Die Revision macht aber unter Berufung auf die Satzung

der Beklagten zunächst geltend, daß die Bilanz, die Jahresrechnung und die Inventur nach kaufmännischen Grundsätzen aufzustellen seien und die Generalversammlung bei den Jahresbilanzen freie Entscheidung über die Verteilung des Reingewinns und damit die Möglichkeit habe, den Reingewinn zu Sonderrücklagen und zu Abschreibungen zu verwenden. Daraus ergebe sich die statutarische Ermächtigung der Generalversammlung zur Schaffung stiller Reserven ohne weiteres, und diese Ermächtigung gelte auch für die Aufstellung der Goldmark-Eröffnungsbilanz. Damit sei auch die Zulässigkeit der 1 G*M*-Konten dargetan.

Dieser Angriff ist nicht begründet. Einer Satzungsbestimmung über die Möglichkeit von Unterbewertungen und die Schaffung stiller Reserven könnte für die Goldmark-Eröffnungsbilanz keine ausschlaggebende Bedeutung beigemessen werden. Nach § 3 GBVo. sollen allerdings für die in Goldmark aufzustellenden Inventare und Bilanzen — und zu diesen Bilanzen gehört an und für sich die Goldmark-Eröffnungsbilanz — die nach Gesetz oder Satzung geltenden allgemeinen Vorschriften Anwendung finden, dies jedoch nur insoweit, als die Verordnung nicht etwas anderes bestimmt. Dabei ist aber nicht nur an ein ausdrückliches Verbot der Anwendung von Satzungsbestimmungen zu denken, vielmehr kann sich deren Nichtanwendbarkeit auch mittelbar, insbesondere aus Zweck und Wesen der Goldmark-Eröffnungsbilanz ergeben. Der Zweck der Goldmark-Eröffnungsbilanz ist ein völlig anderer als derjenige der Jahresbilanzen. Diese sind Gewinnermittlungs-Bilanzen, die Goldmark-Eröffnungsbilanz dagegen bezweckt die Ermittlung des Wertes des am Bilanzstichtag vorhandenen Reinvermögens der Gesellschaft und damit des gegenwärtigen Wertes des Grundkapitals in Goldmark, dessen Neufestsetzung in dieser Rechnungseinheit und weiterhin auch die Neufestsetzung der Anteilsrechte der Aktionäre. Schon aus dieser Verschiedenheit des Zweckes ergibt sich, daß solche Satzungsbestimmungen, die der Generalversammlung für die Bewertung im Rahmen der Jahresbilanz freie Hand lassen, für die ganz anders geartete Goldmark-Eröffnungsbilanz keine Geltung beanspruchen können. Bei den Jahresbilanzen handelt es sich auch nur darum, ob und wieweit die Gewinnanteilsrechte der Aktionäre dem Mehrheitswillen unterworfen sind, bei der Goldmark-Eröffnungsbilanz steht dagegen das Vermögensanteilsrecht selbst in Frage. Hierzu kommt, daß die Goldbilanzverordnung in § 4 Abs. 1 und 2 die gesetzlichen Bewertungsvorschriften des § 261 Nr. 1 bis 3 HGB. für die Goldmark-Eröffnungsbilanz im wesentlichen, jedenfalls soweit sie zwingender Natur sind, außer Kraft setzt, und zwar selbst dann und gerade auch dann, wenn ihre Anwendung durch die Satzung ausdrücklich vorgeschrieben ist, wenn also jene Vorschriften nicht nur kraft Gesetzes, sondern auch auf Grund und als Bestandteil des Gesellschaftsvertrags Geltung haben sollen. Nach alledem kann die Zulässigkeit von stillen Reserven für die Goldmark-Eröffnungsbilanz nicht schon aus den für die Jahresbilanzen geltenden Satzungsvorschriften hergeleitet werden.

Die Revision wendet weiter ein: Da die beanstandeten 1 GM-Konten unstreitig aus früheren Jahresbilanzen stammten, wäre zu prüfen gewesen, ob und inwieweit sie schon seit Gründung der Beklagten bestanden hätten. Seien sie nämlich bei der Umwandlung der offenen Handelsgesellschaft C. & Kl. in die jetzige Aktiengesellschaft zum Buchwerte von 1 M übernommen worden, so stelle dieser Wert den Anschaffungswert dar. Damit erhebe sich aber die Frage, ob § 4 GBVo. die Beibehaltung des Anschaffungswerts für die Goldmark-Eröffnungsbilanz verbiete und allgemein die Einsetzung des Wertes am Bilanzstichtag vorschreibe. Auch diesem Revisionsangriff steht im Wege, daß insoweit in den Vorinstanzen irgendwelche tatsächlichen Behauptungen von der Beklagten nicht aufgestellt wurden. Es ist weder ersichtlich, wann die beklagte Gesellschaft gegründet worden ist, noch ob und welche 1 M-Konten sie bei ihrer Gründung übernommen hat, und ebensowenig steht fest, ob und in welchem Umfange die so „bewerteten" Vermögensstücke jetzt noch vorhanden sind. Sodann aber übersieht die Revision, daß von einem Anschaffungspreis im Sinne von § 261 HGB. dann nicht die Rede sein kann, wenn bei der Gründung für die fraglichen Gegenstände ein „Preis" angesetzt wurde, der wirtschaftlich gleich Null war. Bei einer derartigen Bewertung muß der Anschaffungspreis ausscheiden, weil ein solcher überhaupt nicht vorhanden ist (vgl. für die Anlagekonten § 4 Abs. 3 der 2. DurchfVo.). Es bedarf deshalb in diesem Zusammenhang keines Eingehens auf die von der Revision aufgeworfene Rechtsfrage.

Des weiteren weist die Revision darauf hin, daß die angegriffenen Konten schon in den vorausgegangenen Jahresbilanzen je mit 1 ℳ bewertet gewesen seien, die Goldmark-Eröffnungsbilanz also lediglich die in früheren Jahren geschaffenen stillen Reserven beibehalten habe; die Weiterführung solcher Reserven sei aber zulässig. In tatsächlicher Beziehung sind die Anführungen der Revision richtig mit Ausnahme des Kontos „Wertpapiere", das in der Papiermark-Abschlußbilanz noch mit 3 295 063,50 Pℳ bewertet war. In rechtlicher Hinsicht kann ihr indessen auch zu diesem Punkte nicht beigetreten werden. Zuzugeben ist, daß solche Reserven, die hier nachgewiesenermaßen in den Konten „Kessel und Rohrleitungen", „Gleisanlagen", „Mobilien", „Geräte", „Ersatzstücke" schon bisher enthalten waren, nicht zum ursprünglichen Grundkapital gehören, sondern einbehaltene Teile früherer Reingewinne sind. Richtig ist ferner, daß diese Reserven schon bisher nicht gebunden, sondern frei waren und in Dividendenform ausgeschüttet werden konnten, so daß insofern ihre Beibehaltung in der Goldmark-Eröffnungsbilanz (soweit nicht gleichzeitig ihr bisheriger Goldwert erhöht wurde) für die Aktionäre keine Veränderung und Verschlechterung gegenüber dem seitherigen Rechtszustand bedeutete, zumal da die Vorschrift des § 4 Abs. 4 GBVo. für die stillen Reserven der Anlagekonten (nicht aber auch der Umsatzkonten) eine gewisse stärkere Bindung mit sich brachte. Allein dem ist entgegenzuhalten, daß die Goldmark-Eröffnungsbilanz eben nicht auf den bisherigen Bilanzen aufbaut und nicht die organische Weiterentwicklung der bisherigen bilanztechnischen Gestaltung der Gesellschaft bezweckt. Sie will und soll vielmehr auf Grund der neuen Rechnungseinheit insoweit eine völlig neue Unterlage schaffen. Alles, was bei ihrer Aufstellung vorhanden ist, bildet sog. Substanzvermögen, gleichgültig, ob es schon bisher diese Eigenschaft hatte oder nur aufgespeicherter Reingewinn war. Stille Reserven können nicht schon durch ihren bisherigen Bestand gerechtfertigt werden. Zwar ist richtig, daß, falls die Umstellung nur zu einer sog. Denomination der Aktien führt, die Anteilsrechte der Aktionäre am Gesellschaftsvermögen dieselben bleiben. Ferner beeinflussen hohe offene und stille Reserven zweifellos die Kursentwicklung zugunsten der Aktionäre. Fraglich aber ist, ob diese Einwirkung sich so ausgiebig gestaltet, daß dadurch eine infolge Beibehaltung der bisherigen stillen Reserven notwendig gewordene weitergehende „Nennwertabwertung" ausgeglichen wird. Erfahrungsgemäß ist dies nicht der Fall und zwar schon deshalb nicht, weil die stillen Reserven versteckt, in ihrem Umfang also schwer schätzbar sind. Sodann sind sie aber auch weniger gebunden, sie unterliegen vielmehr, soweit nicht § 4 Abs. 4 GBVo. entgegensteht, der Verfügung durch die Generalversammlung, während umgekehrt bei ihrer Auflösung und Verwendung zur Auffüllung des Nennwerts der Aktien das Kapitalkonto als Vermögenserhaltungskonto ihre Ausschüttung oder anderweitige Verwendung ausschließt. Demnach kann die Beibehaltung stiller Reserven im Zusammenhang mit einer Abwertung des Aktien-Nennwerts, wie sie bei der Goldmarkumstellung die Regel ist, auch ohne Zusammenlegung der Aktien die Rechte der Aktionäre wesentlich beeinträchtigen. Endlich ist nicht abzusehen, warum die stillen Reserven anders zu behandeln sein sollten, als die offenen Reserven. Das Vorhandensein von offenen Reserven in den bisherigen Bilanzen rechtfertigt aber anerkanntermaßen noch nicht ihre Fortführung auch in der Goldmark-Eröffnungsbilanz. Sodann ist nach § 12 der 2. DurchfVo. zur GBVo. in der Fassung des Art. I Abs. 1 Nr. 2 der 5. DurchfVo. nunmehr zwar die Bildung einer Umstellungsreserve auch abgesehen von den Fällen des § 5 Abs. 1 GBVo. und der § 35 Abs. 1, § 36 Abs. 2 der 2. DurchfVo. gestattet, aber nur unbeschadet der Anfechtung nach den allgemeinen handelsrechtlichen Bestimmungen. Damit ist das Anfechtungsrecht der Aktionäre aus § 271 HGB. wegen Bildung neuer offener Reserven über § 5 Abs. 1 GBVo. und § 35 Abs. 1, § 36 Abs. 2 der 2. DurchfVo. hinaus anerkannt und zwar unabhängig davon, ob und in welchem Umfang schon bisher solche Reserven bestanden haben. Gerade die offenen Reserven waren aber, zu erheblichen Teilen wenigstens, im allgemeinen ebenfalls nichts anderes als aufgespeicherter Reingewinn, ihrer Entstehung nach also den stillen Reserven gleichartig. Aus der Entstehungsart kann deshalb ein Grund zu einer verschiedenen Behandlung des Anfechtungsrechts nicht hergeleitet werden. Endlich ist auch die Einwirkung der stillen und der offenen Reserven auf den neuen Aktien-Nennwert die gleiche: beide wirken abwertend. Nur insofern ist zwischen offenen und stillen Reserven allerdings ein Unterschied, als die offenen an den gesetzlichen oder satzungsmäßigen Verwendungszweck gebunden sind, ihre Erhaltung also mit besonderen Sicherungen umgeben war, die für die stillen

Reserven nicht bestanden und auf welche die Aktionäre eben mit der Billigung derartiger Rücklagen verzichtet hatten. Damit allein kann indessen eine Ausnahmestellung der bisherigen stillen Reserven nicht gerechtfertigt werden. Für die Goldmark-Eröffnungsbilanz mit ihrer neuen, von den früheren Bilanzen unabhängigen Vermögensaufstellung und -bewertung verschwinden vielmehr, ebenso wie die seitherigen gesetzlichen oder statutarischen Reservekonten, auch die bisherigen stillen Reserven als solche, und es kann sich nur noch darum handeln, ob und in welchem Umfang ihre Neubildung in der Goldmark-Eröffnungsbilanz rechtlich zulässig ist. Die in der Goldmark-Eröffnungsbilanz der Beklagten enthaltenen 1 GM-Konten sind demnach dem Anfechtungsrecht der Kläger nicht schon deshalb entzogen, weil sie schon in den früheren Jahresbilanzen entsprechend bewertet waren.

Die Revision bemängelt sodann die Annahme des Berufungsgerichts, daß schon deshalb, weil 6 Konten je nur mit 1 GM bewertet seien, eine willkürliche Unterbewertung und unzulässige Bildung stiller Reserven vorliege. Sie vertritt den Standpunkt, daß auch in der Goldmark-Eröffnungsbilanz die Neubildung stiller Reserven rechtlich möglich sei und daß die unter den fraglichen Konten verbuchten Gegenstände nur Teile einer Vermögensgesamtheit seien, weshalb bei ihrer Bewertung der Gesamtwert des Unternehmens und seine Rentabilität hätten in Betracht gezogen werden müssen. Die angegriffenen Posten hätten zwar einen höheren Anschaffungswert, aber nur sehr geringen Verkäuflichkeitswert; die dadurch gebildeten Reserven seien kaum wesentlich; auch hätten ohne sie andere Aktivposten entsprechend niedriger eingesetzt werden müssen, weil der Gesamtwert des Unternehmens mit 3 Millionen GM keineswegs zu niedrig angesetzt sei. Die Vorratsaktien seien erheblich im Kurs zurückgegangen, eine Entwicklung, der man schon bei Aufstellung der Bilanz durch Herabdrückung anderer Aktivposten habe Rechnung tragen müssen, um zu einem richtigen Gesamtergebnis zu kommen; auch habe das Beteiligungskonto schon kurze Zeit nach Aufstellung der Goldmark-Eröffnungsbilanz einen sehr beträchtlichen Schaden gebracht. Nach pflichtmäßigem, sorgfältigem kaufmännischem Ermessen seien stille Reserven nötig gewesen, um künftigen Ereignissen und notwendigen Aufwendungen Rechnung zu tragen. Dabei sei man keineswegs zu weit gegangen, eine

Willkür der Beklagten liege auf keinen Fall vor, die Bewertung des Gesamtunternehmens sei vielmehr in gewissenhafter kaufmännischer Abwägung aller wertmindernden und werterhöhenden Umstände erfolgt. Höchstens könnte eine vielleicht nicht ganz zutreffende Verteilung des richtigen Gesamtergebnisses auf die einzelnen Aktivkonten in Frage kommen.

Die rechtliche Beurteilung des Revisionsrichters hat auch insoweit nur auszugehen von dem festgestellten Sachverhalt und dem Vorbringen der Parteien in den Vorinstanzen; neue Tatsachen können im Rechtszug der Revision nicht berücksichtigt werden. Das Berufungsgericht hat nun in tatsächlicher Hinsicht festgestellt, die Beklagte habe ernsthaft nicht bestritten, daß die 1 G.ℳ-Konten einen weit höheren Wert hätten und daß dadurch stille Reserven in beträchtlichem Ausmaß gebildet seien, die eine stärkere Herabsetzung des Grundkapitals nötig gemacht hätten, als sonst geboten gewesen wäre. Diese Feststellungen sind zugrunde zu legen. Die Anfechtungsklage war nicht bloß auf die Schaffung dieser stillen Reserven, sondern auch darauf gestützt, daß auch die Konten „Gebäude und Wohnhäuser", „Walzenstraßen und Maschinen" erheblich unterbewertet seien, so zwar, daß bei ihrer richtigen Bewertung der Nennwert der Goldmarkaktien auf 300 G.ℳ statt auf 200 G.ℳ hätte festgesetzt werden können. Behauptet ist demnach von den Klägern das Vorhandensein stiller Reserven in Höhe von insgesamt mindestens 1 500 000 G.ℳ. Wieviel davon auf die 1 G.ℳ-Konten entfallen soll, ist nicht ersichtlich; insoweit fehlt es auf beiden Seiten an greifbaren Behauptungen. Im übrigen ist für die Frage der Höhe der stillen Reserven noch von Belang die Angabe der Beklagten selbst, daß der Wert des Unternehmens von der Steuerbehörde auf 31. Dezember 1923 zu 4 000 000 G.ℳ angenommen worden sei, während die Kläger einen Steuerwert von 5 500 000 G.ℳ behauptet hatten. Keinesfalls kann aber bei dieser Sachlage die Beklagte Gehör finden mit ihrem erst in der Revisionsinstanz erhobenen Einwand, daß die unter den 1 G.ℳ-Konten laufenden Vermögensteile nur einen sehr geringen Verkäuflichkeitswert hätten, sofern damit behauptet werden soll, daß in diesen Konten nennenswerte Reserven überhaupt nicht enthalten seien. Dieses Vorbringen steht übrigens auch in einem gewissen Widerspruch zu den sonstigen Ausführungen der Revision.

Zutreffend bezeichnet das Berufungsgericht den Bilanzstichtag, d. h. den 1. Juli 1924, als den für die Wertbemessung entscheidenden Zeitpunkt. Bei dieser Bewertung darf allerdings nicht der Wert der einzelnen Vermögensstücke ins Auge gefaßt werden, es ist vielmehr mit darauf abzustellen, welchen Wert die Gegenstände im Rahmen des Gesamtunternehmens haben, für dessen Zwecke sie bestimmt und gebunden sind. Insoweit handelt es sich nicht um eine etwaige Unterbewertung gegenüber dem augenblicklichen Verkäuflichkeitswert, sondern in Wahrheit nur um die Anwendung der richtigen Schätzungsgrundsätze. Daß von diesem Standpunkt aus die Bewertung der 6 Konten mit je 1 G*M* sich rechtfertigen ließe, hat wiederum die Beklagte im Ernst nicht behauptet. Vielmehr trifft offensichtlich die Feststellung des Berufungsgerichts zu, daß der Wert, auch unter dem zuletzt erwähnten Gesichtspunkt bemessen, ein sehr viel höherer ist. Bei dieser Sachlage haben die Kläger, indem sie die 1 G*M*-Konten im Rahmen der Anfechtungsklage bemängelten, ihrer Darlegungs- und Beweispflicht genügt. Dem kann die Revision aus den schon an anderer Stelle dargelegten Gründen auch nicht mit dem Hinweis darauf begegnen, daß diese Konten (abgesehen von dem anders behandelten Konto „Wertpapiere") schon in den bisherigen Bilanzen nur je mit 1 *M* eingestellt gewesen seien. Das ließe sich höchstens im Zusammenhalt mit anderen Umständen (wie weitgehende Abnützung, baldige Erneuerungsbedürftigkeit) zum Nachweis dafür anführen, daß die Bewertung als solche keine willkürliche war. Allein insoweit hat die Beklagte wiederum keine besonderen Behauptungen aufgestellt, offenbar ist sie hierzu auch nicht in der Lage. Die Kläger sind unter den gegebenen Umständen ihrer Darlegungs- und Beweispflicht auch insofern nachgekommen, als es nicht ihnen obliegt, noch weiter die Willkürlichkeit der Gesamtbewertung des Unternehmens darzutun. Vielmehr muß umgekehrt die Beklagte nachweisen, daß trotz der 1 G*M*-Konten die Gesamtbewertung als solche richtig ist.

Demnach ist zunächst die Rechtsfrage zu prüfen, ob und inwieweit stille Reserven auch für die Goldmark-Eröffnungsbilanz zuzulassen sind. Die rechtliche Möglichkeit der Schaffung solcher Reserven, auch ohne besondere Ermächtigung durch die Satzung, ist für die Jahresbilanzen nicht zu bezweifeln. Ihre Zulässigkeit ergibt sich insoweit unmittelbar aus dem Gesetz. Denn einmal ist im § 271

Abs. 3 S. 2 HGB. eine Anfechtung, die darauf gegründet wird, daß Abschreibungen oder Rücklagen über das nach Gesetz oder Gesellschaftsvertrag zulässige Maß hinaus angeordnet seien, ausdrücklich zugelassen für den Fall, daß der oder die Anfechtungskläger über mindestens den zwanzigsten Teil des Grundkapitals verfügen. Zum andern können die gesetzlichen Bewertungsvorschriften des § 261 Nr. 1 bis 3 HGB. an und für sich schon zu einer Unterbewertung und damit zu stillen Reserven führen, wenn der Zeitwert den Anschaffungs- oder Herstellungspreis übersteigt, was im Einzelfall sehr wohl möglich und tatsächlich der Fall ist und was auch der Gesetzgeber nicht außer acht gelassen haben wird. Insofern hat also das Gesetz selbst Unterbewertungen und damit die Bildung stiller Reserven gestattet. Darüber hinaus hat man aber, entsprechend einem wirtschaftlichen Bedürfnis, stille Reserven auch ohne satzungsmäßige Ermächtigung insoweit zugelassen, als die Aktionäre nicht durch böswillige oder willkürliche Abschreibungen in ihrem Dividendenrecht verkürzt wurden. Dabei nahm man Willkür schon dann als vorhanden an, wenn bewußt und geflissentlich zu niedrig geschätzt wurde, gleichgültig, ob dies im Hinblick auf mögliche Verluste oder künftige besondere Aufwendungen vom Standpunkt einer vorsichtigen Geschäftsführung aus zweckmäßig, ja vielleicht im Interesse der Erhaltung des Unternehmens geradezu notwendig erschien (Urteil des erkennenden Senats vom 7. November 1916 II 259/16, veröffentlicht bei Holdheim Bd. 26 S. 166; RGZ. Bd. 94 S. 213, auch RGZ. Bd. 72 S. 33). Demgegenüber ist im Schrifttum eine willkürliche Unterbewertung für die Jahresbilanzen allerdings auch dann verneint worden, wenn sie das Maß vernünftiger wirtschaftlicher Erwägungen nicht überschritt und die Verwaltung nach pflichtmäßigem Ermessen mit der Sorgfalt eines ordentlichen Kaufmanns zu der Ansicht gelangte, daß Reserven nötig seien, um das Unternehmen für die Zukunft solide und widerstandsfähig zu erhalten und gegen zu erwartende Gefahren zu stärken (Staub-Pinner, Anm. 6 zu § 261 HGB. und die dort Angeführten; so z. B. auch Art. 691 Abs. 2 des Schweiz. Entwurfs zum Obligationenrecht und Zimmermann in den Verhandlungen des Schweiz. Juristenvereins von 1926 Heft 1 S. 135a flg.). Will man dieser letzteren, im Schrifttum herrschenden und mit beachtlichen wirtschaftlichen Gründen vertretenen Auffassung beitreten, so erhebt sich die weitere Frage, ob nach der Eigenart und dem Zweck der Goldmark-Eröffnungsbilanz die Bildung stiller Reserven überhaupt zulässig ist, und bejahendenfalls in welchem Umfang. Was die Zulässigkeit der Neubildung von stillen Reserven in der Goldmark-Eröffnungsbilanz betrifft, so bestimmt allerdings die GBVo. in § 2 Abs. 2 und § 3, daß die bisherigen allgemeinen Vorschriften für die Jahresbilanzen auch für die Goldmark-Eröffnungsbilanz Anwendung finden sollen, soweit nicht die Goldbilanzverordnung selbst etwas anderes anordnet. Über die Zulassung stiller Reserven ist in dieser Verordnung und in ihren Durchführungsverordnungen nichts ausdrücklich gesagt. Die Bewertungsvorschriften des § 261 HGB. sind, jedenfalls soweit sie zwingenden Charakter haben, durch § 4 GBVo. im wesentlichen außer Kraft gesetzt. Weiter ergeben sich Bedenken aus dem Zweck und der Natur der Goldmark-Eröffnungsbilanz selbst. Sie ist, wie schon an anderer Stelle dargelegt, Vermögensbilanz zum Zwecke der Neubewertung des Gesellschaftsvermögens, der Neufeststellung des Grundkapitals sowie der Anteilsrechte der Aktionäre. Stille Reserven drücken die Grundkapital- und die Nennwertziffer der Aktien herunter und beeinträchtigen damit das Stammrecht der Aktionäre. Sie sind für die künftigen Jahre nicht sowohl aufgespeicherter Gewinn, als vielmehr Vermögenssubstanz. Weil sie viel lockerer gebunden sind, ist ihre Auflösung und Ausschüttung leichter möglich; letztere bedeutet dann aber nicht Gewinnausschüttung, sondern Ausschüttung aus dem Vermögen, wirtschaftlich also eine Kapitalherabsetzung ohne deren sonstige besondere Sicherungen.

Indessen folgt aus § 3 GBVo. und aus § 12 der 2. DurchfVo. in der Fassung der 5. DurchfVo. zur GBVo., daß auf die Anfechtung der offenen Reserven, auch soweit es sich um die Goldmark-Eröffnungsbilanz handelt, die allgemeinen Vorschriften des Handelsgesetzbuchs Anwendung finden, insbesondere auch die des § 271 Abs. 3 Satz 2 daselbst. Wie bei den Jahresbilanzen, ist demnach auch bei der Goldmark-Eröffnungsbilanz eine Anfechtung solcher Rücklagen nur zulässig, wenn die Anteile der anfechtenden Aktionäre den zwanzigsten Teil des Grundkapitals erreichen. Ein sachlicher Grund, die stillen und die offenen Reserven in dieser Hinsicht verschieden zu behandeln, ist nicht ersichtlich. Die Goldbilanzverordnung und ihre Durchführungsverordnungen bieten hierfür keinen Anhalt.

Im Gegenteil ist aus § 3 GBVo. vergl. mit § 12 der 2. DurchfVo. in der Fassung der 5. DurchfVo. beim Fehlen einer ausdrücklichen anderweitigen Bestimmung zu schließen, daß für die stillen Reserven dasselbe Rechtens sein soll, was im soeben genannten § 12 für die offenen Reserven unzweideutig bestimmt ist. Insoweit ist demnach die Rechtslage für die Anfechtbarkeit der in der Goldmark-Eröffnungsbilanz erscheinenden stillen Reserven dieselbe wie bei den Jahresbilanzen. Die Vorschriften des § 261 Nr. 1 bis 3 HGB., soweit sie eine höhere Bewertung als zum Anschaffungs- oder Herstellungspreis zwingend untersagen, sind allerdings durch § 4 GBVo., für die Goldmark-Eröffnungsbilanz außer Anwendung gesetzt. Immerhin wird sich angesichts jener Bestimmungen des Handelsgesetzbuchs, die im übrigen auch der allgemeinen kaufmännischen Übung und Anschauung entsprechen, nicht ohne weiteres und ohne besondere Darlegung mit Aussicht auf Erfolg geltend machen lassen, daß eine Bewertung nach den Grundsätzen des § 261 Nr. 1 bis 3 a. a. O. willkürlich sei. Rechtlich ist hiernach die Sachlage keine so verschiedene, daß etwa deshalb die Bildung stiller Reserven in der Goldmark-Eröffnungsbilanz schlechthin als unzulässig und ohne weiteres als anfechtbar zu gelten hätte. Die Goldmark-Eröffnungsbilanz ist ferner nicht Ausschüttungsbilanz, sondern Wiederaufbaubilanz; sie soll die Grundlage für den Fortbestand und die gedeihliche Weiterentwicklung des Unternehmens bilden. Diesem Zweck kann sie aber durch die bloße Umstellung aus der verfallenen Papiermarkwährung in die an deren Stelle getretene neue Währung nicht gerecht werden. Neben dieser formalen Seite muß die Goldmark-Eröffnungsbilanz auch sachlich so gestaltet sein, daß sie eine tragfähige Ausgangsgrundlage bildet. Dazu sind häufig gewisse Reserven nötig. Die recht wenig durchsichtigen, unsicheren wirtschaftlichen Verhältnisse, wie sie gerade in den Jahren 1924 und 1925 herrschten, die großen öffentlichen (steuerlichen und sozialen) Lasten mit ihren starken laufenden Anforderungen an die Barmittel und die außerordentliche Geldverknappung der Nachinflationszeit mit ihren Kreditbeschränkungen und -verteuerungen und den ungewöhnlich hohen Zinssätzen boten einer einigermaßen zuverlässigen Einschätzung der Bilanzwerte sehr große Schwierigkeiten. Denn alle diese Umstände drückten die Sachwerte außerordentlich herunter. Das wirtschaftliche Bedürfnis nach möglichster

Sicherung nicht nur gegen Rückschläge und Verluste, sondern auch gegen etwaige Schätzungsfehler, die sich erst in der Folgezeit herausstellen konnten, war deshalb damals in weit größerem Maße vorhanden als in den Jahren vor der Inflation mit ihren viel einfacheren und leichter zu übersehenden Verhältnissen. Es ist auch ohne weiteres zuzugeben, daß die Möglichkeit der Einstellung offener Reserven, wie sie nunmehr durch § 12 der 2. DurchfVo. in der Fassung des Art. I Nr. 2 der 5. DurchfVo. zur GBVo. geschaffen ist, nicht ausreicht, um den wirtschaftlichen Bedürfnissen eines Unternehmens in Krisenjahren wie 1924 und 1925 zu genügen, daß vielmehr, gerade weil die Goldmark-Eröffnungsbilanz Ausgangsbilanz ist, auch in ihr noch weitere bilanzmäßige Sicherungen müssen getroffen werden können, wie sie nach kaufmännischen Grundsätzen und Erfahrungen eben die stillen Reserven bieten. Rechtsgrundsätzlich muß daher mit der auch im Schrifttum herrschenden Ansicht die Zulässigkeit stiller Reserven in der Goldmark-Eröffnungsbilanz anerkannt und davon ausgegangen werden, daß ihr Vorhandensein allein noch nicht ausreicht, um der Anfechtungsklage zum Erfolg zu verhelfen.

Eine weitere Frage ist, in welchem Umfang und unter welchen näheren Voraussetzungen eine solche Reservenbildung für die Goldmark-Eröffnungsbilanz zugelassen werden soll. Der § 12 der 2. DurchfVo. in der Fassung der 5. DurchfVo. gestattet offene Reserven nicht unbeschränkt. Übersteigen sie, von den Fällen des § 5 Abs. 1 GBVo. und der § 35 Abs. 1, § 36 Abs. 2 der 2. DurchfVo. abgesehen, den Betrag des Eigenkapitals, so sind sie schlechthin anfechtbar. Die Überschreitung dieser Schranke ist eine Rechtsverletzung, die ohne weiteres das Anfechtungsrecht nach § 271 HGB. auslöst, falls seine formellen Voraussetzungen vorliegen. Aus § 12 der 2. DurchfVo. in der Fassung des Art. I Nr. 2 der 5. DurchfVo. ergibt sich, daß die Bildung von Reserven in der Goldmark-Eröffnungsbilanz der Höhe nach nicht lediglich durch wirtschaftliche Gründe und durch die Bedürfnisse des Unternehmens gerechtfertigt werden kann, daß vielmehr diese Gesichtspunkte hinter die Interessen der Einzelaktionäre oder der Aktionärminderheit zurücktreten müssen, sobald die Reservenbildung eine gewisse Grenze erreicht hat. Gegenüber dem Rechtszustand bei den Jahresbilanzen bedeutet dies eine Beschränkung der Zulassung offener Reserven. Hieraus folgt auch, daß die Grundsätze über die Zulassung stiller Reserven in den Jahresbilanzen nicht ohne weiteres auf die Goldmark-Eröffnungsbilanz zu übertragen sind. Unbedenklich ist eine solche Übertragung allerdings insoweit, als die Bildung stiller Reserven für anfechtbar erklärt wird, wenn Arglist nachzuweisen oder die Bewertung nach kaufmännischen Grundsätzen eine willkürliche, offenbar irrtümliche ist. Der Willkür kann jedoch nicht jede bewußte Unterbewertung gleichgestellt werden. Das würde im Grunde die Verneinung der Zulässigkeit stiller Reserven überhaupt bedeuten. Solche Reserven sind in Handel und Verkehr allgemein üblich, sie entsprechen den Anschauungen und Gepflogenheiten des ordentlichen Kaufmanns und berechtigten wirtschaftlichen Bedürfnissen. In diesem Zusammenhang ist es immerhin nicht ohne Bedeutung, daß die Satzung der Beklagten bestimmt, die Aufstellung der Bilanz solle nach kaufmännischen Grundsätzen erfolgen. Dabei ist zweifellos auch an stille Reserven gedacht. Die Gleichstellung der bewußten Unterbewertung und der Willkür führt im praktischen Ergebnis auch dazu, daß die stillen Reserven, um sie vor Anfechtung zu schützen, in der Bilanz möglichst versteckt werden, während der Einzelaktionär, die Gesellschaft selbst und auch die Öffentlichkeit ein Interesse daran haben, daß sie sichtbar werden. So sind gerade die 1 RM-Anlagekonten zweifellos geeignet, die Kreditfähigkeit und Kreditwürdigkeit eines Unternehmens wesentlich zu heben. Ferner bedeutet die Verlegung der stillen Reserven in diese Konten gerade bei der Goldmark-Eröffnungsbilanz im Hinblick auf § 4 Abs. 4 GBVo. eine wesentlich stärkere Bindung zugunsten der Aktionäre, als wenn diese Reserven mehr oder weniger in die Umsatzkonten verschoben werden. Die Auffassung, daß jede derartige bewußte Unterbewertung schon Willkür sei, kann demnach für die Goldmark-Eröffnungsbilanz nicht aufrechterhalten werden. Stille Reserven sind vielmehr bei vollständiger Inventarisierung und Bilanzierung in der Goldmark-Eröffnungsbilanz insoweit, aber auch nur insoweit (nicht also aus Gründen der Festigung der Dividende) zulässig, als sie nach gewissenhafter, sorgfältiger kaufmännischer Abwägung aller Verhältnisse notwendig sind, um das Unternehmen für die nächste Zukunft, d. h. etwa für die nächsten 2 Jahre, lebens- und widerstandsfähig zu erhalten. Ob und in welchem Umfang unter diesem Gesichtspunkt stille Reserven erforderlich und sachlich gerechtfertigt sind, hängt von den Umständen des einzelnen Falles ab. Dabei werden folgende Umstände ins Gewicht zu fallen haben: die wirtschaftliche Lage überhaupt, diejenige des einzelnen Geschäftszweigs und des betreffenden Unternehmens, der Geschäftsgang und seine voraussichtliche Gestaltung, die Höhe der flüssigen Mittel und der Schulden, die größere oder geringere Möglichkeit raschen Absatzes der Warenbestände, die Art der Aktiven, namentlich ihre Wertbeständigkeit, endlich der Bestand der etwaigen offenen Reserven und ihr Betrag. Die Beklagte hat nun unter Beweisantritt behauptet, daß die Gesamtbewertung ihres Unternehmens gerade unter Berücksichtigung solcher Gesichtspunkte erfolgt sei, daß im besonderen die Reservenbildung sich im Rahmen des wirtschaftlich unbedingt Notwendigen gehalten habe und daß nur mit Rücksicht auf die Nichtbewertung der 1 RM-Anlagekonten andere Konten in der Höhe, wie geschehen, hätten bewertet werden können. Das Berufungsgericht ist auf diese Behauptungen und Beweisangebote der Beklagten nicht eingegangen; sie sind aber nach dem Ausgeführten rechtserheblich....

---

27. 1. Wann beginnt bei Verkauf und Eigentumsübertragung eines Grundstücks die Anfechtungsfrist des § 3 Nr. 2 AnfG.?

2. Zum Begriff der unmittelbaren Gläubigerbenachteiligung.

3. Kommt es, wenn der angefochtene Vertrag zwischen dem Schuldner und einem Minderjährigen geschlossen und vom gesetzlichen Vertreter des letzteren nachträglich genehmigt worden ist, für die Kenntnis der Benachteiligungsabsicht auf die Person des Minderjährigen oder auf die des gesetzlichen Vertreters an?

Anfechtungsgesetz § 3.

VI. Zivilsenat. Urt. v. 11. Februar 1927 i. S. Eheleute M. (Bekl.) w. Stadtgemeinde E. (Kl.). VI 505/26.

I. Landgericht Erfurt.
II. Oberlandesgericht Naumburg a/S.

Der beklagte Ehemann hat durch notariellen Akt vom 20. November 1922 ein ihm gehöriges Hausgrundstück nebst Ladeneinrichtung an seine mitbeklagte Ehefrau verkauft und aufgelassen. Der Kaufpreis war auf 135000 ℳ für den Grundbesitz und auf 50000 ℳ für die Ladeneinrichtung festgesetzt. Außerdem wurde in demselben Akt noch einige andere Fahrnis zum Preise von 28500 ℳ an die beklagte Ehefrau verkauft. Der Kaufpreis für Haus und Ladeneinrichtung wurde in der Weise berichtigt, daß die Käuferin die auf dem Hause lastenden Hypotheken mit 144000 ℳ übernahm und die restlichen 41000 ℳ an den Verkäufer bar zahlte. Da die Ehefrau zur Zeit des Vertragsabschlusses noch minderjährig war, hat ihr Vater als ihr gesetzlicher Vertreter am 4. Dezember 1922 Kauf und Auflassung genehmigt. Erst am 3. Juni 1924 wurde die Eigentumsübertragung im Grundbuch eingetragen.

Die Klägerin hat gegen den beklagten Ehemann im Jahre 1924 mehrere vollstreckbare Titel über etwa 17000 RM erwirkt. Der Schuldner ist zur Tilgung der Schuld nicht in der Lage. Mit der im September 1924 zugestellten Klage beantragte die Klägerin, die beklagte Ehefrau zu verurteilen, wegen jener Forderung die Zwangsvollstreckung in die ihr verkauften und zu Eigentum übertragenen Gegenstände zu dulden; außerdem verlangt sie vom beklagten Ehemann Duldung der Zwangsvollstreckung in das eingebrachte Gut seiner Frau. Die Klägerin stützt den Klaganspruch u. a. auf § 3 Nr. 1, 2 und 4 des Anfechtungsgesetzes. Das Landgericht hat die Klage abgewiesen, das Oberlandesgericht dagegen dem Klagantrag entsprochen. Die Revision der Beklagten wurde zurückgewiesen.

Aus den Gründen:

Das Berufungsgericht hat den Anfechtungsanspruch wegen des Hausgrundstücks und der Ladeneinrichtung auf Grund der Nr. 2, wegen der weiter übereigneten beweglichen Gegenstände auf Grund der Nr. 1 des § 3 AnfG. für gerechtfertigt erachtet.

Die Voraussetzungen für die Anfechtung, die der § 2 a. a. O. aufstellt, sind gegeben.

Die Revision bemängelt zunächst, daß das Berufungsgericht die Anfechtungsfrist des § 3 Nr. 2 a. a. O. für das Hausgrundstück und die Ladeneinrichtung — die ohne Rechtsirrtum als Zubehör des ersteren erachtet worden ist — als gewahrt angesehen habe. Dieser Angriff geht fehl. Mit der Klage wurde nicht nur der schuldrechtliche Kaufvertrag, sondern auch der dingliche Übereignungsvertrag, das Erfüllungsgeschäft, angefochten. Nun werden die Gläubiger weder durch das Kaufgeschäft noch auch durch die Auflassung für sich allein benachteiligt. Beide Geschäfte hindern sie noch nicht am Zugriff auf das verkaufte und aufgelassene Grundstück. Eine Gläubigerbenachteiligung kann erst eintreten, wenn durch Eintragung im Grundbuch der Eigentumsübergang erfolgt ist. Diese Eintragung ist der das Erfüllungsgeschäft vollendende Akt, der zusammen mit dem schuldrechtlichen und dinglichen Vertrag die benachteiligende anfechtbare Handlung des Schuldners bildet. Von diesem Zeitpunkt ab kann daher erst der Lauf der Anfechtungsfrist des § 3 Nr. 2 AnfG. beginnen (vgl. Jaeger AnfG. Anm. 39 zu § 3; Mentzel KO. Anm. 10 zu § 31, Anm. 2e zu § 29 und die dort angeführten Entscheidungen des Reichsgerichts). Da der Eigentumsübergang auf die beklagte Ehefrau am 3. Juni 1924 eingetragen und die Anfechtungsklage im September 1924 zugestellt wurde, ist die Frist des § 3 Nr. 2 gewahrt.

Nicht frei von Rechtsirrtum sind aber die Ausführungen des Vorderrichters, mit denen dargetan werden soll, daß die Gläubiger „durch den Abschluß des Vertrags" benachteiligt worden seien. Mit den Worten des Gesetzes „durch den Abschluß des Vertrags benachteiligt" ist bezweckt, im Falle der Nr. 2 des § 3 die Anfechtung nur dann zuzulassen, wenn zwischen Vertrag und Gläubigerbenachteiligung ein unmittelbarer ursächlicher Zusammenhang besteht. Die Gläubigerbenachteiligung muß schon als unmittelbare Folge des abgeschlossenen Vertrags eingetreten sein, nicht erst mittelbar durch Hinzutreten anderer Umstände. Nun liegt nach ständiger reichsgerichtlicher Rechtsprechung unmittelbare Gläubigerbenachteiligung nicht vor, wenn nach dem Vertrag für einen vom Schuldner veräußerten Gegenstand eine gleichwertige Gegenleistung in sein Vermögen gelangt. Der Vorderrichter hat aber festgestellt, daß die vertragliche Gegenleistung der beklagten Ehefrau den veräußerten Sachen, vom damaligen Standpunkt aus betrachtet, ungefähr gleichwertig war und daß der beklagte Ehemann diese Gegenleistung durch Hypothekenübernahme und Barzahlung des Restkaufpreises auch erhalten hat. Daraus folgt, daß eine unmittelbare Gläubigerbenachteiligung durch den Vertragsabschluß nicht eingetreten ist. Die Gläubigerbenachteiligung ist vielmehr nach der weiteren Feststellung des Vorderrichters erst mittelbar dadurch herbeigeführt worden, daß der Ehemann den erhaltenen Barbetrag beiseitegeschafft und so dem Zugriff seiner Gläubiger entzogen hat. Diese mittelbare Gläubigerbenachteiligung würde zwar zur Anfechtbarkeit aus Nr. 1, nicht aber zur Klage aus Nr. 2 des § 3 AnfG. genügen. Nun meint die Revisionsbeantwortung: da der beklagte Ehemann den erhaltenen Barbetrag bereits vor der — erst im Juni 1924 erfolgten — Eintragung der Grundstücksübereignung im Grundbuch beiseitegeschafft habe, so sei im Zeitpunkt der Eintragung, also des die anfechtbare Rechtshandlung vollendenden Rechtsaktes, kein entsprechender Gegenwert im Vermögen des Schuldners gewesen. Da aber dieser Zeitpunkt für die Frage maßgebend sei, ob unmittelbare Gläubigerbenachteiligung vorliege, so habe das Berufungsgericht mit Recht angenommen, daß die Gläubiger durch den Vertragsabschluß benachteiligt worden seien. Dieser Gedankengang ist verfehlt.

Für die Frage, ob durch den Abschluß des Vertrags die Gläubiger benachteiligt wurden, muß der gesamte rechtsgeschäftliche Vorgang, der Kaufvertrag, die Auflassung und die Eintragung, als ein einheitliches Ganzes betrachtet werden, mögen auch die einzelnen Akte zeitlich auseinanderfallen. Lediglich aus dem Gesichtspunkte der Ursächlichkeit ist zu beurteilen, ob dieser rechtsgeschäftliche Vorgang nach seinem Gesamtinhalt für die Gläubiger schon unmittelbar benachteiligend war oder ob die Gläubigerbenachteiligung erst durch den Hinzutritt anderer, außerhalb liegender Umstände, also nur mittelbar bewirkt worden ist. Haben erst solche anderen Umstände die Benachteiligung der Gläubiger verursacht, so kann es nicht darauf ankommen, ob sie vor oder nach Vollendung des angefochtenen Rechtsgeschäfts hinzugetreten sind, ob also im vorliegenden Falle der beklagte Ehemann den in bar erhaltenen Gegenwert schon vor oder erst nach der Grundbucheintragung beiseitegeschafft hat. Auch im ersteren Falle liegt nur mittelbare Gläubigerbenachteiligung vor. Regelmäßig vollzieht sich die anfechtbare Rechtshandlung in einem Akt oder, wenn sie aus mehreren Akten besteht, doch in einem so kurzen Zeitraum, daß für diese Regelfälle der von Rechtslehre und Rechtsprechung festgelegte Satz gelten kann: wo das Gesetz unmittelbare Gläubigerbenachteiligung erfordere, sei der Zeitpunkt der Vornahme des angefochtenen Rechtsgeschäfts, wo mittelbare Benachteiligung genüge, der Zeitpunkt der Anfechtung maßgebend für die Frage, ob die Gläubiger benachteiligt seien. Dieser Satz läßt sich aber nicht, wie die Revisionsbeantwortung meint, dahin deuten, daß es bei rechtsgeschäftlichen Vorgängen, deren Einzelakte sich, wie hier, über einen längeren Zeitraum erstrecken, auf den Zeitpunkt des letzten, das Rechtsgeschäft vollendenden Aktes ankomme und daß, wenn in diesem Zeitpunkt die Gläubiger benachteiligt seien, unmittelbare Gläubigerbenachteiligung vorliege, und zwar auch dann, wenn diese erst infolge von Umständen eintrat, die zu dem Rechtsgeschäft hinzugekommen sind. Bei solchen Rechtsgeschäften läßt sich überhaupt nicht von einem „Zeitpunkt" ihrer Vornahme reden. Deshalb kann bei ihnen für die Frage, ob unmittelbare oder nur mittelbare Gläubigerbenachteiligung vorliegt, nicht auf einen bestimmten Zeitpunkt abgestellt werden, sondern die Sachlage entscheidet, wie oben dargelegt.

Der beanstandete rechtliche Verstoß des Berufungsgerichts führt aber nicht zur Aufhebung des angefochtenen Urteils, weil die Entscheidung dadurch getragen wird, daß alle Voraussetzungen der Nr. 1 des § 3 AnfG. auch für das Grundstück nebst Zubehör gegeben sind und es für diesen Anfechtungstatbestand, wie bereits erwähnt wurde, genügt, daß die Gläubiger durch die angefochtenen Verträge mittelbar benachteiligt sind. Das Berufungsgericht hat es nicht bei der Feststellung belassen, daß die beklagte Ehefrau den Beweis ihrer Unkenntnis von einer Benachteiligungsabsicht ihres Mannes nicht geführt habe, sondern es sieht als erwiesen an, daß der beklagte Ehemann in Benachteiligungsabsicht gehandelt und die beklagte Ehefrau zur maßgebenden Zeit diese Absicht gekannt hat. Die Rügen, welche die Revision gegen diese Feststellung erhoben hat, sind nicht begründet .... (wird ausgeführt).

Die Revision rügt weiter, das Berufungsgericht habe zu Unrecht angenommen, daß es für die Kenntnis der Benachteiligungsabsicht des Schuldners auf die Person der beklagten Ehefrau ankomme. Die Rüge ist unbegründet. Die beklagte Ehefrau war zwar zur Zeit des Vertragsabschlusses noch minderjährig, der Vertrag bedurfte daher nach § 108 BGB. der Genehmigung ihres gesetzlichen Vertreters. Wenn aber der gesetzliche Vertreter eines Minderjährigen eine Willenserklärung genehmigt, die dieser selbst abgegeben hat, so wird dadurch diese Erklärung nicht eine solche, die der Vertreter selbst namens des Minderjährigen abgegeben hat.

Die Genehmigung des gesetzlichen Vertreters dient lediglich dem Schutze des nicht voll geschäftsfähigen Minderjährigen und hat nur die rechtliche Bedeutung, den Schwebezustand für die Wirksamkeit der Willenserklärung des Minderjährigen zu beseitigen. Die Willenserklärung des Minderjährigen ist und bleibt seine eigene. Eine Vertretung in der Willenserklärung (§ 164 BGB.) steht also nicht in Frage. In einem solchen Falle kann es sich nicht um die Anwendung des § 166 Abs. 1 BGB. handeln. Die Vorschriften über Stellvertretung wären nur dann anwendbar, wenn der beklagte Ehemann den Vertrag mit dem gesetzlichen Vertreter geschlossen hätte. Dann hätte er die Willenserklärung namens der minderjährigen Ehefrau abgegeben und es käme nach § 166 Abs. 1 BGB. für die Kenntnis der Benachteiligungsabsicht seine Person in Betracht. Das Berufungsgericht hat daher ohne Rechtsirrtum angenommen, daß es für diese Kenntnis hier auf die Person der beklagten Ehefrau ankommt, die selbst den Kaufvertrag geschlossen hat.

---

28. 1. Wer ist schwurpflichtig, wenn ein richterlicher Eid „den gesetzlichen Vertretern" einer Partei auferlegt worden ist und die Vertreter nicht mit Namen bezeichnet sind?

2. Ist in diesem Falle nach § 471 oder nach § 472 Abs. 2 ZPO. zu verfahren, wenn nach Erlaß des bedingten Endurteils teilweise ein Wechsel in der Vertretung stattgefunden hat?

I. Zivilsenat. Urt. v. 12. Februar 1927 i. S. der Aktiengesellschaft R. R. (Bekl.) w. den Norddeutschen Lloyd Aktiengesellschaft (Kl.). I 237/26.

I. Landgericht Bremen, Kammer für Handelssachen.
II. Oberlandesgericht Hamburg.

Der Kläger hatte gegen die Beklagte einen Anspruch auf Schadensersatz wegen Verstoßes gegen ein vertragliches Wettbewerbsverbot erhoben. In dem vom Reichsgericht bestätigten Urteil des Berufungsgerichts war die Entscheidung über einen Teil dieses Anspruchs von einem Schätzungseid „der gesetzlichen

Vertreter" des Klägers abhängig gemacht woden. Von den gesetzlichen Vertretern des Klägers zur Zeit der Urteilsfällung schied einer vor Rechtskraft des Urteils aus. Nach Rechtskraft des Urteils traten zwei andere Personen als gesetzliche Vertreter hinzu. Das Berufungsgericht ließ nur diejenigen gesetzlichen Vertreter den Eid leisten, die es bereits bei Erlaß des bedingten Endurteils gewesen waren und diese ihre Eigenschaft inzwischen nicht verloren hatten. Die Beklagte beantragte, nach § 471 ZPO. zu verfahren. Das Berufungsgericht erkannte durch Läuterungsurteil so, wie es im bedingten Endurteil für den Fall der Eidesleistung vorgesehen war. Die Revision der Beklagten führte zur Aufhebung und Zurückverweisung.

Gründe:

Das bedingte Endurteil, in welchem die Entscheidung über den eingeklagten Schadensersatzanspruch in Höhe von 60972 RM nebst Zinsen von einem Schätzungseid der gesetzlichen Vertreter des Klägers abhängig gemacht worden war, ist im Läuterungsurteil dahin ausgelegt worden, daß der Eid nicht den bei Erlaß dieses Urteils, sondern den zur Zeit der Eidesabnahme vorhandenen gesetzlichen Vertretern auferlegt sei. Der Vorderrichter hat daher darin, daß ein bei der Urteilsfällung noch im Dienste befindliches Vorstandsmitglied zur Zeit der Eidesabnahme die Eigenschaft als gesetzlicher Vertreter verloren hatte, keine Veranlassung zur Anwendung des § 471 ZPO. erblickt. Er hat aber ferner auch in Anwendung der §§ 474, 472 Abs. 2 ZPO. die Eidesleistung der beiden neu eingetretenen Vorstandsmitglieder um deswillen nicht für erforderlich erachtet, weil weder die Leistung noch die Verweigerung des Eides durch sie von ausschlaggebendem Gewicht sein könne. Er führt dazu aus, daß diese beiden Vorstandsmitglieder über die für die Schadenshöhe erheblichen Vorgänge in den in Betracht kommenden Jahren 1911 bis 1913 aus persönlicher Wahrnehmung nichts wüßten, sondern sich nur durch Prüfung der Bücher hierüber eine Meinung zu bilden vermöchten und daß ihre Schadensschätzung daher im Verhältnis zu derjenigen der älteren Vorstandsmitglieder keine Beweiskraft beanspruchen könne. Das Oberlandesgericht hat dann schließlich die erfolgte eidliche Schadensschätzung durch 5 Vorstandsmitglieder als ausreichend betrachtet, um die Überzeugung von der Richtigkeit der Schätzung zu erlangen. Demgemäß hat es auf diese Schätzung hin das bedingte Endurteil geläutert.

Die Entscheidung des Berufungsgerichts verletzt verfahrensrechtliche Vorschriften.

1. Der in § 287 ZPO. zugelassene Schätzungseid einer Partei über die Höhe eines von ihr beanspruchten Schadensersatzes ist eine Unterart des in §§ 475 bis 477 ZPO. behandelten richterlichen Eides. Die für diesen maßgebenden Vorschriften sind daher auch beim Schätzungseid anzuwenden, soweit nicht seine Eigenart entgegensteht. Es gilt daher auch hier die Vorschrift des § 476 ZPO., die es in das Ermessen des Gerichts stellt, ob es den Eid allen gesetzlichen Vertretern einer Partei auferlegen oder unter ihnen eine Auswahl treffen will. Wenn aber das Gericht den Eid allen gesetzlichen Vertretern auferlegt, spricht es damit auch aus, daß die formelle Beweiswirkung des § 463 ZPO. nur eintreten soll, wenn alle Schwurpflichtigen den Eid geleistet haben. Die Vorschriften der §§ 472 und 474 ZPO. kommen nicht zur Anwendung (RGZ. Bd. 32 S. 426; WarnRspr. 1923/24 Nr. 189; Urteil des Reichsgerichts vom 8. Juli 1924 VII 844/23). Es ist daher schon rechtsirrig, wenn das Berufungsgericht unter Anwendung des § 472 Abs. 2 und des § 474 ZPO. die Eidesleistung zweier Vorstandsmitglieder, die es an sich für schwurpflichtig hält, mit der Erwägung als unerheblich ansieht, daß seine Überzeugung von der Richtigkeit der durch den Eid zu beweisenden Behauptung schon durch die Eidesleistung eines Teils der Schwurpflichtigen ausreichend begründet worden sei. Das Läuterungsurteil setzt sich insoweit auch in Widerspruch mit der Ausführung des bedingten Endurteils, daß der Eid von allen gesetzlichen Vertretern des Klägers zu erfordern sei.

2. Rechtsirrig ist aber auch der Ausgangspunkt des angefochtenen Urteils, daß der im bedingten Endurteil normierte Eid als nur denjenigen Vorstandsmitgliedern auferlegt zu gelten habe, die zur Zeit der Eidesleistung noch die gesetzliche Vertretung des Klägers ausübten. Daraus, daß der richterliche Eid nicht Dritten auferlegt werden kann, sondern nur der Partei selbst oder ihren gesetzlichen Vertretern, folgt begriffsnotwendig, daß die Schwurpflicht denjenigen gesetzlichen Vertretern obliegt, die diese Eigenschaft haben zur Zeit der Fällung des Urteils, das die Eidesauferlegung ausspricht. Weder die bei Eintritt der Rechtskraft dieses Urteils die gesetzliche Vertretung ausübenden Personen noch diejenigen, denen diese Eigenschaft zur Zeit der Eidesabnahme inne-

wohnt, kommen als schwurpflichtig in Betracht. Aus dieser Auffassung heraus ist auch offenbar die in § 471 ZPO. vorgesehene Regelung des Verfahrens bei Wegfall eines gesetzlichen Vertreters vor der Eidesleistung erfolgt (RGUrt. vom 22. Juni 1909 III 415/08 in JW. 1909 S. 465 Nr. 31).

Die Ausführungen des bedingten Endurteils ergeben nichts dafür, daß der Vorderrichter von einer anderen Auffassung ausgegangen wäre. Insbesondere kann in dieser Richtung nichts daraus entnommen werden, daß als schwurpflichtig lediglich „die gesetzlichen Vertreter" ohne nähere Benennung bezeichnet sind. Es handelt sich insoweit offenbar nur um eine schon in der Parteibezeichnung vorkommende Ungenauigkeit, die gegen § 313 ZPO. verstößt. Es ist nicht anzunehmen, daß das bedingte Endurteil die Schwurpflichtigen im Widerspruch mit verfahrensrechtlichen Grundsätzen hat bestimmen wollen. Vielmehr beruht die Auffassung des Berufungsgerichts über die Person der Eidespflichtigen auf einer Verkennung dieser Grundsätze. Das Berufungsgericht geht davon aus, daß eine Person, die zur Zeit der Eidesauferlegung Mitglied des Vorstands der klagenden Aktiengesellschaft war, zur Zeit der Eidesleistung ihm nicht mehr angehörte; es hätte daher gemäß § 471 ZPO. verfahren müssen. Nach Verhandlung unter Beschränkung auf den in Frage stehenden Beweispunkt (RGZ. Bd. 38 S. 413) hätte es unter freier Würdigung des gesamten sich hierauf beziehenden Vorbringens und der dazu bereits erhobenen Beweise seine Entscheidung treffen müssen. Es wäre auch nicht gehindert gewesen, dabei die schon geleisteten Eide in ihrem Beweiswert frei zu würdigen (RGZ. Bd. 32 S. 426).

Es war zu prüfen, ob nicht das Berufungsgericht, wenn auch von einem rechtsirrtümlichen Gesichtspunkt ausgehend, in dem ergangenen Urteil eine Wertung des noch im Streit befindlichen Vorbringens nach den Grundsätzen freier Beweiswürdigung vorgenommen hat und auf Grund seiner daraufhin getroffenen tatsächlichen Feststellungen zu einer Entscheidung gelangt ist, die nach diesen Feststellungen sich auch bei einem Verfahren nach § 471 ZPO. hätte ergeben müssen. In solchem Falle wäre die Verletzung von Verfahrensgrundsätzen unschädlich, da feststehen würde, daß auch bei richtigem Verfahren keine andere Entscheidung ergangen wäre. Daraus jedoch, daß das Berufungsgericht die Form des Läuterungsurteils gewählt hat, muß entnommen werden, daß es den seiner Entscheidung noch unterstehenden Streitstoff nicht erneut der freien Beweiswürdigung unterzogen, sondern die nach § 463 ZPO. eintretende formelle Beweiskraft der von ihm als ausreichend erachteten Eidesleistungen letzten Endes für den Beweis des eingetretenen Schadens hat entscheidend sein lassen (vgl. den entgegengesetzten Fall RGZ. Bd. 32 S. 426). Seine Darlegungen ergeben jedenfalls keine hinreichende Grundlage für die gegenteilige Annahme. Es mußte daher die Aufhebung des angefochtenen Urteils und die Zurückverweisung der Sache zur erneuten Verhandlung und Entscheidung ausgesprochen werden.

---

29. Zum Begriff des Vergleichs im Sinne von § 67 AufwG.

V. Zivilsenat. Urt. v. 12. Februar 1927 i. S. Aktiengesellschaft für Bauausführung vorm. G. L. u. Söhne (Kl.) w. Eheleute L. (Bekl.). V 435/26.

I. Landgericht Frankfurt a. M.
II. Oberlandesgericht daselbst.

Die Beklagten kauften von der Klägerin am 7. Juli 1919 unter Bestellung einer Restkaufgeldhypothek in Höhe von 37000 *M* ein im Grundbuch von Frankfurt a/M. eingetragenes Haus. Die Eintragung der Beklagten als Eigentümer erfolgte am 14. Mai 1920. An demselben Tage wurde für die Klägerin die Restkaufgeldhypothek im Grundbuch eingetragen. Nach den Vereinbarungen der Parteien war die Hypothek bis zum 1. Januar 1925 unkündbar. Am 2. April 1923 fragte der beklagte Ehemann bei der Klägerin an, ob er ihr die Hypothek zurückzahlen dürfe. Die Klägerin erwiderte am 6. April 1923, daß sie zur Zeit keine Verwendung für das Hypothekenkapital habe. Sie sei daher nicht in der Lage, es jetzt schon zurückzunehmen. Sie könnte sich aber ausnahmsweise mit der früheren Zurücknahme ohne Einhaltung einer Kündigungsfrist einverstanden erklären, wenn die Beklagten ihr neben dem Kapital eine Entwertungsentschädigung von 100% zahlen wollten. Der beklagte Ehemann erklärte sich durch Schreiben vom 12. April 1923 mit diesem Verlangen einverstanden. Am 19. April 1923 wurden die 74000 ℳ ausgezahlt. Die Löschung der Hypothek erfolgte später.

Die Klägerin begehrt Feststellung, daß die Hypothek nach den Grundsätzen des Aufwertungsgesetzes aufzuwerten sei. Sie vertritt den Standpunkt, daß die Vereinbarung über die Rückzahlung der Hypothek kein Vergleich im Sinne des § 67 AufwG. sei. Das Landgericht hat der Klage stattgegeben. Das Berufungsgericht dagegen hat sie abgewiesen. Die Revision der Klägerin führte zur Aufhebung und Zurückverweisung aus folgenden

Gründen:

Das Berufungsgericht ist der Ansicht, daß die durch den Schriftwechsel der Parteien zustande gekommene Vereinbarung einen Vergleich im Sinne des § 67 AufwG. darstelle, sodaß, da die Klägerin Kaufmann sei und die Vereinbarung im Betrieb ihres Handelsgewerbes getroffen habe, der innerhalb der Rückwirkungszeit geschlossene Vergleich nach § 67 Abs. 2 Satz 2 a. a. O. der Aufwertung entgegenstehe.

Dazu führt das Urteil aus: Sicherlich stelle nicht jedes Geben und Nehmen eines Aufgelds einen solchen Vergleich dar. Es komme auf den besonderen Zweck an, der damit verfolgt werde. Die Angabe der Klägerin, daß sie mit der Möglichkeit eines Steigens der Mark gerechnet und sich durch die 100% Aufgeld für den angesichts dieser Möglichkeit ihr drohenden Nachteil habe abfinden lassen wollen, sei unzutreffend. Zunächst sei es unwahrscheinlich, daß die Klägerin noch im Frühjahr 1923 mit einem Steigen der Mark gezechnet habe. Denn seit die Notenpresse planmäßig und offenkundig rur Deckung des Fehlbetrags im öffentlichen Haushalt verwendet worden sei, ohne daß sich eine Hoffnung auf Festigung gezeigt habe, sei ganz allgemein nur noch mit einem Fallen der Mark gerechnet worden, jedenfalls insoweit, als es sich, wie hier, um längere Zeiträume gehandeit habe. Dies sei in der Spannung zwischen Devisen-Kassakursen und Devisen-Terminkursen deutlich in die Erscheinung getreten. Wenn die Klägerin aber wirklich ein Steigen der Mark erwartet haben sollte, so hätte die verfrühte Rückzahlung der Markschuld an ihrem Wagnis nichts geändert. Nur die Zinsen wären ihr solchenfalls entgangen. Da jedoch das Aufgeld von 100% die bis Ende 1924 zu erwartenden Zinsen weitaus überstiegen habe, so habe es auch nicht, oder allenfalls nur zum kleinsten Teil den Wert der künftigen Zinsen darstellen können. Da schließlich nach den übereinstimmenden Erklärungen der Parteien auch Beweggründe der Billigkeit ausschieden und außerdem kein Streit bestanden habe, so könne es sich in der Tat nur um die Beseitigung der Ungewißheit über die Höhe des infolge der Geldentwertung zu zahlenden Betrags gehandelt haben.

Das Berufungsgericht legt dann weiter dar, daß eine Ungewißheit im April 1923 allgemein bestanden habe und zwar in doppelter Hinsicht: einmal über die Auslegung des geltenden Rechts und sodann über die Aussichten auf einen nicht rückwirkenden Eingriff der Gesetzgebung. Die Klägerin habe allerdings mit dem Aufgeld insgesamt kaum den fünfhundertsten Teil des ursprünglichen Goldwerts ihrer Forderung erhalten. Dem habe aber die Geringfügigkeit der Aufwertungsaussicht entsprochen, von der man damals ausgegangen sei. An eine Aufwertung auf die volle Höhe des Goldwerts hätten damals selbst die Rufer im Streit nicht gedacht, sie hätten vielmehr nur einen billigen Ausgleich gefordert. Im übrigen hätten sich die Befürworter der Hypothekenaufwertung zu jener Zeit noch ganz in der Minderheit befunden. Die Reichsregierung habe denn auch den Antrag Düringer von Anfang an scharf bekämpft. Es habe daher den Zeitumständen entsprochen, wenn die Aufwertungsaussicht nur mit dem Bruchteil eines Prozents veranschlagt und „eskomptiert" worden sei. Indem § 67 AufwG. von Vergleichen spreche, verweise er stillschweigend auf § 779 BGB. Zum Wesen des Vergleichs gehöre also auch hier ein gegenseitiges Nachgeben. Anderseits dürfe das Erfordernis im Falle der streitlosen Ungewißheitsvergleiche nicht überspannt werden. Ein Streit brauche dem Vergleich nicht vorangegangen zu sein; das ergebe sich unmittelbar aus dem Gesetz. Es genüge, daß die Parteien sich der Unsicherheit der Rechtslage, mit Einschluß der Aussichten auf eine Gesetzesänderung, bewußt gewesen seien und daß sie sich gegenseitig auf einen Punkt innerhalb des Ungewißheitsbereichs festgelegt hätten, sodaß jede Partei eine Aussicht verliere. Der Wortlaut und die Zeitumstände sprächen dafür, daß dies hier der Sinn der Verdopplung des Rückzahlungsbetrags gewesen sei.

Diese Ausführungen geben zu verschiedenen rechtlichen Bedenken Anlaß.

Der Rechtsbegriff des Vergleichs im Sinne des § 67 AufwG.

erfordert, ebenso wie der eines Vergleichs im Sinne des § 779 BGB., daß der Streit oder die Ungewißheit im Wege gegenseitigen Nachgebens beseitigt wird, wenn auch dieses Erfordernis im § 67 AufwG. nicht ausdrücklich aufgestellt ist. Daß ein gegenseitiges Nachgeben, wie die Revision meint, dann nicht vorliegen könne, wenn der Schuldner den vom Gläubiger geforderten Betrag bezahlt, ist allerdings nicht zutreffend. Zwar wird es, wenn der Schuldner die vom Gläubiger begehrte Summe entrichtet, an einem gegenseitigen Nachgeben regelmäßig fehlen. Trotzdem ist der von der Revision vertretene Satz in dieser Allgemeinheit nicht als richtig anzuerkennen. Denn auch dann, wenn der Schuldner den verlangten Betrag zahlt, kann ein Nachgeben auf beiden Seiten vorhanden sein. Ein solches setzt nicht voraus, daß die Parteien über die zu leistende Zahlung feilschen; nur das wird erfordert, daß jede Partei der anderen von ihrem Standpunkt aus ein Opfer bringt und ihr in irgendeiner Weise ein Entgegenkommen beweist (RGR. Komm. Bem. 4 zu § 779 und die dort angeführte Rechtsprechung). Ob dies der Fall ist, kann stets nur nach Lage des einzelnen Falles entschieden werden.

Im übrigen muß aber der Vergleich nach § 67 Abs. 1 AufwG. den Zweck haben, den Streit oder die Ungewißheit über die Höhe des infolge der Geldentwertung zu zahlenden Betrags zu beseitigen. Daß ein solcher Streit oder eine solche Ungewißheit nicht nur dann vorliegt, wenn die Vertragschließenden darüber, daß aufzuwerten ist, einig und bloß über die Höhe des Aufwertungsbetrags uneinig sind, sondern auch dann, wenn unter ihnen Streit oder Ungewißheit über die Berechtigung und den Betrag der Aufwertung besteht, hat der erkennende Senat in seinem in der Jur. Rundschau 1926 Nr. 1651 abgedruckten Urteil vom 3. Juli 1926 V 18/26 ausgesprochen. Hiernach liegt ein Vergleich im Sinne des § 67 AufwG. nur dann vor, wenn über das Bestehen einer Aufwertungspflicht des Schuldners zum mindesten eine Ungewißheit bestand, die Parteien sich also eine solche Pflicht wenigstens als möglich vorstellten und der Vergleich demnach die Frage der Aufwertung betraf. Haben die Parteien dagegen an eine Pflicht zur Aufwertung überhaupt nicht gedacht, sind sie vielmehr davon ausgegangen, daß der Gläubiger lediglich den Nennbetrag in Papiermark fordern könne, und hat sich der Schuldner lediglich aus Gründen der Billigkeit, um der inzwischen eingetretenen Geldentwertung Rechnung zu tragen, bereit erklärt, den geschuldeten Betrag durch ein Aufgeld, eine Geldentwertungsentschädigung, zu erhöhen, so fehlt es an dem nach § 67 erforderlichen Streit oder an der Ungewißheit „über die Höhe des infolge der Geldentwertung zu zahlenden Betrags“ in dem angegebenen Sinne. Dann liegt kein Vergleich der in § 67 AufwG. gedachten Art vor (Mügel, AufwG. Anm. 1 zu § 67 und in JW. 1925 S. 2581; Schlegelberger-Harmening, AufwG. 4. Aufl. Anm. 1 zu § 67; Neukirch, AufwG. Anm. 2, 2 zu § 67; Warneyer-Koppe, AufwG. 3. Aufl., Anm. 1 zu § 67). Eine Feststellung, daß unter den Parteien eine solche Ungewißheit bestanden habe, hat aber das Berufungsgericht nicht getroffen. Wenn es die Voraussetzungen des § 67 AufwG. um deswillen für gegeben erachtet, weil im April 1923 die Ungewißheit über die Höhe des infolge der Geldentwertung zu zahlenden Betrags sowohl vom geltenden Recht aus als auch wegen der Möglichkeit eines nicht rückwirkenden Eingriffs der Gesetzgebung ganz allgemein gewesen sei, so ist diese Begründung zu beanstanden. Mit Recht weist demgegenüber Neukirch in seinem Kommentar zum AufwG. S. 492 bei Besprechung des angefochtenen Urteils darauf hin, daß bis zum Erlaß des Urteils des erkennenden Senats vom 28. November 1923 (RGZ. Bd. 107 S. 78) die Aufwertung fast ausnahmslos in der Rechtslehre und, mit Ausnahme des Oberlandesgerichts Darmstadt, auch von der Rechtsprechung allgemein abgelehnt wurde und daß auch die Reichsregierung noch bis in die erste Zeit nach Erlaß des Urteils vom 28. November 1923 stets den Standpunkt vertreten hat, eine Aufwertung sei unmöglich. Die Begründung des angefochtenen Urteils ist in dieser Hinsicht auch nicht frei von Widerspruch. Denn während das Berufungsgericht auf der einen Seite die Ungewißheit über die Höhe des infolge der Geldentwertung zu zahlenden Betrags als eine allgemeine bezeichnet, führt es auf der anderen Seite aus, daß die Befürworter der Hypothekenaufwertung sich damals noch ganz in der Minderheit befunden hätten und daß die Ableitung der Aufwertung aus dem geltenden Recht in jener Zeit als „phantastisch“, eine gesetzliche Regelung aber als „utopisch“ gegolten habe. Es bedarf daher stets der Feststellung besonderer Umstände, um annehmen zu können, daß Vertragschließende bis zu dem vorerwähnten Urteil des Reichsgerichts überhaupt an die Möglichkeit einer Verpflichtung des Hypothekenschuldners zur Aufwertung der Hypothek gedacht haben. An einer derartigen Feststellung hat es aber der Berufungsrichter fehlen lassen. Er verletzt weiter auch den Rechtsgrundsatz, daß zur Auslegung von Verträgen die Gesamtheit der Umstände zu berücksichtigen ist. Denn er läßt bei Würdigung der Briefe der Parteien den Umstand völlig außer Betracht, daß ihr Schriftwechsel sich um die Frage drehte, ob und unter welchen Bedingungen die Klägerin sich mit einer vorzeitigen Rückzahlung der bis zum 1. Januar 1925 unkündbaren Hypothek einverstanden erklären würde. Ferner hätte geprüft werden sollen, ob nicht von der „Entwertungsentschädigung" lediglich in dem erwähnten Sinne eines Ausgleichs für die eingetretene Geldentwertung und in dem Sinne die Rede war, daß sie das Entgelt für die vorzeitige Rücknahme des Hypothekenkapitals durch die Klägerin darstellen sollte. Hiernach entbehrt einer rechtlich einwandfreien Grundlage auch die aus dem „Wortlaut" der Briefe in Verbindung mit den „Zeitumständen" gezogene Schlußfolgerung, daß sich die Parteien der Unsicherheit der Rechtslage und auch der Aussichten auf eine Gesetzesänderung bewußt gewesen seien und daß bei der Verdoppelung des Rückzahlungsbetrags jeder Teil eine „Chance" habe verlieren wollen.

---

30. Über wechselbezügliche und selbständige Verfügungen in einem gemeinschaftlichen Testament.

BGB. §§ 2270, 2085.

IV. Zivilsenat. Urt. v. 14. Februar 1927 i. S. B. (Kl.) w. B. (Bekl.). IV 766/26.

I. Landgericht Stade.
II. Oberlandesgericht Celle.

Der Kläger stützt den gegen seinen Bruder erhobenen Anspruch auf eine letztwillige Verfügung des Vaters; der Beklagte bestreitet deren Gültigkeit. Das Oberlandesgericht hat die Verfügung für unwirksam erklärt. Der hiergegen gerichtete Revisionsangriff hatte Erfolg.

Aus den Gründen:

Dem Berufungsgericht mag darin gefolgt werden, daß die beiden vom Vater zugleich namens der Mutter an die Parteien gerichteten Briefe vom 13. November 1909 zusammen das von beiden Elternteilen in der vorliegenden Form als vollendet angesehene gemeinschaftliche Testament der Eltern enthalten, sowie darin, daß sich die beiden Elternteile in diesem Testament (durch Zuwendung des Zinsgenusses an den Kapitalien und der Nutznießung an den Haushaltungsgegenständen) gegenseitig bedacht haben. Da die beiden Schreiben nur vom Vater unter Angabe des Ortes und Tages eigenhändig geschrieben und unterschrieben sind (§ 2231 Nr. 2 BGB.), eine schriftliche Beitrittserklärung der Mutter (§ 2267 BGB.) dagegen fehlt, so ist das Testament als solches der Mutter nichtig. Welchen Einfluß die Nichtigkeit ihrer Verfügungen auf die Verfügungen des Vaters ausübt, bestimmt sich nach § 2270 BGB. Davon geht auch das Berufungsgericht aus. Seine Anwendung des § 2270 ist aber von Rechtsirrtum beeinflußt. Nach § 2270 Abs. 1 hat, wenn Ehegatten in einem gemeinschaftlichen Testament wechselbezügliche Verfügungen getroffen haben, die Nichtigkeit der Verfügung des einen die Unwirksamkeit der Verfügung des anderen zur Folge. Wechselbezüglichkeit besteht nach den Worten des Gesetzes dann, wenn anzunehmen ist, daß die Verfügung des einen nicht ohne die Verfügung des anderen getroffen worden wäre, oder anders ausgedrückt, wenn jede der beiden Verfügungen mit Rücksicht auf die andere getroffen ist und nach dem Willen der Erblasser mit ihr stehen und fallen soll. Enthält das gemeinschaftliche Testament eine Mehrheit von Verfügungen jedes der beiden Ehegatten und betrifft der Nichtigkeitsgrund, wie hier der Formfehler, die sämtlichen Verfügungen des einen Ehegatten, so ist zu prüfen, inwieweit die Verfügungen des anderen Ehegatten zu jenen Verfügungen im Verhältnis der Wechselbezüglichkeit stehen oder unabhängig von ihnen sind. Ob auch die selbständigen Verfügungen dieses Ehegatten von der Unwirksamkeit seiner wechselbezüglichen Verfügungen mittelbar betroffen werden, richtet sich nach § 2085 BGB. (WarnRspr. 1913 Nr. 247). Nach § 2270 Abs. 2 ist Wechselbezüglichkeit im Zweifel anzunehmen, a) wenn sich die Ehegatten gegenseitig bedenken oder b) wenn dem einen Ehegatten (hier dem Manne) von dem anderen eine Zuwendung gemacht und für den Fall des Überlebens des Bedachten von diesem eine Verfügung zugunsten von Personen getroffen wird, die mit dem anderen Ehegatten (der Frau) verwandt sind, was auch für die gemeinschaftlichen Kinder der beiden Ehegatten zutrifft. Da hiermit nur eine Regel für den Zweifelfall aufgestellt ist, gilt diese Regel nicht, wenn pflichtmäßige Willenserforschung (§ 133 BGB.) den Richter in den Stand setzt, die eine von den beiden sich darbietenden Willensmöglichkeiten, nämlich die von den Erblassern gewollte Abhängigkeit oder die von ihnen gewollte Unabhängigkeit der beiderseitigen Verfügungen, für zutreffend oder unzutreffend zu erklären. Für diese Willenserforschung können auch Umstände außerhalb des Testaments, wie frühere oder spätere Äußerungen der Erblasser und ihre beiderseitigen Vermögensverhältnisse, in Betracht kommen (vgl. RGJ. Bd. 42 S. 119).

Über die Vermögensverhältnisse hatte der Kläger behauptet, daß das Vermögen der Mutter nur in wenigen eingebrachten Sachen unerheblichen Wertes bestanden habe, während alle übrigen Vermögensgegenstände dem Vater gehört hätten. Auch wenn eine solche Verschiedenheit der Vermögensverhältnisse der beiden Elternteile unterstellt wird, mag die Auffassung nur als zweifelhaft und nicht als widerlegt erscheinen, der Vater habe die Mutter mit Rücksicht darauf bedacht, daß diese ihn in äußerlich gleichmäßiger Weise bedachte. Dann ist, eben wegen des noch bestehenden Zweifels, gemäß der Regel des § 2270 Abs. 2 die gegenseitige Abhängigkeit dieser beiderseitigen Verfügungen anzunehmen. Es ist aber nicht zu billigen, daß das Berufungsgericht die Wechselbezüglichkeit dieser Verfügungen ohne weiteres auf diejenigen Verfügungen des Vaters übertragen hat, welche sich, die Behauptungen des Klägers als richtig unterstellt, auf die den Söhnen zugedachten Bestandteile seines Vermögens beziehen. Auch durch die oben unter b) wiedergegebene zweite Vorschrift in § 2270 Abs. 2 wird dies nicht gerechtfertigt. Die Zugehörigkeit der den Söhnen zugedachten Vermögensstücke zum alleinigen Vermögen des Vaters und die geringe sachliche Bedeutung der „Bedenkung" des Vaters durch die Mutter legen vielmehr die Annahme sehr nahe, daß der Vater jene Vermögensstücke den gemeinschaftlichen Kindern ohne Rücksicht darauf zugewandt hat, daß er von der Mutter bedacht wurde. Diese Annahme wird mit Bezug auf die allein im Streit befindliche Zuwendung an den Kläger dadurch bestärkt, daß der Vater den Erfolg dieser Zuwendung schon (unter Lebenden) in einem von einer letztwilligen Verfügung der Mutter unabhängigen Verfahren sichergestellt zu haben glaubte. Ist die vom Vater zugunsten des Klägers getroffene letztwillige Verfügung unabhängig von der letztwilligen Verfügung der Mutter, so ist jene Verfügung grundsätzlich auch selbständig gegenüber der vom Vater zugunsten der Mutter getroffenen Verfügung. Daß der Vater ohne seine (nach § 2270 unwirksame) Verfügung zugunsten der Mutter seine Verfügung zugunsten des Klägers nicht getroffen haben würde (§ 2085), hätte der die Unwirksamkeit dieser Verfügung geltend machende Beklagte darlegen und beweisen müssen (RGZ. Bd. 63 S. 29).

---

31. Ist die vorbeugende Unterlassungsklage auch dann gegeben, wenn die zu untersagende Handlung unter öffentliche Strafe gestellt ist?

BGB. §§ 823, 1004.

II. Zivilsenat. Urt. v. 15. Februar 1927 i. S. Haushaltungsverein Oberschlesien e. G. m. b. H. (Bekl.) w. A. u. Gen. (Kl.). II 317/26.

I. Landgericht Gleiwitz.
II. Oberlandesgericht Breslau.

Der beklagte Verein ist ein Konsumverein im Sinne des § 1 Nr. 5 des Genossenschaftsgesetzes. Sein Zweck ist der gemeinschaftschaftliche Einkauf von Waren, insbesondere von Nahrungsmitteln, im großen und der Verkauf an seine Mitglieder im kleinen. Er unterhält in Gleiwitz zwei offene Verkaufsstellen. Die Kläger (die Mitglieder des Vereins der Kolonialwarenkaufleute zu Gleiwitz) behaupten, daß der Beklagte entgegen den Vorschriften des § 8 Abs. 4 und des § 152 GenG. in beiden Verkaufsstellen auch an Nichtmitglieder Waren verkaufe. Jede beliebige Person erhalte Waren in gewünschter Menge, ohne daß der Nachweis der Mitgliedschaft verlangt werde Durch diese Verkäufe an Nichtmitglieder sei den Klägern insofern ein Schaden entstanden, als die Personen, die als Nichtmitglieder ihren Bedarf beim beklagten Verein gedeckt hätten, bei einem der Kläger hätten einkaufen müssen, wenn ihnen dort die Verabfolgung von Waren verweigert worden wäre.

Die Kläger verlangen daher Verurteilung des Beklagten dahin, daß er den Kleinverkauf an Personen, die nicht Mitglieder der beklagten Genossenschaft sind, zu unterlassen habe. Das Landgericht gab der Klage statt. Die Berufung des Beklagten wurde zurückgewiesen. Auch seine Revision war erfolglos.

Aus den Gründen:

... Die quasinegatorische Unterlassungsklage wird nicht dadurch ausgeschlossen, daß die Kläger auch auf strafrechtlichem Wege Schutz gegen die Zuwiderhandlungen erlangen könnten. Denn das privatrechtliche Rechtsschutzbedürfnis, dem die Unterlassungsklage dient, ist nicht deshalb zu verneinen, weil für diesen Schutz auch der Weg der Strafklage offensteht. Der gegenteilige Standpunkt entspricht allerdings der Rechtsprechung des früheren VI. Zivilsenats des Reichsgerichts (vgl. RGZ. Bd. 77 S. 217, Bd. 82 S. 59, Bd. 91 S. 265 und Bd. 98 S. 36). Der VI. Zivilsenat ließ seit derersterwähnten Entscheidung bei widerrechtlichen Eingriffen in ein vom Gesetz geschütztes Rechtsgut, insbesondere auch bei Angriffen gegen die Ehre eines andern, die Unterlassungsklage wegen fehlenden Rechtsschutzbedürfnisses dann nicht zu, wenn Handlungen in Frage standen, die schon durch ein Strafgesetz verboten waren, sodaß der Verletzte seine Interessen durch Strafanzeige oder Privatklage wahren konnte. Nur beim Nachweis, daß trotz des strafrechtlichen Schutzes noch ein besonderes Rechtsschutzbedürfnis bestehe, weil jener nicht ausreiche oder besonderen Schwierigkeiten begegne oder aus gewissen Gründen ganz versagt sei, wurde die Zulässigkeit einer privatrechtlichen Unterlassungsklage anerkannt.

Der erkennende Senat vermag sich dieser Auffassung nicht anzuschließen. Sie ist auch im Schrifttum überwiegend abgelehnt worden, namentlich auch von Rosenthal (vgl. seinen Kommentar zum UnlWG. 6. Aufl. S. 54flg. und die dortigen Anführungen). Der Senat hat in seiner früheren Rechtsprechung (vgl. JW. 1915, S. 29, M. u. W. Bd. 10 S. 63/64) in derartigen Fällen nicht den Nachweis eines besonderen Rechtsschutzbedürfnisses neben dem der Wiederholungsgefahr verlangt und hat im besonderen für das Gebiet des gewerblichen Rechtsschutzes eine solche Beschränkung der Unterlassungsklage stets abgelehnt. Für diese letzteren, vom Gesetz neben der strafrechtlichen Verfolgung vorgesehenen Unterlassungsklagen will auch der frühere VI. Zivilsenat jene Beschränkung nicht gelten lassen (RGZ. Bd. 98 S. 36). Einer Anrufung der Vereinigten Zivilsenate bedarf es bei dieser Abweichung von der Rechtsauffassung des inzwischen aufgehobenen VI. Zivilsenats nach der Entscheidung des jetzt erkennenden Senats in RGZ. Bd. 109 S. 58 nicht. Einschlägige Urteile des mit dem Rechtsgebiet der unerlaubten Handlungen jetzt befaßten IV. Zivilsenats oder anderer Senate des Reichsgerichts sind nicht bekannt geworden.

Nach der Rechtsprechung des Reichsgerichts (RGZ. Bd. 60 S. 6, Bd. 61 S. 366, Bd. 95 S. 339, Bd. 109 S. 276) berechtigt jeder objektiv rechtswidrige Eingriff in ein vom Gesetz geschütztes Rechtsgut ohne Rücksicht auf ein Verschulden des Handelnden zur Klage auf Unterlassung, wenn Wiederholungsgefahr besteht. Damit wird der in den §§ 12, 862, 1004 BGB. enthaltene Rechtsgedanke, der auch schon auf dem Gebiet des gewerblichen Rechtsschutzes, insbesondere des unlauteren Wettbewerbs, zur ausdrücklichen Gewährung des Unterlassungsanspruchs geführt hat, in Anerkennung eines Verkehrsbedürfnisses über den Kreis der absoluten Rechte hinaus ausgedehnt auf den Schutz sonstiger Rechtsgüter gegen Wiederholung rechtswidriger Eingriffe. Es liegt kein Grund vor, die durch die Rechtsprechung geschaffene quasinegatorische Abwehrklage an andere Voraussetzungen zu knüpfen, als sie für ihr Vorbild, die Negatorienklage, und die sonstigen Fälle bestehen, in denen ein Unterlassungsanspruch gegenüber zu befürchtenden weiteren Eingriffen ausdrücklich gewährt wird. In allen diesen Fällen hat das Gesetz eine besondere Abwehrklage auf Unterlassung zu besorgender weiterer Beeinträchtigung ohne Einschränkung auf den Fall des Fehlens eines strafrechtlichen Schutzes für erforderlich gehalten, obwohl vielfach die betreffenden widerrechtlichen Eingriffe gleichzeitig auch unter Strafe gestellt sind. Grundsätzliche allgemeine Bedenken bestehen also nicht, die Unterlassungsklage auch gegen die Wiederholung solcher Handlungen zuzulassen, die zugleich mit krimineller Strafe bedroht sind. Kennt doch auch sonst das Recht nirgends einen Zwang, die Sühne für begangenes Unrecht auf strafrechtlichem Wege suchen zu müssen, wenn sie mit den Mitteln des Zivilprozesses erreichbar ist. Der VI. Zivilsenat hat auch selbst anerkannt, daß die in den gewerblichen Schutzgesetzen gegebenen zivilrechtlichen Unterlassungsklagen und die strafrechtliche Verfolgung nebeneinander vorgesehen sind und daß deshalb im Bereich dieser Gesetze die erwähnte Einschränkung nicht Platz greift. Den Grund hierfür sieht der vormalige VI. Zivilsenat darin, daß in diesen Fällen die Androhung der öffentlichen Strafe zur Verstärkung der aufgestellten zivilrechtlichen Normen dienen solle, während im Falle der gesetzlich nicht besonders geregelten Unterlassungsklage „das Ansehen und Gewicht der öffentlichen Strafandrohung durch Hinzufügen einer vom Zivilrichter erlassenen besonderen Zwangsstrafe nur in einer der Gesamtrechtspflege nicht förderlichen Weise herabgedrückt und geschwächt" würde. Diese Erwägung hat jedoch keine überzeugende Kraft. Es fehlt an zureichendem Anlaß für eine unterschiedliche Behandlung. Das Strafgesetz verfolgt regelmäßig den Zweck, einem anerkannten Rechtsgut oder Interesse durch die angedrohte öffentliche Strafe einen besonderen, verstärkten Schutz zu gewähren. Es schafft nicht erst das Rechtsgut durch seine Strafandrohung, diese ist vielmehr nur ein Anzeichen dafür, daß die Rechtsordnung das betreffende Rechtsgut als solches anerkennt. Der strafrechtliche Schutz dient also regelmäßig zur Verstärkung der sonst zum Schutze von Rechtsgütern gegebenen Rechtsbehelfe. Im vorliegenden Fall ist dies besonders augenfällig, da das zivilrechtliche Verbot des Warenverkaufs an Nichtmitglieder für sich allein im Laufe der Zeit als nicht wirksam genug erkannt wurde, die privaten Interessen des Einzelhandels ausreichend zu schützen. Verstärkt also das Strafgesetz regelmäßig den sonst gewährten Rechtsschutz, so will es doch dem Verletzten die anderen ihm zu Gebote stehenden Rechtsbehelfe nicht nehmen. Das Nebeneinanderbestehen von Strafandrohung und Unterlassungsklage in den vom Gesetz besonders geregelten Fällen zeigt vielmehr, daß auch für die durch die Rechtsprechung zugelassene Unterlassungsklage das Rechtsschutzbedürfnis nicht deswegen verneint werden kann, weil schon ein strafrechtlicher Schutz gegen die Handlungen gegeben ist, deren Unterlassung begehrt wird. Die quasinegatorische Unterlassungsklage bezweckt nicht, dem Verletzten für den Fall des Nichtausreichens oder Versagens des strafrechtlichen Schutzes einen ergänzenden Rechtsbehelf gegen weitere Störungen zu gewähren, sondern sie tritt ergänzend neben die gesetzliche Regelung der Schadensersatzpflicht bei unerlaubten Handlungen. Der Verletzte soll nicht darauf beschränkt sein, wegen der erfolgten und noch zu erwartenden Rechtsverletzungen Schadensersatzansprüche geltend zu machen, die ein Verschulden zur Voraussetzung haben und oft schwer durchführbar sind. Denn die Gerechtigkeit verlangt, daß der Angegriffene ohne Rücksicht auf ein Verschulden des Verletzers gegen Fortsetzung der widerrechtlichen Eingriffe geschützt werde. Nicht das Fehlen eines strafrechtlichen Schutzes, der nur Vergangenes sühnen kann, sondern die begründete Besorgnis weiterer Eingriffe schafft das Rechtsschutzbedürfnis für die Unterlassungsklage.

Es ist auch nicht anzuerkennen, daß der strafrechtliche Schutz die Abwehr künftiger widerrechtlicher Eingriffe im Wege des Zivilprozesses regelmäßig überflüssig machen könnte. Daß die Strafandrohung ihren allgemeinen Verhütungszweck nicht erfüllt hat, zeigt die einzelne Zuwiderhandlung; insoweit hat sich daher der strafrechtliche Schutz schon als unzureichend erwiesen. Die Wirkung, welche die Strafe selbst auf den Täter ausübt, tritt erst nach der rechtskräftigen Verurteilung und Vollstreckung ein, sie wird sich somit oft erst nach längerer Zeit äußern. Inzwischen würde z. B. gegenüber kreditgefährdenden Ehrverletzungen, welche die wirtschaftliche Existenz des Verletzten bedrohen können, ein wirksamer, schneller Rechtsschutz fehlen, wenn dem Verletzten versagt wäre, im Zivilrechtswege, etwa durch Erwirkung einer einstweiligen Verfügung, der Wiederholung entgegenzutreten. Der meist verspätet eintretende strafrechtliche Schutz wäre dann nicht mehr geeignet, die Schäden wiedergutzumachen und einen Ersatz für den fehlenden Unterlassungsanspruch zu bieten. Es kann dem Verletzten auch nicht zugemutet werden, den Schutz gegen die Wiederholungsgefahr nur durch Strafanzeige oder Privatklage zu erstreben. Denn das Strafverfahren kann bloß dann Erfolg haben, wenn ein Verschulden des Täters nachgewiesen wird und ihm keine Strafausschließungsgründe zur Seite stehen. Ob ein Strafverfahren zur Verurteilung führen wird, läßt sich zur Zeit der Vornahme der verletzenden Handlung vielfach noch nicht übersehen; nur der äußere Tatbestand der strafbaren Handlung und die Gefahr der Wiederholung sind meistens sofort erkennbar. Das genügt aber als Voraussetzung der quasinegatorischen Unterlassungsklage. Man kann deshalb den Verletzten nicht auf den Weg der Strafverfolgung verweisen, der nur beim Nachweis weiterer Erfordernisse zum Ziele führt. . . .

32. Zur Auslegung einer Chartepartie (Baltcon-Charter), in welche Zusicherungen des Verfrachters über den Zeitpunkt der Ladebereitschaft aufgenommen worden waren.

HGB. § 557, BGB. § 157.

I. Zivilsenat. Urt. v. 16. Februar 1927 i. S. D. R. (Kl.) w. K. & W. (Bekl.). I 182/26.

I. Landgericht Kiel, Kammer für Handelssachen.
II. Oberlandesgericht daselbst.

Die Klägerin, eine dänische Aktiengesellschaft, hat mit der Beklagten, einer Kohlenimportfirma in Kiel, einen Vertrag über die Verfrachtung einer Ladung Kohlen in ihrem Dampfer „Nordpol" von Methil oder anderen Häfen am Firth of Forth nach Kiel geschlossen. Die über den Vertrag am 28. November 1912 ausgestellte Chartepartie ist für beide Teile von der dazu ermächtigten Schiffsmaklerfirma v. M. & Co. in Glasgow unterzeichnet worden. Der Ausstellung der Chartepartie ging ein Telegrammwechsel voraus zwischen dem Schiffsmakler, der im Vertrag als „agent" der Klägerin bezeichnet ist, und der Beklagten. Auf ein Angebot des Maklers vom 26. November 1912, lautend auf einen in der Zeit vom 20. bis 24. Dezember ladebereiten Dampfer von 1900 Tonnen zum Satze von 8 sh. für die Tonne, antwortete die Beklagte am gleichen Tage, sie nehme den angebotenen Dampfer zum Satze von 7 sh. 6 d. und unter der Bedingung an, daß die Ladebereitschaft 7 Tage vorher erklärt werde; gleichzeitig bat sie um Bestätigung. Diese erfolgte am 27. November.

In der auf einem Vordruck der Baltcon-Charter ausgestellten Chartepartie heißt es im Eingang über das Schiff in Druckschrift: „expected ready to load on or about" und darauf handschriftlich eingefügt „20/24 th December". Es ist ferner in ihr bestimmt, daß die Ladezeit nicht vor dem 20. Dezember morgens 6 Uhr beginne, der endgültige Tag der Ladebereitschaft aber 7 Tage vorher mitzuteilen sei (Nr. 5 C Absatz 2). Falls der Dampfer nicht am siebenten nach dem als Tag der Ladebereitschaft mitgeteilten Tage morgens 6 Uhr ladebereit war, hatte der Charterer das Recht zur Aufhebung des Vertrags (Nr. 17).

Die Firma v. M. & Co. meldete der Beklagten in einem Telegramm vom 23. Dezember den 31. Dezember als Tag der Ladebereitschaft. Der „Nordpol" war jedoch unstreitig am 1. Januar 1913 vor 9 Uhr morgens nicht ladebereit in Methil. Am 31. Dezember 1912 hatte bereits die Beklagte telegraphisch die Abladung verweigert. Die Klägerin hält den Rücktritt der Beklagten für unberechtigt, da der 31. Dezember nach den Charterbedingungen der erste Ladetag gewesen sei und die Beklagte daher den Vertrag erst habe aufheben können, wenn der „Nordpol" am 6. Januar nicht ladebereit gewesen wäre. Sie hat Ersatz des ihr durch den Rücktritt erwachsenen Schadens verlangt.

Das Landgericht erklärte den Klaganspruch dem Grunde nach für berechtigt; das Oberlandesgericht wies die Klage ab. Die Revision der Klägerin hatte keinen Erfolg.

Gründe:

Die Entscheidung des Rechtsstreits hängt in erster Linie davon ab, ob die Beklagte berechtigt war, ihren Rücktritt vom Verfrachtungsvertrag zu erklären, nachdem das Schiff der Klägerin am 31. Dezember 1912 nicht ladebereit gewesen war. Das Berufungsgericht hat dies angenommen. Es hat zunächst ohne Rechtsirrtum ausgeführt, als endgültigen Tag der Ladebereitschaft („definite loading date" der Nr. 5 C Abs. 2 der Charterpartie) habe der Schiffsmakler der Klägerin am 23. Dezember unter Einhaltung der siebentägigen Mitteilungsfrist den 31. Dezember aufgegeben. Der Vorderrichter entnimmt jedoch aus den Eingangsworten der Charterpartie „expected to load on or about 20/24 th December", daß vereinbarungsgemäß der letzte zulässige Tag für den Beginn der Ladebereitschaft der 24. Dezember gewesen sei, und folgert daraus, die Erklärung der Ladebereitschaft auf den 31. Dezember sei vertragswidrig gewesen und habe die siebentägige Frist der Nr. 17 nicht in Lauf gesetzt; diese Frist (nach deren Ablauf die Rücktrittsberechtigung eintrat) sei vielmehr mit Rücksicht auf die Eigenschaft des 24. Dezember als des äußersten Termins für den Beginn der Ladebereitschaft schon am 31. Dezember abgelaufen und die Beklagte habe, da die Klägerin bis dahin nicht ladebereit gewesen sei, vom Vertrag zurücktreten dürfen.

Dem Berufungsgericht ist im Ergebnis, wenn auch nicht in allen Einzelheiten der Begründung, beizutreten. Mit Recht hat sich das angefochtene Urteil entgegen der Ansicht der Klägerin auf den Standpunkt gestellt, daß auch den im Eingang der Charterpartie enthaltenen Angaben über den Zeitpunkt der erwarteten Ladebereitschaft des Schiffes Bedeutung für die Rechtsbeziehungen der Parteien zukomme. Die Erklärungen des Verfrachters über die Zeit der Ladebereitschaft des Schiffes sind für den Befrachter von Wichtigkeit. Sie ermöglichen ihm, seine Verfügungen über das Ladungsgut, soweit tunlich, so zu treffen, daß es rechtzeitig, weder zu früh noch zu spät, am Ladungsort bereit steht, und so die Entstehung unnötiger Ausgaben an Lager- oder Überliegegeld zu vermeiden. Sie sichern ihn auch vor Willkür des Verfrachters in bezug auf den Zeitpunkt der Gestellung des Schiffes. Es handelt sich also um Erklärungen, die für die Belange des Befrachters von erheblichster Bedeutung sind. Diese Angaben des Verfrachters sind daher wie Zusicherungen zu behandeln, die Gegenstand des Vertragsschlusses geworden sind (so auch Schaps-Mittelstein HGB. § 557 Anm. 3 und 9). Die englische Rechtsauffassung steht seit langem auf dem gleichen Standpunkt (Handelsgesetze des Erdballs Bd. 11 Abteilung 1 S. 334; Law Reports, Common Pleas Cases Bd. 8 S. 395 (399): Corcling v. Massey 1873).

Die Erheblichkeit der in Rede stehenden Angabe ergibt sich vorliegendenfalls noch im besonderen aus den der Ausstellung der Charterpartie vorausgegangenen Verhandlungen. In dem Telegrammwechsel der Parteien vom 26. und 27. November, der zu ihrer Einigung über den Chartervertrag führte, hat gerade die Zeit der Ladebereitschaft einen der hervorgehobenen wesentlichen Vertragspunkte gebildet.

Bei Nichteinhaltung der mit diesen Angaben vom Verfrachter übernommenen Verpflichtungen war an sich dem Befrachter das Recht des Rücktritts vom Vertrag nach § 634 Abs. 2 BGB. gegeben (Schaps-Mittelstein a. a. O. Anm. 3. So übrigens auch das englische Recht, Handelsgesetze des Erdballs a. a. O.). Der Bestimmung der Nr. 17, in welcher dem Befrachter die Rücktrittsberechtigung für den Fall der Nichtgestellung des Schiffes binnen einer siebentägigen Frist nach Erklärung der Ladebereitschaft gegeben ist, kann nicht die Wirkung beigelegt werden, daß sie das bei Nichteinhaltung des vereinbarten Zeitpunkts der Ladebereitschaft bestehende Rücktrittsrecht beseitige. Dadurch würde die Zusicherung über die Ladebereitschaft, deren Erheblichkeit oben hervorgehoben ist, jede rechtliche Wirkung verlieren. Es sind vielmehr beide Klauseln der Charterpartie in der Weise in Einklang zu bringen, wie es das Berufungsgericht getan hat. Danach tritt das Rücktrittsrecht nicht schon mit der Nichtgestellung des Schiffes innerhalb der zugesicherten Zeitspanne ein, gleichgültig, für welchen Tag die Ladebereitschaft angezeigt ist, sondern, falls nicht die Bereitschaft auf einen früheren Tag erklärt worden war, erst am 7. Tage nach dem äußersten für sie festgelegten Zeitpunkt. Denn es wird angenommen, daß der Befrachter verpflichtet gewesen sei, spätestens auf diesen Tag seine Ladebereitschaft zu erklären, und daß daher der Lauf der Frist in Nr. 17 ohne weiteres mit Ablauf dieses Tages beginne.

Somit ist die Frage, ob die Beklagte am 31. Dezember zu Recht vom Vertrag zurückgetreten ist, wesentlich davon abhängig, welcher Inhalt der Zusicherung in den Eingangsworten der Chartepartie beizulegen ist. Der Streit der Parteien dreht sich darum, ob in ihnen die Ladebereitschaft auf die Zeitspanne vom 20. bis 24. Dezember festgelegt oder ob auf Grund der formularmäßigen Worte der Chartepartie „on or about“ eine angemessene Erweiterung dieser Zeitspanne anzunehmen ist.

Der Berufungsrichter hat die der Ausstellung der Chartepartie vorausgegangenen Verhandlungen zur Auslegung ihres Inhalts herangezogen. Er geht davon aus, daß in ihnen die Ladebereitschaft des Schiffes auf den 20. bis 24. Dezember festgelegt worden sei. Er lehnt die Annahme ab, die Streichung der Worte „or about“ sei von dem zur Ausstellung der Vertragsurkunde ermächtigten Schiffsmakler nur versehentlich unterlassen worden. Seiner Auffassung nach enthalten diese Worte an sich eine Erweiterung der festen Begrenzung der Ladebereitschaft, wie sie den Inhalt der bisherigen Abmachungen der Parteien gebildet habe. Daraus folgert er, die widerspruchslose Hinnahme der Vertragsurkunde müsse als Zustimmung der Beklagten zu dieser Erweiterung gelten, sofern die Beklagte Anlaß gehabt habe, solche Änderung des bisherigen Vertragsinhalts in der Vertragsurkunde als gewollt anzusehen. Allen diesen Erwägungen des Berufungsgerichts ist beizutreten. Das angefochtene Urteil führt aber dann weiter aus: die Vertragsbestimmung habe mit Rücksicht auf die früheren telegraphischen Vereinbarungen und die unmittelbar nach dem 1. Januar einsetzenden, die Beladung des Schiffes bis zum 6. Januar ausschließenden und beiden Parteien bekannten Gruben- und Dockfeiertage auch so verstanden werden können, daß das Wort „about“ sich nur auf den 20. Dezember als den ersten für die Ladebereitschaft in Betracht kommenden Tag beziehe und nur für diesen dem Verfrachter eine gewisse Freiheit gebe, daß dies aber an der Festsetzung des 24. Dezember als des Endtermins, zu dem das Schiff als ladebereit zu erwarten gewesen sei, nichts geändert habe. Diese Auslegung der Klausel ist jedoch nach ihrem Wortlaut nicht möglich. Irgendwelche Anhaltspunkte dafür, daß das Wort „about“ sich nur auf den 20. Dezember, nicht aber auch auf den 24. Dezember beziehe, ergeben sich aus ihrer Fassung nicht, vielmehr können die der Zeitangabe gemeinsam vorausgehenden Worte „on“ und „about“ nur beide auf die gesamte Zeitangabe bezogen werden.

Es bedarf indes der vom Berufungsgericht vorgenommenen Auslegung der Klausel nicht, um zum gleichen Ergebnis zu kommen. Die Beklagte durfte davon ausgehen, daß nach den telegraphischen Abmachungen der Beginn der Ladezeit auf die bestimmte Zeitspanne vom 20. bis 24. Dezember festgelegt war. Ferner durfte sie nach den tatsächlichen Feststellungen des Berufungsgerichts bei der Gegenseite mit der Kenntnis davon rechnen, daß vom 1. Januar ab, also nach Ablauf der siebentägigen Frist der Nr. 17 bei Berechnung vom 24. Dezember ab, bis zum 6. Januar einschließlich keine Möglichkeit der Beladung bestehe. Sie erhielt nun eine Charterpartie, in der zwar der vereinbarte Zeitpunkt der Ladebereitschaft entsprechend der Abrede eingefügt, in deren vorgedrucktem Text aber ein Wort stehen geblieben war, wodurch der getroffenen Vereinbarung bei genauer Prüfung ein geänderter Sinn beigelegt werden konnte, nämlich dahin, daß sich die Beladung möglicherweise um fast eine weitere Woche verzögern werde. Unter diesen Umständen durfte die Beklagte nach dem Grundsatz von Treu und Glauben im Verkehr der Ansicht sein, daß es sich insoweit nicht um eine von der Gegenseite beabsichtigte Änderung des Vertragsinhalts, sondern um eine versehentlich nicht genau erfolgte Fassung des Vertragstextes handle. Sie konnte sich darauf verlassen, daß Treu und Glauben es der Gegenseite zur Pflicht machten, eine derart bedeutsame Änderung des Vertragsinhalts nicht auf diese versteckte Art dem Vertrag einzuverleiben, sondern in einwandfrei erkennbarer Weise zum Ausdruck zu bringen. Nicht entgegen steht dieser Auffassung eine etwaige Verkehrssitte, wonach für den Vertragsinhalt allein der Inhalt der Charterpartie ohne Rücksicht auf Vereinbarungen in Vorverhandlungen maßgebend ist. Eine solche Verkehrssitte würde die Heranziehung der Vorverhandlungen zur Feststellung des von den Parteien tatsächlich gewollten Inhalts der Charterpartie gemäß § 157 BGB. nicht ausschließen. Es ist daher mit dem Berufungsgericht anzunehmen, daß durch die Fassung der Klausel eine der Beklagten gegenüber wirksame Änderung des bereits vorher festgelegten Vertragsinhalts nicht erfolgt ist. Hiervon ausgehend hat das angefochtene Urteil ohne Rechtsirrtum die Berechtigung des am 31. Dezember 1912 erfolgten Rücktritts der Beklagten vom Vertrag verneint.

---

33. Kann sich der Erwerber eines Grundstücks gemäß § 20 des Aufwertungsgesetzes auf die Vorschriften über den öffentlichen Glauben des Grundbuchs auch dann berufen, wenn er die Hypothek in Anrechnung auf den Kaufpreis übernommen und die Zahlung des Hypothekenbetrags sowie die Erteilung der Löschungsbewilligung selbst veranlaßt hat?

V. Zivilsenat. Urt. v. 30. April 1927 i. S. Stadtgemeinde K. (Bekl.) w. M. (Kl.). V 463/26.

Landgericht Königsberg i. Pr.

Für den Kläger waren auf dem im Grundbuch von Mittelhufen Stadtkreis Königsberg i. Pr. eingetragenen Grundbesitz des K. dem Kläger abgetretene Hypotheken von 30300 ℳ und 11200 ℳ eingetragen. K. bot den Grundbesitz am 28. Juni 1921 einer Königsberger Baugesellschaft m. b. H. zum Kauf an. Durch notariellen Vertrag vom 8. September 1922 nahm der Kaufmann D. als vertretungsberechtigter Geschäftsführer dieser Gesellschaft das Angebot an; gleichzeitig erfolgte die Auflassung an die Gesellschaft. Diese übernahm dabei in Anrechnung auf den Kaufpreis die auf dem Grundbesitz lastenden Hypotheken, unter denen sich auch die beiden vorgenannten Hypotheken des Klägers befanden. Am 29. August 1921 wurde die Gesellschaft als Eigentümerin des Grundbesitzes im Grundbuch eingetragen. Schon am 2. Mai 1923 hatte D. dem Kläger die 42000 *M* zurückgezahlt und löschungsfähige Quittung erhalten. Die Löschung der Hypotheken wurde am 11. Februar 1925 von der Baugesellschaft beantragt. Zu notariellem Protokoll vom 1. April 1925 bot die Baugesellschaft der Beklagten den Grundbesitz zum Kauf an. Die Beklagte nahm das Angebot am 14. Juli 1925 an; die Auflassung an sie erfolgte gleichzeitig. Der Antrag auf Eigentumseintragung gelangte nach dem 14. Juli 1925 zu den Grundakten. Die Beklagte wurde am 24. Juli 1925 als Eigentümerin im Grundbuch eingetragen.

Der Kläger hat beantragt, festzustellen, daß seine inzwischen gelöschten Hypotheken im Betrage von zusammen 42000 P*M* aufzuwerten seien. Das Landgericht hat nach diesem Antrag erkannt. Die unmittelbar gegen dieses Urteil eingelegte Revision der Beklagten führte zu seiner Aufhebung und zur Zurückverweisung der Sache an das Landgericht.

Gründe:

Nach der Feststellung des Landgerichts hat der Kläger die Hypothekenbeträge, insgesamt 42000 P*M*, am 2. Mai 1923 ausgezahlt erhalten. Es findet daher nach § 15 AufwG. eine Aufwertung der Hypotheken kraft Rückwirkung und nach § 20 Abs. 1 AufwG. auch eine Wiedereintragung der gelöschten Hypotheken in Höhe der Aufwertung im Grundbuch statt, soweit nicht die Vorschriften über den öffentlichen Glauben des Grundbuchs entgegenstehen. Mit Recht hat das Landgericht angenommen, daß die Berufung der Beklagten auf ihren eigenen guten Glauben durch § 22 Abs. 2 AufwG. ausgeschlossen werde. Nach dieser Vorschrift steht der öffentliche Glaube des Grundbuchs der Eintragung des Aufwertungsbetrags an der bisherigen Rangstelle nur insoweit entgegen, als der Zeitpunkt des Erwerbs eines Rechts an dem Grundstück oder der im § 892 Abs. 2 BGB. bestimmte Zeitpunkt vor dem 1. Juli 1925 liegt. Das war aber hier nicht der Fall, da der Antrag auf Eintragung der Beklagten als Eigentümerin des Grundstücks erst nach dem 14. Juli 1925 zu den Grundakten gelangt und diesem Antrag erst am 24. Juli 1925 entsprochen worden ist. Hiergegen werden auch von der Revision keine Einwendungen erhoben.

Hiernach ist entscheidend, ob der Rechtsvorgängerin der Beklagten, der Baugesellschaft m. b. H., die Vorschrift des § 20 Abs. 2

AufwG. zugute kommt und ob daher eine Aufwertung der Hypothek kraft Rückwirkung und ihre Wiedereintragung nach § 20 Abs. 2 AufwG. nicht stattfindet. Das Landgericht hat der Baugesellschaft die Berufung auf den öffentlichen Glauben des Grundbuchs versagt. Es hat dazu ausgeführt: Es sei zwar richtig, daß der Baugesellschaft zu der Zeit, als die Auflassung dem Grundbuchamt eingereicht worden sei, sämtliche Löschungsbewilligungen bereits vorgelegen hätten. Ferner stehe auch fest, daß die Gesellschaft bei der Löschung der Hypotheken nicht gewußt habe und damals auch noch nicht habe wissen können, daß eine nachträgliche Aufwertung schon gelöschter Hypotheken erfolgen werde. Gegen den guten Glauben der Gesellschaft spreche aber der Umstand, daß sie die Hypotheken des Klägers selbstschuldnerisch in Anrechnung auf den Kaufpreis übernommen habe. Es komme noch hinzu, daß sie selbst die Zahlung der Hypothekensumme und die Erteilung der Löschungsbewilligung veranlaßt habe. Demgemäß steht das Landgericht auf dem Standpunkt, daß die Baugesellschaft, die schon vor ihrer Eintragung als Eigentümerin die Hypotheken des Klägers für ihre eigene Rechnung mit einer unzureichenden Papiermarkzahlung abgegolten habe, nicht mehr zu schützen sei, als wenn sie dasselbe nach ihrer Eintragung getan hätte. Sie sei somit nicht gutgläubig gewesen und könne sich deshalb auf den Schutz des § 20 Abs. 2 AufwG. nicht berufen.

Die Revision rügt Verletzung des § 20 Abs. 2 AufwG. durch Nichtanwendung

Dem Landgericht ist darin nicht beizutreten, daß Gutgläubigkeit des Grundstückserwerbers dann nicht in Frage kommen könne, wenn er die Hypothek in Anrechnung auf den Kaufpreis übernommen und die Zahlung des Hypothekenbetrags sowie die Erteilung der Löschungsbewilligung selbst veranlaßt habe. § 20 Abs. 2 AufwG. macht die entsprechende Anwendung der Vorschriften über den öffentlichen Glauben des Grundbuchs davon abhängig, daß in dem in § 892 Abs. 2 BGB. bestimmten Zeitpunkt eine dem § 29 GBO. entsprechende Löschungsbewilligung oder löschungsfähige Quittung bereits erteilt war oder gleichzeitig erteilt wurde. Eine weitere Voraussetzung ist nicht aufgestellt. Es handelt sich hierbei lediglich um die Gestaltung der dinglichen Rechtslage, um den auf rein formale Voraussetzungen gestützten Grundsatz des öffentlichen Glaubens des Grundbuchs, bei dem schuldrechtliche Umstände ganz außer Betracht zu bleiben haben. Daher kommt es nicht darauf an, ob der Erwerber mit dem Veräußerer des Grundstücks die Übernahme der darauf ruhenden Hypotheken vereinbart oder welche sonstigen schuldrechtlichen Abreden er mit ihm getroffen hat. Derartige Vereinbarungen mögen zwar im Einzelfalle dazu führen können, die Annahme des guten Glaubens des Erwerbers auszuschließen; doch liegt das durchaus auf dem Gebiete der Tatsachenwürdigung. Ein Rechtsgrundsatz dahin, daß die Übernahme einer Hypothek durch den Grundstückserwerber stets seinen guten Glauben ausschließe, ist nicht anzuerkennen (so auch Kammergericht in JRsch. 1927 Nr. 511 und 512). Im übrigen ergibt (worauf schon das Kammergericht zutreffend hingewiesen hat) die Entstehungsgeschichte des § 20 Abs. 2 AufwG., daß auch der Erwerber des Grundstücks, der die Hypothek mit eigenen Mitteln zurückzahlt, die Wohltat des öffentlichen Glaubens des Grundbuchs genießen soll. In der Regierungsvorlage zu dieser Vorschrift war die Wiedereintragung gelöschter, aber aufgewerteter Rechte an alter Stelle unter der Voraussetzung vorgesehen, daß nicht die Vorschriften über den öffentlichen Glauben des Grundbuchs entgegenstünden (vgl. Mügel, AufwRecht § 20 Anm. 5). Dem wurde zugestimmt. Es wurde aber von den Kompromißparteien die Ausdehnung des Schutzes des gutgläubigen Erwerbers gegen das Wiederaufleben gelöschter Rechte auf denjenigen verlangt, der nicht auf Grund des bereinigten Grundbuchs, sondern im Vertrauen auf vorgelegte Löschungspapiere das Eigentum erlangt oder eine Hypothek erworben habe. Dieser Antrag wurde unter Hinweis auf die Interessen der Grundkreditanstalten wie folgt begründet: Es sei im Geschäftsverkehr dieser Banken vielfach üblich, daß bei Beleihungen mit dem zu gewährenden Darlehen eine Vorhypothek abgelöst werden solle. Die Anstalt lasse in solchen Fällen zunächst eine Nachhypothek hinter der abzulösenden Hypothek eintragen, zahle die Vorhypothek gegen Vorweisung der Löschungsbewilligung des Vorhypothekars aus und bringe sie dann erst zur Löschung. Hier bestehe die Vorhypothek noch zur Zeit des Erwerbes der Nachhypothek, sie werde aber alsbald gelöscht. Sei die gelöschte Hypothek nach dem 15. Juni 1922 getilgt worden, so werde durch ihr Wiederaufleben an alter Stelle die Hypothek der Grundkreditanstalt zweitstellig und nicht mehr „pfandbriefunterlagsfähig“; sie müsse nach den Satzungen der Hypothekenbanken eingezogen werden. In solchen Fällen sei es erwünscht, daß der frühere Hypothekar im Interesse des allgemeinen Grundkredits der Anstalt hinter die Bankhypothek zurücktrete, einerlei, ob der Gläubiger die Zusammenhänge der Bezahlung seiner Schuld mit der Aufnahme neuen Kredits gekannt habe. Eine Erweiterung des öffentlichen Glaubens des Grundbuchs bedeute hier keine Beeinträchtigung des Gläubigers, da er ja bei Erteilung der Löschungspapiere mit dem Untergang seiner Rechte einverstanden gewesen sei und Zahlung erhalten habe. Die Rechtsfolge müsse dann aber auch auf jeden anderen Hypothekar ausgedehnt werden, der in gleicher Lage wie eine Grundkreditanstalt gegen Löschungspapiere ein dingliches Recht erworben habe, und die Rechtswohltat könne auch dem „Erwerber des Eigentums in gleicher Lage" nicht versagt bleiben. — Diese Ausführungen ergeben, daß der Schutz des öffentlichen Glaubens des Grundbuchs zunächst den Grundkreditanstalten zugute kommen sollte, welche Löschungspapiere dadurch erlangt hatten, daß sie die Vorhypotheken mit eigenen Mitteln auszahlten und die daher, wie das Kammergericht hervorhebt, durch diese Zahlung den Zustand schufen, der ihnen das Grundstück als frei von hypothekarischer Belastung erscheinen ließ. Diese den Grundkreditanstalten eingeräumte Wohltat sollte aber nach dem Willen des Gesetzgebers nicht nur auf jeden anderen Hypothekengläubiger, sondern auch auf den „Erwerber des Grundstücks in gleicher Lage", also auf denjenigen Erwerber ausgedehnt werden, der den Hypothekengläubiger mit eigenen Mitteln befriedigte. Gerade diesen Fall hatte man sonach bei Schaffung des § 20 Abs. 2 AufwG. im Auge. Demgegenüber wurde darauf hingewiesen (LG. III Berlin in JW. 1925 S. 2640; Nadler Grundbuch- und AufwFragen 2. Aufl. S. 54; Quassowski AufwG. Erl. II B zu § 20), daß der Grundstückseigentümer, der vor seiner Eintragung die Hypothek für eigene Rechnung abgegolten habe, nicht mehr zu schützen sei, als wenn er das gleiche nach der Eintragung tue. Dabei wird jedoch (vgl. auch Schweitzer im „Grundeigentum" 1926 S. 1147) verkannt, daß ein Erwerber, der vor seiner Eintragung eine Hypothek zurückzahlt, den Antrag auf Eigentumsübertragung erst dann und nur dann stellen will, wenn er zuvor eine grundbuchmäßige Lage geschaffen hat, die ihm die Berufung auf den öffentlichen Glauben des Grundbuchs nach grundbuchrechtlichen Vorschriften sichert. Diese Voraussicht des Erwerbers und sein Vertrauen auf den Schutz des öffentlichen Glaubens soll aber gerade durch die Vorschrift des § 20 AufwG. geschützt werden. Hiernach verschließt der Umstand, daß der Grundstückseigentümer die Hypothek in Anrechnung auf den Kaufpreis übernommen und mit eigenen Mitteln ausgezahlt und daß er außerdem die Erteilung der Löschungsbewilligung veranlaßt hat, entgegen der Annahme des Landgerichts ihm nicht grundsätzlich die Berufung auf den öffentlichen Glauben des Grundbuchs gemäß § 20 AufwG.

Im übrigen kommt es nach den Grundsätzen, die der erkennende Senat im Urteil vom 9. Februar 1927 (RGZ. Bd. 116 S. 102) ausgesprochen hat, im vorliegenden Falle darauf an, ob die Baugesellschaft, als ihr Antrag auf Eigentumseintragung beim Grundbuchamt einging, erkannt hat, daß die Zahlung des Hypothekenbetrags an den Kläger eine unzureichende Zahlung war, und weiter, daß die darüber ausgestellte löschungsfähige Quittung keine ausreichende Unterlage für die Löschung bot, die Hypothek vielmehr auch im Falle der Löschung in Höhe des ungetilgten Aufwertungsbetrags fortbestehen werde. In dieser Beziehung gibt jedoch das landgerichtliche Urteil dem Verdacht eines Rechtsirrtums Raum. Denn es stellt den allein maßgebenden Zeitpunkt des Eingangs des Antrags auf Eigentumseintragung beim Grundbuchamt nicht fest, sondern hebt nur hervor, die Gesellschaft habe zur Zeit der Löschung der Hypothek nicht gewußt, daß eine nachträgliche Aufwertung bereits erloschener Hypotheken erfolgen werde.

---

34. Zum Begriff der Anleihe und des Schuldscheins im Sinne von § 30 Abs. 3 des Gesetzes über die Ablösung öffentlicher Anleihen vom 16. Juli 1925.

V. Zivilsenat. Urt. v. 23. März 1927 i. S. Württemb. Hypothekenbank AG. (Kl.) w. Gemeinde Schörzingen (Bekl.). V 369/26.

Landgericht Rottweil.

Die Beklagte hat im Jahre 1908 von der Klägerin ein mit $4^1/_2$ v. H. verzinsliches Tilgungsdarlehen aufgenommen, um damit den Kaufpreis für ein im Vorjahre von anderer Seite erworbenes Rittergut zu zahlen. Über das Darlehen wurde am 6. Februar 1908 eine notarielle Urkunde ausgestellt, worin die Beklagte erklärt, daß sie der Klägerin das Darlehen unter näher angeführten Bedingungen schuldig geworden sei und sich der sofortigen Zwangsvollstreckung aus der Urkunde unterwerfe. Die Urkunde wurde mit dem Brief über eine Hypothek verbunden, die der Klägerin von der Beklagten auf den gekauften Grundstücken eingeräumt worden war.

Die Klägerin verlangt mit der Klage für die Restschuld in Höhe von 44203,16 *M* fünfundzwanzigprozentige Aufwertung nach dem Aufwertungsgesetz und der dazu ergangenen Durchführungsverordnung; die Beklagte dagegen hält nur zwölfeinhalbprozentige Aufwertung nach den Vorschriften des Anleiheablösungsgesetzes für berechtigt. Das Landgericht hat den Antrag der Klägerin, festzustellen, daß die der Hypothek zugrunde liegende Darlehensforderung auf 11050 R*M* aufzuwerten sei, abgewiesen. Hiergegen hat die Klägerin gemäß § 566a ZPO. Revision eingelegt, die erfolglos blieb.

Gründe:

Das Landgericht weist die Klage ab, weil es auf das Darlehen, bei dem die Art der Aufwertung streitig ist, den § 30 Abs. 3 und den § 40 Abs. 3 AnlAblG. für anwendbar hält. Für die Schuldscheindarlehen der Gemeinden erachtet es den mit der Darlehensaufnahme verfolgten Zweck nur in den (hier nicht gegebenen) Fällen des § 39 Nr. 3 und des § 45 Nr. 2 AnlAblG. für erheblich, es lehnt daher die von der Klägerin gewünschte Untersuchung darüber ab, ob das Darlehen zur Befriedigung öffentlicher Bedürfnisse der Beklagten gedient habe. Ebensowenig mißt der Vorderrichter dem Umstande Bedeutung bei, daß das Darlehen hypothekarisch gesichert und die Darlehensurkunde dem Hypothekenbrief angehängt wurde. Vielmehr prüft und bejaht er nur die von ihm als entscheidend angesehene Frage, ob die Schuldurkunde nach ihrem Inhalt als Darlehensschuldschein aufzufassen sei.

Demgegenüber will die Revision, um die Rüge von Verstößen gegen die §§ 4flg. AufwG. und §§ 30, 31, 40 AnlAblG. zu rechtfertigen, unter den für § 30 Abs. 3 des letzteren Gesetzes maßgebenden Begriff der Anleihe nur eine bestimmte Gruppe von Darlehen eingereiht wissen, die eine Ähnlichkeit mit den Anleihen im gewöhnlichen Sinne hätten, d. h. mit den gegen Ausgabe von Inhaber-

oder Namensschuldverschreibungen aufgenommenen Darlehen. Ferner müsse es sich, so meint die Revision weiter, um eine öffentliche Anleihe handeln und es müsse das Darlehen einer Gemeinde im Hinblick darauf gewährt worden sein, daß sie als Trägerin öffentlichrechtlicher Befugnisse und Pflichten ein besonderes Vertrauen genieße, also vorwiegend ihren Personalkredit ausgenutzt habe.

Zur Stütze dieser Ansicht weist die Revision auf § 41 des Hypothekenbankgesetzes hin, der die Ausgabe von Kommunalschuldverschreibungen auf Grund nicht hypothekarisch gesicherter Darlehen an Gemeinden und Gemeindeverbände betrifft, und setzt diese Art der Kreditgewährung in Gegensatz zu solchen Darlehen, die auf dem Gebiete des Realkredits gegen dingliche Sicherung gegeben werden und bei denen die Persönlichkeit der Schuldnerin nebensächlich ist. Darum, meint die Revision, handle es sich hier. Die dem Hypothekenbrief angefügte Urkunde sei vorzugsweise als Eintragungsbewilligung für die Hypothek zu bewerten, die Unterwerfung unter die sofortige Zwangsvollstreckung sei eine zwar übliche, aber nicht ins Gewicht fallende Förmlichkeit. Im übrigen sei auch der Zweck der Darlehensaufnahme für die Entscheidung bedeutsam. Als öffentliche Anleihen seien ausschließlich solche Darlehen anzusehen, die vorwiegend zu öffentlichen und kommunalen Zwecken aufgenommen, nicht aber solche, die nur privatwirtschaftlich nützlich seien, wie der Ankauf eines Ritterguts durch die Beklagte. Für die Aufwertung der Hypothek sei demnach das Aufwertungsgesetz, und zwar sein zweiter Abschnitt, maßgebend. Die in § 4 AufwG. gesetzte Grenze sei für die durch Hypothek gesicherten Gemeindeanleihen nicht anwendbar, falls bei ihnen eine „Aufwertung" überhaupt nicht stattfinde. Auch § 31 Abs. 1 AnlAblG. stehe der Aufwertung der Hypothek nicht im Wege.

Der Sachentscheidung muß die von Amts wegen vorzunehmende Erörterung der Zulässigkeit des Rechtswegs vorangehen. Die auf Grund der §§ 46, 48 AnlAblG. erlassene zweite Durchführungsverordnung vom 2. Juli 1926 (RGBl. I S. 343) bestimmt in § 1 Abs. 1, daß die Geltendmachung der nach dem Gesetze gegebenen Ansprüche auf Umtausch der Markanleihen der Länder, Gemeinden und Gemeindeverbände, der Ansprüche auf Gewährung der besonderen Rechte, die den Gläubigern von Markanleihen alten Besitzes zustehen, sowie die Entscheidung über diese Ansprüche in dem Verfahren erfolgen, das die obersten Landesbehörden bestimmen; nach Abs. 3 das. können die im Abs. 1 bezeichneten Ansprüche nicht im ordentlichen Rechtswege geltend gemacht werden. Nach § 40 Abs. 2 AnlAblG. bestehen Ansprüche aus Markanleihen der Gemeinden und Gemeindeverbände unbeschadet einer weitergehenden landesgesetzlichen Regelung nur nach Maßgabe jenes Gesetzes. Ein derartiger Anspruch ist aber nach dem für die Entscheidung über die Zulässigkeit des Rechtswegs maßgebenden Klagevortrag hier nicht geltend gemacht. Vielmehr wird die Feststellung begehrt, daß die streitige Darlehenshypothek in Höhe eines dem Aufwertungsgesetz zu entnehmenden Betrags aufzuwerten sei. Mithin ist ein Anspruch erhoben, für dessen Beurteilung auch nach letzterem Gesetz keine ausschließliche Zuständigkeit einer Verwaltungsbehörde begründet ist. Die Entscheidung über die Zulässigkeit des Rechtswegs ist also vom Landgericht mit Recht dahin getroffen worden, daß es sich um eine nach § 13 GVG. vor die ordentlichen Gerichte gehörende bürgerliche Rechtsstreitigkeit handle. Deshalb muß, wenn der Standpunkt der Beklagten richtig ist, die Klage nicht wegen Unzulässigkeit des Rechtswegs, sondern als unbegründet abgewiesen werden (vgl. RGZ. Bd. 93 S. 259).

Dem Landgericht ist aber auch in der sachlichen Entscheidung beizutreten.

Die Revisionsbegründung wirft mit ihrer Auslegung des Anleiheablösungsgesetzes eine Streitfrage von neuem auf, die anläßlich der Anwendung der 3. Steuernotverordnung aufgetaucht war und durch das Anleiheablösungsgesetz erledigt werden sollte. Durch Art. II § 16 der 3. Steuernotverordnung wurden öffentlichrechtliche Körperschaften, darunter Gemeinden und Gemeindeverbände, in weitem Umfang von der Pflicht zur Verzinsung und Einlösung früherer „Anleihen" entbunden. In der Rechtsprechung bestand Uneinigkeit darüber, ob unter die Anleihen auch Darlehen zu rechnen seien, die von den Gemeinden bei Einzelpersonen aufgenommen worden waren. So hatten die Oberlandesgerichte Breslau, Naumburg und Kiel in Entscheidungen aus dem Beginn des Jahres 1925 den Begriff der Anleihe nach Sprachgebrauch und Verwaltungsübung und dabei insbesondere auch die Frage untersucht, ob es sich um öffentliche Anleihen handeln müsse; sie waren jedoch zu verschiedenartigen Ergebnissen gelangt. Es wurde namentlich auch in Betracht gezogen, inwieweit das Gesetz die Interessen der verpflichteten Gemeinden und die damit zusammenhängenden Reichsinteressen oder die Interessen der Anleihegläubiger habe wahren wollen.

Über letzteren Punkt kann schon nach der dem Reichstag am 25. April 1925 vorgelegten Begründung zum Entwurf des Anleiheablösungsgesetzes kein Zweifel bestehen. Dort wurde hervorgehoben, die Ablösung der Markanleihen des Reichs, der Länder und der Gemeinden müsse grundsätzlich in derselben Weise geordnet werden. Abweichungen hiervon seien gesetzlich auszuschließen. Wegen der Gemeinden im besonderen wurde gegenüber dem Hinweis auf die günstigere Vermögenslage einzelner Gemeinden und die in deren Besitz befindlichen werbenden Anlagen die Möglichkeit der Beseitigung etwaiger Ungleichheiten bei der neuen Regelung des Finanzausgleichs betont und an der Einheitlichkeit der Anleiheablösung für Reich, Länder und Gemeinden festgehalten. Auch im übrigen ist die Begründung ausschließlich auf die Interessen dieser Gemeinwesen abgestellt. Nur der Anleihealtbesitz wurde günstiger behandelt.

Dementsprechend wurde nach dem Ausschußbericht (Drucksachen des Reichstags III 1924/25 Nr. 1150 S. 8flg.) gegenüber einem Antrag, aus § 30 AnlAblG. die Darlehen, über welche Schuldscheine ausgestellt sind, herauszunehmen und diese Forderungen nach den allgemeinen gesetzlichen Vorschriften aufzuwerten, von der Reichsregierung in Übereinstimmung mit der zu § 30 des Entwurfs gegebenen Einzelbegründung hervorgehoben: für die Gemeinden, und zwar gerade für die leistungsschwachen, auf dem Anleihemarkt nicht kreditwürdigen kleinen Gemeinden habe die Aufwertung aller solcher auf Schuldscheine gewährten Darlehen eine sehr erhebliche finanzielle Bedeutung. Die im Regierungsentwurf vorgesehene Regelung entspreche dem § 16 der 3. SteuernotVo. Allerdings sei die Rechtsprechung in dieser Frage nicht einheitlich. Um so notwendiger sei es, jetzt eine endgültige und einwandfreie Regelung zu treffen. Wie wenig man dabei an eine andere Beschränkung des Gesetzesrahmens als durch den Schuldgrund (Darlehen) und die Art der Bestätigung des die Gemeinden verpflichtenden Geschäfts gedacht hat, zeigt die nach Zurücknahme jenes Streichungsantrags abgegebene Regierungserklärung: daß, wenn einem Schuldscheindarlehen ein anderes Rechtsgeschäft zugrunde liege, wie beispielsweise bei einem auf Kauf beruhenden Restkaufgeld, die Entscheidung davon abhänge, ob die Ausstellung des Schuldscheins novierenden Charakter habe. Sie müsse jedoch den ordentlichen Gerichten überlassen werden; vgl. hierzu das Urteil des erkennenden Senats vom 26. Januar 1927, S. 60 dieses Bandes. Bei der zweiten Lesung im Ausschuß hat die Regierung bestätigt, daß unter „Darlehen, über welche Schuldscheine ausgestellt sind" auch die im Wege der Ausstellung privater, nicht indossabler Schuldscheine aufgenommenen Anleihen der Gemeinden zu fallen hätten (Ausschußbericht S. 18).

Die Entstehungsgeschichte des § 30 AnlAblG. spricht hiernach nicht für (so der Aufwertungssenat des Kammergerichts bei Ring, Rechtspr. in AufwSachen, 1926 S. 771), sondern gegen die Ansicht, daß im Abs. 3 nur diejenigen Darlehen gemeint seien, die den Charakter einer öffentlichen Anleihe haben. Verfehlt ist es auch, für diese Ansicht die Gesetzesüberschrift in Anspruch zu nehmen, die von der Ablösung „öffentlicher Anleihen" spricht. Solche Überschriften von Gesetzen oder Gesetzesteilen dienen lediglich der Übersicht und der zusammenfassenden Erklärung; sie haben an der bindenden Kraft des Gesetzesinhalts keinen Anteil. Aber auch zur Erläuterung des Gesetzes sind sie nur beschränkt verwendbar. So mag für das hier in Betracht kommende Wort „öffentlicher" im Gesetzestitel darauf hingewiesen werden, daß es ebensogut als abgekürzter Ausdruck für „Anleihen der Persönlichkeiten des öffentlichen Rechts" aufgefaßt werden kann, nämlich derjenigen, die in den Abschnittsüberschriften einzeln genannt sind.

Die Absicht, die bei Schaffung der hier fraglichen Vorschriften verfolgt wurde, hat im Gesetze selbst entsprechenden Ausdruck gefunden. Im § 30 Abs. 3 AnlAblG. werden als Anleihen der Länder im Sinne des Abs. 1 außer den für die Entscheidung nicht in Betracht kommenden Schuldverschreibungen, Buchschulden und verzinslichen Schatzanweisungen auch Darlehen bezeichnet, über welche Schuldscheine ausgestellt sind, und nach § 40 Abs. 3 das. soll für Gemeinden und Gemeindeverbände dasselbe gelten. Daraus ergibt sich aber kein Anhalt dafür, daß je nach Anlaß, Art und Zweck der Aufnahme eines Darlehens oder nach dem Grunde, der (entsprechend etwa der Regelung im Hypothekenbankgesetz) für die Gewährung des Darlehens ausschlaggebend war, beim Begriff der Anleihe irgendwelche Unterscheidung oder Einschränkung zu machen wäre. Insbesondere darf nicht gefordert werden, daß es sich um eine „öffentliche" Anleihe, d. h. eine solche handle, die von der Gemeinde zur Erfüllung ihrer öffentlichrechtlichen Verpflichtungen oder zur Deckung eines Fehlbetrags im Gemeindehaushalt aufgenommen oder bei deren Aufnahme die etwaigen verwaltungsrechtlichen Genehmigungen eingeholt wurden (sofern nur die Aufnahme durch die zur Vertretung der Gemeinde berufenen Personen geschah). Solche Einschränkungsversuche müssen an der Erwägung scheitern, daß Abs. 3 des § 30 ausschließlich den im Abs. 1 gebrauchten Begriff „Anleihe" bestimmen soll. Eine derartige Begriffsbestimmung hat erschöpfenden Charakter, soweit nicht aus der Entstehungsgeschichte des Gesetzes oder aus dem sonstigen Gesetzesinhalt Abweichendes entnommen werden kann. Keiner von diesen beiden Fällen trifft hier zu; insbesondere muß auch das Eingreifen der Ausnahmevorschriften der §§ 39, 45 mit dem Landgericht abgelehnt werden. Als erschöpfend hat eine solche Begriffsbestimmung namentlich dann zu gelten, wenn für den Begriff sonst unter Hinweis auf Sprachgebrauch und Verkehrsübung besondere Eigenschaften oder Einschränkungen beansprucht werden und gerade diese sich in der gesetzlichen Erläuterung nicht wiederfinden. Wollte man anders urteilen, so würde man das Gesetz nicht auslegen, sondern abändern.

Deshalb haben die ordentlichen Gerichte, ohne daß sie zu einer auf Interessenabwägung und Berücksichtigung von Billigkeitsgründen hinauslaufenden Entscheidung berufen wären, lediglich zu untersuchen, ob nach bürgerlichem Recht eine Schuldverpflichtung aus einem Darlehen vorliegt, über das ein Schuldschein ausgestellt wurde, und ob das Darlehen von dem Gemeinwesen während des vom Gesetz erfaßten Zeitraums aufgenommen worden ist. Müssen diese Fragen bejaht werden, so finden, weil die Aufwertung insoweit durch das Anleiheablösungsgesetz als Sondergesetz geregelt ist, die Vorschriften des Aufwertungsgesetzes nach dessen § 1 Abs. 2 keine Anwendung. Vgl. Neufeld, AnlAblG. § 30 Anm. 5; teilweise a. M. Rademacher in der Deutschen Steuerzeitung 1926 Sp. 839flg.

Daß die Beklagte als Gemeinde von der Klägerin vor dem Inkrafttreten des Anleiheablösungsgesetzes ein Darlehen erhalten hat, ist unstreitig. Aber auch das Vorliegen eines Schuldscheins ist vom Landgericht mit Recht angenommen worden. Ein Schuldschein ist, wie aus den §§ 371, 607, 952 Abs. 1 BGB. erhellt, eine die Schuldverpflichtung begründende oder bestätigende, vom Schuldner zur Zwecke der Beweissicherung für das Bestehen der Schuld ausgestellte Urkunde (vgl. Komm. v. RGR. Anm. 7 zu § 607). Diesen Anforderungen genügt das der Klägerin von der Beklagten gegebene Schuldbekenntnis, wie das Landgericht rechtlich bedenkenfrei feststellt. Vergebens macht die Revision geltend, daß die dem Hypothekenbrief angefügte Urkunde in erster Linie als Eintragungsbewilligung für eine Hypothek anzusehen sei, die als deren Grundlage die Darlehensbedingungen habe enthalten müssen, und daß die in der notariellen Urkunde enthaltene Unterwerfung unter die Zwangsvollstreckung aus der Urkunde bloß eine übliche Förmlichkeit sei. Letzteres ist im Hinblick auf die durch § 794 Abs. 1 Nr. 5, § 800 ZPO. eröffneten Vollstreckungsmöglichkeiten nicht zutreffend, aber auch unerheblich für die Frage, ob ein Schuldschein über ein Darlehen vorliegt. Zwar kommt nicht jede beliebige derartige Urkunde, die nach § 58 GBO. mit einem Hypothekenbrief verbunden ist, auch als Darlehensurkunde in Betracht (vgl. Güthe-Triebel zu § 58 GBO. Anm. 3). Vielmehr ist im Einzelfalle nach den angeführten Grundsätzen zu untersuchen, ob ein Darlehensschuldschein vorliegt. Anderseits darf es aber auch nicht gegen die Anwendbarkeit des Anleiheablösungsgesetzes verwertet werden, wenn der Schuldschein mit einem Hypothekenbrief verbunden und das Darlehen auch dinglich gesichert worden ist. Eine derartige Sicherung muß überhaupt als für die Anwendbarkeit dieses Gesetzes rechtlich bedeutungslos angesehen werden, sofern nur seinen Anforderungen im übrigen genügt ist (vgl. §§ 30, 31 Abs. 1 in Verbindung mit § 41 Abs. 1 AnlAblG.).

---

35. Durften die preußischen Gemeinden ihren auf Kündigung angestellten Beamten zum Zweck des Personalabbaues kündigen oder waren sie bei der Durchführung des Personalabbaues darauf beschränkt, sie einstweilen in den Ruhestand zu versetzen oder zu entlassen?

Preußische Personal-Abbau-Verordnung vom 8. Februar 1924 § 15 Abs. 2, § 16 Abs. 1, § 48.

III. Zivilsenat. Urt. v. 25. Februar 1927 i. S. R. (Kl.) w. Stadtgemeinde J. (Bekl.). III 424/26.

I. Landgericht Insterburg.
II. Oberlandesgericht Königsberg.

Durch Anstellungsurkunde vom 29. Oktober 1920 wurde der Kläger von der verklagten Stadtgemeinde als Feuerwehrmann mit Beamteneigenschaft unter dem Vorbehalt einer dreimonatlichen Kündigung angestellt. Diese Stellung wurde ihm, gleichzeitig mit fünf anderen Feuerwehrmännern, durch Schreiben der Beklagten vom 29. April 1924 zum 31. Juli 1924 gekündigt, da durch die Änderung der Dienstzeit sechs Stellen entbehrlich würden. Weiter hieß es in dem Schreiben, daß der Anspruch des Klägers auf Gewährung einer Abfindungssumme sich nach den gesetzlichen Vorschriften regle. Zur Zeit der Kündigung hatte der Kläger eine mehr als zehnjährige ruhegehaltsfähige Dienstzeit zurückgelegt. Er behauptet, daß er deshalb gemäß § 15 Abs. 2 der preußischen Personal-Abbau-Verordnung vom 8. Februar 1924 nur unter Bewilligung des gesetzlichen Wartegelds einstweilen in den Ruhestand habe versetzt werden dürfen. Die Kündigung sei auch noch aus zwei weiteren Gründen unwirksam: ihm habe nur beim Vorliegen eines wichtigen Grundes gekündigt werden dürfen; ferner sei dem Kündigungsschreiben die erforderliche Genehmigung des Regierungspräsidenten nicht beigefügt gewesen. Er hat deshalb Klage erhoben auf Feststellung der Rechtsunwirksamkeit der Kündigung und auf Feststellung der Verpflichtung der Beklagten, ihm weiter Gehalt zu zahlen, hilfsweise auf Feststellung ihrer Pflicht, ihm Wartegeld zu zahlen.

Die Beklagte bestreitet, daß die Kündigung gegenüber dem Kläger wegen Veränderung der Dienstzeit eine Maßnahme des Personalabbaues darstelle, macht auch geltend, daß ihr Kündigungsrecht durch die Personal-Abbau-Verordnung unberührt geblieben sei. Die Kündigung habe ohne Vorliegen eines wichtigen Grundes erfolgen dürfen. Der Genehmigung des Regierungspräsidenten habe sie nicht bedurft.

Das Landgericht hat dem Hilfsantrag des Klägers stattgegeben. Dagegen hat das Oberlandesgericht auf Berufung der Beklagten die Klage völlig abgewiesen. Die Revision des Klägers blieb erfolglos.

Gründe:

Als Maßnahmen zur Verminderung der Zahl der Beamten, die ohne Zustimmung des betroffenen Beamten erfolgen konnte, schrieb die preußische Personal-Abbau-Verordnung, auch für die Kommunalbeamten (§ 48 Abs. 1), die Versetzung in den einstweiligen Ruhestand und die Entlassung vor. Gegenüber lebenslänglich angestellten Beamten war nach § 15 Abs. 1 allein die erstere zulässig. Nach § 15 Abs. 2 konnten auch die nicht planmäßigen Beamten und die auf Probe, auf Kündigung oder auf Widerruf angestellten Beamten, die eine mehr als zehnjährige ruhegehaltsfähige Dienstzeit zurückgelegt oder das 50. Lebensjahr vollendet hatten, im allgemeinen nur unter Bewilligung des gesetzlichen Wartegelds einstweilen in den Ruhestand versetzt werden. Unbeschadet dieser Vorschrift des § 15 Abs. 2 konnten die dort genannten Beamten aber nach § 16 Abs. 1 aus dem Staatsdienst (Gemeindedienst) entlassen werden. Das unter den Parteien streitige Verhältnis dieser beiden Bestimmungen zueinander bedarf im vorliegenden Falle keiner Erörterung. Denn die Beklagte hat dem Kläger gegenüber weder von § 15 Abs. 2 noch von § 16 Abs. 1 Gebrauch gemacht; sie hat ihn weder einstweilen in den Ruhestand versetzt noch ihn aus ihrem Dienst entlassen, sondern hat ihm gekündigt. Sie hat ihm zwar eine Abfindungssumme in Aussicht gestellt und gezahlt, wozu sie nach § 16 Abs. 2 PrPersAbbauVo. nur im Falle seiner Entlassung verpflichtet war. Diese dem Kläger von der Beklagten aus Rechtsirrtum oder aus Entgegenkommen gewährte Vergünstigung ändert aber den Rechtscharakter der von ihr unzweideutig ausgesprochenen Kündigung nicht, macht sie nicht zu einer Entlassung im Sinne des § 16 Abs. 1 daselbst.

Zur Kündigung gegenüber dem Kläger war die Beklagte nach dem bei seiner Anstellung gemachten Kündigungsvorbehalt befugt. Dieser Vorbehalt fand seine Rechtsgrundlage in § 8 Abs. 2 des Kommunalbeamtengesetzes vom 30. Juli 1899 in Verbindung mit dem Ortsstatut der Beklagten vom 27. April/2. Mai 1900, das die Anstellung der Beamten der städtischen Betriebsverwaltungen — und zu diesen rechnet es auch das Feuerlöschwesen — auf Kündigung vorsieht. An das Vorliegen eines wichtigen Grundes war die Kündigung hier nicht geknüpft. Ob die Beklagte den Kläger zu Unrecht für versicherungsfrei nach § 9 des Versicherungsgesetzes für Angestellte vom 20. Dezember 1911 (§ 11 des Angestellten-Versicherungsgesetzes in der Fassung vom 28. Mai 1924) gehalten hat, ist, wie das Oberlandesgericht zutreffend annimmt, für die Frage der Kündbarkeit unerheblich. Zuzustimmen ist dem Berufungsgericht auch darin, daß die Kündigung keiner Genehmigung durch den Regierungspräsidenten bedurfte.

So bleibt nur noch der Einwand des Klägers zu erörtern: zum Zweck des Personalabbaues habe die Kündigung nicht erfolgen dürfen; bei der Verminderung der Zahl ihrer Beamten sei die Beklagte auf die in der preußischen Personal-Abbau-Verordnung bezeichneten Mittel beschränkt gewesen. Dieser Auffassung kann indessen nicht beigepflichtet werden. Sie findet weder im Wortlaut noch in der Entstehungsgeschichte der preußischen Personal-Abbau-Verordnung eine Stütze. Es ist auch nicht richtig, daß, wenn der Personalabbau im Wege der Kündigung habe durchgeführt werden dürfen, die Einführung der einstweiligen Versetzung in den Ruhestand und der Entlassung für die in § 15 Abs. 2 und § 16 Abs. 1 der preuß. PersAbbauVo. ausdrücklich genannten Kündigungsbeamten gegenstandslos und überflüssig gewesen sei. Das trifft zwar zu für die Beamten, bei denen die Kündigung — wie es beim Kläger der Fall war — keiner Einschränkung unterlag, nicht aber für die, bei denen sie an bestimmte Voraussetzungen, etwa an die Einhaltung einer längeren Kündigungsfrist oder an das Vorliegen eines wichtigen Grundes, gebunden war. Erst die genannten Vorschriften schufen die Möglichkeit, Kündigungsbeamte dieser Art, die in großer Anzahl vorhanden sind, auch gegen ihren Willen, unabhängig von den Kündigungsvoraussetzungen, aus ihrem Amte zu entfernen. Die Aufführung der auf Kündigung angestellten Beamten in der preußischen Personal-Abbau-Verordnung war also zur glatten Durchführung der geplanten Personalverminderung durchaus erforderlich. Dem Zweck der Personal-Abbau-Verordnung würde es geradezu widersprochen haben, wenn sie die rechtlich bereits gegebene Möglichkeit, Beamte durch Kündigung aus ihren Stellen zu entfernen, eingeschränkt hätte. Zwar hat sie, wie gerade ihr § 15 Abs. 2 zeigt, auf ältere Beamte gewisse Rücksichten genommen; aber doch nur insoweit, als sie ihnen gegenüber die für notwendig erachteten Eingriffe in ihre wohlerworbenen Rechte schonend gestaltet hat. Unabhängig von solchen Eingriffen den Beamten neue Rechte zu gewähren, ihre Rechtsstellung zu verstärken, ihre Entlassung zu erschweren, hat ihr durchaus fern gelegen. Würde sie doch damit die Erreichung ihres Ziels, das in der Verminderung der Zahl der im öffentlichen Dienst befindlichen Personen bestand, erschwert statt erleichtert haben. Bestätigt wird dieses Ergebnis durch die vorläufigen Ausführungsvorschriften zur preußischen Personal-Abbau-Verordnung vom 8. Februar 1924 (Preuß. Bes. Bl. S. 253), die unter Nr. 43 und 62 ausdrücklich aussprechen, daß die sonstigen Vorschriften über die Entlassung der in § 15 Abs. 2 und § 16 Abs. 1 der preuß. PersAbbauVo. bezeichneten Beamten unberührt bleiben. Das galt auch für die auf Kündigung angestellten Gemeindebeamten, wenngleich die bezeichneten Ausführungsvorschriften den Personalabbau in den Gemeinden nicht unmittelbar betreffen und der ihn behandelnde Ministerialerlaß vom 10. März 1924 (Inn. Min. Bl. Sp. 267) keine den angeführten Nr. 43 und 62 entsprechenden Bestimmungen enthält.

---

36. Kann sich der Erwerber eines Grundstücks gegenüber dem vom Zedenten einer Hypothek auf Grund des § 17 AufwG. erhobenen Aufwertungsanspruch auf die Vorschriften über den öffentlichen Glauben des Grundbuchs berufen, wenn zur Zeit des Erwerbes des Grundstücks die Hypothek auf den Zessionar umgeschrieben war?

AufwG. §§ 17, 20, 21.

V. Zivilsenat. Beschl. v. 9. Mai 1927 in einer Dresdener Grundbuchsache. V B 3/27.

I. Grundbuchamt Dresden.
II. Landgericht daselbst.

Der Sachverhalt ergibt sich aus den Gründen:

Für die Beschwerdeführerin waren auf einem Dresdener Grundstück eine Briefhypothek für eine Restkaufgeldforderung von 10000 ℳ und eine in eine Briefhypothek umgewandelte Hypothek von

50000 *M* eingetragen. Die Hypothek von 10000 *M* hatte die Beschwerdeführerin am 10. Oktober 1903 durch Abtretung erworben; die Hypothek von 50000 *M* war am 30. April 1896 für sie eingetragen worden. Die Beschwerdeführerin trat am 11. April 1923 beide Hypotheken von zusammen 60000 *M* mit den vom 1. April 1923 an laufenden Zinsen an den Kaufmann K. in Dresden ab; zugleich bekannte sie, den Gegenwert vom Zessionar empfangen zu haben, und bewilligte die Umschreibung der Hypotheken im Grundbuch auf K. Am 11. Mai 1923 wurde die Abtretung im Grundbuch eingetragen. Durch notariellen Vertrag vom 29. Juni 1923 verkaufte der bisherige Eigentümer das Grundstück an den Kaufmann F., der die 60000 *M* in Anrechnung auf den Kaufpreis übernahm. Die Auflassung erfolgte gleichzeitig. F. wurde am 8. November 1923 als Eigentümer im Grundbuch eingetragen. Die Hypotheken lauten noch jetzt auf Papiermark.

Am 15. September 1925 meldete die Beschwerdeführerin die Hypotheken bei der Aufwertungsstelle an. Der Eigentümer F. erhob gegen die ihm am 26. November 1925 mitgeteilte Anmeldung keinen Einspruch. Am 24. Juli 1926 stellte die Beschwerdeführerin beim Grundbuchamt den Antrag, die Hypotheken für sie in Höhe des Aufwertungsbetrags, den sie unter Abrechnung einer am 7. April 1923 erhaltenen Zahlung von 80000 P*M* = 16,16 G*M* auf 14983,84 G*M* berechnet, im Grundbuch einzutragen. Diesen Antrag lehnte das Grundbuchamt durch Beschluß vom 29. Juli 1926 mit der Begründung ab, daß nach Abtretung der Hypotheken ein neuer Grundstückseigentümer eingetragen worden sei, dem der Schutz des öffentlichen Glaubens zur Seite stehe. Das Landgericht wies die hiergegen erhobene sofortige Beschwerde zurück.

Gegen diesen Beschluß erhob die Beschwerdeführerin sofortige weitere Beschwerde. Das Oberlandesgericht Dresden möchte der Beschwerde abhelfen, sieht sich aber hieran durch die bei Ring Aufw.-Rspr. 1 S. 140 und 462 abgedruckten Beschlüsse des Kammergerichts vom 7. Januar und 8. Juli 1926 gehindert. Es hat daher die Sache gemäß § 79 Abs. 2 GBO., § 74 Abs. 1 AufwG. in Verbindung mit § 28 Abs. 2 FGG. dem Reichsgericht zur Entscheidung vorgelegt. Die Voraussetzungen für diese Entscheidung sind gegeben.

Die hier zu lösende Streitfrage ist die, ob die Vorschriften über den öffentlichen Glauben des Grundbuchs zugunsten des Erwerbers eines Grundstücks und zuungunsten des nach § 17 AufwG. aufwertungsberechtigten früheren Gläubigers einer abgetretenen Hypothek anzuwenden sind, wenn die Hypothek zur Zeit des Erwerbes des Grundstücks durch den neuen Eigentümer auf den neuen Gläubiger umgeschrieben war.

Das Oberlandesgericht geht in Übereinstimmung mit dem Kammergericht zunächst davon aus, daß die Versäumung der Einspruchsfrist durch den Eigentümer die Berufung auf seinen guten Glauben nicht ausschließe. Diese Ansicht entspricht dem Standpunkt, den der beschließende Senat in seinem zum Abdruck in der amtlichen Sammlung bestimmten Beschluß vom 30. April 1927 V B 5/27 eingenommen hat. Auf diesen Beschluß wird verwiesen.

In der Entscheidung der Streitfrage ist dem Oberlandesgericht Dresden beizutreten. Nach § 20 AufwG. findet die Wiedereintragung einer gelöschten Hypothek in Höhe der Aufwertung mit dem aus § 6 das. sich ergebenden Range statt, soweit nicht die Vorschriften über den öffentlichen Glauben des Grundbuchs entgegenstehen. Diese Vorschriften sollen nach § 21 AufwG. u. a. dann entsprechende Anwendung finden, wenn die Hypothek zwar nicht gelöscht, aber nicht mehr für den früheren Gläubiger eingetragen, sondern, wie hier, im Falle der Abtretung (§ 17 AufwG.) auf den Erwerber umgeschrieben ist. Nach dem in § 21 angeführten § 17 AufwG. wird die Hypothek und die persönliche Forderung dann, wenn der Hypothekengläubiger — wie es hier der Fall ist — die Hypothek abgetreten und die Gegenleistung nach dem 14. Juni 1922 angenommen hat, auf der Grundlage des für ihn maßgebenden Goldmarkbetrags auch zu seinen Gunsten aufgewertet.

Die hiernach gebotene sinngemäße Anwendung des ersten Absatzes des § 20 AufwG. auf den Fall der Hypothekenabtretung ergibt einen Rechtssatz des Inhalts, daß, falls die Hypothek zwar nicht gelöscht, aber nicht mehr für den früheren Gläubiger eingetragen, sondern auf den Erwerber umgeschrieben ist, ihre Wiedereintragung in Höhe der Aufwertung mit dem aus § 6 sich ergebenden Range stattfindet, sofern nicht die Vorschriften über den öffentlichen Glauben des Grundbuchs entgegenstehen. Aus der sinngemäßen Anwendung des zweiten Absatzes des § 20 folgt aber, daß die Vorschriften über den öffentlichen Glauben des Grundbuchs entsprechend angewendet werden sollen, wenn in dem in § 892 Abs. 2 BGB. bestimmten

Zeitpunkt eine Umschreibungsbewilligung im Sinne der Grundbuchordnung vorliegt. Ist letzteres der Fall, so soll es so angesehen werden, als ob die Umschreibung der Hypothek auf den neuen Gläubiger bereits vor dem Rechtserwerb erfolgt wäre (Mügel I Anm. 5 zu § 22). Hiernach erschöpft sich die durch § 21 Abs. 1 AufwG. gebotene gleiche Behandlung der Fälle einer Abtretung und einer Löschung der Hypothek in der Anordnung ihrer Wiedereintragung, in der Anwendung des in § 892 Abs. 2 BGB. bestimmten Zeitpunkts für den Fall des Vorhandenseins der grundbuchmäßigen Unterlagen für Löschung und Abtretung und in der Bestimmung, daß in beiden Fällen die Vorschriften über den öffentlichen Glauben des Grundbuchs anzuwenden sind. Daß sie jedoch in gleicher Weise anzuwenden sind, daß also die für den Fall der Löschung geltenden, den guten Glauben des Grundstückserwerbers betreffenden Vorschriften des Bürgerlichen Gesetzbuchs auch für den Fall der Abtretung gelten sollen, ist aus § 21 Abs. 1 AufwG. nicht zu entnehmen. Aus der dort angeordneten Anwendung des § 20 AufwG. läßt sich daher kein Rechtssatz des Inhalts herleiten, daß der Zedent einer Hypothek gegenüber dem späteren gutgläubigen Grundstückserwerber im Hinblick auf die Vorschriften über den öffentlichen Glauben des Grundbuchs geradeso — nicht besser und nicht schlechter — gestellt sein solle wie der Gläubiger, dessen Hypothek gelöscht ist (so u. a. Quassowski AufwG. S. 259, 261). Vielmehr behält es bei den wegen des guten Glaubens des Grundstückserwerbers für beide Fälle bestehenden Unterschieden sein Bewenden.

Mit Recht hat das Oberlandesgericht Dresden auf diese Unterschiede hingewiesen. Es hat dazu ausgeführt: Nach § 892 BGB. gelte zugunsten desjenigen, der ein Recht an einem Grundstück oder ein Recht an einem solchen Rechte durch Rechtsgeschäft erwerbe, der Inhalt des Grundbuchs als richtig, es wäre denn, daß ein Widerspruch gegen die Richtigkeit eingetragen oder die Unrichtigkeit dem Erwerber bekannt sei. Unter dem Inhalt des Grundbuchs sei die Gesamtheit der nach dem Grundbuchsystem zulässigen Einschreibungen zu verstehen, die auf den Rechtsbestand des Grundstücks Bezug haben. Da die Richtigkeit des Inhalts des Grundbuchs auch seine Vollständigkeit in sich schließe, werde dem gutgläubigen Erwerber gewährleistet, daß der eingetragene Berechtigte, von dem er sein Recht ableite, der wahre Berechtigte sei und daß dessen Recht mit dem grundbuchmäßigen Inhalt bestehe, sowie weiter, daß der Erwerber das Eigentum nur mit den eingetragenen Rechten belastet überkomme, daß gelöschte Rechte auch wirklich erloschen seien und daß, von hier nicht in Betracht kommenden Ausnahmen abgesehen, auch sonst außerhalb des Grundbuchs keine Rechte beständen, die dem Eigentum entgegenstehen oder es beschränken könnten. Sei die Hypothek in den maßgebenden Zeitpunkte des § 892 Abs. 2 BGB. bereits gelöscht gewesen oder hätten damals die in § 20 Abs. 2 AufwG. bestimmten Voraussetzungen vorgelegen, so gelte mithin zugunsten des gutgläubigen Erwerbers die Hypothek als wirklich erloschen. Im Falle der Abtretung habe dagegen der öffentliche Glaube des Grundbuchs nur die Wirkung, daß der gutgläubige Erwerber die Hypothek so gegen sich gelten zu lassen habe, wie sie im Grundbuch eingetragen sei. Nach § 891 Abs. 1 BGB. werde, wenn im Grundbuch für jemand ein Recht eingetragen sei, vermutet, daß ihm das Recht zustehe. Aus der Vermutung folge, daß bis zum Beweis des Gegenteils der als Berechtigter Eingetragene als der wirklich Berechtigte und das Recht, wie es eingetragen sei, als materiell bestehend gelte. Diese widerlegbare Vermutung werde zugunsten des gutgläubigen Erwerbers, der das Recht vom eingetragenen Berechtigten erwerbe, durch § 892 BGB. zur unwiderleglichen Fiktion erhoben. Der § 893 BGB. dehne den Schutz des § 892 auf denjenigen aus, der auf Grund des Rechts an einen im Grundbuch eingetragenen Berechtigten eine Leistung bewirke, sowie auf denjenigen, der mit dem eingetragenen Berechtigten in Ansehung dieses Rechts ein nicht unter die Vorschriften des § 892 fallendes Rechtsgeschäft vornehme, das eine Verfügung darüber enthalte. Die Folgen der entsprechenden Anwendung des § 892 beständen hauptsächlich darin, daß auch hier der Inhalt als richtig gelte, d. h. derjenige, an den geleistet werde oder der ein Rechtsgeschäft der genannten Art vornehme, gelte als der wirkliche Berechtigte. Nur in diesen, nicht auch in anderen Beziehungen komme der erweiterte Schutz des öffentlichen Glaubens des Grundbuchs zur Geltung. Dagegen verhelfe der Schutz des öffentlichen Glaubens des Grundbuchs nicht dazu, daß zugunsten des Erwerbers derjenige, für den ein Recht am erworbenen Grundstück eingetragen gewesen sei, als der wirkliche und ausschließliche Berechtigte angesehen werde. Vielmehr gelte in dieser Beziehung nur die widerlegbare Vermutung des § 891 Abs. 1 BGB. Es könne also nicht nur der Nachweis geführt werden, daß das eingetragene Recht in Wirklichkeit nicht bestehe, sondern auch, daß es einem anderen als dem eingetragenen Berechtigten zustehe, z. B. dem Zedenten im Falle unwirksamer Einigung über den Eintritt der Rechtsveränderung des § 873 BGB. In der Umschreibung der abgetretenen Hypothek auf den Zessionar liege deshalb auch nicht eine Löschung des Gläubigerrechts des Zedenten, auf die sich der Erwerber auf Grund gutgläubigen Erwerbs berufen könnte. Denn durch den Inhalt des Grundbuchs werde ihm nicht gewährleistet, daß ihm gegenüber der Zessionar als der wirkliche Berechtigte zu gelten habe und daß das Gläubigerrecht des Zedenten erloschen sei.

Diesen Ausführungen des Oberlandesgerichts, die sich im wesentlichen den schon von Mügel in JW. 1926 S. 2210 gegen die Ansicht des Kammergerichts erhobenen Bedenken anschließen, muß in vollem Umfang beigepflichtet werden. Erweist sich z. B. die Abtretung nach Abtretung und Umschreibung einer Hypothek auf den Zessionar als nichtig und wird die Hypothek später im Wege der Grundbuchberichtigung wieder auf den Zedenten umgeschrieben, so kann sich der Grundstückserwerber demgegenüber ebensowenig auf den öffentlichen Glauben des Grundbuchs berufen wie in dem Fall, wo nach der in zwei Teilbeträgen erfolgten Abtretung einer Hypothek an den gleichen Zessionar die eine Teilhypothek im Wege der Grundbuchberichtigung wieder auf den Zedenten umgeschrieben wird. In keinem dieser Fälle kann der Grundstückserwerber geltend machen, daß er den Zessionar für den wahren Gläubiger der abgetretenen Hypothek gehalten habe (so zutreffend v. Karger in DJZ. 1927 Sp. 222). Das hat auch das Kammergericht nicht verkannt. Es meint jedoch in seinem Beschluß vom 9. Dezember 1926 (JRsch. 1927 Nr. 400): Der Grundsatz, daß der öffentliche Glaube des Grundbuchs sich zugunsten eines Eigentumserwerbers nicht auf die Person des Inhabers eines in Abt. 2 oder 3 eingetragenen Rechts erstrecke, sei, vom Fall des § 893 BGB. abgesehen, zwar richtig, wenn es sich darum handle, ob die eingetragene Person oder eine andere der Berechtigte sei. Bei der Aufwertung zugunsten des früheren Gläubigers gemäß § 17 AufwG. liege aber die Sache so, daß außer dem für die ganze Hypothek im Grundbuch eingetragenen oder gemäß § 1155 BGB. ausgewiesenen Berechtigten noch ein zweiter

Berechtigter vorhanden sei. Diese Verdoppelung des Rechts sei es, die vom öffentlichen Glauben des Grundbuchs berührt werde. Der Grundstückserwerber werde hiernach durch den öffentlichen Glauben des Grundbuchs nicht dagegen geschützt, daß die Hypothek dem früheren Gläubiger an Stelle des eingetragenen Gläubigers zustehe, sondern dagegen, daß außer der in vollem Umfang auf den gegenwärtigen Gläubiger umgeschriebenen Hypothek noch eine zweite, derselben Wurzel entstammende Hypothek für den früheren Gläubiger bestehe. Dieser Ansicht kann nicht beigetreten werden. Mit Recht hat ihr gegenüber schon v. Karger a. a. O. darauf hingewiesen, daß nach Abtretung und Umschreibung der Hypothek auf den Zessionar eine Papiermarkhypothek zugunsten des Zessionars bestand und daß nach der Rechtslage von einer aus dem Grundbuch nicht ersichtlichen Doppelbelastung nicht gesprochen werden kann. Aus der Vorschrift des § 17 AufwG., wonach im Falle der Abtretung „die" Hypothek unter den dort bezeichneten Voraussetzungen auch zugunsten des Zedenten aufzuwerten ist, ergibt sich die Annahme des Gesetzgebers, daß dem Zedenten ein Teil des in den Goldmarkbetrag umgewandelten Papiermarkbetrags der Hypothek zugewiesen werden soll. Die Rechtslage ist demnach keine andere als bei der in zwei Teilbeträgen erfolgten Abtretung einer Hypothek an denselben Zessionar, wenn im Wege der Grundbuchberichtigung der eine Teil auf den Zedenten zurücküberschrieben wird. Ebenso wie sich der Grundstückserwerber in einem solchen Falle nicht darauf berufen kann, daß er den Zessionar für den wahren Gläubiger auch des wieder auf den Zedenten umgeschriebenen Teils der Hypothek gehalten habe, ist ihm auch im Falle des § 17 AufwG. die Berufung darauf versagt, daß nach seiner Meinung der Zessionar der alleinige und wahre Gläubiger der Hypothek gewesen sei. Auch hier bezieht sich sein guter Glaube nur auf die Person des Gläubigers. In dieser Beziehung ist er jedoch, wie dargetan, durch die Vorschriften über den öffentlichen Glauben des Grundbuchs nicht geschützt.

Dem Erwerber eines Grundstücks stehen hiernach gegenüber dem nach § 17 AufwG. vom Zedenten erhobenen Anspruch die Vorschriften über den öffentlichen Glauben des Grundbuchs nicht zur Seite. Dabei kann es keinen Unterschied machen, ob das Grundstück vor oder nach dem Inkrafttreten der 3. Steuernotverordnung erworben wurde (so Schlegelberger-Harmening AufwG.

4. Aufl., § 21 Anm. 3). Für eine solche zeitliche Unterscheidung bietet das Aufwertungsgesetz keinen Anhalt. Ob etwas anderes zu gelten hat, wenn der Aufwertungsbetrag der Hypothek nach dem 14. Februar 1924 für den gegenwärtigen Gläubiger eingetragen worden ist, bedarf keiner Erörterung, da dieser Fall hier nicht vorliegt.

---

37. Wird der in § 17 AufwG. bestimmte Aufwertungsanspruch des Zedenten einer Hypothek durch einen Vergleich ausgeschlossen, den der Zessionar und der Schuldner vor dem 15. Juni 1922 oder nach dem 14. Februar 1924, aber vor dem Inkrafttreten des Aufwertungsgesetzes über die Höhe der Aufwertung abgeschlossen haben?

AufwG. §§ 17, 67.

V. Zivilsenat. Urt. v. 11. Mai 1927 i. S. Neue B. Jute-Spinnerei u. -Weberei A.-G. (Bekl.) w. L. Hypothekenbank A.-G. (Kl.). V 345/26.

I. Landgericht III Berlin.
II. Kammergericht daselbst.

Auf einem im Grundbuch von Berlin-Stralau verzeichneten Grundstück war in Abteilung III eine Darlehenshypothek von 1250000 *M* für die Kommanditgesellschaft Sp., E. & Schr. in Berlin eingetragen. Diese Hypothek wurde am 23. Juni 1920 an die Klägerin abgetreten. Die Eintragung der Abtretung im Grundbuch erfolgte am 5. Juli 1920. Das Kapital wurde der Klägerin am 4. Oktober 1922 zurückgezahlt. Schon vorher, am 22. September 1922, hatte die Klägerin die Hypothek an die Magdeburger Feuerversicherungsgesellschaft abgetreten; diese Abtretung wurde am 7. Februar 1923 im Grundbuch vermerkt. Auf Grund der Löschungsbewilligung vom 11. Mai 1925 ist die Hypothek am 15. Mai 1925 im Grundbuch gelöscht worden.

Eigentümer des belasteten Grundstücks war zur Zeit der Eintragung der Hypothek der Kaufmann K. Dieser verkaufte es am 8. Februar 1924 an den Kaufmann H. als Vertreter und künftiges

Vorstandsmitglied einer damals in der Gründung befindlichen Aktiengesellschaft. K. verpflichtete sich, die Hypothek auf seine Kosten löschen zu lassen. Er ließ das Grundstück am 8. April 1924 an die inzwischen gegründete Aktiengesellschaft auf, die am 19. April 1924 als Eigentümerin im Grundbuch eingetragen wurde. Die Firma der Erwerberin wurde am 31. Januar 1925 in die Firma der Beklagten umgeändert. Die Beklagte ist am 8. März 1925 als Eigentümerin im Grundbuch eingetragen worden.

Die Beklagte hat dagegen, daß die frühere Hypothek durch die Klägerin bei der Aufwertungsstelle angemeldet wurde, Einspruch erhoben, weil dem Aufwertungsanspruch der öffentliche Glaube des Grundbuchs entgegenstehe und die Beklagte mit der Zessionarin der Klägerin einen Vergleich über die Aufwertung abgeschlossen habe. Die Klägerin begehrt Feststellung, daß die Hypothek aufzuwerten sei und daß die §§ 20 und 21 AufwG. dem nicht entgegenständen. Das Landgericht hat die Klage abgewiesen, das Berufungsgericht dagegen hat ihr stattgegeben. Die Revision der Beklagten führte zur Aufhebung und Zurückverweisung.

Aus den Gründen:

.... Das Berufungsgericht hält es für unerheblich, ob die Beklagte Ende April 1925 einen Vergleich mit der Zessionarin abgeschlossen habe, da durch einen solchen Vergleich die Rechte der Klägerin nicht hätten beseitigt werden können. Diese im angefochtenen Urteil nicht näher begründete Ansicht ist unzutreffend. Ein zwischen dem Schuldner und dem Zessionar zustande gekommener Vergleich im Sinne von § 67 AufwG. schließt vielmehr einen Aufwertungsanspruch des Zedenten jedenfalls dann aus, wenn er außerhalb der Rückwirkungszeit, d. h. vor dem 15. Juni 1922 oder nach dem 14. Februar 1924, aber noch vor Inkrafttreten des Aufwertungsgesetzes abgeschlossen worden ist.

Hat der Gläubiger einer Hypothek diese vor Inkrafttreten des Aufwertungsgesetzes abgetreten, so gingen damit nach dem damaligen Rechtszustand seine Rechte aus der Hypothek auf den neuen Gläubiger über. Sein Anspruch aus der Hypothek war damit völlig erloschen; irgendein Aufwertungsanspruch stand ihm nicht zu; er selbst war aus dem Schuldverhältnis gänzlich ausgeschieden. Schloß dann der Zessionar mit dem Schuldner einen Vergleich über die Hypothek ab, so war dazu der neue Gläubiger allein berechtigt.

Über die nicht mehr vorhandenen Rechte des alten Gläubigers wurde durch den Vergleich nicht verfügt. Hatte der Vergleich das Erlöschen der Forderung zum Gegenstand, so ging sie unter.

Diese nach allgemeinen bürgerlichrechtlichen Vorschriften gültigen Vergleiche hat das Aufwertungsgesetz nicht beseitigt, es bestimmt vielmehr in § 67 Abs. 1, daß Vergleiche, sofern sie im übrigen die Voraussetzung dieser Vorschrift erfüllen, abgesehen von der hier nicht in Frage kommenden Ausnahmebestimmung des Abs. 2, unberührt bleiben sollen. Allerdings ist gleichzeitig mit § 67 Abs. 1 AufwG. auch der § 17 das. in Kraft getreten, der für den Zedenten einer Hypothek unter gewissen Voraussetzungen einen Aufwertungsanspruch begründet. Die beiden Vorschriften lassen sich in Fällen der vorliegenden Art nicht miteinander vereinigen. Es ist aber dem § 67 Abs. 1 die stärkere Wirkung beizumessen. Wenn dort bestimmt ist, daß Vergleiche der angegebenen Art unberührt bleiben sollen, so sollte damit ausgesprochen werden, daß die Vorschriften des Aufwertungsgesetzes auf sie keine rückwirkende Anwendung finden, daß also der nach Absicht der Parteien durch den Vergleich erledigte Anspruch durch abweichende Vorschriften des Aufwertungsgesetzes in keiner Weise betroffen wird (vgl. Simonson in der Deutschen Steuerzeitung 1927 Sp. 355 und Michaelis AufwG. § 67 Anm. 3 und 5). Die Vorschrift des § 67 Abs. 1 dient dem Rechtsfrieden. Sie will verhindern, daß Streit und Ungewißheit, die über die Höhe des infolge der Geldentwertung zu zahlenden Betrags bestanden und die durch den Vergleich endgültig beseitigt werden sollten, wieder aufleben. Diesem allgemeinen Interesse an der Wahrung geschlossener Verträge muß nach der Absicht des Gesetzgebers das Recht des Zedenten weichen. Es ist, worauf Raape in Gruchot n. F. Bd. 5 S. 259 mit Recht hinweist, in der Tat nicht einzusehen, weshalb das hohe Gut des Rechtsfriedens, wie ihn der Vergleich erzeugt, trotz des Vorliegens aller gesetzlichen Voraussetzungen dem Schuldner dann vorenthalten werden soll, wenn das Recht zufälligerweise weiter übertragen worden war. Gegen diese Auffassung spricht auch nicht die Vorschrift des § 67 Abs. 2 AufwG. Denn bei ihr handelt es sich um eine Ausnahmevorschrift, deren praktische Bedeutung im übrigen durch die für den Fall der Kaufmannseigenschaft des Gläubigers getroffene Anordnung noch wesentlich eingeschränkt worden ist. Wollte der Gesetzgeber die allgemeine

Vorschrift des § 67 Abs. 1 AufwG. außer durch Abs. 2 daselbst auch noch durch die zugunsten des Zedenten neu geschaffene und gleichzeitig mit § 67 in Kraft getretene Bestimmung des § 17 wieder einschränken, so hätte dies, wie es für die Vergleiche der Rückwirkungszeit geschehen ist, im Gesetze zum Ausdruck gebracht werden müssen. Das ist nicht geschehen. Im Gegenteil ist, wie erwähnt, schon aus der Fassung des § 67 Abs. 1 zu folgern, daß das Aufwertungsgesetz auch die von ihm neu eingeführten Rechte des Zedenten dem allgemeinen Interesse am Rechtsfrieden hat unterordnen wollen.

Hiernach ist davon auszugehen, daß im Falle eines nach § 67 Abs. 1 AufwG. zwischen Zessionar und Schuldner abgeschlossenen Vergleichs der § 17 das. nicht zugunsten des Zedenten anwendbar ist. Das Recht des Zedenten kommt in diesem Falle gar nicht erst gemäß § 17 zur Entstehung, und der mit dem allein berechtigten Zessionar abgeschlossene Vergleich behält seine Kraft. Ob die Wirksamkeit des Vergleichs etwa auch aus den Vorschriften der §§ 409, 893 BGB. herzuleiten wäre, bedarf hier keiner Erörterung.

Es kommt somit darauf an, ob der nach Behauptung der Beklagten Ende April 1925 mit der Zessionarin abgeschlossene Vergleich ein solcher im Sinne von § 67 AufwG. war. Das Berufungsgericht wird dies zu prüfen und dabei die Rechtsgrundsätze zu beachten haben, die der erkennende Senat in seinem Urteil vom 12. Februar 1927, RGZ. Bd. 116 S. 143, über den Rechtsbegriff des Vergleichs im Sinne von § 67 AufwG. aufgestellt hat.

---

38. Nach welchen Grundsätzen ist der Kaufpreis aufzuwerten, den der Vorkaufsberechtigte nach dem preußischen Allgemeinen Landrecht im Fall der Ausübung seines dinglichen Vorkaufsrechts bei Rückforderung des bereits übereigneten Grundstücks dem Käufer insoweit zu erstatten hat, als dieser das Kaufgeld schon an den Verkäufer gezahlt hatte?

Preuß. Allg. Landrecht §§ 602, 603, 623, 631, 632 I 20. BGB. §§ 505, 1098, 1100 bis 1102.

V. Zivilsenat. Urt. v. 16. Februar 1927 i. S. Stadt Stargard (Kl.) w. H. u. Gen. (Bekl.). V 315/26.

I. Landgericht Stargard.
II. Oberlandesgericht Stettin.

Für die Klägerin steht im Grundbuch zweier früher den beklagten Eheleuten H. gehöriger Grundstücke ein Vorkaufs- und Näherrecht auf Grund eines Erbzinskontrakts vom 20. September 1771 eingetragen. Durch Vertrag vom 25. Oktober 1922 haben die beklagten Eheleute H. diese beiden Grundstücke für eine Million Mark an den Beklagten G. verkauft. Dieser ist auf Grund der Auflassung vom 3. Januar 1923 am 17. Mai 1923 als Eigentümer im Grundbuch eingetragen worden. Von dem Kaufpreis hat der Beklagte G. am Tage der Auflassung 500000 *M* an die Eheleute H. gezahlt; der Rest ist als Restkaufgeldhypothek im Grundbuch für sie eingetragen worden. Die Klägerin hat im Juni 1923 ihr Vorkaufsrecht ausgeübt und dann, da die Beklagten ihrem Verlangen nach Auflassung nicht nachkamen, im Wege der Klage von den Eheleuten H. Auflassung der Grundstücke, vom Beklagten G. aber Zustimmung zur Eintragung ihres Eigentums beansprucht und zwar von letzterem Zug um Zug gegen Erstattung des von ihm gezahlten Kaufpreisteils von 500000 *M*, umgerechnet in Goldmark nach dem Dollarkurs am Zahlungstage, oder eines vom Gericht festzusetzenden Betrags. Das Landgericht hat zunächst durch Teilurteil die beklagten Eheleute H. zur Auflassung und demnächst durch Schlußurteil den Beklagten G. zur Erteilung seiner Zustimmung zur Eintragung der Klägerin im Grundbuch Zug um Zug gegen Zahlung von 20000 G*M* verurteilt. Die Berufung der Klägerin wurde, soweit sie den Beklagten G. betraf, durch das angefochtene Urteil mit der Maßgabe zurückgewiesen, daß die Zug um Zug-Leistung der Klägerin nur 10000 G*M* zu betragen habe. Die Revision der Klägerin führte zur Aufhebung und Zurückverweisung.

Gründe:

Es handelt sich in der Revisionsinstanz nur noch um die Höhe der von der Klägerin an den Beklagten G. Zug um Zug zu entrichtenden Zahlung. Während die Klägerin in der Berufungsinstanz den Standpunkt vertreten hatte, daß sie nur die Auslagen zu erstatten habe, die der Beklagte G. durch die am 3. Januar 1923 geleistete Zahlung von 500000 *M* gehabt habe, daß sie also diese Summe nur nach dem Dollarstand oder dem Lebenshaltungsindex abzüglich eines Verarmungsfaktors von etwa 20% aufzuwerten verpflichtet sei, hat das Berufungsgericht die Aufwertung nach den allgemeinen Grundsätzen über die Aufwertung von Kaufpreisen aus Grundstückskaufverträgen unter Berücksichtigung aller Umstände, insbesondere auch des auf 30000 RM ermittelten gegenwärtigen Grundstückswerts, und unter billiger Ausgleichung der Interessen der Beteiligten vorgenommen. Das Berufungsgericht nimmt an, daß sowohl nach dem hier zur Anwendung kommenden preußischen Allgemeinen Landrecht wie auch nach den Bestimmungen des Bürgerlichen Gesetzbuchs der Vorkaufsberechtigte dem Dritten, der das Eigentum erlangt hat, den von diesem gezahlten Kaufpreis erstatten müsse und daß dadurch der Vorkaufsberechtigte von der Zahlung gegenüber dem Vorkaufsverpflichteten in Höhe des dem Dritten erstatteten Betrages befreit werde. Es handle sich also um eine Kaufpreiszahlung, die nach allgemeinen Grundsätzen aufzuwerten sei. Der Kaufpreis von einer Million Mark habe zur Zeit des Vertragsschlusses nach dem Dollarkurs einen Wert von nur rund 1000 GM, nach der Reichsteuerungszahl einen Wert von etwa 4500 GM, nach den Zeiler'schen Umwertungszahlen einen solchen von etwa 8000 GM gehabt. Das Berufungsgericht hat im Hinblick auf den jetzigen Grundstückswert von 30000 RM unter Berücksichtigung des Verarmungs- und Entwertungsfaktors den Kaufpreis auf 20000 GM aufgewertet und, da der Beklagte G. nur die Hälfte des Kaufpreises bar gezahlt hat, den ihm von der Klägerin zu erstattenden Betrag auf 10000 RM bestimmt.

Die Revision rügt Verletzung der §§ 602, 603, 623, 631, 632 ALR. I 20 und des § 242 BGB. Sie macht geltend, daß § 632 ALR. I 20 ebenso auszulegen sei wie § 1100 BGB., daß also der Kauf auch nach Allgemeinem Landrecht zwischen dem Berechtigten und dem Verkäufer zustande komme und jener gegen den ersten Käufer nach § 631 a. a. O. nur ein dingliches Rückforderungsrecht habe. Die Verpflichtung zur Zahlung des Kaufpreises bestehe nur dem Verkäufer gegenüber. Die Entrichtung des Kaufpreises durch den Berechtigten an den Dritten, soweit dieser ihn dem Verkäufer gegenüber bereits berichtigt habe, stelle einen Ersatz seiner Aufwendungen dar. Hier könnten deshalb nur die gewöhnlichen Aufwertungsgrundsätze Platz greifen, nicht aber die für die Bemessung des Entgelts bei noch unerfüllten gegenseitigen Verträgen in der

Rechtsprechung entwickelten Grundsätze. Es fehle, abgesehen von einem Kaufverhältnis zwischen dem Berechtigten und dem Dritten, durchaus an derjenigen Leistung des Dritten, zu der die Zahlung des Berechtigten in das Gleichwertsverhältnis zu setzen sei. Denn das materielle Grundstückseigentum erhalte der Vorkaufsberechtigte vom Verkäufer. Der Dritte habe nur eine formale Zustimmung zu erteilen. Wirtschaftlich leiste der Verkäufer den Kaufgegenstand, nicht der Dritte, der im Verhältnis der Beteiligten, ähnlich wie im Fall einer Vormerkung zur Sicherung des Anspruchs auf Eigentumsübertragung, nur ein verhältnismäßig unwirksames Eigentum erworben habe.

Die Revision mußte Erfolg haben. Nach den gemäß Art. 184 EGBGB. anzuwendenden Vorschriften des Allgemeinen Landrechts §§ 631, 632 I 20 ist die Klägerin kraft ihres dinglichen Vorkaufsrechts befugt, das dem Beklagten G. aufgelassene Grundstück von diesem gerichtlich zurückzufordern, doch muß sie ihm alles, was er dem Verkäufer an Kaufgeld gezahlt hat, sogleich bei der Übergabe ohne Abzug entrichten. Durch die Ausübung des Vorkaufsrechts wird der erste Käufer von seinen Verbindlichkeiten frei, § 623 a. a. O. Beim dinglichen Vorkaufsrecht tritt der Rückforderer für das vom Verkäufer gestundete Kaufgeld in die Rechte und Verbindlichkeiten des ersten Käufers ein, § 637 a. a. O., während er diesem das von ihm an den Verkäufer schon gezahlte Kaufgeld zu erstatten hat. Aus den genannten Vorschriften ergibt sich, daß durch den Eintritt des Vorkaufsberechtigten in den Kauf das Kaufgeschäft zwischen ihm und dem Verkäufer zustande kommt (vgl. §§ 602, 603 ALR. I 20). Dem Dritten, der das Eigentum am Grundstück bereits erlangt hat, kann er kraft seines dinglichen Rechts das Eigentum wieder entziehen, er muß ihm aber den gezahlten Kaufpreis erstatten. Der Dritte gilt hiernach dem Vorkaufsberechtigten gegenüber nicht als Verkäufer; er hat vielmehr nur dem besser Berechtigten, der das dingliche Vorkaufsrecht ausgeübt hat, zu weichen, kann aber von ihm Zug um Zug die Erstattung des schon gezahlten Kaufpreises verlangen. Daraus ist, wie die Revision zutreffend ausführt, zu entnehmen, daß der Vorkaufsberechtigte dem Dritten gegenüber keine eigene Kaufpreisschuld tilgt, sondern ihm nur die von ihm an den Verkäufer geleisteten Zahlungen zu ersetzen hat. Im wesentlichen übereinstimmend ist das dingliche Vorkaufsrecht im Bürgerlichen Gesetzbuch geregelt. Denn auch hier kommt durch die Ausübung des Vorkaufsrechts der Kauf zwischen dem Berechtigten und dem Verpflichteten unter den mit dem Dritten vereinbarten Bestimmungen zustande, §§ 505, 1098 BGB. Dem ersten Käufer, der das Eigentum des Grundstücks bereits erlangt hat und jetzt die Zustimmung zur Eintragung des Vorkaufsberechtigten als Eigentümer geben muß, hat dieser den schon berichtigten Kaufpreis zu erstatten; soweit das zu geschehen hat, wird er dem Vorkaufsverpflichteten gegenüber durch Zahlung des Kaufpreises frei. Anderseits wird der erste Käufer von der Zahlung des noch nicht berichtigten Kaufpreises frei, §§ 1100—1102 BGB.

Bei dieser in beiden Rechtssystemen getroffenen Regelung des Verhältnisses zwischen den Vorkaufsbeteiligten ist der Auffassung der Revision beizupflichten, daß die Aufwertung der vom Vorkaufsberechtigten dem ersten Käufer zu erstattenden Zahlungen nicht nach den Grundsätzen zu erfolgen hat, die für die Aufwertung von Grundstückskaufpreisen zwischen Verkäufer und Käufer gelten. Denn der Dritte, der auf Grund des ersten Kaufs das Eigentum am Grundstück erlangt hat und die Zustimmung zur Eintragung des Eigentums des Vorkaufsberechtigten erteilen, das Grundstück auch herausgeben muß, steht dem Vorkaufsberechtigten nicht als Verkäufer gegenüber; er ist vielmehr nur verpflichtet, die Rechtsstellung, die er erlangt hat, mit Rücksicht auf das stärkere Recht des Vorkaufsberechtigten zu räumen. Dabei sind ihm aber von diesem seine aufgewendeten Gegenleistungen zu erstatten. Der Dritte soll nur dasjenige wieder erhalten, was er dem Verkäufer gezahlt hat. Ist diese Ersatzforderung von dem inzwischen eingetretenen Währungsverfall betroffen, so muß sie entsprechend aufgewertet werden. Mag es hierbei auch nicht auf den Dollarstand oder die Reichsteuerungszahlen allein ankommen, sondern (da der Beklagte G., wie der von ihm mit den Eheleuten H. abgeschlossene Kaufvertrag zeigt, sein Geld in Grundstückswerten anlegte) auch die damalige innere Kaufkraft der Mark auf dem Grundstücksmarkt in Betracht zu ziehen sein, so darf doch keinesfalls der gegenwärtige Wert des der Klägerin aufzulassenden Grundstücks berücksichtigt werden. Denn zwischen der Klägerin und dem Beklagten G. hat, wie die Revision mit Recht hervorhebt, keine Gleichgewichtsherstellung zwischen Leistung und Gegenleistung stattzufinden, weil sie nicht die Kaufparteien sind. Die Ausgleichung zwischen dem Wert der Kaufsache und dem in Papiermark vereinbarten, inzwischen entwerteten Kaufpreis hat vielmehr, nachdem die Klägerin in den Vertrag eingetreten ist, zwischen ihr und den Verkäufern, den Beklagten Eheleuten H., zu erfolgen. Diese haben, wenn zwischen dem Tag des Vertragsschlusses und dem der Zahlung der ersten Kaufpreishälfte schon eine starke Geldentwertung eingetreten war, unter Umständen Anspruch auf Aufwertung gegenüber der Klägerin und zwar nach den Grundsätzen über die Aufwertung von Grundstückskaufpreisen, also auch unter Berücksichtigung des Grundstückswertes. Wollte man dem Beklagten G. einen derartigen Aufwertungsanspruch zubilligen, so würde ihm ein ganz unverdienter Gewinn in den Schoß fallen. Denn obwohl seine Zahlung von 500000 P*M* am 3. Januar 1923 bei Umrechnung nach dem Dollarstand oder nach dem Lebenshaltungsindex nur einen Wert von einigen hundert Goldmark hatte, und obwohl sich dieser Wert nur bei Zugrundelegung der inneren Kaufkraft der Mark auf dem Grundstücksmarkt vielleicht nicht unbeträchtlich erhöhte, würde der Beklagte G. nach dem vom Berufungsgericht angelegten Aufwertungsmaßstab 10000 G*M*, also einige Tausende von Goldmark mehr erhalten, als er aufgewendet hatte. Für die Erzielung eines derartigen Gewinns fehlt es ihm an jeder Berechtigung, da er mit Rücksicht auf das bestehende Vorkaufsrecht von vornherein nur eine begrenzte Rechtsstellung hatte, aus der er von der Klägerin bei Ausübung ihres Vorkaufsrechts alsbald wieder verdrängt werden konnte. Die vorübergehende Einnahme der Stellung des Grundstückseigentümers verleiht ihm keinen Anspruch auf einen solchen Gewinn. Denn im Verhältnis zur Klägerin wird er, wie dargelegt, durch den Eigentumserwerb nicht Verkäufer des Grundstücks, sondern er bleibt immer dessen Käufer. Zu einem Gewinn soll aber die Aufwertung nicht führen. Mit Unrecht beruft sich das Oberlandesgericht für seine gegenteilige Auffassung auf die Entscheidung des erkennenden Senats in RGZ. Bd. 109 S. 158. Allerdings hatte auch dort der Käufer schon etwa die Hälfte des Kaufpreises an den Verkäufer bar bezahlt und das Eigentum am Grundstück erlangt, als der Vorkaufsberechtigte sein Vorkaufsrecht ausübte, und auch damals drehte sich der Streit nur um die Art und Weise der Aufwertung des Kaufpreises. Im übrigen handelte es sich aber dort um die Aufwertung des Kaufpreises sowohl dem

Verkäufer wie auch dem ersten Käufer gegenüber. Ersterer sollte auch damals die Auflassung, letzterer die Zustimmung dazu erklären. In jenem Fall verlangten aber alle beide die Aufwertung, sodaß es sich damals auch um die Aufwertung des Kaufpreises gegenüber dem Verkäufer handelte, die hier nicht in Betracht kommt. Deshalb wurden in jenem Rechtsstreit die Grundsätze über die Aufwertung von Grundstückskaufpreisen angewandt und wurde auch die Berücksichtigung des Wertes des Grundstücks zugelassen. Da damals der Verkäufer und der Käufer des Grundstücks Hand in Hand gingen und die Leistung des aufgewerteten Kaufpreises ungetrennt an sie beide Zug um Zug gegen Abgabe ihrer Auflassungs- und Zustimmungserklärung verlangten, also die Verteilung des Kaufpreises unter sich offenbar selbst vornehmen wollten, bestand kein Anlaß, einen Unterschied zu machen zwischen dem Teil des Kaufpreises, der dem Verkäufer aufzuwerten war, und dem Teil, der dem Käufer in aufgewertetem Betrag erstattet werden mußte. Rechtlich bestand aber dieser Unterschied in jenem Falle ebenso wie hier.

Die Begründung des angefochtenen Urteils ergibt, daß das Berufungsgericht gerade auf den gegenwärtigen Grundstückswert ausschlaggebendes Gewicht gelegt hat und daß die Bemessung des Aufwertungsbetrags hierdurch wesentlich beeinflußt worden ist. Demnach unterlag das angefochtene Urteil der Aufhebung.

---

39. Ist auch gegen ausländische Schiedssprüche die Aufhebungsklage zulässig?

ZPO. § 1041.

VI. Zivilsenat. Urt. v. 22. Februar 1927 i. S. St. (Kl.) w. B. (Bekl.). VI 410/26.

I. Landgericht Rottweil.
II. Oberlandesgericht Stuttgart.

Die Klägerin, eine im Landgerichtsbezirk Rottweil ansässige Firma, kaufte am 3. Februar und 13. März 1925 Mehl von der Beklagten, einer Firma in Straßburg (Elsaß). Für die Entscheidung von Streitigkeiten aus diesen Verträgen vereinbarten die Parteien die Zuständigkeit des Schiedsgerichts der Straßburger Warenbörse. Da die Klägerin angeblich die Verträge nicht gehörig erfüllte, machte die Beklagte vor dem Straßburger Schiedsgericht Schadensersatzansprüche gegen sie geltend. In diesem Verfahren wurde die Klägerin durch Schiedsspruch vom 24. Oktober 1925 verurteilt, an die Beklagte 7242,40 Dollars nebst Zinsen zu zahlen und einen Teil der Kosten des schiedsgerichtlichen Verfahrens zu tragen.

Die Beklagte hat darauf die Vollstreckbarkeitserklärung des Schiedsspruchs beim Landgericht Rottweil beantragt, wo der Spruch niedergelegt war. Dieses setzte der Klägerin durch Beschluß vom 4. Februar 1926 eine Frist zum Nachweis der Erhebung der Aufhebungsklage, die dann auch erhoben wurde mit der Begründung, daß das Schiedsverfahren nicht ordnungsmäßig gewesen sei.

Die Klage wurde in den Vorinstanzen abgewiesen.

Die Revision der Klägerin hatte keinen Erfolg.

Gründe:

Unbedenklich handelt es sich hier um einen ausländischen Schiedsspruch. Denn die Parteien haben sich einem Schiedsgericht unterworfen, das im Auslande zusammentreten sollte, und sie haben sich für die Entscheidung ihres Streits auch einer ausländischen Einrichtung bedient, nämlich des Schiedsgerichts der Straßburger Warenbörse, das nicht nur sein Verfahren nach dem an seinem Sitz geltenden Recht bestimmt, sondern auch für die Sachentscheidung ausländisches Recht angewandt hat, weil der Kaufvertrag beiderseits in Straßburg zu erfüllen war. Damit war das ganze schiedsgerichtliche Verfahren dem ausländischen Recht unterworfen, so daß auch der Spruch des Schiedsgerichts als ausländischer zu gelten hat (RGZ. Bd. 30 S. 371).

Die Zulässigkeit der Aufhebungsklage gegen einen solchen Schiedsspruch hat das Berufungsgericht mit Recht verneint.

Daß dem deutschen Gericht die Befugnis zur Aufhebung eines ausländischen Schiedsspruchs ebenso abgesprochen werden muß wie das Recht zur Aufhebung eines ausländischen Urteils, ergibt sich aus zwischenstaatlichen Rechtsgrundsätzen und auch aus den Grenzen der inländischen Gerichtsbarkeit bei konstitutiven Rechtsakten gegenüber dem Auslande. Für den gegebenen Fall folgt das Gegenteil auch nicht aus der Niederlegung des Schiedsspruchs beim Landgericht Rottweil, selbst wenn hieraus die Unterwerfung der Beklagten unter die deutsche Gerichtsbarkeit zu entnehmen wäre. Es würde die materielle Tragweite einer im Auslande getroffenen Entscheidung wesentlich beeinträchtigen, wäre aber auch mit der Gerichtshoheit des ausländischen Staates nicht zu vereinen, wenn das inländische Gericht die Macht hätte, die ausländische Entscheidung außer Kraft zu setzen. Äußerstenfalls könnte dies auch nur mit Wirkung für das Inland geschehen. Es wäre aber ein für die Rechtssicherheit nicht erträglicher Zustand, wenn die Vernichtung einer Entscheidung nur mit Beschränkung auf ein bestimmtes Gebiet ausgesprochen werden könnte. Denkbar ist nur, daß ein Staat der in einem anderen erlassenen Entscheidung die Anerkennung versagt; seine Gerichte können aber die ausländische Entscheidung nicht aufheben. Dies muß auch für Schiedssprüche gelten, denn sie haben, wenn nicht allgemein, so doch jedenfalls nach deutschem Recht die Wirkung rechtskräftiger Urteile, und die fremde Staatshoheit schützt mittelbar die in ihrem Gebiet erlassenen Schiedssprüche ebenso wie die Urteile der staatlichen Gerichte.

Unter diesen Umständen kann nur die Ablehnung der Vollstreckbarerklärung des ausländischen Schiedsspruchs durch das deutsche Gericht in Frage kommen. Hierüber ist für das Inland nach deutschem Recht zu entscheiden (vgl. Oppenheimer in JW. 1926 S. 759flg., Brunet ebenda S. 1318flg., Stein-Jonas, Zivilprozeßordnung Bd. II S. 1065), für die Aufhebung des ausländischen Schiedsspruchs kommt dagegen grundsätzlich nur das Recht desjenigen Staates in Betracht, in dessen (territorialer) Gebietshoheit er erlassen ist (Stein-Jonas Bd. II S. 1054). Damit ist übrigens tatsächlich auch schon ein Hindernis für die Erhebung der Aufhebungsklage nach den Vorschriften der deutschen Zivilprozeßordnung geschaffen.

Da die Vollstreckbarerklärung von Schiedssprüchen durch die neue Vorschrift des § 1042 Abs. 2 ZPO. wesentlich erleichtert und die Anfechtung des Schiedsspruchs jetzt grundsätzlich in das Aufhebungsverfahren verwiesen ist, so mag sich zwar durch den Ausschluß der Aufhebungsklage gegen den ausländischen Schiedsspruch die Lage des Schuldners wesentlich verschlechtern. Dies kann aber nicht dazu führen, deswegen die Zulässigkeit der Aufhebungsklage anzuerkennen. Ob darum etwa die Vollstreckbarerklärung ausländischer Schiedssprüche einzuschränken und der Gläubiger auf eine besondere Erfüllungsklage zu verweisen ist (RGZ. Bd. 30 S. 368, Bd. 36 S. 381, Bd. 116 S. 76, JW. 1901 S. 424 Nr. 6), bedarf hier nicht der Entscheidung. Rechtlos wird im gegebenen Falle die Klägerin durch die Abweisung der Aufhebungsklage nicht. Denn sie kann vor den französischen Gerichten die Aufhebung des Schiedsspruchs betreiben, und zwar nach den Vorschriften der deutschen Zivilprozeßordnung in der Fassung vor der Novelle vom 13. Februar 1924, die in Elsaß-Lothringen jetzt als französisches Recht gilt.

---

40. 1. Unter welcher Voraussetzung sind nach Art. 3 der Verordnung vom 22. Mai 1926 über Aufwertung von Versicherungsansprüchen (RGBl. I S. 249) noch nicht beglichene Feuerversicherungsansprüche aufzuwerten?

2. Wie sind diese Ansprüche, sofern sie nicht der Aufwertung unterliegen, in die gegenwärtige Reichswährung umzurechnen?

VI. Zivilsenat. Urt. v. 22. Februar 1927 i. S. J. W. (Kl.) w. die Privat-Feuerversicherungsgesellschaft der Marienburger Niederung (Bekl.). VI 405/26.

I. Landgericht Elbing.
II. Oberlandesgericht Marienwerder.

Der Kläger war bei der Beklagten seit 1897 mit den Gebäuden seines Gehöfts und seinem Mobiliar gegen Feuerschaden versichert. Die Versicherungssumme betrug für die Gebäude nach der Polize vom 23. Juli 1919 12100 ℳ Grundtaxe und 100% Teuerungszuschlag, für das Mobiliar nach der Polize vom 11. April 1920 105313 ℳ. Später wurden die Versicherungssummen für die Gebäude von der Beklagten mehrfach erhöht. Am 22. Oktober 1923 brannten die Gebäude des Klägers mit Ausnahme eines Speichers ab und auch sein Mobiliar wurde vernichtet. Er beanspruchte eine Entschädigung von 9274 Dollar; die Beklagte bot ihm 35,70 Gℳ an. Die auf Zahlung eines Teilbetrags von 7000 Gℳ gerichtete Klage wurde vom Landgericht abgewiesen. Das Oberlandesgericht sprach dem Kläger 105 Rℳ zu und beließ es im übrigen bei der Abweisung. Die Revision des Klägers führte zur Aufhebung und Zurückverweisung.

Aus den Gründen:

Das Berufungsgericht führt aus: Nach Art. 3 der Verordnung vom 22. Mai 1926 seien, wenn — wie hier — noch keine Zahlung erfolgt ist, als Aufwertung der vertragsmäßigen Entschädigungssumme 50 v. H. ihres auf den 30. Tag nach der Schadensanzeige berechneten Goldmarkwertes zu gewähren. Selbst wenn man annehme, daß es gelungen wäre, zur Zeit des Brandes vertragsmäßig die Versicherungssumme in einer dem ursprünglichen Markwerte gleichkommenden Ziffer auszudrücken, würden auf die Gebäude ohne das stehengebliebene Nebengebäude 8180 ℳ = 117 Billionen Mark, auf das Inventar unter Berücksichtigung der späteren Festsetzungen etwa 6500 ℳ = 93 Billionen entfallen sein. Der Goldmarkwert dieser Entschädigungssumme würde, auf den 30. Tag nach der frühestens am 23. Oktober 1923 erfolgten Schadensanzeige berechnet, 210 Gℳ betragen; hiervon stehe dem Kläger nach der erwähnten Vorschrift die Hälfte zu.

Die Revision macht diesen Ausführungen gegenüber mit Unrecht geltend, daß die Verordnung vom 22. Mai 1926 nicht rechtsgültig sei. Wie der Senat bereits in RGZ. Bd. 115 S. 207 entschieden hat, findet diese Verordnung im § 59 Abs. 2 AufwG. eine ausreichende verfassungsmäßige Grundlage. Aber die Auslegung, die der Berufungsrichter dem Art. 3 der Verordnung zuteil werden läßt, ist irrtümlich. Abs. 3 dieser Vorschrift sagt allerdings, daß, soweit noch keine Zahlung erfolgt ist, 50 v. H. des nach § 2 Abs. 1 AufwG. auf den 30. Tag nach der Schadensanzeige berechneten Goldmarkbetrags der vertragsmäßigen Entschädigung zu gewähren seien. Dies ist jedoch, ebenso wie die den Fall der Zahlung betreffende Vorschrift des Abs. 2, nur im Anschluß an den Abs. 1 zu verstehen, wonach Ansprüche der Versicherten aus Versicherungsverträgen anderer als der im § 59 Abs. 1 AufwG. und in den Art. 2, 9 und 10 der Verordnung bezeichneten Art der Aufwertung nur dann unterliegen, wenn dadurch, daß die Entschädigungssumme nicht spätestens am 30. Tage nach der Schadensanzeige gezahlt wurde, ein Geldentwertungsschaden eingetreten ist. Demnach kommt die Gewährung von 50 v. H. des noch nicht gezahlten Entschädigungsbetrags nur in Frage, wenn durch die Verspätung der Zahlung über den 30. Tag nach der Schadensanzeige hinaus ein Geldentwertungsschaden entstanden ist, nicht dagegen dann, wenn von jenem Tag an eine Geldentwertung nicht mehr stattgefunden hat. Es wäre auch nicht einzusehen, weshalb aus dem Gesichtspunkte der Aufwertung oder der Beschränkung der Aufwertung ein gewisser Prozentsatz des auf jenen Tag berechneten Entschädigungswertes gezahlt werden sollte, wenn die Entschädigung von da an ihren vollen Wert behalten hätte. Im vorliegenden Falle ist nun seit dem 22. November 1923, dem 30. Tage nach dem vom Berufungsgericht angenommenen frühesten Zeitpunkt der Schadensanzeige, eine weitere Geldentwertung nicht mehr eingetreten. Daher ist nach Art. 3 Abs. 1 der Verordnung die dem Kläger zustehende vertragsmäßige Entschädigung der Aufwertung überhaupt entzogen. Sie ist nur aus der zur Zeit des Eintritts des Versicherungsfalles noch geltenden Papiermarkwährung in die gegenwärtige Reichsmarkwährung umzurechnen, wobei die Kurse vom Tage des Versicherungsfalles und vom Tage vor Erlaß des Urteils zugrunde zu legen sind. Für die so errechnete Reichsmarksumme kommt aber die Ermäßigung auf 50 v. H. nicht in Frage, weil die im Art. 3 Abs. 1 der Verordnung bezeichnete Voraussetzung nicht zutrifft.

Auch die Ausführungen, mit denen das Berufungsgericht sein Verfahren bei Errechnung des Goldmarkwertes der vertragsmäßigen Entschädigungssumme begründet, sind nicht frei von Rechtsirrtum. (Wird weiter ausgeführt.) Demnach ist Art. 3 der Verordnung vom 22. Mai 1926 verletzt. . . .

---

41. 1. Unter welchen Voraussetzungen erwirbt der Kommittent bei einer Einkaufskommission das Eigentum an den vom Kommissionär eingekauften Wertpapieren, wenn der Kommissionär die Papiere in Verwahrung nimmt und dem Kommittenten kein Nummernverzeichnis übersendet?

2. Wie ist die Rechtslage, wenn an der Forderung des Kommittenten gegen den Kommissionär auf Ausantwortung der für den ersteren gemäß dem Auftrag angeschafften Wertpapiere ein Pfandrecht des Kommissionärs besteht (pignus debiti)?

BGB. §§ 181, 223, 929, 930, 1228, 1280, 1287. HGB. § 384.
Depotgesetz §§ 7, 8.

II. Zivilsenat. Urt. v. 22. Februar 1927 i. S. Landesbank der Provinz Ostpreußen (Kl.) w. W. (Bekl.). II 342/26.

I. Landgericht Königsberg.
II. Oberlandesgericht daselbst.

Die klagende Bank ist Inhaberin eines von Justizrat C. in seiner Eigenschaft als Vorsitzender des Aufsichtsrats der Königsberger Bank auf diese gezogenen und von ihr angenommenen, am 15. Mai 1924 fällig gewesenen Wechsels an eigene Order über den Betrag von 268029,35 RM. Neben Justizrat C. haben die drei damaligen Direktoren der Königsberger Bank und die übrigen acht Mitglieder des Aufsichtsrats, darunter der Beklagte W., der damals zugleich Bankdirektor bei der Klägerin war, den Wechsel indossiert, der bei Verfall ordnungsmäßig protestiert wurde.

Mit der gegen die drei Direktoren der Königsberger Bank und gegen W. erhobenen Klage verlangte die Klägerin Zahlung eines Teilbetrags von 25000 RM. Im Laufe des Rechtsstreits stellte sie gegen den Beklagten W. noch den Hilfsantrag, er habe wegen der 25000 RM die Zwangsvollstreckung in gewisse (näher bezeichnete) Wertpapiere zu dulden. Zur Begründung des Hilfsantrags führte sie aus, sie habe im Auftrag des W. in Königsberg und auch bei auswärtigen Banken verschiedene Wertpapiere gekauft und verwahre sie teils bei sich, teils bei den auswärtigen Banken; nach ihren Geschäftsbedingungen habe sie an den Wertpapieren ein Pfandrecht erlangt, und zwar schon zu einer Zeit, wo die Wechselklage noch nicht verjährt gewesen sei.

Das Landgericht hat die Klage gegen sämtliche vier Beklagte wegen Verjährung des Wechselanspruchs abgewiesen. Es geht davon aus, daß die Verjährung zwar durch Anerkenntnisse vom Juni und zuletzt durch ein solches vom 16. August 1924 unterbrochen worden sei, daß aber vom letztgenannten Tage bis zur Klagerhebung mehr als drei Monate verstrichen seien. Der Hilfsantrag wurde mit der Begründung zurückgewiesen, daß die Wertpapiere erst mit der im März 1925 erfolgten Übersendung des Stückeverzeichnisses, nach vollendeter Verjährung des Wechselanspruchs, in das Eigentum des Beklagten W. übergegangen seien.

Die Klägerin hat nur gegen diesen Beklagten Berufung eingelegt und den Haupt- und den Hilfsanspruch ihm gegenüber auf

12000 RM beschränkt. Das Oberlandesgericht hat den Hauptanspruch abgewiesen und dem Hilfsantrag mit der Beschränkung stattgegeben, daß der Beklagte W. wegen 12000 RM die Zwangsvollstreckung in folgende Wertpapiere:

500 RM Düsseldorfer Industrie-Verwaltungs-Aktien,
6586000 PM Aktien der Ostdeutschen Schuhfabriken,

zu dulden habe. Im übrigen hat es auch den Hilfsantrag abgewiesen.

Die Revision der Klägerin, die sich nur gegen den abgewiesenen Teil des Hilfsanspruchs richtet, führte zur Aufhebung des Berufungsurteils und zur Zurückverweisung.

Gründe:

Der Hilfsantrag der Klägerin stützt sich auf § 223 BGB. Danach hindert die Verjährung eines Anspruchs, für den ein Pfandrecht besteht, den Berechtigten nicht, seine Befriedigung aus dem verhafteten Gegenstand zu suchen. Unstreitig hat die Klägerin bereits vor der Verjährung des Wechselanspruchs im Auftrag des Beklagten W. und für diesen die im Hilfsantrag erwähnten Wertpapiere gekauft. Sie hat diesen Auftrag zum Teil an der Königsberger Börse durch ihre Effektenabteilung selbst ausgeführt und die gekauften Wertpapiere für den Beklagten in Verwahrung genommen, zum Teil hat sie den Auftrag durch auswärtige Banken ausführen lassen. Diese nahmen dann die angeschafften Papiere in ein Depot B auf, welches die Klägerin bei ihnen unterhielt, sandten aber der Klägerin vor Verjährung der Wechselforderung kein Nummernverzeichnis über die fraglichen Wertpapiere. Auch der Beklagte hat von der Klägerin vor der Verjährung der Wechselforderung kein Nummernverzeichnis über die von ihr angeschafften Wertpapiere erhalten.

Die Klägerin stützt ihr Pfandrecht an den Wertpapieren auf Nr. 8 ihrer für den Geschäftsverkehr mit dem Beklagten geltenden Bedingungen. Diese Nr. 8 lautet:

„Alle Wertpapiere und sonstigen Wertstücke, insbesondere auch Wechsel, Schecks, Transportpapiere, Zins- und Gewinnanteilscheine, Waren und Forderungen, welche im Laufe des Geschäftsverkehrs aus irgendeinem Anlaß in den unmittelbaren oder mittelbaren Besitz oder die Verfügungsgewalt der Landesbank einschließlich ihrer Zweigstellen gelangt sind, dienen der Bank als Pfand zur Sicherheit für alle gegen den Kontoinhaber aus irgendeinem Anlaß begründeten Ansprüche jeder Art, auch wenn diese befristet oder bedingt sind. Ausgenommen von dieser Bestimmung sind diejenigen Werte, bei denen der Kunde vor ihrem Eingang eine besondere Bestimmung getroffen hat oder gesetzliche Bestimmungen entgegenstehen."

Der Berufungsrichter hat geprüft, ob die hier fraglichen Wertpapiere schon vor der Verjährung der Wechselforderung im Eigentum des Beklagten gestanden haben, und hat dies und damit das Pfandrecht der Klägerin nur für die 500 RM Düsseldorfer Industrie-Verwaltungs-Aktien und die 6586000 PM Aktien der Ostdeutschen Schuhfabriken bejaht. Bei diesen Papieren bestreitet der Beklagte sein Eigentum nicht; sie stammen auch nicht aus einer Einkaufskommission. Für alle übrigen Wertpapiere hat der Vorderrichter das Pfandrecht der Klägerin verneint. Er unterscheidet dabei zwischen den von der Klägerin selbst in Königsberg für den Beklagten angekauften und für ihn in Verwahrung genommenen und denjenigen Wertpapieren, die sie unter Zuhilfenahme auswärtiger Banken gekauft hat und die von diesen Banken dem bei ihnen für die Klägerin eingerichteten Depot B zugeführt und in Verwahrung gehalten worden sind.

Für die erste Gruppe von Wertpapieren führt das angefochtene Urteil aus: Als Einkaufskommissionärin habe die Klägerin das Eigentum an den Papieren erlangt, jedoch mit der Verpflichtung, es auf den Beklagten als den Kommittenten zu übertragen. An sich habe die Eigentumsübertragung nach § 7 des Depotgesetzes durch Absendung eines Stückeverzeichnisses geschehen können, vorausgesetzt, daß die Klägerin das Verfügungsrecht über die Papiere besessen habe. Der Beklagte habe aber bei allen diesen Kommissionsgeschäften auf Übersendung eines Stückeverzeichnisses verzichtet, und es sei ihm auch erst im März 1925, nach Vollendung der Verjährung des Wechselanspruchs, ein Stückeverzeichnis übersandt worden. Die Eigentumsübertragung sei jedoch auch im Wege des § 930 BGB. möglich gewesen. Habe man nämlich, wie die Klägerin unter Beweis gestellt habe und wie zu ihren Gunsten unterstellt werde, bei jeder Auftragserteilung vereinbart, daß der Beklagte Eigentümer der Stücke werden, die Klägerin sie aber in Verwahrung behalten solle, so habe sich die Klägerin als Besitzerin und Eigentümerin der Wertpapiere mit dem Beklagten oder (da sie gemäß § 181 BGB. zugleich als dessen Vertreterin habe auftreten können) mit sich selbst über den Eigentumsübergang einigen können, wobei die nach § 929 BGB. erforderliche Übergabe durch das vorher verabredete Rechtsverhältnis des Verwahrungsvertrags ersetzt worden sei. Die vom Reichsgericht in ständiger Rechtsprechung (z. B. in RGZ. Bd. 73 S. 418, Bd. 99 S. 210) für den Vertragsabschluß mit sich selbst verlangte äußerlich in die Erscheinung tretende, den Willen zur Eigentumsübertragung kenntlich machende Ausführungshandlung besteht nach der Annahme des Berufungsrichters hier darin, daß die Wertpapiere mit Streifen, die den Namen des Beklagten trugen, umbunden und in das Nummernbuch eingetragen wurden, das über die einzelnen Sorten von Aktien oder Obligationen geführt wird und in dem jeweils die Nummern der betreffenden Wertpapiere und deren Eigentümer vermerkt sind. Gleichwohl lehnt der Berufungsrichter auch bei diesen in Verwahrung der Klägerin befindlichen Wertpapieren den Klaganspruch ab, und zwar deshalb, weil die Klägerin nicht angegeben habe, welche von diesen Papieren sie in Königsberg angekauft und von vornherein bei sich in Verwahrung genommen habe. Die Klägerin habe nämlich, wie erwiesen sei, nach der Inflationszeit in solchen Fällen, wo ihr der Verbleib der Wertpapiere bei den auswärtigen Banken nicht sicher genug erschienen sei, die Stücke nach Königsberg kommen lassen und dort in Verwahrung genommen. An denjenigen Stücken aber, die sie auf diese Weise erst nach der Verjährung erworben, habe kein Pfandrecht mehr entstehen können; sie müßten daher ausscheiden. Ferner habe die Klägerin zugegebenermaßen in einigen Fällen einzelne Stücke aus dem Streifband mit dem Namen des Beklagten herausgenommen und durch andere Stücke mit demselben Nennbetrag ersetzt. Wenngleich nun der Beklagte an den neu eingelegten Stücken (ohne Rücksicht auf seine Kenntnis von dem Umtausch, RGZ. Bd. 52 S. 152) Eigentum erworben habe, so könne diesem Eigentumserwerb doch keine rückwirkende Kraft beigelegt werden. Soweit also der Eigentumserwerb erst nach Eintritt der Verjährung erfolgt sei, habe ein Pfandrecht der Klägerin an den umgetauschten Stücken nicht entstehen können. Schließlich habe auch im Zusammenhang mit der Umstellung auf Reichsmark ein Umtausch von Stücken stattgefunden.

Diesen Ausführungen muß insoweit zugestimmt werden, als hiernach die Möglichkeit besteht, daß der Beklagte an den von der

Klägerin in Königsberg für ihn angeschafften und in ihre Verwahrung genommenen Wertpapieren Eigentum erworben und die Klägerin vor Eintritt der Verjährung ihres Wechselanspruchs ein Pfandrecht an ihnen erlangt hat. Die Bedenken, die das Oberlandesgericht im übrigen gegen das von der Klägerin beanspruchte Pfandrecht äußert, sind aber nicht gerechtfertigt.

Was den Umtausch von Stücken betrifft, die im Eigentum des Beklagten standen, so war dieser als Direktor im Betriebe der Klägerin und im besonderen als Leiter ihrer Depotabteilung mit derartigen Gepflogenheiten der Klägerin vertraut. Es muß daher angenommen werden, daß er zu solchem Umtausch stillschweigend seine Zustimmung erteilt und daß eine stillschweigende Vereinbarung dahin bestanden hat, die neuen Stücke sollten in jeder Beziehung an die Stelle der früheren treten. Nach dem Willen der Parteien sollten daher die an den bisherigen Stücken bestehenden Rechte beider Parteien ohne weiteres auf die neuen Stücke übergehen; es sollte sich also das Pfandrecht, ohne daß eine Neubegründung in Frage kam, einfach an den neuen Stücken fortsetzen. Unter diesen Umständen würde dem Beklagten die Einrede der Arglist entgegenstehen, wenn er sich gegenüber dem Pfandrecht der Klägerin an den neuen Stücken auf die Verjährung der Wechselforderung berufen wollte. Dazu kommt, daß der bei weitem größte Teil der im Wertpapiere-Verzeichnis enthaltenen Papiere Aktien waren. Gegenstand des Pfandrechts der Klägerin ist insoweit das Aktionärrecht des Beklagten gegenüber der betreffenden Gesellschaft. Wenn sich dieses Recht auch äußerlich in der Aktienurkunde verkörperte, so ist doch durch die Denomination und die Umstellung der Aktien auf Reichsmark in dem Aktionärrecht und demgemäß auch in dem Pfandrecht der Klägerin keine Änderung eingetreten. Hiernach steht der Klägerin trotz der Verjährung der Wechselforderung ein Pfandrecht an den Wertpapieren zu, die sie selbst als Einkaufskommissionärin des Beklagten in Königsberg eingekauft und verwahrt hat, sowie an denjenigen Stücken, die durch Umtausch oder infolge der Umstellung auf Reichsmark an die Stelle der gekauften Wertpapiere getreten sind. Voraussetzung ist hierbei, daß die Parteien, wie der Berufungsrichter unterstellt, bei jeder Auftragserteilung zum Ankauf vereinbart haben, der Beklagte solle Eigentümer der Stücke werden und die Klägerin solle sie in Verwahrung behalten.

Bezüglich derjenigen Wertpapiere, welche die Klägerin durch auswärtige Banken hat anschaffen und bei diesen hat verwahren lassen, führt der Berufungsrichter aus: Diese Wertpapiere hätten unbestrittenermaßen unter Konto B der Klägerin, also auf ihren Namen, bei der auswärtigen Bank gelegen. Dieses Konto betrifft diejenigen Wertpapiere, auf welche der § 8 Abs. 1 Satz 2 des Depotgesetzes Anwendung findet, bei denen also die Klägerin bei Weitergabe des Einkaufs-Auftrages an die auswärtige Bank (den sog. Zentralbankier) dieser mitgeteilt hatte, daß die Anschaffung für fremde Rechnung geschehe. An diesen Wertpapieren habe — so heißt es im angefochtenen Urteil weiter — der Zentralbankier, da er als Kommissionär im eigenen Namen gehandelt, zunächst selbst das Eigentum erworben, allerdings mit der aus § 384 HGB. sich ergebenden Verpflichtung, es auf die Klägerin zu übertragen. Die nach § 7 des Depotgesetzes mögliche Übertragung des Eigentums durch Übersendung eines Stückeverzeichnisses habe hier nicht stattgefunden; denn die auswärtigen Banken hätten der Klägerin vor der Verjährung des Wechselanspruchs kein Nummernverzeichnis von ihrem Konto B übersandt. Nun habe zwar, was zugunsten der Klägerin unterstellt werde, ein Übergang des Eigentums an den Wertpapieren von der auswärtigen Bank auf die Klägerin auch gemäß §§ 930, 181 BGB. erfolgen können, wenn die Klägerin einen Verwahrungsvertrag mit der auswärtigen Bank geschlossen und diese sich mit der Klägerin oder mit sich selbst als deren Vertreterin über den Eigentumsübergang geeinigt habe; auch habe eine Kundbarmachung des Übereignungswillens dadurch herbeigeführt werden können, daß die Wertpapiere in Streifen mit dem Namen der Klägerin gelegt oder im Nummernbuch auf den Namen der Klägerin eingetragen worden seien. Allein zur Begründung eines Pfandrechts für die Klägerin habe es außerdem noch einer Eigentumsübertragung an den Beklagten (durch die Klägerin) bedurft. Da der Klägerin jedoch das Nummernverzeichnis gefehlt habe, habe sie nicht nach §§ 930, 181 BGB. verfahren können. Denn es sei ihr unmöglich gewesen, ihren Eigentumsübertragungswillen nach außen kenntlich zu machen. Eine Eintragung in das Depotbuch des Beklagten W. habe dazu nicht genügt; denn das nach Kunden geordnete Personen-Depotbuch, das zugleich als Unterlage für die den Kunden mitzuteilenden Depotauszüge diene, enthalte nur die einzelnen den

Kunden gehörenden Wertpapiere nach dem Nennbetrag, nicht aber auch nach Nummern. Auch das nach dem Namen der Wertpapiere geordnete Sachen-Depotbuch weise keine Nummern auf. Dies sei nur beim sog. Nummernbuch der Fall. In das Nummernbuch habe aber die Eintragung nicht erfolgen können, weil die auswärtigen Banken der Klägerin die einzelnen Nummern nicht mitgeteilt hätten und diese daher nicht bekannt gewesen seien. Das constitutum possessorium (BGB. § 930) und seine äußere Kundbarmachung könne nur individuell bestimmte Sachen zum Gegenstand haben; im vorliegenden Falle habe es aber auch schon deshalb an jeder Individualisierung der Wertpapiere gefehlt, weil nach dem eignen Zugeständnis der Klägerin die auf dem Konto B ruhenden Wertpapiere einer und derselben Art nicht nur für den Beklagten, sondern auch für andere Kunden bestimmt gewesen seien. Sonach habe kein Eigentum für den Beklagten begründet werden können, vielmehr sei dieses erst mit der Übersendung des Nummernverzeichnisses im März 1925, also nach Verjährung der Wechselforderung, entstanden. Die Klägerin habe auch nicht, wie sie meine, das Eigentum an den im Depot B liegenden Wertpapieren stets unmittelbar für ihre Kunden in der Weise erworben, daß diese dadurch Miteigentümer geworden wären. Denn die auswärtige Bank habe, da ihr die Namen der Kunden der Klägerin unbekannt gewesen seien, auf diese kein Eigentum übertragen können und wollen. Das Gegenteil könne auch nicht daraus gefolgert werden, daß die Anschaffung nach dem Auftrag der Klägerin für fremde Rechnung habe geschehen sollen. Denn dadurch hätten nur die Rechtsfolgen des § 8 Abs. 2 des Depotgesetzes eintreten sollen, womit ein Zwischeneigentum der Klägerin wohl vereinbar sei. Auch ein Miteigentum ihrer Kunden habe die Klägerin als Eigentümerin der Wertpapiere auf Depot B nicht zu begründen vermocht, weil ein solches Miteigentum nur an bestimmten Wertpapieren habe in Erscheinung treten und die Klägerin beim Fehlen eines Nummernverzeichnisses den Miteigentumsanteil des einzelnen Kunden in ihren Büchern nicht habe bezeichnen können. Die Klägerin habe sich vielmehr damit begnügen müssen, im Personen-Depotbuch bei jedem ihrer Kunden Wertpapiere in gewissem Nennbetrag, also lediglich der Gattung nach bestimmt, einzutragen. Wollte man es aber für genügend halten, wenn in den Büchern der Klägerin zum Ausdruck gekommen sei, daß dem

Beklagten Miteigentum zu einem gewissen Bruchteil an denjenigen nach dem Nennbetrag zu bezeichnenden Wertpapieren zustehe, die sich auf ihrem Konto B bei der auswärtigen Bank befänden, so fehle es auch an einer solchen Eintragung, wie die Klägerin selbst zugebe. Übrigens wäre eine solche Eintragung auch undurchführbar, da der Bruchteil sich bei jeder Neuanschaffung ändere.

Was die Klägerin gegen diese Ausführungen des Berufungsrichters geltend macht, kann nicht für durchschlagend erachtet werden. Die Klägerin geht davon aus, daß es sich bei dem Depot B um ein Sammeldepot handle. Das trifft jedoch nicht zu. Ein Sammeldepot setzt eine Mehrheit von Hinterlegern (Deponenten) voraus, während im vorliegenden Falle, beim Depot B, die Klägerin die alleinige Hinterlegerin den auswärtigen Banken gegenüber ist. Die als sog. Zentralbankiers handelnden auswärtigen Banken treten nur zu der Klägerin als Lokalbankier, nicht aber auch zu deren Kunden in rechtliche Beziehungen. Der Lokalbankier wird auch nicht, wie die Klägerin meint, bei der Weitergabe von Aufträgen mehrerer Kunden an den Zentralbankier ohne weiteres Miteigentümer zu einem entsprechenden Bruchteil; infolgedessen kann auch nicht davon die Rede sein, daß er seinen Anteil weiter auf den Kunden übertragen würde. Die Klägerin übersieht hierbei, daß ein derartiger auf Übertragung des Miteigentumsanteils gerichteter Willensakt nicht äußerlich erkennbar gemacht werden kann, wie es im Falle der §§ 930, 181 BGB. notwendig ist.

All das kann indessen dahingestellt bleiben, da man auf anderem Wege dazu gelangt, im Gegensatz zu der Entscheidung des Berufungsrichters der Klägerin an den von auswärtigen Banken gekauften und im Depot B verwahrten Wertpapieren ein Pfandrecht zuzusprechen und ein solches auch an den von der Klägerin selbst angeschafften Wertpapieren für den Fall anzuerkennen, daß eine Vereinbarung der Parteien über den Verwahrungsvertrag für die gekauften Wertpapiere nicht zu erweisen ist.

Die Geschäftsbedingungen räumen in Nr. 8 der Klägerin ein Pfandrecht zur Sicherung aller gegen den Beklagten aus irgendeinem Anlaß begründeten Ansprüche, also auch zur Sicherung des hier fraglichen Wechselanspruchs ein. Als verpfändet sollen unter anderem — und das übersieht der Berufungsrichter — alle Forderungen gelten, die im Laufe des Geschäftsverkehrs in die Verfügungsgewalt der Klägerin oder ihrer Zweigstellen gelangt sind. Der Beklagte hat aus seinen von der Klägerin selbst oder in ihrem Auftrag von den auswärtigen Banken ausgeführten Einkaufs-Kommissionsaufträgen gegen die Klägerin einen Anspruch auf Lieferung, genauer auf Übertragung des Eigentums und des Besitzes an den gekauften und von ihr verwahrten oder in ihrem Depot B bei den auswärtigen Banken liegenden Wertpapieren erworben. Dieser Anspruch ist in die Verfügungsgewalt der Klägerin gelangt. Die Ausdrucksweise der Nr. 8 der Geschäftsbedingungen ist zwar in dem hier fraglichen Teil nicht besonders klar, und die Klägerin müßte es sich gefallen lassen, daß eine strenge Auslegung Platz greift, da sie die Geschäftsbedingungen selbst verfaßt und es an der nötigen Klarheit hat fehlen lassen. Dieser Auslegungsgrundsatz kann aber hier deshalb nicht zur Anwendung kommen, weil der Beklagte Bankdirektor im Betriebe der Klägerin war und daher von dem Bestreben der Banken, ihren Kunden gegenüber eine möglichst umfassende Sicherheit zu erlangen, unterrichtet war und über den wirklichen Sinn der Bestimmung nicht im Zweifel sein konnte. Die Nr. 8 sollte nämlich nur zum Ausdruck bringen, daß die als Sicherheit dienende Forderung des Kunden auf irgendeine Weise in den Machtbereich der Klägerin gelangt sein muß. Dieser Machtbereich braucht kein rechtlicher zu sein; er kann auch rein tatsächlicher Natur sein, und dies trifft hier insofern zu, als die Klägerin die Leistung zu bewirken hat und die Verfügungsbefugnis über die den Gegenstand der Forderung bildenden Wertpapiere besitzt. Daß der Schuldner (der Beklagte) zur Sicherung seiner Schuld (der Ansprüche der Klägerin gegen ihn) eine ihm gegen seinen Gläubiger zustehende Gegenforderung verpfänden kann (pignus debiti), ist anerkannten Rechtens. In solchem Falle bedarf es nicht der sonst nach § 1280 BGB. zur Verpfändung erforderlichen Anzeige des Gläubigers der verpfändeten Forderung an den Schuldner. Die dem Pfandrecht der Klägerin unterworfene Forderung des Beklagten gegen die Klägerin war zunächst auf nur der Gattung nach bestimmte Wertpapiere gerichtet. Soweit die dieser Forderung entsprechende Verpflichtung zur Lieferung von Wertpapieren der fraglichen Gattung, also auf Eigentumsübertragung ging, kam die Klägerin ihrer Leistungspflicht dadurch nach, daß sie dem Beklagten im März 1925 das Nummernverzeichnis übersandte, wodurch das

Eigentum an den darin verzeichneten Wertpapieren auf den Beklagten überging. Durch diese nach § 1228 BGB. erfolgte Leistung trat auf Grund dinglicher Surrogation an die Stelle des Pfandrechts der Klägerin (an der gegen sie gerichteten Forderung auf Leistung der nur der Gattung nach bestimmten Wertpapiere) ein Pfandrecht an den dem Beklagten von der Klägerin zu Eigentum übertragenen, nach Nummern im einzelnen bestimmten Wertpapieren, BGB. § 1287. Da es sich im Falle der kraft Gesetzes eintretenden dinglichen Surrogation nicht um die Neubestellung eines Pfandrechts, sondern nur darum handelt, daß an Stelle des Pfandrechts an der Forderung ohne weiteres ein Pfandrecht an der auf Grund der Forderung geleisteten Sache tritt, das frühere Pfandrecht sich also an dieser Sache von selbst fortsetzt, ist es bedeutungslos, ob zur Zeit dieser Umwandlung die Wechselforderung bereits verjährt war oder nicht.

Dasselbe muß aber auch für die von der Klägerin durch Vermittlung auswärtiger Banken gekauften Wertpapiere gelten, welche die Klägerin nach der Inflation sich kommen ließ und in Verwahrung nahm. Die der Klägerin verpfändete Forderung des Beklagten (Anspruch gegen die Klägerin selbst auf Ausantwortung von Wertpapieren) wurde in dem Augenblick, wo der Beklagte das Eigentum an dem einzelnen bestimmten Wertpapier erwarb, durch Leistung getilgt, und das Pfandrecht der Klägerin ging nunmehr kraft Gesetzes auf die betreffenden Wertpapiere über, gleichgültig, ob sich dieser Übergang vor oder nach der Verjährung der Wechselforderung vollzog.

Soweit also nicht schon vorher ein Eigentumsübergang auf den Beklagten eingetreten und dementsprechend ein Pfandrecht der Klägerin entstanden war, ist dies trotz Verjährung der Wechselforderung spätestens mit der Übersendung des Nummernverzeichnisses im März 1925 rechtswirksam geschehen. Wenn sich hiernach der Hilfsantrag der Klägerin auch als begründet erweist, so kann doch noch nicht in der Sache selbst erkannt werden. Denn die vom Beklagten zu duldende Zwangsvollstreckung kann sich nur auf einzelne genau bestimmte Wertpapiere erstrecken. Da aber der Klagantrag die Nummern der in Frage kommenden Stücke nicht enthält, fehlt es zur Zeit noch an der Möglichkeit der erforderlichen genauen Bestimmung der einzelnen Wertpapiere.

42. Kann ein Einzelkaufmann, der gemäß § 18 HGB. seinen Familiennamen als Firma führt, von einer den gleichen Familiennamen enthaltenden älteren Firma aus dem Gesichtspunkt der Verwechslungsgefahr zur Löschung seiner Firma gezwungen werden?

HGB. § 18; UnlWG. §§ 1, 16.

II. Zivilsenat. Urt. v. 22. Februar 1927 i. S. Gebr. Stollwerck A.-G. (Kl.) w. Paul H. Stollwerck (Bekl.). II 363/26.

I. Landgericht I Berlin.
II. Kammergericht daselbst.

Der Beklagte, der Sohn eines der Mitbegründer der klagenden Firma, die hauptsächlich Schokoladenwaren herstellt, war längere Zeit im Betrieb der Klägerin tätig. Anfang 1925 schied er dort aus und gründete in Berlin unter der demnächst in das dortige Handelsregister eingetragenen Firma „Paul H. Stollwerck" ein Fabrikgeschäft mit einer Zweigniederlassung in Bonn, die ebenfalls im Handelsregister eingetragen ist. In diesem seinem Geschäftsbetrieb stellt der Beklagte hauptsächlich „Rheinische Rahmkamellchen" und „Schokoladekamellchen" her. Die Klägerin erblickt darin, daß sich der Beklagte bei Herstellung und Vertrieb gleichartiger Waren einer den Familiennamen „Stollwerck" enthaltenden Firma bedient, einen Verstoß gegen §§ 1, 16 UnlWG. und § 826 BGB. und hat neben anderen, hier nicht interessierenden Ansprüchen Klage erhoben auf Löschung der Firma „Paul H. Stollwerck" sowie auf Unterlassung ihres Gebrauchs. Dieses Begehren wurde in beiden Vorinstanzen abgewiesen, vom Berufungsgericht mit der Maßgabe, daß der Beklagte stets nur die volle Firmenbezeichnung „Paul H. Stollwerck" unter Hervorhebung der Vornamen „Paul H." durch größere Darstellung der Buchstaben gebrauchen dürfe. Die Revision der Klägerin hatte keinen Erfolg.

Gründe:

Das Berufungsgericht hat die Frage, ob die Klägerin dem Beklagten den Gebrauch seiner Firma „Paul H. Stollwerck" verbieten könne, mit der Begründung verneint, daß der Beklagte als Einzelkaufmann durch § 18 HGB. zur Aufnahme seines Familiennamens in die Firma gezwungen und ihm nicht zuzumuten sei, eine offene Handelsgesellschaft oder eine Gesellschaft m. b. H. zu gründen, nur um dem Zwang des § 18 HGB. zu entgehen und eine der klagenden Firma gegenüber unterscheidungskräftigere Geschäftsbezeichnung zu bekommen. Der Gebrauch der Firma „Paul H. Stollwerck" durch den Beklagten stelle auch — so führt das angefochtene Urteil weiter aus — keinen unlauteren Wettbewerb und keine unerlaubte Handlung dar. Denn der Beklagte habe mit dem Namen „Stollwerck" keinen willkürlichen Firmenbestandteil aufgenommen, und der Fall, daß ein Dritter herangezogen worden wäre, um durch die Verwendung seines Namens eine leicht verwechselbare Firmenbezeichnung zu erlangen, liege auch nicht vor.

Die Revisionsangriffe können keinen Erfolg haben. Sie gehen im wesentlichen dahin, daß das Recht auf Führung des eigenen Familiennamens so weit beschränkt werden müsse, als es zum Schutz der Rechte dritter Personen vernünftigerweise erforderlich sei. Da Verwechslungen zwischen der älteren Firma der Klägerin und der Firma des Beklagten unvermeidlich seien, auch wenn dieser seine Vornamen „Paul H." durch größere Darstellung der Buchstaben dem Familiennamen gegenüber besonders hervorhebe, dürfe der Schutz, auf den die Klägerin Anspruch habe, nicht Halt machen vor der Formalvorschrift des § 18 HGB., die nur den Grundsatz der Firmenwahrheit im Auge habe und nicht ausschließe, daß die Begründung der Firma eines Einzelkaufmanns mit seinem richtigen Familiennamen unlauterer Wettbewerb sein könne.

Auszugehen ist allerdings davon, daß auch dann, wenn der Beklagte seine Firma entsprechend der Anordnung des Berufungsgerichts in größerer Ausführung der Vornamen-Buchstaben führt, ein gewisser Rest von Verwechslungsgefahr übrig bleibt. Dies nimmt übrigens auch der Berufungsrichter an. Denn er verkennt nicht, daß durch Befolgung jener Anordnung die Möglichkeit der Verwechslung der beiden Firmen nur bis zu einem gewissen Grade gemindert, also nicht völlig beseitigt wird. Diesen Rest von Verwechslungsgefahr muß jedoch die Klägerin hinnehmen, wenn der Beklagte durch § 18 HGB. gedeckt ist. Die Ansicht des Berufungsrichters entspricht der richtigen Auffassung von der Bedeutung dieser Vorschrift. Mag diese auch vorwiegend gewerbepolizeilichen Zwecken dienen, so geht es doch nicht an, in ihr gewissermaßen ein

Gesetz minderen Rechts zu erblicken, das ohne weiteres weichen müßte, wenn (ganz abgesehen davon, ob den Einzelkaufmann der Vorwurf unlauteren Verhaltens trifft oder nicht) eine Verwechslungsmöglichkeit im Sinne des § 16 UnlWG. vorliegt. Die Vorschrift hat vielmehr zwingenden Charakter, und zwar auch dann, wenn im Einzelfall die Besorgnis möglicher Verwechslung der neuen Firma mit einer anderen älteren Firma begründet ist. Der Beklagte war also, mochte er selbst eine Verwechslung seines Geschäfts mit der klagenden Firma für denkbar halten oder nicht, auf Grund des § 18 HGB. nicht nur berechtigt, sondern verpflichtet, den Namen „Stollwerck" in seine Firma aufzunehmen. Davon, daß § 16 UnlWG. dieser öffentlichrechtlichen Bestimmung gegenüber ein Gesetz höherer Ordnung darstellen würde, kann mindestens insolange keine Rede sein, als angenommen werden muß, daß der Beklagte bei der Gründung seiner Firma aus nicht zu mißbilligenden Beweggründen gehandelt hat. Daß dies der Fall war, ergibt sich aber aus den Feststellungen des Berufungsgerichts in Verbindung mit dem unbestrittenen Sachverhalt. Denn der Beklagte ist im Geschäftszweig der Klägerin groß geworden und war bis Anfang 1925 in ihrem Betrieb tätig; schon sein Vater gehörte der klagenden Firma an und war sogar einer ihrer Begründer. Nichts lag daher für den Beklagten nach seinem Ausscheiden aus dem Betrieb der Firma Gebrüder Stollwerck näher, als daß er, wenn er sich selbständig machte, in dem Geschäftszweig blieb, worin er bis dahin stets gearbeitet hatte. Dafür, daß er bei Gründung seiner Firma oder späterhin von der Absicht beherrscht gewesen wäre, im Gedanken an das Bestehen einer Verwechslungsmöglichkeit aus dem Vorkommen des Namens „Stollwerck" in beiden Firmen für sein junges Geschäft Nutzen zu ziehen, fehlt es an jedem tatsächlichen Anhalt. Es braucht daher nicht erörtert zu werden, ob sich der Beklagte auf die Vorschrift des § 18 HGB. auch dann mit Erfolg berufen könnte, wenn er sich bei Gründung seiner Firma von unlauteren Beweggründen hätte leiten lassen oder wenn er damals oder in der Folge irgend etwas unternommen hätte, um die Möglichkeit der Verwechslung beim kaufenden Publikum zu fördern.

Soweit das Reichsgericht bei einer kaufmännischen Firma beteiligten Personen bisher das Recht abgesprochen hat, ihren Familiennamen zur Firmenbildung zu verwenden, handelte es sich um Fälle, wo der beanstandete Name ohne gesetzlichen Zwang in eine Gesellschaftsfirma aufgenommen worden war; vgl. insbesondere RGZ. Bd. 110 S. 234 (Malzmann), Bd. 111 S. 66 (Arnheim) und II 147/26, Urteil vom 6. Juli 1926 (Wagner). In allen diesen Fällen konnte also den gesetzlichen Firmierungsvorschriften auch auf andere Weise als durch Aufnahme gerade des beanstandeten Namens genügt werden. Die bisher eingehaltene Grenze bei einer Sachlage wie der hier gegebenen zu überschreiten, lehnt der erkennende Senat ab. Was Rosenthal in seinem Kommentar zum UnlWG., 6. Aufl., in Anm. 24a zu § 16 und im Gewerbl. Rechtsschutz 1925 S. 68flg. zugunsten der gegenteiligen Meinung ausführt, ist nicht überzeugend. Die Nachteile, die sich aus dem Hinwegschreiten über § 18 HGB. ergeben würden, könnten leicht größer sein als der von Rosenthal erwartete Vorteil der Vermeidung einer Verkehrsverwirrung. Denn der Rechtszustand, der daraus entstände, daß trotz der unzweideutigen Mußvorschrift des § 18 HGB. im Einzelfalle Unklarheit herrschte über das Recht des Einzelkaufmanns, seinen Familiennamen zur Firmenbildung zu verwenden, wäre schlimmer als die Möglichkeit einer Verwechslungsgefahr bei der Firmenbildung nach § 18 a. a. O. Solange diese Vorschrift in Kraft ist, darf an ihrer Verbindlichkeit nicht gerüttelt werden, um so weniger, als die Zumutung an den Einzelkaufmann, er solle durch Gründung einer offenen Handelsgesellschaft oder einer Gesellschaft m. b. H. die Benutzung seines Familiennamens vermeiden, ein ganz ungerechtfertigtes, dem Grundsatz der Gewerbefreiheit zuwiderlaufendes Verlangen darstellt.

Das Berufungsgericht hat daher das Verlangen der Klägerin, daß die Firma des Beklagten zu löschen und ihm deren Gebrauch zu untersagen sei, mit Recht zurückgewiesen. Ob die Klägerin bei dieser Rechtslage einen Anspruch hatte auf die Anordnung, daß der Beklagte die Vornamen „Paul H." dem Familiennamen gegenüber durch größere Buchstaben hervorhebe, kann unerörtert bleiben, weil diese Einschränkung zu Lasten des Beklagten geht und die Klägerin allein das kammergerichtliche Urteil angefochten hat.

43. Zur Frage der Haftung des Reeders bei körperlicher Verletzung eines Fahrgastes während einer stürmischen Seereise.

HGB. § 485; BGB. §§ 823, 831, 847.

I. Zivilsenat. Urt. v. 23. Februar 1927 i. S. Oldenburg-Portugiesische Dampfschiffs-Reederei (Bekl.) w. K. (Kl.). I 234/26.

I. Landgericht Hamburg.
II. Oberlandesgericht daselbst.

Im August 1924 ist der Kläger an Bord eines der Beklagten gehörigen Dampfers, auf dem er sich als Fahrgast befand, körperlich verletzt worden. Dies geschah auf der Fahrt von Huelva nach Bremen, während das Schiff sich im Golf von Biskaya befand. Infolge der damals herrschenden Dünung schlingerte das Schiff stark. Der Kläger saß auf einer auf dem Steuerbord-Hochdeck stehenden, aber mit dem Deck nicht fest verbundenen eichenen Bank. Durch eine gegen das Schiff schlagende schwere Sturzsee wurde die Bank mit dem Kläger gegen die Reeling geschleudert. Der Kläger erlitt hierdurch unter anderem eine Verletzung des linken Knies.

Er behauptet, daß eine Fahrlässigkeit der Beklagten und der Schiffsleitung vorliege, weil die Bank mit dem Boden hätte fest verbunden sein müssen. Er hat die Beklagte auf Grund des Beförderungsvertrags und außervertraglich wegen unerlaubter Handlung auf Schadensersatz und Schmerzensgeld in Anspruch genommen und macht geltend, daß die Beklagte nicht nur mit ihrem Schiffsvermögen, sondern auch persönlich hafte, da sie in Kenntnis des vom Kläger erhobenen Anspruchs das Schiff auf neue Reisen gesandt habe. Die Beklagte hat die Klageforderung nach Grund und Betrag bestritten.

Der Anspruch des Klägers, auch soweit Schmerzensgeld gefordert wird, ist vom Landgericht ganz, vom Oberlandesgericht zur Hälfte dem Grunde nach für berechtigt erklärt worden. Die von beiden Teilen eingelegten Revisionen hatten keinen Erfolg.

Gründe:

1. Revision der Beklagten.

Die Beklagte wendet sich zunächst gegen die Annahme des Berufungsgerichts, daß sie neben der Vertragshaftung auch außervertraglich aus unerlaubter Handlung hafte. Denn nach den Feststellungen des Berufungsgerichts sei die Nichtbefestigung der auf

Deck des Schiffes stehenden Bank nicht schlechthin als ein Verschulden der Schiffsleitung erachtet, ein solches Verschulden vielmehr nur darin erblickt worden, daß die Bank während der Fahrt durch den Golf von Biskaya trotz der dort regelmäßig herrschenden schweren Dünung nicht befestigt worden sei. Während dieser Fahrt habe aber das Schiff nur den Fahrgästen im Rahmen des Überfahrtsvertrags und nicht darüber hinaus auch dritten Personen zur Verfügung gestanden. Es könne daher keine Rede davon sein, daß die Beklagte während der Fahrt des Dampfers durch die Biskaya auf dem Schiff einen Verkehr mehr oder weniger allgemeiner Art für Menschen eröffnet habe.

Demgegenüber ist darauf hinzuweisen, daß der zwischen den Parteien geschlossene Beförderungsvertrag grundsätzlich auch die Fürsorge für die körperliche Gesundheit und Unversehrtheit des Klägers umfaßte, wenngleich dies nicht der alleinige und hauptsächliche Gegenstand des Vertrags war. In einem solchen Falle kommt es nicht darauf an, ob die der Beklagten und ihrer Schiffsbesatzung obliegende Fürsorgepflicht gegenüber dem Kläger daneben auch gegenüber dritten, mit der Beklagten in keinem Vertragsverhältnis stehenden Personen bestand. Vielmehr wurde die allgemeine außervertragliche Rechtspflicht der Beklagten, niemand körperlich zu verletzen, nicht beseitigt, sondern noch verstärkt dadurch, daß es ein Vertrag war, durch den der Beklagten die Möglichkeit der Einwirkung auf den Körper des Klägers an Bord des Schiffes gegeben wurde. Auch in einem solchen Falle blieb der Kläger, abgesehen von der besonderen Fürsorgepflicht der Beklagten auf Grund des Parteivertrags, überdies außervertraglich gemäß § 823 BGB. geschützt (RGZ. Bd. 88 S. 433, Bd. 89 S. 385, Bd. 90 S. 68). Die Annahme des Berufungsgerichts, daß die Sondervorschrift in § 485 HGB. die Anwendung von § 831 BGB. ausschließe, wird von der Revision nicht beanstandet. Diese Annahme ist zutreffend, da die Haftung für außervertragliches Verschulden ebenfalls von § 485 HGB. mitumfaßt wird (Schaps, Seerecht § 485 Anm. 22). Es braucht daher nicht eingegangen zu werden auf die Erwägungen in RGZ. Bd. 99 S. 264 über die Anwendung von § 831 BGB. auf den aus außervertraglichem Verschulden hergeleiteten Anspruch auf Schmerzensgeld. Danach rechtfertigen die tatsächlichen Feststellungen des Berufungsgerichts die Heranziehung von § 847 BGB.

Gegenüber der vom Berufungsgericht angenommenen vertraglichen Haftung der Beklagten gemäß § 485 HGB. beruft sich die Revision auf die angeblich für den Beförderungsvertrag maßgebenden „Allgemeinen Bestimmungen für die Beförderung von Reisenden" und die dort angeführten Freizeichnungsklauseln. Dabei verweist sie besonders auf die Klausel: „Die Reisenden nehmen das Risiko der Überfahrt auf sich sowohl mit Bezug auf ihre Person als auf ihr Gepäck, einschließlich des Risikos der Einschiffung und Ausschiffung". Das Berufungsgericht hat in Übereinstimmung mit dem Landgericht ausgeführt: jene Klausel lasse nicht klar erkennen, was gemeint sei; Unklarheiten in der Auslegung der Beförderungsbedingungen gingen aber zu Lasten der Beklagten, die sie aufgesetzt habe. Diese Erwägung ist frei von Rechtsirrtum. Wenn die Worte „Die Reisenden nehmen das Risiko der Überfahrt auf sich ...." die Freizeichnung der Beklagten von allen möglichen mit der Überfahrt für den Reisenden verbundenen Nachteilen, Gefahren und Beschädigungen bedeuten sollte, so wären die übrigen, ins einzelne gehenden Freizeichnungsklauseln der Beförderungsbedingungen überflüssig gewesen. Sollte jene Klausel überhaupt auf die von der Schiffsbesatzung oder der Beklagten verschuldeten körperlichen Beschädigungen der Reisenden bezogen werden können, so bliebe doch die Frage offen, ob jede Art von Verschulden gemeint ist oder nur solches Verschulden, bei welchem der Freizeichnung nicht eine gesetzliche Sondervorschrift (z. B. § 276 Abs. 2 BGB.) oder die allgemeinen Grundsätze von Treu und Glauben im Verkehr entgegenstehen, oder wie sonst die Grenze gezogen werden soll. Die über die Tragweite der Klausel bestehende Unklarheit ist vom Berufungsgericht mit Recht der Beklagten zur Last gelegt worden. Auch im übrigen sind die Erwägungen des Berufungsgerichts, daß die in den „Allgemeinen Bestimmungen" enthaltenen Freizeichnungsklauseln auf den vorliegenden Fall unanwendbar seien, frei von Rechtsirrtum. Dies gilt insbesondere von der Freizeichnung der Reederei von der Haftung „für Schäden und Verluste durch Kollisionen, Strandung oder alle anderen Schiffahrts-Unfälle". Zutreffend entnimmt das Berufungsgericht aus der angeführten Zusammenstellung, daß zu den Schiffahrts-Unfällen in dem hier maßgeblichen Sinne ein dem einzelnen Reisenden zugestoßener persönlicher Unfall nicht gerechnet werden kann.

2. Revision des Klägers.

Nach den Feststellungen des Berufungsgerichts hat der Kapitän des Schiffes alle Reisenden gemeinsam und den Kläger besonders vor und während der Fahrt durch die Biskaya auf die Gefahren dieses Gewässers hingewiesen und vor dem Betreten des Decks während dieser Fahrt gewarnt. Gerade dem Kläger gegenüber sind die Warnungen des Kapitäns im Hinblick auf seine Beleibtheit sowie seine gichtische und rheumatische Veranlagung besonders eindringlich und wiederholt geäußert worden. Trotzdem hat der Kläger, obwohl er sich nur beschwerlich mit Hilfe eines Stockes fortbewegen konnte, das Deck wiederholt betreten und die Bank benutzt, während das Schiff schon stark schlingerte. Hieraus konnte das Berufungsgericht ohne Rechtsirrtum ein ursächliches Mitverschulden des Klägers entnehmen.

Bei Seereisen kommt es nicht selten vor, daß infolge stürmischen Wetters das Betreten des Decks, selbst auf größeren Schiffen, für die Fahrgäste mit Gefahren verbunden ist und daß die Schiffsleitung entsprechende Warnungen oder Verbote erläßt. Den Fahrgästen stehen dann nicht nur — wie die Revision des Klägers anzunehmen scheint — die Kabinen, sondern auch die Gesellschaftsräume des Schiffes zur Verfügung. Wenn sich der Kläger trotz des heftigen Schlingerns des Schiffes, trotz der Warnungen und trotz der in seiner körperlichen Beschaffenheit begründeten persönlichen Unbeholfenheit auf Deck begab, so konnte das Berufungsgericht in dieser Handlungsweise ohne Rechtsirrtum ein Verschulden erblicken. Bedeutete aber schon der Aufenthalt des Klägers an Deck ein solches Verschulden, so gilt dies ebenso von der Benutzung der dort befindlichen Bank. Außerdem durfte sich der Kläger unter den in Betracht kommenden Umständen nicht schlechthin darauf verlassen, daß die an Deck stehende Bank gehörig befestigt war. Vielmehr hätte er in der besonderen Lage auch besondere Vorsichtsmaßregeln anwenden und sich, wenn er die Bank benutzen wollte, vorher von ihrer erst durch das starke Schlingern des Schiffes erforderlich gewordenen Befestigung überzeugen müssen.

Die Bewertung des danach vom Berufungsgericht genügend begründeten beiderseitigen Verschuldens als gleichwertiger Schadensursache kann nach Lage der Sache nicht für rechtsirrtümlich erachtet werden.

44. 1. Ist im Ehestreit in dem durch Eidesunfähigkeit des Beklagten veranlaßten Verfahren nach § 471 ZPO. zur Widerklage neu zu verhandeln, auch wenn der dem Beklagten auferlegte Eid nur die Begründung der Klage betrifft?
2. Können in diesem Verfahren neue Klagegründe vorgebracht werden?

ZPO. §§ 471, 614.

VII. Zivilsenat. Urt. v. 24. Februar 1927 i. S. Ehemann K. (Kl.) w. Ehefrau K. (Bekl.). VII 110/26.

I. Landgericht Kassel.
II. Oberlandesgericht daselbst.

Das Landgericht hat die Entscheidung über die vom Ehemann erhobene Scheidungsklage, die auf Mißhandlung, Ehebruch und blutschänderischen Verkehr der verklagten Ehefrau mit ihrem Vater gestützt war, von einem der Beklagten auferlegten richterlichen Eid darüber abhängig gemacht, daß sie mit ihrem Vater niemals blutschänderischen Verkehr gehabt habe. Der auf Scheidung aus § 1568 BGB. gerichteten Widerklage hat das Gericht stattgegeben. Die Folgen der Leistung und der Verweigerung des Eides wurden dahin festgesetzt, daß im ersten Falle die Klage abgewiesen und auf die Widerklage die Ehe geschieden, im zweiten Falle dagegen die Ehe auf Klage und Widerklage geschieden werde. Die Berufung des Klägers war erfolglos. Nach Eintritt der Rechtskraft des bedingten Urteils leistete die Beklagte den ihr auferlegten Eid, worauf das Landgericht Läuterungsurteil dahin erließ, daß die Klage abgewiesen und die Ehe der Parteien auf die Widerklage unter Alleinschuldigerklärung des Klägers geschieden werde. In der Begründung hieß es: Der Kläger habe geltend gemacht, daß die Beklagte, wie er erst nach Rechtskraft des bedingten Endurteils erfahren, mit Dr. G., einem Arzte in St., die Ehe gebrochen habe. Dieser Einwand sei trotz § 614 ZPO. nicht mehr zu berücksichtigen; nur die §§ 469, 471 ZPO. machten Ausnahmen. Auf die vom Kläger gegen das Läuterungsurteil erhobene Berufung erhob das Oberlandesgericht über den Geisteszustand der Beklagten zur Zeit der Eidesleistung Beweis und erkannte sodann unter Aufhebung des eidbedingten landgerichtlichen sowie des oberlandesgerichtlichen Urteils, das die Berufung des Klägers zurückgewiesen hatte, auf Abweisung der Klage und auf Scheidung der Ehe nach dem Antrag der Widerklägerin. In den Gründen wurde ausgeführt: Die Beklagte habe zur Zeit der Eidesleistung an Hysterie gelitten und vermöge die Verantwortung für den von ihr geleisteten Eid nicht zu tragen. Der Sachverhalt sei daher unter Beschränkung auf die Beweisführung über den blutschänderischen Verkehr gemäß § 471 ZPO. erneut zu erörtern gewesen mit dem Ergebnis, daß ein Beweis für solchen Verkehr nicht erbracht sei. Dagegen könne der Kläger neue Gründe für die von ihm begehrte Scheidung und insbesondere die Behauptung, daß die Beklagte mit Dr. G. seit 1920 Ehebruch treibe und in letzter Zeit auch noch mit einem anderen Manne die Ehe gebrochen habe, nicht mehr geltend machen, und ebensowenig sei eine erneute Prüfung der Widerklage zulässig. Die Revision des Klägers gegen dieses Urteil führte zur Aufhebung und Zurückverweisung.

Aus den Gründen:

Das Oberlandesgericht hat auf die gegen das landgerichtliche Läuterungsurteil erhobene Berufung zutreffend angenommen, daß die Unfähigkeit der schwurpflichtigen Partei zur Eidesleistung auch dann nach § 471 ZPO. zu berücksichtigen sei, wenn der Eid schon geleistet worden ist. Es hat auch ohne Rechtsirrtum als Folge der Unfähigkeit der Beklagten zur Eidesleistung das bedingte Endurteil des Landgerichts und das dieses Urteil bestätigende oberlandesgerichtliche Erkenntnis nach § 471 Abs. 3 ZPO. aufgehoben. Dabei hat das Berufungsgericht die neue Verhandlung zur Klage auf das Beweisthema des Eides beschränkt. Zur Widerklage hat es eine neue Verhandlung ausgeschlossen in der Erwägung, das Scheidungsrecht der Beklagten sei, da die Ehe sowohl bei Leistung wie bei Verweigerung des Eides geschieden werden sollte, schon bedingungslos bejaht gewesen; über Scheidung und Schuld sei zwar gleichzeitig zu entscheiden, aber aus dem Grundsatz der Einheitlichkeit sei nicht abzuleiten, daß das Scheidungsrecht nicht getrennt von der Schuldfrage erörtert und geprüft werden dürfe.

Die Auffassung des Berufungsgerichts ist sowohl zur Klage wie zur Widerklage nicht frei von Rechtsirrtum.

Auch in Ehesachen ist es zwar, soweit nicht einer der besonderen Fälle der §§ 469 bis 471 ZPO. vorliegt, anerkannten Rechtens, daß das Vorbringen neuer Klagegründe, wie auch die Erhebung einer Widerklage, durch die Rechtskraftwirkung des bedingten Endurteils ausgeschlossen wird (RGZ. Bd. 106 S. 220). Hier handelt es sich aber nicht mehr um die Abwicklung des Läuterungsverfahrens.

Selbstverständlich gilt die Vorschrift des § 471 ZPO. auch in Ehesachen. Nach ihr soll es in den darin erwähnten Fällen den Parteien freistehen, nach Wegfall der Eidesleistung die unter Eid gestellten Tatsachen mit anderen Mitteln zu beweisen oder zu widerlegen und insoweit auch neue Tatsachen und Anträge vorzubringen (RG. in Seuff.Arch. Bd. 40 Nr. 322). Im übrigen sollen die Parteien an das rechtskräftig gewordene bedingte Endurteil gebunden bleiben, obschon es nach § 471 Abs. 3 ZPO. demnächst formell aufgehoben wird. Es wäre unbillig und unzweckmäßig, wenn sämtliche Ergebnisse der durch das bedingte Endurteil abgeschlossenen Verhandlung wieder in Frage gestellt würden, und zwar auch in solchen Punkten, die von dem das Verfahren nach § 471 ZPO. veranlassenden Ereignis an sich gar nicht berührt werden (RGZ. Bd. 13 S. 379, 385 und die in Bd. 106 S. 220 angeführten weiteren Entscheidungen).

Es fragt sich aber gerade, ob im vorliegenden Falle die Ergebnisse der Verhandlung nicht in ganz anderem Umfang von der Eidesunfähigkeit der Beklagten berührt worden sind, als das Berufungsgericht angenommen hat. Die nachträglich festgestellte Eidesunfähigkeit der Beklagten ergab für das Oberlandesgericht von der eidespflichtigen Person ein ganz anderes Bild, als das war, womit die beiden Vordergerichte bei Erlaß und Bestätigung des bedingten Endurteils gerechnet hatten. Schon hieraus folgte die Notwendigkeit einer neuen Prüfung aller Behauptungen und Handlungen dieser Person, auf denen ja das bedingte Endurteil mit beruhte. Hätte das Gericht gewußt, daß die Beklagte nicht voll zurechnungsfähig sei (in welchem Umfang und seit wann, hätte möglicherweise genauerer Feststellung bedurft), so hätte es nicht nur von der Auferlegung des Eides abgesehen, sondern alle Vorgänge daraufhin ansehen müssen, ob sie etwa durch die geistige Unvollkommenheit der Beklagten beeinflußt sein könnten und was hieraus zu folgern sei. Denn es handelte sich um einen Ehestreit, bei dem das Persönliche eine starke Rolle spielte, namentlich auch die Zuverlässigkeit und die Verantwortlichkeit der Beklagten. Die Beweisführung mußte in diesem Zusammenhang nach § 471 ZPO. so weit nachgeholt werden können, als es die veränderte Wertung der Persönlichkeit der Beklagten erforderte.

Zur Widerklage ist folgendes zu bemerken:

Im Rahmen des § 1568 BGB., um den es sich hier allein handelt, kann sowohl über den Grund zur Scheidung wie über Schuld und Mitschuld (alleinige oder beiderseitige Schuld) nur auf Grund des Gesamtverhaltens einer jeden der beiden Parteien erkannt werden. Die Entscheidung der Frage, ob die Eheverfehlung der einen oder der anderen Partei eine schwere im Sinne des § 1568 sei, und insbesondere die Beantwortung der Zumutungsfrage kann von diesem Gesamtverhalten abhängen. Infolgedessen besteht zwischen Klage und Widerklage nicht nur insofern ein Zusammenhang, als über sie gleichzeitig entschieden werden muß, weil die Ehe nur in einem Zeitpunkt als aufgelöst betrachtet werden kann (RGZ. Bd. 58 S. 307). Die Entscheidung muß vielmehr auch insofern einheitlich sein, als die Gründe für oder gegen die Verfehlung der einen oder der anderen Partei, für Schuld und Mitschuld, gegeneinander abzuwägen sind. Es ist demnach nicht angängig, zunächst den Scheidungsanspruch gegen den Kläger zu bejahen, womit zugleich seine Schuld an der Scheidung feststeht, und dann, sachlich getrennt hiervon, die Scheidungsgründe gegen die Beklagte zu erörtern. Denn jede auf Klage und Widerklage ergehende Beurteilung muß schließlich, wenn auch alle Einzelheiten getrennt festgestellt werden können, den gesamten Streitstoff zusammenfassen und bei dem Verhalten jeder Partei das der anderen mitberücksichtigen. So konnte auch hier die Scheidung auf die Widerklage und die damit verbundene Schuldigerklärung des Klägers wegen des leichtfertigen Vorwurfs ehebrecherischen Verhaltens der Beklagten nur im Zusammenhalt mit dem Vorwurf blutschänderischen Verkehrs erfolgen, der durch den der Beklagten auferlegten richterlichen Eid geklärt werden sollte.

Zutreffend und in Übereinstimmung mit der Rechtsprechung hat daher das Landgericht in seinem bedingten Endurteil und das Oberlandesgericht in dem diese Entscheidung bestätigenden Urteil den gesamten Ausgang des Ehestreits, betreffend Scheidung und Schuld auf beiden Seiten, von der Leistung oder Verweigerung des Eides abhängig gemacht. Diese Abhängigkeit ist nicht eine bloß äußere, mit dem Zweck, den Zeitpunkt der Scheidung, falls sie gegen beide auszusprechen wäre, auf einen Tag festzustellen. Sie ist vielmehr eine innere, auf der Abwägung des gesamten Sachverhalts beruhende. Nach der Auffassung beider Urteile, die übrigens nur in dem des Oberlandesgerichts deutlich hervortritt, stellte der gegen die Beklagte erhobene Vorwurf des Ehebruchs eine so schwere Verfehlung des Klägers dar, daß selbst dann, wenn die Beklagte sich der Blutschande schuldig gemacht hätte, Scheidung und Schuldausspruch gegen den Kläger als begründet erschienen wäre, erst recht natürlich dann, wenn der Verdacht der Blutschande durch Eid der Beklagten beseitigt wurde.

An die Stelle der formalen Beweiskraft des Eides ist nun im jetzt angefochtenen Urteil des Oberlandesgerichts die Beweiswürdigung über den angeblichen blutschänderischen Verkehr der Beklagten auf Grund der wiederholten Zeugenvernehmung getreten mit dem Ergebnis, daß der dem Kläger obliegende Beweis für den blutschänderischen Verkehr der Beklagten nicht als geführt angesehen wurde. Außerdem hätte das Oberlandesgericht, wie oben ausgeführt wurde, die Veränderung des Bildes von der Persönlichkeit der Beklagten bei der Beweiswürdigung mitberücksichtigen sollen, und zwar allgemein, nicht nur zu einem einzelnen Punkte. Die dadurch veranlaßte neue Würdigung der für Scheidung und Schuld auf einer Seite wesentlichen Tatsachen hatte zur Folge, daß im Rahmen des § 1568 BGB. die gesamte Sachlage wiederholt daraufhin zu prüfen war, ob nicht durch das neue Beweisergebnis die Verantwortlichkeit oder die Schwere der Verfehlung der einen oder der anderen Partei oder die Beantwortung der Zumutungsfrage beeinflußt würde. Diese Prüfung konnte natürlich zu dem Ergebnis führen, daß kein Anlaß bestehe, die Sache anders, als im bedingten Endurteil geschehen, zu würdigen. Aber prozeßrechtlich betrachtet durfte die erneute Prüfung des gesamten Streitverhältnisses nicht unterlassen werden. Die Unterlassung konnte zugleich eine sachlich unrichtige Würdigung zur Folge haben.

Hiermit stimmt überein, daß, soweit es sich um die Scheidungsgründe aus § 1568 BGB. handelt, die Zerrüttung der Ehe für den Zeitpunkt der letzten mündlichen Verhandlungen vor Erlaß des Scheidungsurteils festzustellen ist und daß weder zur Klage noch zur Widerklage ein Scheidungsgrund durch ein früher ergangenes

Zwischenurteil als gerechtfertigt anerkannt werden kann (RGZ. Bd. 98 S. 152; JW. 1916 S. 1192 Nr. 11; WarnRspr. 1910 Nr. 124, 1913 Nr. 295). Der Wirkung nach käme es aber einem Zwischenurteil gleich, wenn die in den Vorinstanzen ursprünglich ergangene Entscheidung über die Widerklage nunmehr ohne neue Verhandlung und Prüfung zu übernehmen wäre. Die Zerrüttung der Ehe würde dann nicht, wie es notwendig ist, für den Zeitpunkt des Erlasses des Scheidungsurteils ausgesprochen (RGZ. Bd. 98 S. 153).

Die Rüge der Revision, zur Widerklage sei durch die ausdrückliche Ablehnung erneuter Verhandlung und Entscheidung, wie sie sich aus der Begründung des angefochtenen Urteils ergibt, der Grundsatz der Einheitlichkeit der Entscheidung verletzt, ist daher begründet. Auf dieser Rechtsverletzung beruht auch die Entscheidung (wird ausgeführt).

Das Oberlandesgericht hat sich auf den Standpunkt gestellt, die von ihm in dem jetzt angefochtenen Urteil ausgesprochene Scheidung der Ehe auf die Widerklage habe nicht auf Grund der Verhandlung zu erfolgen, die diesem Urteil unmittelbar voranging, sondern auf Grund der früheren Verhandlung, die zur Bestätigung des ersten landgerichtlichen Erkenntnisses geführt hatte. Das verstößt gegen grundlegende Vorschriften über das Verfahren (§§ 128, 309, 551 Nr. 1 ZPO.). Demnach war die Sache zur anderweiten Verhandlung und Entscheidung an das Oberlandesgericht zurückzuverweisen.

Wenngleich die Zurückverweisung der Sache wegen des Grundsatzes der Einheitlichkeit auch die Entscheidung über die Klage umfaßt, bedarf doch die zu dieser erhobene Revisionsrüge noch besonderer Erörterung.

Die Entscheidung über die Klage war von einem Eid abhängig gemacht, der durch die Eidesunfähigkeit der Beklagten wegfällt. Dadurch ist ohne weiteres auch das Läuterungsverfahren hinfällig geworden, da bei der rechtlichen Unerheblichkeit der Eidesleistung der Beklagten auch die Beweisfolge des § 463 Abs. 1 ZPO. nicht eintreten kann. An die Stelle des Läuterungsverfahrens im eigentlichen Sinne ist das Verfahren nach § 471 ZPO. getreten. Es liegt einer der Ausnahmefälle vor, in denen das Gericht an die bedingte Entscheidung nicht schlechthin gebunden, sondern, wenn auch in beschränktem Umfang, zu neuer sachlicher Prüfung befugt und verpflichtet ist (RGZ. Bd. 106 S. 221). Es kommt in solchem Falle zu einer neuen mündlichen Verhandlung, auf die das Urteil ergeht. Damit ist, im Gegensatz zum Läuterungsverfahren, ein Verfahren gegeben, worin nicht die Folgen aus dem bedingten Endurteil gezogen, sondern von neuem über die bis dahin vorgebrachte Klagebegründung, soweit sie Gegenstand des Eides war, tatsächlich und rechtlich verhandelt wird, um die weggefallene Beweisgrundlage des Eides nach Maßgabe dessen, was die Parteien nunmehr zu „der betreffenden Beweisführung" vorbringen, durch eine andere zu ersetzen. Nach der besonderen Lage des vorliegenden Falles war aber, wie schon dargelegt ist, die Beweisführung nicht auf den Beweissatz des Eides zu beschränken, der gesamte Streitstoff war vielmehr, wegen der Eidesunfähigkeit der Beklagten und des neuen Beweisergebnisses über den Klagegrund des blutschänderischen Verkehrs, nach Schuld und Schwere der beiderseitigen Verfehlungen und zur Frage der Zumutbarkeit der Fortsetzung der Ehe neu zu prüfen.

Auf eine solche Verhandlung, die von neuem den gesamten Streitstoff umfaßte, mußte aber § 614 ZPO. Anwendung finden, denn gerade auf diese Verhandlung hatte das Urteil zu ergehen. In ihr hätte daher das Oberlandesgericht die Behauptung über den Ehebruch der Beklagten mit Dr. G. und mit noch einem anderen Manne zur Erörterung zulassen müssen. Hierzu führt die Erwägung, daß nach Lage der Sache, weil nämlich das Oberlandesgericht auf die Widerklage die Ehe geschieden hat, der Kläger nach Rechtskraft des angefochtenen Urteils diese Klagegründe überhaupt nicht mehr hätte anbringen können. Denn nochmals konnte die Ehe nicht geschieden werden. Der Kläger wäre sonach als allein schuldiger Eheteil verurteilt geblieben, obwohl er sein Vorbringen in einer Verhandlung geltend gemacht hatte, auf die allein das Urteil des Oberlandesgerichts ergehen konnte. Es gibt keinen Rechtssatz, der dazu nötigte, ein so unbilliges Ergebnis bestehen zu lassen.

Auch die in der Ausschließung des neuen Vorbringens des Klägers liegende Verletzung des § 614 ZPO. begründet selbständig die Aufhebung des angefochtenen Urteils und die Zurückverweisung.

45. Bedeutung der in einer Seeversicherungspolize enthaltenen Klausel: „against rust and oxydation however caused“ (Rostklausel).

Allgemeine Deutsche Seeversicherungs-Bedingungen von 1919 (ADS.) §§ 1, 86.

I. Zivilsenat. Urt. v. 26. Februar 1927 i. S. Kölner Lloyd, Allgemeine Versicherungs-A.-G. und Genossen (Bekl.) w. C. C. & Co. (Kl.). I 334/26.

I. Landgericht Hamburg, Kammer für Handelssachen.
II. Oberlandesgericht daselbst.

Die Klägerin hat bei den Beklagten auf Grund der Seeversicherungspolizen vom 18. November 1924 und 16. Februar 1925 verzinkte Drähte und Bleche für die Reise von Hamburg nach Buenos Aires versichert. Die Polizen enthalten unter anderem eine Klausel, wonach die Versicherung auch genommen ist „against rust and oxydation however caused“, und ferner die Klausel „claims if any, to be ascertained and paid by Mr. Emilio H. Buenos Aires“. Außerdem sind für die Versicherungen die Allgemeinen Deutschen Seeversicherungs-Bedingungen von 1919 (ADS) maßgebend.

Die Güter sind in Buenos Aires in verrostetem Zustand angekommen. Der in den Polizen benannte dortige Havariekommissar H. hat über den Schaden und dessen Höhe „Zertifikate" ausgestellt, jedoch „ohne Präjudiz für Umfang und Verbindlichkeit der Versicherer". Die Klägerin verlangt von den Beklagten Erstattung des Rostschadens auf Grund der Versicherungsverträge.

Die Instanzgerichte haben der Klage stattgegeben. Die Revision der Beklagten hatte keinen Erfolg.

Gründe:

Das Berufungsgericht hat bei Auslegung der Rostklausel der Versicherungsverträge ausgeführt, daß die Klausel nicht nur eine Haftpflicht der Versicherer für die durch „äußere Einwirkung" verursachten Schäden enthalte, sondern darüber hinausgehe. Es sei seit langem allgemein bekannt, daß auch verzinkte Eisendraht- und Eisenblechwaren auf so langen Seereisen wie der hier in Betracht kommenden leicht verrosteten. Gerade diese erhöhte Rostgefahr habe der in die Versicherungspolizen aufgenommenen Rostklausel den Boden bereitet. Wenn die Klägerin gewußt haben sollte, daß auf solchen Seereisen Rostschäden in erheblichem Umfang entstanden seien und entstehen würden, so sei dies nichts besonderes. Denn dies sei allgemein bekannt und müsse auch den hamburgischen Vertretern der Beklagten bekannt gewesen sein. Anders läge die Sache höchstens dann, wenn die Klägerin nicht nur von der Rostgefährlichkeit der Güter, sondern auch davon Kenntnis gehabt hätte, daß die Güter nach einem neuen, mit bedenklichen und gefahrerhöhenden Fehlern behafteten Verfahren verzinkt worden seien. Das sei aber von der Beklagten nicht behauptet worden.

Diese Erörterungen des Berufungsgerichts laufen darauf hinaus, daß die Rostklausel auch die Gefährdung der Güter durch solchen Rostschaden decke, welcher auf der Versicherungsreise durch die innere Beschaffenheit der Ware entstanden ist, sei es, daß solche innere Beschaffenheit der Güter für sich allein, sei es, daß sie in Verbindung mit einem Gefahrereignis der Versicherungsreise wirksam wurde. Dieser Standpunkt des Berufungsgerichts ist frei von Rechtsirrtum. Dabei ist zu beachten, daß die Rostklausel als eine Sondervorschrift den Bestimmungen in § 86 ADS. vorgeht und im Zweifel gegen die Versicherer auszulegen ist, die als Verfasser der Versicherungspolizen zu behandeln sind.

Nun haben aber die Beklagten unter Beweisantritt folgendes behauptet: Die Güter seien nach einem neuartigen, minderwertigen Verfahren verzinkt worden. Dieses Verfahren habe die Rostbildung zur notwendigen alsbaldigen Folge, die auch dann eintrete, wenn die Güter vor Luft und Sonne geschützt verwahrt und auf dem Büro gelagert würden. Die Waren rosteten ohne weiteres an der Luft, ohne daß sonstige schädigende Einflüsse oder äußere Einwirkungen hinzuträten. Es handle sich um eine selbsttätig stets und auch bei Lagerung an Land eintretende Rostbildung, um einen unvermeidbaren inneren Verderb von innen heraus und um kein Transportrisiko.

Sollten diese Angaben der Beklagten zutreffen, so hätte wegen des Rostschadens weder eine Transportgefahr noch ein versicherbares Interesse vorgelegen (§ 1 ADS.). Denn die Seeversicherung von Gütern verlangt eine mit dem Transport verbundene Gefährdung dieser Güter, d. h. es muß immerhin eine, wenn auch geringe Möglichkeit vorhanden sein, daß die Güter die Gefahren der Seeschiffahrt bestehen; das Nichtbestehen dieser Gefahren muß also ungewiß sein. Daran fehlt es aber bei Schäden, die von vornherein nach Art und Umfang unvermeidlich sind und daher auch mit den Gefahren der Seeschiffahrt nichts zu tun haben. Demgemäß kann die Aufnahme der streitigen Klausel in die, im übrigen nach den Allgemeinen Deutschen Seeversicherungs-Bedingungen von 1919 zu beurteilenden Seeversicherungspolizen keinesfalls auch eine Deckung gegen absolut unvermeidliche und unter allen Umständen sicher eintretende Schäden der eben erwähnten Art bedeuten.

Das Berufungsgericht ist zwar auf die vorstehend angeführten Behauptungen der Beklagten nicht ausdrücklich eingegangen. Soweit jedoch darin eine Verletzung von § 286 ZPO. zu erblicken sein sollte, würde dies nach der Verordnung vom 15. Januar 1924 und den Gesetzen vom 21. Dezember 1925 und 17. Dezember 1926 hier unbeachtlich sein. Ebensowenig kann aber aus der Art, wie das Berufungsgericht seine Entscheidung begründet hat, entnommen werden, daß es die materielle Sach- und Rechtslage in rechtsirrtümlicher Weise verkannt hätte. Die Beklagten hatten zur Unterstützung ihrer Angaben auf drei von ihnen beigebrachte Privatgutachten Bezug genommen. Diese Gutachten sind zum Inhalt der Verhandlung vor dem Berufungsgericht gemacht worden. Sie ergeben indes keinen Anhalt für die daraus hergeleiteten Behauptungen der Beklagten. Sie zeigen nur, daß es sich um eine schwache Verzinkung der Transportgüter oder um eine ungleichmäßige Verteilung der Zinkschicht handelt, welche die Rostgefahr in höherem Maße begründet als eine gute Verzinkung und bei der Einwirkung feuchter Luft besonders leicht zur Rostbildung führt. Danach konnte das Berufungsgericht auch bei der Heranziehung dieser Gutachten sehr wohl davon ausgehen, daß die Art und Weise der Verzinkung des Transportguts nur eine — besonders durch die Seereise erhöhte — Rostgefahr mit sich brachte, nicht aber unter allen Umständen zwangsläufig die Verrostung in derselben Art und in demselben Umfang wie geschehen herbeiführen mußte. Daß dies in der Tat die Auffassung des Berufungsgerichts gewesen ist, ergibt sich mit genügender Deutlichkeit aus den Ausführungen, mit denen es die Annahme einer Verletzung der Anzeigepflicht durch die Klägerin ablehnt. Diese Erwägungen, mit denen das Berufungsgericht die Anzeige der danach allein in Betracht kommenden erhöhten Rostgefahr aus besonderen Gründen für nicht erforderlich erklärt, liegen im wesentlichen auf tatsächlichem Gebiet und lassen keinen Rechtsirrtum erkennen.

---

46. Zur Frage der Kaufmannseigenschaft bei Sparkassen von Kommunalverbänden.

HGB. § 1.

II. Zivilsenat. Urt. v. 1. März 1927 i. S. Stadtgemeinde P., Girokasse (Kl.) w. Kreis L. (Bekl.). II 371/26.

I. Landgericht Torgau.
II. Oberlandesgericht Naumburg.

Die Klägerin hat als Inhaberin zweier Wechsel, die das Blankoindossament der Kreissparkasse L., Bankabteilung, mit den Unterschriften des Landrats und eines Sparkassenbeamten M. trugen, Wechselregreßklage gegen den Kreis L. erhoben. Der Beklagte bestritt die Rechtsgültigkeit des Indossaments, da es weder den Vorschriften der Sparkassensatzung noch den Bestimmungen der Kreisordnung entspreche. Die Klage wurde vom Landgericht abgewiesen. Die Berufung der Klägerin blieb ohne Erfolg, ebenso ihre Revision.

Aus den Gründen:

(Zunächst wird ausgeführt, daß sich weder aus der Kreisordnung noch aus der Satzung der Sparkasse eine wechselmäßige Haftung des verklagten Kreises herleiten lasse. Dann fährt das Urteil fort:)

Die Klägerin hat die Haftung des Beklagten auch damit zu begründen versucht, daß dieser, soweit der Betrieb der Kreissparkasse in Frage komme, als Kaufmann anzusehen sei, der in erheblichem Umfang Bankiergeschäfte betreibe. Deshalb seien für die Sparkasse die im Verkehr von Banken untereinander geltenden Handelsgewohnheiten und Handelsgebräuche maßgebend, wonach keine Bank die Verbindlichkeit im Bankverkehr abgegebener wechselmäßiger Unterschriften ihrer Angestellten in Abrede stellen dürfe. Da die Kreissparkasse Kaufmann sei, fänden auf sie auch die im Handelsverkehr bei stillschweigend erteilter Vollmacht geltenden Grundsätze Anwendung. Wenn nämlich jemand einem anderen die Stellung eines

Bevollmächtigten gegeben habe oder auch nur dulde, daß ein anderer in solcher Eigenschaft auftrete, so gelte dieser zugunsten des gutgläubigen Dritten als bevollmächtigt. Tatsächlich habe sich der Wechselverkehr der Sparkasse unter den Augen und mit Wissen und Willen des Beklagten und ohne Widerspruch des Sparkassenvorstands so gestaltet, daß man von der Unterzeichnung von Wechselerklärungen durch Vorstandsmitglieder abgesehen und die Unterschriften auch von Indossamenten nur durch zwei Beamte der Sparkasse habe vollziehen lassen. Die Namen dieser Beamten, darunter auch der des M., seien mit dem Hinweis darauf, daß die betreffenden Angestellten zur Leistung von Wechselunterschriften berechtigt seien, auf einer im Geschäftsraum der Sparkasse angebrachten Tafel bezeichnet gewesen. Die Sparkasse habe sogar einer Reihe von Banken mitgeteilt, daß M. und einige andere von ihren Beamten Wechselunterschriften gültig leisten dürften mit der Maßgabe, daß immer zwei von ihnen zu zeichnen hätten.

Der Berufungsrichter ist auf dies alles nicht weiter eingegangen, weil er die Kaufmannseigenschaft von Sparkassen unter Hinweis auf Bd. 11 S. 56 der Entscheidungen des Preußischen Oberverwaltungsgerichts ganz allgemein mit der Begründung verneint hat, daß die gemeinnützigen öffentlichen Sparkassen, wenngleich sie in neuerer Zeit in größerem Umfang Bankgeschäfte betrieben, diese Tätigkeit nicht gewerbsmäßig mit der Absicht der Gewinnerzielung ausübten. Im einzelnen führt der Berufungsrichter hierzu aus: Nicht der Gewinn, sondern der gemeine Nutzen bestimme Zweck, Ziel und Art der Tätigkeit der Sparkassen. Sie unterlägen auch gegenüber anderen Banken erheblichen Einschränkungen. Sie ständen unter Staatsaufsicht, hätten bei Krisen Kündigungs-Schutzfristen und seien verpflichtet, kostspielige Einrichtungen zur Förderung des Kleinsparverkehrs zu treffen. Außerdem seien sie in der Anlegung ihrer Bestände weitgehend gebunden und müßten alle Überschüsse für gemeinnützige Zwecke verwenden oder an die Öffentlichkeit abführen. Auch in der Reklame seien sie beschränkt, und bei Festsetzung der Gehälter ihrer Beamten entschieden nicht kaufmännische, sondern soziale Gesichtspunkte.

Die Ansicht des Berufungsrichters kann in dieser Allgemeinheit nicht gebilligt, die Kaufmannseigenschaft einer Sparkasse muß vielmehr von Fall zu Fall geprüft werden. Allerdings heißt es in der

Denkschrift zum Entwurf eines Handelsgesetzbuchs von 1896 (S. 11), daß für die Ausdehnung der Kaufmannseigenschaft auf Sparkassen kein Bedürfnis bestehe, da für diese Eigenschaft eine auf Erwerb gerichtete Absicht wesentlich sei. Allein jene Auffassung war nur für den Sparkassenbetrieb berechtigt, wie er sich bis dahin gestaltet hatte. In neuerer Zeit, besonders seit 1918, sind aber, wie auch der Berufungsrichter nicht verkennt, die Sparkassen vielfach dazu übergegangen, in weitem Umfang eigentliche Bankgeschäfte zu betreiben, wie den An- und Verkauf von Wertpapieren, das Geldwechsel- und Darlehensgeschäft, den Blankokredit- und Kontokorrentverkehr, das Lombard- und Hypothekengeschäft. Damit haben sich die Sparkassen den wesentlichen Geschäften des Bankverkehrs zugewandt, während früher ihre Tätigkeit fast ausschließlich auf das Depositengeschäft, d. h. die Annahme von Geld als sog. depositum irregulare gegen Verzinsung, und auf das Ausleihen von verfügbaren Kapitalien beschränkt war. Wie Düringer-Hachenburg HGB. Bd. I S. 103 zutreffend ausführen, braucht der Erwerb nicht der Endzweck des Unternehmens zu sein. Mag ein Unternehmen auch in erster Linie gemeinnützige oder sonstige ideale Zwecke verfolgen, so liegt doch schon dann eine auf Erwerb gerichtete Tätigkeit vor, wenn bei der Verfolgung dieses Zweckes ein Gewinn erzielt wird. Geht das Bestreben einer Sparkasse auf Erzielung regelmäßiger Überschüsse, die nicht nur zur Bildung von Reservefonds verwendet werden sollen, so betreibt sie ein Gewerbe, mag auch der eigentliche Zweck der Anstalt ein gemeinnütziger sein. Dabei kommt es selbstverständlich nur auf die Erwerbsabsicht, nicht auf das Ergebnis an.

Diese auch von Staub-Bondi HGB., 12./13. Auflage, in Anm. 10 zu § 1 vertretene Auffassung wird allein den Bedürfnissen des Verkehrs gerecht. Zur Beantwortung der Frage der Kaufmannseigenschaft einer kommunalen Sparkasse muß also im einzelnen Falle geprüft werden, ob die Sparkasse regelmäßige Überschüsse erzielen will, die nicht nur zur Bildung von Reserven verwandt werden sollen, und ob sich ihre regelmäßige Tätigkeit auch auf die Besorgung von eigentlichen Bankiergeschäften erstreckt. Ohne Bedeutung für die Frage der Kaufmannseigenschaft ist, daß die Sparkassen in weitgehendem Maße der Staatsaufsicht und im Vergleich zu Banken im eigentlichen Sinne wesentlichen Beschränkungen unterliegen und deshalb im Wettbewerb mit diesen vielleicht zurückstehen müssen. Das gleiche gilt von ihrem Privilegium der Kündigungs-Schutzfristen. Auch darauf mag hingewiesen werden, daß § 2 des Scheckgesetzes der neuzeitlichen bankmäßigen Geschäftsentwicklung der Sparkassen insofern Rechnung trägt, als neben den im Handelsregister eingetragenen Firmen, welche gewerbsmäßig Bankiergeschäfte betreiben, auch die unter amtlicher Aufsicht stehenden Sparkassen als Bezogene bezeichnet werden dürfen.

(Es wird dann weiter ausgeführt, daß es auf die Kaufmannseigenschaft des Beklagten im vorliegenden Falle deshalb nicht ankomme, weil die oben angedeuteten Grundsätze über stillschweigend erteilte Vollmacht gegenüber den Bestimmungen der Satzung keine Anwendung finden könnten.[1])

---

47. 1. Inwieweit können Schiedsgerichte auch Fragen beurteilen, deren Entscheidung mit bindender Wirkung gesetzlich anderen Stellen übertragen ist?

2. Fällt der Anspruch auf Gewährung eines Baukostenzuschusses zur Herstellung einer elektrischen Leitungsanlage, die ursprünglich unentgeltlich besorgt werden sollte, unter die Verordnung über die schiedsgerichtliche Erhöhung von Preisen usw. vom 16. Juni 1922?

3. Findet § 6 dieser Verordnung auch Anwendung, wenn das Verfahren vor einem vertraglichen Schiedsgericht schwebt?

ZPO. §§ 300, 1025. Verordnung über die schiedsgerichtliche Erhöhung von Preisen bei der Lieferung elektrischer Arbeit usw. vom 1. Februar 1919/11. März 1920 i. d. Fassung vom 16. Juni 1922 §§ 1, 6, 7.

VI. Zivilsenat. Urt. v. 1. März 1927 i. S. L. Gesellschaft m. b. H. (Kl.) w. Landgemeinde S. (Bekl.). VI 498/26.

I. Landgericht Halle a. S.
II. Oberlandesgericht Naumburg a. S.

Die elektrische Überlandzentrale S.-B. hat mit der Beklagten am 28. Februar/21. März 1914 einen Konzessionsvertrag abgeschlossen, durch den diese ihr, und zwar zunächst bis zum 31. März 1946, das ausschließliche Recht eingeräumt hat, innerhalb der Ge-

[1]) Vgl. das unten S. 247 flg. abgedr. Urteil; auch Bd. 115 S. 317/18. D. R.

meinde elektrische Energie für Licht- und Kraftzwecke abzugeben und durchzuleiten, sowie für ihre ober- und unterirdischen Leitungen die öffentlichen Straßen und Plätze der Gemeinde unentgeltlich zu benutzen. Dagegen hat sich die Überlandzentrale verpflichtet, nach Maßgabe ihrer Stromlieferungs-Bedingungen der Gemeinde und ihren Einwohnern zu jeder Zeit elektrische Energie für Licht- und Kraftzwecke zu liefern. Im § 11 des Vertrags war für alle Streitigkeiten aus diesem Verhältnis ein Schiedsgericht vorgesehen, das unter Ausschluß des Rechtswegs endgültig entscheiden sollte. Für dieses Schiedsgericht hatte jede Vertragspartei einen Schiedsrichter zu ernennen; für den Fall, daß diese sich nicht einigten, sollte ein Obmann die Entscheidung treffen.

Im Jahre 1919 ist mit Einwilligung der Beklagten die Klägerin in den Vertrag eingetreten. Zwischen diesen beiden kam es im Jahre 1923 zum Streit. Die Klägerin forderte mit Rücksicht auf die schwierigen wirtschaftlichen Verhältnisse auf Grund der Verordnung über die schiedsgerichtliche Erhöhung von Preisen bei der Lieferung von elektrischer Arbeit, Gas und Leitungswasser vom 16. Juni 1922 von der Beklagten einen Baukostenzuschuß. Diese lehnte die Zahlung eines solchen ab und setzte der Klägerin am 17. Dezember 1924 für den Beginn und die Ausführung der Arbeit eine Frist mit der Androhung, daß sie nach deren Ablauf den Vertrag als gelöst ansehen werde. Da die Klägerin auf ihrem Verlangen beharrte, wurde das im Konzessionsvertrag vorgesehene Schiedsgericht aus zwei von den Parteien benannten Schiedsrichtern gebildet. Vor diesem Schiedsgericht beantragte die Klägerin die Feststellung, daß der Konzessionsvertrag zu Recht bestehe, die Gemeinde ihr schadensersatzpflichtig sei und sie erst nach Empfang eines Baukostenzuschusses von 18000 RM verpflichtet sei, den Anschluß der Gemeinde an das Leitungsnetz zu bewirken. Die Beklagte verlangte widerklagend die Feststellung, daß der Vertrag durch Ablauf der gesetzten Frist unwirksam geworden sei. Die Schiedsrichter konnten sich nicht einigen. Es wurde deshalb vertragsgemäß auf ihren Antrag vom Regierungspräsidenten in M. ein Obmann ernannt, der dann mit den anderen beiden Schiedsrichtern zum Schiedsgericht zusammentrat. Vor diesem beantragte die Klägerin Aussetzung des Verfahrens gemäß § 6 Vo. vom 16. Juni 1922, bis das nach dieser Verordnung zuständige Schiedsgericht über die Höhe des von der Beklagten zu leistenden

Baukostenzuschusses entschieden habe. Das Schiedsgericht lehnte den Aussetzungsantrag ab, worauf die Klägerin nur noch Feststellung des Bestehens des Konzessionsvertrags und der Schadensersatzpflicht, die Beklagte aber die Feststellung verlangte, daß der Klägerin keinerlei Rechte aus dem Konzessionsvertrag mehr zuständen. Hilfsweise bat die Beklagte um Verurteilung der Klägerin zum Bau der Anlage.

Das Schiedsgericht erkannte auf Abweisung der Klage und stellte auf die Widerklage fest, daß der Klägerin aus dem Konzessionsvertrag vom 28. Februar/21. März 1914 keinerlei Rechte gegen die Beklagte zuständen.

Im gegenwärtigen Rechtsstreit hat die Klägerin die Aufhebung dieses Schiedsspruchs beantragt, weil das Schiedsverfahren infolge der Ablehnung ihres Aussetzungsantrags unzulässig gewesen sei. Das Landgericht hat ihrer Klage stattgegeben, das Oberlandesgericht aber die Klage abgewiesen. Die Revision der Klägerin führte zur Zurückweisung der Berufung der Beklagten.

Gründe:

Nach § 11 des Konzessionsvertrags hatte, wenn die beiden von den Parteien benannten Schiedsrichter sich nicht einigten, der zugezogene Obmann die Entscheidung zu treffen. In Wahrheit haben aber die drei Schiedsrichter die Entscheidung gefällt, so daß an sich das Schiedsgericht nicht ordnungsmäßig zusammengesetzt war. Die Parteien haben jedoch diesen Mangel nicht gerügt, sondern sich auf die Verhandlung vor dem mit drei Schiedsrichtern besetzten Schiedsgericht eingelassen. Die Klägerin hat auch die Aufhebungsklage nicht auf diesen Mangel gestützt. Er kommt deshalb für die Entscheidung nicht weiter in Betracht.

Die Klägerin hat in der Schlußverhandlung vor dem Schiedsgericht nicht mehr die Feststellung verlangt, daß sie erst nach Empfang eines Baukostenzuschusses zum Anschluß der verklagten Gemeinde an ihr Leitungsnetz verpflichtet sei, sondern nur festzustellen beantragt, daß der Konzessionsvertrag noch zu Recht bestehe und die Beklagte ihr wegen Vertragsverletzung schadensersatzpflichtig sei. Die Frage, ob die Beklagte zur Zahlung eines Baukostenzuschusses verpflichtet ist, war deshalb im schiedsgerichtlichen Verfahren nur noch als Vorfrage für die Entscheidung über Klage und Widerklage von Belang.

An sich sind die Schiedsgerichte, ebenso wie die ordentlichen Gerichte, bei der Beurteilung des ihnen unterbreiteten Anspruchs zur Entscheidung aller Rechtsfragen, auf die es ankommt, befugt und dürfen deshalb auch Verhältnisse beurteilen, deren Entscheidung mit Rechtskraftwirkung an sich nicht in den Kreis ihrer Zuständigkeit fällt. Dies ist für die ordentlichen Gerichte in der Rechtsprechung des Reichsgerichts des öfteren ausgesprochen (vgl. u. a. RGZ. Bd. 14 S. 262, Bd. 67 S. 293; RG. bei Gruch. Bd. 44 S. 1131, Bd. 47 S. 1198; Recht 1909 S. 299). Für die Schiedsgerichte ein anderes anzunehmen, liegt kein Grund vor. Zweifelhaft könnte aber sein, ob die für die ordentlichen Gerichte bestehende Beschränkung, wonach sie solche Fragen nicht beurteilen dürfen, deren Entscheidung mit bindender Wirkung gesetzlich anderen Stellen übertragen ist (RGU. III 252/07 im Recht 1908 Nr. 813), auch auf die Schiedsgerichte anzuwenden ist. Vielleicht müßte man sie in dieser Beziehung anders behandeln als die ordentlichen Gerichte, weil an sich im Rahmen des § 1025 ZPO. alle Verhältnisse der schiedsrichterlichen Entscheidung unterbreitet werden können und es gerade im Wesen und Zweck des Schiedsvertrags liegt, einen Streit der Entscheidung der sonst zuständigen Stelle zu entziehen. Da jedoch dazu gehören würde, daß die Parteien die Entscheidung über den betreffenden Streitpunkt dem Schiedsgericht auch haben übertragen wollen, und da im gegebenen Falle eine solche Vereinbarung nicht getroffen werden konnte, weil die Anwendung der Verordnung vom 16. Juni 1922 nach § 7 das. durch Vereinbarung nicht ausgeschlossen werden durfte, so stand jedenfalls hier dem Schiedsgericht nicht das Recht zu, über eine unter die Verordnung fallende Frage auch nur als Vorfrage selbst zu entscheiden.

Darüber, ob das von der Klägerin in Anspruch genommene Recht, von der Beklagten die Zahlung eines Baukostenzuschusses zu verlangen, eine solche Frage betrifft, hat sich das Berufungsurteil nicht ausdrücklich ausgelassen. Aber anscheinend hat es dies angenommen, weil es sonst die Anwendung des § 6 der Verordnung nicht mit der Begründung abgelehnt hätte, daß diese Vorschrift nur für die ordentlichen Gerichte und nicht auch für die Schiedsgerichte gelte. Es ist auch rechtlich unbedenklich, den Anspruch auf Zahlung eines Baukostenzuschusses zu der ursprünglich ohne besondere Vergütung vorgesehenen Herstellung der Leitungsanlage unter die in § 1 der Verordnung bezeichneten Fälle zu rechnen. Denn dieser § 1 bestimmt: wer auf Grund von Abmachungen, die vor dem

4. Februar 1919 abgeschlossen sind, zur Lieferung von elektrischer Arbeit, Dampf, Gas oder Leitungswasser verpflichtet sei, könne die Abänderung dieser Abmachungen und insbesondere die Erhöhung der Lieferpreise verlangen, falls sich die Selbstkosten seit der letzten Preisvereinbarung infolge der Kriegsverhältnisse so gesteigert hätten, daß das Anwachsen bei Anwendung der Sorgfalt eines ordentlichen Kaufmanns nicht vorauszusehen gewesen und die Tragung der Mehrkosten dem Lieferer allein billigerweise nicht zuzumuten sei. Damit ist aber die Zulässigkeit einer Änderung der getroffenen Abmachung nicht auf einen bestimmten Punkt beschränkt. Namentlich braucht es sich nicht immer um die Erhöhung der Vertragspreise zu handeln, sondern es kann auch in Frage kommen, dem Lieferer die von der Verordnung erstrebte Hilfe durch den Wegfall oder die Milderung bestehender Lasten zuteil werden zu lassen (Ziekursch-Kauffmann, Verordnung vom 16. Juni 1922 S. 61). Die Erhöhung der Lieferpreise ist nur als einer der Punkte herausgehoben, weil sie am ehesten und regelmäßigsten den Gegenstand der verlangten Änderung bilden wird. Grundsätzlich aber kommt es nur darauf an, daß eine Pflicht zur Lieferung elektrischer Arbeit usw. vorliegt und nach Lage der wirtschaftlichen Verhältnisse dem Unternehmer nicht mehr angesonnen werden kann, sich an den ursprünglich vorgesehenen Bedingungen festhalten zu lassen. Zu diesen Bedingungen gehörte auch die Herstellung des Anschlusses der Beklagten an das Leitungsnetz der Klägerin, deren Unentgeltlichkeit im Vertrag zwar nicht ausdrücklich hervorgehoben ist, bei sinngemäßer Auslegung und bei Berücksichtigung von Treu und Glauben aus ihm aber entnommen werden kann. Daß auch diese Art der Herstellung einer Änderung auf Grund des § 1 der Verordnung fähig ist, wird man umso eher annehmen können, als es der Klägerin an sich auch möglich wäre, die unvorhergesehenen Mehrkosten der Leitungsanlage durch das Verlangen nach Erhöhung der Strompreise einzubringen. Wenn aber dieser Weg gangbar ist, dann besteht auch kein Bedenken, durch Einfordern eines Zuschusses zu den Anlagekosten unmittelbar die Änderung dieses Vertragspunkts zu erstreben. Es hat denn auch das mit diesen Fragen besonders befaßte Reichswirtschaftsgericht in seinem auf die Berufung der Klägerin gegen den Schiedsspruch erlassenen Urteil vom 19. November 1925 den Anspruch auf den Baukostenzuschuß als unter die Ver-

ordnung fallend angesehen und darauf hingewiesen, daß ein solcher mit der Erhöhung der Selbstkosten begründeter Anspruch von den Verordnungs-Schiedsgerichten allgemein und in der Entscheidung vom 5. Mai 1924 XXII 1 Aktenverz. 8/24 auch schon vom Reichswirtschaftsgericht selbst als durch die Verordnung gedeckt anerkannt sei. Dieser Auffassung steht die Entscheidung des erkennenden Senats vom 1. November 1923 (RGZ. Bd. 107 S. 352) nicht entgegen. Denn dort handelte es sich um die Frage, ob die in der Verordnung vom 1. Februar 1919/11. März 1920 vorgesehenen Schiedsgerichte auch für die Entscheidung darüber zuständig sind, ob ein Elektrizitätswerk trotz der Änderung der wirtschaftlichen Verhältnisse an die vertragliche Verpflichtung, dem mit Strom versorgten Teil eine Anlage zum Buchwert zu überlassen, gebunden geblieben ist oder den Schutz der Verordnung anrufen kann. Das wurde in der angezogenen Entscheidung verneint, weil der betreffende Anspruch mit den Bedingungen, unter denen das Werk dem Vertragsgegner zur Lieferung elektrischer Arbeit verpflichtet ist, nichts zu tun hat, sondern nur die Übertragung des Eigentums an gewissen dem Werk gehörigen Anlagen verfolgt. Hier steht aber eine andere Frage zur Entscheidung. Denn durch die Übernahme einer Leitungsanlage auf eigene Rechnung scheidet die Anlage aus der Verwaltung und dem Betrieb des elektrischen Werkes aus, sodaß die Bedingungen der Übernahme auch keinen Einfluß mehr auf die Selbstkosten des Lieferers und ihre Erhöhung ausüben können. Nur an seinem Anlagekapital kann das Elektrizitätswerk eine Einbuße erleiden, wenn es einen Sachwert herausgeben muß und keinen der Geldentwertung entsprechenden Gegenwert dafür erhält, womit aber keine Steigerung der Stromerzeugungskosten verbunden zu sein braucht. Dagegen müßte sich die Klägerin im vorliegenden Falle zur Erhöhung des Lieferpreises entschließen, wenn die ursprünglich eingerechneten Herstellungskosten der Anlage zu deren Herrichtung nicht mehr ausreichten und ihre Vergrößerung eine nicht vorausgesehene und unbillige Mehrbelastung mit Selbstkosten für sie bedeuten würde (vgl. auch Entscheidung des Reichswirtschaftsgerichts vom 6. April 1923 XXII 1 Aktenverz. 17/22, abgedruckt bei Riccius, Rechtsprechung des Reichswirtschaftsgerichts zur Verordnung vom 1. Februar 1919/16. Juni 1922 S. 4). Die Anwendung der Verordnung kann auch nicht daran scheitern, daß im

Konzessionsvertrag nur die Strompreise für die Beleuchtung der Straßen und öffentlichen Gebäude mit 30 Pfennig für die Kilowattstunde festgelegt sind, im übrigen aber nur die Verpflichtung der Rechtsvorgängerin der Klägerin ausgesprochen ist, nach Maßgabe ihrer Stromlieferungs-Bedingungen der Gemeinde und ihren Einwohnern elektrische Energie zu liefern, ohne daß die Strompreise zahlenmäßig ausgeworfen wären. Denn auch in dieser allgemeinen Fassung ist die Abmachung als eine Preisvereinbarung im Sinne des § 1 der Verordnung anzusehen. Sollte aber aus dem Fehlen einer bestimmten Zahl bei Festsetzung der Preise für Privatabnehmer entnommen werden müssen, daß die Vorgängerin der Klägerin zum größten Teil nicht an eine feste Preisstellung gebunden war und daß deshalb eine Preiserhöhung auf Grund der Verordnung nicht in Frage kommen kann, so würde das immer nur für die sachliche Begründetheit des Anspruchs eine Rolle spielen (vgl. obige Entscheidung des Reichswirtschaftsgerichts vom 6. April 1923), die Verfolgung des Rechts auf Abänderung der Abmachungen über die Herstellungskosten nach Maßgabe der Verordnung aber auch nicht in Frage stellen.

Nun hat sich das Schiedsgericht gegebenenfalls auch als Verordnungs-Schiedsgericht für die Entscheidung über die Pflicht zur Zahlung eines Baukostenzuschusses für zuständig gehalten. Aber dieser Standpunkt ist vom Berufungsgericht mit Recht als unrichtig bezeichnet worden. Denn mögen die Parteien auch eine Vereinbarung über die Zusammensetzung des Schiedsgerichts getroffen haben (und zwar nicht bloß im Konzessionsvertrag, sondern auch bei Beginn des Schiedsverfahrens, was wegen der erst nach dem Vertrag in Kraft getretenen Verordnung vielleicht besonders ins Gewicht fallen könnte), so haben sie sich doch damit nicht über die Zusammensetzung des in der Verordnung vorgesehenen Schiedsgerichts (§ 4 der mehrgenannten Verordnung und § 12 der Verordnung über die Einrichtung der Schiedsgerichte usw. vom 16. Juni 1922), sondern über die des vertraglichen Schiedsgerichts geeinigt, zumal wenn sie geglaubt haben, daß auch das vertragliche Schiedsgericht zur Entscheidung über die in der Verordnung bezeichneten Verhältnisse zuständig sei oder daß der Anspruch auf Zahlung eines Baukostenzuschusses überhaupt nicht unter die Verordnung falle. Daß die Parteien das Schiedsgericht auch als Verordnungs-Schiedsgericht hätten gelten lassen wollen, kann aus der Berufung der Klägerin gegen den Schiedsspruch beim Reichswirtschaftsgericht (§ 28 der Verordnung über die Einrichtung der Schiedsgerichte usw.) nicht geschlossen werden. Denn diese Berufung war nur ein Versuch, zur Aufhebung des Schiedsspruchs zu gelangen, und diesem Versuch kann schon deshalb keine entscheidende Bedeutung beigelegt werden, weil der von der Klägerin in der Verhandlung gestellte Aussetzungsantrag umgekehrt darauf hinweist, daß jedenfalls sie dem Schiedsgericht nicht die Befugnisse eines Verordnungs-Schiedsgerichts zuerkannt hat. Einer gleichzeitigen Tätigkeit des Schiedsgerichts als Vertrags- und Verordnungs-Schiedsgericht standen auch schon um deswillen Bedenken entgegen, weil gegen Entscheidungen des Verordnungs-Schiedsgerichts die Berufung zulässig ist, die Entscheidung des von den Parteien vertraglich vorgesehenen Schiedsgerichts aber endgültig war, und weil nichts dafür vorliegt, daß sich die Parteien für die einheitliche Entscheidung verschiedenen Angriffsmöglichkeiten hätten unterwerfen wollen. Das wäre auch gar nicht durchführbar gewesen. Denn wenn die Entscheidung über den dem Schiedsgericht unterbreiteten Feststellungsantrag endgültig war, so konnte auch die Entscheidung über eine Vorfrage nicht mehr angegriffen werden.

Hat aber das Schiedsgericht nur als Vertrags-Schiedsgericht entschieden und konnte es als solches über den Baukostenzuschuß nicht selbst befinden, so mußte es dem Aussetzungsantrag der Klägerin stattgeben. Denn andernfalls wäre diese ohne Rechtsschutz gewesen. Daß in § 6 der Verordnung nur vom „Gericht" die Rede ist, schließt bei sinngemäßer Auslegung dieser Vorschrift nicht aus, sie auch auf Schiedsgerichte zu beziehen. Dadurch, daß das Schiedsgericht dem Aussetzungsantrag nicht entsprochen und selbst eine Frage entschieden hat, zu deren Entscheidung es nicht berufen war, ist das Schiedsverfahren unzulässig geworden. Mit der Stellung des Aussetzungsantrags machte die Klägerin auch schon vor dem Schiedsgericht geltend, daß dieses zur Entscheidung über die Pflicht zur Zahlung des Baukostenzuschusses nicht zuständig sei. Sie hat sich deshalb auf die Verhandlung vor dem Schiedsgericht nicht vorbehaltlos eingelassen, sodaß ihr auch nicht das Recht genommen ist, sich jetzt auf die Unzulässigkeit des Schiedsverfahrens zu berufen.

48. Steht nach § 22 Abs. 2 AufwG. der Eintragung des Aufwertungsbetrags einer Hypothek an der bisherigen Rangstelle der öffentliche Glaube des Grundbuchs entgegen, wenn vor dem 1. Juli 1925 zugunsten des Grundstückserwerbers nur der Antrag auf Eintragung einer Auflassungsvormerkung gestellt war?

V. Zivilsenat. Urt. v. 1. Juni 1927 i. S. der Deutschen Lebensversicherung für Wehrmachtangehörige und Beamte (Bekl.) w. B. (Kl.). V 482/26.

Landgericht I Berlin.

Der Kläger nimmt als Erwerber eines Hausgrundstücks in B. gegenüber dem Verlangen der Beklagten nach Aufwertung einer Darlehenshypothek von 207000 ℳ, die auf dem Grundstück für sie eingetragen, aber im Jahre 1923 gelöscht worden war, den öffentlichen Glauben des Grundbuchs für sich in Anspruch. Er stützt sich darauf, daß, wenn auch das Grundstück erst nach dem 1. Juli 1925 aufgelassen und auf ihn umgeschrieben worden sei, doch der Antrag auf Eintragung einer ihm vom Voreigentümer bewilligten Auflassungsvormerkung bereits vor dem 1. Juli 1925 beim Grundbuchamt eingegangen und daß ihm, dem Kläger, von den Verkäufern schon vor diesem Zeitpunkt unwiderrufliche Auflassungsvollmacht erteilt gewesen sei. Das Landgericht hat dem Klagantrag entsprechend festgestellt, daß der Beklagten wegen des Aufwertungsbetrags von 51711,39 GM kein Anspruch auf Wiedereintragung der Hypothek zustehe, und hat sie verurteilt, in die Löschung des für sie eingetragenen Widerspruchs zu willigen.

Die von der Beklagten gegen dieses Urteil gemäß § 566a ZPO. unmittelbar eingelegte Revision führte zur Abweisung der Klage.

Gründe:

Unstreitig liegen vor dem 1. Juli 1925 nur die Bewilligung der Auflassungsvormerkung, der Eingang des Antrags auf ihre Eintragung beim Grundbuchamt sowie die Erteilung der Auflassungsvollmacht; in die Zeit nach dem 1. Juli 1925 fallen dagegen die Eintragung der Vormerkung, die Auflassung des Grundstücks an den Kläger, der Eingang des Antrags auf Umschreibung des Grundstücks und die Umschreibung selbst. Nach § 22 Abs. 2 AufwG. steht der von der

Beklagten begehrten Eintragung des Aufwertungsbetrags der Hypothek an der bisherigen Rangstelle der öffentliche Glaube des Grundbuchs nur insoweit entgegen, als der Zeitpunkt des Erwerbes eines Rechts am Grundstück oder der im § 892 Abs. 2 BGB. bestimmte Zeitpunkt (der Stellung des Eintragungsantrags oder der nachfolgenden Einigung) vor dem 1. Juli 1925 liegt. Da im gegebenen Falle der Eigentumserwerb und der für ihn nach §892 Abs. 2 BGB. in Betracht kommende Zeitpunkt an sich später liegen, so ist in erster Linie die Frage zu beantworten, ob die Vormerkung ein Recht am Grundstück darstellt, auf das die Vorschrift des §22 Abs. 2 AufwG. unmittelbar Anwendung findet. Das ist zu verneinen. Die Vormerkung sichert zwar den persönlichen Anspruch auf Einräumung eines Rechts am Grundstück nach dem Stande zur Zeit ihrer Eintragung und mit der Wirkung, daß Verfügungen, die später über das Grundstück getroffen werden, insoweit unwirksam sind, als sie den Anspruch oder das Recht vereiteln oder beeinträchtigen würden; sie erhält auch dem einzuräumenden Rechte den Rang ihrer eigenen Eintragung (§ 883 BGB.). Sie ist aber, wie in Lehre und Rechtsprechung überwiegend anerkannt wird (Planck 4. Aufl. Bd. 3 S. 218 Anm. 4, S. 188 Anm. 3k; Staudinger 9. Aufl. Bd. III 1 S. 182 zu 3b; Komm. v. RGR. 5. Aufl. Anm. 8 zu § 883; Güthe-Triebel, GBO. 4. Aufl. § 25 Anm. 14, sämtlich mit weiteren Nachweisen; vgl. auch § 24 KO. und § 48 ZwVG.), trotz ihrer Wirkungen, die in bestimmter Richtung denen eines dinglichen Rechts gleichartig sind, nicht selbst ein Recht am Grundstück im Sinne des § 892 BGB. (so auch die Entsch. des Kammergerichts vom 8. Januar 1925 in JW. 1925 S. 1415). Es kann sich demnach nur noch fragen, ob für die Anwendung des § 22 Abs. 2 auf die Vormerkung eine weitere Auslegung der Worte „Erwerb eines Rechts am Grundstück" oder eine Zurückbeziehung dieses Erwerbs auf den Zeitpunkt der Vormerkungseintragung im Sinne des Aufwertungsgesetzes liegt. Dazu fehlt es jedoch an ausreichendem Grunde. Wegen der Gefährdung, die dem Wirksamwerden des Aufwertungsgesetzes von mißbräuchlicher Berufung auf den öffentlichen Glauben des Grundbuchs insofern drohte, als man schon seit längerer Zeit vor dem Inkrafttreten des Gesetzes mit der Einführung einer rückwirkenden Aufwertung gerechnet hatte, wollte das Gesetz einen zurückliegenden Zeitpunkt bestimmen, von dem an der öffentliche Glaube des Grundbuchs nicht mehr schützen sollte. Als diesen Zeitpunkt hat es den Beginn des 1. Juli 1925 verordnet mit der Maßgabe, daß zu dieser Zeit der Erwerb des Rechts am Grundstück vollendet oder wenigstens in der durch § 892 Abs. 2 bestimmten Weise vorbereitet sein mußte. Ob es sich empfohlen hätte, den Vormerkungserwerb und seine Vorbereitung dem Rechtserwerb und seiner Vorbereitung ausdrücklich gleichzustellen, kann unerörtert bleiben. Da es nicht geschehen ist, so gibt gegenüber dem Wortlaut und dem erwähnten Zwecke des Gesetzes der Hinweis auf die Sicherungswirkungen der Vormerkung nach allgemeinem bürgerlichen Recht keine genügende Grundlage für eine ausdehnende Anwendung des § 22 Abs. 2 AufwG. Wenn Michalski (in der JW. 1927 S. 957) gegen diese „formale" Betrachtung ihre Zufallswirkungen geltend macht, so ist ihm entgegenzuhalten, daß die formale Strenge solcher Stichtage Zufallshärten notwendig im Gefolge hat. Die gegenteilige Meinung findet weder in der Entstehungsgeschichte noch in sonstigen Bestimmungen des Aufwertungsgesetzes eine Stütze. Die Vorschrift des § 6 Abs. 2 S. 1 des Gesetzes spricht, soweit sie überhaupt hier herangezogen werden kann, kraft Schlusses vom Gegenteil aus der ausdrücklichen Erwähnung der „vorgemerkten Rechte" nicht für, sondern gegen sie. Die vom Kammergericht mehrfach (JR. 1926 Nr. 1643 und 1644) betonte Anwendbarkeit des § 7 Abs. 4 des Gesetzes auf vorgemerkte Rechte würde aber ihre Grundlage in der besonderen Vorschrift des § 883 Abs. 3 BGB. finden, wonach die Eintragung der Vormerkung dem Rechte den Rang sichert. Hiernach kann der von den Erläuterern des Aufwertungsgesetzes und in der Rechtsprechung (OLG. Breslau, Rostock, Dresden bei Ring Rspr. in AufwS. 1927 S. 307, 2. Sonderheft S. 34, 4. Sonderheft S. 35) allerdings überwiegend vertretenen Auffassung von der Erstreckung des § 22 Abs. 2 auf Vormerkungen nicht beigepflichtet werden. Für den vorliegenden Fall tritt folgende Erwägung hinzu. Er unterscheidet sich von den bisher entschiedenen Fällen dadurch, daß hier die Vormerkung erst am 1. Juli 1925, also nach dem im § 22 Abs. 2 bestimmten Zeitpunkt eingetragen wurde. Erst mit der Eintragung treten aber die Sicherungswirkungen nach § 883 Abs. 2 und 3 BGB. ein. Setzt nun auch § 892 Abs. 2 BGB. die Stellung des Eintragungsantrags der Eintragung gleich, so gilt dies doch nur für die Kenntnis des Erwerbers, und es läßt sich daraus nicht folgern, daß § 22 Abs. 2 AufwG. die Stellung des Eintragungsantrags auch für die Wirkungen der Vormerkung ihrer Eintragung habe gleichsetzen wollen.

Kommt sonach im vorliegenden Falle gegenüber dem Aufwertungsbegehren der Hypothekengläubigerin der öffentliche Glaube des Grundbuchs überhaupt nicht in Betracht, so erübrigt sich ein Eingehen darauf, ob der Bewilligung einer Vormerkung oder der Erteilung einer unwiderruflichen Auflassungsvollmacht (RGZ. Bd. 90 S. 395) der Schutz des öffentlichen Glaubens — wenn auch nicht nach § 892, so doch nach § 893 S. 2 BGB. — zuzuerkennen gewesen wäre.

---

49. Kann der Gläubiger einer Verkehrshypothek die Aushändigung des Hypothekenbriefs und der sonstigen zur Berichtigung des Grundbuchs oder zur Löschung der Hypothek erforderlichen Urkunden an den Eigentümer verweigern, wenn dieser zwar den Aufwertungsbetrag der Hypothek, nicht aber den höheren Aufwertungsbetrag der persönlichen Forderung zu zahlen bereit ist?

AufwG. §§ 10, 67. BGB. §§ 266, 366, 1141, 1144.

V. Zivilsenat. Urt. v. 1. Juni 1927 i. S. L. (Bekl.) w. G. (Kl.). V 184/26.

I. Landgericht Schwerin.
II. Oberlandesgericht Rostock.

Der Kläger ist Eigentümer des Hofes P. Auf dem Hofe ruhten u. a. Hypotheken im Betrage von insgesamt 88500 *M*, die für den Beklagten eingetragen waren. Der Kläger hat diese Belastungen dem Beklagten zur Auszahlung auf Johanni 1923 gekündigt.

Das Berufungsgericht verurteilte den Beklagten, Zug um Zug gegen Empfang des auf 25% des Goldmarkbetrags dieser Hypotheken berechneten Aufwertungsbetrags in Höhe von 2787,75 *RM* die Hypothekenbriefe an den Kläger herauszugeben und die Hypotheken nebst Zinsen vom 1. Juli 1923 ab an den Generaldirektor G. in gerichtlich oder notariell beglaubigter Form abzutreten. Mit der Revision hat der Beklagte um Abänderung dieser Entscheidung dahin gebeten, daß seine Verpflichtung zur Herausgabe der Hypothekenbriefe von der Zahlung eines Aufwertungsbetrags von 8000 RM abhängig gemacht werde. Das Rechtsmittel hatte keinen Erfolg.

Aus den Gründen:

Die Revision beschwert sich darüber, daß das Berufungsgericht den vom Kläger Zug um Zug gegen Herausgabe der Hypothekenbriefe zu zahlenden Betrag nur auf 2787,75 RM berechnet hat. Das Berufungsgericht habe dabei — so wird geltend gemacht — zu Unrecht angenommen, daß die der Hypothek zugrunde liegende persönliche Forderung des Beklagten dem Kläger gegenüber nicht zu Recht bestehe. Ob die Bemänglung dieser Annahme des Berufungsgerichts gerechtfertigt ist, bedarf keiner Prüfung, weil der Beklagte, selbst wenn man das Bestehen einer solchen persönlichen Forderung unterstellt, die Herausgabe der Hypothekenbriefe wegen des den Aufwertungsbetrag der Hypothek übersteigenden Aufwertungsbetrags der persönlichen Forderung nicht verweigern kann. Die Frage, ob dem Gläubiger einer Hypothek aus diesem Grunde das Recht zusteht, die Herausgabe der in § 1144 BGB. genannten Urkunden und die Löschung der Hypothek zu verweigern, wird in der Rechtsprechung und im Schrifttum überwiegend verneint. Der erkennende Senat hat in seinem Urteil vom 11. November 1925 (RGZ. Bd. 111 S. 397) die Frage für die Sicherungshypothek bejaht, für die Verkehrshypothek dagegen offen gelassen. Für die Verkehrshypothek ist sie zu verneinen.

Allerdings hat sich der Senat im Urteil vom 28. November 1923 (RGZ. Bd. 107 S. 78 (93)) auch für die Verkehrshypothek auf den Standpunkt gestellt, daß der Grundstückseigentümer, der zugleich persönlicher Schuldner ist, die Löschungsbewilligung und Herausgabe der in § 1144 BGB. bezeichneten Urkunden gegen Zahlung lediglich des Betrages der Hypothek nicht verlangen könne. Diese Ansicht ist damit begründet worden, daß sich der Kläger durch den schuldrechtlichen Vertrag seinerzeit verpflichtet habe, für die ganze Forderung des Beklagten Sicherheit durch Hypothek zu gewähren. Habe sich diese Forderung durch die notwendig gewordene Aufwertung ziffermäßig erweitert, so ergäben die Gebote von Treu und Glauben die persönliche Verpflichtung des Schuldners, die hypothekarische Belastung seines Grundstücks für diese Forderung so lange fortbestehen zu lassen, bis der Gläubiger wegen seiner ganzen Forderung befriedigt sei. Mit diesen Geboten sei es nicht vereinbar, wenn er die Löschung der Hypothek lediglich gegen Zahlung des Nennbetrags in der eingetragenen Höhe beanspruche. Unter allen Umständen stehe aber auch dem Gläubiger das Recht zu, wegen seiner aufgewerteten persönlichen Forderung, die durch Kündigung fällig geworden und aus demselben rechtlichen Verhältnis (der Darlehenshingabe und des ihr zugrunde liegenden Vertrags) hervorgegangen sei, Löschungsbewilligung und Herausgabe des Hypothekenbriefs in Ausübung des Zurückbehaltungsrechts des § 273 BGB. zu verweigern.

Diese bereits vor dem Inkrafttreten der 3. Steuernotverordnung ergangene Entscheidung hat ihre Grundlage in der Vorschrift des § 242 BGB. Die Frage ist aber nunmehr nach dem Aufwertungsgesetz zu entscheiden. Dieses macht, wie schon die 3. Steuernotverordnung, einen scharfen Unterschied zwischen dem dinglichen Recht der Hypothek und der persönlichen Forderung, die der Hypothek zugrunde liegt. Für Hypotheken sind als Höchstbetrag der Aufwertung, der niemals überschritten werden kann, 25% des Goldmarkbetrags festgesetzt; dagegen darf die persönliche Forderung über diesen Satz hinaus aufgewertet werden (§ 10 AufwG.). Hieraus ergibt sich, daß nach dem Aufwertungsgesetz die persönliche Forderung stets nur bis zum Höchstbetrage von 25% des Goldmarkbetrags dinglich gesichert ist. Erlangt der Gläubiger für seine persönliche Forderung eine über diesen Satz hinausgehende Aufwertung, so haftet das Grundstück für den die 25% des Goldmarkbetrags übersteigenden Aufwertungsbetrag der persönlichen Forderung nicht mehr als Pfand. Es ist somit durch diese Regelung das zwischen dem dinglichen Recht und der persönlichen Forderung bestehende Band in bezug auf die Aufwertung jedenfalls insoweit gelöst worden, als der Aufwertungsbetrag der persönlichen Forderung den Aufwertungsbetrag der Hypothek übersteigt. Der die 25% des Goldmarkbetrags übersteigende Teil der persönlichen Forderung nimmt daher gegenüber der Hypothek und dem durch sie gesicherten Teil der persönlichen Forderung eine selbständige Stellung ein. Bei dieser durch das Aufwertungsgesetz herbeigeführten Gestaltung der Rechtslage kann nicht mehr die Rede davon sein, daß nach den Geboten von Treu und Glauben die hypothekarische Belastung des Grundstücks nach Tilgung des Aufwertungsbetrags der Hypothek auch noch für den höheren Aufwertungsbetrag der persönlichen Forderung fortbestehen müsse. Dies geht im übrigen auch aus § 67 AufwG. hervor. Hätten die Parteien vor dem 15. Juni 1922 oder nach dem 14. Februar 1924 einen Vergleich des Inhalts geschlossen, daß auch die Hypothek über den Normalsatz von 25% hinaus bis zum Betrag der höheren Aufwertungssumme der persönlichen Forderung aufgewertet werden solle, so würde nach § 67 Abs. 1 Satz 2 diese Vereinbarung als Begründung eines neuen Schuldverhältnisses gelten und der die 25% des Goldmarkbetrags übersteigende Betrag nicht etwa durch die bisherige auf 25% aufgewertete Hypothek mitgesichert sein, auch nicht in Form einer Erweiterung oder Änderung der bestehenden Hypothek; er könnte vielmehr nur als neue Hypothek an anderer Stelle im Grundbuch eingetragen werden (Mügel AufwG. Anm. 7 zu § 67; Quassowski § 67 Anm. IVc; Beschluß des Kammergerichts in JRsch. 1926 Nr. 70). Hieraus folgt, daß die bisherige Hypothek selbst im Falle einer ausdrücklichen Vereinbarung nicht über den Aufwertungsbetrag von 25% hinaus für die höher aufzuwertende persönliche Forderung haften soll und daß daher der Eigentümer nach Treu und Glauben nicht mehr verpflichtet sein kann, die bisherige Hypothek bis zur Tilgung des die 25% übersteigenden Aufwertungsbetrags der persönlichen Forderung fortbestehen zu lassen. Eine solche Verpflichtung besteht vielmehr nach § 67 AufwG. nur für die neu einzutragende Hypothek, die allein für den höheren Aufwertungsbetrag der persönlichen Forderung haftet. Wenn aber sogar bei ausdrücklicher Vereinbarung der Erhöhung des Aufwertungsbetrags (über 25% hinaus bis zur Höhe des Aufwertungsbetrags der persönlichen Forderung) keine Verpflichtung des Grundstückseigentümers anzuerkennen ist, die auf 25% aufgewertete Hypothek bis zur Tilgung des höheren Aufwertungsbetrags der persönlichen Forderung fortbestehen zu lassen, so muß dies um so mehr gelten, wenn eine derartige Vereinbarung nicht getroffen worden ist, es vielmehr bei der gesetzlichen Aufwertung der Hypothek bis zu 25% des Goldmarkbetrags sein Bewenden hat.

Wollte man jedoch dem Gläubiger wegen der den Aufwertungsbetrag der Hypothek übersteigenden Aufwertungssumme der persönlichen Forderung ein Zurückbehaltungsrecht an der Löschungsbewilligung und an den im § 1144 BGB. bezeichneten Urkunden zubilligen, so würde er auf diesem Umwege den Erfolg erreichen, den das Aufwertungsgesetz dem Gläubiger gerade versagen will: nämlich die Haftung des Grundstücks für den vollen, den Aufwertungsbetrag der Hypothek übersteigenden Aufwertungsbetrag der persönlichen Forderung. Dadurch würde der Gläubiger wirtschaftlich nahezu ebenso gestellt, wie wenn sein Aufwertungsanspruch auch zu der die 25% des Goldmarkbetrags übersteigenden Höhe im Grundbuch eingetragen wäre. Der Eigentümer ginge dann des Vorteils verlustig, der ihm durch die feste Begrenzung seiner dinglichen Haftung auf den Höchstbetrag von 25% gewährt worden ist. Die Folge wäre aber auch eine Schädigung des Realkredits. Denn der Eigentümer erhält möglicherweise so lange keinen neuen Kredit, als die Gefahr besteht, daß der Hypothekengläubiger wegen einer persönlichen Forderung, die den auf 25% des Goldmarkbetrags eingetragenen Aufwertungsbetrag der Hypothek übersteigt, die Löschung der Hypothek verweigert.

Mit dieser Auffassung steht nicht in Widerspruch das Urteil vom 11. November 1925 (RGZ. Bd. 111 S. 397), worin der erkennende Senat für die Sicherungshypothek den entgegengesetzten Standpunkt vertreten hat. Dort ist die Entscheidung darauf gegründet, daß bei der Sicherungshypothek der Eigentümer das Recht zur Auszahlung der Hypothek nur durch eine zwischen dem persönlichen Schuldner und dem Gläubiger erfolgende Kündigung erlangen könne, daß aber der persönliche Schuldner, da ihm § 25 Abs. 2 AufwG. kein Recht zu Teilzahlungen auf den Aufwertungsbetrag gebe und der Gläubiger nach § 266 BGB. zur Annahme von Teilzahlungen nicht verpflichtet sei, die ganze Forderung zu ihrem vollen Aufwertungsbetrag kündigen müsse. Erst eine derartige Kündigung der Forderung durch den persönlichen Schuldner führe die Fälligkeit der für einen Teil der Forderung fortbestehenden Sicherungshypothek herbei. Sei also der Eigentümer des Grundstücks zugleich persönlicher Schuldner, so könne er nur in dieser Eigenschaft das Kündigungsrecht ausüben und nach eingetretener Fälligkeit der Forderung und der Hypothek nur gegen Zahlung des vollen Aufwertungsbetrags der Forderung die Aushändigung der zur Löschung der Hypothek erforderlichen Urkunden verlangen. Diese Erwägungen treffen jedoch auf die Verkehrshypothek, wie sie hier in Frage steht, nicht zu. Bei Verkehrshypotheken ist die Kündigung für die Hypothek nur wirksam, wenn sie — soweit sie nicht vom Gläubiger ausgeht — vom Eigentümer dem Gläubiger erklärt wird (§ 1141 BGB.). Ob der Eigentümer zugleich der persönliche Schuldner ist, hat für seine Befugnis zur Kündigung keine rechtliche Bedeutung. Selbst wenn er es ist, kündigt er nicht in seiner Eigenschaft als persönlicher Schuldner, sondern lediglich als Eigentümer des verhafteten Grundstücks. Kündigt aber der Eigentümer die Hypothek, so liegt, wenn er dem Gläubiger nur den Aufwertungsbetrag der Hypothek anbietet und zahlt, insoweit keine unzulässige Teilzahlung im Sinne des § 266 BGB. vor. Denn da nach dem Aufbau des Aufwertungsgesetzes, wie dargelegt, die Hypothek und der durch sie nicht gedeckte höher aufgewertete Teil der persönlichen Forderung scharf voneinander getrennt sind und selbständigen Charakter haben, so entrichtet der Eigentümer keinen „Teil", wenn er dem Gläubiger bloß den Aufwertungsbetrag der Hypothek zahlt (so auch Marsson in DJZ. 1926 Sp. 778). Es handelt sich bei der Hypothek und dem durch sie nicht gesicherten Teil der höher aufgewerteten persönlichen Forderung um zwei selbständige Forderungen, die auf dem gleichen Rechtsgrund beruhen. Auch auf solche Fälle bezieht sich nach der Rechtsprechung des Reichsgerichts die Vorschrift des § 366 BGB. (RGU. vom 20. September 1915 VI 155/15 und vom 13. November 1923 III 730/22). Daher kann auch der Eigentümer, der zugleich der persönliche Schuldner ist, bestimmen, daß seine Zahlung nur auf das dingliche Recht und nicht auf die durch dieses nicht gesicherte persönliche Forderung erfolgen solle (Mügel a. a. O. S. 261; Schlegelberger-Harmening S. 142, 193). Der Gläubiger ist somit durch den Aufwertungsbetrag für die Hypothek wegen seines dinglichen Rechts abgefunden und kann die Löschung der Hypothek und die Herausgabe der in § 1144 BGB. genannten Urkunden nicht verweigern, wenn der Eigentümer nur den Aufwertungsbetrag der Hypothek und nicht den übersteigenden Aufwertungsbetrag der persönlichen Forderung zu zahlen bereit ist. 25% des Aufwertungsbetrags der Hypothek sind aber dem Beklagten durch das angefochtene Urteil zugesprochen worden....

50. 1. Was ist bei einer kommunalen Sparkasse unter einem Geschäft der laufenden Verwaltung zu verstehen?

2. Findet bei kommunalen Sparkassen, die wegen des gewerbsmäßigen Betriebs von Bankgeschäften Kaufmannseigenschaft haben, auf die Abgabe von Wechselerklärungen durch Beamte und Angestellte der Grundsatz, daß der Geschäftsherr bei längerer Duldung von Vollmachtsüberschreitungen seiner Angestellten deren Rechtshandlungen gegen sich gelten lassen muß, auch dann Anwendung, wenn die Satzung gewisse Beschränkungen der Vertretungsmacht der Beamten und Angestellten enthält? Kann eine stillschweigende Bevollmächtigung zur Abgabe von Wechselerklärungen in Frage kommen, wenn die Satzung schriftliche Erteilung der Vollmacht vorschreibt?

3. Über die Bildung von Gewohnheitsrecht.

HGB. §§ 54, 346.

II. Zivilsenat. Urt. v. 1. März 1927 i. S. Stadtgemeinde R. (Kl.) w. Kreis L. (Bekl.). II 373/26.

I. Landgericht Stolp.
II. Oberlandesgericht Stettin.

Die Klägerin ist Inhaberin eines von der Rügenwalder Fleischkonservenfabrik G. m. b. H. ausgestellten, auf eigene Order lautenden Wechsels vom 16. März 1925, zahlbar am 24. März 1925, über den Betrag von 70000 RM. Der Wechsel ist auf G. Sch. in Rügenwalde gezogen und von ihm akzeptiert. Er trägt auf der Rückseite die Blankoindossamente der Ausstellerin und der Kreissparkasse Liebenwerda, Bankabteilung. Letzteres Indossament ist unterzeichnet von B., dem damaligen Landrat des Kreises Liebenwerda und gleichzeitigen Vorsitzenden der genannten Kreissparkasse, und von M., dem ersten Beamten der Sparkasse, der zugleich beratendes Mitglied des Sparkassenvorstandes ist. Das Indossament trägt außerdem einen Stempel mit der Aufschrift „Sparkasse des Kreises Liebenwerda, Bad Liebenwerda". Der Wechsel ist nicht eingelöst und von der Klägerin protestiert worden. Das Landgericht hat die auf Grund des Indossaments der Kreissparkasse gegen den Kreis Liebenwerda gerichtete Wechselregreßklage abgewiesen. Die Berufung der Klägerin war erfolglos, ebenso ihre Revision.

Aus den Gründen:

(Es wird zunächst ausgeführt, daß sich weder aus § 137 Abs. 3 der Kreisordnung noch aus der Satzung der Kreissparkasse eine wechselmäßige Haftung des Beklagten herleiten lasse, wobei auf die Entscheidung des Senats vom 7. Dezember 1926 II 555/25, RGZ. Bd. 115 S. 311, verwiesen wird. Dann wird fortgefahren:)

Mit Recht hat der Berufungsrichter verneint, daß das Giro der Kreissparkasse vom verklagten Landkreis oder vom Sparkassenvorstand nachträglich genehmigt worden sei. Der Vorderrichter stellt in dieser Beziehung fest, daß der Landrat B. und der Sparkassenbeamte M. die Geschäfte mit dem Akzeptanten G. Sch. den für die Genehmigung zuständigen Organen gegenüber heimlich geführt haben, weil sie deren Widerspruch befürchteten. Nach Aufdeckung der Angelegenheit, die zur Verhaftung der beiden Unterzeichner führte, habe aber selbstverständlich niemand mehr daran gedacht, jene Geschäfte zu genehmigen. — Diese von der Klägerin auch nicht weiter angegriffenen Feststellungen sind tatsächlicher Art und beruhen auf keinem Rechtsirrtum.

Weiterhin lehnt der Berufungsrichter die Annahme ab, daß der Landrat vom Kreistag oder Kreisausschuß zur Girierung des Klagewechsels besonders bevollmächtigt worden sei. Er stützt sich hierbei auf die Vorgeschichte des Wechsels, insbesondere aber auf die tatsächlichen Feststellungen, die das Torgauer Schöffengericht in der Strafsache gegen den Landrat B. u. gegen M. getroffen hat und die von den Parteien als zutreffend bezeichnet worden sind. Danach erstreckte sich die dem Landrat B. erteilte Vollmacht nur darauf, für den Kreis 500000 RM zu beschaffen, deren er zur Zahlung des Kaufpreises für angekauftes Geländes bedurfte. Diese Angelegenheit war aber erledigt, nachdem eine auswärtige Bank das Geld der Kreissparkasse Liebenwerda gegen Wechsel in Höhe von 1000000 RM vorgestreckt und in Höhe von 500000 RM Sicherheitsgegenwechsel gegeben hatte. Mit dieser Angelegenheit haben die vom Landrat und von M. mit G. Sch. abgeschlossenen Geschäfte, aus denen sich das Blankoindossament des Klagewechsels ergab, nicht das geringste zu tun. Bei diesem vor den zuständigen Organen des Beklagten und den übrigen Mitgliedern des Vorstands der Kreissparkasse verheimlichten Geschäfte handelte es sich vielmehr nur darum, auf den Wechsel aus Gefälligkeit gegen G. Sch. ein Giro der Sparkasse zu setzen, um diesem die Erlangung von Geld und die Einräumung eines Hypotheken- oder Zwischenkredits zu verschaffen.

Unter Zugrundelegung jener Feststellungen verneint das Berufungsgericht auch, daß das hier fragliche Geschäft ein solches der laufenden Verwaltung, sei es des Kreises, sei es der Kreissparkasse Liebenwerda, gewesen sei. Das Urteil führt aus: Ob ein Geschäft zur laufenden Verwaltung zu zählen sei, hänge von der jeweiligen Geschäftslage des betreffenden Verbands und von Umständen ab, die in der Geschäftsabwicklung der verwalteten Stelle zu suchen seien; die Bedürfnisse Dritter oder des außerhalb der Verwaltung liegenden Verkehrs seien dafür nicht maßgebend. Im vorliegenden Falle hätten der Landrat V. und M. heimlich zugunsten des G. Sch. aus Gefälligkeit Wechselgiros in Höhe von insgesamt 300000 RM erteilt auf das bloße Versprechen des G. Sch. hin, er wolle, wenn er demnächst den Hypothekenkredit in Höhe von $1^1/_4$ Millionen Reichsmark erhalte, einen notleidenden Wechsel einer inzwischen zusammengebrochenen auswärtigen Bank in Höhe von 150000 RM übernehmen. Dafür, daß die laufende Geschäftsabwicklung des Kreises oder der Kreissparkasse Liebenwerda, auch wenn diese satzungsgemäß gewisse Arten von Bankgeschäften betrieben habe, die Vornahme so gefährlicher Geschäfte irgendwie gerechtfertigt hätte, sei nichts vorgebracht. — Gegen diese Ausführungen läßt sich sachlich nichts einwenden, zumal wenn man berücksichtigt, daß der satzungsmäßige Zweck der Sparkasse u. a. darin besteht, in dem behördlich zugelassenen Umfang „sonstige sichere Geldgeschäfte" zu betreiben, und daß es sich schon bei dem erwähnten notleidenden Wechsel der zusammengebrochenen auswärtigen Bank nicht um eine Angelegenheit des Kreises oder der Sparkasse handelte, der Landrat vielmehr seine Vollmachtgeber über die Art der Beschaffung der 500000 RM völlig im Dunkeln gelassen hatte. Der Revisionsangriff, mit dem geltend gemacht wird, das Berufungsgericht habe den Begriff „Geschäfte der laufenden Verwaltung" verkannt, ist nicht begründet. Gewiß können Diskontierung und Girierung von Wechseln zum Betrieb einer sich mit Bankgeschäften abgebenden Sparkasse gehören; sie brauchen es aber nicht. Für die Entscheidung können immer nur die besonderen Verhältnisse von Bedeutung sein, wozu u. a. die Höhe der Wechselsumme, das mit dem Geschäft verbundene Risiko und der aus dem Geschäft erhoffte Gewinn zu rechnen sind. Dabei mag auch darauf hingewiesen werden, daß, soweit durch die Blankoindossamente dem Sch. mittelbar ein Kredit eingeräumt wurde, die einschlägigen Vorschriften der Satzung hätten beobachtet werden müssen.

Die Klägerin macht weiter geltend: Seit die Kreissparkasse durch Ministerialverfügung die Befugnis zum Betrieb von Bankgeschäften erhalten habe, seien mit Zustimmung ihres Vorstands Wechselunterschriften und namentlich auch Indossierungen nicht mehr von den Vorstandsmitgliedern persönlich vorgenommen worden, da dies praktisch gar nicht durchführbar gewesen sei, vielmehr hätten mit Zustimmung der Vorstandsmitglieder jeweils zwei Beamte der Sparkasse für diese die wechselrechtlichen Erklärungen abgegeben. Im Dienstraum der Sparkasse habe sich ein Aushang befunden, auf dem die Namen der zur Abgabe von Wechselunterschriften Berechtigten aufgeführt gewesen seien. Die Kreissparkasse habe auch einer Reihe von Banken amtlich mitgeteilt, daß außer den Vorstandsmitgliedern verschiedene Beamte, darunter der schon erwähnte M., je zu zweien zur Abgabe von Wechselunterschriften berechtigt seien. Hieraus will die Klägerin schließen, daß je zwei Sparkassenbeamte zu allen Wechselerklärungen für die Sparkasse ausdrücklich bevollmächtigt gewesen seien. Zum mindesten müsse sich der Beklagte, da die Sparkasse Bankgeschäfte betrieben habe, als Kaufmann behandeln lassen. Der Geschäftsherr, der es dulde, daß sein in Wirklichkeit nicht bevollmächtigter Angestellter Dritten gegenüber als bevollmächtigter Vertreter auftrete, müsse sich gefallen lassen, so behandelt zu werden, wie wenn er tatsächlich Vollmacht erteilt hätte. Schließlich habe sich der Beklagte als Bankgeschäfte betreibender Kaufmann dem Handelsbrauch unterwerfen müssen, wonach keine Bank befugt sei, die Verbindlichkeit wechselmäßiger Unterschriften in Abrede zu stellen, die von ihren Angestellten im Bankverkehr abgegeben worden seien. Weil dieser Handelsbrauch zur Aufrechterhaltung eines ehrlichen Wechselverkehrs für unbedingt erforderlich gehalten werde, habe denn auch der Rechtsausschuß des Reichstags beschlossen, keine Sparkasse, welche die Verbindlichkeit für sie geleisteter Unterschriften bestreite, weiterhin zum Wechsel- oder Giroverkehr zuzulassen.

Der Berufungsrichter weist sodann noch darauf hin, daß, abgesehen von der Bestimmung in § 6 Abs. 2 der Satzung (wonach Quittungen der Sparkasse von zwei vom Vorstand dazu ermächtigten Beamten oder Angestellten gezeichnet werden müssen, deren Namen im Sparkassenraum durch Aushang bekannt gegeben werden sollen), der Vorstand nach § 6 Abs. 3 noch befugt sei, Beamte der Sparkasse für den gesamten Geschäftsverkehr mit dem Postscheckamt, der Reichsbank, der Girozentrale oder sonstigen Banken zur Unterschriftleistung zu bevollmächtigen. Man könnte geneigt sein, auch die weitere Satzungsbestimmung (§ 4 Nr. 3) hier heranzuziehen, daß der Vorstand bestimmte Arten von Geschäften einzelnen seiner Mitglieder oder dem ersten Beamten der Sparkasse zur selbständigen Erledigung übertragen kann. Allein es findet sich hier der einschränkende Zusatz „soweit nicht in dieser Satzung etwas anderes bestimmt ist"; und da § 6 die gesamten Grundsätze über Urkunden, durch welche die Sparkasse verpflichtet werden soll, sowie über Quittungen der Sparkasse enthält, so darf § 4 Abs. 3 nicht auf die Abgabe urkundlicher Verpflichtungserklärungen bezogen werden. Das Berufungsgericht erwägt weiter: Ein etwaiger Aushang im Kassenraum der Sparkasse, wonach M. zusammen mit einem anderen Beamten zur Girierung von Wechseln ermächtigt gewesen sei, habe sich nur auf Wechselgeschäfte beziehen können, die dort gewöhnlich vorzunehmen waren. In den Mitteilungen an die verschiedenen Banken sei aber hervorgehoben, daß die Berechtigung zum Zeichnen nur den laufenden Geschäftsverkehr und den An- und Verkauf von Wechseln, also das gewöhnliche Diskontierungs- und Rediskontierungsgeschäft betreffe; eine weitere Bedeutung könne diesen Mitteilungen nicht beigemessen werden. Da die Klägerin eine solche Mitteilung nicht bekommen, den Wechsel auch nicht von einer der benachrichtigten Banken, sondern von G. Sch. ohne Leistung einer Valuta (also nicht im Diskontoverkehr) erworben habe, könne sie sich nicht auf § 6 Abs. 3 der Satzung stützen.

Vom Rechtsstandpunkt aus sind diese Ausführungen nicht zu beanstanden. Die jetzt geltende Satzung der Kreissparkasse Liebenwerda ist am 1. März 1925 in Kraft getreten. Damals hatte die Sparkasse bereits Bankgeschäfte in den Bereich ihrer Tätigkeit aufgenommen, und dazu gehörte auch das Wechselgeschäft. Daß man den zwei Sparkassenbeamten bei Wechselerklärungen nicht freie Hand lassen wollte, beweist § 34 der Satzung, der dem Vorstand hierbei ein weitgehendes Prüfungsrecht vorbehält. Wenn man am

§ 6 der Satzung damals nichts änderte, so wollte man es offenbar dem Vorstand überlassen, wie weit und welchen Banken gegenüber die zwei Beamten zur Unterschriftleistung bei Wechseln bevollmächtigt sein sollten. Angesichts der genauen, mit Urkunden belegten Angaben des Beklagten über die Art und Weise, wie von der Befugnis aus § 6 Abs. 3 der Satzung tatsächlich Gebrauch gemacht worden sein soll, war es Sache der Klägerin, Beweis dafür anzutreten, daß die zwei Sparkassenbeamten über den vom Beklagten behaupteten Umfang hinaus ganz allgemein Wechselvollmacht besessen haben. An einem derartigen Beweisantritt hat es die Klägerin aber fehlen lassen. Daß der Landrat B. nicht Beamter der Sparkasse war, würde an sich die Anwendbarkeit des § 6 Abs. 3 kaum ausschließen. Denn da er Vorsitzender des Vorstands war und an sich schon zu den Personen gehörte, die nach § 6 Abs. 1 der Satzung alle verpflichtenden Urkunden mitunterschreiben durften, muß seine Unterschrift der eines Sparkassenbeamten oder -Angestellten mindestens gleichgestellt werden.

Bei der Annahme einer stillschweigenden Bevollmächtigung (gemäß § 54 HGB.), die darin liegen soll, daß der Beklagte und der Sparkassenvorstand eine mißbräuchliche Betätigung der Sparkassenbeamten bei Wechselunterschriften geduldet haben, geht der Berufungsrichter davon aus, daß die Sparkasse Kaufmannseigenschaft haben möge. Allein er ist der Ansicht, daß auch in diesem Falle die sämtlichen im öffentlichen Interesse aufgestellten satzungsmäßigen Beschränkungen bestehen bleiben müßten. Der Vorderrichter verkennt dabei nicht, daß der V. Zivilsenat des Reichsgerichts im Urteil vom 31. Mai 1924 V 864/23 im entgegengesetzten Sinne erkannt hat, aber er folgt der Auffassung des VI. Zivilsenats im Urteil vom 24. November 1925 VI 236/25, abgedruckt in der Beilage zur JRsch. 1926 Sp. 239 und JW. 1926 S. 1450 Nr. 5.

Aus der Natur der Vollmacht, welche weitgehende Verpflichtungen der Sparkasse als Vollmachtgeberin erzeugen kann, folgt, daß die Bevollmächtigung im allgemeinen ähnlich behandelt werden muß, wie eine sonstige urkundliche Verpflichtung der Sparkasse. Der § 6 der Satzung ist den entsprechenden Bestimmungen nachgebildet, die für die verpflichtenden Willenserklärungen öffentlichrechtlicher Korporationen gelten. Wenn nach § 137 Abs. 3 der Preuß. Kreisordnung, nach § 88 der Preuß. Landgemeindeordnung und grundsätzlich auch nach § 91 der Preuß. Provinzialordnung bei Vollmachtserteilungen dieselben Grundsätze wie bei sonstigen die Körperschaft verpflichtenden Urkunden gelten, so liegt dem der Gedanke zugrunde, es solle verhindert werden, daß den Vorschriften über die Beschränkung der Vertretungsmacht der an sich Vertretungsberechtigten ihre Wirksamkeit durch formlose Vollmachtserteilung vollständig genommen werden könnte. Der Grund dafür, daß im § 6 Abs. 1 der Satzung die Vollmachten den dort angeführten, die Sparkasse verpflichtenden Urkunden nicht schlechthin gleichgestellt sind, ist der, daß man dem Vorstand im Interesse einer ordnungsmäßigen Abwicklung der Geschäfte die Möglichkeit geben wollte, einen Teil des Geschäftsverkehrs auf seine Sparkassenbeamten zu übertragen. Das Erfordernis der Schriftlichkeit einer solchen Bevollmächtigung ergibt sich aber schon daraus, daß von dieser Befugnis des Vorstands im § 6 mit der Überschrift „Urkunden und Quittungen" die Rede ist, wie denn auch § 5 Abs. 3 der Satzung für alle vom Vorstand gefaßten Beschlüsse schriftliche Niederlegung verlangt. Mit den Geschäften aber, auf die sich die Befugnis des Vorstands nach § 6 Abs. 3 der Satzung bezieht, sind nicht etwa ganz allgemein die sämtlichen wechselmäßigen Verpflichtungserklärungen der Sparkassenbeamten gemeint. Denn damit würde im Ergebnis jede Sicherheit, wie sie § 6 Abs. 1 anstrebt, beseitigt. Diese Befugnis beschränkt sich vielmehr auf den regelmäßigen, laufenden Geschäftsverkehr der Sparkasse mit dem Postscheckamt, der Reichsbank, der Girozentrale und mit sonstigen Banken, mit denen die Sparkasse Geschäftsverkehr unterhält. Es greifen hier dieselben Erwägungen Platz, die bei Korporationen des öffentlichen Rechts die Anwendung der strengen Vorschriften für die Vertretung durch ihre Organe bei Geschäften der laufenden Verwaltung ausschalten (RGZ. Bd. 104 S. 205; Urt. vom 11. November 1911 VI 620/10; Urt. vom 24. September 1921 V 108/21). In diesem Sinne müssen zum mindesten die Satzungsbestimmungen der hier verklagten Kreissparkasse ausgelegt werden. Die gegenwärtige, auf Auslegung dieser Satzung beruhende Entscheidung setzt sich auch nicht unmittelbar in Widerspruch mit den Ausführungen des V. Zivilsenats in dem schon oben erwähnten Urteil V 864/23, da der genaue Inhalt der in jenem Falle maßgebend gewesenen Satzung nicht bekannt ist. Zwar besaß auch nach jener Satzung der Vorstand die Befugnis, für einzelne Fälle oder für bestimmte Arten von Geschäften Bevollmächtigte zu bestellen; es geht aber aus der Entscheidung nicht hervor, in welcher Weise satzungsmäßig die Bevollmächtigung zu erfolgen hatte. Wenn nach der Satzung der Kreissparkasse Liebenwerda alle Beschlüsse des Vorstands schriftlich niedergelegt werden müssen und diese Vorschrift, die nicht nur Formvorschrift ist, auch für die Bevollmächtigung nach § 4 Abs. 3 und § 6 Abs. 3 gilt, so können Sparkassenbeamte nicht anders als durch einen bestimmten, der Satzung selbst entsprechenden Willensakt bevollmächtigt werden. Ein „stillschweigender" Beschluß würde der Satzung widersprechen. Die gegenteilige Annahme des V. Zivilsenats im Urteil V 864/23 beruht auf der Auffassung, daß die Stadtgemeinde (es handelte sich damals um eine städtische Sparkasse) Verträge ohne Wahrung der Formvorschriften abschließen könne, wenn sie in ihrer Gesamtheit handle, und daß auf diese Weise auch stillschweigende Beschlüsse zustande kommen könnten. Nach dem Inhalt der hier maßgebenden Satzung muß eine solche Möglichkeit ausscheiden.

Es ist auch nicht anzuerkennen, daß der Verkehr die Zulassung einer derartigen stillschweigenden Bevollmächtigung für die Wechselgeschäfte der Sparkassen mit Banken verlange. Jede Bank weiß oder muß wenigstens bei Anwendung der erforderlichen Sorgfalt wissen, daß die Sparkassen der kommunalen Körperschaften Satzungen besitzen, worin die Vertretungsbefugnisse ihrer Organe genau geregelt sind. Wie jeder, der mit einer Aktiengesellschaft abschließt oder Wechselerklärungen von ihr entgegennimmt, sich vorher vergewissern muß, ob die vertragschließenden oder zeichnenden Personen auch wirklich die berufenen Vertreter der Aktiengesellschaft sind, so gilt die gleiche Prüfungspflicht für die Banken im Verkehr mit Sparkassen. Wird dadurch der Verkehr zwischen Sparkassen und Banken und das Wechselgeschäft der Sparkassen erschwert oder gehindert, so sind das allerdings Hemmnisse, die der freien Entfaltung des bankmäßigen Betriebs bei den Sparkassen entgegenstehen mögen. So lange aber Beschränkungen der erwähnten Art bestehen, muß sie der Verkehr in Kauf nehmen. Soweit dadurch die freie Entfaltung des Geschäftsbetriebs der kommunalen Sparkassen behindert wird, können die betreffenden öffentlichen Körperschaften durch entsprechende Satzungsänderung dem begegnen und ihre Beamten mit weitgehenden Vollmachten ausrüsten, was freilich im Falle des Mißbrauchs zum Schaden der Sparkasse ausschlagen kann.

Hiernach kann sich die Klägerin nicht auf stillschweigende Vollmachtserteilung berufen. Es braucht daher nicht erörtert zu werden, inwiefern die Sparkassenbeamten außerhalb der ihnen ausdrücklich erteilten Vollmacht unter Duldung des Beklagten oder des Sparkassenvorstands unbefugt gehandelt haben und ob daraus an sich auf die Erteilung einer allgemeinen Wechselvollmacht geschlossen werden könnte.

Für die Frage, ob das von der Klägerin behauptete Handelsgewohnheitsrecht besteht, ist es bedeutungslos, wie der Rechtsausschuß des Reichstags gegen eine Sparkasse vorzugehen beabsichtigt, welche die Unterschriften ihrer Angestellten im Giroverkehr nicht anerkennen will. Ein Handelsgewohnheitsrecht kann hierdurch nicht entstehen; ein solches könnte sich auch in der behaupteten Allgemeinheit niemals gegen die Satzung einer Sparkasse durchsetzen. Die Frage des Bestehens eines derartigen Gewohnheitsrechts muß indessen schon deshalb ausscheiden, weil es sich bei ihm nur um den Wechselverkehr zwischen Sparkassen und Banken handelt, während die hier in Rede stehenden Wechselerklärungen nicht im Bankverkehr, sondern dem G. Sch. gegenüber abgegeben worden sind....

---

51. Ist im Falle des § 17 AufwG. dem früheren Gläubiger das empfangene Abtretungsentgelt von dem ihm zukommenden Aufwertungsbetrag abzuziehen?

V. Zivilsenat. Beschl. v. 2. März 1927 i. S. B. (Gläubiger, Antragsteller) w. R. u. Gen. (Schuldner, Antragsgegner). VB 34/26.

I. Aufwertungsstelle Charlottenburg.
II. Landgericht III Berlin.

Die Frage wurde im Grundsatz verneint. Der Sachverhalt ergibt sich aus den

Gründen:

Im Grundbuch der Stadt Charlottenburg ist am 9. Oktober 1911 für eine Darlehensforderung der Frau E. im Betrag von

108000 *M* in Abteilung III eine Hypothek eingetragen worden, die infolge Erbgangs im Jahre 1923 auf den Kaufmann K. umgeschrieben wurde. K. trat die Hypothek am 11. Januar 1924 an die Antragstellerin Frau B. ab; die Abtretung wurde am 18. Januar 1924 im Grundbuch vermerkt. Die Antragsgegner Frau R., Ernst R. und Frau H. sind die Eigentümer des belasteten Grundstücks und die persönlichen Schuldner der gesicherten Forderung.

Am 1. August 1925 hat Frau B. die Aufwertung der Hypothek angemeldet. Ihr Antrag ist auf eine Aufwertung im Betrag von 27000 G*M* gerichtet. Sie hat zunächst eine vom 30. Juli 1925 datierte, in London ausgestellte konsularisch beglaubigte „Verzichtleistungserklärung" des K. vorgelegt, wonach dieser ausdrücklich und vorbehaltlos zugunsten der jetzigen Hypothekengläubigerin Frau B. auf alle Rechte, insbesondere auf alle und jede gegenwärtige oder zukünftige gesetzliche oder sonstige Aufwertung für die bezeichnete Hypothek verzichtet und die Eintragung dieser Verzichtleistung zugunsten der Frau B. bewilligt und beantragt. Auf Veranlassung der Aufwertungsstelle wurde sodann eine vom 14. September 1925 datierte, gleichfalls in London ausgestellte konsularisch beglaubigte „Abtretung" des K. nachgereicht, worin dieser alle Rechte und jeden persönlichen und dinglichen Aufwertungsanspruch, die gemäß dem Gesetz vom 16. Juli 1925 für ihn als früheren Gläubiger wieder entstehen, sowie alle durch zukünftige Gesetze wiederentstehenden Rechte und Aufwertungsansprüche aus der bezeichneten Hypothek unbedingt und vorbehaltlos an Frau B. abtrat und die Eintragung dieser Abtretung im Grundbuch bewilligte und beantragte. Am 3. Oktober 1925 hat Frau B. unter Berufung auf diese Abtretung die auf sie übergegangenen Aufwertungsansprüche des K. angemeldet.

Wegen des Entgelts für die Abtretung hat die Antragstellerin der Aufwertungsstelle auf Befragen angegeben, daß nach einer zwischen ihr und K. getroffenen Abmachung durch die Abtretung der hier in Rede stehenden Hypothek sowie einer weiteren in Höhe von 45000 *M* eine Schuld des K. an sie im Betrag von 1774 engl. Pfund 9 Schilling 6 Pence getilgt worden sei. Die Antragstellerin meint aber, auf das für die Abtretung gezahlte Entgelt komme es bei der Beurteilung ihrer Aufwertungsansprüche nicht an. Die Antragsgegner verlangen Ermäßigung der Aufwertung auf 15%

und Prüfung, ob nicht aus Billigkeitsgründen die Aufwertung überhaupt abzulehnen sei. Die Aufwertungsstelle hat die vorbezeichnete Hypothek und die ihr zugrunde liegende Forderung auf 7835,40 GM festgesetzt, das Landgericht dagegen im Beschwerdewege auf 9808,23 GM. Hiergegen legte die Antragstellerin weitere Beschwerde ein unter Wiederholung des Antrags, die Hypothek auf 27000 GM aufzuwerten Mit Beschluß vom 11. November 1926 (abgedruckt bei Ring, Rspr. in Aufwsachen 1927 S. 58 Nr. 34 und in JW. 1927 S. 58 Nr. 3) hat das Kammergericht die Sache gemäß § 28 Abs. 2, 3 FGG., § 74 Abs. 1 AufwG. dem Reichsgericht zur Entscheidung vorgelegt mit dem Anfügen: es würde die Beschwerde zurückweisen, sehe sich aber daran gehindert durch eine Entscheidung des Oberlandesgerichts Stuttgart vom 29. September 1926 (abgedruckt in JW. 1926 S. 2694 und bei Ring, Rspr. in Aufwsachen 1926 S. 709 Nr. 352), wonach bei einer Abtretung in der Rückwirkungszeit der bisherige Gläubiger sich nur den Aufwertungsbetrag des neuen Gläubigers, nicht aber — wie in den Vorinstanzen geschehen — das von diesem gezahlte Abtretungsentgelt als Zahlung im Sinne des § 18 Abs. 1 AufwG. anrechnen zu lassen brauche. Von dieser Auslegung des § 18 AufwG. wolle das Kammergericht abweichen.

Die Vorinstanzen gehen nämlich davon aus, daß der Vorgläubiger K., da er die Hypothek am 11. Januar 1924 abgetreten und das Entgelt nach dem 15. Juni 1922 angenommen habe, nach § 17 AufwG. berechtigt sei, neben der jetzigen Gläubigerin, der Antragstellerin Frau B., Aufwertung zu verlangen. Den ihm nach dieser Vorschrift zustehenden aufgewerteten Anspruch hat er am 14. September 1925 an die Antragstellerin abgetreten, die ihn neben ihrem durch die Abtretung vom 11. Januar 1924 erworbenen eigenen Anspruch geltend macht. Das Landgericht hat das Abtretungsentgelt auf 22922,38 GM berechnet. Hiervon entfallen 25% mit 5730,59 GM auf den Aufwertungsanspruch der Antragstellerin aus eigenem Rechte; den weiteren, aus dem Rechte des K. abgeleiteten Anspruch bestimmte das Landgericht in der Weise, daß es von den dem K. zustehenden 27000 GM das Abtretungsentgelt mit 22922,38 GM abzog. So gelangte das Landgericht zu einem Gesamtaufwertungsbetrag von 5730,59 + 4077,64 = 9808,23 GM.

Der Fall des § 74 Abs. 1 AufwG. vgl. mit § 28 Abs. 2, 3 FGG. ist gegeben.

Das Kammergericht ist der Ansicht, daß die Berechnungsweise der Vorinstanz den §§ 2, 3, 4, 9, 17, 18 AufwG. entspreche. Insbesondere sei es nicht zu beanstanden, daß die Vorinstanzen den Aufwertungsbetrag des K. um das Abtretungsentgelt gekürzt hätten, was in § 18 Abs. 1 AufwG. seine rechtliche Grundlage finde.

Mit dieser Rechtsauffassung tritt das Kammergericht, dessen I. Zivilsenat im Erkenntnis vom 21. Oktober 1926 (abgedruckt JW. 1927 S. 70 Nr. 4 und bei Ring, Rspr. in Aufwsachen 1926 S. 707 Nr. 351) sich auch schon in diesem Sinne ausgesprochen hat, der im Schrifttum überwiegenden Meinung bei. Nach dieser ist die Zahlung des Abtretungsentgelts durch den Erwerber des Rechts an den Veräußerer wie eine Schuldnerzahlung nach § 18 Abs. 1 AufwG. zu behandeln, gleichviel, ob der Schuldner an der Vornahme der Rechtsabtretung irgendwie beteiligt ist, etwa in der Art, daß der veräußernde Gläubiger das Recht nach Befriedigung auf Veranlassung des Eigentümers (Schuldners) an Stelle der Erteilung einer Löschungs- oder Umschreibungsbewilligung oder einer löschungsfähigen Quittung an einen anderen abgetreten hat (sog. unechte Abtretung). Nur wenn der Goldmarkbetrag des Abtretungsentgelts niedriger ist als der Aufwertungsbetrag des gegenwärtigen Gläubigers, soll der letztere Betrag abgezogen werden (§ 18 Abs. 2 AufwG.).[1]) Zur Begründung wiederholt der Vorlagebeschluß die im Schrifttum geltend gemachten Erwägungen, die an die Vor-

---

[1]) So Mügel I S. 297 § 18 Anm. 5, II S. 282 § 18 Anm. 5b—d; JW. 1926 S. 2694; Quassowski 4. Aufl. § 18 V A; Schlegelberger-Harmening 4. Aufl. S. 192 Anm. 3; Lehmann-Boesebeck § 18 Anm. 10, 11; Neukirch S. 280, 283 Anm. 2, 5; Schaefer-Weißler, Die Hypothekenaufwertung S. 53 I 2, S. 54 unter B; Levis, Die Aufwertung von Hypotheken S. 54flg.; Raape bei Gruch. Bd. 68 S. 181flg., S. 245flg. in § 7 II 1. Weitergehend will Gribel AufwG. 2. Aufl. S. 118 § 18 Anm. 2 den Abzug nach § 18 Abs. 2 Ges. mit dem des Zessionsentgelts verbinden. Kemperer-Pinner, Praxis der Hypothekenaufwertung, S. 52flg. unterscheiden die unechte und die regelmäßige Abtretung. Bei jener soll das Abtretungsentgelt abgezogen werden, der Aufwertungsbetrag der zeitlich nachfolgenden Gläubiger aber nur, wenn er höher ist; bei der regelmäßigen Abtretung soll nur der Abzug nach § 18 Abs. 2 Ges. stattfinden. Gegen den Abzug des Abtretungsentgelts überhaupt Abraham AufwG. 2. Aufl. S. 176 § 17 Anm. 3; Emmerich AufwG. S. 199 § 17 Anm. 1; JW. 1927 S. 58 Nr. 2, S. 70 Nr. 4. D. E.

schriften der §§ 17 und 18 AufwG. anknüpfen, ihre Entstehungsgeschichte verwerten wollen und die Anrechnung des Abtretungsentgelts auf den Aufwertungsbetrag des früheren Gläubigers auch unter dem allgemeinen Gesichtspunkt der Billigkeit als gerechtfertigt bezeichnen.

Dem kann indessen nicht beigetreten werden. Es schreibt weder das Aufwertungsgesetz, wie es vorliegt, die Anrechnung des Abtretungsentgelts als solchen auf den Aufwertungsbetrag des früheren Gläubigers vor, noch kann dafür, daß dies gewollt wäre, der Entstehungsgeschichte seiner Vorschriften, insbesondere der §§ 17, 18, oder allgemeinen Billigkeitserwägungen ein genügender Anhalt entnommen werden.

Unter dem in § 18 Abs. 1 AufwG. ohne Zusatz gebrauchten Worte „Zahlungen" können nach dem allgemeinen Sprachgebrauch, dem gegenüber das Aufwertungsgesetz keine Abweichung erkennen läßt, nur Zahlungen des Schuldners des abgetretenen Rechts, nicht Zahlungen eines Dritten, namentlich nicht solche des Erwerbers des Rechts aus dem diesem Erwerb zugrunde liegenden Vertragsverhältnis, verstanden werden. In § 18 Abs. 2, welche Vorschrift trotz ihres auf die „Hypothek" beschränkten Wortlauts auch für die persönliche Forderung Geltung hat, findet der Gedanke Ausdruck, daß der Schuldner des abgetretenen und aufzuwertenden Rechts an Aufwertung nicht mehr zu leisten haben soll, als er zu leisten hätte, wenn keine Abtretung vorgenommen wäre. Und weiter ist darin ausgesprochen, daß im Verhältnis des Aufwertungsschuldners zu der — aus mehreren Personen bestehenden — Gläubigerseite für einen früheren Gläubiger nur insoweit aufgewertet wird, als der für diesen zu berechnende Aufwertungsbetrag die Gesamtheit der Aufwertungsbeträge der ihm zeitlich nachfolgenden Gläubiger übersteigt. Von einer Anrechnung des Abtretungsentgelts in dem hier fraglichen Sinne ist also auch in § 18 Abs. 2 AufwG. nicht die Rede. § 17 endlich regelt die Voraussetzungen für die Teilnahme des früheren Gläubigers an der Aufwertung des abgetretenen Rechts und stellt insoweit darauf ab, daß der Gläubiger das Abtretungsentgelt (wie in den Fällen der §§ 14, 15 AufwG. der Aufwertungsgläubiger die Zahlung des Schuldners) nach dem 14. Juni 1922 oder unter Vorbehalt angenommen haben muß. Anderenfalls ist der Schuldner ihm gegenüber von der Aufwertungspflicht frei und haftet nur dem gegenwärtigen Gläubiger auf Aufwertung. Aus dieser Regelung als solcher ergibt sich nichts für die weitere Gestaltung der dem früheren Gläubiger gegenüber geschaffenen Aufwertungspflicht: eine rechtliche Gleichstellung der Schuldnerzahlung mit der vom gegenwärtigen Gläubiger bewirkten Zahlung des Abtretungsentgelts ist in keiner Hinsicht angedeutet. Es erhellt nicht, daß der frühere Gläubiger bei der Aufwertung nach § 17 sich so behandeln lassen müßte, als hätte er das Abtretungsentgelt nicht vom gegenwärtigen Gläubiger, sondern vom Eigentümer oder vom Schuldner des abgetretenen Rechts (§ 18 Abs. 1) als Zahlung erhalten.

Auch die Entstehungsgeschichte des Gesetzes, soweit sie hier in Betracht kommt, ergibt dafür keinen ausreichenden Anhalt. Der Regierungsentwurf (RTDrucks. 1924/25 Nr. 804) ließ in § 11 Abs. 5 den früheren Gläubiger zur Aufwertung zu im Falle der sog. unechten Abtretung, deren Tatbestand dahin gekennzeichnet wird, daß der Gläubiger auf Veranlassung des Eigentümers an Stelle der Erteilung einer Löschungs- oder Umschreibungsbewilligung oder einer löschungsfähigen Quittung das Recht an einen anderen abgetreten hat. Über Zahlungen bestimmt Abs. 3 des Entwurfs: „Soweit nach diesen Vorschriften eine Aufwertung stattfindet, sind Zahlungen in Höhe des Goldmarkbetrags (§ 2 Abs. 2, 4) auf den Betrag der Aufwertung anzurechnen. Dies gilt nicht für Zahlungen, die vor dem in Abs. 2 bestimmten Zeitpunkt ohne Vorbehalt angenommen worden sind; solche Zahlungen sind zum Nennbetrag auf den Nennbetrag anzurechnen". Zur Abtretung wird diese für „Zahlungen" gegebene Vorschrift in Beziehung gesetzt in Abs. 7 das.: „Wird dasselbe Recht auf Grund der Vorschriften des Abs. 1, 2 nicht nur für den jetzigen, sondern auch für einen früheren Gläubiger aufgewertet, so darf die Aufwertung zugunsten des jetzigen Gläubigers nicht den Betrag übersteigen, der dem früheren Gläubiger gemäß der Vorschrift des Abs. 3 auf den Betrag der Aufwertung anzurechnen ist". Die Begründung sagt zu diesem Abs. 7: die Vorschrift wolle verhindern, daß im Falle des Zusammentreffens von Aufwertungsansprüchen des jetzigen und eines früheren Gläubigers der Schuldner insgesamt mehr als 15% oder 25% des ursprünglichen Goldmarkbetrags der Schuld zu zahlen habe. Der Regierungsentwurf geht hierbei anscheinend davon aus, daß bei der sog. unechten Abtretung, weil sie unter Mitwirkung des Eigentümers als Verpflichteten vor sich gehe, der Rechtsvorgang der Abtretung als solcher eine Erfüllungshandlung des aus dem abgetretenen Rechte zur Leistung Verpflichteten mitumfasse und daß in solchem Falle, wo die Abtretung durch eine unter Mitwirkung des Verpflichteten an den bisherigen Gläubiger bewirkte Leistung herbeigeführt wird, im Rahmen des bei der Aufwertung angestrebten Interessenausgleichs jene Leistung rechtlich nicht nur als das vom neuen Gläubiger (Geldgeber) gezahlte Abtretungsentgelt, sondern als die Schuldnerzahlung aus dem abgetretenen Rechte zu bewerten sei.

Der Reichstagsausschuß hat nach seinem Bericht RTDrucks. 1924/25 Nr. 1125 S. 18 unten in c) die im Regierungsentwurf vorgesehene Regelung auf alle Abtretungen ausgedehnt und danach den Entwurf in dem hier fraglichen Punkte durch Beifügung eines Abs. 2b dahin geändert: „Die Vorschriften der Abs. 1, 2 (Anmeldepflicht) finden auch dann Anwendung, wenn der Gläubiger das Recht an einen anderen abgetreten hat, es sei denn, daß es sich um einen Rechtsübergang der in § 2 Abs. 2 Nr. 2—10 bezeichneten Art handelt". Dieser Abs. 2b ist dann ergänzend auch in Abs. 7 eingefügt worden. Der Bericht bringt dazu (S. 19) ein Beispiel, worin dem früheren Gläubiger in der Tat der Goldmarkbetrag des Abtretungsentgelts vom Aufwertungsbetrag abgezogen wird, ohne daß indessen erkennbar gemacht wäre, ob hier der Tatbestand einer sog. unechten Abtretung oder der einer Abtretung schlechthin unterstellt ist.

In der zweiten Lesung (Bericht S. 33, 79) wurde der Fall der Aufwertung eines abgetretenen Rechts in die §§ 17, 18 des Entwurfs verwiesen, die bereits den später Gesetz gewordenen Wortlaut zeigen. § 17 stellt den Ausbau des in erster Lesung geschaffenen Abs. 2b des § 11 dar; § 18 Abs. 1 entspricht sachlich dem in der ersten Lesung unverändert belassenen § 11 Abs. 3 der Regierungsvorlage. Neu dagegen ist § 18 Abs. 2, wozu der Bericht S. 33 sagt: „Zu § 18 wurde auf Anfrage, weshalb in Abs. 2 gegenüber den Beschlüssen erster Lesung eine redaktionelle Änderung stattgefunden habe, erwidert, daß bei der Abtretung von Hypotheken vielfach der Erwerber einen höheren Preis als den Nennbetrag gezahlt habe, daß dies bei Berechnung der Aufwertung auf 25% berücksichtigt werden müsse, aber nicht zum Nachteil des Schuldners ausschlagen dürfe. In diesen Fällen müsse der Zessionar unter allen Umständen bei der Verteilung der Gesamtaufwertung den Vorrang vor dem Zedenten genießen."

Aus dieser Entstehungsgeschichte läßt sich nur so viel entnehmen, daß man bei Abfassung des ersten Regierungsentwurfs, wahrscheinlich auch noch im Ausschuß und bei Abfassung des Ausschußberichts, allerdings der Annahme war, das Abtretungsentgelt sei dem früheren Gläubiger wie eine Schuldnerzahlung anzurechnen. Im Gesetz, wie es vorliegt, hat dies indessen keinen Ausdruck gefunden. Und für seine Auslegung kann die Auffassung von Personen, die bei seiner Schaffung beteiligt waren, hier schon deshalb keine ausschlaggebende Bedeutung beanspruchen, weil der für die Regelung des ersten Regierungsentwurfs leitende Gesichtspunkt, die Beschränkung auf die sog. unechte Abtretung, in der Folge verlassen worden und nicht zu erkennen ist, daß die für jene etwa zutreffenden Folgerungen für die erweiternde Regelung nachgeprüft worden wären. Danach fehlt es auch nach der Entstehungsgeschichte an ausreichendem Anhalt dafür, daß die zunächst nur für den Fall der Mitwirkung des Eigentümers bei der Abtretung in Aussicht genommene Regelung unverändert auf alle Fälle der Abtretung Anwendung finden sollte, und es bleibt für den gesamten Verlauf der gesetzgeberischen Arbeit eine offene Frage, ob man alle Abtretungen wie die sog. unechte Abtretung behandeln wollte oder ob mit dem Wegfall der Beschränkung auf diese auch die aus der Mitwirkung des Eigentümers als Verpflichteten gefolgerte rechtliche Besonderheit wegfallen sollte.

Aber auch abgesehen von den besonderen Vorschriften des Gesetzes und von seiner Entstehungsgeschichte soll es nach der im Schrifttum überwiegenden Meinung ein der Absicht des Gesetzes nicht entsprechendes Ergebnis bedeuten, wenn der frühere Gläubiger Aufwertung nach dem Gesetz erlangt und außerdem das Abtretungsentgelt — in welchem Umfang immer — behält. Damit wird anscheinend auf allgemeine Erwägungen hingewiesen, wie sie sich aus der gesetzlichen Regelung dieses Interessenausgleichs ergeben und den Gesetzgebungsorganen unterstellt werden, insbesondere auf Gesichtspunkte der Billigkeit, der Schonung des Aufwertungspflichtigen oder Ähnliches. Aber auch unter diesen Gesichtspunkten ist die grundsätzliche Anrechnung des Abtretungsentgelts auf den Aufwertungsbetrag des früheren Gläubigers nicht gerechtfertigt. Soweit die Vorgeschichte des Gesetzes erkennen läßt, hat man den früheren Gläubiger unter gewissen Voraussetzungen an der Aufwertung beteiligt, weil es unbillig erschien, daß im Falle einer vorangegangenen Abtretung des aufzuwertenden Rechts der Schuldner nur dem gegenwärtigen Gläubiger gegenüber aufzuwerten habe, von der ganzen bis dahin eingetretenen Entwertung aber unberührt bleibe. Man hat anderseits das Ziel verfolgt, daß der Schuldner an Aufwertungsleistung nicht mehr solle aufzubringen haben, als ihm obläge, wenn das aufzuwertende Recht nicht abgetreten worden wäre. Im übrigen ergeben die gesetzgeberischen Erwägungen, soweit sie bekannt geworden sind, keinen Anhalt dafür, daß der frühere Gläubiger das Abtretungsentgelt nicht behalten solle und daß ein etwaiger besonderer Vorteil nur dem Aufwertungsschuldner oder dem gegenwärtigen Gläubiger zufallen dürfe. Dafür wäre auch kein Grund von sachlicher Überzeugungskraft denkbar, da die Einzelfälle sehr verschieden liegen können. In dieser Hinsicht mag z. B. für den vorliegenden Fall darauf hingewiesen werden, daß nach der Betrachtungsweise des Landgerichts die Antragsgegner statt zu 25% nur etwa zu 9% aufwerten und etwa 63,7% des ohne Abzug des Abtretungsentgelts geschuldeten Aufwertungsbetrags ersparen würden. Zwischen der Tatsache der vorangegangenen Rechtsabtretung und der dem Schuldner obliegenden Aufwertungspflicht ist kein Zusammenhang erkennbar, der diesen Vorteil für den Schuldner rechtfertigen könnte. Und wenn anderseits nach der gesetzlichen Regelung der gegenwärtige Gläubiger im Vergleich zum früheren und im Verhältnis zu den für den Erwerb des Rechts gemachten Aufwendungen je nach Umständen einen nur geringen Anteil an der Aufwertungsleistung des Schuldners (25% seines Erwerbspreises) erhält, so kann sich hieraus im einzelnen Falle das Bedürfnis ergeben, ein etwaiges Mißverhältnis der durch das (kausale) Vertragsverhältnis zwischen dem früheren und dem jetzigen Gläubiger festgesetzten Leistungen auszugleichen. Ob und in welchem Maße dies rechtlich verlangt und zugebilligt werden kann, hängt aber so sehr von der Lage des Einzelfalls ab, daß sich darüber keine allgemeinen Grundsätze aufstellen lassen. Das erscheint auch — abgesehen von den besonderen Umständen des vorliegenden Falles — nicht geboten, weil ein derartiger Interessen-Widerstreit zwischen dem früheren und dem jetzigen Gläubiger nicht im Aufwertungsverfahren auszutragen wäre. Dieses hat vielmehr das Verhältnis des Aufwertungsschuldners zur Gläubigerseite nach den Vorschriften des Aufwertungsgesetzes (§ 18 Abs. 2) zu regeln.

Der Vorlagebeschluß des Kammergerichts betont, daß die dort abgelehnte Auffassung zu einer „vom Gesetz ersichtlich nicht gewollten außerordentlichen Bevorzugung des Zedenten gegenüber demjenigen Gläubiger führen würde, der die Hypothek nicht abgetreten hat". Ob das Gesetz die Anrechnung des Abtretungsentgelts auf den Aufwertungsbetrag gewollt und einem dahingehenden Willen ausreichenden Ausdruck gegeben hat, ist eben die Frage. Für den Fall ihrer Verneinung kann nicht ohne weiteres von einer „Bevorzugung" des Gläubigers, der das aufzuwertende Recht abgetreten hat, oder gar von einer „außerordentlichen" Bevorzugung gesprochen werden. Was der frühere Gläubiger als Entgelt für die Abtretung erlangt hat, ist rechtlich und tatsächlich anderen Ursprungs als die Leistung des Schuldners, der aufzuwerten hat. Jenes vom Erwerber des Rechts gewährte Entgelt wird durch ein Geschäft erlangt, das der frühere Gläubiger kraft seiner Verfügungsmacht über das Recht mit dem Erwerber vorgenommen hat; die Leistung des aus dem abgetretenen Recht Verpflichteten geschieht zur Erfüllung seiner auf eben diese Leistung gerichteten Verbindlichkeit und wird, soweit sie dafür unzulänglich ist, nach Maßgabe des Gesetzes aufgewertet. Keiner Ausführung bedarf, daß das Gesetz, als es dem früheren Gläubiger trotz der Weggabe seines aufzuwertenden Rechts gegenüber dem Leistungspflichtigen einen Aufwertungsanspruch gab, eine Anrechnung des Aufwertungsentgelts hierauf vorschreiben konnte. Weil und solange es aber nicht geschehen ist, fehlt es für diese Minderung der Rechte des früheren Gläubigers an der gesetzlichen Grundlage. Daß der frühere Gläubiger auf diese Weise einen wirtschaftlichen Vorteil erlangt, muß unbeschadet der bereits berührten Frage eines etwaigen Ausgleichs zwischen dem früheren und dem späteren Gläubiger hingenommen werden und gibt, wie auch das Erkenntnis des Oberlandesgerichts Stuttgart vom 29. September 1926 zutreffend ausspricht, dem Aufwertungsschuldner noch kein Recht, sich benachteiligt zu fühlen. Der Standpunkt des Gesetzes, wonach grundsätzlich der Aufwertungsschuldner durch die Teilnahme des früheren Gläubigers an der Aufwertung nicht stärker belastet werden soll, als es ohne die Abtretung der Fall wäre, bleibt auch bei der hier dargelegten Beurteilung gewahrt.

Mit seiner gegenwärtigen Begründung kann daher der angefochtene Beschluß nicht aufrechterhalten werden. Wie zu entscheiden wäre, wenn in Wahrheit eine Zahlung des Schuldners im Sinne des § 18 Abs. 1 AufwG. vorläge, kann dahinstehen, weil nach dem festgestellten Sachverhalt ein solcher Fall nicht gegeben ist. Es kann daher auch von einer allgemeinen Erörterung darüber abgesehen werden, ob die erwähnte Unterscheidung zwischen der sog. unechten und der regelmäßigen Abtretung überhaupt rechtlich anzuerkennen ist, ob und wann im Falle der sog. unechten Abtretung eine Leistung des Schuldners als solchen vorliegt und ob in der hier behandelten Frage nach dem derzeitigen Stande der Gesetzgebung eine grundsätzlich verschiedene Beurteilung der einen und der anderen Gruppe von Fällen gerechtfertigt wäre.

Die Beschwerde ist der Anrechnung des Abtretungsentgelts noch mit dem Vorbringen entgegengetreten, es liege gar kein Fall des § 17 AufwG. vor, sondern das Abtretungsentgelt sei für die Abtretung des Aufwertungsanspruchs des K. gezahlt worden und dürfe deshalb auf die Hypothek, den Papiermarkanspruch, nicht angerechnet werden. Nach den vorstehenden Darlegungen kommt es hierauf nicht weiter an. Übrigens hat das Kammergericht in seinem Vorlagebeschluß jene Ausführungen der Beschwerde mit der zutreffenden Darlegung zurückgewiesen, daß der Gegenstand der Abtretung vom 11. Januar 1924 die Hypothek mit der ihr innewohnenden Aufwertungs-Anwartschaft gewesen sei und das gewährte Entgelt die Gegenleistung für diesen gesamten Rechtsinhalt gebildet habe. Die Annahme einer besonderen Gegenleistung für die Abtretung des Aufwertungsanspruchs des K. entbehrt der tatsächlichen Unterlage.

Hiernach war die Entscheidung des Beschwerdegerichts aufzuheben und die Sache zurückzuverweisen. Das Beschwerdegericht wird zunächst über die Anwendung der Vorschriften des § 15 Nr. 1—3 AufwG. zu befinden haben, auf die sich die Antragsgegner berufen haben. Daß diese Vorschriften, wenngleich in § 17 AufwG. nicht ausdrücklich erwähnt, auch auf die dort geregelten Fälle anwendbar sind, darf unbedenklich angenommen werden, zumal da § 18 Abs. 2 den § 15 mit in Bezug nimmt....

52. Worin besteht der dem Verpfänder einer fremden Sache zu leistende Schadensersatz, wenn ihm das Pfand nicht mehr zurückgegeben werden kann?

BGB. §§ 249, 1223.

I. Zivilsenat. Urt. v. 5. März 1927 i. S. N. C. (Kl.) w. B. (Bekl.). I 225/26.

I. Landgericht Hamburg, Kammer für Handelssachen.
II. Oberlandesgericht daselbst.

Die Klägerin fordert von der Beklagten Herausgabe von Wertpapieren und Begleichung zweier Geldforderungen. Die Beklagte macht ein Zurückbehaltungsrecht wegen einer Gegenforderung geltend. Mit dieser hat es folgende Bewandtnis. Die Beklagte hatte von der Klägerin ein Darlehen erhalten. Das Darlehensgeschäft war für die Beklagte von L. abgeschlossen worden, der damals noch Teilhaber der beklagten Firma war, später aber ausgeschieden ist. Für die Darlehensforderung hatte L. der Klägerin ihm selbst gehörige Wertpapiere in Pfand gegeben. Wer als Verpfänder dieser Papiere anzusehen ist, ob L. oder die Beklagte, ist streitig. Die Darlehensforderung ist später beglichen worden, und die Klägerin hat die dafür in Pfand erhaltenen Wertpapiere unmittelbar an L. zurückgegeben. Im gegenwärtigen Rechtsstreit macht die Beklagte mit der Behauptung, daß sie die Verpfänderin der Wertpapiere gewesen sei, geltend, sie habe noch Forderungen an L., wegen deren sie ein Interesse daran habe, an den L.'schen Wertpapieren ein Zurückbehaltungsrecht ausüben zu können; im übrigen sei sie auch mit der Lieferung gleichartiger Effekten einverstanden.

Die Vorinstanzen haben die Beklagte zur Leistung nach dem Klagantrag verurteilt, jedoch Zug um Zug gegen Herausgabe „der der Klägerin in Depot gegebenen Wertpapiere". Dagegen legte die Klägerin Revision ein; sie begehrte Verurteilung der Beklagten ohne Gegenleistung. Das Rechtsmittel führte zur Aufhebung und Zurückverweisung.

Aus den Gründen:

(Zunächst wird ausgeführt, damit, daß Darlehensschuldnerin die Beklagte gewesen sei, stehe noch nicht ohne weiteres fest, daß sie auch Verpfänderin gewesen sei. Für den Fall, daß letzteres künftig festgestellt werden sollte, wird fortgefahren:)

Bei Erörterung der Rückgabepflicht der Klägerin geht das angefochtene Urteil davon aus, daß eine Rücklieferung derselben Stücke nicht mehr möglich sei und daher nicht mehr die dahin gehende vertragliche Verpflichtung, sondern Ersatz des Wertes der Papiere in Frage komme, der (nach der Einigung der Parteien über diesen Punkt) durch Lieferung gleichartiger Stücke zu geschehen habe. Das Urteil gelangt so zu einer Verurteilung der Beklagten zur Leistung entsprechend dem Klagantrag Zug um Zug gegen Lieferung der von der Beklagten beanspruchten Effekten.

Diese Erwägungen des Berufungsgerichts sind von Rechtsirrtum beeinflußt. Die Ersatzpflicht der Klägerin geht auf keinen Fall weiter, als es zur Ausgleichung des Schadens der Beklagten notwendig ist. Es ist nun unstreitig, daß die Beklagte an den Wertpapieren nicht ein Eigentümer-, sondern höchstens ein Besitzerinteresse hat. Dieses bestand darin, daß die Auslieferung der Papiere die Beklagte befähigt hätte, gegenüber dem Auskehrungsanspruch des L. wegen der von ihr behaupteten Forderungen gegen ihn mit der Herausgabe der Papiere zurückzuhalten. Die Revision meint, für ein solches Zurückbehaltungsrecht der Beklagten fehle die rechtliche Grundlage. Der rechtliche Zusammenhang zwischen beiden Ansprüchen ist jedoch ohne weiteres durch das frühere Gesellschaftsverhältnis des L. zur Beklagten gegeben. Die Klägerin hat indessen jede Forderung der Beklagten gegen L. und damit jedes geldwerte Interesse der Beklagten am Besitz der Papiere bestritten. Das angefochtene Urteil hat die Erörterung dieses Punktes mit der Begründung abgelehnt, daß die Klägerin damit einen unzulässigen Einwand aus dem Recht eines Dritten erhebe. Diese Begründung ist nicht zutreffend. Es handelt sich vielmehr, wie aus den vorstehenden Darlegungen hervorgeht, lediglich um eine Einwendung der Klägerin gegen die Schadensersatzforderung, wegen deren die Beklagte mit der Klageleistung zurückhält. Die Geltendmachung dieser Einwendung kann der Klägerin nicht abgeschnitten werden.

Das angefochtene Urteil bewegt sich also in einem Irrtum, wenn es die Lieferung gleichartiger Stücke durch die Klägerin als eine Wiedergutmachung des der Beklagten entstandenen Schadens im Wege der Naturalrestitution ansieht. Der Ersatzanspruch der

Beklagten geht eben nicht auf Leistung des tatsächlichen Wertes der Effekten, deren Rücklieferung sie verlangen konnte, sondern nur auf Leistung des Wertes, den ihr Besitz unter den gegebenen Verhältnissen für sie hatte. Zu einer weitergehenden Leistung hat sich die Klägerin auch nicht bereit gefunden, wenn sie sich nach einer Bemerkung in den Gründen des angefochtenen Urteils einverstanden erklärt hat mit der Lieferung gleichartiger Stücke, wie sie sich im Depot befunden hatten. Es kann nach der Stellungnahme der Klägerin nicht zweifelhaft sein, daß sie eine solche Verpflichtung nur im Rahmen ihrer tatsächlich bestehenden Schadensersatzpflicht hat übernehmen wollen.

Das angefochtene Urteil hätte daher den der Beklagten tatsächlich erwachsenen Schaden unter Berücksichtigung der vorstehend erörterten Gesichtspunkte prüfen müssen. Nach dem Umfang dieses Schadens wäre der Umfang des ihr nach Treu und Glauben einzuräumenden Zurückbehaltungsrechts zu bemessen gewesen. Soweit danach Geldforderungen einander gegenübertraten, kam eine Tilgung der Klagforderung durch Aufrechnung in Frage (RGZ. Bd. 83 S. 140).

---

53. 1. Bedeutet es eine Enteignung im Sinne des Art. 153 Abs. 2 RVerf., wenn ein Grundstück als Umgebung von Bau- oder Naturdenkmälern in die Denkmalliste nach § 5 des hamburgischen Denkmal- und Naturschutzgesetzes vom 6. Dezember 1920 eingetragen wird?

2. Wie ist in einem solchen Falle die angemessene Enteignungs-Entschädigung zu berechnen?

BGB. § 903. EGBGB. Art. 109, 111. RVerf. Art. 150, 153, 155.

VI. Zivilsenat. Urt. v. 11. März 1927 i. S. des Hamburger Staats (Bekl.) w. H. (Kl.). VI 346/26.

I. Landgericht Hamburg.
II. Oberlandesgericht daselbst.

Eine dem Kläger seit 1919 gehörige Parzelle grenzt unmittelbar an den als „Baudenkmal“ in die Denkmalliste eingetragenen „Galgenberg“. Als der Kläger im Jahre 1924 anfing, aus seinem

Grundstück Sand und Kies auszuschachten, wurde ihm dies am 26. April 1924 von der Denkmalschutzbehörde verboten, und seine Parzelle wurde als „Umgebung eines Baudenkmals" in die Denkmalliste eingetragen. Alle Anträge und Beschwerden des Klägers im Verwaltungswege blieben erfolglos. Mit der gegenwärtigen Klage verlangt er die Zahlung einer Entschädigung, deren Betrag er schließlich auf 25000 RM ermäßigt hat. Das Landgericht wies die Klage ab; das Oberlandesgericht erklärte den Anspruch dem Grunde nach für berechtigt. Die Revision des Beklagten wurde zurückgewiesen.

Gründe:

Das Oberlandesgericht hat angenommen, daß Vorschriften des besonderen hamburgischen Rechts den Klaganspruch nicht zu stützen vermögen, weder das Denkmal- und Naturschutzgesetz vom 6. Dezember 1920 (Amtsblatt von Hamburg 1920 S. 1441) noch das Enteignungsgesetz in der Fassung vom 26. April 1920 (a. a. O. S. 605). Aber der Berufungsrichter sieht eine Enteigung im Sinne des Art. 153 Abs. 2 RVerf. als vorliegend an und hält deshalb das Verlangen des Klägers nach einer Enteignungsentschädigung grundsätzlich für gerechtfertigt.

Das Denkmal- und Naturschutzgesetz (DuNG.) sagt im § 1:

„Den Schutz dieses Gesetzes genießen:

1. Baudenkmäler, d. h. Bauwerke, deren Erhaltung wegen ihrer allgemeingeschichtlichen oder kunstgeschichtlichen Bedeutung im öffentlichen Interesse liegt ....
2. Naturdenkmäler .....
3. Die Umgebung von Bau- und Naturdenkmälern.
4. bis 6 ....

Voraussetzung des Denkmalschutzes zu 1 bis 4 ist, daß das Denkmal oder seine Umgebung in eine Denkmalliste (§ 5) eingetragen ist."

§ 2 überträgt die Handhabung und Ausführung des Gesetzes der Baupflegekommission als „Denkmalschutzbehörde". Nach § 5 werden bei dieser Behörde Denkmallisten geführt; in diese sind die in § 1 unter Nr. 1, 2 und 4 genannten Denkmäler und deren Umgebung (§ 1 Nr. 3) einzutragen. Die Umgebung eines Baudenkmals im Sinne des § 1 darf ohne Genehmigung der Behörde weder durch bauliche Anlagen noch sonst verändert werden (§ 10). Ein Entschädigungsverfahren ist im § 16 nur für die Baudenkmäler selbst, nicht auch für ihre Umgebung geregelt. Hiernach gibt das DuNG. der Denkmalschutzbehörde die Befugnis zu weittragenden Verwaltungsmaßnahmen. Die entscheidende Handlung, die für den gegenwärtigen Fall als Enteignung in Frage kommt, liegt darin, daß das Grundstück des Klägers als Umgebung eines Baudenkmals in die Denkmalliste eingetragen worden ist. Bevor dies geschah, hatte die Denkmalschutzbehörde nicht das Recht, dem Kläger etwas zu verbieten, was er auf seinem Grundstück vornehmen wollte. Hinterher durfte er das Grundstück ohne Genehmigung der Behörde nicht mehr verändern. Diese Rechtslage ist dadurch etwas verdunkelt, daß das an den Kläger gerichtete Verbot, eine Sand- und Kiesgrube anzulegen, der Eintragung des Grundstücks in die Denkmalliste zeitlich voranging. Tatsächlich wurde erst durch diese Eintragung die Unterlage für das Verbot und seine Aufrechterhaltung im anschließenden Verwaltungsverfahren geschaffen. Auf diesen besonderen Hergang ist es wohl zurückzuführen, daß das Oberlandesgericht sich nicht überall ganz klar ausdrückt, daß es die „Enteignung" bald in der dem Kläger auf Grund des DuNG. auferlegten Beschränkung, bald aber auch in dem ausgesprochenen Verbot findet. Auf die Entscheidung selbst ist dieser wechselnde Ausdruck ohne Einfluß geblieben.

Die Revision hat zunächst, ohne indessen rechtliche Folgerungen daraus abzuleiten, die Frage angeregt, ob es sich bei der vom Oberlandesgericht angenommenen Enteignung nicht bloß um eine polizeiliche Verfügung handle. Das könnte vielleicht zutreffen bei dem Verbot, eine Sand- und Kiesgrube anzulegen; es trifft aber keinesfalls zu bei der Eintragung des Grundstücks in die Denkmalliste. Denn hierdurch wurde dem Kläger nicht die Vornahme einer bestimmten Handlung untersagt, es wurde ihm vielmehr allgemein und für die Dauer verboten, auf seinem Grundstück Veränderungen irgendwelcher Art ohne Zustimmung der Behörde vorzunehmen. Die Revision selbst stellt sich denn auch mit ihrem zweiten Angriff in ausdrücklichen Widerspruch zu der Annahme einer polizeilichen Verfügung. Mit diesem Angriff macht sie geltend, durch das DuNG. habe der Begriff des Eigentums für Hamburg einen engeren Inhalt als anderwärts erhalten; was durch das Gesetz, und wäre es auch nur bedingungsweise, versagt werde, sei im Eigentumsbegriff nicht mehr enthalten. Der Ausgangspunkt ist richtig. Inhalt und Schranken des Eigentums ergeben sich nach Art. 153 Abs. 1 Satz 2 RVerf. aus den Gesetzen, und unter den Gesetzen sind Reichs- und Landesgesetze zu verstehen. Zuzugeben ist der Revision auch, daß das Oberlandesgericht die von ihr aufgeworfene Frage nicht mit ausdrücklichen Worten erörtert hat. Wenn das Urteil aber annimmt, daß „das dem Kläger gewährleistete wohlerworbene Recht aus § 903 BGB., mit seinem Grundeigentum nach Belieben zu verfahren", durch die Maßnahmen der Denkmalschutzbehörde erheblich geschmälert worden sei, so steht es doch offenbar auf dem Standpunkt, daß nicht das DuNG. dem Begriff des Eigentums für Hamburg einen engeren Inhalt verliehen hat, als es im übrigen Deutschland der Fall ist, daß vielmehr die Denkmalschutzbehörde durch einen gesetzlich zulässigen Verwaltungsakt in die aus dem Reichsrecht sich ergebenden Eigentümerbefugnisse des Klägers eingegriffen hat. Diese Entscheidung des Berufungsgericht liegt auf dem Gebiete des besonderen Hamburgischen Rechts und kann deshalb von der Revision nicht beanstandet werden.

Wollte man aber selbst davon ausgehen, daß das Berufungsurteil hier eine Lücke enthalte und das Revisionsgericht sie auszufüllen berufen sei, so würde sich das Ergebnis nicht ändern. Das DuNG. hat nicht allgemein ausgesprochen, daß im Hamburger Gebiet kein Eigentümer sein Grundstück ohne Genehmigung der Denkmalschutzbehörde verändern dürfe, es hat vielmehr nur die Möglichkeit gegeben, daß durch eine besondere Verwaltungsmaßnahme, nämlich die Eintragung in die Denkmalliste, die Eigentümer bestimmter Grundstücke in ihrem Recht, mit der Sache nach Belieben zu verfahren (§ 903 BGB.), beschränkt werden. Es können also ausnahmsweise einzelne Eigentümer an der Ausübung der an sich auch nach dem Hamburger Recht in ihrem Eigentum liegenden Befugnisse gehindert werden.

Des weiteren macht die Revision geltend, daß dem Kläger weder das Eigentum im ganzen, noch eines der daraus fließenden Rechte „enteignet" worden sei; er habe sein Eigentum behalten und werde auch nicht zu Verfügungen über sein Eigentum veranlaßt, die seinem Willen widersprächen. Hier wird dem Berufungsrichter eine Verkennung des Enteignungsbegriffs vorgeworfen. Die Revision will eine Enteignung offenbar nur dann als gegeben ansehen, wenn das Privateigentum an bestimmten einzelnen Sachen durch Verwaltungsakt und im Interesse eines gemeinnützigen Unternehmens dem Eigentümer entzogen und auf einen andern übertragen wird oder wenn der Eigentümer wenigstens zu einer rechtlichen Verfügung über seine Sache, also namentlich zu einer Veräußerung oder Belastung, gezwungen wird. Diese Umgrenzung des reichsrechtlichen Begriffs der Enteignung, wie er im Art. 153 Abs. 2 RVerf. verwendet ist, wird vom Reichsgericht in ständiger Rechtsprechung als zu eng abgelehnt. Eine Enteignung im Sinne der genannten Vorschrift ist schon dann anzuerkennen, wenn das Recht des Eigentümers, mit seiner Sache gemäß § 903 BGB. nach Belieben zu verfahren, zugunsten eines Dritten beeinträchtigt wird (RGZ. Bd. 105 S. 253, Bd. 107 S. 269, Bd. 108 S. 253, Bd. 111 S. 226, Bd. 112 S. 191; RG. in JW. 1924 S. 800 Nr. 7). Dies braucht nicht durch Verwaltungsakt zu geschehen, die Enteignung kann vielmehr auch unmittelbar durch das Gesetz bewirkt werden (RGZ. Bd. 102 S. 165, Bd. 103 S. 200, Bd. 109 S. 310). Auf den letzteren Gesichtspunkt kommt es im gegenwärtigen Falle nicht an; aber die an erster Stelle aufgezählten Voraussetzungen sind gegeben, denn nach § 10 DuNG. hat jetzt der Hamburger Staat durch die Denkmalschutzbehörde zu bestimmen, ob und welche Veränderungen der Kläger auf seinem Grundstück vornehmen darf. Das Anlegen von Sand- und Kiesgruben ist ihm bereits verboten worden; er darf aber ohne Zustimmung der Behörde auch keine Hoch- oder Tiefbauten errichten, ebensowenig darf er die Parzelle aufforsten.

Vergebens beruft sich die Revision auf die Entscheidung RGZ. Bd. 107 S. 261 (269). Dort wird die mitgeteilte Umgrenzung des Begriffs der Enteignung anerkannt, dann aber ausgeführt, daß das im Freistaat Sachsen eingeführte gesetzliche Vorkaufsrecht keine Enteignung bedeute, da es nach wie vor dem Belieben des Grundstücks-Eigentümers vorbehalten bleibe, ob und zu welchen Bedingungen er verkaufen wolle. Hier ist das Belieben des Grundstückseigentümers aber gerade ausgeschlossen worden. Anschütz, den das Berufungsgericht noch als Vertreter der engeren Auffassung vom Begriff der Enteignung anführt, hat sich in der neuesten (3. und 4.) Auflage seines Kommentars zur RVerf. S. 398flg. der Ansicht des Reichsgerichts angeschlossen.

Ein fernerer Angriff der Revision kommt auf die Art. 109 und 111 EGBGB. zurück. Von diesen betrifft Art. 109 das eigentliche Enteignungsrecht und behält es der landesgesetzlichen Regelung vor. Inzwischen hat aber das Reich in Art. 153 Abs. 2 RVerf. einzelne Fragen der Enteignung selbständig geregelt und namentlich den Grundsatz ausgesprochen, daß nur gegen angemessene Entschädigung enteignet werden dürfe, soweit nicht durch Reichsgesetz ein anderes bestimmt sei. Mit Recht hat deshalb das Berufungsgericht angenommen, daß das nach Inkrafttreten der Reichsverfassung erlassene Hamburgische DuNG. nicht in der Lage war, von sich aus eine entschädigungslose Enteignung anzuordnen. Das will auch die Revision, soweit ersichtlich, nicht bestreiten; sie meint aber, das DuNG. werde durch Art. 111 EGBGB. gedeckt, weil es zu den landesgesetzlichen Vorschriften gehöre, durch welche das Eigentum im öffentlichen Interesse in Ansehung tatsächlicher Verfügungen beschränkt werde. Der Art. 111 a. a. O. betrifft indessen nur landesgesetzliche Vorschriften, die unmittelbar und ohne Eingreifen eines besonderen Verwaltungsaktes Inhalt und Begriff des Eigentums beschränken. Diese Voraussetzungen sind, wie schon dargelegt, hier nicht gegeben.

Die Revision hat sich schließlich noch auf Art. 150 Abs. 1 und Art. 155 Abs. 1 Satz 1 RVerf. berufen. In der ersten Vorschrift heißt es:

> „Die Denkmäler der Kunst, der Geschichte und der Natur sowie die Landschaft genießen den Schutz und die Pflege des Staates."

Es ist anzuerkennen, daß das DuNG. in diesem Satze der Verfassung eine reichsgesetzliche Unterlage findet. Nicht gesagt ist hier aber, daß der Schutz auf Kosten Dritter ausgeübt werden dürfe. Wenn der Beklagte beim Denkmalschutz die Rechte Dritter beeinträchtigt oder verletzt, so muß er die gesetzlichen Folgen tragen.

Art. 155 Abs. 1 Satz 1 RVerf. lautet:

> „Die Verteilung und Nutzung des Bodens wird von Staatswegen in einer Weise überwacht, die Mißbrauch verhütet und dem Ziele zustrebt, jedem Deutschen eine gesunde Wohnung und allen deutschen Familien, besonders den kinderreichen, eine ihren Bedürfnissen entsprechende Wohn- und Wirtschaftsheimstätte zu sichern."

Das ist der Programmsatz der Bodenreformer, der hier zu einer Richtlinie für den Gesetzgeber erhoben wurde, eben deshalb aber nicht unmittelbar Rechte und Pflichten für die einzelnen erzeugt (vgl. Anschütz a. a. O. S. 405flg.). Im übrigen hat der Mißbrauch, den Art. 155 Abs. 1 Satz 1 verhüten will, mit Kunst- und Denkmalschutz nichts zu tun. Die Vorschrift des Art. 155 wendet sich gegen die übergroße Ansammlung von Grundbesitz in den Händen einzelner Personen und weiter dagegen, daß das Land oder die in ihm ruhenden Bodenschätze in gewinnsüchtiger Absicht der Allgemeinheit vorenthalten oder ihr doch nur unter wucherischer Ausbeutung der Volksgenossen zugänglich gemacht werden.

Nach alledem kann der Kläger eine angemessene Entschädigung für die vollzogene Enteignung fordern. In der Klage spricht er sowohl von einer Enteignungsentschädigung als auch von einem Anspruch auf Schadensersatz nach besonderem Hamburger Recht. Das Oberlandesgericht hat ihm die Enteignungsentschädigung zugesprochen, nicht dagegen den Schadensersatz. Das ist ein Unterschied und darauf muß hingewiesen werden, weil das Berufungsurteil gelegentlich ungenau vom „Schadensersatz wegen der dem Kläger bezüglich des Grundstücks auferlegten Beschränkung" spricht, womit offenbar die Enteignungsentschädigung gemeint ist. Der von der Enteignung Betroffene kann nicht Schadensersatz, d. h. vollständigen Ersatz des ihm erwachsenen Vermögensschadens verlangen, er muß sich mit einer „angemessenen Entschädigung" begnügen, im vorliegenden Falle mit dem Ersatz des Minderwerts, der sich aus der vorgenommenen Eigentumsbeschränkung ergibt (RGZ. Bd. 112 S. 189). Der Kläger wird also nicht so rechnen dürfen, wie er es in der Klage getan hat, wo er einfach den Wert des in dem Grundstück ruhenden Sandes und Kieses erstattet verlangt. Er wird vielmehr den Wert dartun müssen, den seine Parzelle bei unbeschränkten Eigentümerrechten besäße, und den Wert, den sie heute als geschützte Umgebung eines Baudenkmals hat. Der Unterschied beider Werte wird ihm zuzusprechen sein.

---

54. Wann und in welchem Sinne dürfen die vom Versicherer aufgestellten Versicherungsbedingungen gegen ihn ausgelegt werden?

BGB. §§ 155, 157.

VI. Zivilsenat. Urt. v. 11. März 1927 i. S. A. Versicherungsgesellschaft u. Gen. (Bekl.) w. C.-Werke (Kl.). VI 556/26.

I. Landgericht I Berlin.
II. Kammergericht daselbst.

Die Klägerin hat im Oktober 1924 ein neu hergestelltes Flugzeug bei den Beklagten gegen Schäden aller Art in Höhe von 20000 RM versichert und zwar mit Wirksamkeit „nach dem Typenflug, bis zu 10 Starts zum Einfliegen, Überführungsflug nach Memel mit Zwischenlandung und Abnahmeflügen". Beim dritten Flug in Travemünde verunglückte das Flugzeug. Die Beklagten meinen, daß dies gerade der Typenflug gewesen sei, während die Klägerin behauptet, schon der zweite Flug sei der Typenflug gewesen. Sie beantragt, die Beklagten als Teilschuldner nach Maßgabe ihrer Beteiligung am „Luftpool 1924" zur Zahlung von 17000 RM zu verurteilen. Das Landgericht hat die Klage abgewiesen, das Kammergericht dagegen hat den Klaganspruch dem Grunde nach für gerechtfertigt erklärt. Die Revision der Beklagten führte zur Aufhebung und Zurückverweisung.

Gründe:

Die Klage wird auf einen Versicherungsvertrag gestützt, der unter einer aufschiebenden Bedingung geschlossen worden ist. Seine Wirksamkeit sollte erst „nach dem Typenflug" beginnen. Darunter haben die Parteien nach den Feststellungen des Kammergerichts etwas Verschiedenes verstanden, die Beklagten nämlich einen Rundflug von mindestens fünf Minuten Dauer mit zwei Kurven, die Klägerin dagegen einen kurzen Längsflug, bei dem sich die Flugfähigkeit des Flugzeugs erweisen sollte. Weiter hat das Kammergericht festgestellt, daß zur Zeit des Vertragsschlusses der Begriff des Typenflugs noch nicht festgelegen habe, daß das Wort von den beteiligten Kreisen in verschiedenem Sinne gebraucht worden sei. Daraus hat das Kammergericht mit Recht den Schluß gezogen, daß die Erklärungen der Parteien sich zwar ihrem Wortlaut nach gedeckt hätten, daß aber ein unzweideutiger Inhalt auch im Wege objektiver Auslegung nicht ermittelt werden könne. Endlich hat der Berufungsrichter angenommen, daß die Parteien den Vertrag ohne die Klausel „nach dem Typenflug" nicht geschlossen hätten. Damit waren alle Voraussetzungen erfüllt, um das Zustandekommen eines Vertrags gemäß § 155 BGB. zu verneinen. Das Kammergericht hat diesen Schluß nicht gezogen, sondern dennoch einen Vertragsschluß als vorliegend angenommen. Den unverkennbaren Widerspruch zwischen dem versteckten Mangel der Willenseinigung (Dissens) und dem Abschluß eines Vertrags (Konsens) versucht es durch den Hinweis auf einen angeblich allgemein anerkannten Rechtssatz zu lösen, wonach bei Unklarheiten von Versicherungsbedingungen diese gegen den Versicherer, und zwar ohne weiteres in dem Sinne auszulegen seien, in dem der Versicherungsnehmer sie verstanden habe. Einen solchen Rechtssatz gibt es nicht. Allerdings muß sich der Versicherer gefallen lassen, daß die von ihm aufgestellten Versicherungsbedingungen, wenn sie Unklarheiten enthalten, gegen ihn ausgelegt werden, weil es ihm oblag, sich deutlicher auszudrücken; und es ist dabei auch nicht, wie die Revision will, zwischen den allgemeinen Versicherungsbedingungen und den besonderen Abreden des Einzelfalls — um eine solche handelt es sich hier — zu unterscheiden. Aber unrichtig ist die Annahme des Kammergerichts, daß die mißverständliche Erklärung des Versicherers stets in dem Sinne auszulegen sei, in dem der Versicherungsnehmer sie verstanden habe. Hierzu ist weiter noch erforderlich, daß der Versicherungsnehmer die Erklärung des Versicherers nach Treu und Glauben und mit Rücksicht auf die Verkehrssitte (§ 157 BGB.) in diesem Sinne verstehen konnte (RGZ. Bd. 92 S. 64; RGUrteile vom 29. November 1918 VII 201/18 u. vom 14. März 1919 VII 378/18). Eine willkürliche Auffassung des Versicherungsnehmers, die der angeführten Unterlage entbehrt, braucht der Versicherer nicht anzuerkennen. Nach denselben Merkmalen entscheidet sich auch, ob Konsens oder Dissens der Beteiligten vorliegt. Nun hat aber das Kammergericht selbst festgestellt, daß der Verkehr im Oktober 1924 mit dem Worte „Typenflug" noch keinen bestimmten Sinn verband. Deshalb läßt sich auch nicht sagen, daß die Klägerin die Klausel, welche die Beklagten in das den Vertragsinhalt zusammenfassende Schreiben vom 16. Oktober 1924 aufnahmen, nach der Auffassung des Verkehrs in einem bestimmten Sinne habe verstehen können. Ihre Auffassung des Begriffs blieb willkürlich und deshalb bedeutungslos, mag sie auch, wie das Kammergericht betont, mit der Ansicht einzelner Sachkundiger übereingestimmt haben. Andere Personen von mindestens derselben Sachkunde waren — auch das hebt das Kammergericht hervor — wesentlich anderer Meinung; eine allgemein gültige Ansicht über das, was unter Typenflug zu verstehen sei, hatte sich noch nicht durchgesetzt. Sache der Klägerin wäre es gewesen, sich vor Abschluß einer „nach dem Typenflug“ beginnenden Versicherung darüber zu vergewissern, was die Beklagten darunter verstanden, und je nach der erhaltenen Auskunft ihre Entschlüsse zu fassen.

Hiernach enthält das Berufungsurteil einen Widerspruch in sich, der nicht in der Weise gelöst werden kann, wie es das Kammergericht versucht hat...

---

55. Unter welchen Voraussetzungen kann die sog. persönliche Reklame, der Hinweis auf die besonderen Vorzüge der eigenen gewerblichen Leistungen gegenüber denjenigen bestimmter Konkurrenten, und namentlich die Veranstaltung einer privaten Ausstellung eigener Waren unter Gegenüberstellung mit Waren von Konkurrenten einen Verstoß gegen die guten Sitten im Sinne von § 1 UnlWG. darstellen?

II. Zivilsenat. Urt. v. 11. März 1927 i. S. Vereinigung des Einzelhandels in D. (Kl.) w. Bezirkskonsumverein in D. (Bekl.). II 321/26.

I. Landgericht Darmstadt, Kammer für Handelssachen.
II. Oberlandesgericht daselbst.

Der verklagte Bezirkskonsumverein, der etwa 15000 Mitglieder zählt, hat sich im Herbst 1924 mit der Beamtenwirtschafts-Genossenschaft (die aus etwa 4000 Mitgliedern bestand) vereinigt. Bei dieser Gelegenheit hat die eben genannte Genossenschaft am 1. September 1924 durch Rundschreiben an ihre Mitglieder und deren Frauen zum Beitritt zum Bezirkskonsumverein und zur Besichtigung seiner Betriebs- und Lagerräume aufgefordert. Gleichzeitig hatte auch der verklagte Konsumverein seine Mitglieder in den D.er Zeitungen zu dieser Besichtigung eingeladen. Am Tage der Besichtigung hatte der Beklagte in einem Raum seines Geschäftshauses 24 Proben der gangbarsten von ihm feilgehaltenen Nahrungsmittel ausgelegt und ihnen Proben von gleichartigen Waren gegenübergestellt, die einige

Tage zuvor in drei D.er Lebensmittelgeschäften, bei Sch. & F., bei Br. und bei H., eingekauft worden waren. Über diese Gegenüberstellung war eine Preisaufstellung in 400 Exemplaren hergestellt und am Eingang des Ausstellungsraums an die Besucher verteilt worden. In der Zusammenstellung waren die Preise der einzelnen Proben zusammengerechnet und war am Schlusse vermerkt:

„Obige am 4. September eingekauften 24 Artikel kosten:

im Bezirkskonsumverein	14,79 *M*	
bei Sch. & F.	15,58 *M*,	mithin mehr 0,79 *M* oder 5,34%
bei Br.	15,79 *M*,	mithin mehr 1 *M* oder 6,76%
bei H.	13,99 *M*	(bei 17 Artikeln — 7 fehlen; im Bezirkskonsum kosten diese 11,83 *M*, bei H. mehr 2,16 *M* oder 18,26%)."

Bald darauf bezeichneten die Firmen Sch. & F. und Br. diese Zusammenstellung in den Zeitungen als irreführend, der Beklagte dagegen betonte in verschiedenen Inseraten die Richtigkeit seiner Aufstellung.

Im September 1924 erhob die Klägerin als Verband zur Förderung gewerblicher Interessen die gegenwärtige Klage mit dem Antrag, den Beklagten zur Unterlassung unrichtiger Darstellungen über Preisunterschiede und Preisbemessung zwischen seinen Waren und denen der Firmen des D.er Einzelhandels mit dem in der erwähnten Zusammenstellung niedergelegten oder mit gleich geartetem Inhalt zu verurteilen.

Das Landgericht gab der Klage statt. Das Oberlandesgericht wies sie ab. Die Revision der Klägerin führte zur Aufhebung und Zurückverweisung.

Aus den Gründen:

... Bei Prüfung der Frage, ob die Wettbewerbshandlungen des Beklagten gegen die guten Sitten verstoßen, hat das Berufungsgericht das Vorbringen der Klägerin lediglich unter dem Gesichtspunkt betrachtet, ob das Vorgehen des Beklagten auf eine Täuschung des Publikums berechnet gewesen sei. Die Klägerin hatte in dieser Beziehung behauptet, der Beklagte habe vorsätzlich eigene Ware billigster Sorte und von geringerer Beschaffenheit den besseren und teureren Warenproben der drei Firmen des Einzelhandels gegenübergestellt, um so durch bewußte Täuschung beim Publikum den Anschein größerer Billigkeit und des vorteilhaften Einkaufs zu erwecken. Es seien Preise vergleichsweise gegenübergestellt worden, die sich auf Waren verschiedener Güte bezogen hätten. Die innere Unwahrheit der Zusammenstellung sei entscheidend; diese habe im Publikum den Glauben erweckt, daß die drei Firmen die betreffenden Waren nur in der angegebenen Preislage führten; denn sie verschweige, daß die Waren dort auch noch zu billigeren Preisen zu haben seien. Das Berufungsgericht hält den Beweis nicht für geführt, daß der Beklagte eigene Waren von minderer Beschaffenheit und deshalb niedrigeren Preisen besseren und teureren Waren der Einzelhandelsfirmen gegenübergestellt und so im Publikum ein falsches Bild über die Preisunterschiede hervorgerufen habe Der Vorderrichter lehnt es auch ab, aus den Mängeln, die sich bei den durch die Einzelhandelsfirmen in den Verkaufsstellen des Beklagten unmittelbar nach der Ausstellung gekauften Warenproben gezeigt haben, den Schluß zu ziehen, daß in diesen Verkaufsstellen nicht Waren von gleicher Beschaffenheit zu haben gewesen seien wie im Hauptgeschäft. Endlich erblickt er in dem Verschweigen des Umstands, daß auch bei den Firmen des Einzelhandels die betreffenden Waren zu noch billigeren Preisen zu haben waren, keinen Verstoß gegen die guten Sitten des geschäftlichen Verkehrs.

(Es wird nun dargelegt, daß die Ausführungen der Revision sich größtenteils gegen die Beweiswürdigung der Vorinstanz richten und deshalb hier keine Beachtung finden können, dann wird fortgefahren:)

Das Berufungsgericht ist dem Vorbringen der Klägerin nicht in vollem Umfang gerecht geworden. Die Klägerin hatte insbesondere auch geltend gemacht, daß die ganze Art und Weise, wie der Beklagte bei der Beschaffung der Warenproben aus den Einzelgeschäften, bei der Auswahl der Proben aus den eigenen Vorräten, bei der Vergleichung der Waren unter Nennung der Namen der Konkurrenten vorgegangen sei, mit den guten Sitten des geschäftlichen Verkehrs nicht im Einklang stehe. Nach dieser Richtung hat das Oberlandesgericht den Sachverhalt nicht geprüft. Auch hierfür ist es von Bedeutung, welchen Sinn das Publikum, für das jene Zusammenstellung bestimmt war, den darin enthaltenen Angaben beilegte, wie es sie verstand. Es war insbesondere zu untersuchen, ob nicht die Besucher der Ausstellung oder auch andere Personen, die später von der Zusammenstellung irgendwie Kenntnis erhielten, aus ihr den Eindruck gewannen, daß für die beim Beklagten und in den Einzelhandels-Geschäften einzukaufenden Waren überall die niedrigsten Preise angegeben seien. Mit Recht weist die Klägerin darauf hin, daß die Zusammenstellung im Zusammenhang mit der Ausstellung der Warenproben besonders bei Lebens- und Genußmitteln kein klares Bild der wirklichen Preisverhältnisse habe geben können. Gerade bei diesen Waren bestehen, wie auch das Berufungsgericht anerkennt, je nach ihrer Beschaffenheit große Unterschiede. Es läßt sich deshalb eine vollständige Gleichwertigkeit von Warenproben überhaupt nicht erreichen, namentlich nicht bei einer — wie auch das Oberlandesgericht hervorhebt — unbedeutenden, rasch und oberflächlich veranstalteten Zusammenstellung von Waren. Es trifft auch nicht zu, daß die Besucher der Ausstellung, weil es sich um allgemein gebräuchliche Lebensmittel handelte, durchweg die zur Beurteilung der Beschaffenheit der Waren nötige Sachkunde besessen hätten. Bei einem großen Teil der in Frage kommenden Lebensmittel wird die nur äußerliche Prüfung im Wege der flüchtigen Besichtigung in einer Ausstellung keine genügende Grundlage für die Beurteilung ihrer Güte geben, selbst wenn bei der Besichtigung eine gewisse Sachkunde unterstellt werden kann.

Wesentlich für die Frage, ob das Vorgehen des Beklagten gegen die guten Sitten des geschäftlichen Verkehrs verstößt, ist nicht der Umstand, daß tatsächlich eine Täuschung des Publikums herbeigeführt oder beabsichtigt war. Auch wenn dies, wie nach den Feststellungen des Berufungsgerichts zu unterstellen ist, nicht als erwiesen gelten kann, muß doch angenommen werden, daß das Verhalten des Beklagten mit den Anschauungen eines redlichen und anständigen Geschäftsverkehrs nicht im Einklang steht. Denn es gab beim Publikum zu Mißverständnissen Veranlassung, und außerdem ist eine sog. persönliche Reklame, der Hinweis auf besondere Vorzüge der eigenen Leistungen gegenüber denjenigen bestimmter Konkurrenten, im allgemeinen zu vermeiden und nur in besonderen Fällen zulässig. Eine solche Vergleichung der Waren verschiedener im Wettbewerb miteinander stehender geschäftlicher Unternehmungen bietet, wenn nicht die Auswahl sämtlicher Waren unter Mitwirkung aller beteiligten Geschäfte erfolgt, der einzelne Konkurrent vielmehr sich heimlich gewisse Warenproben durch Ankauf in den Konkurrenz-Geschäften verschafft und ihnen aus seinem eigenen Bestand ausgewählte Waren gegenüberstellt, keine genügende Grundlage für eine unparteiische Vergleichung der Preise. Das gilt insbesondere für den hier fraglichen Verkehr mit Lebens- und Genußmitteln, bei denen die Verschiedenheiten in der Beschaffenheit sehr mannigfaltig sind und die Preise sehr großen Schwankungen unterliegen. Mit Rücksicht auf die Unsicherheit der Beurteilung solcher Verhältnisse muß ein geschäftliches Unternehmen es vermeiden, seine Warenpreise in der angegebenen Weise mit denjenigen bestimmter Konkurrenten in Vergleich zu setzen. Denn jedenfalls besteht die Gefahr, daß solche Mitteilungen im Kreise des nur oberflächlich urteilenden Publikums mißverstanden werden. Ein derartiges Vorgehen ermöglicht den in Betracht kommenden Verkehrskreisen regelmäßig nicht die Bildung eines objektiven Urteils über die Richtigkeit der Preisangaben, da die Grundlagen einseitig von einem der Konkurrenten beschafft sind, der sich damit gewissermaßen zum Richter in eigener Sache aufwirft. Die Abwägung solcher Verhältnisse muß dem Verkehr selbst überlassen werden.

Hiernach kann das Verhalten des Beklagten einen Verstoß gegen die guten Sitten darstellen, auch wenn eine Täuschung der Kreise, an die sich die Zusammenstellung der Preise wendet, nicht nachgewiesen ist.

---

56. 1. Veräußerung eines von mehreren Handelsgeschäften, die ein Kaufmann unter verschiedenen Firmen betreibt; Folgen für die Schuldenhaftung des Erwerbers.

2. Unterliegt ein Schadensersatzanspruch wegen Nichterfüllung, den der Käufer erhebt, weil ihm nur ein Teil der bedungenen Ware geliefert wurde, der kurzen Verjährung nach § 196 oder § 477 BGB.?

BGB. § 196 Abs. 1 Nr. 1, § 477; HGB. § 25.

I. Zivilsenat. Urt. v. 12. März 1927 i. S. W. (Kl.) w. Z. u. Gen. (Bekl.). I 307/26.

I. Landgericht Düsseldorf, Kammer für Handelssachen.
II. Oberlandesgericht daselbst.

Aus einem Kaufvertrag vom Herbst 1919 über eine Kahnladung Torf und aus gewissen auf dessen Beförderung bezüglichen Nebenabreden verlangte der Kläger als Käufer von dem Kaufmann Josef Z. in Düsseldorf Schadensersatz wegen Nichterfüllung. Er erhob deswegen im Jahre 1920 zwei Klagen; beide gegen die von Z. — ohne Eintragung ins Handelsregister — geführte Firma W. R. Nachf. Im einen Rechtsstreit verlangte er Schadensersatz dafür, daß ihm zu wenig Torf geliefert worden sei. Im andern forderte er Ersatz des Schadens, der ihm dadurch erwachsen sei, daß Z. ihm zur Beförderung des Torfes nicht einen Kahn von vertragsmäßigen Eigenschaften gestellt habe. Im Verlauf beider Prozesse machte der Kläger Geldentwertungsschaden geltend und ging von den anfänglichen Papiermark- zu Goldmarkforderungen über. In beiden wurde Z. unter der Firma W. R. Nachf. zur Zahlung von Gold-(Reichs-)markbeträgen an den Kläger verurteilt.

Während die beiden Schadensersatzprozesse anhängig waren, erwarben im Juli 1921 die jetzigen Beklagten von Josef Z. „ein unter der Firma Josef Z. betriebenes Kohlenhandelsgeschäft". Sie führten es unter der Bezeichnung „Josef Z. Nachf." weiter. In ihrer Anmeldung zum Handelsregister vom 17. Dezember 1921 war gesagt, daß ihnen das Geschäft „mit Aktiven und Passiven per 1. Juli 1921 übertragen" worden sei. Unterm 23. Oktober 1924 meldeten sie jedoch zum Handelsregister an, daß „die Übernahme der im Betriebe des Handelsgeschäftes begründeten Verbindlichkeiten des früheren Inhabers ausgeschlossen worden sei", und berichtigten die frühere Anmeldung.

Inzwischen war durch die unterm 28. August 1924 erhobene Klage wider die jetzigen Inhaber der Firma Josef Z. Nachf. der vorliegende Rechtsstreit anhängig geworden. Die Klage ging auf die ganzen aus den Urteilen der beiden Vorprozesse unstreitig dem Kläger gebührenden 4385,97 RM nebst Zinsen.

Die Beklagten schützten Verjährung vor. Ferner entgegneten sie: Nur die Firma W. R. Nachf. sei in den Vorprozessen verklagt und verurteilt. Aber nicht diese, sondern die Firma Josef Z. sei von ihnen übernommen worden. Beides seien völlig getrennte Handelsgeschäfte, W. R. eine Brennstoff-Großhandlung, Josef Z. ein Kohlen-Platzgeschäft. Der Kläger bestritt, daß seine Ansprüche verjährt seien. Er wies darauf hin, daß es sich um Forderungen auf Grund rechtskräftiger Urteile handle, und führte aus, die Verjährung sei jedenfalls dadurch gehemmt worden, daß er den (von der Rechtsprechung lange Zeit nicht anerkannten) Aufwertungsanspruch nicht habe verfolgen können.

Das Landgericht hat die Klage abgewiesen, das Oberlandesgericht die Berufung des Klägers zurückgewiesen. Seine Revision führte zur Aufhebung und Zurückverweisung.

Aus den Gründen:

1. Der Kaufvertrag samt Nebenabreden, woraus der Kläger seine Ansprüche herleitet, ist mit dem Kaufmann Josef Z. geschlossen worden. Gegen ihn sind auch die beiden Vorprozesse geführt worden und die sie abschließenden Urteile ergangen, auf die sich der Kläger ebenfalls beruft. Und zwar schloß Z. den Vertrag unter der Firma W. R. Nachf.; unter ihr wurde er verklagt und zur Zahlung verurteilt. Um zu begründen, daß ihm der teilweise im Sommer 1924 und dann weiter, für den Rest, im Frühjahr 1925 erhobene Klaganspruch gegen die jetzigen Beklagten zustehe, bezieht sich der Kläger auf die Übernahme des früher von Z. betriebenen Handelsgeschäfts durch die Beklagten.

Allerdings haftet, wer ein unter Lebenden erworbenes Handelsgeschäft unter der bisherigen Firma (mit oder ohne Beifügung eines das Nachfolgeverhältnis andeutenden Zusatzes) fortführt, für alle im Betrieb des Geschäfts begründeten Verbindlichkeiten des früheren Inhabers (§ 25 Abs. 1 Satz 1 HGB.). Eine abweichende Vereinbarung ist Dritten gegenüber nur wirksam, wenn sie in das Handelsregister eingetragen und bekannt gemacht oder von dem Erwerber oder dem Veräußerer dem Dritten mitgeteilt worden ist (§ 25 Abs. 2 HGB.). Im gegenwärtigen Falle haben die Beklagten in ihrer Anmeldung zum Handelsregister vom 17. Dezember 1921 sogar eigens erklärt, daß ihnen das Geschäft „mit Aktiven und Passiven zum 1. Juli 1921 übertragen" worden sei. Sie haben damit ausdrücklich bestätigt, was ohnehin bei Geschäftserwerb unter Fortführung der Firma nach gesetzlicher Regel anzunehmen wäre. Erst nach Erhebung der vorliegenden Klage haben sie unter dem 23. Oktober 1924 versichert und zum Handelsregister angemeldet, jene Erklärung und Bekanntmachung sei unrichtig gewesen, die Übernahme der im Betrieb des Geschäfts begründeten Verbindlichkeiten des Z. sei ausgeschlossen worden.

Aber nach dem Inhalt der Anmeldung zum Handelsregister und der darauf beruhenden Eintragung haben sie „ein von Josef Z. unter der Firma Josef Z. betriebenes Kohlenhandelsgeschäft" erworben, und unter der nämlichen Firma (mit Nachfolgezusatz) haben sie es fortgeführt. Von der Firma W. R. Nachf. verlautet in der Anmeldung zum Handelsregister nichts. Der Kläger müßte also dartun, daß jenes unter der Firma Josef Z. betriebene, übernommene und fortgesetzte Geschäft dasselbe sei, welches Z., zeitweise wenigstens, unter dem nicht eingetragenen Handelsnamen W. R. Nachf. betrieben hat. Dafür hat der Kläger Beweis angetreten, die Beklagten dawider Gegenbeweis. Die Vorinstanzen sind, weil es von ihrem Rechtsstandpunkt aus unwesentlich erschien, nicht auf diese Behauptung nebst Beweisantritt eingegangen. Die Frage muß aber noch untersucht werden, weil die Einwendungen der Beklagten zum Teil anders zu beurteilen sind, als es das Berufungsgericht getan hat. Daß die Behauptung des Klägers etwa nicht schlüssig, tatsächlich widerspruchsvoll oder aus vorgetragenen Urkunden bereits widerlegt sei, läßt sich nicht annehmen.... (Wird ausgeführt.) Der Revision kann nicht darin beigestimmt werden, daß der Hinweis auf den gemeinsamen Inhaber Josef Z. allein schon genügen müsse, die vom Kläger beanspruchte Haftung der Beklagten darzutun. Denn ein Kaufmann kann mehrere Geschäfte betreiben, deren jedes durchaus selbständig ist und wirtschaftlich auf eigenen Füßen steht; er kann eines davon veräußern, das andere behalten, und die Haftung für die Verbindlichkeiten aus beiden kann völlig getrennt sein (RGZ. Bd. 77 S. 60; Bd. 64 S. 129).

Erbrächte der Kläger den von ihm angetretenen Beweis, so wäre damit ein Geschäftserwerb durch die Beklagten unter Übernahme der Geschäftsschulden des früheren Inhabers Z. dargetan. Der Kaufvertrag war im Jahre 1919 geschlossen worden. Der Schadensersatzanspruch des Klägers wegen Nichterfüllung dieses Vertrags war damals entstanden, also bevor die Beklagten das Z.sche Geschäft und seine Schulden übernahmen. Der Kläger verlangt von den Beklagten denselben Betrag, den er nach den Entscheidungen der Vorprozesse von Z. verlangen kann. Er hält sich also jetzt an die — seiner Behauptung nach — kraft Geschäftsübernahme Mithaftenden.

2. Mit diesem an sich schlüssigen Anspruch müßte der Kläger freilich abgewiesen werden, wenn der Einwand der Verjährung durchgriffe. Das ist aber nicht der Fall.

(Zunächst werden mehrere irrige Ausführungen des Klägers behandelt.) Mit zutreffenden Gründen abgelehnt wird ferner die Rechtsansicht des Klägers, daß alle hier geltend gemachten Ansprüche auch den Beklagten gegenüber als Urteilsforderungen zu behandeln seien. Das Berufungsgericht führt aus: Beim Übergang eines Handelsgeschäfts nebst Schulden auf den Erwerber des Unternehmens trete Haftungs-Mitübernahme ein; auf sie seien die Grundsätze der Schuldübernahme entsprechend anzuwenden (RGZ. Bd. 51 S. 120, Bd. 67 S. 8, Bd. 76 S. 7). Daher hätten die Klagerhebungen in den beiden Vorprozessen zwar dem Z. gegenüber, der unter der Firma W. R. Nachf. verklagt worden sei, die Verjährung unterbrochen; den jetzigen Beklagten gegenüber seien sie jedoch bedeutungslos. Auch wirkten die in jenen Prozessen ergangenen, rechtskräftig gewordenen Urteile nicht gegen die Beklagten, die am Rechtsstreit damals nicht beteiligt gewesen seien (§ 425 Abs. 2 BGB.; vgl. RGZ. Bd. 72 S. 401).

Auf die Fragen, ob es sich den Beklagten gegenüber um Urteilsforderungen handle, und ob die Verjährung unterbrochen worden sei, kommt es jedoch nicht an.

Das Berufungsgericht geht richtig davon aus, daß der Kläger Ansprüche auf Schadensersatz wegen Nichterfüllung eines Kaufvertrags und gewisser mit ihm verbundener Nebenabreden geltend macht: 1. Ersatz dafür, daß ihm statt der verkauften 650 nur 195,286 Tonnen Torf geliefert worden seien; 2. Ersatz dafür, daß der Kahn zur Beförderung nicht so, wie versprochen, besorgt worden sei; 3. Ersatz dafür, daß der Torf nicht rechtzeitig an den Kahn gebracht worden und Aufwendung von Liegegeld nötig geworden sei. Richtig ist ferner, daß Schadensersatzansprüche wegen schuldhafter Nichterfüllung des Schuldverhältnisses auch bei der Verjährung grundsätzlich wie Ansprüche aus dem ursprünglichen Rechtsverhältnis behandelt werden müssen, weil sie nur einen Ersatzwert statt des ursprünglich Bedungenen gewähren sollen (RGZ. Bd. 61 S. 390, Bd. 85 S. 242).

Dem Berufungsurteil ist aber darin nicht beizustimmen, daß der Schadensersatzanspruch des Klägers der kurzen Verjährung (§ 196 Abs. 1 Nr. 1, Abs. 2) unterliege, weil er statt eines ursprünglichen Anspruchs erwachsen sei, für den gleichfalls kurze Verjährung stattgefunden hätte. Der Hauptvertrag war ein Kauf, und zwar einer, den der Kläger als Käufer geschlossen hatte. Der Schaden des Klägers bestand darin, daß er die gekaufte Ware nicht so, wie bedungen, sondern nur zum Teil erhielt. Der Anspruch auf Lieferung der gekauften Sache verjährt aber in der gewöhnlichen Frist von 30 Jahren (§ 195 BGB.). Der kurzen Verjährung von zwei, bei Leistung für den Gewerbebetrieb des Käufers von vier Jahren unterliegen nur die Ansprüche der Kaufleute ... für Lieferung von Waren ..., also die Ansprüche auf den Gegenwert der Waren (§ 196 Abs. 1 Nr. 1 BGB.). Für Ansprüche auf Lieferung der Ware und ebenso auf Ersatz, der im Falle der Nichterfüllung den Schaden ausgleichen soll, der durch Nichtlieferung (ganz oder zum Teil) entstand, bewendet es bei der Frist von 30 Jahren (RGZ. Bd. 62 S. 178).

Die Rechtsansicht der Beklagten, daß auf den Klaganspruch die für Gewährleistung bei Sachmängeln vorgesehene sechsmonatige Verjährung (§ 477 BGB.) anzuwenden sei, ist nicht zu billigen. Wird, so wie hier, ein großer Teil der Ware überhaupt nicht geliefert, so fällt der vom Käufer deswegen beanspruchte Schadensersatz weder unter die Wandlung oder Minderung noch unter den Ersatz wegen Mangels einer zugesicherten Eigenschaft (§ 477 Abs. 1 Satz 1), noch auch unter die Lieferung mangelfreier Sachen aus der Gattung statt mangelhafter (§ 480 BGB.). Der von der Rechtsprechung ausgebildete Grundsatz, wonach § 477 BGB. nach Sinn und Zweck auch den auf Verschulden beruhenden Anspruch auf Ersatz des durch Lieferung einer mangelhaften Kaufsache entstandenen Schadens mitumfaßt, läßt sich auf Tatbestände wie den vorliegenden nicht ausdehnen (RGZ. Bd. 53 S. 200, Bd. 56 S. 166, Bd. 93 S. 158).

Daß die Verjährungsfrist für Ansprüche des Klägers aus dem Kaufvertrag vom Oktober 1919 und dessen Nebenabreden bereits abgelaufen sein könne, kommt hiernach nicht in Betracht; es ist zu verneinen. Auf die weitere Frage nach der Hemmung der Verjährung (§ 202 BGB.) und die Ausführungen des Berufungsgerichts hierzu braucht also nicht eingegangen zu werden....

---

57. Haftet die Reichspost ohne Rücksicht auf Verschulden für die tödliche Verletzung eines Vorbeikommenden durch den tiefhängenden Draht einer unfertigen Telegraphenleitung, in den aus einer fremden Hochspannungsleitung Starkstrom übergetreten war?

BGB. §§ 276, 831, 832. Telegraphenwege-Gesetz vom 18. Dezember 1899 § 12.

IV. Zivilsenat. Urt. v. 14 März 1927 i. S. der Deutschen Reichspost (Bekl.) w. B. u. Gen. (Kl.). IV 693/26.

I. Landgericht Oldenburg.
II. Oberlandesgericht daselbst.

Am 19. November 1923 nachmittags ließ die Beklagte in A. durch einen aus vier Angestellten bestehenden Bautrupp Telephondrähte ziehen. Die Drähte mußten zum Teil über die Starkstromleitung hinweggehoben werden, die den Ort mit Licht versorgte. Das geschah an einer Stelle mittels einer Leiter. An zwei anderen Stellen wurden die Drähte in benachbarte Bäume verlegt. An der vierten Stelle wurden sie von den Arbeitern einfach über die Starkstromleitung gezogen. Unweit dieser vierten Stelle empfing der Landwirt B. aus R., als er in gebückter Haltung unter einem noch nicht gespannten, tiefer hängenden Draht durchgehen wollte, bei der Berührung eines zweiten tiefhängenden Telephondrahtes einen elektrischen Schlag, der ihn tötete. Seine Witwe und seine Kinder verlangen Schadensersatz. Beide Instanzen haben den Anspruch dem Grunde nach für gerechtfertigt erklärt. Die Revision der Beklagten führte zur Aufhebung und Zurückverweisung.

Gründe:

Das Berufungsgericht meint, die Reichspost habe für den hier eingetretenen Unfall auch dann aufzukommen, wenn sie keine Schuld treffe. Man müsse sagen, daß, wo immer ein Rechtsgut widerrechtlich verletzt werde infolge einer Handlungsweise, die der Geschädigte zu dulden gezwungen sei, ein Ersatzanspruch auch ohne Nachweis eines Verschuldens gegeben sei; das sei als deutsches Gewohnheitsrecht anzusehen oder aus rechtsähnlichen Bestimmungen des bürgerlichen Rechts zu folgern. Dem kann nicht beigetreten werden. Ein solches Gewohnheitsrecht ist weder im Schrifttum noch in der Rechtsprechung anerkannt. Schon die vom Berufungsgericht selbst angeführten Sondergesetze (das Reichshaftpflichtgesetz, das Kraftfahrzeuggesetz und das Luftverkehrsgesetz) standen mit ihrer ins einzelne gehenden Haftpflichtregelung der Bildung eines solchen Gewohnheitsrechts entgegen (Seligsohn in JW. 1922 S. 1511).

Auch rechtsähnliche Vorschriften, die einen so weitgehenden Rechtssatz zu rechtfertigen geeignet wären, sind nicht vorhanden. Dem Grundstückseigentümer, der sich die Einwirkungen eines obrigkeitlich genehmigten gefährlichen oder sonst störenden Gewerbebetriebs auf sein Grundstück gefallen lassen muß, wird allerdings wegen dieses Eingriffs in sein Eigentumsrecht ein Entschädigungsanspruch eingeräumt, der kein Verschulden des Verpflichteten voraussetzt (Komm. v. RGR. z. BGB. § 906 Anm. 13). Aber das kommt hier schon deshalb nicht in Betracht, weil die Grundstücke des Verunglückten nicht in der Ortschaft A. lagen. Aus der im angefochtenen Urteil angeführten, vor der Erlassung des Luftverkehrsgesetzes ergangenen Entscheidung RGZ. Bd. 100 S. 69, die den Grundstücksmieter dem Eigentümer des Grundstücks gleichstellt, ist für die Anschauung des Berufungsgerichts nichts zu entnehmen. Auch handelt es sich im Streitfall nicht etwa um ein abgeschmolzenes oder abgerissenes Drahtstück, das von einer fertigen Telegraphenleitung heruntergefallen war (§§ 836, 837 BGB., RGU. vom 11. Mai 1925 in JRsch. 1925 II S. 1174 Nr. 1633).

Ein Bedürfnis, für Telegraphenleitungen neben den Vorschriften des Telegraphenwegegesetzes vom 18. Dezember 1899 (§ 12 Abs. 2) durch die Rechtsprechung eine Gefährdungshaftung des Unternehmers zu begründen, ist zudem nicht anzuerkennen. Denn solche Leitungen sind einschließlich der Herstellungsarbeiten — im Gegensatz zu den Starkstromleitungen — regelmäßig, sofern sie nicht gerade mit einer Starkstromleitung oder einer anderen Gefahrenquelle zusammentreffen, nicht gefährlich. Daß jeder Draht gefährlich werden kann, wenn man ihn über eine Starkstromleitung wirft und herunterhängen läßt, ist richtig. Aber dafür ist nicht der Eigentümer des die Gefahr nicht aus sich selbst ausströmenden, sondern nur weiterleitenden Drahtes verantwortlich zu machen, sondern unter Umständen der Unternehmer der Starkstromleitung und jedenfalls derjenige, der ihn — selbst oder durch andere — schuldhaft (§§ 276, 832, 831 BGB., §§ 222, 230 StGB.) über die Starkstromleitung gelegt hat. Auch im vorliegenden Fall hätte kein Unheil entstehen können, wenn der Bautrupp die beim Hinüberheben neuer Telephondrähte über die Starkstromleitung erforderliche Sorgfalt nicht in so weitgehendem Maße außer acht gelassen hätte. Im übrigen ist im vorliegenden Fall nicht ersichtlich, inwiefern für den Verunglückten oder sonst jemand eine Rechtspflicht zum Dulden offensichtlicher Verstöße der Telegraphenarbeiter gegen die Dienstvorschriften bestanden haben soll.

Danach wird das Berufungsgericht dazu Stellung nehmen müssen, ob eine unerlaubte Handlung der Beklagten im Sinne der §§ 823, 31, 89, 831 BGB. und gegebenenfalls ein Mitverschulden des Verunglückten im Sinne des § 254 BGB. vorliegt.

---

58. Kann die Angabe im Frachtbrief, daß die Sendung „zur Verwendung im eigenen Betriebe" bestimmt sei, auch dann richtig sein, wenn dieser Betrieb nicht ein solcher des Empfängers ist?

Internationales Übereinkommen über den Eisenbahnfrachtverkehr vom 14. Oktober 1890, Art. 7 Abs. 4 und Ausf.-Best. § 3 dazu.

I. Zivilsenat. Urt. v. 16. März 1927 i. S. Deutsche Reichsbahn-Gesellschaft (Kl.) w. N. Zellulosewerke A.-G., jetzt w. Zellstoff-Fabrik W. A.-G. (Bekl.). I 349/26.

I. Landgericht München I.
II. Oberlandesgericht daselbst.

Die ehemalige Beklagte, die N. Zellulosewerke A.-G. in K., die während des Rechtsstreits durch Fusion in die jetzige Beklagte, die Zellstoff-Fabrik W. A.-G. in M., aufgegangen ist, empfing in der Zeit vom November 1923 bis März 1924 durch die Klägerin auf Grund internationaler Frachtbriefe aus der Tschechoslowakei eine Reihe von Holzsendungen. Das Holz war in den Frachtbriefen gemäß Nummer 2 der Tarifstelle Holz Klasse E bezeichnet als „Prügel- und Rundholz 2 m lang und 24 cm Durchmesser, am dünnen Ende ohne Rinde gemessen, zur Verwendung im eigenen Betriebe (Fichte und Tanne) zur Herstellung von Holzstoff". Demgemäß war die Fracht auf den Frachtbriefen berechnet; sie wurde in den berechneten Beträgen bezahlt. Das Holz wurde in K. nur geschält und dann zur Weiterverarbeitung an die jetzige Beklagte in M. gesandt. Die Klägerin hat die Frachtberechnung nachträglich als zu niedrig beanstandet, weil die ehemalige Beklagte bei Empfang des Holzes keine Zellstoff-Fabrik oder Holzschleiferei mehr betrieben habe und das Holz in einem anderen Betriebe, nämlich dem der jetzigen Beklagten, verwandt worden sei. Sie hält die Anwendung der Klasse D des Tarifs für geboten und verlangt den Frachtunterschied mit 107816 RM und Frachtzuschläge wegen unrichtiger Angabe in Höhe von 70000 RM nebst Zinsen. Die Beklagte hält die ursprüngliche Frachtberechnung für zutreffend, da die K.er A.-G. einen eigenen Betrieb überhaupt nicht mehr gehabt habe, ihr Betrieb vielmehr nur ein unselbständiger Teil des M.er Betriebs gewesen sei. Die Instanzgerichte wiesen die Klage ab; die Revision der Klägerin blieb erfolglos.

Gründe:

Für die Auslegung der Tarifstelle ist ihr wirtschaftlicher Zweck entscheidend. Wie sich schon aus dem Wortlaut, aber auch aus den dem Tarif beigegebenen Erläuterungen sowie aus den Verhandlungen des Unterausschusses der ständigen Tarifkommission vom 16. Oktober 1919, 5. und 6. Juni 1923 und 5. September 1923 ergibt, ging jener Zweck dahin, Papierholz, d. h. Holz, das zur Herstellung von Holzstoff oder von Holz-Zellstoff dient, durch Frachtermäßigung zu verbilligen. Die Vergünstigung sollte aber nur den Holzschleifereien oder Zellstoff-Fabriken selbst, nicht Zwischenhändlern oder Spediteuren zugute kommen. Darauf beruht die Fassung: „Beim Versand an Zellstoff-Fabriken oder Holzschleifereien zur Verwendung im eigenen Betriebe." Die vom Berufungsgericht noch erörterte, verschärfende Fassung, nach welcher die verarbeitende Fabrik im Bereiche der im Frachtbrief angegebenen Endstation liegen muß, kann außer Betracht bleiben, denn sie galt zur Zeit der hier in Rede stehenden Sendungen nicht, ist übrigens in der 132. Vollsitzung der ständigen Tarifkommission infolge Widerspruchs nicht angenommen worden (vgl. 9. Sitzung des Unterausschusses vom 6. Oktober 1924 S. 5).

Nun haben die Vorinstanzen festgestellt, daß zwischen der K.er A.-G., an welche die Frachtbriefe gerichtet waren, und der M.er A.-G. ein eigenartiges Verhältnis bestand. Nicht nur war die M.er A.-G. Inhaberin sämtlicher Aktien der K.er Gesellschaft, die wiederholt von Brandunglück betroffen gewesen war und sich aus eigener Kraft nicht mehr aufrechtzuerhalten vermochte, sondern die M.er A.-G. unterhielt in M. und in K. einen einheitlichen Fabrikbetrieb dergestalt, daß der Betrieb in K. nur ein unselbständiger Teil der Zellstoff-Fabrik in M. war. Demnach hatte die K.er A.-G. überhaupt keinen eigenen Betrieb mehr; ihre Betriebseinrichtungen wurden von der M.er Gesellschaft benutzt. Im einzelnen ist festgestellt, daß die leitenden Beamten in K. nicht nur von M. aus angestellt und bezahlt wurden, sondern auch ihre Weisungen für die Führung des Betriebs und sämtliche dazu erforderlichen Geldmittel von M. erhielten. Demnach lag weder der Fall vor, daß ein „Konzern" zwischen zwei Unternehmern bestand, noch der Fall einer bloßen Abhängigkeit eines Unternehmens von einem anderen, noch endlich der Fall, daß ein Unternehmer zwei selbständige Betriebe unterhielt; das Berufungsgericht stellt vielmehr fest, daß in M. und in K. nur ein Betrieb bestand. Das ist eine tatsächliche Feststellung, gegen welche die Revision vergeblich ankämpft. Nur ein Vergreifen im Ausdruck ist es, wenn das Berufungsgericht von dem „Werk K." und von den „mehreren Werken einer Fabrik" spricht. Gemeint ist offenbar, daß K. nur ein unselbständiger Teil des Werkes oder der Fabrik in M. war. Wenn das Berufungsgericht weiter sagt, die Sachlage sei so zu beurteilen, als ob die Zellstoff-Fabrik W. ein Werk ohne eigene Rechtspersönlichkeit in K. unterhalten hätte, so ist mit dieser von der Revision beanstandeten Wendung nach allem gemeint, daß der Fortbestand der Rechtspersönlichkeit der K.er A.-G. die Annahme einer Betriebseinheit nicht ausgeschlossen habe. Dem ist zuzustimmen. Die K.er A.-G. konnte sehr wohl als Rechtspersönlichkeit fortbestehen, ohne daß sie einen eigenen Betrieb hatte. Sie schied nach den tatsächlichen Feststellungen der Vorinstanzen auch schon vor der Fusion als selbständige Rechtspersönlichkeit für den Betrieb vollständig aus. Mit der Feststellung der Betriebseinheit steht die weitere Feststellung im Einklang, daß die Schälarbeit in K. nur ein Teil der im Betrieb der Zellstoff-Fabrik W. vorgenommenen Verarbeitung war. Auch diese Feststellung ist tatsächlicher Art. Die Weiterführung des in K. geschälten Holzes, das schon vor dem Eintreffen daselbst der Zellstoff-Fabrik W. gehörte, nach M. war danach kein rechtsgeschäftlicher Akt zwischen zwei Unternehmen, sondern ein innerer Vorgang zwischen Teilen derselben Fabrik.

Bei dieser Sachlage haben die Vorinstanzen mit Recht angenommen, daß die Angabe in den Frachtbriefen nichts enthielt, was mit dem aus dem wirtschaftlichen Zwecke zu entnehmenden Sinn der Tarifstelle in Widerspruch gestanden hätte. Die Angabe des Inhalts der Sendungen war richtig. Denn die Sendungen gelangten unmittelbar an eine Zellstoff-Fabrik zur Verwendung in deren eigenem Betriebe, allerdings nicht an eine Zellstoff-Fabrik der in den Frachtbriefen als Empfängerin benannten ehemaligen

Beklagten, sondern an die Zellstoff-Fabrik der jetzigen Beklagten, in deren Betrieb aber die ehemalige Beklagte eine Stellung innehatte, kraft deren sie das Holz unmittelbar diesem Betrieb zuführte. Damit war die Anwendung der Tarifstelle gerechtfertigt. Die Benennung der ehemaligen Beklagten als Empfängerin in den Frachtbriefen hätte den Nachteil haben können, daß die Ankunfts-Station die Anwendbarkeit der Tarifstelle nicht sogleich erkannte und zunächst die höhere Fracht berechnete, in welchem Falle sich die Berichtigung nur durch Reklamation hätte erreichen lassen. Da aber der Station K. die Verhältnisse bekannt waren, so ist die Fracht von vornherein richtig berechnet worden.

---

59. 1. Wird ein Adreßbuch, wenn es sich als Erzeugnis einer, obschon geringen, eigenen geistigen Tätigkeit des Urhebers darstellt, als Schriftwerk geschützt? Genügt es, daß die geistige Tätigkeit in der Sammlung, Einteilung und Anordnung eines großenteils bekannten Stoffes liegt?

2. Wird ein Schriftwerk schon vermöge gewisser Merkmale seiner Gattung oder nur als einzelnes durch seinen Gedankeninhalt gekennzeichnetes Gebilde geschützt?

3. Wonach ist zu beurteilen, ob ein Schriftwerk teilweise als unzulässiger Nachdruck eines anderen anzusehen sei?

4. Kann bei der Herstellung eines Adreßbuchs aus selbständig gesammeltem Stoff ein anderes Adreßbuch unfrei benutzt werden?

5. Ist der Jahrgang eines Adreßbuches als weitere Auflage der vorigen oder als völlig neues Werk zu betrachten?

6. Zur Frage des unlauteren Wettbewerbs in solchen Fällen.

LitUrhG. § 1 Abs. 1 Nr. 1, §§ 11, 12, 13, 36, 41, 42; UnlWG. § 1; BGB. § 826; WZG. § 15.

I. Zivilsenat. Urt. v. 16. März 1927 i. S. R. (Bekl.) w. S. (Kl.). I 385/26.

I. Landgericht Wiesbaden, Kammer für Handelssachen.
II. Oberlandesgericht Frankfurt a. M.

Die Klägerin hat seit Jahren für eine Anzahl deutscher Städte Einwohnerbücher herausgegeben. Eines davon ist das „Adreßbuch der Stadt Wiesbaden und Umgegend 1924—1925, 36. Jahrgang, unter Benutzung amtlicher Quellen"; dazu ist für 1925/26 „zur Unterrichtung der Öffentlichkeit über die inzwischen eingetretenen Adressenveränderungen, Neugründungen usw." ein Nachtrag erschienen. Früher war ein Adreßbuch für Wiesbaden von der dort ansässigen Firma Schn. & Co. herausgegeben worden. Durch Vertrag vom 12. Juli 1915 hatte jedoch dieses Haus sein Urheber- und Verlagsrecht daran auf die Klägerin übertragen.

Für 1925/26 ließ die Beklagte ein „Adreßbuch der Stadt Wiesbaden und Umgebung 1925/26, Erster Jahrgang, bearbeitet und herausgegeben nach amtlichen und eigenen Unterlagen, sowie unter dankenswerter Mitarbeit der Behörden, Gemeinden usw." erscheinen. Die Klägerin wirft der Beklagten vor, daß sie sich durch Herstellung und Vertrieb dieses Adreßbuchs der Urheberrechtsverletzung und des unlauteren Wettbewerbs schuldig gemacht habe; sie bezieht sich auch auf die Vorschriften über Ausstattungsschutz und auf § 826 BGB. Zur Begründung hat sie angeführt, daß sie auf Grund langjähriger Erfahrungen etwa seit 1922 eine bestimmte Form — einen Typ, wie sie es nennt — von Adreßbüchern ausgebildet habe. Diese besondere Gestaltung weise gewisse kennzeichnende Merkmale auf: einheitliche Größe, gleiche Anordnung und Einteilung des Stoffes, bestimmte Druckarten, Anwendung von Farbenunterschieden zur Gewinnung besserer Übersicht, Einfügung von Blättern aus Steifpapier, die durch Farbe, Aufdruck oder Titelzeichnung wirkten. Die Form sei anpassungsfähig und brauche nicht in jedem Falle sämtliche Merkmale aufzuweisen; namentlich pflegten für Großstädte und mittlere Städte gewisse Unterschiede gemacht zu werden. Die Herrichtung der so gekennzeichneten Adreßbuchform sei das Ergebnis selbständiger, schöpferischer Geistestätigkeit. Den „Typ" der Klägerin habe die Beklagte in ihrem Adreßbuch nachgeahmt. Sie habe sämtliche Einzelzüge, die ihm eigen seien, übernommen: so die Fünfteilung des Inhalts, das Format, die Spaltenteilung der Seiten, den Satzspiegel, die Schriftarten, auch die Sternchen als Kennzeichnung handelsgerichtlich eingetragener Firmen; ferner farbiges Papier für den Straßen- und Häuserteil, farbige Einschaltkartons mit sehr ähnlicher Zeichnung und Druckanordnung. Abgesehen vom Einband stimmten alle für den äußeren Eindruck wesentlichen Merkmale überein. Die Beklagte habe auch

Verzeichnisse aus dem Buch der Klägerin geradezu entlehnt und nachgedruckt; sogar Fehler seien übernommen worden. Auffallend sei auch die Übereinstimmung eingefügter Geschäftsanzeigen nach Auswahl der Stelle, Druck, Zeichnungen, Ausstattung. Das Ganze lasse deutlich erkennen, daß die Beklagte, die vorher noch kein Adreßbuch herausgegeben, habe vortäuschen wollen, sie setze das bis dahin von der Klägerin herausgebrachte Wiesbadener Adreßbuch fort.

Das Landgericht wies die Klage ab; das Oberlandesgericht verurteilte klagegemäß zur Einstellung von Druck und Vertrieb des Adreßbuchs für 1925/26, zu künftiger Unterlassung des Druckes und Vertriebs in dieser Form und zur Vernichtung der im Besitz der Beklagten befindlichen Stücke sowie der zur Vervielfältigung bestimmten Platten usw., letzteres beschränkt auf gewisse Teile des Adreßbuchs; endlich stellte das Berufungsgericht die Schadensersatzpflicht der Beklagten fest.

Die Revision der Beklagten führte zur Aufhebung und Zurückverweisung.

Gründe:

I. Das Berufungsgericht kommt, abweichend vom Landgericht, zu dem Ergebnis, daß die Beklagte das Urheberrecht der Klägerin verletzt habe. Mit Recht geht das angefochtene Urteil von der Frage aus, ob das Einwohnerbuch der Klägerin urheberrechtlich geschützt sei. Der ständigen Gesetzesauslegung folgend versteht es unter einem Schriftwerk, das den Schutz des Urheberrechts-Gesetzes vom 19. Juni 1901 genießt, einen durch Zeichen äußerlich erkennbar gemachten sprachlichen Gedankenausdruck, der sich als Erzeugnis geistiger Tätigkeit des Urhebers kundgibt (RGZ. Bd. 108 S. 62 und die dort angef. Urteile). Bei rein tatsächlichen Mitteilungen und bloß mechanischer Wiedergabe bekannter Gegenstände liegt kein Schriftwerk vor, wenn keine selbständig schaffende Geistesarbeit hinzukommt. Diese Geistesarbeit braucht indes — das wird im Anschluß an die anerkannte Auslegung vom Berufungsrichter ebenfalls hervorgehoben — nur einen geringen Grad zu erreichen. Sie kann sich auch auf untergeordneten Gebieten des Schrifttums erweisen; schon in prüfender, würdigender Behandlung und der ihr entsprechenden Gestaltung bekannter Stoffe kann sie zu finden sein. Ohne wesentliche Bedeutung ist also das Maß der geistigen

Tätigkeit, die zur Herstellung des Schriftwerks nötig war. Nicht erforderlich ist, daß neuer geistiger Stoff geliefert werde. Das schaffende Wirken kann sich in bloßer Formgebung, in der Sammlung, Einteilung und Anordnung vorhandenen Stoffes äußern. Nur rein Schablonenmäßiges, z. B. rein mechanische Niederschrift, die kein eigenpersönliches geistiges Gestalten des Verfassers erkennen läßt, ist auszuscheiden (RGZ. 108 S. 65).

Diesen Grundsätzen gemäß hat die Rechtsprechung allerdings anerkannt, daß auch ein Adreßbuch (Wohnungsanzeiger, Einwohnerbuch), insoweit es sich als Erzeugnis einer, wenngleich geringen, eigenen geistigen Arbeit seines Urhebers darstellt, zu den unter dem Schutze des Urheberrechts stehenden Schriftwerken gehören kann. Denn obschon die in ihm behandelten allgemein bekannten tatsächlichen Verhältnisse kein geistiges Erzeugnis des Verfassers sind, kann doch der sonstige Inhalt, ferner die Sammlung, Einteilung und Anordnung des Stoffes, auf eigener geistiger Tätigkeit des Urhebers beruhen (RGSt. Bd. 17 S. 197, RGZ. Bd. 12 S. 114, JW. 1903 S. 227 Nr. 31). Obwohl das angefochtene Urteil diese Leitsätze voranschickt, knüpft es daran die Bemerkung: ein Adreßbuch gehöre an und für sich, vermöge des sich in ihm darstellenden Ergebnisses eigenartiger geistiger Schriftstellerarbeit, zu den Schriftwerken. In dieser Allgemeinheit ist das nicht zu billigen. Es entspricht auch nicht, wie das Berufungsurteil meint, einer jetzt unstreitigen Rechtslehre und Rechtsprechung. Gerade einige auf dem Gebiete des Urheberrechts besonders angesehene Rechtslehrer lehnen es ab, Einwohnerbücher schlechthin unter die Schriftwerke im Sinne des Urheberrechts-Gesetzes zu zählen, und betonen, daß im einzelnen Falle der Schutz durch den Beweis eigentümlicher geistiger Tätigkeit gerechtfertigt werden müsse (Kohler, Autorrecht [1880] S. 161, 180; ders., Das literarische und artistische Kunstwerk [1892] S. 22; ders., Urheber- und Verlagsrecht [1907] S. 155; O. Gierke, Deutsches Privatrecht I [1895] S. 771; Allfeld, Kommentar zum LitUrhG. [1902] S. 42; Dernburg, Bürgerl. Recht VI [1907/10] S. 99; Riezler, Deutsches Urheber- und Erfinderrecht I [1909] S. 219; Daude, RGes. über Urheber- und Verlagsrecht [1910] S. 3). Die Rechtsprechung hält, von dem gleichen Grundgedanken ausgehend, ebenfalls an dem Erfordernis selbständiger Geistestätigkeit fest. Allerdings gesteht sie dem Schutzbereich weiten Umfang zu, da sie sich mit geringen Anforderungen begnügt und Eigenart der Sammlung, Stoffanordnung, Einteilung ausreichen läßt (so die erwähnten Urteile, zuletzt noch RGZ. Bd. 108 S. 65; RGSt. in Jur. Rdsch. 1925 Nr. 842). Darum geht es nicht an, mit dem angefochtenen Urteil, ohne Darlegung dessen, was am Adreßbuch der Klägerin die Eigenart geistiger Tätigkeit ausmachen soll, kurzweg anzunehmen: „hiernach" sei dieses Adreßbuch urheberrechtlich geschützt. Die Lücke näherer Begründung wird auch nicht dadurch geschlossen, daß an späterer Stelle gesagt ist, die Beklagte habe „die geistige Arbeit der Klägerin ausgenutzt". In dieser Bemerkung liegt zwar das Urteil, daß das Einwohnerbuch der Klägerin eigentümliche geistige Tätigkeit enthalte. Doch fehlt hier ebenfalls eine genauere Angabe darüber, worin die geistige Arbeit zu finden sei; und damit mangelt es an der Rechtfertigung jenes Urteils. Der Begründung bedarf es, damit ersichtlich werde, in welcher Hinsicht, wenn überhaupt, selbständige Geistestätigkeit entfaltet worden ist. Das ist nicht nur für die Frage der Schutzfähigkeit, sondern, sofern diese zu bejahen, auch für die weitere Frage der Urheberrechts-Verletzung wesentlich; mittelbar überdies für die des unlauteren Wettbewerbs.

Das Sachverhältnis in dieser Hinsicht eingehend festzustellen und zu prüfen, ist schon deshalb unerläßlich, weil gewisse grundsätzliche Auffassungen der Klägerin, die bei der Anspruchsbegründung mitverwendet sind, rechtlichen Bedenken unterliegen. Die Klägerin behauptet, einen bestimmten „Typ" von Einwohnerbüchern geschaffen zu haben, den sie nunmehr bei mindestens 15 solchen Büchern verwende. Aus den beschreibenden Einzelheiten erhellt, daß sie mit „Typ" eine gewisse Art meint, die sich namentlich für das Auge durch sinnfällige Merkmale des äußeren Zuschnitts und der Stofforduung kennzeichne, ihre Adreßbücher von anderen unterscheide. Als ein solches Merkmal nennt sie vor allem die Fünfteilung (I. Einwohner, II. Straßen und Häuser, III. Geschäftszweige, IV. Behörden, V. Umgebung). In ihr wünscht sie eine eigenartige geistige Sonderleistung anerkannt zu sehen. Dem ist jedoch entgegenzuhalten, daß schon vor siebzig Jahren ein Gutachten des Preußischen literarischen Sachverständigenvereins bei Wohnungsanzeigern die Teilung in „Wohnungsnachweis der Einwohner, Geschäfts- und Gewerbetreibende, Behörden usw." als ein für solche Bücher geläufiges Schema beurteilte (Heydemann und

Dambach, Die Preußische Nachdrucksgesetzgebung [1863] S. 418). Sogar schon zwei Jahrzehnte früher war eine ähnliche Gliederung gebräuchlich (ebd. S. 412). Vor ungefähr vierzig Jahren wurde für Adreßbücher größerer Städte als Gepflogenheit festgestellt, daß das Einwohnerverzeichnis von dem (ihm folgenden) Häuserverzeichnis durch eine schon äußerlich erkennbare Abteilung „Inserate“ getrennt werde, und daß sich daran ein Verzeichnis der Gewerbe, ein solches der Behörden, Vereine usw., endlich sonstige wissenswerte Lokalnotizen und ein Sachregister anschlössen (RGSt. Bd. 17 S. 199). Ja diese Anordnung der Hauptabteilungen wurde in einem Streitfalle, der ein Adreßbuch von 1879 betraf, als etwas in der Natur der Sache Liegendes festgestellt, worin man keine Eigentümlichkeit mehr sehen könne (RGZ. Bd. 12 S. 116). Wie nach solchen Vorgängen die Klägerin ihre Einteilung in fünf Gruppen (als letzte die Umgebung) für eine besondere geistige Leistung erachtet wissen will, ist nach dem bislang Vorgebrachten nicht ersichtlich. Ein gleiches gilt vollends von der Spaltenteilung der Seiten. Diese hängt eng zusammen mit der Wahl der Blattgröße, also des Formats. Dieses wiederum gibt eine Vorbedingung für den Satzspiegel. In allen diesen Stücken kann um so weniger ein Merkmal eigentümlicher Geistestätigkeit der Klägerin gesehen werden, als die Einwohnerbücher darin bis in die jüngste Zeit große Mannigfaltigkeit aufweisen. Die Klägerin selber gesteht die Verschiedenheiten ihrer Adreßbücher ein und legt Beispiele vor, aus denen sich ergibt, daß sie gegenwärtig drei Größen — je nach der Größe der Stadt — im Gebrauch hat, wozu sich das Berliner Buch als besonderes viertes ohne gleiches Seitenstück gesellt. Ebenso gebricht es an jedem Anhalt dafür, daß die Verwendung besonderer Schriftarten in gewisser Verteilung, Anordnung oder Gliederung auf eigentümliche Geistestätigkeit schließen lasse. Von der Bezeichnung der im Handelsregister eingetragenen Firmen (im Einwohnerteil) durch Beifügung von Sternchen am Zeilenanfang gilt gleiches. Daß die Klägerin zum Teil II (Straßen und Häuser) hellblaues Druckpapier verwendet hat, um ihn von den anderen Teilen augenfällig zu unterscheiden, ist eine außerhalb des Urheberschutzes liegende Maßnahme der Ausstattung ihres Buches; eigentümliche geistige Tätigkeit läßt sich daraus nicht entnehmen. Entsprechendes ist der Fall bei der Trennung der Teile durch farbige Steifpapierblätter (Einschaltkartons) mit auffallender Zeichnung und Druckanordnung. Hier kommt hinzu, daß dieser Behelf, ebenso wie die Einfügung solcher Blätter an anderen Stellen für Geschäftsanzeigen, schon lange angewandt wird; namentlich zeigen die vorgelegten Einwohnerbücher, daß er seit Jahren in solchen Büchern gebräuchlich ist.

Es ist hier nicht zu erörtern, ob etwa die Klägerin für gewisse Anordnungen, deren Merkmale sie als Anzeichen eigentümlicher, selbständiger Geistestätigkeit gewürdigt sehen will, einzeln oder in ihrer Vereinigung hätte Gebrauchsmusterschutz erlangen können. Jedenfalls dürfen in den Schutz des Urheberrechts keine ihm fremde Gedanken des Musterschutzes hineingetragen werden. Unvereinbar mit den leitenden Gedanken des Urheberrechts ist auch das Bestreben der Klägerin, für eine bestimmte, durch Art der Anordnung und Gliederung gekennzeichnete Gattung von Einwohnerbüchern (das ist der Sinn ihres „Typs") Schriftwerksschutz zu erlangen. Schutzfähig ist immer nur das bestimmte einzelne Werk, nicht die Literaturgattung (Allfeld, Kommentar zum LitUrhG. S. 40 Anm. 6 zu § 1; Kohler, Urheber- und Verlagsrecht S. 146/147; Riezler, Deutsches Urheber- und Erfinderrecht I S. 214). Nur wenn der Klägerin das Wiesbadener Adreßbuch 1924/25 als Schriftwerk geschützt ist, kann sich solcher Schutz auf die darin enthaltenen Verzeichnisse erstrecken, die — wie sie weiter behauptet — von der Beklagten nachgedruckt worden sind.

Demnach bedarf es noch der Feststellung, ob und inwiefern die Klägerin mit ihrem Wiesbadener Adreßbuch von 1924/25 das Ergebnis eigentümlicher geistiger Tätigkeit geboten hat, sei es durch die Sammlung des Stoffes, sei es durch seine besondere Anordnung, Herrichtung und Gliederung. Ist dergleichen geistige Tätigkeit zu bejahen, so gebührt der Klägerin für das Werk der Schriftwerkschutz des Urheberrechts (LitUrhG. § 1 Nr. 1). Das Revisionsgericht ist außerstande, die fehlenden Ermittlungen vorzunehmen; sie müssen einer neuen Verhandlung des Berufungsgerichts vorbehalten werden. Anerkannter Gesetzesauslegung entsprechend ist hierbei zu beachten, daß das für einen Jahrgang herausgegebene Einwohnerbuch nicht als neue Auflage des früheren, sondern als völlig neue Arbeit betrachtet werden muß, welche die in diesem Jahre vorhandenen tatsächlichen Verhältnisse behandelt, wenngleich in der Regel nach dem Plan und unter Benutzung des Inhalts des vorhergehenden Jahrgangs (RGZ. Bd. 12 S. 114, RGSt. Bd. 17 S. 198). Kennzeichnet sich der so verwertete frühere Jahrgang als Erzeugnis eigentümlicher geistiger Tätigkeit und damit als Schriftwerk, so kann der Verfasser auch für das neue Werk, soweit er in ihm das frühere wiederholt hat, Schriftwerkschutz beanspruchen, es sei denn, daß unterdessen jenes Erzeugnis seiner geistigen Arbeit auf rechtmäßige Weise Gemeingut geworden ist (RGSt. Bd. 16 S. 353).

Ergibt die neue Verhandlung, daß der Klägerin für ihr Wiesbadener Adreßbuch von 1924/25 Schriftwerkschutz zusteht (LitUrhG. § 1), so ist weiter zu prüfen, ob sich die Beklagte bei der Herstellung ihres Adreßbuchs 1925/26 nicht auf zulässige freie Benutzung des Buches der Klägerin beschränkt (§ 13 LitUrhG.), sondern es — durch Bearbeitung oder auf andere Weise — unzulässig benutzt hat (§§ 12, 11 LitUrhG.). Bisher ist, abgesehen davon, daß die Schutzfähigkeit des Werkes der Klägerin noch geklärt werden muß, solche unzulässige Benutzung nicht schlüssig dargelegt.

Auf die dem Titelblatt des Adreßbuchs der Beklagten vorangehenden beiden Aufsätze von U., „Zur Geschichte von Wiesbaden" und „Wiesbaden als Kurstadt", geht das angefochtene Urteil nicht besonders ein. Zwar ist ersichtlich, daß im Buch der Klägerin an späterer Stelle (im IV. Teil) etwas Entsprechendes geboten wurde: 1. Geschichte, 2. Gesundheitliche Vorzüge, 3. Sehenswürdigkeiten und Vergnügungen. Die Selbständigkeit der Arbeiten von U. ist aber nicht bemängelt worden. Sie wären als Teil des Gesamtwerkes mit in Betracht zu ziehen, wenn etwa die Frage gelöst werden müßte, ob ein Teil-Nachdruck des Buches der Klägerin vorliege (s. unten).

Beim I. Teil (Einwohner und Firmen der Stadt Wiesbaden in alphabetischer Reihenfolge, 320 Seiten) und beim II. Teil (Straßen und Häuser in alphabetischer Reihenfolge, 164 Seiten) des Buches der Beklagten stellt das Berufungsgericht fest: „Aus den von der Beklagten vorgelegten Hauslisten ergibt sich, daß sie sich den Stoff für die beiden ersten Teile ihres Buches selbständig beschafft und bei dessen Zusammenstellung eine eigene geistige Tätigkeit entfaltet hat. Nachdruck des Adreßbuchs der Klägerin liegt daher bei diesen beiden Teilen ... nicht vor. Auch eine unzulässige Bearbeitung (im Sinne des § 12 LitUrhG.) kommt nicht in Frage."

Beim III. Teil (Handels- und Gewerbeverzeichnis ... nach Geschäftszweigen alphabetisch geordnet, 76 Seiten) unterscheidet das

Berufungsgericht wie folgt: Der Stoff selbst (das Adressenmaterial, S. 5—76) beruhe auch hier auf den Hauslisten der Beklagten. Insoweit sie diesen von ihr gesammelten Stoff bei der Zusammenstellung des III. Teils verwertet habe, könne daher von Nachdruck nicht gesprochen werden; selbst dann nicht, wenn der III. Teil des Buches der Beklagten mit dem der Klägerin tatsächlich übereinstimmen sollte. Wohl aber liege Nachdruck vor bei der alphabetischen Inhaltsübersicht zum III. Teil. Denn die Beklagte habe diese Übersicht (4 dreispaltige Seiten in Kleindruck) wörtlich dem Adreßbuch der Klägerin entnommen. Allerdings möge zutreffen, daß solche alphabetische Verzeichnisse im allgemeinen übereinstimmen. Doch ergebe die Vergleichung im vorliegenden Falle, daß die Beklagte das Verzeichnis der Klägerin — wenngleich mit etlichen Ergänzungen und Umstellungen — einfach abgeschrieben habe. Das Berufungsgericht gibt hierfür eine Reihe von Belegen und zieht daraus den Schluß: beim alphabetischen Verzeichnis zum III. Teil könne von eigener geistiger Tätigkeit keine Rede sein; hier liege Nachdruck vor. Ein gleiches nimmt es für die dem Verzeichnisinhalt entsprechenden einzelnen Überschriften zu den Arten der Handels- und Gewerbebetriebe an; also: Abbruchunternehmer, Abfüllapparate aller Art, Abwasser-Reinigungsanlagen, Adreßbücher, Agenturen, Altertümer, Althändler, Altmetalle, Anstreicherarbeiten usw. Es stellt fest, daß diese Überschriften genau mit denen der Klägerin übereinstimmen, bringt einige Beispiele und spricht die Überzeugung aus, die Beklagte habe die Überschriften (zum Teil sklavisch) abgeschrieben. Die Feststellungen werden auf ihre Richtigkeit zu prüfen sein. Sollten sie aufrechterhalten werden, so wäre die Frage zu beantworten, deren Unterlassung von der Revision mit Grund gerügt wird: welche Bedeutung es im Zusammenhang mit dem sonst etwa Festgestellten habe, wenn ein Register von nur 4 Seiten und vielleicht in Verbindung damit ein gewisser Anhalt für die Anordnung des III. Teils aus dem Buch der Klägerin entnommen worden ist. Bei dieser Untersuchung wären die Grundsätze anzuwenden, die sich in Rechtsprechung und Rechtslehre für Fälle des Teil-Nachdrucks gebildet haben. Das angefochtene Urteil hat sie nicht berücksichtigt.

Zum IV. Teil (Behörden, Kirchen, Schulen, öffentliche Einrichtungen, Berufsvertretungen, Ärzteverzeichnis usw., 56 Seiten) bemerkt das Berufungsgericht, die Beklagte behaupte, ihn auf Grund der von den beteiligten Ämtern und sonstigen Stellen ihr zur Verfügung gestellten Unterlagen bearbeitet zu haben. Und es geht davon aus, die Beklagte möge wirklich von den Behörden Unterlagen für diesen Teil bekommen haben. Gleichwohl findet es: ein Blick auf die beiden Adreßbücher der Parteien ergebe, daß hier Nachdruck vorliege; die Beklagte habe die geistige Arbeit der Klägerin ausgenutzt.

Um diesen Schluß zu begründen, geht das Berufungsgericht den IV. Teil durch. Es vermerkt die Reihenfolge und findet eine Anzahl übereinstimmender Punkte, die ihm nur durch Entlehnung erklärlich erscheinen. Als auffällig erwähnt es z. B., daß in diesem Teil bei der Beklagten wie bei der Klägerin die Zeitungen und Zeitschriften am Schluß angefügt seien, obgleich an sich keine Beziehung zu den Behörden vorliege. Diese Feststellungen werden ebenfalls nachzuprüfen sein. Es wird nicht übersehen werden dürfen, daß sich, z. B. bei den Innungen und im Gesundheitswesen, beträchtliche Unterschiede finden. Und es wird zu erwägen sein, ob nicht in manchen Stoffgruppen, wie bei den Vereinen, schon die Verschiedenheit des Umfangs Bedenken gegen die Annahme bloßer Entlehnung hervorrufen muß. Bei den Behörden läßt sich schwerlich von der Hand weisen, daß die Anordnung wenigstens teilweise (z. B. in der Reihenfolge: Reich, Staat, Stadt) durch die Natur der Dinge gegeben sein kann. Soweit das zutrifft, fehlt es an eigenartig schaffender geistiger Gestaltung der Klägerin und damit auch an einer Urheberrechtsverletzung der Beklagten (RGZ. Bd. 85 S. 250). Bliebe nach vergleichendem Befund der Anschein einer Entlehnung noch in wesentlichem Maße übrig, so wäre weiter zu prüfen, ob nicht die Beweise erheblich sind, welche die Beklagte für Weg und Quelle ihrer Stoffbeschaffung angetreten hat: z. B. Mitteilungen durch zuständige Dienststellen (u. a. mit Hilfe eines Magistrats-Büroinspektors), Abschriften aus dem Handelsregister usw. Auch hier müßte schließlich, soweit Entlehnung, und zwar unzulässige Benutzung, festzustellen wäre, gewürdigt werden, welche Bedeutung dem im Verhältnis zum Gesamtwerke beizulegen ist.

Beim V. Teil (Umgebung von Wiesbaden, 186 Seiten) unterscheidet der Berufungsrichter folgendermaßen:

Soweit das Einwohner- und Firmenverzeichnis, das Verzeichnis der Straßen und Häuser und für Biebrich das Handels- und Gewerbeverzeichnis in Betracht komme, sei kein Nachdruck anzunehmen. Bei allen Städten der Wiesbadener Umgebung dagegen, welche die Klägerin aufführe (folgt deren Angabe), habe die Beklagte das Verzeichnis der Behörden nachgedruckt. Aus einer Vergleichung gehe das ohne weiteres hervor: dieselbe Anordnung und Einteilung, dieselben Unterabteilungen. Das Urteil erwähnt Einzelheiten und sucht damit den Eindruck vom Zustandekommen der Behördenverzeichnisse, den es gewonnen hat, zu begründen. Hier wie sonst werden die Feststellungen nachzuprüfen sein. (Es folgen Einzelheiten.) Die nochmalige Untersuchung wird in tatsächlicher und rechtlicher Hinsicht entsprechend, wie vorher angegeben, vorzunehmen sein.

Das angefochtene Urteil kommt — freilich, wie dargelegt, auf einer zuungunsten der Beklagten fehlerhaften Grundlage — zu dem Ergebnis: Die Beklagte habe zwar den Stoff der Teile I (Einwohner und Firmen) und II (Straßen und Häuser) ganz, den des Teils III (Handels- und Gewerbeverzeichnis) mit Ausnahme vom Inhaltsverzeichnis und von entsprechenden Stichwörtern, den des Teils V (Umgebung) mit Ausnahme der Behördenverzeichnisse für neun Ortschaften der Umgegend, selbständig beschafft und bei der Zusammenstellung eine eigene geistige Tätigkeit entfaltet. Aus dem Buche der Klägerin habe sie dagegen entnommen („abgeschrieben"): das alphabetische Inhaltsverzeichnis zum III. Teil nebst Überschriften der Handels- und Gewerbegruppen in diesem Teil, den Teil IV (Behörden, Kirchen, Schulen, öffentliche Einrichtungen, Berufsvertretungen, Ärzteverzeichnis usw.), im Teil V die Behördenverzeichnisse von ... (die Orte werden genannt). Diese Entnahme wird als Verstoß gegen die §§ 1, 11 LitUrhG. beurteilt. Hiergegen liegen, außer dem bereits erwähnten, folgende rechtliche Bedenken vor:

Obwohl in beträchtlichem Umfang festgestellt ist, die Beklagte habe den Stoff selbständig beschafft und bei der Zusammenstellung eine eigene geistige Tätigkeit entfaltet, wirft das Berufungsgericht (in Verbindung mit den Ausführungen zur Frage des unlauteren Wettbewerbs), und zwar für das ganze Einwohnerbuch der Beklagten, die Frage auf, ob dabei das Buch der Klägerin frei benutzt sei (§ 13 LitUrhG.). Das verneint es mit der Ausführung: Auf diesen § 13 könne sich die Beklagte nicht berufen; denn eine „eigentümliche Schöpfung" habe sie nicht hervorgebracht, ein in seiner charakteristischen Gesamtindividualität neues Werk liege in ihrem Adreßbuch nicht vor. Es sei niemand verwehrt, das Werk eines anderen frei zu benutzen, derart, daß er dieses nur zur Anknüpfung nehme, im übrigen aber seine Arbeit so gestalte, daß sie in allem Wesentlichen als eine neue Schöpfung gelten könne und in die Rechte der Vorarbeit nicht mehr eingreife. Hierin liegt insofern ein Widerspruch, als die Untersuchung, ob freie oder unfreie Benutzung gegeben sei, bei Zusammenstellungen wie den im Streit befindlichen Einwohnerbüchern gegenstandslos ist, soweit festgestelltermaßen selbständig gesammelt und mit der Arbeit eine eigene geistige Tätigkeit entfaltet worden ist. Nur für entlehnte Teile könnte die Frage in Betracht kommen, ob der entnommene Stoff unfrei oder frei benutzt sei (RGSt. Bd. 42 S. 83). So aber hat der Berufungsrichter die Frage nicht gestellt.

Die bisherigen Feststellungen kommen, abgesehen von diesem Widerspruch, darauf hinaus, daß die Beklagte zwar in großen, weit überwiegenden Teilen ihres Adreßbuchs selbständig zu Werke gegangen sei, teilweise aber durch Entnahme gewisser Stücke das Urheberrecht der Klägerin verletzt habe (§§ 41, 42 Abs. 1 LitUrhG.). Bei Teil-Nachdruck aber käme es, wenn er auf Grund neuer Feststellung wiederum als vorliegend anzusehen wäre, nach feststehender Gesetzesauslegung darauf an, ob ein erheblicher Teil des fremden Schriftwerks unbefugt vervielfältigt wurde. Die Erheblichkeit ist zu bemessen nach Umfang und inhaltlicher Bedeutung des Entnommenen im Vergleich zum ganzen Schriftwerk (RGSt. Bd. 8 S. 430, Bd. 16 S. 353, Bd. 39 S. 153; RGZ. Bd. 12 S. 117; Daude, Gutachten der Kgl. Preuß. Sachv.-Kammern für Werke der Literatur ... ([1907]) S. 43, 105, 133, 267). Über diese Frage, in welcher tatsächliche und rechtliche Gesichtspunkte die Antwort bestimmen, hat sich das Berufungsurteil nicht ausgesprochen. Es hat die nach seiner Meinung entlehnten Teile nur für sich allein betrachtet, ohne sie zum Ganzen in Vergleich zu setzen und auf ihre Bedeutung im Zusammenhang und für den Gebrauchszweck des Gesamtwerks zu prüfen. Dies wäre nachzuholen, wenn die neue Verhandlung dazu führte, nicht bloß urheberrechtlichen Schutz des Adreßbuchs der Klägerin, sondern auch Entlehnungen der Beklagten zu bejahen ...

II. Außer der — bisher nicht irrtumsfrei dargelegten — Urheberrechts-Verletzung findet das angefochtene Urteil im Verhalten der Beklagten den Tatbestand unlauteren Wettbewerbs und unerlaubter Handlung (§ 1 UnlWG., § 826 BGB.). Wären diese Tatbestände rechtlich bedenkenfrei festgestellt und gewürdigt, so rechtfertigten sie die Anträge der Klägerin auf Untersagung und Schadensersatz. Aber die Ausführungen des Berufungsgerichts zu den Fragen der Urheberrechts-Verletzung hängen mit den übrigen so eng zusammen, daß die dort hervorgehobenen Bedenken auch hier durchgreifen.

Das Berufungsurteil nimmt an, die Beklagte habe in ihrem Wiesbadener Adreßbuch von 1925/26 alle kennzeichnenden Merkmale des Buches der Klägerin von 1924/25 benutzt. Die beiden Bücher seien lediglich durch den Einband unterschieden. In Format, Satzspiegel, Schriftarten, in der Breite des Deckels bestehe volle Übereinstimmung. Sehe man vom Deckel ab, so glaube man — beim Blick in das aufgeschlagene Buch der Beklagten — das Adreßbuch der Klägerin vor sich zu haben. Auch beim Deckel bestehe insofern Übereinstimmung, als beide Bücher an gleicher Stelle eine Anzeige des nämlichen Wortlauts von der Deutschen Bank enthielten. Gleichheit des äußeren Eindrucks wird ferner vom Berufungsgericht näher dargelegt für die dem Titelblatt beider Bücher vorausgehenden Anzeigenblätter. Sodann auch für die Kartoneinlagen vor jedem der fünf Teile. Diese Einschaltblätter sind bei der Klägerin aus gelbem, bei der Beklagten aus orangefarbigem Steifpapier hergestellt. Im Buch der Klägerin zeigen sich schematische Kopfzeichnungen (ohne Beziehung auf bestimmte Orte oder Gebäude) in den Winkeln des Rechtecks, die außerhalb des darin liegenden Titelfeldes (einer Raute mit geschwungenen Seiten) verbleiben; darunter eine Geschäftsanzeige der Dresdener Bank mit deren Bild. Dieses Bild als augenfälliger Schmuck der gleichen Geschäftsanzeige steht auch auf den Blättern der Beklagten. Ein liegendes rautenförmiges Feld (aber mit geraden Seiten) trägt den Titel; umgeben wird es von einem Rechteck, in dessen Winkeln man Wiesbadener Gebäude dargestellt findet. Auch die Innenseite des Einschaltblattes bei beiden Büchern zeigt durch gleichförmige Anzeigen Ähnlichkeit. Das Berufungsurteil erwähnt weiter, daß die Bücher beider Parteien noch andere farbige Einlageblätter für Anzeigen enthalten: das der Klägerin zwei blaue, das der Beklagten drei grüne. Beide Parteien haben dem Straßen- und Häuserteil (II) farbiges Papier gegeben (die Klägerin blaßblaues, die Beklagte grünes), so daß man ihn am Randschnitt auch bei geschlossenem Buche sofort erkennt. Indessen darf bei der Würdigung dieser äußeren Merkzeichen nicht außer acht gelassen werden, daß sie seit geraumer Zeit mehr oder weniger verbreitete Behelfe des schnellen Zurechtfindens oder der Reklameverstärkung, nicht nur bei Adreßbüchern, sondern überhaupt bei Druckschriften verschiedenster Zwecke und Sachgebiete sind. Das Nähere wird Aufgabe tatsächlicher Feststellung und Beurteilung sein. Das angefochtene Urteil führt aus: Die Beklagte könne nicht damit gehört werden, daß Gewerbetreibende, deren Anzeigen sie an besonders augenfälligen Stellen gebracht, genau diese dafür verwendbaren Stellen (Deckel, Vorderblätter vor dem Titel, Kartoneinlagen) verlangt und ausbedungen hätten. Sie hätte (so meint der Berufungsrichter) die Aufnahme ablehnen müssen, weil ihr bekannt gewesen sei, daß die Klägerin die Anzeige an ganz entsprechender Stelle bringe. Vom Gesamtergebnis der auf Grund neuer Verhandlung zu treffenden Feststellungen wird es abhängen, ob solche Zumutung mit der Verkehrsauffassung im Einklang steht und die gezogenen Folgerungen in dieser Hinsicht aufrechterhalten werden können.

Die Würdigung berührt sich mit der Frage, ob die — bisher als erwiesen angenommene — Übernahme sinnfälliger Merkmale des Adreßbuchs der Klägerin in das der Beklagten eine zu Wettbewerbszwecken vollzogene sittenwidrige Handlung sei. Das Berufungsurteil bejaht das und meint: Das Gericht sei davon überzeugt, daß die Beklagte bewußt darauf ausgegangen sei, mit ihrem Adreßbuch denselben Eindruck hervorzurufen, den das Adreßbuch der Klägerin machte, daß sie eine Irreführung des Publikums, die Herbeiführung von Verwechslungen beabsichtigt habe. Ersichtlich im Anschluß an Leitsätze der Rechtsprechung betont sodann das Urteil: Redlichkeit und Anstand im Geschäftsverkehr verböten es unter allen Umständen, daß jemand ohne irgend welche eigenen Aufwendungen oder Leistungen die Früchte fremden Schaffens zu ernten suche (JW. 1926 S. 2536 Nr. 11). Aber die Voraussetzungen für die Anwendung dieses Grundsatzes liegen nach eigener Feststellung des Berufungsgerichts nicht durchweg vor; und es wird zu prüfen sein, ob die neu zu treffende Feststellung ihnen genügt. Wie dem angefochtenen

Urteil zu entnehmen ist, hat die Beklagte doch immerhin beträchtliche eigene Arbeit geleistet, Stoff gesammelt und geordnet, Aufwendungen dafür gemacht. Mag sie, was noch endgültig festzustellen sein wird, sich an das Beispiel der Klägerin angelehnt und ihr manches entnommen haben, so sind doch Verbesserungen, Ergänzungen, Berichtigungen ersichtlich. Kosten- und mühelose Ausnutzung fremder Arbeit liegt also nach bisheriger Feststellung nicht in der Art und dem Maße vor, wie das Berufungsurteil es annimmt. Gewisse rechtlich nicht haltbare Auffassungen bei der Würdigung der urheberrechtlichen Fragen haben mittelbar auch die Rechtsansicht beeinflußt, die hinsichtlich des unlauteren Wettbewerbs und der unerlaubten Handlung hervortritt. Namentlich fragt es sich, ob der auf Grund neuer Verhandlung sich ergebende Tatbestand die Feststellung rechtfertigen wird, daß die Beklagte durch ihr Verhalten gegen die guten Sitten verstoßen habe (UnlWG. § 1, BGB. § 826). Bei Beantwortung dieser Frage wird auch der Einwand der Beklagten zu würdigen sein, daß der allergrößte Teil der Auflage ihres Adreßbuchs vorausbestellt gewesen, die Einwirkung des fertigen Buchs auf etwaige neue Käufer mithin so gut wie bedeutungslos geblieben sei.

Die Auffassung des Berufungsgerichts, daß eine „Ausstattung" des Adreßbuchs im Sinne des § 15 WZG. nicht vorliege, und daß dieser von der Klägerin ebenfalls herangezogene Klagegrund daher außer Betracht bleiben muß, ist nicht zu beanstanden.

---

60. 1. Zulässigkeit der Revision des Streitgenossen, wenn bei dem anderen Streitgenossen, der gleichfalls Revision eingelegt hat, die Revisionssumme gegeben ist. Wie berechnet sich hiernach die Revisionssumme für den ersten Streitgenossen, wenn beide als Gesamtschuldner verurteilt worden sind?

2. Ist die Aufwertung auch dann nach dem Tage des Vertragsschlusses vorzunehmen, wenn es sich um einen Kaufvertrag handelt und die Kaufsache zum Weiterverkauf bestimmt war?

3. Zur Bedeutung des 15. August 1922 für die sog. rückwirkende Aufwertung.

ZPO. § 546 Abs. 2, § 5. BGB. § 242.

I. Zivilsenat. Urt. v. 6. April 1927 i. S. R. u. F. (Bekl.) w. Rh. (Kl.). I 250/26.

I. Landgericht Königsberg, Kammer für Handelssachen.
II. Oberlandesgericht daselbst.

Die Beklagten haben von der Klägerin durch Vertrag vom 14. November 1919 Schnittmaterial (Stämme, Seiten, Zopf- und Mittelblöcke) gekauft und erhalten, nachdem vorher, am 7. November 1919, der Beklagte R. das Dampfsägewerk der Klägerin käuflich erworben hatte. Über die Zahlung des Kaufpreises, der sich, wie jetzt unstreitig ist, auf 213201,32 ℳ belief, bestimmte der Vertrag: „Die Regulierung erfolgt nach ordnungsmäßiger Berechnung bis zum 10. Februar 1920." Die Klägerin hat jedoch den Beklagten erst im April 1920 Rechnung erteilt. Auf den Kaufpreis zahlten die Beklagten Mitte April 1920 100000 ℳ. In einem Vorprozeß ergingen ferner gegen sie Anerkenntnisurteile, auf Grund deren die Klägerin von ihnen beitrieb: am 13. März 1922 97217,23 ℳ und am 21. November 1922 6590,83 ℳ. In diesem Vorprozeß war die Klägerin nach Eintritt der Währungsfestigung dazu übergegangen, unter Vorbehalt weiterer Ansprüche eine Teilforderung von 2000 Gℳ geltend zu machen; es sind ihr demgemäß rechtskräftig 2000 Rℳ zugesprochen worden. Vorbehalten geblieben war den Beklagten die Geltendmachung einer Gegenforderung von 9393,26 Pℳ. Diese Gegenforderung ist dort nicht weiter verfolgt und im gegenwärtigen Verfahren unstreitig geworden.

Im vorliegenden Rechtsstreit verlangt die Klägerin Bezahlung ihrer Restforderung. Diese berechnete sie in der Weise, daß sie ihre Kaufpreisforderung nach dem Tage des Vertragsschlusses aufwertete, die erhaltenen Zahlungen nach dem Zeitpunkt ihrer Leistung und die Gegenforderung — letztere im Einverständnis mit den Beklagten — nach dem 14. August 1920, und davon die ihr rechtskräftig zugesprochenen 2000 Rℳ abzog. Ihr Klagantrag ging sonach auf Zahlung von 19701,31 Rℳ nebst Zinsen. Die Beklagten bemängelten die Art dieser Aufwertung und behaupteten unter Aufstellung einer anderweiten Berechnung, nichts mehr schuldig zu sein.

Das Landgericht verurteilte die Beklagten zur Zahlung von 1463,46 Rℳ nebst Zinsen und wies im übrigen die Klage ab. Dagegen legte die Klägerin Berufung ein und der Beklagte R. schloß sich ihr an. Die Klägerin verlangte Zahlung weiterer 13935,89 RM und erhöhte ihre Zinsforderung. Der Beklagte R. begehrte gänzliche Klagabweisung; beide Beklagten beantragten ferner Zurückweisung der Berufung der Klägerin. Die Anschlußberufung des Beklagten R. wurde vom Oberlandesgericht durch Teilurteil zurückgewiesen; gleichzeitig wurden die Beklagten als Gesamtschuldner verurteilt, an die Klägerin außer den ihr vom Landgericht zugesprochenen 1463,46 RM weitere 3602,62 RM, zusammen also 5066,08 RM nebst Zinsen zu zahlen.

Das Oberlandesgericht begründete seine Entscheidung, wie folgt: Die unstreitige Forderung der Klägerin habe 213201,32 PM betragen. Für die Aufwertung dieser Forderung sei der Tag des Vertragsschlusses, also der 14. November 1919 maßgebend. Die erste Zahlung von 100000 M vom April 1920 sei zwar bereits in entwertetem Gelde geschehen, aber auf den Papiermarkpreis voll anzurechnen, weil damals noch der Satz „Mark = Mark" gegolten habe und eine Aufwertung erst „für Mitte 1922" anzuerkennen sei. Dieser Grundsatz gelte aber nur als Regel. Für die Zahlung der 97217,23 M vom 13. März 1922 sei eine Ausnahme zu machen. Das Urteil fährt im Anschluß hieran fort: „abgesehen davon aber waren die Beklagten bei dieser Zahlung längst im Verzuge". Nach diesen Grundsätzen rechnete das Oberlandesgericht die restlichen 113201,23 PM in 14263,37 GM um und zog davon die auf insgesamt 2486,57 GM umgewerteten Zahlungen ab. Hierbei waren die am 13. März 1922 beigetriebenen 97217,23 M mit 1652,69 GM angerechnet worden. Ferner berücksichtigte das Oberlandesgericht einen Verarmungsfaktor von höchstens 40% (vorbehaltlich eines niedrigeren Satzes, worüber das künftige Schlußurteil entscheiden soll). Der Vorderrichter gelangte so zu einer Forderung der Klägerin von mindestens 7066,08 RM, wovon er die im Vorprozeß zugesprochenen 2000 RM abzog.

Die Revision der Beklagten hatte keinen Erfolg.

Gründe:

1. Die Zulässigkeit der Revision des Beklagten F. ist zu bejahen, wenngleich sich dagegen zunächst Zweifel erheben mögen. Denn F. hatte sich bei dem ersten Urteil beruhigt. Er selbst war also nur durch seine weitere Verurteilung im zweiten Rechtszuge be-

schwert worden und diese bezog sich, wenn man von den mehrzuerkannten Zinsen absieht, bloß auf einen Betrag von 3602,62 RM. Aber nach § 546 Abs. 2 in Verbindung mit § 5 ZPO. müssen bei mehreren Streitgenossen die Streitwerte zusammengerechnet werden. Allerdings handelt es sich hier um Gesamtschuldner und insofern kann der Streitwert der zweitinstanzlichen Verurteilung nur einmal gerechnet werden. Gegenüber dem Beklagten F. kommt jedoch die erstinstanzliche Verurteilung des Streitgenossen R. als weiterer Streitwert hinzu und dieser muß also nach der Regel des § 546 Abs. 2 ZPO. dem Betrag von 3602,62 RM hinzugezählt werden, sodaß schon hiernach für die Revision des F. die Revisionssumme erreicht ist.

2. Der Hauptangriff der Revision richtet sich gegen die vom Berufungsgericht vorgenommene Aufwertung der Kaufpreisschuld vom Tage des Vertragsschlusses ab. Hierzu wird geltend gemacht, man müsse unterscheiden, ob der Kläger den Kaufgegenstand noch im Besitz habe oder ob es sich um eine Ware handle, die dazu bestimmt gewesen sei, alsbald weiterverkauft zu werden. Im ersten Falle möge es vielleicht als richtig anzuerkennen sein, für die Höhe der Aufwertung bis auf den Tag des Vertragsabschlusses zurückzugehen, weil der Käufer dann den Sachwert noch besitze. Im zweiten Falle jedoch sei der Käufer darauf angewiesen, die Ware weiterzuveräußern, und er habe dann, zumal wenn die Ware erst einige Zeit nach Abschluß des Vertrags geliefert worden sei, damals keinen dem Erwerbspreis entsprechenden Verkaufspreis mehr erzielen können. Im vorliegenden Falle habe die Klägerin zudem die Lieferung noch um einen bis zwei Monate verzögert. Und endlich habe berücksichtigt werden müssen, daß schon zur Zeit des Vertragsabschlusses mit der Möglichkeit einer gewissen Verschlechterung der Mark gerechnet worden sei.

Dem kann indes nicht beigetreten werden. Das Reichsgericht hat seit langem daran festgehalten, daß eine vertragsmäßige Forderung nach dem Tage des Vertragsschlusses als dem des vorausgesetzten Gleichwertigkeitsverhältnisses aufzuwerten ist.

Zu vgl. RG.-Urteile vom 4. Juli 1925 I 467/24 = JW. 1926 S. 153 Nr. 3 = Seuff.Arch. 79 Nr. 200; vom 13. März 1926 I 206/25 = Zeiler, Zweihundertfünfzig Aufwertungsfälle Nr. 112 = WarnRspr. 1926 Nr. 95; vom 31. März 1926 I 376/25 = Zeiler a. a. O. Nr. 88; vom 28. Oktober 1924 II 116/24 = JW. 1925 S. 1478 Nr. 2; vom 4. Dezember 1925

II 70/25 = Zeiler a. a. O. Nr. 125 = WarnRspr. 1926 Nr. 5; vom 31. Januar 1925 V 95/24 = WarnRspr. 1925 Nr. 122; vom 20. Juni 1925 V 59/25 = WarnRspr. 1926 Nr. 181; vom 6. Februar 1926 V 166/25 = WarnRspr. 1926 Nr. 55; vom 6. Februar 1926 V 300/25 = DRZ. 1926 Nr. 438.

Würde allerdings die Lage so sein, daß es sich um eine Ware handelte, die der Erwerber nur zur Weiterveräußerung angeschafft hätte und die er etwa mit Rücksicht auf die Preistreiberei-Verordnung zu einem Preis hätte abgeben müssen, der in seinem inneren Wert unter dem Erwerbspreis liegt, dann wäre dies bei dem billigen Ausgleich, dem ja die Aufwertung dienen soll, zu berücksichtigen (zu vgl. WarnRspr. 1927 Nr. 25). Aber es ist nichts dafür beigebracht worden, daß die Sachlage derartig war. Im Jahre 1920 rechnete man im Inland noch allgemein nach Mark; die Kaufkraft wurde für den Innenhandel noch nicht durch den Dollarkurs berührt. Es ist also davon auszugehen, daß die Beklagten bei dem von ihnen berechneten Preiszuschlag von 50%, mit dem sie die Ware weiterverkauften, nach Abzug ihres Händlernutzens in der Lage waren, gleichartige Warenmengen wiederzukaufen. Die von ihnen aufgestellte Dollarrechnung, auf welche die Revision verweist, nötigt deshalb nicht dazu, die zunächst auf 60% bemessene Aufwertung herabzusetzen. Wenn die Revision ferner darauf hinweist, daß die Klägerin die Ware zum Teil um 1 bis 2 Monate verspätet geliefert habe, so ist dem entgegenzuhalten, daß gerade die Beklagten am wenigsten in der Lage sind, sich darauf zu berufen, weil sie die von ihnen anerkanntermaßen geschuldete Bezahlung der Waren, abgesehen von der Anzahlung der 100000 ℳ, um über 2 Jahre hingezogen haben. Sie haben dann erst Anerkenntnis-Urteil gegen sich ergehen lassen, aber auch jetzt noch nicht freiwillig gezahlt, sondern die Zwangsvollstreckung abgewartet, sind also allem Anschein nach darauf ausgegangen, von der Währungsverschlechterung Nutzen zu ziehen. Außerdem sind ihnen die in schon entwertetem Geld gezahlten 100000 ℳ vom Vorderrichter in voller Höhe gutgebracht worden. Daß endlich allgemein damals Kaufgeschäfte für die Verkäufer mit Rücksicht auf den Stand der Mark einen spekulativen Einschlag gehabt oder doch die Vertragschließenden, insbesondere die Verkäufer, mit einem Sinken der Mark schon gerechnet hätten, kann nicht als zutreffend anerkannt werden. Hiernach läßt sich vom Rechtsstandpunkt aus gegen die der Klägerin bewilligte Aufwertung von 60% nichts einwenden. Inwieweit die Klägerin freilich den erfahrungsmäßig äußerst seltenen Fall voller Werterhaltung des Vermögens gegenüber den Folgen des Markverfalls zu ihren Gunsten zu beweisen vermag (zu vgl. z. B. Urteil dieses Senats vom 8. November 1926 I 153/26 in JW. 1927 S. 377 Nr. 10), muß der künftigen Entscheidung des Berufungsgerichts überlassen bleiben. Auch ist es nicht ausgeschlossen, hierbei für den Ausgleich der beiderseitigen Belange gegebenenfalls die verschiedenen Werte der vertragsmäßigen Erwerbs- und der damals erzielbaren Wiederverkaufspreise mitzuberücksichtigen.

3. Die Revision hat ausdrücklich das Berufungsurteil auch seinem sonstigen Inhalt nach zur Nachprüfung gestellt. In dieser Beziehung gibt allerdings die Begründung, mit der das Oberlandesgericht die Aufwertung des durch die Zahlung vom 13. März 1922 ziffermäßig getilgten Teils der Kaufpreisforderung zugelassen hat, zu Bedenken Anlaß. Die Auffassung des Vorderrichters über den Stand der reichsgerichtlichen Aufwertungs-Rechtsprechung zur Zeit seines Urteils, von der er dabei ausgeht, trifft nicht zu. Er meint, der vom II. Zivilsenat des Reichsgerichts in RGZ. Bd. 113 S. 136 aufgestellte Satz, daß vor Mitte August 1922 ziffermäßig beglichene Forderungen nicht nachträglich aufwertbar seien, gelte nach dieser Rechtsauffassung nicht ausnahmslos. In diesem Urteil ist aber im Gegenteil mit Nachdruck betont worden, daß jene Zeitgrenze für alle Fälle der genannten Art scharf innezuhalten sei. Die vermeintlichen Ausnahmefälle, die das Reichsgericht anerkannt haben soll, sind durchweg Entscheidungen des erkennenden Senats, der allerdings den vom II. Zivilsenat in jenem Urteil vertretenen Standpunkt nicht teilt und eine schroffe zeitliche Grenze in jenem Sinne nicht anzuerkennen vermag. Nun hat zwar das Oberlandesgericht noch eine zweite Begründung gegeben, indem es den Verzug der Beklagten herangezogen hat. Dabei wird jedoch übersehen, daß der Gesichtspunkt des Verzugs und derjenige der reinen Aufwertung, die in ihrer rechtlichen Grundlage nichts gemeinsam haben, im Streitfall zu verschiedenen Ergebnissen führen. Wer Schadensersatz wegen Geldentwertung auf Verzugsgrundlage fordert, macht geltend, daß er bei rechtzeitiger Zahlung einen dem Geldwertstand bei Eintritt des Verzugs entsprechenden Wert erhalten hätte; der Unterschied dieses Wertes vom Zeitwert der Zahlung ist sein Schaden. Der Aufwertungsanspruch dagegen geht auf den Zeit-

punkt des Vertragsschlusses zurück. Bei Beanspruchung von Schadensersatz wegen Geldentwertung auf Verzugsgrundlage wird der Entwertungsabschnitt zwischen Abschluß des Vertrags und Eintritt des Verzugs nicht miterfaßt. Schon dadurch entstehen für den Streitfall verschiedene rechnerische Ergebnisse, ganz abgesehen von dem Gesichtspunkt des Interessenausgleichs, der bei dem Rechtsgrund des Schadensersatzes wegen Verzugs wegfällt. Der zweite Erwägungsgrund des Oberlandesgerichts ist daher nicht geeignet, die etwa fehlende erste Begründung voll, d. h. auch für den Zeitabschnitt zwischen Vertragsschluß und Verzugsbeginn, zu ersetzen.

Allein inzwischen hat sich die Rechtsprechung des II. Zivilsenats des Reichsgerichts zum Teil geändert. Zunächst ist hier einzuschalten, daß der V. Zivilsenat in seinem Urteil vom 20. November 1926 (RGZ. Bd. 114 S. 399) angenommen hat, der vom II. Zivilsenat ausgesprochene Grundsatz könne jedenfalls für Grundstücksgeschäfte keine Geltung haben; ob sonst dem Standpunkt des II. Zivilsenats beizutreten wäre, ließ er dahingestellt. In ähnlicher Weise verfuhr der erkennende Senat in seinem (in JW. 1927 S. 1146 Nr. 10 abgedruckten) Urteil vom 26. Januar 1927 I 140/26, indem er aussprach, daß die Aufwertung von Forderungen, die durch mehrere, vor Mitte August 1922 liegende Papiermark-Teilzahlungen ziffermäßig getilgt worden sind, jedenfalls dann nicht ausgeschlossen sei, wenn es sich um vertragsmäßig auf Jahre hinaus verteilte Abzahlungen handelte; alles dies unbeschadet der Ablehnung der Zeitgrenze des 15. August 1922. Aus den Ausführungen des V. wie des erkennenden Senats in diesen Entscheidungen geht hervor, daß durch die Ablehnung jener Zeitgrenze eine wirkliche Gefahr der Aufrollung längst abgewickelter Rechtsgeschäfte nicht herbeigeführt wird. Im Urteil vom 26. Januar 1927 ist insbesondere darauf hingewiesen, daß ein aufwertungshindernder Umstand sehr wohl darin erblickt werden kann, wenn der Schuldner längere Zeit nach Begleichung der Forderung, die er nun für endgültig getilgt ansah, sein wirtschaftliches Verhalten danach eingerichtet hat und ein plötzliches Neuerstehen der alten Schuld für ihn zu unbilligen Härten führen würde. Ganz allgemein kann jedenfalls gesagt werden, daß eine Aufwertung derartiger vor Mitte August 1922 ziffermäßig abgegoltener Forderungen stets sorgsamster Nachprüfung bedarf, während für die spätere Zeit, wo die Entwertung der Mark fast unaufhaltsam zunahm und von Tag zu

Tag sprungweise vor sich ging, das Vorhandensein eines unbilligen Mißverhältnisses der Marktwerte des Vertragsschlusses und des Zahlungs- oder Stichtages die Regel bildet.

Nunmehr hat auch der II. Zivilsenat seinen früheren Standpunkt nicht mehr in voller Schärfe aufrechterhalten. Er hat den in RGZ. Bd. 113 S. 136 aufgestellten Grundsatz in einer späteren Entscheidung (Urteil vom 18. Februar 1927 II 205/26, abgedruckt in RGZ. Bd. 115 S. 201) auf die Geschäfte des kaufmännischen Güterumsatzes und des täglichen Wirtschaftslebens eingeschränkt. In dem genannten Urteil handelt es sich um den Verkauf eines Handelsgeschäfts mit maschinellem Zubehör vom Oktober 1918. Es wurde die Aufwertung eines Kaufpreisteils von 20000 ℳ, der vertragsmäßig am 1. Januar 1922 in Papiermark beglichen worden war, zugelassen, weil es sich hier nicht um ein reines Umsatzgeschäft im obigen Sinne gehandelt habe, sondern um ein vereinzeltes Geschäft von lebens- und existenzwichtiger Bedeutung für beide Teile.

Ob dadurch freilich in allen Fällen eine scharfe Grenze gezogen wird und wie insbesondere danach der vorliegende Streitfall zu beurteilen sein würde, mag vielleicht zweifelhaft erscheinen, kann aber hier dahingestellt bleiben. Denn auf eine Anfrage des erkennenden Senats hat der II. Zivilsenat des Reichsgerichts erklärt, daß auch von seinem nunmehrigen Standpunkt aus der Aufwertung des durch die Teilzahlung vom 13. März 1922 ziffermäßig getilgten Kaufpreisteils an sich nichts entgegenstehe, weil der Verkauf der Schneidemühle und der Verkauf des Warenlagers wirtschaftlich auf das engste zusammenhingen. Damit erübrigte sich für den erkennenden Senat die Anrufung der Vereinigten Zivilsenate. Bemerkt sei nur noch, daß die Ergebnisse, zu denen beide Senate gelangen, nunmehr für viele Fälle einander ziemlich genähert sind und lediglich der grundsätzliche Ausgangspunkt für die Zulassung der Aufwertung in solchen Fällen bei beiden verschieden ist. . . .

---

61. 1. Kommt bei Aufwertung von Teilforderungen für die Frage, ob ein unbilliges Mißverhältnis zwischen Forderungswert und Leistungswert vorliegt, nur die Teilforderung allein in Betracht oder ist auch dafür der Wert der früheren Teilleistungen mitheranzuziehen?

2. Grundsätze der rückwirkenden Aufwertung.

3. Liegt in der vorbehaltlosen Annahme einer entwerteten Papiermarkzahlung ein Verzicht, wenn der Annehmende sich drei Jahre lang stillschweigend verhalten hat und erst im Jahre 1925 mit Aufwertungsansprüchen hervortritt?

BGB. § 242.

I. Zivilsenat. Urt. v. 7. Mai 1927 i. S. W. u. Gen. (Bekl.) w. St. (Kl.). I 22/27.

I. Landgericht Duisburg, Kammer für Handelssachen.
II. Oberlandesgericht Düsseldorf.

Der Kläger verkaufte durch Vertrag vom 29. Mai 1915 vier Schleppkähne an die Beklagten. Der Kaufpreis betrug 300000 ℳ. In Anrechnung darauf übernahmen die Beklagten Schiffspfandrechts-Verbindlichkeiten in Höhe von 42000 holl. Gulden. Der verbleibende Restkaufpreis war in 20 Halbjahresraten zu entrichten. Diese sind regelmäßig bezahlt worden. Am 4. November 1922 überwiesen die Beklagten das Restguthaben von 57065 ℳ, das der Kläger ohne Vorbehalt annahm. Mit Schreiben vom 22. Oktober 1925 verlangte er erstmalig Aufwertung dieser Restzahlung und erhob im Januar 1926 Klage auf den vollen Aufwertungsbetrag.

Das Landgericht wies die Klage ab. Im zweiten Rechtszug beschränkte der Kläger seinen Anspruch auf 28532,50 RℳM und den darüber hinaus vom Gericht für angemessen erachteten Aufwertungsbetrag nebst Zinsen. Das Oberlandesgericht hat die Beklagten verurteilt, an den Kläger 28489,14 RℳM nebst Zinsen zu zahlen, und die Klage im übrigen abgewiesen. Die Revision der Beklagten blieb erfolglos.

Gründe:

Die Beklagten sind der Meinung, eine Aufwertung der Restzahlung komme nicht in Frage, da in Anbetracht der übernommenen Guldenhypothek und der Kaufkraft der früheren Zahlungen ein die Aufwertung rechtfertigendes Mißverhältnis zwischen der vertragsmäßigen und der tatsächlichen Leistung nicht eingetreten sei. Das Berufungsgericht hat sich demgegenüber auf den Standpunkt gestellt, für die Aufwertbarkeit einer Teilzahlung sei nicht der Gesamtwert der bisher erfolgten Zahlungen zu ihrem Vertragswert von Bedeutung, sondern lediglich das Verhältnis des inneren Wertes der in Betracht kommenden Einzelzahlung zu ihrem bei Vertragsschluß vorausgesetzten Werte. Die Revision der Beklagten greift zunächst diese Stellungnahme des Berufungsgerichts als mit den die Aufwertung beherrschenden Rechtsgrundsätzen nicht vereinbar an. Die Auffassung des angefochtenen Urteils ist jedoch nicht zu beanstanden.

Grundsätzlich steht dem Gläubiger ein Anspruch auf volle Erfüllung der ihm vertragsmäßig gebührenden Leistung zu. Soweit infolge des Währungsverfalls bei Forderungen, die auf eine bestimmte Summe der alten Währung lauten, ein unbilliges Mißverhältnis zwischen der im Vertrag zugrunde gelegten Wertleistung und dem diese zum Ausdruck bringenden Währungsbetrag eingetreten ist, findet nach dem Forderung und Leistung beherrschenden Rechtsgedanken des § 242 BGB. eine Änderung des Inhalts der Forderung, die sogenannte Aufwertung, statt. Ist das Forderungsrecht eines Gläubigers so beschaffen, daß es in eine Anzahl von Teilforderungen mit verschiedenen Fälligkeitszeiten aufgelöst ist, so ist es erforderlich, für jede einzelne dieser Forderungen gesondert die Voraussetzungen der Aufwertungsfähigkeit festzustellen. Die hierbei in Betracht kommenden Umstände sind aber nur der vertragsmäßige und der währungsmäßige Leistungswert. Der Wert der bereits geleisteten, ziffermäßig den Vertragsbestimmungen entsprechenden Zahlungen kann nicht von entscheidender Bedeutung sein. Auf eine dem vertragsmäßigen Nennwert entsprechende Zahlung hatte der Gläubiger an sich zum mindesten Anspruch. Der innere Wert derartiger Teilzahlungen kann daher als solcher nach Treu und Glauben nicht zum Ausschluß der Aufwertung einer später fällig werdenden Teilforderung führen. Von dieser Auffassung ist auch der Senat bisher ständig ausgegangen (zu vgl. die Entscheidung vom 26. Januar 1927 I 140/26 in HansRZ. 1927 Sp. 381[1]); zu vgl. übrigens auch RGZ. Bd. 114 S. 399 und Bd. 115 S. 201). Der Wert der auf den Gesamtkaufpreis geleisteten Einzelzahlungen könnte höchstens bei Bemessung der Höhe der Aufwertung berücksichtigt werden.

Die Revision der Beklagten greift weiter die Ausführungen des angefochtenen Urteils an, in denen dieses zu dem Ergebnis gelangt,

[1]) Auch abgedr. in Seuff.Arch. Bd. 81 Nr. 88 und in JW. 1927 S. 1146 Nr. 10. D. R.

auch nach den sonstigen Umständen des Falles ständen Treu und Glauben der Aufwertung der Leistung vom 4. November 1922 nicht entgegen. Das Berufungsgericht hat nämlich nicht angenommen, daß schon allein deshalb, weil der Kläger seit der vorbehaltlosen Annahme der Restzahlung bis zur Erhebung des Aufwertungsanspruchs fast 3 Jahre hat verstreichen lassen, dieser Anspruch nach den Grundsätzen von Treu und Glauben im Verkehr als verwirkt anzusehen sei. Es hat ferner erwogen, ob der erhobene Anspruch nicht etwa aus dem Gesichtspunkt der Verkehrssicherheit und mit Rücksicht auf die Interessenlage der Beklagten mit dem Rechtsgedanken des § 242 BGB. in Widerspruch stehe. Es verneint auch diese Frage, da es sich nicht um eine schneller Erledigung bedürftige Schuld des gewöhnlichen Geschäftsverkehrs, sondern um eine in ihrer Abwicklung auf mehrere Jahre erstreckte Verbindlichkeit handle.

Demgegenüber hat die Revision ausgeführt: Die Zulassung rückwirkender Aufwertung im Aufwertungsgesetz sei wegen der dort vorgesehenen Beschränkungen erträglich. Mangels solcher sei sie aber bei Handelsgeschäften, die noch in der Zeit der Geldentwertung zur Abwicklung gelangt seien, aus Gründen der Verkehrssicherheit nicht angängig. Die Umstände des vorliegenden Falles seien nicht dazu angetan, eine Durchbrechung dieses Grundsatzes notwendig zu machen. Nachdem der Kläger sich nach Annahme der Restzahlung 3 Jahre lang untätig verhalten habe und die Beklagten sich in ihren Büchern und Bilanzen auf die Erledigung der Verbindlichkeit eingerichtet hätten, stehe ihr Interesse an der Aufrechterhaltung des bestehenden Zustandes dem des Klägers an der Aufwertung gleichwertig gegenüber.

Das Ergebnis, zu dem das angefochtene Urteil gelangt, ist jedoch nicht zu beanstanden. Das Berufungsgericht hat zunächst mit Recht verneint, daß der Aufwertungsanspruch des Klägers schon allein mit Rücksicht auf sein dreijähriges Schweigen als verwirkt anzusehen sei. Durch Nichtgebrauch erlöschen Rechte nur nach Ablauf der Verjährungszeit. Ein Verzicht auf ein erwachsenes Recht ist nicht zu vermuten, sondern nur dann anzunehmen, wenn besondere Umstände auf einen Verzichtswillen schließen lassen. Das angefochtene Urteil hat das Vorliegen solcher Umstände ohne Rechtsirrtum verneint. Seine Ausführungen darüber, daß bis in das Jahr 1925 hinein über die Aufwertungsmöglichkeit bei vorbehaltlos angenommener Zahlung noch keine Klarheit geherrscht habe und daß ein Verzicht nicht anzunehmen sei, solange der Berechtigte keine sichere Kenntnis von der Möglichkeit erfolgreicher Durchfechtung eines Anspruchs gehabt habe, stehen weder mit der allgemeinen Erfahrung noch mit anerkannten Rechtsgrundsätzen in Widerspruch (zu vgl. RGZ. Bd. 110 S. 127, ferner Urt. v. 2. Juni 1926 V 492/25 bei Zeiler, 250 Aufwertungsfälle Nr. 233, sowie das vorher genannte Urt. v. 26. Januar 1926).

Auch die weiteren Erwägungen des Berufungsgerichts lassen keinen Rechtsirrtum erkennen. Es ist in der Rechtsprechung des Reichsgerichts bereits mehrfach zum Ausdruck gelangt, daß für den Fall eines nachträglichen Aufwertungsverlangens nach angenommener Zahlung die Beurteilung der Sachlage unter Berücksichtigung der Grundsätze des § 242 BGB. insbesondere darauf zu erstrecken ist, ob nicht berechtigte Belange des Schuldners einer Durchführung des Aufwertungsanspruchs entgegenstehen. Insbesondere ist darauf hingewiesen worden, daß die Notwendigkeit endgültiger und glatter Abwicklung des kaufmännischen Verkehrs es in vielen Fällen ausgeschlossen erscheinen lassen müsse, ein einzelnes Geschäft, auf dessen Erledigung der Schuldner sich wirtschaftlich eingestellt habe, wieder aufzurollen, zumal da im Handelsverkehr ein Ausgleich der widerstreitenden Interessen in einem weiteren Rahmen häufig dadurch stattgefunden habe, daß Geldentwertungsverluste durch Gewinne aus gleicher Ursache wieder wettgemacht worden seien. Anderseits ist betont worden, ein allgemeiner Rechtssatz des Inhalts, daß die Rücksicht auf die Verkehrssicherheit die Wiederaufrollung von den Parteien für erledigt gehaltener Vertragsbeziehungen ein für allemal ausschließe, lasse sich nicht aufstellen. In diesem Zusammenhang ist hervorgehoben worden, in Fällen, in denen ein für die Existenz des Gläubigers bedeutsamer Vermögenswert unter dem Einfluß jetzt als irrig erkannter Rechtsanschauungen für ein Nichts hingegeben worden sei (wie sie sich besonders im Grundstücksverkehr und in ähnlich liegenden Rechtsverhältnissen ereignet hatten), stünden Treu und Glauben einer Aufrollung der Aufwertungsfrage nicht nur nicht entgegen, sondern erforderten sie oft geradezu. Die Erheblichkeit der hier hervorgehobenen Gesichtspunkte für die Frage der nachträglichen Aufwertungsmöglichkeit für Verbindlichkeiten, die durch Papiermarkzahlungen getilgt sind, ist außer Zweifel. Über sie besteht auch in der Rechtsprechung des Reichsgerichts Einhelligkeit (zu vgl. außer der vorher angeführten Rechtsprechung noch Urt. des erk. Sen. vom 6. April 1927 in RGZ. Bd. 116 S. 306). Sie erheischen daher Beachtung. Im übrigen bringt es gerade der die Aufwertungsrechtsprechung beherrschende Rechtsgedanke einer billigen Interessenausgleichung mit sich, daß die Umstände des Einzelfalles maßgebend sein müssen. Von ihnen wird daher in jedem Falle die Entscheidung schließlich abhängen.

Daß das Berufungsgericht diese Rechtsgrundsätze verkannt hätte, ist nicht ersichtlich. Es handelt sich hier nicht um ein Geschäft des regelmäßigen Güterumsatzes, nicht um ein aus einer Reihe unlösbar miteinander verknüpfter Umsatzgeschäfte herausgenommenes Einzelgeschäft dieser Art, dessen Wiederaufrollung eben wegen dieser Eigenschaft eine unbillige Belastung des Betroffenen bedeuten würde. Vielmehr steht die Veräußerung eines beträchtlichen Vermögenswertes an Betriebsmitteln in Frage, dessen selbständige Bedeutung schon dadurch gekennzeichnet ist, daß die Entrichtung des Kaufpreises auf eine Reihe von Jahren verteilt worden war. Der Kläger, der einen erheblichen Vermögenswert hingegeben hat, ohne die vorausgesetzte Gegenleistung zu erhalten, hat in einem solchen Falle das Interesse an einem Ausgleich dieser Unbilligkeit. Ihm gegenüber ist das Interesse, das die Beklagten an der Aufrechterhaltung der Feststellung ihres Vermögensstandes in Büchern und Bilanzen haben, mit Recht als nicht erheblich genug erachtet worden, um eine Geltendmachung des eingeklagten Anspruchs auszuschließen. Eine weitere Beeinträchtigung ihrer Belange haben die Beklagten nicht dargelegt. Die Schäden, die sie im allgemeinen unter den Einwirkungen der Nachkriegszeit und der Ruhrbesetzung erlitten haben, können in dieser Beziehung nicht ausschlaggebend sein. Sie kommen nur für die Höhe der Aufwertung in Frage, wobei sie auch ihre Würdigung gefunden haben.

---

62. Kann die Geschäftsaufsichtsperson mit dem Schuldner einen Vertrag über die Höhe der ihr zustehenden Vergütung schließen?

Geschäftsaufsichts-Verordnung § 27.

VI. Zivilsenat. Urt. v. 18. März 1927 i. S. Z. (Kl.) w. A. (Bekl.). VI 581/26.

I. Landgericht Frankfurt a. M.
II. Oberlandesgericht daselbst.

Der Kläger war vom 10. November 1925 bis Ende Februar 1926 die Geschäftsaufsichtsperson für das Geschäft des Beklagten. Das Aufsichtsverfahren endigte mit einem Zwangsvergleich, wonach die Gläubiger 63% ihrer Forderungen erhalten sollten. Die Vergütung des Klägers wurde vom Gericht gemäß § 27 Abs. 2 der Geschäftsaufsichts-Verordnung (GAVo.) auf 7500 RM festgesetzt. Dieser Betrag ist bezahlt. Der Kläger verlangt Zahlung weiterer 7500 RM nebst Zinsen und behauptet, daß der Beklagte ihm im Dezember 1925 eine Vergütung von insgesamt 15000 RM zugesagt habe. Das Landgericht verurteilte antragsgemäß, das Oberlandesgericht wies die Klage ab. Die Revision des Klägers führte zur Aufhebung und Zurückverweisung.

Gründe:

Das Urteil des Berufungsgerichts beruht auf der Annahme, daß die Frage einer Vergütung für die Aufsichtsperson durch § 27 Abs. 2 GAVo. erschöpfend geregelt sei, daß nur das Gericht der Geschäftsaufsicht die Vergütung festzusetzen habe und daß für eine Vereinbarung zwischen dem Schuldner und der Aufsichtsperson kein Raum bleibe. Mit Recht wendet sich die Revision gegen diesen Standpunkt. Der § 27 Abs. 2 GAVo. enthält ähnlich wie § 85 Abs. 1 Satz 2 KO. eine reine Zuständigkeitsvorschrift, die das Gericht der Geschäftsaufsicht oder des Konkurses an die Stelle des Prozeßrichters treten läßt. Aus ihr können so weittragende Folgen, wie das Oberlandesgericht will, nicht abgeleitet werden. Für die Konkursordnung hat dies das Reichsgericht bereits entschieden (Gruch. Bd. 50 S. 1126). In jener Sache handelte es sich darum, daß ein Konkursverwalter sich aus der Masse einen Betrag von 1600 M angeeignet hatte, der die vom Gericht festgesetzte Vergütung überstieg, den ihm aber der Gemeinschuldner während schwebenden Verfahrens mit der Maßgabe zugebilligt hatte, daß der Verwalter berechtigt sein sollte, ihn noch während des Verfahrens aus der Masse zu entnehmen. Als nach Aufhebung des durch Zwangsvergleich beendeten Verfahrens der frühere Gemeinschuldner auf Herauszahlung der 1600 M klagte, erachtete das Reichsgericht diese Vereinbarung für unwirksam, aber — trotz einzelner Wendungen, die allgemeiner klingen — nicht deshalb, weil jede Vergütungsabrede des Gemeinschuldners mit dem Konkursverwalter unzulässig, sondern weil der Gemeinschuldner während des Konkursverfahrens nicht in der Lage sei, zu Lasten der Konkursmasse rechtsverbindliche Verpflichtungen einzugehen. Die Gültigkeit einer Vereinbarung des Konkursverwalters mit dem Gemeinschuldner über eine Vergütung, die nicht aus der Masse, sondern etwa aus dem freien, nicht zur Masse gehörigen Vermögen des Gemeinschuldners gezahlt werden soll, wird nicht in Zweifel gezogen. Der Gesichtspunkt, der in jener Entscheidung den Ausschlag gab, kommt für das Verfahren der Geschäftsaufsicht nicht in Betracht, da dieses keine „Masse" kennt und die Handlungsfähigkeit des Schuldners nicht beschränkt. Die grundsätzliche Zulässigkeit der vom Kläger behaupteten Vereinbarung ist danach nicht zu beanstanden.

Die Erwägungen des Berufungsgerichts über die unfreie Stellung, die der Schuldner gegenüber der Aufsichtsperson einnimmt, enthalten unverkennbar und trotz der dem Gläubigerbeirat zustehenden Befugnisse (§§ 30flg., 53 GAVo.) einen richtigen Kern. Sie hätten dem Gesetzgeber, wenn er sie angestellt hätte, vielleicht Anlaß geben können, das auszusprechen, was das Berufungsgericht in den § 27 Abs. 2 GAVo. hineinlegt. Er hat es aber nicht ausgesprochen, und dabei muß es sein Bewenden behalten.

Aus den §§ 71 und 13 GAVo. ergeben sich auch bei dieser Auffassung keine Schwierigkeiten. § 71 lautet:

> „Wird im Anschluß an eine Geschäftsaufsicht das Konkursverfahren über das Vermögen des Schuldners eröffnet, so sind im Konkurse die gerichtlichen Kosten der Geschäftsaufsicht und des Vergleichsverfahrens sowie die Gebühren und Auslagen der Aufsichtsperson als Massekosten (§ 58 der Konkursordnung) zu behandeln."

Da im Konkurse nur die vom Konkursgericht festgesetzte Vergütung des Verwalters zu den Massekosten gehört, so gilt dies entsprechend auch nur für diejenige Vergütung der Aufsichtsperson, die das Aufsichtsgericht festgesetzt hat. Auf den vom Gesetz gebrauchten Ausdruck „Gebühren" ist dabei kein Wert zu legen, das Wort soll nur die Vergütung der Aufsichtsperson bezeichnen. Nach § 13 Nr. 6 GAVo. wird vom Verfahren nicht betroffen die Aufsichtsperson wegen ihrer Ansprüche auf Vergütung. Hier ist kein innerer Grund ersichtlich, der dazu nötigte, zwischen der vom Gericht festgesetzten und der vom Schuldner bewilligten Vergütung zu unterscheiden. Das Oberlandesgericht hat auch keine Rechtfertigung für seine gegenteilige Meinung angeführt.

Da hiernach der vom Oberlandesgericht angeführte Grund die Entscheidung nicht zu tragen vermag, mußte das angefochtene Urteil aufgehoben und die Sache zur anderweiten Verhandlung und Entscheidung an das Berufungsgericht zurückverwiesen werden. Dieses wird jetzt von der Auffassung aus, daß eine Abrede des Schuldners mit der Aufsichtsperson über die Höhe der Vergütung an sich zulässig ist, über die weiteren Streitpunkte zu befinden haben.

---

63. Über die Unterscheidung vertragsmäßiger und einseitiger Verfügungen in einem Erbvertrag.

BGB. §§ 2278, 2299.

IV. Zivilsenat. Urt. v. 21. März 1927 i. S. B. (Kl.) w. L. u. Gen. (Bekl.). IV 386/26.

I. Landgericht Köln.
II. Oberlandesgericht daselbst.

Die am 27. Januar 1925 kinderlos verstorbene Schwester der drei Beklagten hat verschiedene Verfügungen von Todeswegen hinterlassen, nämlich einen mit ihrem überlebenden Ehemann abgeschlossenen notariellen Erbvertrag vom 21. Mai 1920, einen diesen Vertrag abändernden notariellen Vertrag mit ihrem Mann vom 25. August 1920 und ein eigenhändiges Testament vom 6. März 1924. Auf Grund des Testaments fordert die Klägerin von den Beklagten als den eingesetzten Erben die Übertragung des Eigentums an einem ihr vermachten Grundstück. Landgericht und Oberlandesgericht haben diesen Anspruch abgewiesen.

Auf die Revision der Klägerin wurde die Sache an das Berufungsgericht zurückverwiesen.

Aus den Gründen:

Die Abweisung der Klage in den Vorinstanzen beruht auf der Annahme, daß die einseitigen Bestimmungen der Klägerin in ihrem Testament vom 6. März 1924 wegen ihrer Bindung an die Erbverträge vom 21. Mai und 25. August 1920 unwirksam seien. . . .

Die Revision beschwert sich begründeterweise darüber, daß das Berufungsgericht ohne weiteres angenommen hat, auch diejenigen Verfügungen in den Erbverträgen, welche die Klägerin nicht zugunsten des anderen Vertragschließenden, ihres Ehemanns, sondern zugunsten Dritter getroffen habe, seien vertragsmäßige Verfügungen.

In den beiden Erbverträgen hat jeder der beiden vertragschließenden Eheleute dem anderen den lebenslänglichen uneingeschränkten Nießbrauch an seinem Nachlaß vermacht und ihn zu seinem Testamentsvollstrecker ernannt. Dagegen hat der Überlebende auf sein gesetzliches Erbrecht am Nachlaß des Erstversterbenden verzichtet. Die Ehefrau hat als ihren alleinigen Erben ihren Bruder Werner L., den Zweitbeklagten, eingesetzt und ihn mit mehreren gleich nach ihrem Tode auszuzahlenden Geldvermächtnissen belastet, darunter solchen von 20000 ℳ an ihren Bruder Jakob, den Erstbeklagten, von 15000 ℳ an ihren Bruder Anton, den Drittbeklagten, und von 3000 ℳ an die Klägerin. Außerdem hat jeder der beiden Ehegatten seinen Anteil an einem beiden gemeinschaftlich gehörigen Hausgrundstück einer Nichte der Ehefrau vermacht.

Diese Erbverträge enthalten, abgesehen von dem den besonderen Vorschriften der §§ 2346 flg. BGB. unterstehenden Erbverzicht, in dem gegenseitigen Vermächtnis des Nießbrauchs am Nachlaß zweifellos vertragsmäßige Verfügungen im Sinne der §§ 1941, 2278 BGB. und in der gegenseitigen Ernennung zum Testamentsvollstrecker zweifellos einseitige letztwillige Verfügungen im Sinne des § 2299 BGB. Denn die Anordnung einer Testamentsvollstreckung kann nach § 2278 Abs. 2 gar nicht vertragsmäßig getroffen werden. Ob die, insbesondere von der Ehefrau, zugunsten Dritter getroffenen Verfügungen, die Erbeinsetzung und die Vermächtnisanordnungen, bloß einseitig und daher frei widerruflich oder ob sie vertragsmäßig getroffen worden sind, ist nicht ohne weiteres klar.

In § 1956 Abs. 2 und 3 des ersten Entwurfs eines Bürgerlichen Gesetzbuchs war gesagt: Eine in einem Erbeinsetzungsvertrag enthaltene Erbeinsetzung sei im Zweifel als Einsetzung eines Vertragserben anzusehen; auch wenn die Verfügung in einem Vermächtnis bestehe, sei im Zweifel anzunehmen, daß von den Vertragschließenden die Bindung des Erblassers gewollt sei. In den Motiven (Bd. 5 S. 336) ist dazu bemerkt, bei Erbeinsetzungen und Vermächtnissen lasse sich wohl annehmen, die Vertragschließenden hätten die Bindung gewollt, wenn sie die Anordnungen in den Vertrag aufgenommen und trotz des durch die Vertragsform gebotenen Anlasses nicht kenntlich gemacht hätten, daß sie widerruflich sein sollten. Demgegenüber wurde in der Kommission für die zweite Lesung (Prot. Bd. 5 S. 402, 403) beantragt, jene Auslegungsregel durch die Vorschrift zu ergänzen oder zu ersetzen, daß die Erbeinsetzung eines Dritten und die Anordnung von Vermächtnissen im Zweifel dann als letztwillige, also nicht bindende Verfügungen anzusehen seien, wenn sich annehmen lasse, daß nur der Erblasser an der Einsetzung des Dritten und der Anordnung der Vermächtnisse ein Interesse gehabt habe. Dabei wurde besonders des Falles gedacht, daß einer der beiden vertragschließenden Ehegatten seine eigenen Verwandten bedenkt. Schließlich wurden beide Auslegungsregeln, unbeschadet der sachlichen Billigung ihres Inhalts, als entbehrlich abgelehnt. Die geltende Rechtslage ist hiernach die: Eine Erbeinsetzung oder Vermächtnisanordnung ist nicht schon deshalb, weil sie sich in einem Erbvertrag findet, als vertragsmäßige Verfügung anzusehen. Vielmehr ist gemäß § 133 BGB. auf dem Wege freier Willenserforschung, der durch Auslegungsregeln weder nach der einen noch nach der anderen Richtung Schranken gesetzt oder Richtlinien gegeben sind, darüber zu entscheiden, ob und inwieweit mit der einzelnen Verfügung gegenseitige Bindung oder freie Widerruflichkeit beabsichtigt gewesen ist. Bei Zuwendungen eines Erblassers an einen Dritten kommt das Interesse, auch das bloß moralische, das der andere Vertragsteil an der Verfügung hat, als Auslegungsbehelf in Betracht (vgl. RG. in WarnRspr. 1917 Nr. 91; LZ. 1916 Sp. 1032 Nr. 18; Planck Komm. 4. Aufl. § 1941 Anm. 1 Abs. 1; 3. Aufl. § 2278 Anm. 1; Komm. von RGRäten 5. Aufl. § 2278 Anm. 2).

Unter diesem Gesichtspunkt hat das Berufungsgericht den Fall nicht geprüft. Insbesondere hat es nicht ein Interesse des Ehemanns der Erblasserin daran festgestellt, daß diese über ihren Nachlaß, abgesehen von dem Vermächtnis des Nießbrauchs an ihn, gerade so, wie in den Erbverträgen geschehen, verfügte. Es muß daher in diesem Rechtszug mit der Möglichkeit gerechnet werden, daß die Einsetzung des einen Bruders der Erblasserin zum alleinigen Erben und seine Belastung mit Vermächtnissen zugunsten anderer Personen als des Ehemanns der Erblasserin nicht als vertragsmäßige, sondern als einseitige Verfügungen getroffen worden sind. Dann war die Erblasserin durch die Erbverträge nicht gehindert, gemäß § 2253 Abs. 1, § 2254, § 2258 Abs. 1 BGB. durch einseitiges Testament, wie am 6. März 1924 geschehen, neben dem einen Bruder ihre beiden anderen, bis dahin mit Vermächtnissen bedachten Brüder als Miterben einzusetzen und der bis dahin mit einem Geldvermächtnis bedachten Klägerin statt dessen eine Parzelle Land zuzuwenden. Allerdings konnte sie, auch unter der angenommenen Voraussetzung, durch das einseitige Grundstücksvermächtnis an die Klägerin den erbvertragsmäßigen Nießbrauch ihres Mannes an ihrem gesamten Nachlaß nicht beeinträchtigen. Die Klägerin fordert aber auch gar nicht, daß ihr das Eigentum an dem Grundstück frei von dem für den Ehemann der Erblasserin eingetragenen Nießbrauch übertragen werde.

Das Berufungsurteil ist demnach aufzuheben. Die Entscheidung über die erörterte Auslegungsfrage ist dem Tatrichter zu überlassen.

---

64. Wie ist der Wert eines enteigneten Grundstücks für die Feststellung der Entschädigung zu berechnen, wenn die Enteignung während der Inflationszeit stattgefunden hat?

Preuß. Enteignungsgesetz vom 11. Juni 1874 § 8.

VI. Zivilsenat. Urt. v. 29. März 1927 i. S. Stadtgemeinde D. (Bekl.) w. F. u. Gen. (Kl.). VI 520/26.

I. Landgericht Dortmund.
II. Oberlandesgericht Hamm.

Durch Beschluß vom 18. Oktober 1921 hat der Regierungspräsident in Arnsberg im vereinfachten Enteignungsverfahren eine den Klägern gehörige Ackerparzelle von 129,45 Ar zugunsten der

Beklagten enteignet und die Entschädigung dafür auf 129656,40 ℳ festgesetzt. Den Klägern wurde der Beschluß am 8. November 1921 zugestellt und die festgesetzte Entschädigung am 5. Januar 1922 ausgezahlt. Sie verlangen im Rechtsweg Erhöhung der Entschädigung und beantragten zunächst, die Beklagte zur Zahlung weiterer 134193,37 Gℳ zu verurteilen.

Das Landgericht billigte ihnen außer der im Verwaltungsweg festgesetzten Entschädigung weitere 76604,24 Rℳ zu. Das Berufungsgericht verurteilte die Beklagte, unter Abweisung des Mehranspruchs der Kläger, die in der Berufungsinstanz noch weitere 4000 Rℳ (zu den zuerkannten 76604,24 Rℳ) gefordert hatten, nur zur Zahlung von 49048,20 Rℳ.

Auf die Revision der Beklagten und die Anschlußrevision der Kläger wurde die Sache an das Berufungsgericht zurückverwiesen.

Gründe:

Die Enteignung des den Klägern gehörigen Grundstücks ist in einer Zeit geschehen, wo als Folge des verlorenen Krieges und der Nachkriegsverhältnisse eine wirtschaftliche Umwälzung eingetreten war. Auch in diesem Fall ist dem Enteigneten der volle, gemeine Wert des enteigneten Grundstücks zu ersetzen. Für das vereinfachte Enteignungsverfahren bestehen in dieser Hinsicht keine Besonderheiten. Bloß die Erfassung des zu entschädigenden Wertes stößt hier auf Schwierigkeiten, weil die veränderten Verhältnisse nur schwer einen geeigneten Maßstab für die Ermittlung dieses Wertes gewinnen lassen.

In der Vorkriegszeit wurde der gemeine Wert eines Grundstücks in der Regel durch den Preis bestimmt, der im freien Geschäftsverkehr nach der Beschaffenheit des Grundstücks unter Berücksichtigung aller den Preis beeinflussenden Umstände bei seiner Veräußerung erzielt werden konnte. Denn dieser Preis gab den sichersten Maßstab für den inneren Wert des Grundstücks, da er am zuverlässigsten und unverfälschtesten dessen Brauchbarkeit für die wirtschaftlichen Bedürfnisse erkennen ließ, nach der sich grundsätzlich der Wert einer Sache richtet. Zur Ermittlung des Wertes konnten deshalb auch die für ähnliche Grundstücke gezahlten Kaufpreise vergleichsweise herangezogen werden. Eine solche Berechnungsart ist aber nur unter gewöhnlichen Verhältnissen möglich. Sind die Wirtschaftsverhältnisse, wie es für die Nachkriegszeit zutrifft, unbeständig und regelwidrig geworden, so hindert dies die Bildung eines freien Marktes, besonders wenn hinzukommt, daß sich dieselben wirtschaftlichen Vorgänge nicht mehr nach gleicher Ordnung abwickeln. Damit verlieren aber auch die Preise der geschlossenen Grundstücksverkäufe ihre Verwendbarkeit für die Wertbestimmung. Es entspricht den Erfahrungen des wirtschaftlichen Verkehrs, wenn die Sachverständigen in ihrem Gutachten hervorheben, daß sich vor dem Krieg infolge einer ordnungsmäßigen Wirtschaft und der Wertbeständigkeit der Mark eine Norm herausgebildet hatte, welche die Möglichkeit gab, unter Berücksichtigung der örtlichen Lage, des geologischen Wertes und des Kulturzustands eines Grundstücks und, wie hinzugefügt werden muß, auch unter Berücksichtigung von Angebot und Nachfrage, seinen Wert zu bestimmen. Als aber in der Nachkriegszeit die Zwangswirtschaft, die Steuerlast, die Verarmung des Volkes und nicht zuletzt der fortschreitende Währungsverfall in den regelmäßigen Gang der deutschen Wirtschaft eine Bresche legten, da hörte eine Preisbildung, worin der wirkliche Wert der Wirtschaftsgegenstände und damit auch der Grundstücke zum Ausdruck gekommen wäre, gänzlich auf. Auf der einen Seite waren keine Mittel vorhanden, Grundstücke zu kaufen, oder man verspürte keine Neigung zum Kauf, weil sie der erforderlichen Rentabilität entbehrten, auf der anderen Seite aber sträubte man sich gegen den Verkauf, weil die Grundstücke fast die einzigen Werte waren, deren Besitz die Erhaltung der Vermögenssubstanz einigermaßen gewährleistete. Denn die Mark hatte ihren festen Wert eingebüßt und war darum kein geeignetes Tauschmittel mehr, wie sie auch kein zuverlässiger Wertmesser mehr war, um den inneren Wert des verkauften Gegenstandes auszudrücken. Soweit sich Grundstückseigentümer zum Verkauf ihrer Grundstücke entschlossen, waren es in der Hauptsache Notverkäufe, zu denen sich die Verkäufer gezwungen sahen, entweder, weil sie infolge der Lasten und der eingeschränkten Erträge die Grundstücke nicht mehr halten konnten oder weil die Veräußerung zur Beschaffung von flüssigen Mitteln für andere Zwecke notwendig war. Zum Teil führten auch falsche Werturteile zum Entschluß, ein Grundstück zu verkaufen, weil man sich durch die gebotenen Millionenpreise in Mark vielfach blenden ließ und trotz der naheliegenden Gefahr der weiteren Kursverschlechterung der Mark deren wahren Wert vollkommen verkannte.

Darum war die Preisbildung während der Inflationszeit tatsächlich zufällig und haltlos. Es war aber auch unter den damaligen Verhältnissen die Bahn nicht frei für eine dem wirklichen Wert der Grundstücke entsprechende Preisbildung. Zur Zeit der Zustellung des Beschlusses über die Feststellung der Entschädigung, am 8. November 1921, war die Mark zwar noch nicht so erheblich gesunken, wie es später und besonders im Jahre 1923 der Fall war. Aber immerhin war sie auch damals schon entwertet und die anderen Druckmittel der Wirtschaft, wie die Zwangsbewirtschaftung, Steuerlast usw., waren ebenfalls schon vorhanden. Deshalb standen auch schon zu jener Zeit die wirtschaftlichen Verhältnisse, in Verbindung mit der politischen Lage, einer regelrechten Markt- und Preisbildung entgegen. Das Trugbild der gezahlten Preise trat erst klar in die Erscheinung, als mit der Renten- und Reichsmark wieder ein beständiger Wertmesser geschaffen war.

Unter diesen Umständen kann der Revision der Kläger nicht zugegeben werden, daß für die Ausmittlung des Wertes der ihnen enteigneten Grundstücke nur die Verhältnisse zur Zeit der Zustellung des Beschlusses über die Festsetzung der Entschädigung in Rücksicht gezogen werden dürfen; denn man würde zu einem Zerrbild gelangen, wenn man sie zugrundelegen würde. Auch auf den Grundstücks-Ertragswert der damaligen Zeit kann die Wertermittlung aus den gleichen Gründen nicht aufgebaut werden. Vielmehr ist, da nur die gewöhnlichen Verhältnisse eine richtige Wertbestimmung verbürgen, auch bei der Ermittlung des Wertes eines Grundstücks während der Inflationszeit von den regelrechten Verhältnissen auszugehen, wie es das Berufungsgericht im Anschluß an die für die Berechnung der Grunderwerbssteuer getroffene Entscheidung des Reichsfinanzhofs vom 24. November 1924 (Entsch. Bd. 14 S. 330) zutreffend getan hat.

Wenn man aber vom Friedenspreis der enteigneten Grundstücke ausgeht, so kann ihr Wert zur Zeit der Zustellung des genannten Beschlusses (8. November 1921) nicht einfach derart bestimmt werden, daß zwischen dem Friedenspreis und dem Preis bei Einführung der Reichsmark lediglich ein prozentualer Durchschnitt genommen wird. Jedenfalls fehlt es an einer Grundlage dafür, daß das Berufungsgericht den damaligen Wert der enteigneten Grundstücke im Anschluß an die Sachverständigengutachten errechnet, indem es unter

Annahme eines Durchschnittspreises von 600 ℳ für das Ar in der Zeit nach Befestigung der Mark den zwischen 350 und 400 ℳ schwankenden Vorkriegspreis auf 450 ℳ erhöht. Dies um so mehr, als nicht einmal ersichtlich ist, ob sich die Sachverständigen bewußt gewesen sind, daß die höheren Preise nach Befestigung der Mark nicht ohne weiteres eine wirkliche Werterhöhung der Grundstücke bedeuteten, sondern zum großen Teil nur aus der verringerten Kaufkraft der Mark zu erklären sind. Mit so summarischen Schätzungen lassen sich zuverlässige Ergebnisse überhaupt nicht gewinnen. Es müssen die Einzelumstände gewürdigt werden, die für die Bestimmung des vollen Wertes der enteigneten Grundstücke im November 1921 maßgebend ins Gewicht fallen. Dazu sind einmal, worauf auch der Reichsfinanzhof in der bezeichneten Entscheidung hingewiesen hat, als Minderungen des Friedenswertes alle diejenigen Tatsachen einzustellen, die infolge des verlorenen Kriegs und seiner Nachwirkungen die inländische Wirtschaft und damit auch den inneren Wert der Grundstücke ungünstig beeinflußt haben. Auf der anderen Seite muß aber, wie die Revision der Beklagten selbst nicht verkennt, auch berücksichtigt werden, ob und inwieweit die zu erwartende Besserung der Verhältnisse, wenn man sie mit gesundem Maß veranschlagt, bei der Einschätzung dieser ungünstigen Momente mildernd in Betracht kommt. Auch besondere örtliche Verhältnisse oder sonstige Sonderumstände werden in Rechnung gestellt werden können und müssen. Die Preise, welche die Kläger und benachbarte Grundstücksbesitzer selber für ihre Grundstücke verlangt haben, werden dabei nicht schlechthin ausgeschaltet zu werden brauchen, ebensowenig die Anfang November 1921 für ähnliche Grundstücke gezahlten Preise. Nur wird ihre Bewertung bei der Feststellung des Wertes der enteigneten Grundstücke mit Vorsicht zu geschehen haben, da die eigene Wertbeurteilung der Interessenten wegen der unsicheren Verhältnisse sehr im Ungewissen schwebte und die in der Inflationszeit gezahlten Grundstückspreise aus den bereits erörterten Gründen zumeist keinen zuverlässigen Schluß auf den wirklichen Wert der verkauften Grundstücke zur damaligen Zeit zulassen.

Es mag nicht leicht sein, die Umstände, die für die Ermittlung des zur maßgebenden Zeit bestehenden Wertes der enteigneten Grundstücke zu berücksichtigen sind, in ihrer Gesamtheit zu erfassen und vor allem auch im einzelnen richtig zu beziffern. Vielleicht ist es deshalb zweckmäßig, zur Lösung dieser Aufgabe nicht bloß rein landwirtschaftliche, sondern auch allgemein volkswirtschaftliche Sachverständige beizuziehen. Diese haben vermöge ihrer Allgemeinkenntnis und Allgemeinbetrachtung der Wirtschaftsverhältnisse, insbesondere auch auf Grund des ihnen zur Verfügung stehenden statistischen Materials, wohl den besten Einblick in den Einfluß der in Frage kommenden Umstände auf den Grundstücksmarkt und sind daher auch am ehesten in der Lage, die etwaige Verschiebung der Grundstückswerte zwischen der Friedenszeit und dem Zeitpunkt der Zustellung des Beschlusses über die Feststellung der Entschädigung prozentual zu beziffern, besonders wenn ihnen keine peinlichen Schätzungen zugemutet werden.

Stellt man auf der Grundlage des Friedenswertes den Wert der enteigneten Grundstücke in Friedensmark fest, wie es das Natürliche ist, so wird am einfachsten und zweckdienlichsten auch ihr Wert zur Zeit der Zustellung des Beschlusses über die Feststellung der Entschädigung in Friedensmark auszudrücken sein, wobei allerdings deren veränderte Kaufkraft zu diesem Zeitpunkt nicht unbeachtet bleiben und wegen der verschiedenen Kaufkraft auch die Goldmark nicht ohne weiteres der Friedensmark gleichgesetzt werden darf. Von dem so ermittelten Werte der enteigneten Grundstücke ist die am 5. Januar 1922 geleistete Zahlung von 129656,40 PM abzuziehen, nachdem auch sie — und zwar unter entsprechender Berücksichtigung der Kaufkraft des Geldes zur Zeit dieser Zahlung — vorher in Friedensmark umgewandelt ist. Der dann noch verbleibende Rest ist in Reichsmark umzurechnen. Bei dieser Umrechnung wird aber der Unterschied zwischen der Kaufkraft der Friedensmark zur Zeit der Zustellung des Beschlusses über die Feststellung der Entschädigung und der Kaufkraft der Reichsmark zur Zeit des Urteilserlasses zu berücksichtigen sein, entsprechend den Grundsätzen, wie sie der erkennende Senat in seiner bisherigen Rechtsprechung festgelegt hat (RGZ. Bd. 107 S. 228, Bd. 109 S. 259; JW. 1924 S. 815; 1925 S. 1105; 1926 S. 2360, 2364; WarnRspr. 1926 S. 298). Dort ist auch darauf hingewiesen worden, daß bei Ermittlung der veränderten Kaufkraft des Geldes nicht bloß ein besonderer Markt (hier wäre es der Grundstücksmarkt) in Rechnung zu ziehen ist, sondern die Kaufkraft im allgemeinen als ausschlaggebend zu gelten hat....

---

65. Muß eine deutsche Bank, die als Sicherheit für einen gewährten Kredit englische Akzepte empfangen hat und sie nach Kriegsausbruch durch ihre Londoner Zweigniederlassung hat einziehen lassen, nach Abdeckung des Kredits die Wechselbeträge herausgeben, auch wenn das Vermögen der Zweigniederlassung durch den englischen Staat beschlagnahmt und eingezogen worden ist?

BGB. § 667.

II. Zivilsenat. Urt. v. 29. März 1927 i. S. Deutsche Bank (Bekl.) w. Bankfirma R. (Kl.). II 374/26.

I. Landgericht Hamburg.
II. Oberlandesgericht daselbst.

Die Hamburger Filiale der Beklagten erhielt von der Klägerin vor Ausbruch des Krieges als Sicherheit für sog. tägliches Geld, das sie der Klägerin zur Verfügung gestellt hatte, verschiedene englische Akzepte. Darunter befanden sich zwei im Laufe des August 1914 verfallene Wechsel über 1000 £ und 384 £, die von der Hamburger Filiale an die Londoner Zweigniederlassung der Beklagten übersandt und dieser gegenüber von den Akzeptanten eingelöst wurden. Als diese Zahlungen, die den Parteien erst nach dem Kriege bekannt wurden, bei der Londoner Zweigniederlassung eingingen, war die Hamburger Filiale bei ihr im Debet. Mit der im Herbst 1925 erhobenen Klage vertritt die Klägerin, die den ihr gewährten Kredit inzwischen abgedeckt hat, den Standpunkt, daß die Beklagte an Stelle der ihr fiduziarisch übereigneten Wechsel die von den Akzeptanten gezahlten Pfundbeträge als Sicherheit in die Hand bekommen habe und nach Abdeckung des Kredits diese Sicherheit an die Klägerin ausliefern müsse. Sie verlangt unter Vorbehalt ihrer weiteren Forderungen zunächst einen Teilbetrag von 100 £ nebst Zinsen.

Das Landgericht wies die Klage ab. Das Oberlandesgericht dagegen gab ihr statt. Die Revision der Beklagten hatte keinen Erfolg.

Gründe:

Das Oberlandesgericht führt aus: Mit dem Eingang der beiden Wechselzahlungen bei der Londoner Zweigniederlassung der Beklagten seien die Wechselbeträge in das Vermögen der Beklagten geflossen. Denn als Träger der aus dem Betrieb dieser Zweigniederlassung erwachsenen Rechte und Pflichten sei der Inhaber der Hauptniederlassung anzusehen. Die Klägerin habe daher, nachdem der ihr gewährte Kredit abgedeckt sei, den Anspruch auf Zahlung der Wechselbeträge erworben. Ein Auftrag zur Einziehung dieser Wechselbeträge sei nicht erteilt worden. Trotzdem habe die Hamburger Filiale der Beklagten, welche die Akzepte als Sicherheit in Händen gehabt habe, in Wahrnehmung ihrer eigenen und der Interessen ihrer Schuldnerin die Wechselbeträge bei Verfall durch die Londoner Zweigniederlassung einziehen lassen. Eine Überführung dieser Beträge nach Hamburg und eine Zurverfügungstellung des Pfanderlöses daselbst sei, anders als wenn ein Auftrag zur Einziehung gegeben worden wäre, nicht in Frage gekommen. Die Angelegenheit habe mit der Einziehung der Wechselbeträge in London ihre Erledigung gefunden. Die Hamburger Filiale habe nun nicht mehr Wechselakzepte, sondern ein Guthaben in englischen Pfunden bei der Londoner Zweigniederlassung als Sicherheit für das der Klägerin gewährte Darlehen in Händen gehabt. Es habe sonach die Klägerin nicht berührt, wenn nach Eingang der Zahlungen in London das Vermögen der Londoner Zweigniederlassung beschlagnahmt worden sei.

Die Revision rügt, es sei verkannt, daß bei einer Sicherungsübertragung ein Treueverhältnis vorliege, das einem Auftragsverhältnis gleichkomme und die Anwendung des § 667 BGB. rechtfertige. Die Ansicht, daß die Angelegenheit mit der Einziehung der Wechselbeträge in London erledigt gewesen sei, treffe daher nicht zu. Wegen der vermögensrechtlichen Wesensgleichheit der Hamburger Filiale und der Londoner Zweigniederlassung der Beklagten sei es auch unrichtig, daß die Hamburger Filiale an Stelle der Wechselakzepte nunmehr ein Guthaben bei der Zweigniederlassung erlangt habe und daß deshalb der Anspruch der Klägerin durch die Beschlagnahme des Vermögens der Londoner Zweigniederlassung nicht unmittelbar berührt worden sei.

An diesen Darlegungen der Revision ist so viel richtig, daß, wie das Reichsgericht in ständiger Rechtsprechung erkannt hat (RGZ. Bd. 59 S. 190, Bd. 76 S. 345, 347), die Abtretung einer Forderung zur Sicherheit einen Auftrag enthält und zwischen dem Zedenten und dem Zessionar ein Treueverhältnis begründet, das den letzteren nach Treu und Glauben in Verbindung mit §§ 662 flg. BGB. verpflichtet, neben seinen eigenen Interessen auch diejenigen des Zedenten wahrzunehmen, mithin die abgetretene Forderung, zu deren Geltendmachung er allein befugt ist, ordnungsmäßig einzuziehen. Geht die Vereinbarung dahin, daß der Zessionar sich aus dem Erlös der beigetriebenen Forderung befriedigen soll, so hat er das Erlangte, soweit es die gesicherte Forderung überschreitet, an den Auftraggeber herauszugeben. Ist vereinbart, daß der Zessionar den Erlös als Sicherheit in Händen behalten soll, so hat er nach Abdeckung der gesicherten Schuld das Erlangte im ganzen nach Auftragsgrundsätzen zurückzuerstatten (§ 667 BGB.). Wie die Klägerin in den Vorinstanzen ohne Widerspruch vortrug, hat sie die Wechsel zur Sicherheit für sog. tägliches Geld der Beklagten fiduziarisch, durch Vollindossament, übereignet. Die Klägerin war daher nach Indossierung und Übergabe der Wechsel weder tatsächlich noch rechtlich imstande, sie bei Verfall selbst einzuziehen. Das der Übereignung zugrunde liegende Geschäft war somit den Umständen nach nicht denkbar ohne den Auftrag, die Beklagte solle die Wechselforderungen bei Verfall in London einziehen lassen und die erlangten Pfundbeträge bis zur Abdeckung des der Klägerin gewährten Markkredits behalten. Da dieser Markkredit in der Folge abgedeckt worden ist, muß die Beklagte das, was sie aus der Geschäftsbesorgung „erlangt" hat, der Klägerin da, wo die Sicherheit in Wechseln hingegeben war, also in Hamburg, herausgeben. Der Standpunkt der Beklagten, sie sei nur insoweit herausgabepflichtig, als infolge der Einziehung der Wechsel ihrem Vermögen in Hamburg tatsächliche Werte zugeflossen seien, ist unrichtig. Denn die Londoner Zweigniederlassung war kein selbständiges Rechtssubjekt, sondern nur eine Geschäftsstelle der Beklagten (RGZ. Bd. 96 S. 162, Bd. 107 S. 46 und Bd. 109 S. 362). Daraus folgt, daß — von den Kriegsmaßnahmen der englischen Regierung zunächst abgesehen — schon mit der Einziehung der Wechselbeträge durch die Londoner Zweigniederlassung die Deutsche Bank selbst das Geld erworben hat. Einer Gutschrift in den Büchern dieser Zweigniederlassung bedurfte es hierzu nicht, und noch weniger war erforderlich, daß eine den eingezogenen Beträgen entsprechende Summe von London nach Deutschland überführt wurde. Sind aber die Zahlungen der englischen Akzeptanten der Kasse der Zweigniederlassung in London zugeflossen und damit in das Vermögen der Beklagten übergegangen, so haftet diese nach Auftragsgrundsätzen als Gattungsschuldnerin auf Herausgabe einer den Wechselbeträgen entsprechenden Menge von Pfunden.

Es kommt sonach entscheidend darauf an, ob die Londoner Zweigniederlassung die eingezogenen Wechselbeträge „erlangt" hat und ob ihr Vermögen erst später durch die englischen Kriegsmaßnahmen liquidiert und konfisziert worden ist, oder ob die Wechselbeträge, wie die Revision geltend macht, von vornherein überhaupt nicht in das freie Eigentum der Londoner Zweigniederlassung gelangt sind, weil diese nur beschlagnahmte Werte oder, wie die Revision will, dem Beschlagnahmerecht der englischen Regierung unterliegende Werte erworben habe. Zu dieser Frage hat es aber die Beklagte, die nach Auftragsgrundsätzen rechenschaftspflichtig ist (§ 666 BGB.), in den Tatsacheninstanzen an jeder sachdienlichen Aufklärung der tatsächlichen Hergänge in London fehlen lassen. Daß die eingezogenen Beträge gar nicht in die Kasse der Londoner Zweigniederlassung gelangt wären, sondern zur Verfügung der englischen Regierung bei der Bank von England hätten hinterlegt werden müssen, ist nicht geltend gemacht worden. Der Umstand, daß die Londoner Zweigniederlassung gleich bei Ausbruch des Krieges unter Aufsicht gestellt wurde und daß dies, wie die Beklagte behauptet, die völlige Lahmlegung aller (vom Aufsichtsbeamten der englischen Regierung nicht besonders genehmigten) geschäftlichen Abmachungen bedeutete, schließt nicht aus, daß solche Abmachungen der Beklagten für Geschäfte in England tatsächlich genehmigt worden sind, und ebensowenig, daß es der Bank möglich war, ihre Forderungen in England und im nicht feindlichen Ausland einzutreiben, ihre Vorkriegsabmachungen in England selbst abzuwickeln und mit ihrem Vermögen die Aktivsalden englischer, verbündeter und neutraler Gläubiger in England zu begleichen, ihre Angestellten zu entlohnen und andere Geschäftsschulden und Unkosten zu decken. Es ist daher nicht ersichtlich, inwiefern die Wechselbeträge „von vornherein", wie die Revision geltend macht, der Verfügung der Londoner Zweigniederlassung entzogen und samt dem sonstigen Vermögen der Filiale durch deren spätere Liquidation der englischen Regierung verfallen gewesen sein sollten. Diese Annahme widerspricht sogar dem offenkundigen Verlauf, den die Kriegsmaßnahmen der englischen Regierung gegen das Vermögen deutscher Großbanken in England genommen haben. Durch die erste Lizenz des home office an deutsche Großbanken vom 10. August 1914 (vgl. Armstrong, Britische Gesetzgebung im Kriege und zum Friedensvertrag, Auszug von Oppenheimer, 1922, S. 109) wurde der Beklagten, der Dresdner Bank und der Diskontogesellschaft gestattet, Bankgeschäfte im vereinigten Königreich zu betreiben mit der Maßgabe,

1. daß sich die Erlaubnis nur auf die Beendigung der vor dem 5. August 1914 eingegangenen Bankgeschäfte bezieht,
2. daß die auf Grund dieser Erlaubnis ausgeführten Geschäfte auf den Maßstab beschränkt werden, der notwendig ist, um die Aktiven der Bank zur Erfüllung ihrer Verpflichtungen flüssig zu machen.
3. daß die Geschäfte der Aufsicht einer vom Schatzamt bestimmten Person unterliegen, die ermächtigt ist,
   a) irgendeine Zahlung abzulehnen, die ihr als den Interessen der Nation widersprechend erscheint,
   b) die neuen Transaktionen zu erlauben, die ihr zur Beendigung der erstgenannten Transaktionen notwendig oder wünschenswert erscheinen,
   c) die Beendigung jeglicher Transaktionen zu erlauben oder zu verbieten,
4. daß irgendwelche nach Erfüllung ihrer Verpflichtungen verbleibende Aktiva der Bank bei der Bank von England zur Verfügung des Schatzamtes zu deponieren sind.

Daß diese Geschäfte der Londoner Zweigniederlassung Anfang 1916 noch nicht abgewickelt waren, zeigt sich in den vom englischen Schatzamt am 13. Januar 1916 herausgegebenen Bestimmungen (Armstrong a. a. O. S. 11), wodurch die Leitungen der Londoner Filialen der deutschen Banken genötigt werden sollten, die Eintreibung von Schulden durchzuführen und die Erfüllung von Verbindlichkeiten sowie die Verfügung über Wertpapiere zu beschleunigen. Durch die Zusatz-Lizenz an die Deutsche Bank vom 13. November 1916 (Armstrong a. a. O. S. 110) wurden die einzelnen Transaktionen noch genauer bestimmt, auf die sich ihre Tätigkeit von jetzt ab beschränken sollte. Hiernach durften unter der Aufsicht des Schatzamts alle Handlungen vorgenommen werden, die notwendig waren zum Zwecke oder in Verbindung mit

1. der Zahlung von Salden an britische, verbündete oder neutrale Untertanen oder von Geldern, welche die Bank für deren Rechnung besaß,
2. der Übertragung oder Aushändigung von Wertpapieren oder sonstigem im Besitz der Bank befindlichem Eigentum an britische, alliierte oder neutrale Untertanen,

3. der Aushändigung von Eigentum oder Wertpapieren der Feinde an den Treuhänder,
4. dem Verkauf von Wertpapieren oder Eigentum im Besitz oder zur Verfügung der Bank zum Zwecke der Befriedigung eines Pfandrechts der Bank,
5. der Einziehung der Außenstände der Bank,
6. der Veräußerung irgendwelcher Aktiva oder Einkünfte entweder durch Hinterlegung bei der Bank von England oder durch Zahlung an britische, verbündete oder neutrale Untertanen,
7. der Zahlung von Ausgaben bei Gelegenheit irgendwelcher unternommener oder zu unternehmender Schritte in Verbindung mit den Geschäftsangelegenheiten der Bank unter der Aufsicht des Schatzamts.

Die Londoner Zweigniederlassung der Beklagten war daher seit dem 10. August 1914 zur Eingehung neuer Bankgeschäfte nicht mehr in der Lage, es sei denn mit Genehmigung des Schatzamts, und sie durfte seit dem 5. August 1914 auf Grund der amtlichen Bekanntmachung des Schatzamts zur Proklamation über den Handel mit Deutschland keine Zahlungen mehr nach dort leisten. Gleichwohl hat die Beklagte die in ihre Kasse geflossenen Wechselbeträge von der Beklagten „erlangt". Denn diese Beträge sind Bestandteil ihres Vermögens geworden, mit dem die Deutsche Bank zur Beendigung von Vorkriegsgeschäften wirtschaften und das sie zur Erfüllung ihrer Verbindlichkeiten an englische, verbündete oder neutrale Gläubiger benutzen konnte und mutmaßlich benutzt hat. Dieses Vermögen hat ihr auch zur Tilgung ihrer eigenen Geschäftsunkosten und zur Bezahlung von Ausgaben gedient, die durch die Abwicklung neuer Bankgeschäfte entstehen mochten, soweit ihr solche erlaubt worden waren.

Die Auffassung, die der Deutschen Bank in England auferlegte Beschränkung in der Verwendung der ihrem Vermögen zugeflossenen Wechselbeträge könnte trotzdem die Annahme ausschließen, daß diese Gelder in ihr freies Eigentum übergegangen seien, ist nicht haltbar. Ein schrankenloses Eigentum gibt es auch nach deutschen Gesetzen nicht. Nach diesen war und ist der Eigentümer in der mannigfachsten Art und Weise in der tatsächlichen und rechtlichen Möglichkeit beschränkt, mit seinem Eigentum nach Belieben zu schalten und zu walten (Kapitalfluchtgesetz, Devisenordnung, Zwangswirtschaft, Eigentumsbeschränkungen privatrechtlicher und öffentlichrechtlicher Art, Enteignung).

Stellt man sich vor, daß die Aktiven der Londoner Zweigniederlassung nur ausgereicht hätten, um die Schulden der Bank an englische, neutrale und verbündete Gläubiger zu decken, so ließe sich die Frage gar nicht aufwerfen, ob die Bank mit Rücksicht auf die englischen Kriegsmaßnahmen die Wechselbeträge auch wirklich erlangt habe. Es macht indessen für die rechtliche Beurteilung keinen Unterschied, ob nach Deckung der Schulden der Bank noch ein Aktivsaldo und in welcher Höhe übrig geblieben ist. Denn als Teil ihres Londoner Gesamtvermögens standen die eingezogenen Wechselbeträge der Bank zu den in London ihr erlaubten Transaktionen zur Verfügung, und durch die Abdeckung ihrer Schulden hat sie zu ihrem Nutzen davon einen Gebrauch gemacht, wie er der vollen wirtschaftlichen und rechtlichen Machtstellung des Eigentümers entspricht. Die Beklagte hat sonach die in London erlangten Pfunde als Gattungsschuldnerin in gleicher Menge herauszugeben; die in den späteren Jahren erfolgte Liquidation ihres dortigen Vermögens und die Einziehung des noch vorhandenen Aktivsaldos berührte daher die Klägerin so wenig, als wenn die Beklagte sonst irgendwie in ihrem Geschäftskreis Verluste erlitten hätte.

---

66. 1. Ist der Anspruch eines Schuldners auf Feststellung des Nichtbestehens seiner Verpflichtung aus einem Schuldanerkenntnis (§ 781 BGB.) im Rechtsweg verfolgbar, wenn feststeht, daß die versprochene Geldsumme das Entgelt für die Aufhebung der auf Grund einer örtlichen Wohnungsmangel-Verordnung erfolgten Beschlagnahme der Wohnräume eines Hauses und für die Freistellung des Grundstücks von künftigen Beschlagnahmen bilden sollte?

2. Ist ein solcher Anspruch sachlich gerechtfertigt?

III. Zivilsenat. Urt. v. 29. März 1927 i. S. Stadtgem. K. (Bekl.) w. M. (Kl.). III 169/26.

I. Landgericht Kiel.
II. Oberlandesgericht daselbst.

Die Ehefrau des Klägers ist Eigentümerin eines Villengrundstücks in K. Nachdem der Kläger die Räumung des Grundstücks durch den es bewohnenden Mieter erzwungen hatte, zog er mit seiner Familie dort ein, ohne die Genehmigung des Wohnungsamts hierzu einzuholen. Sein Antrag, ihm die Villa zuzuweisen, wurde durch Verfügung des Wohnungsamts vom 30. Oktober 1922 abgelehnt. Gleichzeitig wurde das Grundstück auf Grund von § 8 der K.er Wohnungsmangel-Verordnung vom 23. Januar 1922 beschlagnahmt und dem Kläger aufgegeben, das Haus bis zum 5. November 1922 zu räumen. Die Beschwerde des Klägers wurde vom Mieteinigungsamt zurückgewiesen. Die von der Beschwerdestelle angeregten Einigungsverhandlungen zwischen dem Kläger und dem Wohnungsamt führten dazu, daß der Kläger am 21. März 1924 ein Schuldversprechen zugunsten der Stadtgemeinde K., der Beklagten, zu notariellem Protokoll erklärte. Er erkannte darin an, der Beklagten 5000 RM schuldig zu sein, und verpflichtete sich, die Schuld in bestimmten Raten abzuführen, unterwarf sich auch der sofortigen Zwangsvollstreckung. Die 5000 RM sollten, wie die Beklagte im Berufungsverfahren angegeben hat, ein Entgelt dafür sein, daß die Beschlagnahme des Hauses aufgehoben und dem Kläger für die Zukunft die Freistellung des Hauses von einer gleichen Maßnahme zugesichert wurde. Nachdem der Kläger 2000 RM an die Beklagte entrichtet hatte, verweigerte er weitere Zahlungen, weil nach seiner Ansicht das Wohnungsamt nunmehr erst die Beschlagnahme aufzuheben hatte. Darauf ließ die Beklagte im Wege des Verwaltungsverfahrens wegen des Restes von 3000 RM bei ihm pfänden. Mit der Klage begehrt er die Unzulässigerklärung der Pfändung und die Feststellung, daß er zur Erfüllung des Zahlungsversprechens, das er als sittenwidrig, wucherisch und jedenfalls als rechtsgrundlos bezeichnet nicht verpflichtet sei. Das Landgericht hat die Klage abgewiesen. Das Oberlandesgericht hat der Berufung des Klägers nur insoweit statt gegeben, als es dem Feststellungsbegehren entsprochen hat. Die Revision der Beklagten ist zurückgewiesen worden.

Gründe:

Die Revision bekämpft mit Unrecht die Annahme des Berufungsgerichts, daß der jetzt allein noch in Betracht kommende Antrag des Klägers im Rechtsweg verfolgt werden könne. Den Gegenstand des Antrags bildet das Feststellungsverlangen, daß dem Kläger aus der notariellen Urkunde vom 21. März 1924 keine Verpflichtungen erwachsen seien. Die Beklagte hat in der Berufungsverhandlung auf Befragen erklärt, die 5000 RM, deren Zahlung in der Urkunde versprochen wird, habe der Kläger als Entgelt dafür gewähren sollen, daß die Beschlagnahme des Hauses seiner Ehefrau aufgehoben und ihm die Freistellung des Grundstücks von einer künftigen Beschlagnahme zugesichert werde. Hieraus sowie aus zwei Schreiben der Beklagten und einem Schreiben des Wohnungsamts entnimmt der Vorderrichter, daß die 5000 RM die Gegenleistung für die vom Wohnungsamt zugesagte Freigabe der Räume des Grundstücks bilden sollten. Wenn diese Auffassung der Rechtslage zutreffend wäre, so würde es sich um einen öffentlichrechtlichen gegenseitigen Vertrag handeln, dessen Inhalt in einem Verzicht des Wohnungsamts auf das Recht der Inanspruchnahme der Räume gegen die Hingabe einer Geldsumme an die beklagte Stadtgemeinde bestehen würde. Aus der Entstehungsgeschichte der notariellen Urkunde ergibt sich indessen mit voller Klarheit, daß das Versprechen des Geldbetrags seines Charakters als einer Gegenleistung hat entkleidet und zum Gegenstand eines einseitigen, die Zahlungspflicht des Klägers selbständig begründenden privatrechtlichen Vertrags hat gemacht werden sollen. Der Kläger hatte zunächst ein Schuldanerkenntnis dahin ausgestellt, daß er der Beklagten 5000 RM als Ablösungssumme in seiner Wohnungsangelegenheit schuldig geworden sei. Als die Beklagte das so gefaßte Schriftstück zurückgewiesen hatte, brachte der Kläger eine neue Urkunde bei, worin er bekannte daß er der Stadtgemeinde die bezeichnete Geldsumme für die Überlassung der Wohnung schulde. Die Beklagte erklärte sich auch mit dieser Fassung nicht einverstanden und verlangte die Ausstellung einer abstrakten Schuldurkunde, worauf der Kläger das Schuldanerkenntnis vom 21. März 1924 zu notariellem Protokoll erklärte und es der Beklagten übergab. Diese Vorgänge lassen keinen Zweifel darüber, daß die Beklagte ein von dem rechtlichen Zusammenhang mit der Beschlagnahme, also von seiner öffentlichrechtlichen Grundlage losgelöstes, völlig auf sich gestelltes Schuldanerkenntnis erstrebte und daß der Kläger ihr die Urkunde vom 21. März in diesem Sinne ausstellte. Die ihm obliegende Leistung hat damit die Natur einer Gegenleistung für den ihm zugesagten Verzicht des Wohnungsamts auf zwangswirtschaftliche Eingriffe in das Verfügungsrecht der Grundstücks-Eigentümerin abgestreift. Als Rechtsgrundlage der Zahlungspflicht des Klägers ist ein bürgerlichrechtlicher Vertrag im Sinne von § 781 BGB. übrig geblieben, so daß die Zulässigkeit des Rechtswegs keinen Bedenken unterliegt.

In der Sache selbst kann unerörtert bleiben, ob die Abmachung, die der Kläger mit dem Wohnungsamt getroffen hat, aus den von ihm dargelegten Gründen sittenwidrig ist oder einen wucherlichen Inhalt an sich trägt und ob von der sich hieraus ergebenden Nichtigkeit der Vereinbarung auch das Schuldanerkenntnis ergriffen wird. Auch schon dann, wenn das Anerkenntnis nur einem erfolgreichen Angriff mittels der Bereicherungsklage (§ 812 BGB.) unterliegt, ist der Kläger aus ihm nicht verpflichtet und ist der Feststellungsantrag gerechtfertigt. Die Rechtslage ist nun in der Tat so gestaltet, daß dieser in der Klage zu findende Rechtsbehelf durchgreift. Aus der Erklärung der Beklagten, daß die vom Kläger versprochene Geldleistung als Entgelt für die von ihr übernommene Aufhebung der bereits erfolgten Beschlagnahme und die Freistellung der Räume des Grundstücks von einer künftigen Beschlagnahme von den Parteien gedacht gewesen sei, folgt ohne weiteres, daß der Kläger mit dem Schuldanerkenntnis auf die Herbeiführung des damit gekennzeichneten, ihm günstigen Erfolgs abzielte und daß für die Beklagte diese seine Absicht erkennbar war und von ihr auch erkannt wurde. In diesem Sinne sind auch die Ausführungen des Berufungsgerichts über die Zulässigkeit der Bereicherungsklage zu verstehen. Nun hat zwar das Wohnungsamt die bereits verfügte Beschlagnahme des Hauses am 24. Januar 1925 aufgehoben. Mit der Zusicherung, in Zukunft von weiteren solchen Maßnahmen trotz des Vorliegens der erforderlichen Voraussetzungen abzustehen, hat es aber eine ungültige Verpflichtung auf sich genommen. Der rechtliche Erfolg, den der Kläger mit seinem Anerkenntnis anstrebte, konnte daher zu einem wesentlichen Teil von vornherein nicht erreicht werden. Er war von Anfang an rechtlich unmöglich. Hieran wird auch nichts geändert, wenn unterstellt wird, daß das Wohnungsamt den Kläger zu dem Schuldanerkenntnis veranlaßt hat, um der Beklagten dadurch Mittel zur Beschaffung neuen Wohnraums zuzuführen. Selbst wenn die Vorschriften über die Wohnungs-Zwangswirtschaft, insbesondere das Wohnungsmangel-Gesetz, Unterlagen für die Annahme darbieten sollten, daß die Verwaltungsbehörde zur Befreiung von Wohnräumen von einer künftigen Beschlagnahme zu diesem Zwecke berechtigt sei, wäre doch keinesfalls anzunehmen, daß ein solcher Verzicht unbeschränkt und namentlich auch für den Fall zulässig sei, daß das Anwachsen der Wohnungsnot zu einer Beschlagnahme nötigen würde. Eine bedingungslose Freistellung des Hauses von der Beschlagnahme, wie sie der Kläger nach der tatrichterlichen Auffassung der Vorinstanz mit seinem Schuldanerkenntnis bezweckte, war keinesfalls statthaft. Das Wohnungsamt konnte sich seiner obrigkeitlichen Befugnisse nach dieser Richtung nicht schlechthin begeben. Da die Beklagte nicht, wie ihr obgelegen hätte, die Kenntnis des Klägers von der rechtlichen Unmöglichkeit des mit dem Schuldversprechen erstrebten Erfolges dargetan, auch nicht einmal behauptet hat (§ 815 BGB.), so wird das Anerkenntnis durch die Geltendmachung des Rückforderungsrechts aus § 812 entkräftet. Ob durch den im Schreiben des Wohnungsamts erwähnten Ministerialerlaß, wie dort behauptet wird, der Verzicht auf das Beschlagnahmerecht in vollem Umfang gegenstandslos geworden ist, kann dahingestellt bleiben. Auch wenn es der Fall wäre, so würde damit das Rückforderungsrecht des Klägers nicht erloschen sein. Verfolgte der Kläger, wie das Berufungsgericht annimmt, mit dem Anerkenntnis den für die Beklagte ersichtlichen Zweck, sich auch gegen die zur Zeit des Versprechens noch bestehende Möglichkeit einer künftigen Inanspruchnahme der Räume zu sichern, und war dieser Zweck unerreichbar, so blieb der ihm hieraus erwachsene Bereicherungsanspruch bestehen, auch wenn nachmals jene Möglichkeit wegfiel.

---

67. 1. Wird das Recht des Grundstückserwerbers, geltend zu machen, daß der Wiedereintragung einer gelöschten Hypothek nach § 20 AufwG. die Vorschriften über den öffentlichen Glauben des Grundbuchs entgegenstehen, dadurch ausgeschlossen, daß er gegen die Anmeldung der Hypothek bei der Aufwertungsstelle nicht oder nicht rechtzeitig Einspruch eingelegt hat?

2. Hat der Grundbuchrichter zu prüfen, ob der Wiedereintragung der Hypothek die Vorschriften über den öffentlichen Glauben des Grundbuchs entgegenstehen?

AufwG. § 20. BGB. § 892.

V. Zivilsenat. Beschl. v. 30. April 1927 in einer Münchener Grundbuchsache. V B 5/27.

I. Grundbuchamt München.
II. Landgericht München I.

Der Sachverhalt ergibt sich aus folgenden

Gründen:

Auf dem im Grundbuch von Untersendling eingetragenen Anwesen des Bäckermeisters G. war für die Bayerische Vereinsbank in München an zweiter Rangstelle eine Buchhypothek von 6000 ℳ eingetragen. Am 11. Januar 1923 hat G. den Nennbetrag dieser Hypothek in Papiermark an die Bayerische Vereinsbank zurückgezahlt. Die Hypothek ist am 15. Februar 1923 auf Grund der Löschungsbewilligung der Bank im Grundbuch gelöscht worden. G. hat das Anwesen am 22. Juni 1923 an den Kunstmühlenbesitzer St. verkauft. Dieser ist am 9. August 1923 als neuer Eigentümer in das Grundbuch eingetragen worden. Am 6. November 1925 hat die Bayerische Vereinsbank bei der Aufwertungsstelle in München einen Anspruch auf Aufwertung ihrer Hypothek kraft Rückwirkung auf 1280 Gℳ gemäß § 15 AufwG. gegen G. und St. angemeldet. Ersterer hat Einspruch eingelegt und die Härteklausel für sich in Anspruch genommen; letzterer hat keine Erklärung abgegeben. Die Aufwertungsstelle hat die Hypothek auf 1280 Gℳ aufgewertet.

Mit Beschluß vom 11. Oktober 1926 hat das Grundbuchamt München die Wiedereintragung der Hypothek abgelehnt, da St. das Anwesen gutgläubig frei von jeder Belastung erworben habe. Das Landgericht hat die von der Bayerischen Vereinsbank hiergegen eingelegte Beschwerde als unbegründet zurückgewiesen. Das Oberste Landesgericht in München hält die weitere Beschwerde für begründet. Es führt aus: Der Grundstückseigentümer St. habe zwar durch Versäumung der Einspruchsfrist des § 16 AufwG. das Recht verloren, zu bestreiten, daß die Voraussetzungen der Rückwirkung gegeben seien. Dagegen sei ihm das Recht verblieben, gemäß § 20 AufwG. geltend zu machen, daß der Wiedereintragung der Hypothek die Vorschriften über den öffentlichen Glauben des Grundbuchs entgegenständen. Die Frage, ob dies der Fall sei, eigne sich aber grundsätzlich nicht für eine grundbuchamtliche Würdigung. Denn das

Grundbuchamt, ohnedies keine gerichtliche, sondern eine Verwaltungs-Behörde, sei für die Regel mangels der erforderlichen Grundlagen gar nicht imstande, über die Frage des guten oder schlechten Glaubens eine sachlich zuverlässige Entscheidung zu treffen. Auch sei die Frage der Gut- oder Bösgläubigkeit gerade im Rahmen des Aufwertungsrechts zu einem sehr umstrittenen Gebiet geworden. Anderseits ergebe sich aus der Fassung des § 20 AufwG., daß es nicht Sache des Antragstellers sein könne, hier von vornherein eine Beweislast zu übernehmen; vielmehr solle unzweifelhaft die Beweislast demjenigen aufgebürdet werden, der eine der Wiedereintragung entgegenstehende Rechtslage behaupten wolle. Eine Ausnahme von dieser grundsätzlichen Einstellung des Grundbuchamts, die zugleich dessen Geschäftsaufgabe praktisch erleichtere, sei nur dann zuzulassen, wenn schon aus der Begründung des Antrags oder aus dem Inhalt des Grundbuchs und der Grundbuchanlagen das Nichtbestehen oder der Verlust des behaupteten Aufwertungsanspruchs zweifelfrei feststehe, z. B. wenn der Eigentümerwechsel zur Zeit der Geltung der 3. Steuernotverordnung stattgefunden habe und die Annahme der Zahlung sowie die Löschungsbewilligung vorbehaltlos erfolgt seien. Ein Ausnahmefall dieser Art liege hier nicht vor. Auch sei zu beachten, daß der neue Eigentümer St. innerhalb der Einspruchsfrist selbst keine Einwendungen in dieser Hinsicht vorgebracht habe. Bei dieser Sach- und Rechtslage könne für das Grundbuchamt kein Hindernis bestehen, dem Antrag der Bank auf Wiedereintragung ihrer Hypothek zunächst zu entsprechen; dem neuen Eigentümer bleibe es unbenommen, seine Rechte im ordentlichen Rechtsweg wahrzunehmen. Das Oberste Landesgericht möchte daher der weiteren Beschwerde der Bank stattgeben. Es sieht sich aber daran gehindert durch den Beschluß des Kammergerichts vom 8. Juli 1926 (Rspr. in AufwS. Bd. 1 S. 462), der von der entgegengesetzten Auffassung ausgeht, daß der Grundbuchrichter bei einem nach Löschung der Hypothek vollzogenen Eigentumswechsel der Regel nach den neuen Eigentümer als gutgläubig anzusehen und daher den Wiedereintragungsantrag abzulehnen habe, sofern ihm nicht der Nachweis der Bösgläubigkeit des Erwerbs erbracht werde. Aus diesen Gründen hat das Oberste Landesgericht die weitere Beschwerde gemäß § 79 GBO. dem Reichsgericht zur Entscheidung vorgelegt.

Die Voraussetzungen des § 79 GBO. sind aus den vom Obersten Landesgericht dargelegten Gründen gegeben. Die Zuständigkeit des Reichsgerichts zur Entscheidung über die weitere Beschwerde ist daher begründet. Auch die Zulässigkeit der Beschwerde unterliegt keinem Bedenken (vgl. JRsch. 1926 Nr. 502; JFG. 3, 388; AufwRspr. Bd. 2, 2. Sonderheft S. 31; Nadler, Grundbuch- und Aufwertungsfragen 3. Aufl. S. 236). Sachlich ist sie jedoch nicht begründet.

Wie auch das Oberste Landesgericht mit Recht angenommen hat, kann die Beschwerde nicht damit begründet werden, daß der nunmehrige Grundstückseigentümer gegen die Anmeldung der Beschwerdeführerin bei der Aufwertungsstelle keinen Einspruch eingelegt hat. Denn aus § 16 Abs. 2 AufwG. ergibt sich, daß die Versäumung der Einspruchsfrist in ihren Wirkungen nur der Feststellung gleichzustellen ist, daß ein Vorbehalt der Rechte des Hypothekengläubigers im Sinne des § 14 AufwG. vorliege oder daß eine Rückwirkung im Sinne des § 15 das. stattfinde. Auch ist daraus, daß dort angeordnet ist, die Wiedereintragung der Hypothek finde „erst" statt, wenn diese Voraussetzungen vorliegen, nicht zu folgern, daß der Nachweis dieser Voraussetzungen unter allen Umständen schon die Wiedereintragung rechtfertige. Das Recht des Eigentümers, geltend zu machen, daß der Wiedereintragung der Hypothek nach § 20 AufwG. die Vorschriften über den öffentlichen Glauben des Grundbuchs entgegenstehen, wird daher durch den Ablauf der Einspruchsfrist nicht berührt. In diesem Sinne haben sich auch das Kammergericht in ständiger Rechtsprechung (JRsch. 1926 Nr. 1647; Recht 1926 Nr. 1422; JW. 1927 S. 65 Nr. 3, S. 854 Nr. 1, S. 1016 Nr. 4 und S. 1019 Nr. 6), die Oberlandesgerichte Stuttgart (JRsch. 1926 Nr. 1408), Karlsruhe (AufwRspr. Bd. 2, 2. Sonderheft S. 31) und Dresden (Beschluß vom 15. Januar 1927 183/26), sowie überwiegend auch das Schrifttum ausgesprochen; vgl. Quassowski AufwG. § 16 bei II, 7; Nadler, a. a. O. 3. Aufl. S. 225; Raape bei Gruch. N. F. Bd. 5 S. 214; Lemberg in JW. 1926 S. 1836 zu Nr. 30; 1927 S. 1019 zu Nr. 6. Der gegenteilige Standpunkt wird allerdings von Abraham (JW. 1926 S. 945, 2350, 2455 zu Nr. 1 und JW. 1927 S. 65 zu Nr. 3 und S. 1016 zu Nr. 4) sowie von Mügel (JW. 1927 S. 68) vertreten. Ihre Darlegungen sind jedoch obigen Erwägungen gegenüber nicht überzeugend. Insoweit ist also dem Obersten Landesgericht beizutreten.

Nicht zu folgen vermag ihm aber der Senat in seiner dem Vorlegungsbeschlusse zugrunde liegenden Auffassung, daß § 20 AufwG. der Wiedereintragung der Hypothek deshalb nicht hinderlich sei, weil die Frage, ob der Wiedereintragung einer Hypothek die Vorschriften über den öffentlichen Glauben des Grundbuchs im Wege stehen, sich — von hier nicht in Betracht kommenden Ausnahmefällen abgesehen — für eine grundbuchamtliche Würdigung nicht eigne und daher im Grundbuchverfahren nicht zu prüfen sei. Denn nach § 20 AufwG. ist die Wiedereintragung gelöschter Aufwertungshypotheken nicht statthaft, wenn ihr die Vorschriften über den öffentlichen Glauben des Grundbuchs entgegenstehen. Da hier keiner der Ausnahmefälle des § 22 AufwG. vorliegt, ist daher mit Rücksicht auf den nach der Löschung der Hypothek eingetretenen Eigentumswechsel ihre Wiedereintragung gemäß § 892 BGB. nicht zulässig, sofern nicht dem nunmehrigen Grundstückseigentümer zur Zeit der Stellung des Antrags auf Umschreibung des Eigentums die Unrichtigkeit des Grundbuchs, also hier das Fortbestehen der gelöschten Hypothek, bekannt war. Das Vorliegen dieses Ausnahmefalles ist aber nach allgemeinen Grundsätzen von dem zu beweisen, der sich auf ihn berufen muß, um mit seinen Ansprüchen durchzudringen, und das ist hier die Beschwerdeführerin. Daß dieser Grundsatz im Grundbuchverfahren nicht gelten solle, ist nicht anzuerkennen (vgl. Planck-Strecker § 892 BGB. Anm. II 2a, S. 223). Daran kann auch der Umstand nichts ändern, daß, wie zuzugeben ist, die Erbringung dieses Nachweises in der für das Grundbuchverfahren in § 29 GBO. vorgeschriebenen Form im Streitfall nur durch Beibringung einer im Prozeßweg zu beschaffenden rechtskräftigen Verurteilung des Eigentümers zur Bewilligung der Eintragung möglich sein wird. Im übrigen ist auch nicht ersichtlich, daß das praktische Bedürfnis eine andere Regelung erheische. Denn das Interesse des Hypothekengläubigers ist dadurch geschützt, daß der Grundsatz des öffentlichen Glaubens ihm gegenüber für Eintragungen aus der Zeit nach dem 1. Juli 1925 gemäß § 22 Abs. 2 AufwG. bis auf weiteres nicht Platz greift; auch kann sich der Hypothekengläubiger durch Eintragung eines Widerspruchs sichern. Dagegen könnte der Rechtsstandpunkt des Obersten Landesgerichts zu einer Gefährdung der Rechte des Grundstückserwerbers führen, wenn die Wiedereintragung der Hypothek ohne sein Vorwissen erfolgt und der Hypothekengläubiger über die Hypothek verfügt, bevor der Eigentümer von ihrer Wiedereintragung Kenntnis erlangt hat. Die hier vertretene Rechtsauffassung wird denn auch, abgesehen vom Kammergericht, von den übrigen Oberlandesgerichten und ebenso vom Schrifttum gebilligt (vgl. AufwRspr. 1927 S. 22 und 2. Sonderheft S. 31, sowie den schon erwähnten Beschluß des OLG. Dresden; dazu: Mügel S. 304, Schlegelberger-Harmening S. 198, Quassowski S. 244, Michaelis S. 99, Nadler a. a. O. S. 225).

---

68. 1. Setzt die Anwendung des § 20 Abs. 2 AufwG. voraus, daß die Löschungsbewilligung oder eine löschungsfähige Quittung bereits in dem in § 892 Abs. 2 BGB. bestimmten Zeitpunkt erteilt war?

2. Was ist unter Erteilung der Löschungsbewilligung oder einer löschungsfähigen Quittung zu verstehen?

V. Zivilsenat. Urt. v. 28. Mai 1927 i. S. R. Hypothekenbank (Bekl.) w. Eheleute W. (Kl.). V 532/26.

I. Landgericht I Berlin.
II. Kammergericht daselbst.

Die Erben P. verkauften durch notariellen Vertrag vom 15. November 1922 ein in Berlin gelegenes Grundstück an Frau R. und ließen es ihr zugleich auf, versprachen auch lastenfreie Übergabe. Auf dem Grundstück waren damals zugunsten der Beklagten zwei Hypotheken zu 94600 *M* und 40400 *M* eingetragen. Die Erben P. zahlten am 5. Januar 1923 an die Beklagte das restliche Hypothekenkapital sowie eine Entschädigung von 35000 *M* und die Zinsen für das 4. Vierteljahr 1922, außerdem, auf Verlangen der Beklagten, noch die Zinsen für das erste Halbjahr 1923. Darauf sandte die Beklagte mit Schreiben vom 25. Januar 1923 die Löschungsbewilligung nebst den Hypothekenbriefen an den Bevollmächtigten der Frau R. und der Voreigentümer, Rechtsanwalt B., der die Urkunden am 30. dess. Monats mit Löschungsantrag beim Grundbuchamt einreichte. Die Löschung geschah am 6. Dezember 1923. Inzwischen war der Antrag auf Eintragung der Käuferin im Grundbuch am 26. Januar 1923 beim Grundbuchamt eingegangen, und Frau R. am 30. Januar als Eigentümerin im Grundbuch eingetragen worden. Diese verkaufte das Grundstück durch notariellen Vertrag vom 24. Juni 1925 an die Kläger und ließ es ihnen zugleich auf. Auf den beim Grundbuchamt am 29. August 1925 gestellten Antrag wurden die Kläger am 5. September 1925 als Eigentümer im Grundbuch eingetragen.

Die Beklagte hat die Aufwertung der beiden Hypotheken beantragt und im Januar 1926 gegen deren Löschung Widersprüche gemäß § 16 Abs. 2 Satz 2 AufwG. im Grundbuch eintragen lassen. Die Kläger verlangen nunmehr Verurteilung der Beklagten, in die Löschung der Widersprüche zu willigen. Zur Begründung machen sie geltend, die Wiedereintragung der Hypotheken sei durch die Vorschriften über den öffentlichen Glauben des Grundbuchs nach § 20 Abs. 2 AufwG. ausgeschlossen, weil die Löschungsbewilligung schon am 9. Januar 1923 ausgestellt und am 25. Januar 1923 bei Rechtsanwalt B. eingegangen sei. Die Beklagte behauptet dagegen, die Löschungsbewilligungen seien dem Rechtsanwalt B. erst am 29. Januar 1923 zugegangen; erst damit seien sie erteilt gewesen, so daß § 20 Abs. 2 AufwG. der Wiedereintragung der Hypotheken nicht entgegenstehe.

Beide Instanzen gaben der Klage statt. Die Revision der Beklagten hatte Erfolg.

Gründe:

Das Kammergericht unterstellt, daß die Löschungsbewilligung nach der eigenen Darstellung der Beklagten spätestens am 29. Januar 1923 dem Rechtsanwalt B. als Vertreter der damaligen Eigentümerin ausgehändigt worden und damit erteilt gewesen sei. Hiergegen erhebt die Revision keine Bedenken und solche liegen auch nicht vor. Die Ausstellung der Löschungsbewilligung oder das Versprechen ihrer Übersendung genügt nicht, solange sie der Gläubiger im Besitz behält. Eine Erteilung der Löschungsbewilligung im Sinne des § 20 Abs. 2 AufwG. liegt nur vor, wenn die Löschungsurkunde dem Grundbuchamt vom Gläubiger eingereicht oder dem Eigentümer oder seinem Vertreter übergeben ist (Neukirch, Bem. 5 zu § 20, Mügel, Erg.-Bd. Anm. 6 zu § 20, Quassowski, 3. Aufl. S. 249, Kammergericht in DRZ. 1926 Nr. 1050 S. 304).

Das Berufungsgericht führt weiter aus, der Wortlaut des § 20 Abs. 2 AufwG. scheine zwar dafür zu sprechen, daß die Löschungsbewilligung oder löschungsfähige Quittung spätestens in dem in § 892 Abs. 2 BGB. bezeichneten Zeitpunkt erteilt sein müsse und daß ihre Nachreichung bis zu der den Rechtserwerb vollendenden Eintragung im Grundbuch den Schutz des Erwerbers gegen die Aufwertungsansprüche nicht begründe. Der Vorderrichter folgert jedoch aus der Entstehungsgeschichte der Vorschrift die Absicht des Gesetzgebers, daß es zum Schutze des gutgläubigen Erwerbers ausreichen solle, wenn die Löschungspapiere zur Zeit der Eintragung erteilt waren. Ähnliche Erwägungen seien auch dafür maßgebend gewesen, daß § 892 Abs. 1 Satz 1 BGB., der den guten Glauben im Zeitpunkt der Vollendung des Erwerbes schütze, durch Abs. 2 erweitert worden sei, wonach der gute Glaube zur Zeit der Antragstellung oder der ihr nachfolgenden Einigung genügen, ein Wegfall des guten Glaubens in der Zwischenzeit bis zur Eintragung für den Rechtserwerber also unschädlich sein solle.

Die Revision bekämpft diese Auslegung des § 20 Abs. 2 AufwG. als unhaltbar. Die Absicht des Gesetzgebers sei belanglos, da sie im Gesetz keinen Ausdruck gefunden habe. In dem vom Berufungsgericht verwerteten Kommissionsbericht heiße es, daß geschützt werde, wer im Vertrauen auf vorgelegte Löschungspapiere das Eigentum erlangt habe. Ein bloß schuldrechtlicher Anspruch auf die Erteilung der Löschungsbewilligung und das Vertrauen auf seine Erfüllung genüge nicht. Mit der Auflassung und der Einreichung des Eintragungsantrags sei die rechtswirkende Tätigkeit des Erwerbers beendigt. Nachher nehme er keine Rechtshandlung mehr vor, die im Vertrauen auf die Glaubwürdigkeit der Löschungspapiere erfolgen könne. Auf den Zeitpunkt der Eintragung habe der Erwerber keinen Einfluß. Er müsse damit rechnen, daß sie unmittelbar nach dem Antrag erfolge und die Einreichung der Löschungspapiere vorher nicht mehr möglich sei. Ein Vertrauen auf derartige Zufälligkeiten verdiene keinen Schutz..

Der Revision ist stattzugeben.

Wäre § 892 BGB. allein maßgebend, so könnte sich die Erwerberin R. auf den öffentlichen Glauben des Grundbuchs nicht berufen, weil das Grundbuch die Belastung mit den streitigen Hypotheken aufwies und die Hypotheken erst lange nach der Eintragung der Erwerberin als Eigentümerin gelöscht wurden. Das Grundbuch sprach daher nicht für, sondern gegen die Erwerberin. Aus demselben Grunde kann § 20 Abs. 1 AufwG. keine Anwendung finden, wonach die Aufwertung gelöschter Hypotheken mit dem sich aus § 6 ergebenden Range nur stattfindet, soweit nicht die Vorschriften über den öffentlichen Glauben des Grundbuchs entgegenstehen. Zu prüfen bleibt allein, in welchem Maße die Grundsätze über den öffentlichen Glauben des Grundbuchs durch § 20 Abs. 2 AufwG. erweitert sind. Nach dieser Vorschrift soll in gewissem Umfang auch derjenige geschützt werden, der sich beim rechtsgeschäftlichen Erwerb eines Rechts am Grundstück oder eines Rechts an einem solchen Recht nicht auf den Inhalt des Grundbuchs, sondern auf das Vorhandensein einer formgerechten Löschungsbewilligung stützt, die eine geeignete Grundlage zur Änderung einer ihm an sich entgegenstehenden Eintragung im Grundbuch bildet. Aus der Fassung des Gesetzes erhellt aber nicht, daß die Löschungsbewilligung der wirklichen Löschung rechtlich vollkommen gleichgestellt wäre, sondern der Löschungsbewilligung ist eine zeitliche Schranke beigefügt. Nach dem Wortlaut des § 20 Abs. 2 AufwG. in Verbindung mit dem dort angezogenen § 892 Abs. 2 BGB. kann es nicht zweifelhaft sein, daß beim Eigentumserwerb nach vorangegangener Auflassung die Löschungsbewilligung oder die löschungsfähige Quittung spätestens in dem Zeitpunkt vorliegen muß, in dem der Antrag auf Umschreibung des Eigentums beim Grundbuchamt eingeht. Dabei kann es keinen Unterschied begründen, daß im § 20 Abs. 2 von einem bestimmten Zeitpunkt die Rede ist, während es im § 892 Abs. 2 BGB. heißt, die Zeit der Stellung des Eintragungsantrags oder der Einigung sei maßgebend. Denn unter Zeit im Sinne dieses Gesetzes kann ebenfalls nur der bestimmte Zeitpunkt der dort bezeichneten Vorgänge verstanden werden (Komm. von RGR. Bem. 13 zu § 892 BGB.).

Die dem Wortlaut folgende Auslegung des § 20 Abs. 2 AufwG. gibt auch, wie der Revision einzuräumen ist, einen guten Sinn. Die vorgesehene zeitliche Grenze für die Löschungsbewilligung ermöglicht es, daß der Antrag auf Löschung der Hypothek und der Antrag auf Umschreibung des Eigentums gleichzeitig beim Grundbuchamt gestellt und beide Anträge gemeinsam erledigt werden. Löst man dagegen den zeitlichen Zusammenhang, so wird die erstrebte wirkliche Löschung in weitere Ferne gerückt und es entsteht die auch im Streitfall eingetretene rechtliche Folge, daß sich der Eigentumserwerb vor der Löschung vollendet. Auch vom Standpunkt des Erwerbers bedeutet das Vorliegen einer formgerechten Löschungsbewilligung rechtlich etwas anderes als die mehr oder minder begründete Aussicht auf die Erfüllung eines etwa bestehenden Anspruchs auf Erteilung der Löschungsbewilligung. Stellt der Käufer den Antrag auf seine Eintragung als Eigentümer ohne Vorhandensein der Löschungsbewilligung, so besteht für deren rechtzeitigen Eingang keine Sicherheit, und der Erwerber gibt zu erkennen, daß er bereit ist, das Eigentum mit der Last mindestens einstweilen zu übernehmen.

Für die hier vertretene engere Auslegung sprechen ferner allgemeine Gründe. In dem Maße, wie man den Schutz des gutgläubigen Erwerbers über den Wortlaut des Gesetzes hinaus erweitert, wird der aufwertungsberechtigte Hypothekengläubiger in seinen Rechten verkürzt. Im Zweifel wird aber der mutmaßliche Wille des Gesetzgebers nicht das Erlöschen, sondern die Erhaltung des Anspruchs des Gläubigers auf Aufwertung zum Ziele haben. Weiter kommt in Betracht, daß die Vorschrift des § 20 Abs. 2 insofern eine Ausnahme von den Grundsätzen des Bürgerlichen Gesetzbuchs über den öffentlichen Glauben des Grundbuchs enthält, als an Stelle des Grundbuchs Erklärungen außerhalb des Grundbuchs gesetzt sind. Ausnahmevorschriften, insbesondere solche für den Grundbuchverkehr, sind aber nicht ausdehnend auszulegen.

Das Kammergericht will aus dem Verhältnis des § 892 Abs. 1 zu Abs. 2 daselbst anscheinend schließen, daß, wenn der Erwerber eines Grundstücks zur Zeit der Stellung des Eintragungsantrags von der Unrichtigkeit des Grundbuchs Kenntnis hatte, in der Zwischenzeit bis zur Eintragung als Eigentümer aber zu der Meinung gelangt sein sollte, daß das Grundbuch doch richtig sei, sein guter Glaube ihm zustatten komme. Ob ein solcher jedenfalls seltener Fall nach bürgerlichem Recht so zu beurteilen wäre, ist nicht unzweifelhaft (RGZ. Bd. 74 S. 419), kann aber unerörtert bleiben, weil im § 20 Abs. 2 AufwG. als maßgebend für den Zeitpunkt der Erteilung der Löschungsbewilligung lediglich § 892 Abs. 2 BGB., nicht aber auch § 892 Abs. 1 BGB. angezogen ist. § 892 Abs. 1 BGB. kann danach bei der Auslegung des § 20 Abs. 2 AufwG. nicht verwertet werden.

Mit Unrecht beruft sich das Kammergericht für seine vom Wortlaut abweichende Auslegung des weiteren auf den Inhalt des Kommissionsberichts über die erste Lesung des Aufwertungsausschusses des Reichstags. Dort heißt es S. 19: „Die Kompromißparteien begehrten aber Ausdehnung des Schutzes des gutgläubigen Erwerbers gegen das Wiederaufleben gelöschter Rechte: .... b) auf denjenigen, der nicht auf Grund des bereinigten Grundbuchs, sondern im Vertrauen auf vorgelegte Löschungspapiere das Eigentum erlangt oder eine Hypothek erworben habe". Zunächst legen die Worte „im Vertrauen auf vorgelegte Löschungspapiere" den Gedanken des Kammergerichts nicht nahe. Denn von einem Erlangen des Eigentums im Vertrauen auf vorgelegte Löschungspapiere kann man nicht wohl sprechen, wenn die Löschungsurkunden erst vorgelegt wurden, nachdem sämtliche rechtsgeschäftliche Akte abgeschlossen waren, auf die sie Einfluß hätten ausüben können. Namentlich fällt aber ins Gewicht, daß in den Worten „Eigentum erlangt" der Antrag der Kompromißparteien nur im allgemeinen gekennzeichnet ist und der genaue Wortlaut des Kommissionsbeschlusses aus der Anlage 1 des Kommissionsberichts erhellt, wo unter Nr. 4 im § 11 der Beschluß erster Lesung bereits den Wortlaut zeigt, der später in den § 20 Abs. 2 des Gesetzes übergegangen ist. Danach ist es nicht zulässig, die bloß zur Übersicht dienende, ungenaue Fassung auf S. 19 des Kommissionsberichts zur Auslegung des ausgearbeiteten Wortlauts des Beschlusses heranzuziehen.

Nach alledem ist § 20 Abs. 2 AufwG. im Falle des Eigentumswechsels dahin auszulegen, daß die Löschungsbewilligung den Schutz des öffentlichen Glaubens des Grundbuchs nur rechtfertigt, wenn sie spätestens zur Zeit des Eintragungsantrags oder der nachfolgenden Einigung (§ 892 Abs. 2 BGB.) erteilt war. Die Entscheidung des Rechtsstreits hängt daher davon ab, ob die löschungsfähige Quittung bei Rechtsanwalt B. noch vor Einreichung des Antrags auf Eintragung der Frau R. eingegangen ist, wie das die Kläger behauptet haben. Den Klägern persönlich steht der Schutz des öffentlichen Glaubens des Grundbuchs nicht zu, weil sie das Grundstück nicht vor dem 1. Juli 1925 im Sinne des § 22 Abs. 2 AufwG. erworben haben.

69. Ist der Abs. 2 des § 892 BGB. auch dann anwendbar, wenn die Rechtsänderung, durch deren Aufnahme das Grundbuch unrichtig wird, zur Zeit der Stellung des Antrags auf Eintragung noch nicht eingetragen war, aber bis zur Eintragung des Erwerbers eingetragen worden ist?

V. Zivilsenat. Urt. v. 9. Juli 1927 i. S. K. (Bekl.) u. H. (NI.) w. S. (Kl.). V 97/27.

I. Landgericht I Berlin.
II. Kammergericht daselbst.

Durch notariellen Vertrag vom 11. November 1922 verkaufte der Ehemann der Klägerin, dessen Erben diese und ihre vier Kinder sind, ein in Berlin gelegenes Grundstück an den Nebenintervenienten H. und ließ es ihm auf. Im Vertrag ist ein Kaufpreis von 600000 ℳ beurkundet. Behördliche Genehmigung der Veräußerung liegt nicht vor. Am 5. Februar 1923 verkaufte der Nebenintervenient das Grundstück an den Beklagten weiter und ließ es ihm auf. Am 16. Februar 1923 beantragte der Beklagte seine Eintragung als Eigentümer. Am 22. Februar 1923 wurde der Nebenintervenient, am 21. Juni 1923 der Beklagte als Eigentümer eingetragen. Inzwischen war am 3. März 1923 der Genehmigungsantrag für den Vertrag zwischen dem Nebenintervenienten und dem Beklagten beim Bezirksamt Berlin-Mitte eingereicht worden, das den Antrag an das Bezirksamt Tiergarten weitergab. Dort ging er am 6. März 1923 ein, wurde jedoch am 25. (beim Grundbuchamt eingegangen am 27.) März 1923 abschlägig beschieden. Die dagegen vom Nebenintervenienten eingelegte Beschwerde wurde vom Oberpräsidenten als gegenstandslos zurückgewiesen, weil der Vertrag bereits durch Fristablauf genehmigt sei.

Mit der Klage erstrebt die Klägerin Grundbuchberichtigung zu ihrer und ihrer vier Kinder Gunsten, desgleichen Herausgabe des Grundstücks. Sie stützt sich auf die Behauptung, der Kaufpreis der ungenehmigten Veräußerung vom 11. November 1922 habe 750000 ℳ betragen. Der Beklagte habe deshalb von einem Nichteigentümer erworben. Auch der Kaufvertrag zwischen dem Nebenintervenienten und dem Beklagten sei unrichtig beurkundet worden. Eine Genehmigung des richtigen Vertrags sei nicht erfolgt. Der Beklagte bestreitet diese Behauptungen, erhebt die Einrede der Arglist und verweist darauf, daß ihm der öffentliche Glaube des Grundbuchs zur Seite stehe.

Die Klage wurde in den Vorinstanzen zugesprochen. Die vom Beklagten und vom Nebenintervenienten eingelegte Revision führte zur Aufhebung und Zurückverweisung.

Gründe:

(Die Ansicht des Berufungsgerichts, daß die Arglisteinrede nicht durchgreife, wird im Ergebnis gebilligt. Dann wird fortgefahren:)

Zur Frage, in welchem Zeitpunkt der gute Glaube an die Richtigkeit des Grundbuchs gemäß § 892 BGB. vorhanden sein müsse, führt das angegriffene Urteil unter Berufung auf die Rechtsprechung des Reichsgerichts aus, es komme derjenige Zeitpunkt in Frage, in dem der Erwerber den Antrag auf seine Eintragung als Eigentümer gestellt habe. Denn nur dann bestehe die Möglichkeit, daß der Erwerber auf die Richtigkeit des Grundbuchs vertrauen könne. Der Zeitpunkt der Eintragung spiele keine Rolle, weil in ihm jene Möglichkeit nicht mehr vorhanden sei. Von diesem Standpunkt aus sei der Beklagte nicht Eigentümer des Grundstücks geworden. Zur Zeit des Eingangs seines Eintragungsantrags beim Grundbuchamt sei nämlich der Verkäufer H. als Eigentümer noch nicht eingetragen gewesen.

Demgegenüber wird in der Revisionsbegründung, um die Rüge einer Verletzung des § 892 BGB. zu rechtfertigen, die Ansicht vertreten, daß der gute Glaube des Erwerbers zur Zeit seiner Eintragung genüge. Die Erweiterung im Abs. 2 des § 892 sei erst von der 2. Kommission zugunsten des Erwerbers eingeführt worden, um ihm schon vor der Eintragung die Möglichkeit zu verschaffen, den Kaufpreis ungefährdet zu zahlen. Aber auf diesen Beweggrund allein habe sich das Gesetz nicht festgelegt; ein zuweitgehender Antrag sei von der Kommission abgelehnt worden, die erwogen habe, daß, wenn man einmal im Interesse des Verkehrs den guten Glauben schützen wolle, man dann auch so weit gehen müsse, als es das Bedürfnis des Verkehrs erfordere. In den mit dieser Rücksicht verträglichen Grenzen sei es billig, den Zeitpunkt so spät wie möglich eintreten zu lassen. Dazu komme, daß die Wirkung des Eintragungsantrags mit dessen Eingang beim Grundbuchamt keineswegs verbraucht sei. Dieser Zeitpunkt sichere ihm zwar gegenüber jüngeren

Anträgen den Vorrang. Abgesehen davon sei aber die Lage nicht anders, als wenn die Eintragung jeden Tag aufs neue beantragt würde, bis sie bewirkt oder abgelehnt werde.

Die Auffassung des Berufungsgerichts ist nicht zutreffend.

Nach der bisherigen Rechtsprechung des erkennenden Senats zu § 892 BGB. ist aus dem Grundgedanken des Gesetzes abzuleiten, daß der öffentliche Glaube des Grundbuchs demjenigen nicht zur Seite steht, der nicht im Vertrauen auf die Richtigkeit des Grundbuchs erworben haben kann, weil dessen Inhalt zur Zeit des den Erwerb vermittelnden Geschäfts nicht für, sondern gegen das Bestehen des zu erwerbenden Rechtes sprach. Demgemäß ist in RGZ. Bd. 74 S. 416 und in Bd. 92 S. 254 für Fälle der Hypothekenabtretung verneint worden, daß der Schutz des öffentlichen Glaubens des Grundbuchs vom Erwerber der Hypothek angerufen werden könne, wenn diese zur Zeit der Abtretung noch nicht eingetragen war, und dieselben Entscheidungen sprechen aus, daß es für die Anwendbarkeit des § 892 nur auf die Zeit der Erwerbshandlung ankommen könne. Eine Zurückbeziehung der Wirkung des öffentlichen Glaubens auf diese Zeit ist abgelehnt worden. Die Entscheidung in RGZ. Bd. 89 S. 152 fügt hinzu, es könne, wenn der Rechtsurheber zur Zeit der Stellung des Eintragungsantrags als Berechtigter im Grundbuch nicht eingetragen stehe, überhaupt nicht die Rede davon sein, daß der Erwerber zu dieser Zeit wegen der Berechtigung des Rechtsurhebers in gutem Glauben an die Richtigkeit des Grundbuchs sei; denn das Grundbuch enthalte nichts davon, daß der Rechtsurheber Berechtigter sei, sein Inhalt umfasse die Berechtigung des Rechtsurhebers nicht, und daher spreche dieser Inhalt sogar gegen das Bestehen der Berechtigung. Anderseits entnimmt die soeben genannte Entscheidung dem § 892 Abs. 1 u. 2 den Rechtsgrundsatz, daß der Erwerber in seinem Rechtserwerb nur dann geschützt werde, wenn er zur Zeit der Vollendung seines Erwerbs gutgläubig gewesen sei. Auch wird in RGZ. Bd. 74 S. 420 ausdrücklich betont: der von der zweiten Kommission in das Gesetz gebrachte Absatz 2 des § 892 bewirke im Interesse des Erwerbers, daß dieser, wenn er nach dem Eintragungsantrag oder der späteren Einigung, aber vor der Eintragung erfahre, sein im Grundbuch eingetragener Rechtsurheber sei nicht der Berechtigte oder zu der betreffenden Verfügung nicht befugt, dadurch nicht gehindert werde, den Schutz des öffentlichen Glaubens für sich in Anspruch zu nehmen.

Der Absatz 2 des § 892 enthält eine Zurückbeziehung des für den öffentlichen Glauben des Grundbuchs maßgebenden Zeitpunkts, die — wie aus Prot. Bd. 3 S. 81 erhellt — einem weitverbreiteten Gebrauche Rechnung trug, die Valuta alsbald nach Abschluß des Vertrags und der Einreichung des Antrags auf Eintragung auszuzahlen. Diese Rückbeziehung kann aber bei richtiger Auslegung nur auf den Fall der Unrichtigkeit des Grundbuchs im Zeitpunkt der Stellung des Eintragungsantrags, nicht jedoch auf den Fall der Richtigkeit — aber Unvollständigkeit — des Grundbuchs in jenem Zeitpunkt erstreckt werden. Ist der nachträglich zu Unrecht eingetragene Rechtsurheber noch nicht eingetragen, so ist das Grundbuch insoweit richtig. Von einer „Kenntnis" der „Unrichtigkeit" kann nicht die Rede sein, ehe die unrichtige Eintragung ins Grundbuch gelangt ist. § 892 Abs. 2 beantwortet mithin zugunsten des Erwerbers zwar die Frage, wie es sich verhalten soll, wenn der Erwerber, nachdem er den Antrag auf Eintragung ins Grundbuch gestellt hat, bösgläubig wird. Steht hingegen die vom Rechtsgeschäft der Parteien betroffene Rechtsänderung überhaupt noch nicht im Grundbuch, wird sie jedoch bis zur Eintragung des Erwerbers eingetragen und wird gerade durch sie das Grundbuch unrichtig, so ist der im Abs. 2 angegebene Zeitpunkt für die Entscheidung über den öffentlichen Glauben des Grundbuchs deswegen nicht verwertbar, weil es in jenem Zeitpunkt an der Möglichkeit einer Kenntnis des Erwerbers davon fehlt, daß das Grundbuch uurichtig sei. Dann tritt weder die im Abs. 2 verordnete, noch sonst irgendwelche Rückbeziehung ein, auch nicht eine solche auf den Zeitpunkt der Vornahme des den Erwerb vermittelnden Rechtsgeschäfts. Vielmehr muß auf den in RGZ. Bd. 89 S. 160 (entgegen Bd. 74 S. 420 und Bd. 92 S. 255) aus § 892 Abs. 1 entnommenen und durch Abs. 2 daselbst nur im erwähnten Umfang eingeschränkten Grundsatz zurückgegriffen werden, daß es regelmäßig auf den Zeitpunkt ankommt, in dem sich der Rechtserwerb vollendet, also darauf, ob der Erwerber in diesem Zeitpunkt das Grundbuch für sich hat, ohne in schlechtem Glauben zu sein. Bei der Feststellung, ob letztere Ausnahme von der Rechtsfiktion des 1. Absatzes zutrifft, sind die den Erwerb begründenden Vorgänge allerdings von größter Erheblichkeit. Für die Bestimmung des maßgebenden Zeitpunkts haben sie dagegen keinerlei Bedeutung. Vgl. Strecker im Recht 1921 Sp. 180, Planck BGB., 4. Aufl., § 892 Anm. II 1b, II 2 und das dort angeführte Schrifttum.

Wendet man diese Grundsätze auf den vorliegenden Fall an, so hätte das Berufungsgericht der Klage nicht schon deshalb stattgeben dürfen, weil der Nebenintervenient, dem der Beklagte das Grundstück abgekauft hat, erst nach Antragstellung, aber schon vor der Eintragung des Beklagten als Eigentümer eingetragen worden ist. Die Klägerin kann aus der Nichtigkeit des Kaufgeschäfts ihres Erblassers mit dem Nebenintervenienten keine Rechte herleiten. Denn dem Beklagten steht im Verhältnis zu ihr der öffentliche Glaube des Grundbuchs zur Seite, weil es am Nachweis seiner Bösgläubigkeit im Zeitpunkt der Vollendung seines Rechtserwerbs fehlt.

Das angefochtene Erkenntnis war hiernach aufzuheben, weil seine Begründung den Klaganspruch auf Grundbuchberichtigung und Herausgabe des Grundstücks nicht rechtfertigt. Eine Entscheidung zugunsten des Beklagten in der Sache selbst konnte jedoch nicht ergehen, denn es bedarf noch weiterer tatsächlicher Aufklärung durch den Berufungsrichter.

Mag selbst der Beklagte hinsichtlich der Fehlerhaftigkeit des Erwerbs seines Rechtsvorgängers gutgläubig gewesen sein, so könnte die Klägerin mit ihrer Klage dennoch durchdringen, wenn der Kaufvertrag vom 5. Februar 1923, auf den sich der Beklagte für seinen Rechtserwerb stützt, wegen unrichtiger Beurkundung nichtig wäre. Denn dann hätte weder der Beklagte vom Nebenintervenienten, noch hätte dieser wegen des erwiesenen ersten Schwarzkaufs vom Erblasser der Klägerin rechtsbeständig erworben. Allerdings steht der Berufung der Klägerin auf § 313 Satz 1, § 125 BGB. die Heilung des Formmangels durch Auflassung und Eintragung gemäß § 313 Satz 2 zugunsten des Beklagten so lange entgegen, als eine derartige Heilung nicht durch Umstände hintangehalten wird, die sich aus dem Preuß. Gesetz über den Verkehr mit Grundstücken vom 10. Februar 1923/20. Juli 1925 ergeben. Insofern erheben sich aber ebenfalls rechtliche Bedenken. Läßt man mit Rücksicht auf die Wirkung des öffentlichen Glaubens des Grundbuchs den Umstand unberücksichtigt, daß das erste der beiden aufeinanderfolgenden Kaufgeschäfte der behördlichen Genehmigung entbehrt, obwohl es im Jahre 1922 formwidrig abgeschlossen war (RGZ. Bd. 115 S. 39), so behält doch das in der Revisionsinstanz als richtig zu unterstellende weitere Vorbringen der Klägerin seine Bedeutung, auch der Vertrag zwischen dem Nebenintervenienten und dem Beklagten sei ein Schwarzvertrag gewesen. Wäre dem so, dann würde die behördliche Genehmigung, falls sie vorliegen sollte, zu einem Scheinvertrag erteilt worden und deshalb wirkungslos sein. Aber auch darüber müßte noch Klarheit geschaffen werden, ob die vom Berufungsgericht festgestellte Verfügung des Oberpräsidenten vom 28. Mai 1923 das Gericht einer selbständigen Prüfung der Frage enthebt, ob der Vertrag bereits durch Fristablauf genehmigt sei. Wäre nämlich der Vertrag nicht genehmigt, so wäre er schon aus diesem Grunde unwirksam, und das Berufungsgericht brauchte über die angeblich falsche Beurkundung keine Feststellungen mehr zu treffen.

---

70. Steht § 20 Abs. 2 AufwG. der Wiedereintragung einer Aufwertungshypothek entgegen, wenn die Löschung einer auf dem verkauften Grundstück lastenden Hypothek erst nach Eingang des Antrags auf Umschreibung des verkauften Grundstücks bewilligt, aber vor der Eintragung des Eigentumswechsels im Grundbuch vollzogen worden ist?

V. Zivilsenat. Beschl. v. 9. Juli 1927 in einer Grundbuchsache von Str. V B 19/27.

I. Amtsgericht Dresden.
II. Landgericht daselbst.

Der Sachverhalt ergibt sich aus folgenden

Gründen:

1. Auf einem Grundstück in Striesen, das der Kaufmann B. am 3. Juli 1922 an die Eheleute S. verkauft hat, waren seit dem 11. November 1908 für den jetzigen Amtsgerichtsrat B. Hypotheken im Gesamtbetrage von 25000 ℳ eingetragen, deren Löschung der Verkäufer im Kaufvertrag übernahm. Der Vertrag wurde mit der Auflassungserklärung und dem Antrag auf Eintragung der Erwerber als Eigentümer am 6. Juli 1922 beim Grundbuchamt eingereicht. Am 18. Oktober 1922 bewilligte der Gläubiger zu Protokoll des Gerichtsschreibers beim Amtsgericht unter dem Bekenntnis, die 25000 ℳ vom Grundstückseigentümer, seinem Vater, ausgezahlt erhalten zu haben, die Hypothekenlöschung, die der Vater beantragt

hatte. Am 6. November 1922 wurden die Eheleute S. als Eigentümer zur gesamten Hand eingetragen und die Hypotheken gelöscht.

Am 2. Dezember 1925 meldete der Gläubiger mit dem Vorbringen, die Rückzahlung sei in Papiermark erfolgt und er habe sich bei der Annahme seine Rechte vorbehalten, den Anspruch auf Aufwertung der Hypotheken und der persönlichen Forderungen in Höhe des Höchstbetrages bei der Aufwertungsstelle an. Diese machte den Eigentümern davon Mitteilung, die ihnen am 23. März 1926 behändigt wurde. Erst am 24. Juni 1926 ging der Einspruch der Grundstückseigentümer bei der Aufwertungsstelle ein. Sie machten geltend, daß sie das Grundstück hypothekenfrei in gutem Glauben erworben hätten. Wegen Versäumung der Einspruchsfrist lehnte die Aufwertungsstelle eine weitere Tätigkeit ab und übersandte die Akten dem Grundbuchamt. Bei ihm hatte der Gläubiger am 2. November 1926 die Wiedereintragung der Hypotheken mit insgesamt 6208,75 GM. beantragt, indem er sich die geleistete Zahlung in Höhe von 41,25 GM. abzog. Dem Antrag wurde stattgegeben.

Mit der vom Landgericht als unbegründet zurückgewiesenen Beschwerde begehrten die Eigentümer die Eintragung eines Widerspruchs gegen die Richtigkeit des Grundbuchs. Die weitere Beschwerde macht im wesentlichen geltend: Da das Eigentum an einem Grundstück mit der Eintragung erworben werde, so sei für die Frage, ob der Inhalt des Grundbuchs zugunsten des Erwerbers als richtig anzusehen sei (§ 892 Abs. 1 BGB.), der Zeitpunkt der Eintragung des Eigentumswechsels maßgebend. In diesem Zeitpunkt hätten aber die Hypotheken des Gläubigers, da sie gleichzeitig mit der Eintragung des Eigentumswechsels gelöscht worden seien, nicht mehr bestanden. Daß es auf den Inhalt des Grundbuchs im Augenblick der Stellung des Eintragungsantrags ankomme, sei im § 892 BGB. nicht bestimmt. Dieser Zeitpunkt sei lediglich für die Kenntnis des Erwerbers von der Unrichtigkeit des Grundbuchs von Bedeutung. Eine derartige Kenntnis komme aber hier nicht in Frage, da bei Stellung des Eintragungsantrags das Grundbuch richtig gewesen sei. Auch den § 20 Abs. 2 AufwG. habe das Landgericht verkannt.

Das Oberlandesgericht Dresden möchte der weiteren Beschwerde stattgeben, sieht sich aber hieran durch den ebenfalls in einer Aufwertungssache ergangenen Beschluß des Kammergerichts vom 16. Dezember 1926, mitgeteilt in der JRsch. 1927 Rspr. Nr. 623, verhindert. Darin ist ausgesprochen, daß nur der im § 892 Abs. 2 BGB. bestimmte Zeitpunkt dafür maßgebend sei, ob dem Erwerber in dem dort angeführten Falle der gute Glaube zur Seite stehe und daß dann allein, wenn das Grundbuch gerade zu diesem Zeitpunkt den Inhalt aufweise, auf den der Erwerber sich berufen wollte, die Wirkungen des öffentlichen Glaubens für ihn eintreten. Das Oberlandesgericht billigt demgegenüber die Begründung des einen abweichenden Standpunkt vertretenden Urteils des Kammergerichts vom 15. Dezember 1926, mitgeteilt in Zschr. d. D. Notarvereins 1927 S. 161. Es führt aus:

Zunächst sei es für die hier zu entscheidende Frage unerheblich, daß der Einspruch der Erwerber verspätet eingelegt worden sei. Denn in der Rechtsprechung werde allgemein und im Schrifttum vorwiegend anerkannt, daß dieser Umstand den Grundbuchrichter, der über die Wiedereintragung der gelöschten Hypothek zu entscheiden habe, nicht der Prüfung überhebe, ob dem Wiedereintragungsantrag die Vorschriften über den öffentlichen Glauben des Grundbuchs entgegenstehen. Nach den gemäß § 20 Abs. 1 AufwG. zu beachtenden Vorschriften über den öffentlichen Glauben des Grundbuchs (§ 892 BGB.) sei in der Frage, in welchem Zeitpunkt der gute Glaube, d. i. die Unkenntnis von der Unrichtigkeit des Grundbuchs, vorhanden sein müsse, grundsätzlich an der Zeit der Vollendung des Erwerbs festzuhalten. Nach der im Abs. 2 des § 892 bestimmten Abweichung genüge es bei den dort angegebenen Fällen, wenn der Erwerber in einem vor der Eintragung liegenden Zeitpunkt in gutem Glauben gewesen sei. Der nachträglich eintretende böse Glaube sei ihm unschädlich. Die Frage nach dem guten oder bösen Glauben könne überhaupt nicht auftauchen, wenn zur Zeit der Stellung des Antrags auf Eintragung das Grundbuch noch richtig gewesen sei. Trete nachher eine Nichtübereinstimmung mit der wirklichen Rechtslage ein, etwa durch unberechtigte Löschung eines Rechts, so müsse es ausreichen, wenn der gute Glaube zur Zeit der Vollendung des Erwerbs vorhanden sei. Wollte man das leugnen, so wäre eine Berufung auf den guten Glauben ausgeschlossen. Das könne vom Gesetz nicht beabsichtigt sein. Denn es wäre nicht einzusehen, warum ein Erwerber, der zwar zur Zeit der Stellung des Antrags in gutem, zur Zeit der Eintragung aber in bösem Glauben sei, größeren Schutz genießen sollte als derjenige Erwerber, der weder im ersteren Zeitpunkt bösgläubig sein konnte, noch es im letzteren war. Sinn und Zweck der Vorschrift im § 892 Abs. 2 BGB. sei doch, den Erwerber hinsichtlich des guten Glaubens zu begünstigen, nicht aber, ihn schlechter zu stellen. Hiernach hätte der Grundbuchrichter — so führt das Oberlandesgericht weiter aus — den Antrag auf Eintragung der Aufwertungshypotheken ablehnen müssen, weil er bei der Entscheidung über den Eintragungsantrag vom guten Glauben der Erwerber auszugehen habe und der Nachweis bösen Glaubens nicht erbracht worden sei. Durch den darin liegenden Verstoß gegen § 20 Abs. 1 AufwG. sei das Grundbuch unrichtig geworden. Wegen Vorliegens der Voraussetzungen des § 54 GBO. sei auf die weitere Beschwerde von Amtswegen ein Widerspruch einzutragen.

Aus diesen Gründen hat das Oberlandesgericht die weitere Beschwerde dem Reichsgericht vorgelegt, weil nach seiner Auffassung die Voraussetzungen des § 79 Abs. 2 GBO. sowie des § 74 Abs. 1 Satz 5 AufwG. verb. mit § 28 Abs. 2 FGG. gegeben sind.

2. Da es sich um eine mit der Beschwerde angegriffene Maßnahme des Grundbuchamts handelt, liegen zwar nicht die Voraussetzungen des § 74 Abs. 1 Satz 5 AufwG., wohl aber diejenigen des § 79 Abs. 2 GBO. vor. Die Zuständigkeit des Reichsgerichts zur Entscheidung über die weitere Beschwerde ist begründet. Auch ihre Zulässigkeit begegnet keinem Bedenken (vgl. den zum Abdruck in RGZ. bestimmten Beschluß des erkennenden Senats vom 29. Juni 1927 V B 7/27).

Die Beschwerde mußte Erfolg haben.

Zwar haben die Grundstückserwerber die im § 16 Abs. 1 Satz 3 AufwG. bestimmte Frist zur Einlegung des Einspruchs gegen die vom Gläubiger begehrte Wiedereintragung der gelöschten Hypotheken nicht gewahrt. Daß jedoch die Versäumung der Einspruchsfrist in ihren Wirkungen nur der Feststellung des Vorbehalts nach § 14 oder der Rückwirkung nach § 15 AufwG. gleich zu achten ist, daß es anderseits dem Eigentümer trotz Ablaufs der Frist unbenommen bleibt, geltend zu machen, der öffentliche Glaube des Grundbuchs stehe der Wiedereintragung entgegen, hat der erkennende Senat in seinem Beschlusse vom 30. April 1927 V B 5/27 (S. 340 dieses Bandes) ausgesprochen.

Es ist deshalb auf die zwischen dem Oberlandesgericht und dem

Kammergericht streitigen Fragen sachlich einzugehen. Sie sind dahin zu stellen: Kann, wenn es sich um die Wiedereintragung gelöschter Hypotheken handelt, der im § 20 Abs. 2 AufwG. gemeinte Zeitpunkt ausschließlich als dafür maßgebend angesehen werden, ob dem Erwerber eines ins Grundbuch einzutragenden Rechts der öffentliche Glaube des Grundbuchs zur Seite steht? Müssen also die Löschungsunterlagen nach § 20 Abs. 2 in jenem Zeitpunkt unter allen Umständen bereits erteilt sein? (So der Beschluß des Kammergerichts vom 16. Dezember 1926). Oder genügt es, wenn der gute Glaube zur Zeit der Vollendung des Rechtserwerbs vorhanden ist? (So das Oberlandesgericht Dresden).

Die Nachprüfung ergibt, daß dem Oberlandesgericht Dresden beizutreten ist und daß der Zeitpunkt der Erteilung der Löschungsgrundlagen nur dann eine Rolle spielt, wenn die Hypotheken nicht schon zur Zeit der Eintragung der Erwerber als Eigentümer im Grundbuch gelöscht waren.

Nach § 20 Abs. 1 AufwG. soll, falls die aufzuwertende Hypothek im Grundbuch bereits gelöscht ist, eine Aufwertungshypothek nur dann nicht eingetragen werden, wenn entweder die Vorschriften über den öffentlichen Glauben des Grundbuchs oder diejenigen über die Zwangsvollstreckung in unbewegliche Sachen entgegenstehen. Daß erstere Vorschriften dem bürgerlichen Recht zu entnehmen sind und daß der Begriff des öffentlichen Glaubens des Grundbuchs im § 20 AufwG. nicht etwa in engerem Sinn aufgefaßt werden darf, ist in RGZ. Bd. 116 S. 102 ausgesprochen und auch damit begründet worden, daß Abs. 2 des § 20 AufwG. einen der Vorschrift des § 892 BGB. gegenüber sogar noch erweiterten Schutz des Erwerbers gewährt. Diese Erweiterung betrifft die Wirksamkeit der zur Löschung einer Hypothek dienlichen Urkunden. Der erkennende Senat hat in seinem S. 345 dieses Bandes abgedruckten Urteil vom 28. Mai 1927 V 532/26 einen Fall behandelt, wo die Löschung der Hypothek nicht vor der Eintragung eines infolge Verkaufs des Grundstücks eingetretenen Eigentumswechsels, sondern erst später erfolgt ist. Er hat dabei den Abs. 2 des § 20 dahin ausgelegt, daß die Löschungsbewilligung den Schutz des öffentlichen Glaubens des Grundbuchs für den Erwerber nur dann herbeiführt, wenn sie spätestens zur Zeit des Eintragungsantrags oder der nachfolgenden

Einigung (§ 892 Abs. 2 BGB.) erteilt war. Wegen der Begründung dieser Ansicht im einzelnen kann auf jenes Urteil verwiesen werden. An ihr ist festzuhalten. Sie hat indessen für den hier gegebenen Fall nur unter Umständen ausschlaggebende Bedeutung, die bis jetzt nicht feststehen; das erhellt aus der Betrachtung über das in ihr dahingestellt gelassene Verhältnis des § 892 Abs. 1 BGB. zu Abs. 2 daselbst.

Wie in dem den Fall zweier aufeinanderfolgender Eigentumsänderungen behandelnden Urteil dieses Senats vom 9. Juli 1927 V 97/27 (abgedruckt S. 351 dieses Bandes) dargelegt worden ist, muß die im § 892 Abs. 2 BGB. angeordnete Rückbeziehung des Zeitpunkts, der für die Kenntnis des Erwerbers eines die Eintragung erfordernden Rechts maßgebend ist, zwar auf den Fall der Unrichtigkeit des Grundbuchs im Zeitpunkt der Stellung des Eintragungsantrags erstreckt werden, nicht aber auf den Fall, daß das Grundbuch in jenem Zeitpunkt richtig, jedoch unvollständig ist. Ist der nachträglich zu Unrecht eingetragene Rechtsurheber noch nicht eingetragen, so ist das Grundbuch insoweit richtig. Von einer „Kenntnis“ der „Unrichtigkeit“ kann nicht die Rede sein, ehe die unrichtige Eintragung ins Grundbuch gelangt ist. § 892 Abs. 2 beantwortet mithin zugunsten des Erwerbers zwar die Frage, wie es sich verhalten soll, wenn der Erwerber bösgläubig wird, nachdem er den Antrag auf Eintragung gestellt hat. Steht hingegen die vom Rechtsgeschäft der Parteien betroffene Rechtsänderung überhaupt noch nicht im Grundbuch, wird sie jedoch bis zur Eintragung des Erwerbers eingetragen und wird gerade durch sie das Grundbuch erst unrichtig, so ist der im Abs. 2 angegebene Zeitpunkt für die Entscheidung über den öffentlichen Glauben des Grundbuchs deswegen nicht verwertbar, weil es in jenem Zeitpunkt an der Möglichkeit einer Kenntnis des Erwerbers davon fehlt, daß das Grundbuch unrichtig sei. Dann tritt weder die im Abs. 2 verordnete, noch sonst irgendwelche Rückbeziehung ein, auch nicht eine solche auf den Zeitpunkt der Vornahme des den Erwerb vermittelnden Rechtsgeschäfts. Vielmehr muß auf den in RGZ. Bd. 89 S. 160 (entgegen Bd. 74 S. 420 und Bd. 92 S. 255) aus § 892 Abs. 1 entnommenen und durch Abs. 2 daselbst nur im erwähnten Umfang eingeschränkten Grundsatz zurückgegriffen werden, daß es regelmäßig auf den Zeitpunkt ankommt, in dem sich der Rechtserwerb durch Eintragung vollendet, also darauf, ob der Erwerber in diesem Zeitpunkt das Grundbuch für sich hat, ohne in schlechtem Glauben zu sein. Bei der Feststellung, ob letztere Ausnahme von der Rechtsfiktion des 1. Absatzes zutrifft, sind die den Erwerb begründenden Vorgänge allerdings von größter Erheblichkeit. Für die Bestimmung des maßgebenden Zeitpunkts haben sie dagegen keinerlei Bedeutung. Vgl. Strecker im Recht 1921 Sp. 180, Planck BGB., 4. Aufl., § 892 Anm. II 1b, II 2 und das dort angeführte Schrifttum.

Im vorliegenden Falle hat der Verkäufer die Löschung der streitigen Hypotheken im Kaufvertrag übernommen; der Antrag auf Eintragung der Erwerber als Eigentümer ist am 6. Juli 1922, also vor der Löschungsbewilligung, beim Grundbuchamt eingereicht worden, das am 6. November 1922 sowohl den Eigentumswechsel als auch die Hypothekenlöschung eintrug. Nach § 20 Abs. 1 AufwG. sollen bei der Wiedereintragung gelöschter Hypotheken die ihr etwa entgegenstehenden Vorschriften über den öffentlichen Glauben des Grundbuchs angewendet werden. Auch im Abs. 2 daselbst ist die entsprechende Anwendung dieser Vorschriften angeordnet. Sie bringen es nach den erörterten Rechtsgrundsätzen mit sich, daß der öffentliche Glaube dem Grundstückskäufer zustatten kommt, wenn die Hypothek zur Zeit seines Eigentumserwerbs im Grundbuch bereits gelöscht war, sofern der Käufer nur damals nicht bösgläubig war. Die Erfordernisse solcher Kenntnis von der Unrichtigkeit des Grundbuchs, insoweit die Hypothekenlöschung in Frage steht, sind im Urteil des erkennenden Senats vom 9. Februar 1927 (S. 102 dieses Bandes) näher dargelegt worden. Fehlt es an der Kenntnis, was vom Gläubiger zu widerlegen wäre und im Grundbuchverfahren zu prüfen ist, so steht dem Grundstückserwerber der öffentliche Glaube des Grundbuchs zur Seite, weil dieses im maßgebenden Zeitpunkt die Löschung selbst, also diejenige Änderung aufwies, für welche die in § 20 Abs. 2 AufwG. bezeichneten Urkunden in Betracht kommen könnten. Da diese notwendigerweise der Löschung zugrunde liegen müssen, ist irgendwelche Zurückbeziehung oder Erweiterung des Schutzes des Grundstückskäufers nach § 892 Abs. 2 BGB. oder § 20 Abs. 2 AufwG. nicht erforderlich. Die von einem ähnlichen gesetzgeberischen Gedanken, wie die Vorschrift des § 892 Abs. 2 BGB., getragene Vorverlegung des maßgebenden Zeitpunkts im § 20 Abs. 2 AufwG. hat mithin nur für die Fälle Bedeutung, wo die Löschung der Hypothek erst nach der Eintragung des Erwerbers als Eigentümers stattgefunden hat.

Gerade in diesem Punkte treten indessen für den gegebenen Fall, wo Hypothekenlöschung und Eigentumswechsel am 6. November 1922 eingetragen wurden, den Vorschriften der Grundbuchordnung zu entnehmende Zweifel auf, die dazu nötigen, unter Billigung des Standpunkts des Oberlandesgerichts Dresden den angefochtenen Beschluß zur Herbeiführung weiterer tatsächlicher Feststellung aufzuheben. Da die bezeichneten beiden Eintragungen nicht im Rangverhältnis zueinander stehen und da die Hypothekenlöschung später beantragt worden ist als die Eigentumseintragung, trifft nicht § 46 Abs. 1 und 2 GBO., sondern Abs. 3 daselbst in Verbindung mit § 17 GBO. zu (Güthe-Triebel GBO. § 46 Anm. 13 I 1 Abs. 1 und Anm. 14 I 2). Darüber, wie das Grundbuchamt in dieser Hinsicht verfahren ist, liegt bisher keine klare, unzweideutige Feststellung vor. Insbesondere ist eine solche aus dem Vermerk des Landgerichts über die Erledigung der Löschung nicht zu entnehmen. Von ihr hängt aber die Entscheidung darüber ab, ob der beantragte Widerspruch eingetragen werden muß oder nicht.

---

71. Ist der Besitz des Käufers am verkauften Grundstück, das ihm aufgelassen und übergeben, aber noch nicht auf ihn umgeschrieben worden ist, als ein die Veräußerung hinderndes Recht im Sinne des § 771 ZPO. anzusehen?

V. Zivilsenat. Urt. v. 21. März 1927 i. S. L. (Kl.) w. Kommunalbank in M. (Bekl.). V 381/26.

I. Landgericht Braunsberg.
II. Oberlandesgericht Königsberg.

Durch notariellen, vom Landrat genehmigten Vertrag vom 13. März 1924 kauften der Kläger und seine mit ihm in allgemeiner Gütergemeinschaft lebende Ehefrau von dem Gutsbesitzer W. zwei

Grundstücke, erhielten sie auch Ende April 1924 übergeben und am 16. Mai 1924 aufgelassen, wurden aber nicht als Eigentümer in das Grundbuch eingetragen, weil sie die Grunderwerbssteuer nicht bezahlten.

Auf Grund von Arrestbefehlen, welche die Beklagte gegen W. erwirkte, wurde für die Beklagte am 25. September 1924 auf dem einen der genannten Grundstücke eine Sicherungshypothek zum Höchstbetrag von 6000 GM., auf dem andern eine ebensolche zum Höchstbetrag von 24000 GM. eingetragen. Für die zugrunde liegenden Forderungen erwirkte die Beklagte gegen W. ein rechtskräftig gewordenes Versäumnisurteil, das u. a. die Verurteilung des W. zur Zahlung von 25381,90 RM nebst Zinsen zur Vermeidung der Zwangsvollstreckung in die beiden genannten Grundstücke aus den darauf eingetragenen beiden Sicherungshypotheken aussprach. Auf Grund dieses Vollstreckungstitels ordnete das Amtsgericht M. am 18. Februar 1925 die Zwangsverwaltung und Zwangsversteigerung der beiden Grundstücke an. Die Klage ist darauf gerichtet, diese Zwangsvollstreckung möge für unzulässig erklärt werden, da ihr der auf den erwähnten Kaufvertrag, auf die Übergabe von Ende April und auf die Auflassung vom 16. Mai 1924 gegründete Besitz des Klägers an den Grundstücken entgegenstehe. Der erste Richter gab der Klage statt. Das Oberlandesgericht hielt die Widerspruchsklage nur insoweit für begründet, als sie sich gegen die Zwangsverwaltung richtet; im übrigen (soweit sie die Unzulässigkeit der Zwangsversteigerung behauptet) wurde sie abgewiesen.

Die Revision des Klägers führte zur Wiederherstellung des landgerichtlichen Urteils.

Gründe:

Richtig ist, daß nach § 17 ZwVG. die Zwangsversteigerung nur angeordnet werden kann, wenn der Schuldner als Eigentümer des Grundstücks eingetragen (oder wenn er der Erbe des eingetragenen Eigentümers) ist, und weiter, daß nach § 93 das. aus dem Zuschlagsbeschluß zugunsten des Erstehers auch gegen den Besitzer des Grundstücks vollstreckt werden kann und das Besitzrecht des Käufers, dem die Kaufsache übergeben ist, als solches durch den Zuschlag erlischt (§ 52 ZwVG.). Aus alledem ist aber noch nicht zu folgern, daß dem Käufer, der auf Grund des Kaufvertrags (und, wie hier, der Auflassung) das verkaufte Grundstück übergeben erhalten hat und besitzt, die Widerspruchsklage nach § 771 ZPO. gegenüber dem Zwangsversteigerungsverfahren auch dann zu versagen wäre, wenn und solange das Verfahren noch nicht durch den Zuschlag beendet ist.

Die Zwangsvollstreckung soll nur das Vermögen des Schuldners erfassen. Der ungehinderten Raschheit des Zugriffs halber wird aber hierfür nur bei körperlichen Vollstreckungsgegenständen auf besondere Kennzeichen und nur auf solche äußerer Art abgestellt, die keine nähere Prüfung erfordern. So bei Fahrnis auf Gewahrsam (ZPO. § 808), bei Grundstücken auf die Eintragung des Eigentümers im Grundbuch (§ 17 ZwVG.), für die Zwangsverwaltung auch auf Eigenbesitz (§ 147 ZwVG.). Dem Dritten, in dessen Vermögensrechte der Vollstreckungszugriff eingreift, wird die Klage nach § 771 ZPO. dargeboten. Voraussetzung dafür ist ein die Veräußerung hinderndes Recht, d. h. ein Recht, das die Veräußerung des Vollstreckungsgegenstandes durch den Schuldner „hindert" und das deshalb auch der Zwangsveräußerung und -verwertung durch den Gläubiger entgegensteht, weil dieser im Wege der Vollstreckung nicht mehr Rechte verfolgen und verwirklichen kann, als dem Schuldner zustehen. Steht einer Veräußerung des Schuldners in diesem Sinne ein Recht des Dritten hindernd entgegen, so scheidet der Vermögensgegenstand aus dem zur Befriedigung des Gläubigers verfügbaren Vermögen aus und muß von der Vollstreckung freibleiben.

Was im besonderen den Fall betrifft, daß der Widerspruchskläger nach § 771 ZPO. sich auf den Besitz am Vollstreckungsgegenstand stützt, so kommt es nicht entscheidend darauf an, ob der Besitz als solcher nach seiner rechtlichen Gestaltung in den Vorschriften des Bürgerlichen Gesetzbuchs ein Recht genannt zu werden verdient. Entscheidend ist vielmehr, ob das Bestehen des Besitzes für den Besitzenden eine Rechtslage ergibt, die einer Veräußerung im gekennzeichneten Sinne hindernd entgegensteht.

Eine solche Annahme läßt sich nicht auf § 858 BGB. über den Besitzesschutz gegen verbotene Eigenmacht stützen, schon deshalb nicht, weil es nicht als verbotene Eigenmacht im Sinne dieser Vorschrift bewertet werden kann, wenn die Zwangsversteigerung unter Berufung auf das erfüllte gesetzliche Erfordernis des grundbuchmäßigen Eigentumstitels (§ 17 ZwVG.) beantragt wurde, ohne daß ein entgegenstehendes Recht aus dem Grundbuch ersichtlich wäre (§ 28 ZwVG.). Der Besitzer genießt aber im besonderen gegenüber dem Herausgabeverlangen des Eigentümers den Schutz des § 986 BGB., wonach jener die Herausgabe der Sache verweigern kann, wenn er dem Eigentümer gegenüber zum Besitz berechtigt ist. Die Frage ist, ob die hierdurch für den Besitzer geschaffene Rechtsstellung als ein die Veräußerung hinderndes Recht im Sinne des § 771 ZPO. angesehen werden kann. Dies ist zu bejahen. Die Frage wäre zu verneinen, wenn man das Gesetz dahin zu verstehen hätte, daß das mit der Widerspruchsklage nach § 771 ZPO. zu verfolgende Recht eine Veräußerung rechtlich unmöglich machen müsse. Denn grundsätzlich und abgesehen von der besonderen Vorschrift der §§ 90 und 93 ZwVG. kann der Einwand aus § 986 Abs. 1 BGB., wenn er auf ein bloßes Forderungsrecht gestützt wird, nur gegen den Eigentümer gerichtet werden, der daraus verpflichtet ist. Ein persönlicher Anspruch gegenüber dem Rechtsvorgänger des Eigentümers hilft dem Besitzberechtigten nicht, abgesehen von der Sondervorschrift des § 986 Abs. 2, die nur für bewegliche Sachen gilt und der rechtsähnlichen Ausdehnung auf Grundstücke unzugänglich ist (vgl. RGZ. Bd. 51 S. 88). Es kann sich also trotz Bestehens des Rechts aus § 986 ein neuer Eigentumserwerb vollenden, dem gegenüber jenes nicht durchgreift. Trotzdem ist dieses Recht als ein die Veräußerung hinderndes im Sinne des § 771 ZPO. anzuerkennen, weil ein solches immer schon dann anzunehmen ist, wenn die Veräußerung der den Vollstreckungsgegenstand bildenden Sache durch den Schuldner dem berechtigten Dritten gegenüber sich als rechtswidrig darstellen würde (Seuff.Arch. Bd. 45 Nr. 152; OLG. Bd. 4 S. 382). Diesen Standpunkt hat die Rechtsprechung insbesondere des Reichsgerichts auch schon in anderem Zusammenhang angenommen, indem sie als ausreichende Grundlage der Widerspruchsklage nach § 771 ZPO. auch schuldrechtliche Herausgabeansprüche (im Gegensatz zu bloßen Verschaffungsansprüchen, vgl. RGZ. Bd. 84 S. 215) anerkannte, deren Verletzung nur einen Schadensersatzanspruch erzeugen würde, während nicht abzusehen ist, wie sie eine Veräußerung unmöglich machen sollten.

Daß im vorliegenden Falle eine anderweite Veräußerung der Grundstücke durch W. dem Kläger gegenüber einen widerrechtlichen

Eingriff in dessen Besitz am Grundstück bedeuten würde, kann nicht zweifelhaft sein. Auf die Tatsache der erfolgten Auflassung kommt es dafür nicht entscheidend an, doch kann sie das Ergebnis nur unterstützen. Im übrigen wäre es nicht gerechtfertigt, den Schutz des § 771 ZPO. dem schuldrechtlichen Anspruch auf Herausgabe eines dem Schuldner vom Dritten ohne Übereignung überlassenen Gegenstands (RGZ. Bd. 84 S. 215), nicht aber dem vom Schuldner daran eingeräumten und rechtmäßig bestehenden Besitz des Dritten zuzubilligen. Die Entscheidung des erkennenden Senats in RGZ. Bd. 81 S. 64, wonach der Veräußerer, solange er im Grundbuch als Eigentümer eingetragen ist, das Verfügungsrecht behält und auf die geschehene Auflassung nichts ankommt, steht hiermit nicht im Widerspruch. Dort handelte es sich um die Eintragung einer Zwangshypothek, und die Entscheidung beschränkt sich nach der Begründung auf den Fall, daß die Vollstreckung den Besitz unberührt läßt. Die Entscheidung RGZ. Bd. 34 S. 422 betrifft preußisches Recht, diejenige in JW. 1921 S. 1246 Nr. 25 bezieht sich auf Fahrnis; beide sprechen übrigens allgemein den Rechtsgedanken aus, daß der Besitz ein die Veräußerung hinderndes Recht im Sinne des § 771 ZPO. darstelle. Daß der Einwand aus § 986 BGB. gegen den Vollstreckungszugriff eines Gläubigers des Verkäufers zwar nach § 771 ZPO. durchgreift, nicht aber nach § 43 KO. gegen den auf § 985 BGB. gestützten Herausgabeanspruch des Konkursverwalters, der die Vertragserfüllung gemäß § 17 KO. abgelehnt hat (RGZ. Bd. 90 S. 218), findet seine Rechtfertigung in der auf §§ 17, 26 KO. beruhenden besonderen Rechtsstellung des Konkursverwalters. Wie in RGZ. Bd. 90 S. 218 (220, 221) dargelegt, ist damit eine Fortdauer des Besitzanspruchs des Käufers, der die Sache übergeben erhalten hat, nicht vereinbar. Eine derartige Neuregelung des Verhältnisses des Schuldners zum Dritten tritt aber als Rechtsfolge des Vollstreckungszugriffs des Gläubigers außerhalb des Konkursverfahrens nicht ein.

Dem Besitz des Käufers an dem ihm vom Verkäufer übergebenen Grundstück ist daher die Rechtsnatur eines die Veräußerung hindernden Rechts gemäß § 771 ZPO. zuzuerkennen, ebenso aber auch die eines der Versteigerung entgegenstehenden Rechts im Sinne und mit der Tragweite des § 37 Nr. 5 ZwVG. Ist indessen das Versteigerungsverfahren durchgeführt und hat es zum Zuschlag an den Ersteher (§ 90 ZwVG.) geführt, so greift für diesen § 93 Satz 1 ZwVG. ein: seiner auf Räumung und Herausgabe des Grundstücks gerichteten Zwangsvollstreckung aus dem Zuschlagsbeschluß kann der besitzende Käufer aus § 771 ZPO. nicht mehr entgegentreten.

Die Vorschrift des § 772 ZPO. kommt hier nicht in Betracht, da die Zwangsvollstreckung im gegenwärtigen Falle wegen eines dinglichen Anspruchs eingeleitet worden ist.

---

72. 1. Ist für die Feststellungsklage wegen bestrittenen Vorrechts einer im Konkurse des Steuerschuldners angemeldeten Steuerforderung der ordentliche Rechtsweg zulässig?

2. Ist der Konkursverwalter berechtigt und verpflichtet, die Feststellungsklage auf Aberkennung eines von ihm bestrittenen Vorrechts zu erheben, wenn für die angemeldete Forderung ein Titel vorliegt?

3. Ist für das Vorrecht einer Steuerforderung deren erste Fälligkeit maßgebend oder der Zeitpunkt ihres Wiederfälligwerdens, wenn sie nachträglich gestundet worden ist?

KO. § 146 Abs. 5, 6, § 61 Nr. 2; GVG. § 13; RAbgO. § 227.

VI. Zivilsenat. Urt. v. 18. März 1927 i. S. Deutsches Reich (Bekl.) w. Konkurs H. (Kl.). VI 540/26.

I. Landgericht Plauen.
II. Oberlandesgericht Dresden.

Am 30. Januar 1924 wurde dem Inhaber der Firma M. H. in Plauen ein Steuerbescheid über 1875 GM Einkommensteuer-Abschlußzahlung für das Jahr 1922 und über 3042,30 GM Rhein- und Ruhrabgabe, je mit zweiwöchiger Zahlungsfrist, zugestellt. Dem Steuerschuldner wurde dann zweimal Stundung gewährt, und zwar indem ihm am 8. Mai 1924 Teilzahlungen mit Frist bis Ende Mai, Ende Juni und Ende Juli, und am 25. September 1924 Teilzahlungen von je 250 GM in vierzehntägigen Zwischenräumen ab

1. Oktober 1924 bewilligt wurden. Am 23. Februar 1925 wurde das Konkursverfahren über sein Vermögen eröffnet. Der verklagte Fiskus meldete die restliche Forderung von 4596,95 RM mit Vorrecht gemäß § 61 Nr. 2 KO. an. Der Konkursverwalter bestritt das Vorrecht und klagte auf Feststellung, daß dieses dem Beklagten nicht zustehe. Das Landgericht wies die Klage ab, das Oberlandesgericht dagegen sprach dem Beklagten das Vorrecht ab. Die Revision des Beklagten hatte keinen Erfolg.

Gründe:

1. Die Revision hat zunächst zur Prüfung verstellt, ob für die Entscheidung der Frage des Vorrechts einer Steuerforderung nach § 61 Nr. 2 KO. der Rechtsweg vor den ordentlichen Gerichten zulässig sei.

Der erkennende Senat hat in seiner Entscheidung vom 8. Oktober 1926 (RGZ. Bd. 114 S. 372) die Zulässigkeit des Rechtswegs angenommen, freilich ohne nähere Begründung, aber in Übereinstimmung mit der fast einheitlichen Meinung in Schrifttum und Rechtsprechung.[1])

Der vom Revisionskläger mitgeteilte Bericht des Präsidenten des Landesfinanzamts Schleswig vom 21. Oktober 1926 kann den Senat nicht von der gegenteiligen Auffassung überzeugen. Die dort in Bezug genommenen Entscheidungen des Reichsfinanzhofs (R.F.H. Bd. 17 S. 186; Bd. 18 S. 85, 86, 144) enthalten über diese Frage nichts, und Becker Komm. z. RAbgO. (vgl. die Fußnote) steht im Gegenteil auf dem Standpunkt der herrschenden Meinung, wenn auch ohne nähere Begründung.

Für die Entscheidung der Streitfrage ist von der Vorschrift des § 13 GVG. auszugehen, wonach vor die ordentlichen Gerichte alle

---

[1]) Vgl. Petersen-Kleinfeller KO. Anm. 16 zu § 146; v. Sarwey-Bossert KO. Anm. 8 zu § 146; v. Wilmowsky-Kurlbaum KO. Anm. 9 zu § 146; Jaeger KO. Anm. 16 zu § 146; derselbe in der Enzyklopädie der Rechts- und Staatswissenschaften XVIII 1924 S. 133 Anm. 1; Mentzel KO. 1926 Anm. 9 zu § 146; Becker RAbgO. Anm. 4. zu § 227, Anm. 7 Vorb. vor § 298; Delbrück in JW. 1921 S. 1592; Kaatz ebendaselbst 1923 S. 591; Schumann in der Zeitschr. d. Verb. Deutscher Bücherrevisoren 1925 S. 241. Vgl. auch RGZ. Bd. 34 S. 247 und OLG. Bd. 15 S. 43. — A. M., soweit ersichtlich, nur Wolff KO. Anm. 7 zu § 146; Bley, die Feststellung des Konkursgläubigerrechts, Diss. 1914 S. 106. D. E.

bürgerlichen Rechtsstreitigkeiten gehören, für welche nicht (was hier allein in Betracht kommt) die Zuständigkeit von Verwaltungsbehörden oder Verwaltungsgerichten begründet ist. Es ist demnach zu prüfen: Ist der Vorrechtsstreit bei Steuerforderungen eine bürgerliche Rechtsstreitigkeit, und im Falle der Bejahung dieser Frage: ist etwa durch eine besondere gesetzliche Vorschrift die Entscheidung über das Vorrecht von Steuerforderungen im Konkurse den ordentlichen Gerichten entzogen und den Finanzbehörden oder Finanzgerichten übertragen worden?

Was die erste Frage angeht, so gehören die Bestimmungen über den Rang der Konkursforderungen zu den materiellrechtlichen Vorschriften der Konkursordnung. § 61 KO. regelt die vermögensrechtliche Konkurrenz der Konkursgläubiger untereinander. Nun ist zwar keineswegs jeder Rechtsstreit schon deshalb, weil er einen vermögensrechtlichen Anspruch betrifft, ein bürgerlicher Rechtsstreit. Vermögensrechtliche Ansprüche können vielmehr auch im öffentlichen Recht begründet sein; Streitigkeiten über solche Ansprüche sind öffentlichrechtlicher Natur und gehören grundsätzlich zur Zuständigkeit der Verwaltungsbehörden oder Verwaltungsgerichte. Dennoch folgt aus der öffentlichrechtlichen Natur der Steuerforderungen nicht, daß auch der Streit über ihre Bevorrechtigung im Konkurse ein öffentlichrechtlicher wäre. Denn das den Steuerforderungen gewährte Vorrecht findet seine Grundlage nicht im öffentlichen Recht, sondern im privaten Konkursrecht (vgl. v. Wilmowsky-Kurlbaum KO. Anm. 9 zu § 146; auch RGZ. Bd. 34 S. 247). Der Streit über das Vorrecht von Konkursforderungen, mögen diese selber auf bürgerlichrechtlicher oder auf öffentlichrechtlicher Grundlage entstanden sein, ist stets eine bürgerlichrechtliche Streitigkeit im Sinne des § 13 GVG., die grundsätzlich zur Zuständigkeit der ordentlichen Gerichte gehört.

Besondere gesetzliche Bestimmungen, die diese Zuständigkeit für Streitigkeiten über das Vorrecht von Steuerforderungen auf die Finanzbehörden oder die Finanzgerichte übertragen hätten, bestehen nicht. Aus § 146 Abs. 5 KO. allein läßt sich die Zuständigkeit der Finanzbehörden nicht herleiten. Wenn es dort heißt:

„Die Bestimmungen des ersten, dritten und vierten Absatzes finden auf Forderungen, für deren Feststellung ... eine

Verwaltungsbehörde oder ein Verwaltungsgericht zuständig ist, entsprechende Anwendung",

so hat die Vorschrift eben zur Voraussetzung, daß diese Zuständigkeit auf Grund anderer gesetzlicher Bestimmungen gegeben ist. Diese anderen Bestimmungen sind aber nicht nur dafür maßgebend, ob, sondern auch inwieweit die Verwaltungsbehörden oder Verwaltungsgerichte für die Feststellung mit Wirkung für das Konkursverfahren zuständig sind, ob sie nämlich außer über Grund und Betrag der angemeldeten Forderung auch über ihr Vorrecht zu entscheiden haben. Es fragt sich also, was die Steuergesetze des Reichs, insbesondere die Reichsabgabenordnung, in dieser Hinsicht bestimmen.

Der Reichsfinanzminister will die Unzulässigkeit des Rechtswegs auch für den Streit über das Vorrecht der Steuerforderungen aus § 227 RAbgO. herleiten, der in Satz 1 besagt:

„In Steuersachen ist der Rechtsweg vor den ordentlichen Gerichten ausgeschlossen".

Diese Ansicht wäre dann begründet, wenn man auch die Frage nach dem Vorrecht der Steuerforderungen zu den „Steuersachen" zählen müßte. Aber der Begriff der „Steuersachen" im Sinne des § 227 RAbgO. läßt sich nicht auf das Vorrecht ausdehnen. Dagegen spricht zunächst schon, daß die Reichsabgabenordnung das Konkursverfahren überhaupt nicht erwähnt, sondern gänzlich unberührt läßt. Wenn man sich ferner der Ansicht Beckers (Anm. 1 zu § 227) anschließt, daß die Vorschrift für alle Ansprüche und Verpflichtungen gelte, die sich aus dem materiellen Steuerrecht und dem dieses regelnden Verfahren ergeben, so können unter dem materiellen Steuerrecht und dem steuerrechtlichen Verfahren doch nur die Vorschriften der eigentlichen Steuergesetze verstanden werden. § 61 Nr. 2 KO. ist aber kein Steuergesetz, und die Ranganspruche aus dieser Vorschrift sind daher keine Ansprüche aus dem materiellen Steuerrecht oder dem steuerrechtlichen Verfahren, sondern, wie schon oben dargelegt, solche aus dem materiellen Konkursrecht. Die Steuerbehörden sind zwar zuständig zur Feststellung der Steuerforderungen nach Grund und Betrag (vgl. § 204 RAbgO.), nicht aber auch zur Feststellung des den Steuerforderungen konkursgesetzlich eingeräumten Vorrechts. Es fehlt übrigens auch an der inneren Berechtigung für die Zuständigkeit der Finanzbehörden oder Finanzgerichte zur Entscheidung von Vorrechtsstreitigkeiten. So zweckmäßig es ist, sie auf dem ihnen zugewiesenen Sondergebiete des Steuerrechts im Verhältnis zwischen Steuergläubiger und Steuerschuldner mit der Feststellung der Steuerforderungen nach Grund und Betrag ausschließlich zu befassen, so wenig erscheinen sie berufen, die auf dem Gebiete des materiellen Konkursrechts liegenden Streitigkeiten zwischen den Konkursgläubigern über das Vorrecht von Steuerforderungen gegenüber anderen Konkursforderungen zu entscheiden. Hiernach ist der Rechtsweg zulässig.

2. In zweiter Reihe ist von Amtswegen zu prüfen, ob der Konkursverwalter befugt war, die Klage auf Aberkennung des Vorrechts zu erheben, oder ob er es nicht dem Vorsteher des Finanzamts überlassen mußte, auf Feststellung des bestrittenen Vorrechts zu klagen. Das Berufungsgericht meint: der Konkursverwalter hätte es zwar dem Beklagten überlassen können, die Feststellung des beanspruchten Vorrechts zu betreiben, da hierfür § 146 Abs. 1 KO. gelte; das stehe aber einer Feststellungsklage des Verwalters nicht entgegen, wenn ihre Voraussetzungen nach § 256 ZPO. gegeben seien, und eben dies sei hier der Fall. Die Revision hat dagegen keinen Angriff erhoben.

Das Reichsgericht hat wiederholt ausgesprochen, daß Zweck und Charakter der Feststellungsklage aus § 146 KO. ein wesentlich anderer sei als der einer Feststellungsklage aus § 256 ZPO., die eine rein grundsätzliche Entscheidung bezwecke (JW. 1900 S. 393 Nr. 13; 1903 S. 315 Nr. 12; auch RGZ. Bd. 24 S. 405). Wenn die Feststellungsklage aus § 146 KO. auch nicht auf eine Leistung geht, so hat das die Forderung feststellende Erkenntnis doch in Verbindung mit dem daraufhin erfolgten Tabelleneintrag neben der Wirkung, daß die Forderung am Konkurs teilnehmen kann, noch die gleiche Wirkung wie eine Leistungsklage, nämlich die Wirkung der Vollstreckbarkeit über den Konkurs hinaus, falls der Gemeinschuldner im Prüfungstermin nicht widersprochen hatte (§ 164 KO.; RGZ. Bd. 84 S. 235). Diese Wirkung kommt der Feststellungsklage aus § 256 ZPO. nicht zu. Immerhin schließt § 146 KO. eine Feststellungsklage gemäß § 256 ZPO. nicht grundsätzlich aus. Unter besonderen Umständen kann sie zulässig sein, wenn nämlich ein besonderes rechtliches Interesse an der alsbaldigen Feststellung gegeben ist, das sich also nicht mit dem Interesse an der Feststellung aus § 146 KO. decken darf. Welcher Art aber hier das besondere rechtliche Interesse des

Konkursverwalters ist, hat der Berufungsrichter nicht festgestellt. Das kann nicht daraus entnommen werden, daß der Vorsteher des Finanzamts den Konkursverwalter wegen des bestrittenen Vorrechts auf den Rechtsweg verwiesen hat.

Der widersprechende Konkursverwalter ist nach § 146 Abs. 6 KO. zur Feststellungsklage befugt, wenn die angemeldete Forderung eine „titulierte" ist. Sonst hat er die Erhebung der Klage dem anmeldenden Gläubiger zu überlassen. Der Gläubiger, der für seine Forderung keinen Titel besitzt, kann nicht vom bestreitenden Verwalter in einen Feststellungsprozeß verwickelt werden, den er nicht haben will und an dem der Verwalter regelmäßig auch kein Interesse hat, weil er bei der Verteilung eine bestrittene Forderung so lange nicht zu beachten braucht, als ihm nicht die Erhebung der Feststellungsklage nachgewiesen ist (§ 152 KO.). Nun war aber im vorliegenden Falle dem Gemeinschuldner schon vor der Konkurseröffnung der Steuerbescheid zugestellt worden, der als Titel gilt (Entsch. d. RFH. Bd. 18 S. 144; Bd. 19 S. 359). Das Vorrecht hat natürlich in dem Steuerbescheid keine Erwähnung gefunden und konnte sie auch nicht finden, schon deshalb nicht, weil, wie oben ausgeführt, das Finanzamt zur Feststellung des Vorrechts nicht befugt ist. Dazu kommt, daß sich bei Erlaß des Steuerbescheids noch gar nicht übersehen läßt, ob in Zukunft die Voraussetzung des § 61 Nr. 2 KO. vorliegen wird, wenn es zur Eröffnung des Konkursverfahrens über das Vermögen des Steuerschuldners kommen sollte. Es fragt sich nun, ob der Konkursverwalter zur Anstellung der Feststellungsklage wegen des Vorrechts befugt ist, obwohl ein Titel nur über Grund und Betrag der Forderung vorliegt. Jaeger in der Enzyklopädie der Rechts- und Staatswissenschaften XVIII S. 133 Anm. 1 verneint die Frage, weil der Steuerbescheid die Vorrechtsfrage nicht löse. Dieser Ansicht kann jedoch nicht beigetreten werden. § 146 KO. spricht vom Vorrecht überhaupt nicht. Daraus ist nun zwar nicht zu schließen, daß er auf ein bestrittenes Vorrecht keine Anwendung fände, wohl aber darf man daraus den Schluß ziehen, daß auch für die Feststellung eines bestrittenen Vorrechts die gleiche Unterscheidung zu machen ist wie beim Widerspruch gegen Grund oder Betrag der angemeldeten Forderung, nämlich in dem Sinne, daß beim Fehlen eines Titels der anmeldende Gläubiger, beim Vorliegen eines solchen der Widersprechende nicht nur wegen des Grundes und Betrages, sondern auch wegen des beanspruchten, aber bestrittenen Vorrechts die Feststellungsklage zu erheben hat. Für das Vorrecht wird bei Anmeldung der Forderung niemals schon ein Titel vorliegen. Es müßte daher, wenn man der Ansicht Jaegers folgen wollte, stets der anmeldende Gläubiger, auch wenn seine Forderung „tituliert" ist, wegen des bestrittenen Vorrechts die Feststellungsklage erheben, während es Sache des Widersprechenden wäre, wegen des etwa bestrittenen Grundes oder Betrages auf Feststellung zu klagen. Eine solche Regelung des prozessualen Feststellungsverfahrens wäre unzweckmäßig. Sachgemäßer erscheint es und es läßt sich auch ungezwungen mit dem Wortlaut des Gesetzes vereinbaren, daß, wenn für eine Forderung nach Grund und Betrag ein Titel vorliegt und gleichzeitig mit der Anmeldung ein Vorrecht beansprucht wird, der Widersprechende im ganzen Umfang seines Widerspruchs, also auch wegen des Vorrechts, die Feststellungsklage zu erheben hat. Selbstverständlich ist dann der nur dem Vorrecht widersprechende Konkursverwalter nicht bloß befugt, sondern bei Vermeidung persönlicher Haftung auch verpflichtet, seinerseits im Wege der Feststellungsklage den Widerspruch zu verfolgen.

3. Zur Sache selbst ist die Revision unbegründet. § 61 Nr. 2 KO. gewährt den Forderungen der Reichskasse wegen öffentlicher Abgaben ein Vorrecht, wenn sie im letzten Jahre vor der Eröffnung des Konkursverfahrens fällig geworden sind oder nach § 65 KO. als fällig gelten. Voraussetzung des Vorrechts ist also der Eintritt der Fälligkeit im letzten Jahre vor der Konkurseröffnung oder die Entstehung der Forderung vor Konkurseröffnung und der Eintritt der Fälligkeit nach diesem Zeitpunkt. Der angemeldete Steuerbetrag war zunächst nach Ablauf von zwei Wochen seit der am 30. Januar 1924 erfolgten Zustellung des Steuerbescheids, also am 13. Februar 1924 fällig geworden. Das Konkursverfahren wurde am 23. Februar 1925 eröffnet. Das erste Fälligwerden der Forderung liegt also länger als ein Jahr vor der Konkurseröffnung zurück. Dem Gemeinschuldner ist dann am 8. Mai 1924 und auch später noch Stundung bewilligt worden. Unter den Parteien besteht Streit, ob für den Beginn der Jahresfrist, in welche die Konkurseröffnung fallen muß, um die Steuerforderung des Vorrechts teilhaftig werden zu lassen, die erste Fälligkeit der Forderung maßgebend ist oder der Zeitpunkt des Wiederfälligwerdens nach Ablauf der Stundungsfristen. Schon der Wort-

laut des Gesetzes spricht bei ungezwungener Auslegung für die erstere Auffassung; denn „fällig geworden" ist eine Forderung, sobald der erste Zahlungstermin eingetreten ist. Aber auch der Zweck der Vorschrift bestätigt diese Auslegung. Dadurch, daß das Gesetz gewissen Konkursforderungen ein Vorrecht vor anderen eingeräumt hat, hat es den allgemeinen, den Konkurs beherrschenden Grundsatz (§ 3 KO.) der gemeinschaftlichen, anteilmäßigen Befriedigung aller Konkursgläubiger durchbrochen, jedoch mit enger zeitlicher Begrenzung. Es hat keineswegs beabsichtigt, allen rückständigen Forderungen der in § 61 Nr. 1 bis 5 bezeichneten Art unbeschränkt ein Vorrecht zu gewähren; dies sollte vielmehr nur insofern der Fall sein, als die Forderungen im letzten Jahre vor der Konkurseröffnung entstanden (Nr. 1 und 4) oder fällig geworden (Nr. 2 und 3) oder innerhalb einer bestimmten Zeit und bis zur Konkurseröffnung verfolgt worden sind (Nr. 5). Wenn nun auch zugunsten der Steuerforderungen mit Rücksicht darauf, daß aus bestimmten wirtschaftlichen oder steuertechnischen Gründen eine Hinausschiebung der Fälligkeit über die Entstehung der Steuerschuld geboten war (es kämen namentlich die in den Motiven zur Konkursordnung und bei Jaeger in Anm. 19 zu § 61 genannten Fälle in Betracht), nicht der Zeitpunkt der Entstehung, sondern derjenige der Fälligkeit für maßgebend erklärt worden ist, so wird man der Absicht des Gesetzgebers, das Vorrecht zeitlich einzuschränken, doch nur dann gerecht, wenn man den Lauf der Jahresfrist mit dem ersten Fälligwerden der Forderung beginnen läßt. Wenn durch wiederholte Stundungen der maßgebende Zeitpunkt der Fälligkeit immer wieder hinausgeschoben werden könnte, so wäre die gesetzliche Fristbestimmung zwecklos. Denn der Fall, daß wegen fällig gewordener Steuerforderungen in mehr als Jahresfrist von der Steuerbehörde nichts veranlaßt wird, kommt bei ordnungsmäßigem Geschäftsbetrieb nicht vor; entweder schreiten die Finanzämter zur Beitreibung oder sie gewähren auf Antrag Stundung. Auf dem letzteren Wege könnte dann aber allen Steuerrückständen, mögen sie vor noch so langer Zeit fällig gewesen sein, das Vorrecht gewahrt werden. Daß das nicht der Sinn und Zweck des Gesetzes ist, leuchtet ein. Der Steuerfiskus wird auch nicht etwa durch die für eine Ausnahmevorschrift gebotene enge Auslegung des § 61 Nr. 2 KO. in eine besonders mißliche Lage versetzt. Die Reichsabgabenordnung gibt ihm so viele und so wirksame Sicherungen für seine Forderungen an die Hand, wie sie einem Privatgläubiger nicht zur Verfügung stehen. Zölle und Verbrauchsabgaben sind nach § 101 RAbgO. kraft Gesetzes schon durch ein weitgreifendes Pfandrecht gesichert. Für die anderen Steuern kann sich der Fiskus jederzeit im Verwaltungszwangsverfahren Sicherheiten verschaffen. Stundungen können und sollen auch regelmäßig nur gegen Sicherheitsleistung gewährt werden (§ 105 RAbgO.). Es sind denn auch in neuerer Zeit zahlreiche Stimmen aus den Kreisen der Wirtschaft und der Juristen (vgl. u. a. Jaeger in der Enzykl. d. Rechts- u. Staatswissenschaften XVIII S. 45; Schumann in der Zeitschr. d. Verb. Deutsch. Bücherrevisoren 1925 S. 241) laut geworden, die eine gänzliche Beseitigung des Steuervorrechts fordern. Es mag sein, wie die Revision ausführt, daß die Finanzverwaltung, wenn sie Gefahr läuft, durch Stundung das Vorrecht des § 61 Nr. 2 KO. zu verlieren, von Stundungen absehen wird, falls der Schuldner keine Sicherheit leistet oder leisten kann. Das kann aber keinen Grund bilden, der Vorschrift des § 61 Nr. 2 KO. eine Auslegung zu geben, die ihr nach Sinn und Zweck nicht zukommt.

Es könnte nur noch in Frage kommen, ob nicht etwa nach Maßgabe der Steuergesetze, insbesondere der Reichsabgabenordnung, der Stundung von Steuerforderungen die Wirkung der völligen Beseitigung aller mit der bisherigen Fälligkeit verbundenen Rechtsfolgen beizumessen wäre. Daß nach bürgerlichem Recht die Stundung diese Wirkung nicht ohne weiteres hat, ist unbedenklich. So bleiben beispielsweise die eingetretenen Verzugsfolgen trotz nachträglicher Stundung bestehen, wenn sich nicht ausnahmsweise aus der Stundungsabrede der Verzicht darauf ergibt (vgl. RG. in JW. 1903 Beil. S. 23 Nr. 47; WarnRspr. 1911 Nr. 11; Recht 1920 Nr. 604; OLG. Bd. 22 S. 194). Im Zweifel ist nur die Beitreibung gestundet (RGR.Komm. zum BGB. Anm. 5 zu § 284; Staub-Koenige HGB. Anm. 7 zu § 353). Die mit der Fälligkeit des Anspruchs beginnende Verjährung wird durch Stundung nur gehemmt. Eine alle Rechtsfolgen der Fälligkeit beseitigende Wirkung kommt aber auch der Stundung nach Steuerrecht nicht zu. Es wird nur der Zahlungstermin hinausgeschoben; die in § 104 RAbgO. an die Fälligkeit als Rechtsfolge geknüpfte Zinspflicht bleibt z. B. bestehen, wenn sie nicht ausdrücklich erlassen wird (§ 105 Abs. 2 RAbgO. und Stundungsordnung vom 29. Januar 1923, RGBl. I S. 75, § 4). Nach § 124

RAbgO. hat zwar die Stundung, anders als nach bürgerlichem Recht, die Wirkung, daß die Verjährung unterbrochen, die bereits begonnene Verjährung also restlos beseitigt wird. Wäre die Jahresfrist des § 61 Nr. 2 KO. eine Verjährungsfrist, so ließe sich aus § 124 RAbgO. der Schluß ableiten, daß mit der Stundung einer Steuerforderung der mit ihrer ersten Fälligkeit begonnene Lauf der Frist beseitigt sei. Aber die Fristen des § 61 KO. sind keine Verjährungsfristen, sondern Ausschlußfristen, auf welche die über die Verjährung geltenden Vorschriften keine Anwendung finden.

---

73. Bestimmt sich bei dem Rücktrittsrecht, das dem Reich nach § 3 der Verordnung über Aussetzung von Zahlungen auf Sachlieferungen vom 29. Oktober 1923 zusteht, die Rückgewährpflicht des Vertragsgegners wegen empfangener Zahlungen nach den Grundsätzen des vertragsmäßigen Rücktrittsrechts oder der ungerechtfertigten Bereicherung?

VO. über Aussetzung von Zahlungen auf Sachlieferungen vom 29. Oktober 1923 (RGBl. II S. 406) § 3; BGB. §§ 346flg., 327, 812.

II. Zivilsenat. Urt. v. 29. März 1927 i. S. Deutsches Reich (Kl.) w. Aluminiumfabrik A., G. m. b. H. (Bekl.). II 494/26.

I. Landgericht I Berlin.
II. Kammergericht daselbst.

Der Kläger hat am 25. Juli / 1. August 1923 durch das Reichskommissariat für Reparationslieferungen mit der Beklagten als Verkäuferin einen Vertrag auf Lieferung von 20000 Garnituren Aluminiumkochgeschirre zum Preis von insgesamt 39900 GM abgeschlossen. Die Zahlung sollte in Papiermark unter Umrechnung der Goldmark zum Mittelkurs der Federal-Reserve Bank in New York erfolgen. Der Kläger zahlte im August 1923 (in Goldmark umgerechnet) insgesamt 13300 GM an; geliefert wurde nichts. Unter Bezugnahme auf die oben bezeichnete Verordnung vom 29. Oktober 1923 wies der Kläger mit Schreiben vom 14. November 1923 die

Beklagte auf das ihm unter diesen Umständen zustehende Rücktrittsrecht hin mit dem Anfügen, daß er sich die Erklärung über die etwaige Aufrechterhaltung des Vertrags vorbehalte. Eine solche Erklärung ist nicht erfolgt, der Vertrag daher aufgelöst. Der Kläger fordert nunmehr von der Beklagten 4700 RM nebst Zinsen als Teilbetrag seiner Anzahlung zurück. Er vertritt den Standpunkt, daß sich die Rückgewährpflicht der Beklagten nach den für das vertragsmäßige Rücktrittsrecht geltenden Vorschriften richte. Die Beklagte wendet ein, ihre Rückzahlungspflicht bemesse sich nur nach den Vorschriften über die ungerechtfertigte Bereicherung; eine solche sei bei ihr nicht vorhanden, weil sie zur Erfüllung des Vertrags nunmehr nutzlos gewordene Aufwendungen gemacht habe, welche die Anzahlung sogar noch überstiegen; außerdem stünden ihr auch Ansprüche aus § 645 BGB. zu, mit denen sie gegen die Klagforderung aufrechne.

Das Landgericht hat die Klage abgewiesen, das Kammergericht die Berufung des Klägers zurückgewiesen. Die Revision des Klägers blieb ohne Erfolg.

Aus den Gründen:

Der zwischen den Parteien abgeschlossene Vertrag ist auf Lieferung vertretbarer Sachen aus einem vom Unternehmer zu beschaffenden Stoffe gerichtet. Es handelt sich also um einen Werklieferungsvertrag im Sinne des § 651 Abs. 1 Satz 1 und 2 BGB. Daß die Verordnung vom 29. Oktober 1923 gleichmäßig für Kauf- und Werklieferungsverträge gilt, kann schon nach ihrem Wortlaut keinem Zweifel unterliegen. Auf Werklieferungsverträge über vertretbare Sachen sind nach § 651 Abs. 1 Satz 2 die Vorschriften über den Kauf anzuwenden. Der § 645 BGB., auf den das Landgericht seine Entscheidung stützt, kann aber auch um deswillen nicht herangezogen werden, weil es sich hier nicht um eine Herstellungsanweisung des Bestellers der Ware, sondern um die Auflösung des Vertrags überhaupt auf Grund des in der Verordnung festgesetzten Rücktrittsrechts des Klägers handelt. Ebenso hat § 649 BGB. auszuscheiden, auf den sich die Beklagte auch berufen hat. Einmal bestimmen sich die Rechtsbeziehungen der Parteien an und für sich nur nach den Rechtssätzen über den Kauf, die keine dem § 649 BGB. entsprechende Vorschrift enthalten, sodann ist aber auch das dem Kläger nach der Verordnung zustehende Rücktrittsrecht nach Wesen und Wirkung von der Kündigungsbefugnis des § 649 BGB. völlig verschieden. Die Erwägungen, auf Grund deren das Berufungsgericht eine ungerechtfertigte Bereicherung der Beklagten verneint, liegen im wesentlichen auf tatsächlichem Gebiet. Ein Rechtsverstoß ist insoweit nicht ersichtlich. Der Klaganspruch ist demnach aus diesem rechtlichen Gesichtspunkt mit Recht abgewiesen. Die Entscheidung hängt deshalb von der Frage ab, ob die Beklagte zur Rückerstattung der empfangenen Anzahlungen etwa nach den für das vertragsmäßige Rücktrittsrecht geltenden Vorschriften der §§ 346flg. BGB. verpflichtet ist.

Die Verordnung vom 29. Oktober 1923 ordnet für Zahlungsansprüche gegen das Reich aus den in ihren Geltungsbereich fallenden Verträgen zunächst ein Moratorium an und räumt weiterhin dem Reich ein Rücktrittsrecht ein. Für die ausgesetzten Zahlungsansprüche gegen das Reich ist bestimmt, daß sie weder gerichtlich noch außergerichtlich geltend gemacht werden können (§ 5 Abs. 1) und daß aus der Zahlungsaussetzung selbst Ansprüche irgendwelcher Art gegen das Reich nicht zur Entstehung gelangen (§ 5 Abs. 2). Da ferner der Rücktritt des Reichs, der als erklärt gilt, wenn nicht dem Lieferungspflichtigen binnen bestimmter Frist das Gegenteil mitgeteilt wird, den Vertrag rückwirkend auflöst, sind die Verpflichtungen des Reichs aus den Reparations-Lieferungsverträgen restlos beseitigt, wenn es nicht Vertragserfüllung verlangt. Insoweit ist die in der Verordnung getroffene Regelung lückenlos. Dagegen sagt die Verordnung nichts darüber, wie es sich im Falle solcher Vertragsauflösung mit den Ansprüchen des Reichs auf Rückgewähr seiner Anzahlungen verhält. Die Revision vertritt den Standpunkt, daß für Inhalt und Umfang der Rückgewährpflicht nach allgemeinen Rechtsgrundsätzen wie auch nach Sinn und Zweck der Verordnung die für das vertragsmäßige Rücktrittsrecht geltenden Vorschriften maßgebend seien. Dem kann nicht beigetreten werden. Die §§ 346flg. BGB. haben zunächst nur Geltung für das vertragsmäßige Rücktrittsrecht. Um ein Recht dieser Art handelt es sich nicht. Das hier in Rede stehende Rücktrittsrecht hat seine Rechtsgrundlage allein in der Verordnung selbst, also in einem Akte der Gesetzgebung. Eine allgemeine Vorschrift des Inhalts, daß auf gesetzliche Rücktrittsrechte die Vorschriften der §§ 346flg. BGB. ohne weiteres Anwendung zu finden haben, besteht nicht. Aus den Vorschriften des Bürgerlichen Gesetzbuchs kann ein solcher allgemeiner Rechtsgrundsatz ebenfalls nicht abgeleitet werden. Die §§ 346flg. BGB. sind für entsprechend anwendbar erklärt im § 327 BGB. auf das gesetzliche Rücktrittsrecht der §§ 325, 326, ferner in den §§ 467, 634 BGB. auf die rechtsähnlichen Wandlungsrechte des Kauf- und des Werkvertrags. Diesen Fällen ist gemeinsam, daß der Gegner des „Rücktrittsberechtigten" schuldhaft (§§ 325, 326) oder wenigstens vertragswidrig (§§ 467, 634) gehandelt hat. Gerade darin ist aber der gesetzgeberische Grund dafür zu finden, daß in diesen Fällen die Rückgewährpflicht sich nach den Vorschriften über das vertragsmäßige Rücktrittsrecht bestimmen soll. Darauf weist schon § 327 Satz 2 BGB. hin, wonach dann, wenn der Rücktritt wegen eines Umstands erfolgt, den der Gegner des Rücktrittsberechtigten nicht zu vertreten hat, nur eine Haftung nach den Vorschriften über die Herausgabe einer ungerechtfertigten Bereicherung Platz greift. Das gleiche gilt z. B. auch in den Fällen des § 323 BGB. Auch hier haftet derjenige, der den Anspruch auf die Gegenleistung verliert, wegen des schon Empfangenen nur nach Bereicherungsgrundsätzen. Im übrigen ist die nächste Folge der Ausübung eines Rücktrittsrechts die, daß damit der Rechtsgrund für etwa schon gemachte Vertragsleistungen nachträglich wegfällt (causa finita), also eine Rechtsgrundlage geschaffen ist, wie sie gerade § 812 Abs. 1 Satz 2 BGB. im Auge hat. Will man daher im § 327 Satz 2 nicht den Ausfluß eines allgemeinen Rechtsgedankens finden, so ist doch die entsprechende Anwendung dieser Vorschrift in Fällen ähnlicher Art, d. h. dann gerechtfertigt, wenn der Rücktritt nicht durch ein Verschulden oder einen vom Rückgewährpflichtigen zu vertretenden sonstigen Umstand veranlaßt ist. Im vorliegenden Falle sind es allein die Verhältnisse und Bedürfnisse des Reichs gewesen, die dazu geführt haben, ihm durch staatlichen Hoheitsakt ein Rücktrittsrecht zu verleihen. Ein Durchhalten der über Reparationsleistungen abgeschlossenen Verträge war bei der damaligen inneren und äußeren Lage völlig zwecklos geworden und mußte die Ordnung der Reichsfinanzen, die unabweislich und unaufschieblich war, wenn nicht unmöglich machen, so doch äußerst erschweren. Diese veränderte Sachlage beim Reich hat allein zur Verordnung vom 29. Oktober 1923 und im besonderen dazu Anlaß gegeben, daß dem Reich nachträglich von Gesetzeswegen ein Rücktrittsrecht eingeräumt wurde. Nach allgemeinen Rechtsgrundsätzen haftet demnach die Beklagte, die mit einem solchen gesetzgeberischen

Eingriff bei Vertragsschluß nicht rechnen konnte, nur nach den Vorschriften über die Herausgabe einer ungerechtfertigten Bereicherung. Der Umstand, daß die Verordnung eine im Allgemeininteresse getroffene Notmaßnahme ist, rechtfertigt für sich allein noch keine andere Beurteilung, zumal da nicht außeracht bleiben darf, daß es sich um einen durch ein Ausnahmegesetz verordneten Eingriff in bestehende Vertrags- und Privatrechtsverhältnisse handelt. Soweit durch Gesetze solcher Art Rechte und Befugnisse abgeschnitten oder verkürzt werden sollen, die auf der allgemeinen Rechtsordnung beruhen, muß sich dies aus den getroffenen Anordnungen ganz unzweifelhaft ergeben; daß eine Haftung des Rückgewährpflichtigen für den Wert des Empfangenen, also über die Bereicherung hinaus, eine wesentliche Verschlechterung seiner Rechtsstellung bedeuten würde, liegt auf der Hand. Weder der Gesamtinhalt der Verordnung noch ihr Zweck zwingt zu solcher Auslegung. Mit keinem Wort geht die Verordnung auf die Frage der Rückgewähr der geleisteten Anzahlungen ein. Eine Regelung, wie sie die Revision vertritt, hätte sich mit wenigen Worten treffen lassen. Sodann waren die vom Reich geleisteten Anzahlungen Papiermarkzahlungen, die bis zum Erlaß der Verordnung infolge der damals besonders rasch fortschreitenden Geldentwertung ohnehin im weitesten Umfang entwertet waren. Der Rechtsgedanke der Aufwertung hatte sich Ende Oktober 1923 noch keineswegs allgemein durchgesetzt und wurde damals gerade von der Reichsregierung noch lebhaft bekämpft. Bei dieser Sachlage hatten die Rückzahlungsansprüche für das Reich und die mit der Verordnung verfolgten Zwecke nur verhältnismäßig untergeordnete, nebensächliche Bedeutung. Dieser Umstand macht es auch erklärlich, daß die Verordnung die genannten Ansprüche mit Stillschweigen übergeht, während sie die unter das Moratorium fallenden Ansprüche eingehend und abschließend regelt. Offensichtlich war auch für die Ordnung der Reichsfinanzen und für die in Aussicht genommene Wiederherstellung der Währung die Befreiung des Reichs von weiteren Zahlungspflichten und damit die möglichste Herabdrückung künftiger Ausgaben von viel größerer Wichtigkeit.

---

74. Auf welchen Zeitpunkt ist die in einem Rechtsgestaltungsurteil erster Instanz ausgesprochene Rechtsänderung, insbesondere die auf Grund des Mieterschutzgesetzes vom 1. Juni 1923 ausgesprochene Aufhebung eines Mietverhältnisses zu beziehen, wenn das Urteil erst durch Zurückweisung der Berufung rechtskräftig wird?

Mieterschutzgesetz § 5.

III. Zivilsenat. Urt. v. 1. April 1927 i. S. St. (Kl.) w. 1. Firma M., 2. D. (Bekl.). III 399/26.

I. Landgericht Düsseldorf.
II. Oberlandesgericht daselbst.

Der Kläger hatte an die Beklagte zu 1 Geschäftsräume bis zum 30. September 1924 vermietet. Die Mieterin hatte die Räume vertragswidrig dem Beklagten zu 2 überlassen. Am 23. Juni 1924 hat das Mietschöffengericht das Mietverhältnis aufgehoben und ausgesprochen, daß die Mieterin sofort zu räumen habe. Durch Urteil vom 30. Dezember 1924 hat das Landgericht die Berufung der Mieterin zurückgewiesen. Nun trat der Beklagte zu 2 als Inhaber der Räume auf; erst nachdem der Kläger auch gegen ihn einen Vollstreckungstitel erwirkt hatte, konnten die Mieträume am 3. Februar 1925 zwangsweise geräumt werden.

Mit der Klage verlangt der Kläger von beiden Beklagten als Gesamtschuldnern Ersatz des Schadens, der ihm aus der Vorenthaltung der Räume erwachsen ist. Er vertritt die Meinung, daß ihm die Räume schon von Ende Juni 1924 ab hätten herausgegeben werden müssen, beschränkt aber seinen Ersatzanspruch auf die Zeit vom 1. Oktober 1924 bis 3. Februar 1925. Das Oberlandesgericht hat den Klaganspruch nur für die Zeit vom 31. Dezember 1924 an zugesprochen, dagegen für die Zeit vom 1. Oktober bis 30. Dezember 1924 aberkannt. Die Revision des Klägers führte zur Aufhebung des Berufungsurteils und zur Zurückverweisung.

Gründe:

Der Berufungsrichter hält den Klaganspruch für die Zeit vom 1. Oktober bis 30. Dezember 1924 für unbegründet. Denn, so führt er aus, das Urteil des Mietschöffengerichts vom 23. Juni 1924, das die Beendigung des Mietverhältnisses ausgesprochen und die Beklagte zu 1 zu sofortiger Räumung verurteilt habe, sei erst mit dem 30. Dezember 1924 rechtskräftig geworden; als Rechtsgestaltungsurteil habe es den Eintritt der in ihm ausgesprochenen Wirkung nicht vor seiner Rechtskraft herbeiführen können; eine Rückbeziehung seiner Wirkung auf den Zeitpunkt des erstinstanzlichen Urteils sei dem Gesetz unbekannt. Mithin sei erst mit dem 30. Dezember 1924 das Mietverhältnis beendigt worden und erst damals der Räumungsanspruch des Klägers entstanden.

Diese Ausführungen sind im Ausgangspunkt richtig, aber sie erschöpfen die Frage nicht.

Allerdings ist das die Aufhebung eines Mietverhältnisses aussprechende Urteil des Mietschöffengerichts rechtsgestaltender Art und schafft erst mit seiner Rechtskraft die Rechtsänderung, d. h. die Aufhebung des Mietverhältnisses. Eine gewisse Rückbeziehung ist aber damit keineswegs unvereinbar, wie denn schon die Rechtslehre (vgl. Stein-Jonas, Vorbem. II 3 vor § 253 ZPO.) innerhalb der Rechtsgestaltungsklagen unterscheidet zwischen solchen, bei denen das Urteil erst für die Zukunft wirkt, und solchen, die den Erfolg mit rückwirkender Kraft herstellen. Eine solche Rückbeziehung ist durch § 5 MSchG. geboten. Nach dieser Vorschrift ist die Beendigung des Mietverhältnisses auf einen ganz bestimmten Zeitpunkt auszusprechen und der Zeitpunkt ist in der Urteilsformel festzustellen (§ 5 Abs. 2 a. a. O.). Der Zeitpunkt selbst ist im allgemeinen derjenige, für den eine zur Zeit der Klagerhebung ausgesprochene Kündigung zulässig wäre oder in dem die vereinbarte Mietzeit ablaufen würde; in dem (hier gegebenen) Falle des § 2 MSchG. kann das Gericht aber auch die Beendigung des Mietverhältnisses mit sofortiger Wirkung anordnen. Auf Grund dieser gesetzlichen Ermächtigung hat vorliegendenfalls das Urteil vom 23. Juni 1924 die Beendigung mit sofortiger Wirkung ausgesprochen. Hätte das Mietschöffengericht die Beendigung auf einen bestimmten Kalendertag festgesetzt, etwa auf den 30. September 1924, an dem das Mietverhältnis der Parteien in der Tat an sich abgelaufen wäre, so stünde, nachdem das Urteil mit dem 30. Dezember 1924 die Rechtskraft erlangt hat, die Beendigung des Mietverhältnisses unzweifelhaft zwar erst am 30. Dezember, aber mit Wirkung für den genannten früheren Kalendertag fest, also für den 30. September. Für den gleichen Zeitpunkt stünde dann auch die Räumungspflicht des Mieters fest. In einem Falle solcher Art mag der Mieter verfahrensrechtlich befugt sein, nicht vor dem Eintritt der Rechtskraft die Mietsache zurückzugeben. Vom Standpunkt des materiellen Rechts handelte er aber auf eigene Gefahr, wenn er das die Beendigung anordnende Urteil mit einem Rechtsmittel angriff. Nicht anders kann es sich auch hier verhalten, nachdem das erste Urteil die Räumungspflicht der Beklagten zu 1 mit sofortiger Wirkung, also mit Wirkung vom 23. Juni 1924 an, ausgesprochen hat. Dieses Ergebnis ist schon aus dem § 5 MSchG. mit Sicherheit abzuleiten. Die gegenteilige Annahme wäre zudem mit den Anforderungen einer geordneten Rechtspflege nicht zu vereinigen; sie würde geradezu einen Anreiz dazu geben, daß der Mieter ein Rechtsmittel lediglich zu dem mißbräuchlichen Zweck der Verschleppung einlegt.

Anhang:

Entscheidungen des Staatsgerichtshofs.

1.

In der verfassungsrechtlichen Streitigkeit

zwischen

dem Land Preußen

und

dem Deutschen Reich

wegen Ernennung eines Mitglieds zum Verwaltungsrat der Deutschen Reichsbahn-Gesellschaft

hat der Staatsgerichtshof für das Deutsche Reich in seiner öffentlichen Sitzung vom 7. Mai 1927 nach mündlicher Verhandlung für Recht erkannt:

Auf Grund Ziffer IV der zur Auslegung des Staatsvertrags über den Übergang der Staatseisenbahnen auf das Reich vom 30. April 1920 von dem Reichsverkehrsminister und dem Preußischen Minister für Handel und Gewerbe abgegebenen Erklärungen vom 25. März 1924 hat Preußen gegenüber dem Reiche das Recht, ein Mitglied des Verwaltungsrats der Deutschen Reichsbahn-Gesellschaft zu benennen.

Gründe:

I.

Das Gesetz vom 30. April 1920 über den Übergang der Staatseisenbahnen auf das Reich (RGBl. S. 773) hatte unter den im Staatsvertrag niedergelegten Bedingungen, die den Ländern gewisse Rechte sicherten, das Eigentum und die Verwaltung der bisherigen

Ländereisenbahnen auf das Reich übertragen. Auf Grund des Ermächtigungsgesetzes vom 8. Dezember 1923 (RGBl. I S. 1179) erließ die Reichsregierung am 12. Februar 1924 die Verordnung über die Schaffung eines Unternehmens „Deutsche Reichsbahn" (RGBl. I S. 57); sie begründete ein selbständiges, eine juristische Person darstellendes wirtschaftliches Unternehmen, das die im Eigentum des Reichs stehenden Eisenbahnen unabhängig von der sonstigen Reichsverwaltung unter Aufsicht und Leitung des Reichsverkehrsministers betreiben und verwalten sollte, bis ein in § 10 Abs. 1 der Vo. vorgesehenes Gesetz über die Deutsche Reichsbahn erlassen würde. In gewissen, in § 9 Abs. 1 aufgezählten Angelegenheiten behielt sich das Reich eine Mitwirkung vor, die es einem mit seiner Zustimmung zu bildenden Verwaltungsrat übertragen konnte. Nach einer unbestrittenen Behauptung des Reichs sollte dieser aus einem Vorsitzenden und 27 Mitgliedern bestehen; von den letzteren sollten die Länder mit früherem Eisenbahnbesitz und der Reichsrat zusammen 10 ernennen.

Zwischen dem Reich und den ehemaligen Eisenbahnländern fanden damals über die Stellung der letzteren Verhandlungen statt, welche, soweit Preußen in Frage kommt, am 25. März 1924 mit den Erklärungen abschlossen, die an diesem Tage zwischen dem Reichsverkehrsminister und dem Preußischen Minister für Handel und Gewerbe festgelegt wurden. Sie enthalten in Ziffer IV folgende Bestimmung:

> In dem zukünftigen Verwaltungsrat der Deutschen Reichsbahn, auch dem etwa vorläufig zu bildenden, erhält die Preußische Regierung eine Vertretung aus eigenem Recht. Es soll angestrebt werden, daß unter den Mitgliedern des Verwaltungsrats, die etwa aus der freien Wirtschaft genommen werden, Preußen vertreten ist.

Diese Erklärungen wurden schriftlich niedergelegt, am 5. April 1924 vom Reich zur Vollziehung an Preußen gesandt und von Preußen am 17. April 1924 unterzeichnet. Gleichlautende Erklärungen sind nach einer unbestrittenen Behauptung des Reichs auch mit den Ländern Bayern, Sachsen und Baden gewechselt worden; eine Unterzeichnung durch Württemberg ist nicht erfolgt.

Zur Bildung des vorgesehenen Verwaltungsrats ist es nicht gekommen. Der Dawesplan und in seiner Auswirkung das Gesetz über die Deutsche Reichsbahn-Gesellschaft vom 30. August 1924

(RGBl. II S. 272) brachten eine andere als die beabsichtigte Zusammensetzung.

Bestandteil dieses Gesetzes ist die Gesellschaftssatzung. Sie schreibt einen Verwaltungsrat von 18 Mitgliedern vor, welche erfahrene Kenner des Wirtschaftslebens oder Eisenbahnsachverständige sein müssen, während Mitglieder des Reichstags, eines Landtags, der Reichsregierung oder einer Landesregierung ausgeschlossen sind. Die eine Hälfte der Mitglieder hat der Treuhänder zu bestellen; unter ihnen können fünf Deutsche sein. Die andere Hälfte ernennt die Reichsregierung. Werden jedoch Vorzugsaktien ausgegeben, so steht ihren Inhabern das Recht zu, für je 500 Millionen des Gesamtbetrags von 2 Milliarden Mark einen Vertreter in den Verwaltungsrat zu entsenden. Geschieht dies, so hat die Reichsregierung jedesmal ein von ihr ernanntes Mitglied zurückzuziehen. Die Vertreter der Inhaber der Vorzugsaktien müssen Deutsche sein. Die Amtsdauer der Mitglieder beträgt sechs Jahre. Alle zwei Jahre scheiden von jeder Hälfte drei Mitglieder aus, die wiederbestellt werden können. Die am Ende des zweiten und des vierten Geschäftsjahres ausscheidenden werden durch das Los bestimmt. Für ein während der Amtszeit ausscheidendes Mitglied ist innerhalb einer Frist von drei Monaten ein Nachfolger zu bestellen.

Der erste Verwaltungsrat wurde im Spätsommer 1924 gebildet. Das Reich und Preußen einigten sich auf den Geh. Kommerzienrat Arnhold. Als dieser im Juli 1925 starb, benannte Preußen den Ministerialdirektor Schulze als Nachfolger. Seine Ernennung lehnte das Reich ab. Schriftliche und mündliche Verhandlungen führten zu keinem Erfolg. Das Reich teilte am 5. Juli 1926 Preußen mit, es habe an Arnholds Stelle den früheren Reichskanzler Luther ernannt, gab die Ernennung auch öffentlich bekannt.

Mit diesem Vorgehen des Reiches ist Preußen nicht einverstanden. Es hat die Entscheidung des Staatsgerichtshofs angerufen und beantragt zu erkennen:

> daß der Preußischen Regierung auf Grund der Ziffer IV der zur Auslegung des Staatsvertrags über den Übergang der Staatseisenbahnen auf das Reich vom 30. April 1920 von dem Reichsverkehrsministerium und dem Preußischen Ministerium für Handel und Gewerbe abgegebenen Erklärungen vom 25. März 1924 das Recht zur Benennung eines Mitglieds des Verwaltungsrats der Deutschen Reichsbahn-Gesellschaft zusteht.

Zur Begründung trägt Preußen vor:

Über die Rechtsgültigkeit der Erklärungen bestehe kein Streit, auch nicht darüber, daß ihm nach den Erklärungen eine Vertretung aus eigenem Recht im Verwaltungsrat zugesichert worden sei. Wenn das Reich sich jetzt auf den Standpunkt stelle, dies habe nur für den durch die Verordnung vom 12. Februar 1924 geschaffenen Rechtszustand gelten sollen, nicht aber für den jetzigen Verwaltungsrat, so finde diese Behauptung weder im Wortlaut, noch im Sinn der Ziffer IV eine Stütze. Ausdrücklich sei vom Verwaltungsrat der Deutschen Reichsbahn, nicht aber von dem des Unternehmens Deutsche Reichsbahn die Rede. Preußens Recht sei also für jeden Verwaltungsrat, auch für den der Deutschen Reichsbahn-Gesellschaft als der Rechtsnachfolgerin des Unternehmens Deutsche Reichsbahn festgelegt.

Das Reich könne aber auch mit diesem Einwand nicht mehr gehört werden. Zur Zeit der Absendung der schriftlich niedergelegten Erklärungen an Preußen — 5. April 1924 — sei der Dawesplan, der nur 18 Mitglieder des Verwaltungsrats vorsehe, der Reichsregierung bereits bekannt gewesen, sie habe auch die Erklärungen daraufhin nachgeprüft. Wenn sie diese gleichwohl ohne jeden Vorbehalt abgegeben habe, so müsse sie nach Treu und Glauben sie auch für den durch den Dawesplan geschaffenen Zustand gelten lassen. Dies um so mehr, als das Reichsbahngesetz eine dem Plan gegenüber günstigere Regelung gebracht habe. Es sei der Reichsregierung sogar ein Vorschlagsrecht für die vom Treuhänder zu ernennenden Mitglieder zugestanden worden. Ein Abgehen von der getroffenen Einigung aus formaljuristischen Gründen sei nicht zulässig.

Das Reich hat beantragt:

den Antrag der Preußischen Regierung zurückzuweisen.

Die Rechtsgültigkeit der Erklärungen — so führte das Reich aus — werde von ihm nicht in Zweifel gezogen. In einem Aufsatz von Giese in der Deutschen Juristenzeitung 1926 Sp. 1452 sei sie verneint. Das Reich überlasse es dem Ermessen des Staatsgerichtshofs, ob er die Frage der Gültigkeit nachzuprüfen sich für verpflichtet halte. Jedenfalls mache sich die Reichsregierung die Ausführungen Gieses nicht zu eigen, sie bleibe bei ihrer Auffassung, daß die Erklärungen gültig seien.

Zur Zeit der Verhandlungen seien die Gutachten der Sachverständigen und der Dawesplan noch nicht bekannt gewesen. Die Vereinbarungen hätten nur den Rechtszustand im Auge gehabt, der durch die Verordnung vom 12. Februar 1924 geschaffen gewesen sei und durch das in ihrem § 10 vorgesehene Gesetz habe endgültig festgelegt werden sollen. Die Bezeichnung „Verwaltungsrat der Deutschen Reichsbahn" sei gerade mit Rücksicht auf die nach § 10 zu treffende endgültige Regelung gewählt worden. Auch zur Zeit der Absendung der Erklärungen an Preußen zur Unterschrift — 5. April 1924 — sei der Dawesplan der Reichsregierung nicht bekannt gewesen. Das Gutachten von Acworth und Leverve sei erst vom 27. März 1924 datiert, der Dawesplan sei am 8. April in Paris übergeben worden und am 9. April 1924 beim Auswärtigen Amt in Berlin eingegangen. Auch inoffiziell sei er der Reichsregierung nicht bekannt gewesen. Selbst wenn aber etwas bekannt gewesen wäre, hätte man doch das Ergebnis der Verhandlungen feststellen müssen, um für den Fall der Nichtannahme des Dawesplans etwas in der Hand zu haben.

Nicht die Überprüfung der Erklärungen an der Hand des Plans habe danach die verspätete Absendung vom 5. April 1924 verursacht, sondern lediglich die Absicht, sie gleichzeitig an Sachsen gelangen zu lassen, mit dem noch eine Rückfrage zu erledigen gewesen sei. Die spätere Entwicklung der Dinge habe man damals noch nicht voraussehen können. Der nachträglich durch den Dawesplan und das Reichsbahngesetz geschaffene, von dem vorgesehenen abweichende Zustand schließe die Verwirklichung der Zusage aus. Zunächst verstoße sie gegen das Reichsbahngesetz, das die Auswahl und die Ernennung der Verwaltungsrats-Mitglieder neben dem Treuhänder ausschließlich der Reichsregierung übertrage und ein eigenes Recht der Länder auf Besetzung von Stellen nicht zulasse.

Werde, hiervon abgesehen, Preußen ein solches Recht eingeräumt, so beanspruchten es auch die übrigen vier Länder Bayern, Sachsen, Württemberg und Baden. Dem Reiche blieben dann nur noch vier Sitze, die es nach Ausgabe der Vorzugsaktien auch noch den Vertretern ihrer Inhaber frei machen müsse. Dann besitze es im Verwaltungsrat überhaupt keinen Einfluß mehr. Allerdings habe ihm der Treuhänder ein Vorschlagsrecht für die von ihm zu ernennenden Mitglieder eingeräumt; da aber weder das Gesetz noch die Satzung es vorschrieben, könne er es jederzeit wieder rückgängig machen.

Bei Besetzung der fünf Sitze mit Vertretern der Länder sei es kaum zu vermeiden, daß diese den Weisungen ihrer Regierungen entsprechend ihr Amt mehr oder weniger nach politischen Gesichtspunkten ausüben und öfters gegen- statt miteinander gehen würden; die Auffassungen der Länder deckten sich vielfach untereinander nicht, auch nicht mit denen des Reichs. Dies werde zur Folge haben, daß auch die ausländischen Mitglieder des Verwaltungsrats nicht mehr nach rein wirtschaftlichen Gesichtspunkten vorgehen, sondern Instruktionen ihrer Regierungen oder des Treuhänders einholen würden. Hand in Hand damit gehe die weitere Gefahr, daß der Treuhänder die bisher von ihm ernannten fünf deutschen Mitglieder durch Ausländer ersetzen werde. Auf diese Art werde der Verwaltungsrat eine hochpolitische Körperschaft. Das liege nicht im Sinne des Reichsbahngesetzes und schaffe den unerträglichen und ungesetzlichen Zustand, daß das Reich als Eigentümer der Bahnen ohne jeden Einfluß sei. Eine Sicherheit dafür, daß die Vorzugsaktien nicht ausgegeben würden, bestehe nicht. Diese Möglichkeiten müßten genügen, um den Beweis der Undurchführbarkeit der Zusage darzutun.

Das Reich sei den Ländern in der Durchführung stets entgegengekommen, habe sich auch über die erste Zusammensetzung des Verwaltungsrats mit ihnen geeinigt. Dabei habe es Bayern gegenüber zum Ausdruck gebracht, daß die Bestimmung der Berufsgruppe, aus welcher der Vertreter genommen werden solle, seine, des Reichs, Sache sei. Aus seinem damaligen Verhalten dürften also keine Schlüsse zu seinen Ungunsten gezogen werden.

Das Reich habe aber auch rechtzeitig auf die durch den Dawesplan notwendig gewordenen Änderungen der Erklärungen aufmerksam gemacht, und Preußen habe, wenn ihm das in Anspruch genommene Recht tatsächlich eingeräumt gewesen sei, nachträglich darauf verzichtet. Am 9. Mai 1924 habe das Reich bei Verhandlungen darauf hingewiesen, daß die Erklärungen durch den Dawesplan beeinflußt würden. Dieser Hinweis stehe dem auf die Undurchführbarkeit gleich. In seiner ersten Stellungnahme zum Dawesgutachten habe Preußen eine Bestätigung seines Anspruchs auf eine Vertretung aus eigenem Recht und zu Satz 2 der Ziffer IV verlangt. Dieses Ansinnen habe das Reich abgelehnt. Weitere Verhandlungen hätten zu einem Entwurf vom 4. August 1924 geführt, wonach das Reich eine von Preußen zu benennende Persönlichkeit zum Mitglied des Verwaltungsrats zu ernennen haben sollte. Ihn habe das Reich abgelehnt. Ein weiterer Entwurf vom 21. August 1924 habe bestimmt, das

Reich solle sich mit Preußen über die Auswahl eines Mitglieds verständigen; den Personenkreis, aus dem sie entnommen werden solle, habe das Reich zu bestimmen. Auch hierüber sei keine Einigung erzielt worden.

Unmittelbar vor der Abstimmung über das Reichsbahngesetz habe der Preußische Ministerpräsident Braun vom damaligen Reichsverkehrsminister Oeser Anerkennung des Anspruchs Preußens gefordert, widrigenfalls er gegen das Gesetz stimmen werde. Oeser habe dies abgelehnt, gleichwohl habe Braun für das Gesetz gestimmt. Nach dessen Erlaß habe der Preußische Ministerpräsident am 6. Oktober 1924 an den Reichsverkehrsminister geschrieben, die Rechtsgrundlage habe sich insofern verschoben, als nur noch ein Teil der Verpflichtungen aus dem Abkommen vom 25. März 1924 unmittelbar von der Reichsregierung erfüllt werden könne, z. B. die Ernennung des Preußischen Verwaltungsratsmitglieds im Einvernehmen mit der Preußischen Regierung. Hier sei nicht mehr von einer Verpflichtung, sondern nur noch von einem Einvernehmen die Rede. Endlich sei Preußen bei einer zur Beseitigung von Meinungsverschiedenheiten bestimmten Verhandlung auf seinen Anspruch nicht mehr zurückgekommen.

Darauf hat Preußen entgegnet:

Den ihm obliegenden Beweis für die Undurchführbarkeit der Erklärungen habe das Reich nicht erbracht. Da der Wortlaut der Ziffer IV für eine allgemeine Geltung spreche und die Erklärungen trotz der damals vorauszusehenden Beeinflussung durch den Dawesplan vom Reich ohne Vorbehalt unterzeichnet worden seien, müßten sie notwendigerweise für jeden Verwaltungsrat der Reichsbahn gelten. An ihrer Durchführung sei auch das Reich durch das Gesetz nicht behindert. Wenn danach Preußen auch nicht unmittelbar einen Vertreter ernennen könne, so stehe doch nichts entgegen, daß das Reich eine von Preußen benannte Persönlichkeit ernenne. Damit gebe sich Preußen zufrieden.

Richtig sei, daß man bei Beginn der Verhandlungen nicht an das Dawesgutachten gedacht habe. Im März 1924 sei es aber bereits zu erwarten gewesen und bei der unterschriftlichen Vollziehung der Erklärungen durch den Reichsverkehrsminister habe es der Reichsregierung vorgelegen. Schon am 23. März 1924 habe Bernhard Dernburg einen Aufsatz veröffentlicht, in dem auch die Zusammensetzung des Verwaltungsrats besprochen worden sei.

Was Dernburg damals gewußt habe, müsse doch auch der Reichsregierung bekannt gewesen sein. Die verspätete Absendung an Preußen sei denn auch nur auf eine Nachprüfung der Erklärungen an der Hand des Dawesplanes zurückzuführen.

Bei Aufzählung der Folgen der Durchführung der Erklärungen gehe das Reich nicht von der praktischen Wirklichkeit, sondern von theoretischen Möglichkeiten aus, die nicht berücksichtigt werden könnten.

Die Unterstellung, daß die Ländervertreter sich nach unsachlichen Gesichtspunkten richteten, sei ungerechtfertigt. Abgesehen davon, daß die Verwaltungsrats-Mitglieder nach § 12 Abs. 2 der Satzung zur unbedingten Verschwiegenheit verpflichtet seien und aus der bisherigen Tätigkeit der bereits vorhandenen Ländervertreter sich kein Anstand ergeben habe, werde Preußen, wie es in einem Schreiben vom 19. Februar 1926 ausdrücklich erklärt habe, von jeder Instruktion an seinen Vertreter absehen.

Ein Abgehen des Treuhänders von seiner bisherigen Übung sei nicht zu erwarten, wenn Preußen der verlangte Vertreter zugestanden werde. Dazu könnte ihm höchstens das Verhalten des Reichs Anlaß geben.

Die Haltung der übrigen Eisenbahnländer stehe der preußischen Forderung nicht im Wege. Baden und Württemberg hätten einen solchen Anspruch nicht erhoben, Bayern und Sachsen hätten die Ernennung der von ihnen benannten Personen durchgesetzt.

Eine Ausgabe der Vorzugsaktien mit der Folge, daß das Reich die Besetzung der damit verbundenen Sitze verliere, sei nur für den Fall eines finanziellen Ruins der Reichsbahn denkbar; ein solcher sei aber vollkommen ausgeschlossen.

Damit entfalle die Möglichkeit, daß das Reich ohne jeden Einfluß im Verwaltungsrat dastehen könne. Gegenüber dem rechtswirksamen Abkommen könne jedoch auch dieser Gesichtspunkt keine Berücksichtigung finden, es sei denn, daß die Reichsregierung nachweise, daß sie die jetzt hervorgehobenen Schwierigkeiten beim Vertragsabschluß geltend gemacht oder aber, daß das Abkommen aufgehoben sei. Nach beiden Richtungen sei nichts dargetan.

Der angebliche Hinweis auf die „Beeinflussung" der Erklärungen durch den Dawesplan stehe dem auf die Undurchführbarkeit nicht gleich. Von einer solchen habe das Reich nicht einmal nach dem Tode Arnholds gesprochen; es habe damals nur gesagt, es wünsche keinen aktiven Landesbeamten. Wenn bei Bayern eine Abschwächung erreicht worden sei, so bedeute dies nichts für das Recht Preußens. Dasselbe gelte für die verschiedenen Entwürfe. Ihre Nichtannahme zeige deutlich, daß Preußen auf seinem Recht bestanden habe. Im übrigen sei bei der Ernennung Arnholds den Erklärungen entsprechend verfahren worden.

Aus der Abstimmung des Ministerpräsidenten für das Reichsbahngesetz einen Verzicht auf das Recht Preußens herleiten zu wollen, sei ausgeschlossen. In dem Schreiben vom 6. Oktober 1924 sei der Auffassung Preußens, wie es sie auch jetzt noch hege, deutlich Ausdruck gegeben. Bei der Besprechung vom 20. Oktober 1924 habe es sich um die Beilegung einer Streitigkeit wegen der Ernennung eines Vorstandsmitglieds und eines Direktors gehandelt. Wenn dabei die andere, damit in keinem Zusammenhang stehende Streitigkeit nicht berührt worden sei, so könne daraus kein Verzicht hergeleitet werden.

Die Folge der Auffassung des Reichs wäre die, daß Preußen, das 75% des jetzigen Eisenbahnbesitzes des Reichs eingebracht habe, aus der Verwaltung der Reichsbahn vollständig ausgeschaltet würde. Dies würde nicht nur dem Staatsvertrag widersprechen, der ihm einen Einfluß sichere, sondern auch den Erklärungen, die ihm diesen Einfluß erhalten sollten.

II.

Die Zuständigkeit des Staatsgerichtshofs für den vorliegenden Fall, eine nichtprivatrechtliche Streitigkeit zwischen dem Reich und dem Land Preußen, ergibt sich aus Art. 19 Abs. 1 RVerf. in Verbindung mit § 16 Nr. 3 des Gesetzes über den Staatsgerichtshof vom 9. Juli 1921.

Gegen die Rechtsgültigkeit der Erklärungen vom 25. März 1924 bestehen keine Bedenken; sie wird von beiden Beteiligten anerkannt. Den gegenteiligen Ausführungen Gieses in der Deutschen Juristenzeitung 1926 Sp. 1452, auf die das Reich mit dem ausdrücklichen Vorbehalt hingewiesen hat, daß es sie sich nicht zu eigen mache, vermag sich der Staatsgerichtshof nicht anzuschließen. Zu einer Widerlegung an dieser Stelle liegt kein Anlaß vor, da beide Beteiligte von der Gültigkeit ausgehen.

Der Streitstand ist, kurz zusammengefaßt, folgender:

Außer über die Frage der Rechtsgültigkeit der Erklärungen sind die Beteiligten darüber einig, daß in Ziffer IV daselbst Preußen das

Recht zugestanden ist, zum Verwaltungsrat einen Vertreter aus eigenem Recht zu bestellen. Beide Teile erkennen auch an, daß durch den Dawesplan und das Reichsbahngesetz in den zur Zeit der Abgabe der Erklärungen bestehenden Verhältnissen eine Änderung eingetreten ist, welche die Durchführung des Anspruchs Preußens in der ursprünglich beabsichtigten Form nicht mehr zuläßt. Demgegenüber will denn auch Preußen der Reichsregierung nur noch eine bestimmte Persönlichkeit benennen, die diese ihrerseits zum Mitglied des Verwaltungsrats zu ernennen verpflichtet sein soll. Dies lehnt das Reich ab. Zur Begründung seiner ablehnenden Haltung macht es drei Einwendungen geltend: a) die Erklärungen hätten nur gelten sollen für den Zustand, der durch die Verordnung vom 12. Februar 1924 geschaffen sei und durch das in ihrem § 10 vorgesehene Gesetz ausgestaltet werden solle, nicht aber für die durch den Dawesplan und das Reichsbahngesetz getroffene Regelung, b) wenn dem Lande Preußen ein Anspruch, wie es ihn jetzt behaupte, zugestanden habe, so habe es nachträglich darauf verzichtet und c) die Erklärungen seien, wenn sie das Recht Preußens in dem von ihm beanspruchten Umfang festgelegt haben sollten, unter den obwaltenden Verhältnissen nicht durchzuführen.

Satz 1 der Ziffer IV — auf Satz 2 kommt es hier nicht weiter an — besagt: „In dem zukünftigen Verwaltungsrat der Deutschen Reichsbahn, auch dem etwa vorläufig zu bildenden, erhält die Preußische Regierung eine Vertretung aus eigenem Recht". Diesem Wortlaut kann nur eine Deutung gegeben werden, nämlich die, daß Preußen ganz allgemein für den vorläufigen und für jeden in Zukunft zu bildenden Verwaltungsrat der Reichsbahn unmittelbar einen Vertreter zu ernennen berechtigt sein solle. Einen anderen Sinn hineinzulegen hieße dem Wortlaut Zwang antun und wäre um so weniger am Platze, als den die Erklärungen abgebenden Personen ohne weiteres zuzutrauen ist, daß sie auf die Fassung des Satzes die nötige Sorgfalt verwandt haben, aber auch in der Lage gewesen sind, ihren wahren Willen klar und eindeutig schriftlich zum Ausdruck zu bringen.

Bestätigt wird diese Auffassung noch besonders durch die Unterscheidung zwischen dem vorläufigen und dem zukünftigen Verwaltungsrat. Die Neuordnung durch die Verordnung vom 12. Februar 1924 sollte nur eine vorübergehende sein, demnächst sollte die endgültige Regelung durch ein noch zu erlassendes Gesetz getroffen werden. Wie diese Regelung ausfallen werde, wußte man damals noch nicht. Wenn trotz dieser den Beteiligten bekannten Ungewißheit nach reiflicher Überlegung eine so allgemein gehaltene, vorbehaltlose Erklärung abgegeben wurde, so konnte sie nur so gemeint sein und nur so aufgefaßt werden, daß Preußen auf alle Fälle, wie auch immer die spätere Neuordnung ausfallen möge, das Recht auf die unmittelbare Ernennung eines Verwaltungsrats-Mitglieds haben solle.

Diese Annahme ergibt sich aber auch aus der Sachlage als die allein richtige. Der Staatsvertrag über den Übergang der Eisenbahnen hatte den ehemaligen Eisenbahn-Ländern gewisse Rechte vorbehalten, für die unter der Neuregelung kein Raum mehr war. Sie konnten gegen den Willen der Länder nicht ohne weiteres beseitigt werden. Das Reich war also gezwungen, ihre Zustimmung hierzu einzuholen und ihnen Zugeständnisse wegen der Erhaltung ihres bisherigen Einflusses zu machen. Bei dieser Sachlage muß es als ausgeschlossen gelten, daß das Reich sie mit einer ganz unsicheren, in der Luft schwebenden Zusage abzufinden versucht, anderseits aber auch, daß die Länder sich mit einer solchen zufrieden gegeben hätten. Demgegenüber kann sich das Reich auch nicht darauf berufen, daß der Dawesplan im Aufbau der Reichsbahn, insbesondere in der Zusammensetzung des Verwaltungsrats, unvorhergesehene Änderungen notwendig gemacht habe, infolge deren ihm die Erfüllung der Zusage nicht mehr zugemutet werden könne.

Bereits am 7. Juni 1923 war die Reichsregierung in einem Memorandum wegen der Heranziehung der Reichsbahn zu den Reparationsleistungen an die Reparationskommission herangetreten und die letztere hatte am 30. November 1923 die Einsetzung von zwei Ausschüssen beschlossen, von denen der eine, der Dawesausschuß, am 11. Januar 1924 in Paris zusammentrat und vom 31. Januar bis zum 13. Februar 1924 in Berlin selbst tätig war. Demnach war der Reichsregierung bei Abgabe der Erklärungen bekannt, daß sie in der Regelung der Eisenbahnfrage nicht selbständig, sondern nur im Einvernehmen mit der Reparationskommission werde vorgehen können. Daß sie sich dessen deutlich bewußt war, ergibt auch eine „Erklärung des Reichsverkehrsministers gegenüber den Ländern" vom 8. Februar 1924, in der darauf hingewiesen wird, daß auch ausländische natürliche oder juristische Personen unter Umständen zu Mitgliedern des Verwaltungsrats ernannt werden müßten. Sie konnte und mußte also zur Zeit der Abgabe der Erklärungen damit rechnen, daß sie ihre Absichten wegen der Zusammensetzung des Verwaltungsrats nicht durchführen könne, daß dabei voraussichtlich der Wille der Reparationskommission und die Gutachten der ausländischen Sachverständigen eine entscheidende Rolle spielen würden. Dennoch hat sie den in der Erklärung vom 8. Februar 1924 ausgesprochenen Vorbehalt in der Erklärung vom 25. März 1924 nicht wiederholt. Wer unter solchen Umständen eine bindende Erklärung abgibt, kann sich hinterher nicht darauf berufen, daß die vorauszusehenden Ereignisse sich verwirklicht haben.

Kommt es hiernach nicht darauf an, wann der Dawesplan der Reichsregierung in seinen Einzelheiten bekannt geworden ist, so ist anderseits anzunehmen, daß sie bereits vor der Absendung der Erklärungen an Preußen zur Unterzeichnung (5. April 1924) zum mindesten von seinem Hauptinhalt Kenntnis gehabt hat. Mag der Plan auch erst am 9. April 1924 beim Auswärtigen Amt eingegangen sein — wenn nach der unbestrittenen Behauptung Preußens Bernhard Dernburg schon am 23. März 1924 im Berliner Tageblatt gerade über den vorgesehenen Aufbau des Verwaltungsrats Angaben zu machen in der Lage war, so muß auch dem Reich zugetraut werden, daß es schon geraume Zeit vor dem 9. April 1924 darüber unterrichtet war.

Dem Reich war also bei Abgabe der Erklärungen bekannt, daß die Gutachten der von der Reparationskommission bestellten Ausschüsse die Neuregelung des Eisenbahnwesens stark beeinflussen und die Durchführung ihrer eigenen Absichten, besonders bezüglich des Verwaltungsrats, ausschließen würden. Wenn es gleichwohl Preußen im zukünftigen Verwaltungsrat der Reichsbahn eine Vertretung aus eigenem Rechte zugesagt hat, so kann es sich nachträglich der Erfüllung seiner Verpflichtung nicht dadurch entziehen, daß es sich auf die Veränderung der Umstände durch den Dawesplan und seine Wirkungen beruft.

Zu Unrecht macht das Reich weiter geltend, Preußen habe das ihm zugesicherte Recht nachträglich aufgegeben. Ein ausdrücklicher Verzicht wird nicht behauptet, der Verzichtswille soll aber aus verschiedenen Vorgängen hervorgehen.

Wenn das Reich zunächst darauf hinweist, daß es bereits am 9. Mai 1924 bei Verhandlungen hervorgehoben habe, die Erklärungen würden durch den Dawesplan „beeinflußt", so wurde damit zu jener Zeit nur eine Selbstverständlichkeit ausgesprochen, gegen die vernünftigerweise überhaupt kein Widerspruch zu erheben war. In diesen Vorgang nachträglich den Sinn hineinzulegen, es seien damit die Erklärungen, und besonders zu Ziffer IV, als undurchführbar bezeichnet worden, geht nicht an. Aus dem Schweigen Preußens diesem Hinweis gegenüber einen Verzicht auf das ihm zugesagte Recht zu entnehmen, ist rechtlich und tatsächlich unmöglich.

Ganz außer Betracht zu bleiben haben die Entwürfe vom 4. und 21. August 1924, die sich mit dem Rechte Preußens ausdrücklich befaßten. Sie haben zu keiner Einigung geführt, gerade weil Preußen eine Aufgabe und auch eine Abschwächung seines Rechts ablehnte, also das Gegenteil eines Verzichtswillens deutlich zum Ausdruck brachte.

Das Reich führt ferner an, am 6. Oktober 1924 habe der Preußische Ministerpräsident an den Reichsverkehrsminister geschrieben, die Rechtsgrundlage habe sich nach seiner Überzeugung nur insofern verschoben, als nur noch ein Teil der Verpflichtungen aus dem Abkommen vom 25. März von der Reichsregierung unmittelbar erfüllt werden könne, z. B. die Ernennung des preußischen Verwaltungsratsmitglieds im Einvernehmen mit der Preußischen Regierung.... Dieses „Einvernehmen" hält das Reich für etwas ganz anderes als die Behauptung, daß die Reichsregierung „verpflichtet" sei. Auch hierin kann eine Aufgabe des Rechts Preußens nicht erblickt werden, um so weniger, als das Wort „Einvernehmen" in dem eine andere Angelegenheit betreffenden Schreiben vom Preußischen Ministerpräsidenten im Sinne des von Preußen beanspruchten Rechts gemeint gewesen sein kann. Zu einem Verzicht ist eine unzweideutige, auf einen Verzicht hinauslaufende Erklärung erforderlich; sie ist in diesem Schreiben nicht zu finden.

Dasselbe gilt für die Besprechung vom 20. Oktober 1924. In ihr soll Preußen auf sein angebliches Recht nicht zurückgekommen sein. Da damals die Erledigung einer anderen Meinungsverschiedenheit, die Ernennung eines Vorstandsmitglieds, in Frage stand, lag für Preußen keinerlei Veranlassung vor, auf weitere Streitpunkte einzugehen.

Endlich soll der Preußische Ministerpräsident unmittelbar vor der Abstimmung über das Reichsbahngesetz im Plenum des Reichsrats an den Reichsverkehrsminister herangetreten sein und von ihm die Anerkennung des preußischen Anspruchs gefordert haben, widrigenfalls er gegen das Gesetz stimmen werde; er habe dann aber für das Gesetz gestimmt, obwohl der Reichsverkehrsminister die Anerkennung verweigert habe. Inwiefern daraus ein Verzicht soll gefolgert werden können, ist nicht einzusehen. Damit blieb die Streitfrage lediglich offen; sie sollte nicht auf Kosten des Reichsinteresses, sondern auf anderem Wege ausgetragen werden. Einen anderen Schluß läßt das Verhalten des Ministerpräsidenten nicht zu.

Aus alledem ergibt sich, daß das Reich den ihm obliegenden Beweis für einen Verzicht Preußens auf sein Recht nicht erbracht hat.

Schließlich bleibt noch zu untersuchen, ob das Reich die Undurchführbarkeit der Ziffer IV geltend machen und sich auf diese Art von der Erfüllung der Zusage frei machen kann. Dabei ist davon auszugehen, daß Preußen nicht mehr das Recht in Anspruch nimmt, einen Vertreter für den Verwaltungsrat zu ernennen und ihn in diesen zu entsenden, sondern unter Anpassung an das Reichsbahngesetz nur noch festgestellt haben will, daß das Reich verpflichtet sei, eine von Preußen benannte Persönlichkeit seinerseits zum Mitglied des Verwaltungsrats zu ernennen. Dem steht das Reichsbahngesetz nicht entgegen. Allerdings überträgt dieses die Ernennung der Verwaltungsratsmitglieder ausschließlich der Reichsregierung. Nach Gesetz und Satzung hat aber die Reichsregierung in der Auswahl der zu ernennenden Persönlichkeiten völlig freie Hand, soweit die gesetzlichen Erfordernisse vorliegen; sie ist also ohne weiteres in der Lage, eine von Preußen benannte geeignete Persönlichkeit ihrerseits zu ernennen. Daß sich eine vertragsmäßige Verpflichtung der Reichsregierung zu solcher Ernennung mit dem Reichsbahngesetz nicht vereinbaren lasse, ist weder aus dem Wortlaut noch aus dem Zusammenhang und dem Zweck des Gesetzes zu entnehmen.

Was das Reich für die Undurchführbarkeit weiter vorbringt, kann freilich nicht nach den strengen Grundsätzen des Privatrechts über die Unmöglichkeit der Erfüllung beurteilt werden; anderseits genügt aber auch nicht, wie das Reich meint, die Möglichkeit, daß die von ihm geschilderten Folgen der Durchführung des Anspruchs Preußens einmal eintreten. Mit bloßen Möglichkeiten kann nicht gerechnet werden; es muß zum mindesten dargetan sein, daß diese Folgen mit einer an Gewißheit grenzenden Wahrscheinlichkeit zu erwarten sind, und daß sie die Erfüllung wichtiger Aufgaben des Reichs und der Reichsbahn in Frage stellen würden.

Bei seinem Vorbringen geht das Reich insofern von einer unrichtigen Anschauung aus, als es die Undurchführbarkeit darin finden will, daß es, wenn seine Befürchtungen sich verwirklichten, seinen Einfluß im Verwaltungsrate verlieren würde, als es somit den Verlust seines Einflusses in dieser Körperschaft der Undurchführbarkeit gleichstellt. Darin kann ihm nicht beigetreten werden. Anzuerkennen ist selbstverständlich sein erhebliches und auch berechtigtes Interesse, im Verwaltungsrat vertreten zu sein. Dem steht aber ein ebenso erhebliches und ebenso berechtigtes Interesse der Länder gegenüber. Sie haben seinerzeit den ihnen gehörigen Eisenbahnbesitz eingebracht und sich dabei gewisse Rechte gesichert. Sie haben dann in die Überführung in den späteren Zustand unter der Bedingung eingewilligt, daß ihnen ihr Einfluß, wenn auch in geringerem Umfang als bisher, erhalten bleibe. Und dies ist ihnen vertraglich und unter Umständen zugesagt worden, die dem Reich keinen Zweifel darüber ließen, daß ihm die Erfüllung der Zusage in ihrer Tragweite sehr lästig werden könne, gerade weil diese Tragweite nicht zu übersehen war. Eine auf solche Gefahr hin abgegebene feste und verbriefte Zusage läßt sich nicht damit abtun, daß man ihr den Eintritt des als möglich vorauszusehenden Erfolgs entgegenhält.

Zu berücksichtigen ist aber auch, daß die Vertretung im Verwaltungsrat das einzige Recht ist, das den Ländern von den ihnen im Staatsvertrag gewährleisteten Ansprüchen noch verblieben ist, und daß mit dem Fortfall dieses Rechts ihr Einfluß auf die Verwaltung der Reichsbahn vollständig ausgeschaltet sein würde. Dagegen ist der Reichsregierung im Reichsbahngesetz (§§ 6, 8, 10 bis 12, 30 flg.) für eine ganze Anzahl wichtiger Angelegenheiten eine mitbestimmende und entscheidende Mitwirkung vorbehalten, so daß ihr Einfluß selbst dann, wenn sie der sämtlichen Sitze im Verwaltungsrat verlustig gehen sollte, keineswegs (wie sie behauptet) ganz in Fortfall kommen würde. Eine Abwägung dieser beiderseitigen Interessen muß insofern zum Nachteil des Reichs ausschlagen, als das Reich die Länder jedenfalls nicht völlig aus dem Verwaltungsrat ausschließen dürfte, sondern höchstens eine angemessene Verteilung der ihm zur Verfügung stehenden Sitze zwischen Reich und Ländern fordern könnte.

Nun halten aber die Befürchtungen, die das Reich nach dieser Richtung vorträgt, einer vorurteilslosen Prüfung nicht stand.

Abzulehnen ist zunächst die Möglichkeit, daß Länder-Vertreter im Verwaltungsrat, den Instruktionen ihrer Regierungen folgend, eine unsachliche Haltung einnehmen, politische Gesichtspunkte in die Geschäftsführung hineintragen und so den Verwaltungsrat zu einer hochpolitischen Körperschaft gestalten und gleichzeitig die Einstellung des Treuhänders und der ausländischen Mitglieder ungünstig beeinflussen würden. Schon bisher sind Länder-Vertreter im Verwaltungsrat tätig gewesen. Daß die Art, wie sie ihr Amt ausgeübt haben, auch nur entfernt zu einer solchen Befürchtung Anlaß gegeben habe, hat das Reich nicht einmal behauptet. Warum dies in Zukunft oder bei Ernennung eines aktiven Landesbeamten anders sein sollte, ist nicht einzusehen. Den Landesregierungen muß das Zutrauen geschenkt werden, daß sie für die Aufgaben der Reichsbahn volles Verständnis haben und nur Persönlichkeiten benennen werden, für die das Interesse der Reichsbahn die Richtschnur ihres Handelns abgibt. Es muß weiter davon ausgegangen werden, daß die Regierungen ihren Vertretern keine unsachlichen Anweisungen geben, daß sie m. a. W. den außerordentlich wichtigen Aufgaben nicht entgegenarbeiten werden, welche die Reichsbahn nicht nur im Interesse der Wirtschaft, sondern auch in bezug auf die Reparationslasten dem gesamten Volke gegenüber zu erfüllen hat. Mit Recht weist ferner Preußen darauf hin, daß nach § 12 der Satzung die Mitglieder des Verwaltungsrats zur unbedingten Verschwiegenheit über die Angelegenheiten der Gesellschaft verpflichtet seien und daß insofern kein Raum sei für Instruktionen der Länderregierungen, welche die Mitglieder binden könnten. Daß die Regierungen ihre Vertreter zur Verletzung der Amtsverschwiegenheit veranlassen könnten, muß als ausgeschlossen gelten. Dieses Vorbringen des Reichs entbehrt also der Begründung. Damit entfallen aber auch die befürchteten Rückwirkungen auf den Treuhänder und die ausländischen Mitglieder des Verwaltungsrats.

Mit dem Verlust der Sitze, die den Vertretern der Inhaber der Vorzugsaktien unter Umständen einzuräumen wären, braucht das Reich in absehbarer Zeit nicht zu rechnen. Sie würden jeweils immer erst nach Ausgabe der vollständigen Serien von je 500 Millionen Goldmark in Fortfall kommen. Daß eine solche Ausgabe zu erwarten sei, hat das Reich nicht behauptet. Anderseits hat die mündliche Verhandlung klargestellt, daß die finanzielle Lage des Unternehmens eine Ausgabe nicht erfordert. Hiernach kann der Verlust der damit verbundenen Sitze für diesen Streitfall nicht in Rechnung gestellt werden.

An sich beachtlich könnte der Einwand des Reichs werden, daß, wenn Preußen das verlangte Recht zuerkannt würde, die übrigen Eisenbahn-Länder denselben Anspruch erheben könnten. Der Einwand läßt sich nicht, wie Preußen meint, damit beseitigen, daß diese Länder bereits Sitze im Verwaltungsrat innehätten. Die Auslosung der drei Mitglieder jeder Hälfte des Verwaltungsrats, die nach § 13 Abs. 1 der Satzung am Ende des zweiten und vierten Geschäftsjahres zu geschehen hat, könnte auch Länder-Vertreter treffen und die Geltendmachung gleichartiger Ansprüche veranlassen. Die Möglichkeit, daß dieser Fall eintritt, ist also anzuerkennen. Zurzeit ist der Einwand jedoch unbegründet. Ob der Einfluß des Reichs hinreichend gesichert wäre, wenn dem Reich die uneingeschränkte Verfügung über die ihm gesetzlich zustehenden fünf Sitze genommen würde, die Besetzung der den Vertretern der Vorzugsaktien vorbehaltenen vier Stellen und das Vorschlagsrecht für fünf vom Treuhänder zu ernennende Mitglieder dagegen noch verbliebe, kann dahinstehen. Denn im vorliegenden Fall handelt es sich nur um den Anspruch Preußens; weitere Forderungen sind nicht erhoben.

Preußen gegenüber würde aber der Einwand selbst dann der inneren Berechtigung entbehren, wenn alle anderen Sitze außer diesen fünf der Reichsregierung entzogen würden. Denn wenn in diesem Fall, über den hier nicht zu entscheiden ist, die Besetzung aller fünf Stellen mit Länder-Vertretern unmöglich und dem Reich nicht zuzumuten wäre, so wäre daraus, wie vorher dargelegt, noch keineswegs zu folgern, daß ihm nun alle fünf zu verbleiben hätten. Mit Rücksicht auf die Zusage vom 25. März 1924 müßte vielmehr zunächst erörtert werden, ob nicht die eine oder andere Stelle den Ländern zur Verfügung zu halten sei, da das Reich zur Bewahrung seines Einflusses nicht unbedingt aller fünf Stellen bedarf, und ob nicht, wenn selbst nur eine Stelle verfügbar wäre, diese doch Preußen zukäme als dem Lande, das 75% des Eisenbahnbesitzes eingebracht hat.

Die Gründe, die das Reich für die Undurchführbarkeit der Erklärungen zu Ziffer IV vorgebracht hat, sind hiernach weder tatsächlich dargetan noch rechtlich haltbar. Ob das Vorbringen, wenn es in vollem Umfange erwiesen wäre, eine andere Entscheidung herbeiführen würde, bedarf hiernach keiner weiteren Prüfung.

Zusammenfassend ist also festzustellen:

Dem Land Preußen ist in Ziffer IV der Erklärungen eine Vertretung aus eigenem Recht zugesagt worden nicht nur für den Zustand, der durch die Verordnung vom 12. Februar 1924 geschaffen ist und durch das in § 10 Abs. 1 dieser Verordnung vorgesehene Gesetz noch geschaffen werden soll, sondern für jeden zukünftigen Verwaltungsrat der Deutschen Reichsbahn. Auf dieses Recht hat Preußen nicht verzichtet, noch hat es das Recht in irgendeiner Form auch nur teilweise aufgegeben. Es besteht also zurzeit noch fort. Seine Verwirklichung in der Form, wie sie Preußen fordert (nämlich Benennung einer Persönlichkeit durch Preußen und deren Ernennung durch die Reichsregierung) war zur Zeit des Todes des Geheimen Kommerzienrats Arnhold durchführbar und ist es heute noch. Das Reich hat die Durchführung zu Unrecht verweigert. Der Antrag des Landes Preußen ist sonach gerechtfertigt. Mit der Entscheidung des Staatsgerichtshofs, die den Anspruch Preußens anerkennt, ist gleichzeitig ausgesprochen, daß das Reich verpflichtet ist, eine von Preußen benannte Persönlichkeit zum Mitglied des Verwaltungsrats der Deutschen Reichsbahn-Gesellschaft zu ernennen.

2.

In der verfassungsrechtlichen Streitsache

des Landes Württemberg und des Landes Preußen

gegen

das Land Baden

betreffend die Donauversinkung

hat der Staatsgerichtshof für das Deutsche Reich in der öffentlichen Sitzung vom 17./18. Juni 1927 durch Zwischenentscheidung für Recht erkannt:

I. Das Land Baden ist verpflichtet, die Vermehrung der natürlichen Versinkung des Donauwassers zu beseitigen, die verursacht wird

1. durch das Stauwehr der Maschinenfabrik Immendingen,
2. durch die Sand- und Kiesbänke in dem Donaubett auf der Gemarkung von Möhringen bis zum Wehr der früheren Stadtmühle.

Zur Verbesserung des Donaubetts durch Schaffung einer regelmäßigen Flußsohle ist es nicht verpflichtet.

II. Das Land **Württemberg** ist verpflichtet, die Verminderung der natürlichen Versinkung des Donauwassers auf der Gemarkung von Fridingen zu beseitigen, die verursacht wird

1. durch das Fridinger Kraftwerk,
2. durch die Schließung der natürlichen Versinkungslöcher, soweit diese über eine ordnungsmäßige Erhaltung des bisherigen Wasserlaufs hinausgeht.

Gründe:

I. Der Oberlauf der vom Schwarzwald kommenden Donau durchbricht, in ostnordöstlicher Richtung fließend, den Jura. Hierbei verliert die Donau auf einer Strecke, die nach den bisherigen Beobachtungen ungefähr durch die badischen Orte Bräunlingen und Hüfingen (oberhalb Donaueschingen) und den württembergischen Ort Fridingen begrenzt wird, Wasser, und zwar zeitweise in sehr erheblichem Maße. Das Wasser sinkt zu dem tiefer liegenden Gebiete des Bodensees und des Rheins ab. Die Grundursache dieser unter der Bezeichnung Donauversinkung seit altersher bekannten Erscheinung ist die natürliche Beschaffenheit der Flußufer. Sie werden auf der fraglichen Strecke von zerklüftetem, durchlässigem Kalkgestein gebildet, in dessen zahlreichen Poren, Rissen und Spalten das Flußwasser sowohl auf der Sohle wie in den Seitenwänden versickert. Das Wasser fließt unterirdisch nach Süden ab und tritt, mindestens zum größten Teil, etwa 170 m tiefer als Quelle der Aach wieder zutage. Die Quelle zählt zu den stärksten Deutschlands. Die mit ihr beginnende Aach ist deshalb trotz ihres nur kurzen Laufs bis zum Bodensee, in den sie mündet, sehr wasserreich und wird von zahlreichen Wasserwerken zu industriellen Zwecken ausgenützt. Sie fließt auf badischem Gebiet, sodaß das Land Baden an den Wasserverhältnissen der Aach, an der Versorgung der Aach-Beteiligten mit der erforderlichen Wassermenge ein großes Interesse hat.

Wenngleich angenommen werden muß, daß das Donauwasser noch an zahlreichen anderen, nicht näher beobachteten Stellen, allerdings wohl in kleineren Mengen, zum Bodenseegebiet versickert, so kommen doch für den gegenwärtigen Streitfall nur die drei hauptsächlichsten Versinkungsgebiete in Frage, von denen die beiden ersten auf badischem Gebiet liegen, das dritte auf württembergischem.

1. Auf der Gemarkung der badischen Gemeinde Immendingen befindet sich im Donaubett ein jetzt der Maschinenfabrik Immendingen gehöriges Stauwehr, das schon etwa im Jahre 1814 errichtet worden

ist. Anläßlich der Erbauung einer Eisenbahnbrücke kurz oberhalb des Wehrs in den Jahren 1866/68 wurde es in seiner Gestalt verändert. Im Staubecken dieses Wehrs versinken Teile des aufgestauten Donauwassers.

2. Etwa 2 km unterhalb von Immendingen beginnend, liegt in der Gemarkung der ebenfalls badischen Gemeinde Möhringen beim Gewende auf dem Brühl ein weiteres Versinkungsgebiet, das sich auf etwa 2 km Länge erstreckt.

3. Bald unterhalb Möhringens tritt die Donau vom badischen auf württembergisches Gebiet über. Sie bildet bei dem etwa 30 km unterhalb von Immendingen gelegenen württembergischen Orte Fridingen eine Schleife. In dieser befindet sich, etwa 2,5 km unterhalb des Ortes, ein mehrere 100 m langes Versinkungsgebiet. Etwa 200 m weiter donauabwärts kreuzt eine seit längerer Zeit nicht mehr benutzte Furt den Fluß. Ein hohlwegartiger Einschnitt in eine am linken Ufer gelegene, in späterer Zeit vom Papierfabrikanten Krämer in Scheer erworbene Parzelle diente als Zugang zur Furt. Er enthielt Versinkungslöcher. Nochmals 50 m weiter abwärts befand sich auf derselben Parzelle unter einem überhängenden Felsen ein Felsloch, das sogenannte Krämersche Loch, das bei mittlerem und hohem Wasserstande Donauwasser aufnahm.

Die Fridinger Donauschleife, die sonst ganz auf württembergischem Gebiet liegt, bildet unterhalb der geschilderten Versinkungsstellen auf etwa 3 km Länge die Grenze zwischen Württemberg und Baden.

II. Seit der Jahrhundertwende sind die Folgen der Donauversinkung in immer stärkerem Maße aufgetreten. Die Zahl der Vollversinkungstage, d. h. der Tage, an denen das Wasser der Donau vollständig versinkt und das Flußbett auf einer Strecke von 10—12 km bis zum Eintreffen neuer Zuflüsse trocken liegt, ist im Zunehmen begriffen. Die Vollversinkung, die seit etwa 1884 als Folge der Wasserverhältnisse im Brühl dort alljährlich beobachtet worden ist, ist im Jahre 1921 sogar schon in der Immendinger Wehrwaage aufgetreten. Die Gesamtzahl der Vollversinkungstage betrug in diesem Jahre 309; an 55 Tagen setzte die Vollversinkung im Immendinger Stauwehr, sonst erst im Brühl ein. Im Jahre 1922 ist die Zahl der Vollversinkungstage allerdings auf 29 gesunken, im Jahre 1923 betrug sie aber wieder 148. Die im Immendinger Wehr und im Brühl einsetzende Vollversinkung erstreckt sich bis weit in den auf württembergischem Gebiet liegenden Flußlauf hinein. Im Fridinger Versinkungsgebiet ist eine Vollversinkung bisher noch nicht eingetreten.

Das Land Württemberg folgert aus der Zunahme der Zahl der Versinkungstage eine Zunahme auch der versinkenden Wassermenge und hält sich für berechtigt, von Baden Maßnahmen gegen diese Vermehrung der Versinkungserscheinungen zu fordern. Es führt dazu folgendes aus:

Dadurch, daß der Donau auf badischem Gebiet in steigendem Maße Wasser entzogen und der Aach zugeführt werde, vermindere sich das auf württembergischem Gebiet anlangende Wasser mehr und mehr. Die württembergischen Donau-Anlieger und Donauwasser-Interessenten erlitten dadurch erheblichen Schaden. Diese Veränderung der Verhältnisse zuungunsten Württembergs beruhe nicht auf natürlichen Ursachen, sondern auf den von Baden im Interesse der Aach-Beteiligten vorgenommenen Eingriffen.

1. Das Immendinger Stauwehr diene zugleich als Anlage zur Versenkung von Donauwasser. Dieses werde durch den Stauwasserdruck so sehr in die innerhalb des Staubeckens liegenden Versinkungslöcher gepreßt, daß sogar die Interessen des Wasserwerkbesitzers dadurch beeinträchtigt würden, dem das nötige Betriebswasser entzogen werde. Die damalige Eigentümerin der Maschinenfabrik, die Fürstlich Fürstenbergische Verwaltung, habe deshalb bereits im Jahre 1874 die Felsspalten im Wehrstau vermauern wollen. Die badische Regierung habe ihr aber die Genehmigung hierzu versagt und auch späterhin alle Versuche des Wasserwerkbesitzers, die Wehrwaage zu dichten, verhindert. Sie sei dabei von dem Bestreben geleitet gewesen, den Aachbeteiligten möglichst viel Donauwasser zuzuführen.

2. Den Wasserverlusten im Brühl unterhalb Möhringens seien in früheren Zeiten die dortigen Donau-Anlieger und -Unterlieger, insbesondere die Eigentümer von Mühlen und sonstigen Wasserkraftanlagen, entgegengetreten. Sie hätten bei Niedrigwasser die hauptsächlichsten Versinkungslöcher mit Reisig, Schilf, Kies, Sand und Schlamm verstopft, sowie die stauenden Kiesbänke mit Pflügen, Pickeln und Schaufeln durchfurcht und durch die so gebildeten Rinnen dem Wasser einen geordneten Abfluß verschafft. Seit etwa 1850 sei die badische Regierung dem entgegengetreten. Sie habe, wiederum im Interesse der Aach-Beteiligten, diese Unterhaltungsarbeiten untersagt, soweit nicht polizeiliche Erlaubnis eingeholt werde. Eine der-

artige Erlaubnis sei aber den Interessenten nie erteilt worden. Auch die badische Verwaltung selbst habe im Brühl-Versinkungsgebiet nichts für einen ordnungsmäßigen Wasserablauf getan. So sei das Donaubett dort vollständig verwildert. Die Sand- und Kiesbänke hätten sich verstärkt, das Donauwasser aufgestaut und es auf die rechte Uferseite gedrängt, wo sich die Hauptversinkungslöcher befänden. Die die Spalten schützende Sand- und Kiesdecke sei allmählich abgespült worden, so daß die Öffnungen ungehindert große Wassermengen aufnehmen könnten. Dieser Zustand sei um so verderblicher, als schon durch die Wasserverluste im Immendinger Wehr die zum Brühl gelangende Wassermenge immer kleiner werde. Je geringer die Wasserführung aber sei, um so leichter könne der Fluß im Brühl völlig versiegen.

Das Land Württemberg hält dieses Verhalten des Landes Baden für widerrechtlich, da es gegen die Gewerbeordnung, gegen das eigene badische Wasserrecht und endlich gegen völkerrechtliche Grundsätze verstoße. Baden sei zu einer ordnungsmäßigen Flußpflege auch im Versinkungsgebiet der Donau verpflichtet. Um diese Verpflichtung durchzusetzen, hat sich das Land Württemberg, nachdem langjährige Verhandlungen zwischen ihm und dem Lande Baden ergebnislos geblieben waren, an den Staatsgerichtshof für das Deutsche Reich gewandt mit dem Antrag:

die badische Landesregierung für verpflichtet zu erklären, dafür zu sorgen,

1. daß die Wehrwaage des Wassertriebwerks der vorm. Fürstl. Fürstenbergischen Maschinenfabrik Immendingen in Immendingen dicht gemacht und dicht erhalten oder auf andere Weise vor Versinkungen des angestauten Wassers gesichert wird, falls man nicht durch Beseitigung des Wehrs und Wiederherstellung eines vor Versinkungen gesicherten Flußlaufs oder durch Verlegung des Wehrs an eine andere gesicherte Stelle die Versinkungen der Donau in der genannten Wehrwaage beseitigen wolle,

2. daß das Donaubett auf Markung der Stadtgemeinde Möhringen von der Markungsgrenze gegen Immendingen an abwärts bis zu dem Wehr der früheren Stadtmühle in Möhringen von den Hindernissen des regelmäßigen Wasserlaufs, soweit sie sich in den Sand- und Kiesbänken entgegenstellen, geräumt, durch Schaffung einer regelmäßigen Flußsohle verbessert und in diesem Zustand erhalten wird.

Das Land Baden hat dagegen beantragt:

die Klage der württembergischen Regierung abzuweisen.

Es geht bei Beurteilung der Donauversinkung davon aus, daß sie eine Gabelung der Donau in zwei Flußläufe bewirke. Der eine fließe oberirdisch in dem als Donau bezeichneten Bett weiter, der andere laufe zunächst unterirdisch, trete dann aber als Aach wieder zutage. Die Aach bilde einen Donauarm, die Aach-Anlieger seien ebenfalls Donau-Anlieger. Auf die Entwicklung dieser natürlichen Verhältnisse im Interesse der Anlieger des offenen Donaubetts einzuwirken, sei Baden nicht verpflichtet, es habe in sie auch bisher nicht etwa zugunsten der Aach-Anlieger eingegriffen. Die Zunahme der Vollversinkungstage, die übrigens keineswegs einen sicheren Schluß auf die Vermehrung der versinkenden Wassermenge zulasse, sei lediglich auf natürliche Ursachen zurückzuführen. Die Niederschläge hätten sich seit 1900 vom Sommer mehr in den Winter verschoben, die für die Vollversinkung wesentlichen Zeiten seien niederschlagsärmer geworden. Daraus erkläre sich das häufige Leerlaufen der Donau zur Genüge. Die von Württemberg beanstandeten badischen Maßnahmen seien dagegen ohne jede Bedeutung für das Maß der Versinkung. Das Vorgehen der badischen Regierung sei nur von dem Bestreben geleitet gewesen, Eingriffe in den natürlichen Wasserablauf, wie er durch den eigenartigen geologischen Aufbau des fraglichen Gebiets bedingt sei, zu verhindern. Nur deshalb habe sie die Schließung der in der Immendinger Wehrwaage belegenen Versinkungslöcher durch den Stauwerkbesitzer nicht genehmigt und die auch schon im Interesse der polizeilichen Ordnung nicht zu duldenden wilden Arbeiten der An- und Unterlieger im Versinkungsgebiet im Brühl an eine polizeiliche Erlaubnis geknüpft, eine Erlaubnis, die zudem nicht immer versagt worden sei. Ganz zu Unrecht werde das Immendinger Wehr von Württemberg als eine künstliche Versenkungsanlage bezeichnet. Auch wenn es nicht vorhanden wäre, würde dort Wasser in der Flußsohle versinken. Möge die Aufstauung auch ein gewisses Mehr an Wasser versinken lassen, so sei dies doch nur unerheblich, könne auch nicht mit irgendwelcher Sicherheit festgestellt werden. Im Brühl seien trotz der Einschränkung der früher üblichen künstlichen Eingriffe die Kies- und Sandbänke nicht stärker geworden. Ihre Lage und Höhe verändere sich bei jedem hohen Wasserstand. Der Talweg sei in den letzten Jahrzehnten sogar niedriger geworden.

Den von Württemberg erhobenen Ansprüchen fehlt nach Ansicht Badens auch jede rechtliche Grundlage. Auf die Gewerbeordnung könne kein deutsches Land Ansprüche gegen sein Nachbarland stützen. Dasselbe gelte von dem innerstaatlichen Wasserrecht. Zudem entspreche das, was Baden tue, durchaus den Vorschriften seines Wassergesetzes, ja es sei sogar geboten mit Rücksicht auf die Rechte, welche die Aach-Anlieger durch Verleihung erworben hätten. Aus völkerrechtlichen Grundsätzen könne keine Verpflichtung Badens zu einem positiven Tun abgeleitet werden.

Diesen Ausführungen Badens ist Württemberg wiederum entgegengetreten. Es erklärt die Ansicht, daß die unterirdischen Zuflüsse zur Aach und diese selbst als Donauarm zu gelten hätten, für abwegig und bestreitet auch, daß die vermehrte Wasserversinkung natürliche Gründe habe. Ihre wesentliche Ursache liege, wie sich immer mehr herausgestellt habe, in der Stauwirkung des Immendinger Wasserwerks, der entgegenzuwirken Baden zu Unrecht verbiete.

III. Das Land Württemberg hat in dem Versinkungsgebiet der Fridinger Schleife Veränderungen vorgenommen, die das Land Baden zu dem Gegenantrag veranlaßt haben,

> die Württembergische Regierung für verpflichtet zu erklären, die Wasserverhältnisse in der Donau auf Gemarkung Fridingen so wiederherzustellen und zu erhalten, wie sie vor dem Bau des Fridinger Kraftwerks und der künstlichen Schließung der Versinkungslöcher auf der Gemarkung Fridingen bestanden haben, unbeschadet einer etwaigen anderen Regelung, die die Zustimmung der badischen Regierung finden sollte.

Im Jahre 1924 sind die auf der Krämerschen Parzelle befindlichen Versinkungslöcher auf Anordnung der württembergischen Regierung geschlossen worden. Gleichzeitig sind auch in dem oberhalb dieser Parzelle gelegenen Versinkungsgebiet die sichtbaren Störungen des Wasserablaufs von Württemberg beseitigt worden. Insbesondere ist ein künstlicher Schacht geschlossen worden, der dort im Jahre 1908 angelegt worden war, um durch Färbeversuche festzustellen, ob das versinkende Wasser in den unteren Donaulauf oder zur Aach absinke, Versuche, die zu dem Ergebnis geführt haben, daß auch das versinkende Fridinger Wasser jedenfalls zum größten Teile in der Aach zum Vorschein kommt. Beeinflußt werden die Wasserverhältnisse in der Fridinger Schleife ferner durch das Fridinger Kraftwerk, das seit 1923 auf Grund einer freilich nur vorläufigen Genehmigung der württembergischen Regierung betrieben wird. Das zur Ausnutzung der Wasserkraft in der Fridinger Schleife errichtete Werk liegt oberhalb der geschilderten Versinkungsstellen. Das Betriebswasser (bis zu 10 cbm/sec) wird vom Werk aus durch einen Unterwasserstollen der Donau wieder zugeleitet, der erst auf preußischem (hohenzollernschem) Gebiet, unterhalb auch der Strecke, auf der die Donau die Grenze zwischen Württemberg und Baden bildet, den Fluß erreicht.

Baden sieht in der Schließung der Fridinger Versinkungslöcher, die lediglich zu dem Zwecke erfolgt sei, um Einsprüche der Aach-Beteiligten gegen das Fridinger Kraftwerk gegenstandslos zu machen, und in der Gestattung des Betriebes dieses Kraftwerks einen völkerrechtlich unzulässigen Eingriff Württembergs in die natürlichen Wasserverhältnisse. Er unterscheide sich von dem Vorgehen Badens auf seinem Gebiete grundsätzlich dadurch, daß Baden die natürliche Wasserverteilung zu erhalten bestrebt sei. Die württembergischen Maßnahmen bewirkten eine erhebliche Schädigung der badischen Aach-Interessenten, die auf das bei Fridingen versinkende Donauwasser Anspruch hätten, seien auch unvereinbar mit dem Charakter der Donau als Grenzfluß, den sie dort eine gewisse Strecke hindurch trage. Die Maßnahmen seien deshalb rückgängig zu machen.

Württemberg hat um Zurückweisung des badischen Gegenantrags gebeten. Es hat in tatsächlicher Hinsicht hervorgehoben, daß die Löcher in der Krämerschen Furt seinerzeit künstlich geschaffen worden seien, daß sie auch außerhalb des Flußbetts gelegen hätten. Die Maßregeln in dem oberen Fridinger Gebiet fielen in den Rahmen einer ordnungsmäßigen Flußpflege und bezweckten lediglich, ein Verwildern der Donau zu verhüten, wie sie auf badischem Gebiet im Brühl bereits eingetreten sei. Das Kraftwerk Fridingen, das übrigens nur einen Teil des Donauwassers verbrauche, sei noch nicht endgültig genehmigt worden. Im demnächstigen Genehmigungsverfahren seien die Aach-Beteiligten in der Lage, ihre Ansprüche auf das Donauwasser geltend zu machen. Auch rechtlich lasse sich der badische Antrag nicht begründen. da dem Völkerrecht Rechtssätze über unterirdisch fließendes Wasser fremd seien. Irgendwelche Rechte der Aach-Beteiligten würden nicht verletzt, da sie keinen Anspruch auf Zulauf einer bestimmten Wassermenge besäßen.

IV. Die Donau tritt, nachdem sie badisches und württembergisches Gebiet durchflossen hat, auf preußisches (hohenzollernsches) Gebiet über. Auch auf diesem Gebiet macht sich die Zunahme der Donauversinkung schädigend bemerkbar. Das Land Preußen ist deshalb im gegenwärtigen Verfahren dem Land Württemberg beigetreten und hat sich seinen Anträgen durchweg angeschlossen.

V. Die vorliegende Streitigkeit zwischen den Ländern Württemberg und Preußen einerseits, Baden anderseits, ist nicht privatrechtlicher Natur. Alle drei Länder machen keine privaten Rechte geltend, seien es eigene oder solche ihrer Staatsangehörigen, wenn sie, insbesondere Baden, auch glauben, daß die privaten Rechte der letzteren bei der Entscheidung zu berücksichtigen seien. Den Gegenstand des Streits bildet vielmehr die Art, wie die Länder Baden und Württemberg im Donauversinkungsgebiet ihre staatliche Wasserhoheit handhaben. Württemberg und Preußen verlangen von Baden, dieses umgekehrt von Württemberg, daß die Wasserhoheit über den oberen Donaulauf in einem bestimmten Sinne ausgeübt werde. Dieses Verlangen kann nur im öffentlichen Recht seine Rechtfertigung finden. Es ist also über das Bestehen öffentlichrechtlicher Verpflichtungen zwischen den Streitteilen zu entscheiden. Dazu ist aber beim Fehlen eines anderen zuständigen Gerichtshofs des Reichs der Staatsgerichtshof für das Deutsche Reich berufen (Art. 19 RVerf.).

Gegen den Beitritt Preußens besteht kein Bedenken. Sein Interesse an einer Regelung der Donauversinkungsfrage ergibt sich ohne weiteres daraus, daß die Donau unmittelbar nach Verlassen des Versinkungsgebiets auf hohenzollernsches Gebiet übertritt, wo sich die durch die Versinkung bewirkten Wasserverluste noch sehr fühlbar machen.

VI. Bei Prüfung des von Württemberg mit Unterstützung Preußens erhobenen Anspruchs ergibt sich zunächst, daß die Ansicht Badens unzutreffend ist, jenem Anspruch fehle die rechtliche Grundlage, auch wenn die tatsächlichen Behauptungen Württembergs richtig sein sollten. Allerdings geht die Berufung Württembergs auf Vorschriften der Gewerbeordnung und des badischen Wasserrechts fehl. Dagegen steht ihm das zwischenstaatliche Recht zur Seite.

1. Aus der Gewerbeordnung leitet Württemberg seinen Anspruch auf Dichtmachung und Dichthaltung der Immendinger

Wehrwaage her, indem es ausführt, daß es sich hier um eine Stauanlage für Wassertriebwerke im Sinne der §§ 16 bis 23, 25 GewO. handle, die der Genehmigung bedürfe. Diese Stauanlage habe sich allmählich, insbesondere durch die infolge des ständigen Wasserdrucks eingetretene Vergrößerung der Versinkungsstellen, zu einer künstlichen Donau-Versenkungsanlage entwickelt. Für diesen Zweck sei die nur als Wassertriebwerk errichtete Anlage nicht genehmigt worden. Insofern stelle sie einen rechtswidrigen Zustand dar, zu dessen Beseitigung der Stauwerkinhaber verpflichtet sei. An der Erfüllung dieser Verpflichtung werde er durch die Verbote der badischen Regierung gehindert, so daß nunmehr nicht von ihm, sondern vom Lande Baden Abhilfe gefordert werden könne und müsse.

Ob diese Darlegungen im übrigen tatsächlich und rechtlich haltbar sind, muß dahingestellt bleiben. Denn sie vermögen den von Württemberg erhobenen Anspruch schon deshalb nicht zu rechtfertigen, weil der württembergische Staat als solcher überhaupt nicht befugt ist, sich gegenüber dem badischen Staat auf die Gewerbeordnung zu berufen. Er muß es seinen Staatsangehörigen überlassen, die Rechte, die sie aus diesem Gesetze für sich glauben ableiten zu können, vor den verfassungsmäßig dazu berufenen Behörden (Verwaltungsbehörden, Verwaltungsgerichten, ordentlichen Gerichten) geltend zu machen. Im Verhältnis von Staat zu Staat unmittelbar ihre Durchsetzung zu erzwingen, ist nicht angängig. Außerdem fehlt es an einem Rechtssatz, der eine Anrufung des Staatsgerichtshofs zu diesem Zweck ermöglicht. Nach Art. 15 Abs. 3 RVerf. ist es Sache des Reichs, die Beseitigung von Mängeln zu veranlassen, die bei der Ausführung der Reichsgesetze durch die Länder hervorgetreten sind. Bei Meinungsverschiedenheiten kann sowohl die Reichsregierung als die Landesregierung (d. h. die Landesregierung, der die Reichsregierung mangelhafte Erfüllung von Reichsgesetzen vorwirft) den Staatsgerichtshof anrufen. Die Regierung eines anderen Landes ist dagegen hierzu nicht befugt. Es ist nicht richtig, daß Art. 19 RVerf. jedem Lande das Recht gebe, sich an den Staatsgerichtshof zu wenden, wenn nach seiner Auffassung ein anderes Land Reichsgesetze nicht befolgt. Das würde zu einer unerträglichen, mit der verfassungsmäßigen Gleichstellung der deutschen Länder unvereinbaren gegenseitigen Beaufsichtigung führen. Nur das Reich übt die Aufsicht in den Angelegenheiten aus, in denen ihm das Recht der Gesetzgebung zusteht (Art. 15 Abs. 1 RVerf.).

Glaubt ein Land dadurch geschädigt zu werden, daß ein anderes Land einem Reichsgesetze zuwiderhandelt, so muß es sich an das Reich wenden, damit dieses gegebenenfalls Abhilfe schaffe.

2. In dem Verhalten Badens sieht Württemberg Verstöße gegen das badische Landeswasserrecht (Bad. Wassergesetz vom 12. April 1913 GVBl. S. 250) und meint, darauf ebenfalls seine Ansprüche stützen zu können. Wie nach der Gewerbeordnung, so sei auch nach badischem Wasserrecht die Wasserversenkung durch die Immendinger Wehranlage ein rechtswidriger Zustand, dessen Beseitigung geboten sei. Das von der badischen Regierung ausgesprochene Verbot einer ordnungsmäßigen Flußpflege im Brühl stehe im Gegensatz zu § 90 BadWasserG., das eine solche Flußunterhaltung ausdrücklich vorschreibe.

Es ist nicht Sache des Staatsgerichtshofs, zu prüfen, ob Württemberg das badische Wasserrecht zutreffend auslegt. Denn dessen Geltung ist territorial begrenzt, sie beschränkt sich auf das Land Baden. Die Kraft, zwischenstaatliche Beziehungen zu ordnen, steht ihm nicht zu. Nichtbadische Beteiligte können ihre Rechte und Interessen an den auf badischem Gebiet liegenden Wasserläufen nach Maßgabe badischen Rechts vor den danach zuständigen Landesbehörden und Landesgerichten geltend machen. Für die Entscheidung des Staatsgerichtshofs über einen Streit zwischen Baden und den ihm benachbarten Ländern bietet das badische Wassergesetz keine Rechtsgrundlage. Abzulehnen ist auch der von Preußen vertretene Gedanke, daß aus dem nahen Verhältnis, in dem die zum Deutschen Reich verbundenen deutschen Länder zueinander ständen, eine staatsrechtliche Pflicht für jedes deutsche Land gegenüber seinem Nachbarland folge, auf den Rechtsgebieten, die seiner Gesetzgebung und Verwaltung vorbehalten seien, seine Gesetze durch seine Verwaltungsbehörden befolgen zu lassen, insoweit als aus der Nichtanwendung oder der Verletzung dieser Gesetze dem Nachbarlande Schaden erwachsen könne. Dieser Versuch, das badische Landeswasserrecht in den gegenwärtigen Rechtsstreit einzuführen, entbehrt der erforderlichen Grundlage im deutschen Verfassungsrecht. Insbesondere kann Art. 19 RVerf. nicht dafür angerufen werden. Denn diese Vorschrift schafft nur eine Instanz, die über Streitigkeiten nicht privatrechtlicher Art zwischen verschiedenen Ländern entscheiden soll, sagt aber nichts über das bei diesen Entscheidungen anzuwendende materielle Recht. Die Folgerung, welche Preußen hier aus dem Umstand, daß die Streitteile Glieder des Deutschen Reiches sind, zugunsten der Anwendung von Landesrecht zieht, war deshalb abzulehnen. Das schließt übrigens, wie schon hier bemerkt werden mag, nicht aus, daß jener Umstand von einem anderen rechtlichen Gesichtspunkt aus bei der gegenwärtigen Entscheidung berücksichtigt werden muß.

3. Kann die Entscheidung demnach weder dem Reichsrecht noch dem Landesrecht entnommen werden, so kommt nur noch zwischenstaatliches, d. h. Völkerrecht in Frage. Seine Anwendbarkeit im Verhältnis der deutschen Länder zueinander ist anzuerkennen, wenngleich in beschränktem Maße. In erster Linie regeln sich die gegenseitigen Rechtsbeziehungen der deutschen Staaten nach der Reichsverfassung und den auf ihrer Grundlage erlassenen Reichsgesetzen. Diese Regelung ist aber unvollständig. In ihr sind Lücken gelassen, teils unabsichtlich, teils jedoch auch absichtlich. Denn die Weimarer Verfassung hat, so sehr sie auch in der Vereinheitlichung Deutschlands über die Verfassung von 1871 hinausgegangen ist, davon abgesehen, die Staatsgewalt vollständig in die Hand des Reichs zu legen. Die historische Stellung der Länder als selbständiger Staaten ist, wenn auch unter starken Beschränkungen bis heute bestehen geblieben. Formell kommt das zum Ausdruck in Art. 5 RVerf., der besagt, daß die Staatsgewalt in Landesangelegenheiten durch die Organe der Länder auf Grund der Landesverfassungen ausgeübt wird. Sachlich tritt die Fortdauer der Staatlichkeit der Länder darin in die Erscheinung, daß grundsätzlich die Gesetzgebungsgewalt bei ihnen liegt. Die Reichsverfassung (Art. 6flg.) hat sich darauf beschränkt, der Gesetzgebung des Reichs bestimmt bezeichnete — freilich sehr umfassende und wichtige — Gebiete zu überweisen. Außerhalb der nur im Wege eines verfassungsändernden Reichsgesetzes zu erweiternden Grenzen der Reichsgesetzgebung sind die selbständigen Rechtsordnungen der Länder unberührt geblieben. Daß die Länder in dem daraus sich ergebenden Umfang Staaten im Rechtssinne geblieben sind, beweist schließlich noch die Bestimmung in Art. 78 Abs. 2 RVerf. Die Länder können in Angelegenheiten, deren Regelung der Landesgesetzgebung zusteht, mit auswärtigen Staaten Verträge schließen, die dann allerdings der Zustimmung des Reichs bedürfen. Soweit sich die Länder danach als selbständige Staaten betätigen können, auf den Gebieten also, die ihrer Gesetzgebungsgewalt unterliegen (und dazu gehört auch das hier in

Frage kommende Wasserrecht), regeln sich ihre Rechtsbeziehungen zueinander nach Völkerrecht, d. h. nach den in Art. 4 RVerf. genannten allgemein anerkannten Regeln des Völkerrechts, die als bindende Bestandteile des deutschen Reichsrechts gelten. Bei Schaffung von Art. 4 mag man zunächst nur an die Beziehungen des Deutschen Reichs zu außerdeutschen Staaten gedacht haben. Seiner Anwendung auf das gegenseitige Verhältnis der deutschen Länder steht aber weder sein Wortlaut noch seine Stellung im Rahmen der Reichsverfassung entgegen, so daß er auch der Entscheidung des gegenwärtigen Falles zugrundezulegen ist (vgl. die Entsch. des Staatsgerichtshofs vom 29. Juni 1925, RGZ. Bd. 112 Anhang S. 21 [28]).

Die Sätze des Völkerrechts in seiner neueren Entwicklung beruhen wesentlich auf dem Gedanken einer Einschränkung der Gebietshoheit der einzelnen Staaten durch ihre Zugehörigkeit zur Völkerrechtsgemeinschaft. Aus ihr wird eine Pflicht der Staaten zur gegenseitigen Achtung und Rücksichtnahme hergeleitet, eine Pflicht, einander nicht zu verletzen. Noch enger als diese allgemeine Völkergemeinschaft ist die Gemeinschaft, in der die deutschen Länder als Glieder des Deutschen Reichs zueinander stehen. Die Verfassung vom 11. August 1919 beruht nach ihrem Vorspruch auf der Einigung des deutschen Volkes in seinen Stämmen und will seinem inneren Frieden dienen. Sie gibt in Art. 110 Abs. 2 jedem Deutschen in jedem Lande des Reichs die gleichen Rechte und Pflichten wie den Angehörigen des Landes selbst. Die Einheit des deutschen Volkes und die Gleichberechtigung sämtlicher Volksgenossen ohne Rücksicht auf ihre Staatsangehörigkeit muß sich aber auch auswirken, wenn es sich nicht um Rechte, sondern um bloße Interessen von Angehörigen des anderen Landes handelt. Man kann von jedem deutschen Land verlangen, daß es sie, wenn auch vielleicht nicht ganz in gleichem Maße wie die Interessen der eigenen Landesangehörigen, so doch stärker berücksichtigt als die anderer, nichtdeutscher Staaten. Daß dies der allgemeinen Rechtsüberzeugung entspricht, zeigt z. B. die gerade anläßlich der Verhandlungen über die Donauversinkung am 13. Februar 1925 im Haushaltsausschuß des badischen Landtags abgegebene Erklärung des badischen Finanzministers, daß man bei Interessenkonflikten (zwischen deutschen Ländern) die Interessen des Nachbarlandes so behandeln solle, als gehörten sie zum eigenen Lande. So gelangt man im Verhältnis der deutschen Länder zueinander zu einer stärkeren Einschränkung des Grundsatzes der Gebietshoheit, als wenn sich zwei völlig fremde Staaten gegenüberstehen. Hier kommt die allgemeine Verbundenheit der einzelnen Staatspersönlichkeiten trotz ihrer grundsätzlichen Selbständigkeit zu besonders starkem Ausdruck, der Gemeinschaftsgedanke erweist sich als der stärkere. Daraus ergeben sich Verpflichtungen der einzelnen deutschen Staaten zueinander, die sich, wenigstens in gleichem Maße, aus dem für alle Staaten geltenden Völkerrecht nicht herleiten lassen.

4. Das Völkerrecht enthält keine ausdrückliche Regelung der zwischenstaatlichen Rechtsbeziehungen, die daraus hervorgehen, daß das Wasser eines Flusses zu einem anderen Fluß absickert. Der Fall kommt in der Natur so selten vor, daß sich für ihn besondere Völkerrechtssätze nicht gebildet haben. Es muß deshalb auf die allgemeinen Grundsätze des Völkerrechts über internationale Wasserläufe zurückgegangen werden. Internationale Wasserläufe (im Gegensatz zu Grenzflüssen) werden durch die Grenzen der verschiedenen Staaten, deren Gebiete sie nacheinander durchlaufen, quer geteilt, was für die Donau in dem hier in Betracht kommenden Gebiet zutrifft. Jeder Staat wird in der Ausnützung eines gemeinsamen Flußlaufs auf seinem Staatsgebiet durch den aus der völkerrechtlichen Gemeinschaft entspringenden Grundsatz beschränkt, daß er kein anderes Mitglied der Völkergemeinschaft verletzen darf. Die verschiedenen an einem Wasserlauf beteiligten Staaten müssen aufeinander die durch die Verhältnisse gebotene Rücksicht nehmen. Kein Staat darf den anderen in der diesem durch die Natur ermöglichten Verwertung eines Wasserlaufs erheblich beeinträchtigen. Diese Auffassung ist im internationalen Verkehr in immer steigendem Maße zur Geltung gekommen, insbesondere als man sich in der Neuzeit durch die wachsende Ausnützung der natürlichen Wasserkräfte gezwungen sah, die daraus entspringenden Interessen bei größeren internationalen Flüssen vertraglich zu regeln. Bei derartigen Vertragsverhandlungen hat auch die deutsche Reichsregierung den Grundsatz vertreten, daß kein Staat auf seinem Gebiet Maßnahmen an einem internationalen Flußlauf treffen dürfe, die auf den Wasserlauf im Gebiet eines anderen Staates zu dessen Nachteil einschneidend einwirken. Es liegt hier eine bereits allgemein anerkannte Regel des Völkerrechts vor (Art. 4 RVerf.).

Bei der Anwendung dieser Regel auf den einzelnen Fall sind dessen besondere Umstände zu berücksichtigen. Die berechtigten

Interessen der Beteiligten Staaten müssen in billiger Weise gegeneinander abgewogen werden. Nicht bloß das absolute Maß des Schadens, das durch das Vorgehen des einen Staates der andere erleidet, ist in Betracht zu ziehen, sondern auch das Verhältnis, in dem der Nutzen des einen zur Schädigung des anderen steht. Soweit verschiedene deutsche Länder bei der Verwendung des Wassers eines ihnen gemeinsamen Flusses in Widerstreit treten, ist bei dem erforderlichen Interessenausgleich dem oben schon betonten engen Verhältnis, in dem sie als Glieder des Deutschen Reichs zueinander stehen, besondere Bedeutung beizulegen.

5. Der Völkerrechtssatz, daß kein Staat den anderen in der Ausnutzung eines internationalen Wasserlaufs erheblich beeinträchtigen darf, verbietet nur Eingriffe in die Wasserverhältnisse durch Menschenhand. Es folgt aus ihm umgekehrt, daß jeder Staat sich den natürlichen Wasserverhältnissen und ihrer Entwicklung beugen muß. Soweit sich nicht aus besonderen Rechtsgründen das Gegenteil ergibt, ist kein Staat verpflichtet, zugunsten eines anderen Staates in den durch die Natur geschaffenen Abfluß des Wassers einzugreifen. Insbesondere braucht er natürlichen Änderungen des Wasserlaufs nicht im Interesse eines anderen Staates entgegen zu wirken. Auch die Donauversinkung ist von der Natur geschaffen. Deshalb kann man sie, wenngleich eine solche Flußversinkung selten vorkommen mag, doch nicht als normwidrig bezeichnen. Sie muß daher mit ihren natürlichen Folgen von Württemberg und Preußen hingenommen werden. Beide Länder können von Baden nicht fordern, daß dieses die natürlichen, das Wasser aufsaugenden Risse und Spalten verschließe. Auch soweit die Wasserverluste der Donau durch natürliche Ursachen, etwa durch die natürliche Zunahme der Auswaschung der Flußufer oder durch Veränderungen in den Niederschlägen, verstärkt werden, ist Baden grundsätzlich zu einer Abhilfe nicht verpflichtet. Nur in engen Grenzen kann, wie später noch dargelegt werden wird, ein positives Tun von ihm verlangt werden.

6. Für das völkerrechtliche Verhältnis, das zwischen mehreren Staaten bei einem ihnen gemeinsamen Flusse besteht, sind ohne Belang die Privatrechte, die ihre Staatsangehörigen an dem Flusse und seinem Wasser etwa erworben haben mögen. So kann Baden den völkerrechtlichen Verpflichtungen, die aus seiner Handhabung der Wasserhoheit über die Donau zu seinen Lasten entstanden sind, die Interessen der Aach-Beteiligten nicht entgegenhalten.

Sind diese Rechte mit den völkerrechtlichen Verpflichtungen Badens nicht vereinbar, so müssen sie weichen, damit Baden den begründeten Ansprüchen seiner Nachbarländer genügen kann. Es muß ihm überlassen bleiben, wie es sich mit seinen Staatsangehörigen auseinander setzt.

VII. Prüft man von den bisher entwickelten Rechtsgrundsätzen aus die von Württemberg gestellten Anträge, so ist vorweg zu bemerken, daß die Ansicht Badens unzutreffend ist, die Donau teile sich im Versinkungsgebiet in zwei Arme, in einen oberirdischen, der weiterhin allein als Donau bezeichnet werde, und einen unterirdischen, der später als Aach wieder zutage trete. Das Wasser, das nicht in dem den Namen Donau führenden Flußbett bleibt, versickert in zahlreichen kleineren und größeren Öffnungen. Die Verbindungen vom Oberlauf der Donau zum Bodensee- und Rheingebiet sind vielfältig, ihr Lauf im einzelnen ist unbekannt. Das, was nach längerem unterirdischen Fließen wieder ans Licht kommt, ist kein Flußarm, sondern die Quelle eines neuen Flusses. Die Annahme einer Flußgabelung (Bifurkation), die voraussetzen würde, daß eine einheitliche Wassermenge in einem festen Bett von der oberen Donau zum Bodensee hin abflösse, ist mithin abzulehnen. Es kommt deshalb auch nicht darauf an, ob das ganze versinkende Donauwasser in der Aach zum Vorschein kommt oder ob noch andere Austrittsstellen vorhanden sind.

Im einzelnen ergibt sich nun folgendes:

1. Bereits vor mehr als 100 Jahren ist das Immendinger Wehr errichtet worden. Das hindert aber nicht, das Völkerrecht, wie es sich bis heute entwickelt hat, der Entscheidung des Anspruchs zugrunde zu legen, den Württemberg wegen dieses Wehrs geltend macht. Denn nicht bloß sollen sich nach seiner Behauptung die schädlichen Wirkungen der Stauanlage gerade in den letzten Jahrzehnten erheblicher bemerkbar gemacht haben. Erst in die Zeit seit Mitte der 70er Jahre des vorigen Jahrhunderts — das ist unstreitig — fallen auch die Verbote der badischen Behörden, die bis heute verhindert haben, daß der in der Wehrwaage eintretenden Wasserversinkung entgegengearbeitet werden konnte. Es kann deshalb dahingestellt bleiben, ob die Ansicht Badens richtig ist, daß zur Zeit der Erbauung des Wehrs noch das starre Territorialitätsprinzip im Völkerrecht gegolten habe, daß damals noch jeder Staat Änderungen in Flußläufen ohne irgendwelche Rücksichtnahme auf andere Staaten

habe vornehmen dürfen. Von einem vor 100 Jahren wohlerworbenen Rechte Badens auf das Wehr in seiner heutigen Gestalt und mit seinen heutigen Wirkungen kann keine Rede sein.

Das Immendinger Wehr ist ein gewöhnliches Stauwehr, gegen dessen Errichtung und Fortbestehen Württemberg an sich nichts einwenden kann und auch nichts einwendet. Eine dem eigentlichen Zweck des Wehrs fremde, ja sogar ihm zuwiderlaufende, seine Erreichung gefährdende Nebenwirkung ist es aber, wenn durch den Aufstau des Wassers dessen Versinken in Sohle und Seitenwänden gefördert wird. Mit einem Stauwehr soll nach allgemein anerkannten wasserrechtlichen Grundsätzen kein unnützer, andere Interessenten schädigender Wasserverbrauch verbunden sein (vgl. BadWasserG. vom 12. April 1913 § 14 Abs. 4; PreußWasserG. vom 7. April 1913 § 96). Demnach kann Baden damit, daß die Errichtung eines Stauwehrs von den übrigen an dem Fluß beteiligten Staaten geduldet werden müsse, die Einwendungen nicht abwehren, die Württemberg und Preußen gegen das Immendinger Wehr insoweit erheben, als es die Donauversinkung verstärkt. Ist diese Verstärkung der Versinkung nicht unerheblich und erstrecken sich ihre schädigenden Wirkungen bis in den auf nichtbadischem Gebiet liegenden Flußlauf, so liegt darin ein unzulässiger Eingriff Badens in die Wasserverhältnisse anderer Länder. Damit ist ein völkerrechtswidriger Zustand gegeben, den die Unterliegerstaaten nicht zu dulden brauchen.

Vom Vorhandensein einer das zulässige Maß beträchtlich übersteigenden, sich weit flußabwärts bemerkbar machenden Vermehrung der Wasserverluste der Donau durch die Stauanlage ist aber der Staatsgerichtshof nach der Sachlage, wie sie sich aus dem Vorbringen der Parteien und den von ihnen vorgelegten Gutachten ergibt, überzeugt, mag auch die von Württemberg gewählte Bezeichnung des Stauwehrs als einer Donauversenkungsanlage zu weit gehen.

Von einer Zunahme der Donauversinkung überhaupt muß ausgegangen werden. Die Zahl der Vollversinkungstage hat im Laufe der Zeit so erheblich zugenommen, daß die Folgerung einer Zunahme auch der Versinkungsmenge unabweislich ist. Diese stärkere Wasserversinkung läßt sich vielleicht zum Teil aus natürlichen Ursachen erklären. Daß dazu die Immendinger Wehranlage in erheblichem Maße beiträgt, ist aber mit Sicherheit anzunehmen. Wenngleich es richtig ist, daß bei der natürlichen Beschaffenheit der Sohle und der Ufer der Donau an der Stelle, wo sich das Wehr befindet, Wasser auch dann versinken würde, wenn das Wehr nicht vorhanden wäre, so verstärkt doch das Wehr die natürliche Versinkung dadurch, daß es sowohl seitlich wie auch flußaufwärts ein größeres Gebiet unter Wasser setzt, als der Fluß bei natürlichem Laufe bespülen könnte. Die Zahl der vom Wasser berührten Versinkungslöcher wird also durch die Anlage erheblich vermehrt, damit aber auch die Menge des versinkenden Wassers. Dazu tritt der durch den Aufstau des Wassers bis zu der 2 m betragenden Höhe des Wehrs erzeugte Stauwasserdruck. Er drückt mehr Wasser in die Löcher hinein, ist auch durchaus geeignet, diese im Laufe der Zeit zu vergrößern und damit schluckfähiger zu machen. Zu beachten ist schließlich noch, daß die fließende Welle über kleine Öffnungen ohne wesentliche Verluste hinwegeilen kann, während das durch den Aufstau länger über dem durchlässigen Boden festgehaltene Wasser in stärkerem Maße aufgesogen wird. Diese Einwirkung der Stauanlage auf das Versinken des Wassers hat Baden in der mündlichen Verhandlung nicht eigentlich mehr bestritten, sondern es hat sie nur als unwesentlich hingestellt. Indessen hat der Staatsgerichtshof aus den gesamten Umständen des Falles die Überzeugung gewonnen, daß diese Wirkung nicht unerheblich sein kann. Sie ruft die alljährliche Trockenlegung des Donaubetts, die bis weit nach Württemberg hinein reicht, zum mindesten mit hervor, greift also auch in Württembergs Interessen erheblich schädigend ein. Diese völkerrechtswidrige Verletzung seines Nachbarlandes muß Baden abstellen. Zu beseitigen braucht es aber nicht die natürliche Versinkung, die in dem Staugebiet auch bei Nichtvorhandensein des Wehrs eintreten würde, sondern nur die durch die Stauanlage bewirkte Mehrversinkung, deren Maß zurzeit freilich noch nicht festgestellt ist. Wie Baden die Beseitigung der schädlichen Wirkungen des Immendinger Wehrs bewerkstelligt, muß ihm überlassen bleiben. Es ist denkbar, daß es dieser Pflicht auch unter Bestehenlassen des Wehrs genügen kann.

2. Die Versinkungsverhältnisse im Brühl sind noch nicht vollständig geklärt. Trotzdem steht nach dem Ergebnis der Verhandlung für den Staatsgerichtshof bereits so viel fest, daß das Unterlassen jeglicher Unterhaltungsarbeiten im dortigen Donaubett, wie es die Folge des Eingreifens der badischen Behörden und ihrer an die Anlieger ergangenen Verbote gewesen ist, im Bereiche der Gemarkung Möhringen zu einer Verlagerung der Sand- und Kiesbänke geführt hat, die einen verstärkten Abfluß von Donauwasser zur Aach hin

bewirkt. Schon eine unbefangene Betrachtung der natürlichen Verhältnisse legt die Annahme nahe, daß die Stauwirkung der Sand- und Kiesbänke im Donaubett durch Schaffung einfacher, den Weiterfluß des Wassers ermöglichender Rinnen vermindert werden kann. Die dauernde Bewegung, in der sich das Geröll des Flußbettes befindet, läßt solche Maßnahmen zwar nur vorübergehend wirksam bleiben, so daß sie öfter wiederholt werden müssen. Aber gerade in der Zeit geringer Wasserführung der Donau, in der besonders die Gefahr einer Vollversinkung droht, können solche einfachen Maßnahmen sehr wohl bedeutungsvoll werden. Das haben offenbar auch die Donau-Anlieger und die Donau-Wasserwerkbesitzer beobachtet, die lange Jahre hindurch bei Niedrigwasser die hauptsächlichsten Versinkungsstellen im Brühl verstopft und die Sand- und Kiesbänke durch Pflügen und mit anderen Mitteln durchfurcht haben, um dem Wasser einen Abzug im Donaubett zu verschaffen. Sie hätten das nicht getan, wenn diese Arbeiten, wie Baden jetzt behauptet, völlig wirkungslos gewesen wären. Daß sie den Donau-Interessenten Nutzen gebracht haben, läßt sich besonders daraus entnehmen, daß die Arbeiten trotz der von der badischen Regierung ergangenen Verbote zunächst noch fortgesetzt und erst durch die strenge Durchführung der Verbote durch die badische Wasserpolizei völlig zum Stillstand gebracht wurden. Anderseits sind auch diese Verbote nur dadurch zu erklären, daß Baden von den Bemühungen der Donau-Anlieger eine ungünstige Beeinflussung des Wasserablaufs zur Aach befürchtete, daß es also bei seinem Einschreiten von einer tatsächlichen Beeinflussung der Wasserverteilung durch die Unterhaltungsarbeiten überzeugt war. Erwägt man weiter, daß, wie bereits bemerkt, in den letzten Jahrzehnten unzweifelhaft eine Vermehrung der Donauversinkung eingetreten ist, so muß man die Behauptung Württembergs und Preußens als zutreffend anerkennen, daß seit Erlaß der die Arbeiten von Privatpersonen im Brühl hindernden polizeilichen Verbote, von denen höchstens gelegentlich einmal eine Befreiung erteilt wurde, die Sand- und Kiesbänke den Abfluß zur Aach verstärken.

Gegenüber den am weiteren Lauf der Donau interessierten Ländern kann Baden die Verbote, die es zur Verhinderung von Arbeiten im Donaubett erlassen hat, nicht damit rechtfertigen, daß es auf diese Weise nur die natürlichen Wasserverhältnisse erhalte und daß auf deren Änderung zielende Maßnahmen ihm nicht zugemutet werden könnten. Zwar ist bereits dargelegt worden, daß an sich jeder Flußanlieger den natürlichen Zustand hinnehmen muß, auch soweit er sich aus natürlichen Ursachen verändert. Der daraus abgeleitete weitere Satz, daß ein Staat nicht verpflichtet sei, im Interesse eines anderen Staates in die Naturvorgänge, die einen internationalen Fluß betreffen, hindernd einzugreifen, unterliegt aber einer Einschränkung, die auf der Wasserwirtschaft der heutigen Kulturstaaten beruht. Alle heutigen Flüsse, auch die nicht schiffbaren, sind keine reinen Naturgebilde mehr. Infolge der Besiedlung ihrer Ufer sind sie in das Gebiet der menschlichen Kultur einbezogen worden. Im Interesse ihrer Anwohner, der Ober- wie der Unterlieger, werden die Flußufer befestigt, wird der Wasserablauf nicht bloß für den Fall eines Hochwassers, sondern auch im Hinblick auf die gewöhnlichen Verhältnisse einer Regelung unterworfen. Der Umfang dieser Maßnahmen ist zwar bei den einzelnen Flüssen verschieden. Aber ein gewisses Mindestmaß der Flußunterhaltung findet sich, wenigstens in Deutschland, überall und ist in den deutschen Wasserrechten vielfach ausdrücklich vorgesehen (vgl. z. B. BadWasserG. vom 12. April 1913 § 90; PreußWasserG. vom 7. April 1913 § 114). Dieser Rechts- und Kulturzustand führt zwar keineswegs zur unmittelbaren Übertragung der Vorschriften eines innerstaatlichen Wasserrechts auf die zwischenstaatlichen Beziehungen — sie ist oben bereits abgelehnt worden — muß sich aber doch auch in ihnen auswirken. Erkennt man an, daß der Staat einen Fluß, der ihm mit anderen Staaten gemeinsam ist, nicht einseitig in seinem Interesse ausnützen darf, so ist die Folgerung geboten, daß er auch die Vorkehrungen nicht unterlassen darf, die heute ein Kulturstaat üblicherweise bei seinen Flüssen trifft. Wenn die Regierung eines Uferstaats Maßnahmen, die nach allgemein anerkannten wasserwirtschaftlichen und wasserrechtlichen Anschauungen geboten sind, versäumt oder gar untersagt, und zwar zu dem Zweck und mit dem Erfolg, daß die Angehörigen eines anderen Uferstaates zugunsten der Angehörigen des eigenen Staates geschädigt werden, so ist das ein staatliches Verhalten, das mit dem Wesen der Völkergemeinschaft nicht mehr vereinbar ist. Hier liegt dann nicht ein bloßes Gewährenlassen natürlicher Vorgänge, sondern ihre unrechtmäßige Förderung durch das Unterlassen eines nach allgemeiner Auffassung gebotenen Tuns vor. Eine Verpflichtung der Uferstaaten zu einem gewissen positiven Tun hat sich völkerrechtlich bereits unzweifelhaft durchgesetzt, soweit die

Schiffahrt auf internationalen Flüssen in Frage kommt. Hier ist den Anliegerstaaten durch die einschlägigen zwischenstaatlichen Verträge regelmäßig eine Unterhaltungspflicht im Interesse der Schiffahrt, also im Interesse aller an dem Fluß beteiligten Staaten, auferlegt. Vom Gesichtspunkt der Schiffahrt aus hat das Völkerrecht zuerst Gelegenheit gehabt, Rechtssätze für die internationalen Flüsse zu entwickeln. Ihrer Übertragung auf die zwischenstaatlichen Verhältnisse, die durch die immer stärker werdende Ausnutzung der Wasserkräfte der gemeinsamen Flüsse entstanden sind und deren rechtliche Bedeutsamkeit erst in neuerer Zeit hervorgetreten ist, steht grundsätzlich nichts im Wege. Mindestens bestehen keine Bedenken dagegen, soweit es sich um die wasserrechtlichen Beziehungen zwischen deutschen Staaten handelt. Hier muß die Gemeinschaft berücksichtigt werden, in der sie als Glieder des Reiches stehen und auf die schon bei den allgemeinen Darlegungen hingewiesen worden ist. Sie macht es den einzelnen Ländern zur gegenseitigen Pflicht, ihre Maßnahmen auf dem Gebiet der Wasserwirtschaft, soweit es sich um gemeinsame Flüsse handelt, dem gemeindeutschen Kulturstand anzupassen. Jeder deutsche Staat darf erwarten, daß jeder andere deutsche Staat im Interesse aller an einem gemeinsamen Fluß beteiligten deutschen Staaten diesem die Pflege zuteil werden läßt, die allgemein in Deutschland üblich ist. Selbst das hierdurch gebotene Mindestmaß an Vorkehrungen zur Flußunterhaltung unterläßt aber Baden auf der hier fraglichen Donaustrecke. Es handelt dabei lediglich im Interesse der Aach-Beteiligten, seiner Staatsangehörigen, und schädigt die übrigen am Wasser der Donau Interessierten.

Hierzu kommt noch, daß Württemberg und Preußen das Donauwasser dem eigenen Flußbett erhalten wollen, Baden dagegen es den Interessenten der Versickerung zuführen will. Es ist oben schon dargelegt worden, daß die Donau durch die Versinkungsvorgänge nicht in zwei gleichwertige Arme geteilt wird. Nur eine Donau gibt es auch weiterhin, nicht bloß dem Namen, sondern ebenso der Sache nach. Das Absickern des Wassers zur Aach ist zwar, wie ebenfalls schon gesagt, ein natürlicher und deshalb kein normwidriger Zustand. Aber aus völkerrechtlichen Grundsätzen läßt sich kein Recht herleiten, diesen Vorgang durch Vernachlässigung des Flußbetts zu fördern. Das Völkerrecht regelt zunächst nur die Rechtsverhältnisse an oberirdisch fließenden Wasserläufen. Die Sätze, die sich für sie gebildet haben, können, wie unten näher ausgeführt werden wird, auf den hier vorliegenden Sonderfall der Flußversinkung insoweit erstreckt werden, als Eingriffe in die natürliche Wasserverteilung zum Schaden des an dem versinkenden Wasser beteiligten Staates als unzulässig anzuerkennen sind. Weiter darf aber die Gleichstellung zwischen einem oberirdischen Flußlauf und dem Gebiet nicht gehen, in dem sein Wasser unterirdisch in zahllosen Rinnsalen versinkt. Das verbietet schon die natürliche Zweckbestimmung des Flußbetts, die in der Aufnahme und Weiterleitung des Flußwassers besteht. Die Bedeutung des Flußbetts ist höher einzuschätzen als die des Versinkungsgebiets. Bei dem Widerstreit, der zwischen den Donau-Anliegern und denjenigen entstanden ist, die von dem Versinkungswasser Nutzen haben (den Aach-Beteiligten), führt deshalb die Abwägung der beiderseitigen Interessen dazu, den ersteren ein gewisses Übergewicht zuzubilligen. Das geht nicht so weit, daß die Versinkung überhaupt unterdrückt werden müßte. Aber doch ist es mit dieser Beurteilung der Interessenlage unvereinbar, die Versinkung dadurch zu fördern, daß man das Flußbett verwildern läßt und es so seiner eigentlichen Aufgabe immer mehr entzieht.

Das Verhalten Badens hinsichtlich der Flußstrecke im Brühl, das Unterlassen jeder geordneten Flußunterhaltung auf dieser Strecke, muß deshalb im Verhältnis zu den anderen deutschen Donaustaaten als rechtswidrig bezeichnet werden. Wie bereits festgestellt ist, haben infolge davon die ihrer natürlichen Bewegung überlassenen Sand- und Kiesbänke eine für Württemberg schädliche vermehrte Versinkung des Donauwassers bewirkt. Baden ist daher zur Beseitigung der durch seine Untätigkeit verursachten Mehrversinkung verpflichtet. Welche Maßnahmen es zu diesem Zweck treffen will, das muß wiederum zunächst ihm überlassen bleiben. Eine Entscheidung über den Umfang der Maßnahmen wird erst nach völliger Klärung der Versickerungsverhältnisse am Brühl möglich sein.

In dieser Hinsicht verlangt Württemberg noch, daß Baden das Donaubett in der Gemarkung von Möhringen durch Schaffung einer regelmäßigen Flußsohle verbessere. Dieser Anspruch geht über das hinaus, was Württemberg nach den bisherigen Darlegungen von Baden fordern kann. Die Schaffung einer regelmäßigen Flußsohle enthält eine wesentliche Veränderung des natürlichen Zustands. Sie geht über die allgemein übliche Flußunterhaltung, über die Fürsorge für einen regelmäßigen Wasserablauf hinaus und nähert sich einer Flußkorrektion. Ob die natürlichen Verhältnisse eine derartige Veränderung des Flußbetts der Donau in der Gemarkung Möhringen überhaupt gestatten, erscheint schon zweifelhaft; jedenfalls würde sie mit erheblichen Kosten verknüpft sein. Es handelt sich daher hier um einen Anspruch, der selbst bei Berücksichtigung der engeren Gemeinschaft der deutschen Länder nicht als gerechtfertigt angesehen werden kann.

VIII. Der Gegenanspruch Badens stützt sich auf die Maßnahmen, die Württemberg in der auf seinem Gebiet liegenden Donauschleife bei Fridingen getroffen hat. In dieser Schleife ist Baden auf etwa 3 km Donau-Anlieger; die Donau bildet hier die Grenze zwischen ihm und Württemberg. Doch spielt dieser Umstand aus tatsächlichen Gründen für die Entscheidung des Streitfalls keine Rolle. Daß sich hier auf dem badischen Flußufer Versinkungsstellen befänden, die durch die Maßnahmen Württembergs ungünstig beeinflußt würden, wird nicht geltend gemacht. Der Nachteil aber, der aus dem württembergischen Vorgehen auf der oberhalb gelegenen Flußstrecke für die badischen Donau-Anlieger unmittelbar entstehen könnte, kann nach der besonderen Bodengestaltung nicht von Belang sein. Auf der ganzen verhältnismäßig kurzen badischen Uferstrecke steigt das Ufer nämlich sofort steil auf. Für das oben liegende Land ist das Wasser ohne Bedeutung. Unmittelbar am Donauufer zwischen ihm und dem bewaldeten Bergabhang liegen auf badischem Gebiet nur etwa 18 ha Wiesen und Äcker. Lediglich diese kleine nutzbare Fläche könnte durch die von Württemberg vorgenommenen Eingriffe in die Verteilung des Donauwassers Schaden erleiden. Aber auch er ist äußerst geringfügig. Die Badische Wasser- und Straßenbaudirektion sagt in ihrer Äußerung vom 16. Januar 1927 selbst, daß er ziffermäßig kaum ausgedrückt werden könne. Deshalb hat er bei der Entscheidung des gegenwärtigen Streitfalls außer Betracht zu bleiben. Denn nur erhebliche Eingriffe in den natürlichen Wasserablauf internationaler Flüsse vermögen völkerrechtliche Ansprüche zu begründen.

Baden hat denn auch seinen Anspruch nur nebenher auf seine Eigenschaft als Anlieger an der Fridinger Schleife gestützt. In erster Linie beruft es sich darauf, daß Württemberg durch die Schließung der dortigen Versinkungslöcher und durch die Gestattung des Betriebs des Fridinger Kraftwerks den Wasserablauf zur Aach in unzulässiger Weise beeinträchtigt habe. Der von ihm geltend gemachte Anspruch auf Beseitigung der Folgen dieser Beeinträchtigung ist nicht, wie Württemberg meint, schon deshalb unbegründet, weil das Völkerrecht keinen Staat in der Verfügung über Wasser beschränkt, das auf seinem Gebiet unterirdisch fließt. Die Rechtssätze, die sich für die gemeinsame Nutzung des Wassers oberirdisch fließender internationaler Wasserläufe entwickelt haben, erheischen vielmehr Anwendung auch auf das unterirdisch fließende Wasser. Es liegt kein innerer Grund vor, eine verschiedenartige Behandlung beider Fälle eintreten zu lassen. Voraussetzung ist natürlich die Feststellung, daß wirklich unterirdisches Wasser mit einer gewissen sich gleichbleibenden Regelmäßigkeit aus dem Gebiet des einen Staates in das des anderen übertritt, daß also ein unterirdischer Wasserabfluß vorliegt, der einem oberirdischen Wasserlauf an Bedeutung für die Wasserwirtschaft im wesentlichen gleichkommt. Diese Feststellung wird nicht immer mit der erforderlichen Sicherheit getroffen werden können; im vorliegenden Fall bestehen indessen gegen sie keine Bedenken. Durch Versuche ist bewiesen worden — Württemberg bestreitet das nicht — daß das in der Fridinger Schleife versinkende Wasser ebenfalls im wesentlichen in der Aachquelle wieder austritt. Deshalb muß auch an dem Donauwasser der Fridinger Schleife eine zwischen Württemberg und Baden bestehende Gemeinschaft anerkannt werden. Diese Gemeinschaft verpflichtet, was nach dem oben Dargelegten hier nicht nochmals näher begründet zu werden braucht, das Land Württemberg, sich solcher Eingriffe in die natürliche Wasserverteilung zu enthalten, die badische Interessen erheblich schädigen.

Dieser Satz bedarf allerdings einer Einschränkung mit Rücksicht darauf, daß die beanstandeten Maßnahmen Württembergs bezwecken, das Donauwasser in seinem eigentlichen Bette zu erhalten. Es ist bereits ausgeführt worden, daß dieser Gesichtspunkt bei der Abwägung der Interessen beider Länder berücksichtigt werden muß. Es kann keinem Lande verübelt werden, wenn es einen in seinem Gebiet versinkenden Flußlauf seiner natürlichen Zweckbestimmung erhalten will, wenn es zu hindern sucht, daß der Fluß trocken läuft, mag das Austrocknen auch auf natürliche Ursachen zurückgehen. Zwar ist Baden nicht verpflichtet, auf seinem Gebiet einer Zunahme der Donauversinkung entgegenzuarbeiten. Es kann sich auf die allgemein übliche Flußunterhaltung beschränken. Besondere Maßnahmen zur Verhinderung einer natürlichen Zunahme der Versinkung braucht es nicht zu treffen. Damit ist es aber durchaus vereinbar, daß Württemberg im Hinblick auf den Vorrang, der nun einmal dem natürlichen Flußbett zukommt, als berechtigt angesehen wird, auf seinem Gebiet einer auch bloß auf natürlichen Ursachen beruhenden Verstärkung der Versinkung entgegenzuarbeiten. Einer billigen Abwägung der berechtigten Interessen beider Teile würde es zuwiderlaufen, wenn Württemberg daran gehindert würde, den bestehenden Zustand aufrecht zu erhalten, wenn es lediglich im Interesse Badens untätig zusehen müßte, daß auf seinem Gebiet eine Flußverwilderung einträte, ähnlich der, die sich auf badischem Gebiet im Brühl bereits herausgebildet hat. Die Grenze für seine Maßnahmen bildet der natürliche Zustand nur insofern, als Württemberg die natürliche Versinkung nicht vermindern darf. Den Zustand der Wasserverteilung, der sich in der Vergangenheit auf natürlichem Wege herausgebildet hat, muß Württemberg hinnehmen. Nur einer Veränderung zu seinen Ungunsten darf es entgegenarbeiten.

Da Württemberg nur verpflichtet ist, die natürliche Donauversinkung auf seinem Gebiet in ihren Wirkungen nicht zu vermindern, so steht nichts im Wege, daß es bestehende künstliche Vorrichtungen und Anlagen beseitigt, welche die Versinkung befördern. Zur Schließung der Löcher in der Krämerschen Furt war es deshalb berechtigt. Denn nach den mit Einzelheiten belegten Angaben, die Württemberg auf Grund der Feststellungen seiner sachkundigen Beamten gemacht hat, kann nicht bezweifelt werden, daß die Furtlöcher nicht von der Natur geschaffen waren, sondern durch den Verkehr entstanden sind, der sich zur Zeit der Benutzung der Furt auf der Uferparzelle entwickelte. Sie liegen zudem außerhalb des eigentlichen Flußbetts. Kein Vorwurf trifft Württemberg auch insofern, als es den 1908 angelegten Versuchsschacht geschlossen hat. Ein Fortbestehen dieser künstlichen Anlage konnte Baden nicht fordern.

Ohne Bedeutung ist ferner die Versinkungswirkung des sogenannten Krämerschen Lochs. Der technische Vertreter Württembergs hat in der mündlichen Verhandlung auf Grund eigener Beobachtungen eine eingehende Schilderung des Lochs gegeben. Das Loch, das unter einem überhängenden Felsen lag, machte zwar von außen den Eindruck, als ob es sehr viel Wasser zu verschlucken geeignet sei. Im Innern verengte es sich aber sehr bald, so daß schließlich an seinem Ende nur einige kleine Spalten übrig blieben, die unerhebliche Wassermengen aufnehmen konnten. Zudem befand sich die Schwelle des Lochs 20—25 cm über Niedrigwasser. Bemerkenswert ist noch, daß das Loch auf dem linken, der Aachquelle abgewandten

Ufer der Donau lag, während sich die wesentlichen Versinkungsstellen sowohl im Brühl wie in der Fridinger Schleife auf dem rechten Ufer befinden. So muß angenommen werden, daß die Schließung des Krämerschen Lochs einen irgendwie nennenswerten Einfluß auf die Wasserverteilung nicht ausgeübt hat. Baden kann daher seine Wiedereröffnung nicht fordern.

Zu erörtern bleiben also nur noch die sonstigen Arbeiten Württembergs im Versinkungsgebiet und die Inbetriebnahme des Fridinger Kraftwerks. Jene Arbeiten bezeichnet Württemberg als Arbeiten der ordnungsmäßigen Flußunterhaltung. Tragen sie diesen Charakter, dienen sie lediglich der Erhaltung des bisherigen Wasserlaufs, so ist allerdings nichts gegen sie einzuwenden. Bewirken sie dagegen eine darüber hinausgehende Verminderung der natürlichen Donauversinkung, dann kann Baden ihre Rückgängigmachung verlangen.

Einen, wie schon jetzt gesagt werden kann, unzulässigen Eingriff in die Rechte Badens an dem in Fridingen versinkenden Donauwasser enthält indessen die Gestattung des Betriebs des Kraftwerks Fridingen. Es verbraucht, von kleinen im Interesse der Fischzucht und mit Rücksicht auf den Heimatschutz angeordneten Beschränkungen abgesehen, das ganze Donauwasser bis zu 10 cbm/sec. Nur bei hohen Wasserständen, die nach Behauptung Badens durchschnittlich an 126 Tagen im Jahre vorkommen, fließt also noch Wasser durch die Fridinger Schleife. Erst viel weiter unterhalb gelangt das Werkwasser wieder zur Donau zurück. Es liegt auf der Hand, daß damit die Fridinger Versinkungsstellen für einen großen Teil des Jahrs jeder Wirkungsmöglichkeit beraubt sind und daß eine Verminderung des Versinkungswassers verursacht wird, die Baden zu tragen nicht verpflichtet ist.

Württemberg kann sich nicht darauf berufen, daß das Kraftwerk bisher nur vorläufig genehmigt sei und daß die Aach-Beteiligten in dem der endgültigen Genehmigung vorhergehenden Verfahren noch immer Einspruch erheben könnten. Diese Möglichkeit hindert Baden nicht, seine zwischenstaatlichen Ansprüche, für deren Erörterung im Genehmigungsverfahren kein Raum wäre, in dem dafür vorgesehenen Verfahren vor dem Staatsgerichtshof zu verfolgen. Baden hat allerdings der einstweiligen Inbetriebnahme des Werks zugestimmt, aber nur unter der Bedingung, daß es durch künstliche Versenkung von gewissen Wassermengen entschädigt werde. Eine

Einigung in diesem Punkt ist jedoch zwischen den Streitteilen nicht erzielt worden, sodaß die vorläufige Zustimmung Badens ihm jetzt jedenfalls nicht mehr entgegengehalten werden kann.

IX. Das Ergebnis der bisherigen Erörterung läßt sich dahin zusammenfassen, daß das Land Baden verpflichtet ist, die Vermehrung der natürlichen Versinkung des Donauwassers zu beseitigen, die verursacht wird

1. durch das Stauwehr der Maschinenfabrik Immendingen,
2. durch die Sand- und Kiesbänke im Donaubett auf der Gemarkung von Möhringen,

daß es dagegen nicht verpflichtet ist zur Verbesserung des Donaubetts durch Schaffung einer regelmäßigen Flußsohle, sowie daß das Land Württemberg verpflichtet ist, die Verminderung der natürlichen Versinkung des Donauwassers auf der Gemarkung von Fridingen zu beseitigen, die verursacht wird

1. durch das Fridinger Kraftwerk,
2. durch die Schließung der natürlichen Versinkungslöcher, soweit sie über eine ordnungsmäßige Erhaltung des bisherigen Wasserlaufs hinausgeht.

Diese Sätze ermöglichen jedoch noch keine sachliche Entscheidung über die von den Streitteilen gestellten Anträge. Dazu bedürfte es noch weiterer Beweiserhebungen. Nicht widerlegt ist die Behauptung Badens über die wesentliche Beeinflussung der Donauversinkung durch die natürlichen Vorgänge, insbesondere durch eine Verschiebung der Niederschläge in den Winter hinein. Es läßt sich deshalb bisher auch nicht feststellen, in welchem Maße die Aufstauung des Wassers im Immendinger Wehr und die Bildung von Sand- und Kiesbänken im Brühl zur Verstärkung der Wasserverluste beiträgt, wie weit sich also die Pflicht Badens erstreckt, die von ihm verursachte Versinkungsvermehrung zu beseitigen. Dasselbe gilt für Fridingen. Dort bedarf die Art und die Wirkung der von Württemberg im Flußbett ausgeführten Arbeiten noch der Aufklärung. Die Bedeutung der durch das Fridinger Kraftwerk bewirkten Wasserentziehung läßt sich erst ermessen, wenn der Umfang der natürlichen Versinkung in der Fridinger Schleife feststeht. In allen diesen Richtungen beurteilen die Parteien die tatsächlichen Vorgänge verschieden.

Trotzdem hat der Staatsgerichtshof vorläufig vom Erlaß eines Beweisbeschlusses abgesehen und sich darauf beschränkt, das gewonnene Ergebnis durch eine Zwischenentscheidung bindend festzulegen.... Denn es erscheint zweifelhaft, ob selbst eine auf Grund umfassender Beweiserhebung ergehende Entscheidung des Staatsgerichtshofs, die sich naturgemäß wieder auf die Aufstellung einiger grundlegender Sätze beschränken müßte, den Streitfall wirklich endgültig zu erledigen geeignet wäre. Die durch die Donauversinkung hervorgerufenen Verhältnisse sind so verwickelt, ihre wissenschaftliche und technische Beurteilung ist so umstritten, die Interessen der beteiligten Länder greifen so ineinander, daß nur von einer gütlichen Erledigung eine vollständige Bereinigung der Angelegenheit erwartet werden kann. Für eine solche Einigung wird durch die Klärung wichtiger Vorfragen, insbesondere der Rechtsfragen, eine wesentliche Grundlage geschaffen. Die gegenwärtige Zwischenentscheidung des Staatsgerichtshofs soll den Beteiligten diese Grundlage bieten. Der Staatsgerichtshof erwartet, daß die Streitteile nunmehr in erneute Verhandlungen miteinander treten und versuchen werden, zu einer Einigung zu gelangen, welche die Grundsätze dieser Zwischenentscheidung in die Wirklichkeit umsetzt....

3.

In der verfassungsrechtlichen Streitigkeit

von

12 Abgeordneten des Braunschweigischen Landtags,

Antragsteller,

gegen

1. den Braunschweigischen Landtag,

vertreten durch seinen Präsidenten,

2. das Braunschweigische Staatsministerium,

Antragsgegner,

hat der Staatsgerichtshof für das Deutsche Reich in seiner nichtöffentlichen Sitzung vom 18. Juni 1927 beschlossen:

Der Beschluß des Braunschweigischen Landtags vom 17. Dezember 1926, durch den der Antrag Brandes und Genossen vom 15. Dezember 1926 angenommen worden ist, ist zu Nr. 1 verfassungsmäßig, zu Nr. 2 und 3 verfassungswidrig.

Gründe:

I. Art. 29 der Verfassung des Freistaats Braunschweig vom 6. Januar 1922 (GuVS. S. 55) bestimmt in Abs. 1:

Der Landtag hat das Recht und auf Antrag von mindestens einem Viertel seiner Mitglieder die Pflicht, Untersuchungsausschüsse einzusetzen. Diese Ausschüsse erheben in öffentlicher Verhandlung die Beweise, die sie oder die Antragsteller für erforderlich erachten. Die Öffentlichkeit kann vom Untersuchungsausschuß mit Zweidrittelmehrheit ausgeschlossen werden. Der Landtag regelt durch die Geschäftsordnung das Verfahren der Untersuchungsausschüsse und bestimmt die Zahl ihrer Mitglieder.

Nach Art. 14 Abs. 2 der Verfassung (in der Fassung des Gesetzes vom 3. Februar 1923, GuVS. S. 25) besteht der Braunschweigische Landtag aus 48 Abgeordneten, das in Art. 29 vorausgesetzte Viertel also aus 12 Abgeordneten.

Die 12 Antragsteller sind Mitglieder des Braunschweigischen Landtags. Am 5. Dezember 1926 haben sie — an erster Stelle der Antragsteller Dr. Jasper — als Sozialdemokratische Fraktion des Braunschweigischen Landtags folgenden Antrag eingebracht:

Der Landtag wolle beschließen, gemäß Artikel 29 der Landesverfassung einen Ausschuß von 9 Mitgliedern zur Untersuchung der Treibereien gegen republikanische Beamte einzusetzen. Insbesondere soll der Ausschuß prüfen:

1. Welche Verdächtigungen sind gegen den Polizeipräsidenten H. verbreitet? Haben Oberbeamte der Polizeidirektion dabei mitgewirkt? Was hat das Staatsministerium oder der zuständige Minister veranlaßt, um den Polizeipräsidenten zu schützen und das Ansehen seines Amtes zu wahren?
2. Inwieweit ist der Landtagsabgeordnete B. an den Treibereien gegen republikanische Beamte beteiligt?
3. Hat das Staatsministerium in seiner Personalpolitik die von ihm so oft betonte Überparteilichkeit immer gewahrt?

Am 10. Dezember 1926 hat die Fraktion „Parlamentarische Arbeitsgemeinschaft" — Abgeordneter Brandes und noch 12 weitere Abgeordnete — folgenden Antrag eingebracht:

Der Landtag wolle beschließen:

Der auf Antrag der Sozialdemokratischen Fraktion wegen angeblicher Treibereien gegen republikanische Beamte einzusetzende Untersuchungsausschuß hat ferner zu prüfen:

1. Liegen Tatsachen vor, welche die Regierung zu einem Einschreiten gegen den Polizeipräsidenten H. nötigen?
2. Hat die frühere Regierung Jasper-Steinbrecher-Rönneburg-Grotewohl bei der Anstellung des Polizeipräsidenten H. diejenige Sorgfalt walten lassen, welche die Besetzung eines derartigen Postens erfordert?
3. Hat die frühere Regierung sich in ihrer Personalpolitik lediglich von sachlichen Gesichtspunkten leiten lassen oder hat sie nach anderen Gesichtspunkten Beamte in ihr Amt berufen oder daraus entfernt? Haben Treibereien unverantwortlicher Stellen und aus Abgeordnetenkreisen dabei mitgewirkt?

In der 65. Sitzung des Braunschweigischen Landtags vom 15. Dezember 1926 wurde über beide Anträge verhandelt. Der Antrag des Abgeordneten Dr. Jasper wurde angenommen, die Abstimmung über den Antrag des Abgeordneten Brandes dagegen vertagt, bis der Ältestenrat zu diesem Antrag Stellung genommen haben werde. In der 67. Sitzung des Landtags vom 17. Dezember 1926 wurde über den Antrag des Abgeordneten Brandes abgestimmt. Ein vor der Abstimmung gestellter Antrag des Abgeordneten Dr. Jasper, die Beratung wieder zu eröffnen, wurde abgelehnt. Hierauf verlas der Abgeordnete Dr. Jasper eine Erklärung der Sozialdemokratischen Fraktion des Inhalts, daß der Antrag Brandes der Braunschweigischen Landesverfassung und den darin verfassungsmäßig gewährleisteten Minderheitsrechten widerspreche. Der Antrag wurde gleichwohl von der Mehrheit des Landtags (mit 27 gegen 20 Stimmen) angenommen.

Die 12 Antragsteller haben sich nunmehr an den Staatsgerichtshof für das Deutsche Reich mit einem 1. gegen den Braunschweigischen Landtag, vertreten durch seinen Präsidenten, 2. gegen das Braunschweigische Staatsministerium gerichteten Antrag gewandt. Der Antrag geht dahin, zu erkennen:

Es wird festgestellt, daß der Beschluß des Braunschweigischen Landtags vom 17. Dezember 1926, durch den der Antrag Brandes und Genossen vom 15. Dezember 1926, betreffend die weiteren Aufgaben des eingesetzten Untersuchungsausschusses — Niederschrift 65 XIV —, angenommen ist, den Artikel 29 der Braunschweigischen Landesverfassung verletzt und daher ungültig ist.

Zur Begründung des Antrags wird geltend gemacht, daß die den Erfordernissen für eine Verfassungsänderung nicht genügende Annahme des Antrags Brandes einen unzulässigen Eingriff in die verfassungsmäßig gewährleisteten Rechte der Landtagsminderheit enthalte. Es sei unzulässig, einem gemäß Art. 29 BrVerf. auf Antrag einer Minderheit eingesetzten Untersuchungsausschuß weitere, wesensfremde Aufgaben zu übertragen, wie das der angefochtene Beschluß getan habe. Die verfassungsmäßig geschützte Minderheit habe mit der Einsetzung des verlangten Untersuchungsausschusses noch nichts erreicht, wenn die Mehrheit des Landtags den Gegenstand der Untersuchung festsetzen und ihn über den Antrag der Minderheit hinaus willkürlich erweitern könne. Nach der Geschäftsordnung des Braunschweigischen Landtags bestimme die Mehrheit des Ausschusses die Reihenfolge, in der Beweise zu erheben seien. Das ermögliche, wenn dem Untersuchungsausschuß weitere Aufgaben übertragen würden, die mit den im ursprünglichen Minderheitsantrag bezeichneten nichts zu tun hätten, die Erledigung der letzteren so sehr hinauszuzögern, daß in der Öffentlichkeit keine Wirkung mehr erzielt werden könne. Die im Antrag Brandes dem Ausschuß übertragenen Aufgaben ständen mit den Fragen, um die es sich beim Antrag Dr. Jasper handle, in keinem inneren Zusammenhang. Dieser Antrag bezwecke die Untersuchung von Treibereien gegen republikanische Beamte und die ihnen gegenüber vom gegenwärtigen Staatsministerium befolgte Personalpolitik. Das habe mit der Tätigkeit der früheren Regierung, von welcher der Antrag Brandes spreche, nichts zu tun. Dasselbe gelte von der ersten Frage dieses Antrags. Sie ziele auf eine Untersuchung gegen den Polizeipräsidenten hin, während der Antrag Dr. Jasper die Untersuchung der gegen ihn gerichteten Treibereien und Verdächtigungen verlange. Dies sei etwas wesentlich anderes. Es müsse überhaupt grundsätzlich daran festgehalten werden, daß kein auf Grund von Art. 29 BrVerf. gestellter Minderheitsantrag ohne Einwilligung dieser Minderheit abgeändert werden dürfe. Die Mehrheit müsse für die Untersuchung, die sie für notwendig erachte, einen anderen Ausschuß einsetzen. Nur so werde auch den praktischen Erfordernissen genügt.

Das Braunschweigische Staatsministerium hat auf den Antrag erwidert, daß es in der streitigen Angelegenheit bislang nicht mitgewirkt habe und verfassungsmäßig zu einem Eingreifen nicht in der

Lage gewesen sei. Deshalb müsse die Rechtfertigung des Landtagsbeschlusses vom 17. Dezember 1926, gegen den sich der Antrag richte, dem Landtag überlassen bleiben.

Dagegen hat sich der Präsident des Landtags sachlich geäußert, indem er die Fragen der Zulässigkeit des Antrags und der Legitimation der Parteien der Entscheidung des Staatsgerichtshofs anheimstellte. Er hat beantragt:

> die Klage abzuweisen und zugleich festzustellen, daß der Beschluß des Braunschweigischen Landtags vom 17. Dezember 1926, durch den der Antrag des Abgeordneten Brandes und von 12 Genossen vom 15. Dezember 1926 über die weiteren Aufgaben des eingesetzten Untersuchungsausschusses (vgl. Niederschrift 65 XIV) angenommen ist, mit dem Artikel 29 der Braunschweigischen Landesverfassung vom 6. Januar 1922 vereinbar und daher rechtsgültig ist.

Der Landtagspräsident ist der Ansicht, daß der Antrag Brandes keine Verfassungsverletzung enthalte. Nicht bloß die Minderheit, sondern auch die Mehrheit des Landtags sei befugt, Untersuchungsausschüsse einzusetzen. Diese Befugnis schließe das Recht ein, den Gegenstand der Untersuchung maßgebend festzusetzen. Hieraus folge das Recht der Mehrheit, die Aufgaben eines auf Antrag der Minderheit eingesetzten Untersuchungsausschusses über ihren ursprünglichen Rahmen hinaus zu erweitern. Nur dürfe allerdings das durch Art. 29 geschützte Recht der Minderheit auf vollständige und erschöpfende Erledigung der von ihr dem Untersuchungsausschuß übertragenen Aufgabe in keiner Weise gehindert oder sonst beeinträchtigt werden. In der Durchführung der ihm von der Minderheit gestellten Aufgabe werde der Untersuchungsausschuß durch den Antrag Brandes aber auch keineswegs beschränkt. Der Minderheitsantrag bezwecke eine Untersuchung der Personalpolitik der gegenwärtigen Landesregierung daraufhin, ob sie Treibereien gegen republikanische Beamte gefördert oder wenigstens nicht gehindert habe. Ebenso ziele der Antrag Brandes auf eine Untersuchung dieser Personalpolitik. Nur wolle die Minderheit der gegenwärtigen Regierung eine bedenkliche Handlungsweise nachweisen, die Mehrheit dagegen diesen Vorwurf entkräften und dartun, daß das Verhalten der Regierung den beteiligten Beamten gegenüber sachlich gerechtfertigt sei. Der Gegenstand der Untersuchung decke sich somit bei beiden Anträgen. Unter diesen Umständen sei die Einsetzung von zwei Ausschüssen nicht erforderlich; sie werde vielmehr die unliebsamsten Folgen haben.

Demgegenüber haben die Antragsteller ausgeführt, daß sich der Antrag Brandes nicht auf dasselbe Gebiet beziehe wie ihr Antrag. Ihr Gegenstand sei ein ganz verschiedenartiger. Die Fragen 2 und 3 des Antrags Brandes richteten sich ausschließlich gegen die frühere Landesregierung. Die Frage 3 sei zudem so unbestimmt, daß sie schon deshalb nicht zuzulassen sei. Zwei Ausschüsse könnten sachgemäß nebeneinander arbeiten, möge sich das Feld ihrer Tätigkeit auch berühren.

II. Die Voraussetzungen des Art. 19 RVerf. sind gegeben. Es handelt sich um einen Streit über die Auslegung und Anwendung von Art. 29 der Verfassung des Freistaates Braunschweig, also um einen Verfassungsstreit innerhalb eines Landes. Zu seiner Erledigung besteht im Freistaat Braunschweig kein Gericht. Daher muß der Staatsgerichtshof für das Deutsche Reich entscheiden.

III. Die Antragsberechtigung der Antragsteller ist nicht zu beanstanden (vgl. Entscheidungen des vorläufigen StGH. vom 12. Juli 1921, abgedr. RGZ. Bd. 102 S. 415 [422], sowie des StGH. vom 12. Januar 1922, abgedr. im Archiv des öffentlichen Rechts Bd. 43 [neue Folge Bd. 4] S. 218 und vom 21. November 1925, abgedr. RGZ. Bd. 112 Anhang S. 1). Als Gegenpartei ist ebenso wie in dem durch die Entscheidung vom 12. Januar 1922 erledigten Württembergischen Streitfalle der Landtag anzusehen; denn sein Beschluß vom 17. Dezember 1926 wird angegriffen. Der Landtag wird vertreten durch seinen Präsidenten. Allerdings ergibt sich das nicht unmittelbar aus Art. 22 Abs. 3 Satz 1 BrVerf., wonach der Präsident den Staat in allen Rechtsgeschäften und Rechtsstreitigkeiten der Verwaltung des Landtags vertritt. Auf Verfassungsstreitigkeiten bezieht sich diese Vorschrift ihrem Wortlaut nach nicht; bei ihrem Erlaß wird man kaum an solche gedacht haben. Aber mittelbar ist aus dieser Bestimmung wie überhaupt aus der Natur der Dinge zu entnehmen, daß, wenn der Landtag nach außen hin einer Vertretung bedarf, dann das dazu berufene Organ der Landtagspräsident ist. Diese Auffassung findet ihre Bestätigung in § 7 Abs. 1 der Geschäftsordnung für den Braunschweigischen Landtag vom 14. Dezember 1922 (ebenso § 7 Abs. 1 der neuen Geschäftsordnung vom 25. Januar 1927), nach welcher Vorschrift der Präsident die Rechte des Landtags zu wahren hat.

Dagegen ist das Braunschweigische Staatsministerium, auch wenn man unter dieser Bezeichnung im Antrag das Land Braunschweig, vertreten durch das Staatsministerium, verstehen müßte, nicht Partei. Daß es, wenn es das wollte, am Streit teilnehmen könnte, ist richtig. Aber es liegt kein Grund vor, es gegen seinen Willen in ihn hineinzuziehen. Auch in der oben genannten Württembergischen Entscheidung des Staatsgerichtshofs vom 12. Januar 1922 hat dem Staatspräsidenten nur die Möglichkeit gegeben werden sollen, sich zu beteiligen. Im vorliegenden Falle hat das Braunschweigische Staatsministerium aber ein Eingreifen abgelehnt und hat erklärt, es sei in der Sache nicht beteiligt, so daß die Rechtfertigung des angefochtenen Beschlusses dem Landtag überlassen bleiben müsse. Eine Entscheidung gegen das Land Braunschweig oder gegen das Staatsministerium kann deshalb nicht ergehen. Die Antragsteller haben ihren Antrag übrigens auch nur vorsorglich zugleich gegen das Staatsministerium gerichtet. Einer ausdrücklichen Abweisung des Antrags bedarf es daher insoweit nicht.

IV. Eine sachliche Entscheidung ist aus dem Wortlaut des Art. 29 BrVerf. nicht zu gewinnen, auch nicht unter Heranziehung des diesen Artikel ausführenden § 25 der Geschäftsordnung vom 14. Dezember 1922 (im Wortlaut übereinstimmend mit § 25 der Geschäftsordnung vom 25. Januar 1927). Die Entstehungsgeschichte der Verfassungsvorschrift bietet gleichfalls keinen Anhaltspunkt, ebensowenig Art. 34 RVerf., der als Vorbild für Art. 29 BrVerf. gedient hat, nebst seinen Materialien. Unter diesen Umständen kann nur eine Prüfung des Zweckes zum Ziele führen, der mit der fraglichen Verfassungsbestimmung verfolgt wird.

Wenn Art. 29 Abs. 1 Satz 1 BrVerf. bestimmt, daß der Landtag auf Antrag von mindestens einem Viertel seiner Mitglieder die Pflicht hat, Untersuchungsausschüsse einzusetzen, so soll damit die Stellung der Landtagsminderheit gestärkt werden. Sie soll in der Lage sein, die Anstellung von Erhebungen zu veranlassen, auch wenn die Mehrheit das nicht für erforderlich hält. Die Mehrheit, deren Vertrauenspersonen die Regierung, das Staatsministerium bilden (vgl. Art. 32, 33 BrVerf.), wird selten geneigt sein, in Ermittlungen einzutreten, die zu einem der Regierung nicht genehmen Ergebnis führen können. Die Minderheit soll in der Lage sein, diese Abneigung der Mehrheit zu überwinden, damit eine Überwachung der Tätigkeit der Regierung auch durch den ihr abgeneigten Teil der Volksvertretung ermöglicht wird. Als wirksamstes Mittel — andere Mittel sind etwa die kleinen und die großen Anfragen (vgl. §§ 39flg.

der Geschäftsordnung vom 14. Dezember 1922) — gewährt die Verfassung der Minderheit das Recht, die Einsetzung von Untersuchungsausschüssen zu verlangen. Auch „der Landtag", d. h. die Mehrheit des Landtags, kann Untersuchungsausschüsse einsetzen. Er darf dieses Recht aber nicht benutzen, um das Recht der Minderheit zu beeinträchtigen. Der Zweck jener Verfassungsvorschriften wird nur erreicht, wenn die Minderheit die Ausübung des ihr gewährten Untersuchungsrechts in der Hand behält.

Die Einsetzung eines Untersuchungsausschusses macht in erster Linie die Bestimmung seines Tätigkeitsgebiets erforderlich. Wer das Recht hat, ihn einzusetzen, hat auch das Recht, die ihm zuzuweisenden Aufgaben zu bestimmen. Ob sich die Landtagsminderheit dabei in den Grenzen halten muß, die durch § 25 Abs. 2 der erwähnten Geschäftsordnung (wiederum enthalten in der Geschäftsordnung vom 25. Januar 1927) gezogen sind, kann hier dahingestellt bleiben. Wenn der Landtag auf Antrag einer Minderheit einen Untersuchungsausschuß einzusetzen verpflichtet ist, so kommt er dieser Verpflichtung nur nach, wenn er dem Ausschuß die Aufgabe stellt, die im Antrag der Minderheit bezeichnet ist. In der erwähnten Württembergischen Entscheidung des Staatsgerichtshofs vom 12. Januar 1922 (Archiv des öffentlichen Rechts Bd. 43 S. 228) heißt es, die verfassungsmäßig geschützte Minderheit hätte mit der Einsetzung des verlangten Untersuchungsausschusses noch nichts erreicht, wenn die Mehrheit des Ausschusses den Gegenstand der Untersuchung zu bestimmen hätte. Ebenso ist zu sagen, daß sie nichts erreicht hätte, wenn die Mehrheit des Landtags den Untersuchungsgegenstand festsetzen dürfte. Er bildet den wesentlichen Inhalt des Minderheitsantrags, zu dessen Annahme die Verfassung den Landtag, d. h. seine Mehrheit, verpflichtet.

Daraus folgt allerdings noch nicht, daß auch die Fassung, welche die Minderheit dem Untersuchungsgegenstand in ihrem Antrag gibt, stets unverändert bleiben muß. Die Einsetzung des Untersuchungsausschusses ist Sache des Landtags (vgl. Entsch. des StGH. a. a. O. S. 227). Es kann nicht angenommen werden, daß er auch in äußeren Dingen dem im Antrag der Minderheit zum Ausdruck gelangten Willen folgen muß, wenn er nur sachlich die Erreichung des von der Minderheit zu bestimmenden Untersuchungsziels nicht gefährdet. Man wird daher dem Landtag eine genauere Fassung des von der Minderheit gestellten Themas nicht verwehren dürfen, von rein stilistischen Verbesserungen ganz abgesehen. Ebenso ist nichts dagegen zu erinnern, wenn er die nach dem Antrag der Minderheit dem Ausschuß vorzulegenden Fragen nochmals im entgegengesetzten Sinne formuliert und sie so dem Ausschuß gleichfalls unterbreitet. Das sachliche Untersuchungsgebiet wird in keiner Weise dadurch berührt, daß die Mehrheit ihre gegenteilige Auffassung der Sachlage, ihr Bestreiten der von der Minderheit aufgestellten Behauptungen, schon im Antrag selbst zum Ausdruck bringt. Das Minderheitsrecht, das sich darin erschöpft, einen Ausschuß zur Untersuchung bestimmter Tatsachen oder Tatsachenzusammenhänge einsetzen zu lassen, wird also durch eine solche Veränderung oder Ergänzung der Fragestellung nicht verletzt.

Für die Frage, inwieweit die Landtagsmehrheit auf die Tätigkeit des auf Antrag der Minderheit eingesetzten Untersuchungsausschusses Einfluß ausüben kann, läßt sich auch die Vorschrift in Satz 2 des Art. 29 Abs. 1 BrVerf. verwerten. Dort wird bestimmt, daß die Ausschüsse die Beweise erheben, die sie oder die Antragsteller für erforderlich halten. Die antragstellende Landtagsminderheit kann also in ihrem Einsetzungsantrag bestimmte Beweiserhebungen bezeichnen, zu deren Vornahme der Ausschuß demnächst verpflichtet ist. Dagegen bestimmt der Ausschuß selbst, d. h. seine Mehrheit, soweit sie nicht an Minderheits-Beweisanträge gebunden ist, die Art und Weise der Ausschußtätigkeit. Die Mehrheit des Ausschusses leitet also das Untersuchungsverfahren, beschließt sowohl über die Beweistatsachen im einzelnen wie über die Beweismittel. Dabei hat sie sich allerdings an die dem Ausschuß gestellten Aufgaben zu halten. Der Ausschuß darf seine Aufklärungstätigkeit nur so weit erstrecken, als das zur Erreichung des ihm gesetzten Untersuchungsziels notwendig ist, muß sie aber auch soweit ausdehnen. Daß dieser Grundsatz in seiner tatsächlichen Ausführung dem Ermessen der Ausschußmehrheit Spielraum läßt, liegt auf der Hand. Den Einfluß, den danach nicht bloß die antragstellende Landtagsminderheit, sondern auch die Ausschußmehrheit auf den Gang des Untersuchungsverfahrens hat, kann man folgerichtig, trotz Fehlens einer ausdrücklichen Verfassungsvorschrift, dem Landtag selbst, d. h. der Landtagsmehrheit, nicht vorenthalten. Denn der Landtag ist es schließlich, der, wenn auch gebunden durch den Minderheitsantrag, den Ausschuß einsetzt und seine Aufgabe bestimmt. Somit kann auch die Landtagsmehrheit beschließen, daß der auf Antrag einer Minderheit einzusetzende Ausschuß bei der ihm anzuvertrauenden Untersuchung gewisse Tatsachen zu klären, bestimmte Beweise zu erheben habe. Zur Ausführung eines solchen Auftrags ist dann der Ausschuß verpflichtet. Selbstverständlich muß sich der Landtag, ebenso wie die Mehrheit des Ausschusses, bei derartigen Anweisungen an den von der Minderheit bestimmten Untersuchungsgegenstand halten. Er darf die Untersuchung nur erstrecken auf Tatsachen, die mit jenem Gegenstand wirklich in nahem Zusammenhang stehen, deren Aufklärung erforderlich ist, um den Zweck dieser bestimmten Untersuchung zu erreichen. Mit solchen Anordnungen fördert die Landtagsmehrheit nur die Ermittlung der objektiven Wahrheit, die das Ziel der parlamentarischen Untersuchungsausschüsse bildet. Darin kann also niemals eine Beeinträchtigung der Rechte der Minderheit liegen, höchstens eine solche ihrer subjektiven Wünsche.

Eine Verletzung des Rechts der Minderheit liegt dagegen dann vor, wenn die Mehrheit des Landtags sich nicht auf solche Anordnungen beschränkt, sondern dem von der Minderheit bezeichneten Untersuchungsgegenstand einen neuen Gegenstand hinzufügt. Die Mehrheit kann nicht verlangen, daß der auf Antrag der Minderheit zur Untersuchung bestimmter Tatsachen eingesetzte Ausschuß gleichzeitig auch noch andere, mit jenen nicht zusammenhängende Tatsachen untersuche. Eine solche Erweiterung des Untersuchungsgebiets führt regelmäßig zu einer Verzögerung der von der Minderheit verlangten Untersuchung. Sie kann aber auch sachlich ihre Erledigung ungünstig beeinflussen. Es besteht die Gefahr, daß der Ausschuß bei einer Vervielfachung seiner Aufgaben nicht jeder die gleiche Aufmerksamkeit widmet, wie wenn er nur eine von ihnen zu bearbeiten hat. Die ursprünglichen Antragsteller müssen dann eine Verschleppung und Verdunklung der Angelegenheit zu ihrem Nachteil befürchten. Es ist deshalb mit dem durch die Verfassung gewährleisteten Rechte der Minderheit unvereinbar, dem Ausschuß, der auf ihren Antrag eingesetzt werden muß, die Untersuchung von Tatbeständen zu übertragen, die über den ursprünglichen Gegenstand des Minderheitsantrags hinausgehen.

Prüft man den Antrag Brandes, gegen dessen Annahme durch den Landtag die Entscheidung des Staatsgerichtshofs angerufen worden ist, von diesen Gesichtspunkten aus, so stellt sich Nr. 3 als zweifellos unzulässig heraus. Hier wird ganz allgemein die Untersuchung der Personalpolitik der früheren Regierung und der Beeinflussung dieser Personalpolitik durch unverantwortliche Personen und durch Abgeordnete verlangt. Es ist nicht ersichtlich, wie eine solche Untersuchung dazu beitragen könnte, den im Minderheitsantrag Jasper bezeichneten Tatbestand (die Personalpolitik der gegenwärtigen Regierung, insbesondere ihr Verhalten gegen republikanische Beamte) zu klären. Es handelt sich bei Nr. 3 des Antrags Brandes nicht um eine Abwehr des im Antrag Jasper liegenden Angriffs gegen die gegenwärtige Regierung, sondern um einen Gegenangriff, gerichtet gegen die frühere Regierung, der ein Teil der jetzigen Antragsteller angehört hat. Den Minderheitsangriff zu einem solchen Gegenangriff zu benutzen, war die Mehrheit nicht befugt, weil sie damit die schleunige und gründliche Durchführung der von der Minderheit verlangten Untersuchung gefährdete und insofern ihr Recht aus Art. 29 BrVerf. beeinträchtigte. Es bedarf deshalb keiner Untersuchung, ob Nr. 3 des Antrags Brandes die erforderliche Bestimmtheit besitzt. Dieser Antrag (Nr. 3) ist schon nach dem bisher Gesagten nicht zulässig.

Anders steht es dagegen mit Punkt 1 des Antrags Brandes, der sich mit dem Polizeipräsidenten H. beschäftigt. Mit diesem Beamten befaßt sich auch Nr. 1 des Minderheitsantrags Jasper, der eine Untersuchung darüber fordert, ob gegen H. unter Mitwirkung von Oberbeamten des Polizeipräsidiums Verdächtigungen verbreitet worden sind, ferner darüber, was das Staatsministerium oder der zuständige Minister getan hat, um den Polizeipräsidenten zu schützen und das Ansehen seines Amtes zu wahren. Demgegenüber soll nach dem Antrag Brandes untersucht werden, ob die gegenwärtige Regierung zum Einschreiten gegen den bezeichneten Beamten genötigt war. Der Vorwurf, der im Minderheitsantrag gegen die jetzige Regierung erhoben wird, soll also durch Feststellung der von der Mehrheit angegebenen Tatsachen entkräftet werden. Das Verhalten der Regierung gegen den Polizeipräsidenten H. ist dann gerechtfertigt oder wenigstens milder zu beurteilen, wenn sein Verhalten ein Einschreiten gegen ihn gebot. Der Antrag Brandes bezweckt insoweit also, ebenso wie der Minderheitsantrag Jasper, eine Untersuchung des Verhaltens der Regierung gegenüber jenem Beamten. Die Mehrheit betrachtet dieses Verhalten von vornherein unter einem anderen Gesichtspunkt als die Minderheit. Welche Beurteilung richtig ist, soll eben die Untersuchung durch den zu bestellenden Ausschuß erweisen. Der ihm unterbreitete Tatsachenkomplex wird durch Nr. 1 des Gegenantrags Brandes in seinem Wesen nicht verändert. Der Abgeordnete Dr. Jasper hat denn auch bei Begründung des Minderheitsantrags zugegeben, daß ein Zusammenhang zwischen diesem und der Nr. 1 des Mehrheitsantrags in gewissem Umfang nicht zu verkennen sei (Verhandlungen des Braunschweigischen Landtags, 65. Sitzung vom 15. Dezember 1926, Bericht Sp. 4880). Dem ersten Teil des Antrags Brandes steht daher das verfassungsmäßig geschützte Recht der Minderheit nicht entgegen.

Auch in Nr. 2 des Antrags Brandes wird der Polizeipräsident H. genannt. Trotzdem ist hier der Zusammenhang mit dem Minderheitsantrag nur sehr lose. Wenn die Mehrheit des Landtags aufgeklärt wissen will, ob die frühere Regierung Jasper-Steinbrecher-Ronneburg-Grotewohl bei der Anstellung des Polizeipräsidenten H. diejenige Sorgfalt hat walten lassen, welche die Besetzung eines derartigen Postens erfordert, so zeigt schon diese Fassung des Antrags, daß nicht so sehr eine Abwehr des Angriffs der Minderheit auf die gegenwärtige Regierung, als vielmehr ein Angriff gegen die frühere Regierung bezweckt wird. Hierin liegt nicht bloß bei Nr. 3, sondern auch bei Nr. 2 der Schwerpunkt des Mehrheitsantrags. Die Person des Polizeipräsidenten H. bietet nur die äußere Anknüpfung, während in Wirklichkeit die Richtung der von der Minderheit verlangten Untersuchung umgebogen werden soll. Sie soll sich nach Absicht der Mehrheit nicht mehr gegen die jetzige, sondern gegen die frühere Regierung wenden. Eine derartige sachliche Verschiebung des Untersuchungsgegenstands enthält aber nach dem oben Gesagten einen unzulässigen Eingriff in die verfassungsmäßigen Rechte der Minderheit.

Mithin ist die Annahme von Nr. 1 des Antrags Brandes verfassungsmäßig, die von Nr. 2 und 3 verfassungswidrig.

Register.

Die Zahlen bedeuten die Seiten.

A. Sachregister.

A

V

W

B. Gesetzesregister.

1. Reichsrecht.

a. Bürgerliches Gesetzbuch.

b. Einführungsgesetz zum Bürgerlichen Gesetzbuche.

c. Handelsgesetzbuch von 1897.

d. Gerichtsverfassungsgesetz.

e. Zivilprozeßordnung.

f. Konkursordnung.

g. Zwangsversteigerungsgesetz.

h. Gesetz über die Angelegenheiten der freiwilligen Gerichtsbarkeit.

i. Grundbuchordnung.

k. Gewerbeordnung für das Deutsche Reich (in der Fassung der Bekanntmachung vom 26. Juli 1900 (RGBl. 1900, S. 871).

l. Strafgesetzbuch.

m. Strafprozeßordnung.

2. Landesrecht.

Baden.

Braunschweig.

Hamburg.

Preußen.

a. Allgemeines Landrecht.

b. Einzelne Gesetze und Verordnungen.

C. Zusammenstellung der Entscheidungen nach der Zeitfolge.

Entscheidungen des Staatsgerichtshofs:

Zusammenstellung
der
im 116. Bande
mitgeteilten Entscheidungen
nach
Oberlandesgerichtsbezirken.

(Die Zahlen bezeichnen die Nummern der Entscheidungen.)

Berlin	6. 12. 13. 15. 18. 22. 37. 42. 54. 68. 69. 73.
Breslau	9. 21. 31.
Celle	30.
Darmstadt	55.
Dresden	24. 72.
Düsseldorf	16. 26. 56. 61. 74.
Frankfurt a. M.	29. 59. 62.
Hamburg	19. 28. 43. 45. 52. 53. 65.
Hamm	8. 10. 64.
Kassel	44.
Kiel	32. 66.
Köln	4. 5. 17. 20. 63.
Königsberg	7. 35. 41. 60. 71.
Marienwerder	40.
München	14. 58.
Naumburg a. S.	3. 27. 46. 47. 50
Oldenburg	57.
Rostock	11. 49.
Stettin	38.
Stuttgart	25. 39.

Reichspatentamt	2.
Landgericht I Berlin	23. 48.
Landgericht III Berlin	51.
Landgericht Dresden	36. 70.
Landgericht Düsseldorf	1.
Landgericht Königsberg	33.
Landgericht München I	67.
Landgericht Rottweil	34.
Staatsgerichtshof	1*. 2*. 3*.

Berichtigungen.

Hundertundelfter Band.

S. 216 Z. 14 v. u. statt „Betrag" lies „Ertrag".
„ 222 „ 7 v. o. ebenso.
„ 216 „ 9, 12, 14, 17, v. o. muß statt „1., 2., 3., 4." stehen: „(1.), (2.), (3.), (4.)".

Zusatz.

Der Nr. 33 (S. 161) des hundertundsechzehnten Bandes wird nachträglich die Redaktionsbemerkung beigefügt: Vgl. jetzt Art. III § 14 des Reichges. über die Verzinsung aufgewerteter Hypotheken usw. vom 9. Juli 1927 (RGBl. I S. 171).

MIX
Papier | Fördert gute Waldnutzung
FSC® C083411

Kolibri 360 GmbH
Ferdinand-Jühlke-Straße 7
99095 Erfurt, Deutschland
produktsicherheit@kolibri360.de